「平成の大合併」研究

森川 洋 著

古今書院

A geographical study of the Heisei municipal mergers

by Hiroshi MORIKAWA

ISBN978-4-7722-7139-4
Copyright © 2015 Hiroshi MORIKAWA

Published by Kokon Shoin Publishers Ltd.
2-10 Kanda-Surugadai,Chiyoda-ku, Tokyo 101-0062, JAPAN
Fax:+81-3-3233-0303
http://www.kokon.co.jp/

All right reserved. First published 2015.
printed in Japan.

は　し　が　き

　著者は福武直編(1958)の静岡県湖西町（現湖西市）における「昭和の大合併」に関する研究を興味をもって読んだ記憶がある。それは1地域の研究報告ではあったが，「昭和の大合併」を社会学の立場から克明に調査されていたのが印象的であった。今回の「平成の大合併」についても，その実態を各地域や各都道府県の実態に即してできるだけ詳細に記述しておくのは必要なことと思われる。

　今井（2009）によれば，「平成の大合併」の計画時や実施当初においては多くの研究が発表され，「平成の大合併」の結果に関する研究も多かったが，2003～06年をピークとして研究論文も調査報告も減少してきたとのことである。合併前においては合併時や合併後のことを議論する内容が大部分を占め，合併後の状況を検証する論文などは相対的に減少したといわれるが，それでもなお多くの研究が相次いで報告されている。

　社会的に最も関心があるのは，合併によって市町村財政はどう変わったのか，住民生活はどう変化したのかであるが，本書で取り上げるのは，各地域がどのような空間的範囲でもっていかなる実施計画のもとに市町村合併が行われたのか，その際にどんなことが問題になったのか，ある地域で合併が成立しなかったのはなぜなのか，合併の結果どのような影響が現れたのか，といった市町村合併の実態を各都道府県について考察することである。このような内容について記述したものは比較的少ないが，重要なことと思われる。

　「平成の大合併」が終了して10年近く過ぎた今日，県によっては『〇〇県市町村合併誌』というかたちで合併記録を残しているところもあるが，都道府県においても市町村においても，当時の担当者は他の部局に異動したり退職しており，県庁の担当課を訪ねても当時の生々しい話を聞くことはできなくなっている。著者は県庁内の他課を訪ねたときに市町村合併を担当していた人に出会って，当時の興味深い話を聞いたこともあった。市町村合併の話はやがて地域住民の記憶からも次第に薄らいでゆくであろう。その点では，グリグリ氏の努力によって全国の合併協議の膨大な資料がインターネットに残されており[1]，基礎資料としていつでも利用できるのはありがたいことである。

　県庁訪問やグリグリ氏の資料を主とした情報収集を行った著者の研究は，表面的なものに限定され，市町村合併の詳しい実態にまで深く掘り下げたものとはいえない。合併協議の状況や行政と住民との対応には触れられなかったし，協議会解散や離脱の原因についても十分に解明されたわけではない。調査の過程で調査項目を広げてきたが，合併後の地域審議会や地域自治区，合併特例区などの実態については未調査のままである。それでも，いくつかの項目を立てて主要部分については考察することができたと考えている。

　本書の副題について，最初は「各都道府県の市町村合併に関する比較考察」を考えていたが，やがて「各都道府県の市町村合併誌」に修正した。その後「市町村人口の将来」や「ドイツとの比較」，「道

州制の導入」などXIV章の項目を加えて研究領域を広げたので，本書のように副題を削除することにした。なお紙数の増加を防ぐために，本書には「平成の大合併」によって生じた新市町村の分布地図は掲載していない[2]。必要に応じて市販の合併地図を参照していただきたい。本書が今後のこの分野の研究の発展のために少しでも役立つことができれば幸いである。

（注）
(1) グリグリ『市区町村変遷情報　詳細』(http://www.upd.uub.jp)による．このなかには「成立しなかった合併情報　都道府県別一覧」(506件)も含まれている．
(2) 合併推進要綱の基本パターンに合併後の新市町村境界を描き入れることはできるが，基本パターンを提示しない県もあり，全都道府県について統一ある表現は不可能を考えて省略した．

目　　次

はしがき ……………………………………………………………………………………… i

I　研究の目的 ……………………………………………………………………………… 1

II　市町村合併の経緯と考察の方法 …………………………………………………… 5

1．「平成の大合併」に至る経緯と目標 ………………………………………………… 5
　　（1）「明治の大合併」から「昭和の大合併」まで ……………………………… 5
　　（2）「昭和の大合併」以降「平成の大合併」に至るまで ……………………… 6
　　（3）「平成の大合併」の実施 ……………………………………………………… 11
2．調査項目とその説明 ………………………………………………………………… 14
　　（1）日常生活圏 …………………………………………………………………… 14
　　（2）合併推進要綱と合併推進構想 ……………………………………………… 15
　　（3）市町村合併の経緯 …………………………………………………………… 17

III　北海道の市町村合併 ………………………………………………………………… 23

1．地理的特徴と市町村合併に対する道の対応 ……………………………………… 23
2．合併の経緯 …………………………………………………………………………… 27
3．法定協議会解散の事例－滝川市地区の場合－ …………………………………… 33
4．協議会不参加の事例－富良野市地区の場合－ …………………………………… 34
5．むすび ………………………………………………………………………………… 35

IV　東北地方の市町村合併 ……………………………………………………………… 39

1．はじめに ……………………………………………………………………………… 39
2．青森県 ………………………………………………………………………………… 40
　　（1）地理的特徴と市町村合併に対する県の対応 ……………………………… 40
　　（2）合併の経緯 …………………………………………………………………… 44
3．岩手県 ………………………………………………………………………………… 47
　　（1）地理的特徴と市町村合併に対する県の対応 ……………………………… 47

　　　　(2) 合併の経緯 ·· 49
　4. 宮　城　県 ·· 51
　　　　(1) 地理的特徴と市町村合併に対する県の対応 ······································ 51
　　　　(2) 合併の経緯 ·· 53
　5. 秋　田　県 ·· 56
　　　　(1) 地理的特徴と市町村合併に対する県の対応 ······································ 56
　　　　(2) 合併の経緯 ·· 57
　6. 山　形　県 ·· 60
　　　　(1) 地理的特徴と市町村合併に対する県の対応 ······································ 60
　　　　(2) 合併の経緯 ·· 61
　7. 福　島　県 ·· 64
　　　　(1) 地理的特徴と市町村合併に対する県の対応 ······································ 64
　　　　(2) 合併の経緯 ·· 65
　8. 東北地方における市町村合併の特徴 ·· 69
　　　　(1) 市町村合併の地理的特徴および合併推進要綱・合併推進構想との関係 ······ 69
　　　　(2) 合併の経緯に関する一般的特徴 ·· 70
　　　　(3) 合併市町村に対する支援 ·· 72

V　関東・甲信越地方の市町村合併 ·· 75

　1. は　じ　め　に ·· 75

V.1　南　関　東 ·· 77

　2. 東　京　都 ·· 77
　　　　(1) 地理的特徴と市町村合併に対する都の対応 ······································ 77
　　　　(2) 合併の経緯 ·· 82
　3. 神　奈　川　県 ·· 83
　　　　(1) 地理的特徴と市町村合併に対する県の対応 ······································ 83
　　　　(2) 合併の経緯 ·· 84
　4. 埼　玉　県 ·· 87
　　　　(1) 地理的特徴と市町村合併に対する県の対応 ······································ 87
　　　　(2) 合併の経緯 ·· 89
　5. 千　葉　県 ·· 94
　　　　(1) 地理的特徴と市町村合併に対する県の対応 ······································ 94
　　　　(2) 合併の経緯 ·· 98

V.2　北　関　東 ·· 101

6. 茨城県 ·· 101
  (1) 地理的特徴と市町村合併に対する県の対応 ·· 101
  (2) 合併の経緯 ·· 103
7. 栃木県 ·· 107
  (1) 地理的特徴と市町村合併に対する県の対応 ·· 107
  (2) 合併の経緯 ·· 109
8. 群馬県 ·· 111
  (1) 地理的特徴と市町村合併に対する県の対応 ·· 111
  (2) 合併の経緯 ·· 113

V.3 甲信越 ··· 116

9. 山梨県 ·· 116
  (1) 地理的特徴と市町村合併に対する県の対応 ·· 116
  (2) 合併の経緯 ·· 117
10. 長野県 ·· 120
  (1) 地理的特徴と市町村合併に対する県の対応 ·· 120
  (2) 合併の経緯 ·· 122
11. 新潟県 ·· 126
  (1) 地理的特徴と市町村合併に対する県の対応 ·· 126
  (2) 合併の経緯 ·· 129
12. 関東・甲信越地方における市町村合併の特徴 ·· 132
  (1) 市町村合併の地理的特徴および合併推進要綱・合併推進構想との関係 ··················· 132
  (2) 合併の経緯に関する一般的特徴 ·· 133
  (3) 合併市町村に対する支援 ·· 134

VI 東海・北陸地方の市町村合併 ··· 141

1. はじめに ··· 141

VI.1 東海地方 ··· 141

2. 愛知県 ·· 141
  (1) 地理的特徴と市町村合併に対する県の対応 ·· 141
  (2) 合併の経緯 ·· 144
3. 静岡県 ·· 150
  (1) 地理的特徴と市町村合併に対する県の対応 ·· 150
  (2) 合併の経緯 ·· 151
4. 岐阜県 ·· 155

(1) 地理的特徴と市町村合併に対する県の対応 ………………………………………… 155
　　　(2) 合併の経緯 ………………………………………………………………………………… 156
　　5. 三　重　県 ……………………………………………………………………………………… 160
　　　(1) 地理的特徴と市町村合併に対する県の対応 ………………………………………… 160
　　　(2) 合併の経緯 ………………………………………………………………………………… 161

Ⅵ.2　北　陸　地　方 ……………………………………………………………………………… 164
　　6. 富　山　県 ……………………………………………………………………………………… 164
　　　(1) 地理的特徴と市町村合併に対する県の対応 ………………………………………… 164
　　　(2) 合併の経緯 ………………………………………………………………………………… 165
　　7. 石　川　県 ……………………………………………………………………………………… 168
　　　(1) 地理的特徴と市町村合併に対する県の対応 ………………………………………… 168
　　　(2) 合併の経緯 ………………………………………………………………………………… 170
　　8. 福　井　県 ……………………………………………………………………………………… 172
　　　(1) 地理的特徴と市町村合併に対する県の対応 ………………………………………… 172
　　　(2) 合併の経緯 ………………………………………………………………………………… 174
　　9. 東海・北陸地方における市町村合併の特徴 ……………………………………………… 176
　　　(1) 市町村合併の地理的特徴および合併推進要綱・合併推進構想との関係 ………… 176
　　　(2) 合併の経緯に関する一般的特徴 ……………………………………………………… 177
　　　(3) 合併市町に対する支援 ………………………………………………………………… 178

Ⅶ　関西地方の市町村合併 ……………………………………………………………………… 181
　　1. は じ め に ……………………………………………………………………………………… 181
　　2. 大　阪　府 ……………………………………………………………………………………… 182
　　　(1) 地理的特徴と市町村合併に対する府の対応 ………………………………………… 182
　　　(2) 合併の経緯 ………………………………………………………………………………… 185
　　3. 京　都　府 ……………………………………………………………………………………… 188
　　　(1) 地理的特徴と市町村合併に対する府の対応 ………………………………………… 188
　　　(2) 合併の経緯 ………………………………………………………………………………… 189
　　4. 兵　庫　県 ……………………………………………………………………………………… 191
　　　(1) 地理的特徴と市町村合併に対する県の対応 ………………………………………… 191
　　　(2) 合併の経緯 ………………………………………………………………………………… 194
　　5. 奈　良　県 ……………………………………………………………………………………… 196
　　　(1) 地理的特徴と市町村合併に対する県の対応 ………………………………………… 196
　　　(2) 合併の経緯 ………………………………………………………………………………… 200
　　6. 滋　賀　県 ……………………………………………………………………………………… 202

  (1) 地理的特徴と市町村合併に対する県の対応…………………………………… 202
  (2) 合併の経緯………………………………………………………………………… 203
 7. 和歌山県……………………………………………………………………………………… 206
  (1) 地理的特徴と市町村合併に対する県の対応…………………………………… 206
  (2) 合併の経緯………………………………………………………………………… 207
 8. 関西地方における市町村合併の特徴…………………………………………………… 211
  (1) 市町村合併の地理的特徴および合併推進要綱・合併推進構想との関係…… 211
  (2) 合併の経緯に関する一般的特徴………………………………………………… 212
  (3) 合併市町村に対する支援………………………………………………………… 213

Ⅷ 中国地方の市町村合併……………………………………………………………………… 217

 1. はじめに…………………………………………………………………………………… 217
 2. 鳥取県……………………………………………………………………………………… 218
  (1) 地理的特徴と市町村合併に対する県の対応…………………………………… 218
  (2) 合併の経緯………………………………………………………………………… 219
 3. 島根県……………………………………………………………………………………… 223
  (1) 地理的特徴と市町村合併に対する県の対応…………………………………… 223
  (2) 合併の経緯………………………………………………………………………… 224
 4. 岡山県……………………………………………………………………………………… 227
  (1) 地理的特徴と市町村合併に対する県の対応…………………………………… 227
  (2) 合併の経緯………………………………………………………………………… 229
 5. 広島県……………………………………………………………………………………… 233
  (1) 地理的特徴と市町村合併に対する県の対応…………………………………… 233
  (2) 合併の経緯………………………………………………………………………… 234
 6. 山口県……………………………………………………………………………………… 238
  (1) 地理的特徴と市町村合併に対する県の対応…………………………………… 238
  (2) 合併の経緯………………………………………………………………………… 239
 7. 中国地方における市町村合併の特徴…………………………………………………… 242
  (1) 市町村合併の地理的特徴および合併推進要綱・合併推進構想との関係…… 242
  (2) 合併の経緯に関する一般的特徴………………………………………………… 244
  (3) 市町村合併に対する評価………………………………………………………… 246
  (4) 合併市町村に対する支援………………………………………………………… 248

Ⅸ 四国地方の市町村合併……………………………………………………………………… 251

 1. はじめに…………………………………………………………………………………… 251

- 2. 徳島県 ……………………………………………………………………… 253
  - (1) 地理的特徴と市町村合併に対する県の対応 ……………………… 253
  - (2) 合併の経緯 ……………………………………………………………… 255
- 3. 香川県 ……………………………………………………………………… 258
  - (1) 地理的特徴と市町村合併に対する県の対応 ……………………… 258
  - (2) 合併の経緯 ……………………………………………………………… 260
- 4. 愛媛県 ……………………………………………………………………… 261
  - (1) 地理的特徴と市町村合併に対する県の対応 ……………………… 261
  - (2) 合併の経緯 ……………………………………………………………… 263
- 5. 高知県 ……………………………………………………………………… 266
  - (1) 地理的特徴と市町村合併に対する県の対応 ……………………… 266
  - (2) 合併の経緯 ……………………………………………………………… 268
- 6. 四国地方における市町村合併の特徴 ……………………………………… 271
  - (1) 市町村合併の地理的特徴および合併推進要綱・合併推進構想との関係 ……… 271
  - (2) 合併の経緯に関する一般的特徴 …………………………………… 272
  - (3) 合併市町村に対する支援 …………………………………………… 272

Ⅹ 九州地方の市町村合併 ……………………………………………… 275

- 1. はじめに …………………………………………………………………… 275
- 2. 福岡県 ……………………………………………………………………… 278
  - (1) 地理的特徴と市町村合併に対する県の対応 ……………………… 278
  - (2) 合併の経緯 ……………………………………………………………… 281
- 3. 佐賀県 ……………………………………………………………………… 287
  - (1) 地理的特徴と市町村合併に対する県の対応 ……………………… 287
  - (2) 合併の経緯 ……………………………………………………………… 288
- 4. 長崎県 ……………………………………………………………………… 291
  - (1) 地理的特徴と市町村合併に対する県の対応 ……………………… 291
  - (2) 合併の経緯 ……………………………………………………………… 293
- 5. 熊本県 ……………………………………………………………………… 295
  - (1) 地理的特徴と市町村合併に対する県の対応 ……………………… 295
  - (2) 合併の経緯 ……………………………………………………………… 297
- 6. 大分県 ……………………………………………………………………… 301
  - (1) 地理的特徴と市町村合併に対する県の対応 ……………………… 301
  - (2) 合併の経緯 ……………………………………………………………… 303
- 7. 宮崎県 ……………………………………………………………………… 305
  - (1) 地理的特徴と市町村合併に対する県の対応 ……………………… 305

(2) 合併の経緯 ··· 308
8. 鹿児島県 ··· 312
(1) 地理的特徴と市町村合併に対する県の対応 ··· 312
(2) 合併の経緯 ··· 314
9. 九州における市町村合併の特徴 ·· 317
(1) 市町村合併の地理的特徴および合併推進要綱・合併推進構想との関係 ············ 317
(2) 合併の経緯に関する一般的特徴 ·· 319
(3) 合併市町村に対する支援 ··· 321

XI 沖縄県の市町村合併 ·· 327
1. 地理的特徴と市町村合併に対する県の対応 ·· 327
2. 合併の経緯 ·· 331
3. むすび ·· 333

XII 「平成の大合併」の一般的特徴－市町村合併に至るまで－ ···································· 335
1. はじめに ··· 335
2. 「昭和の大合併」とそれ以後の変化 ··· 337
3. 通勤圏や市町村人口との関係 ··· 339
(1) 通勤圏の拡大と市町村合併 ·· 339
(2) 国土集落システムに対応した市町村合併 ··· 342
(3) 市町村の人口規模や通勤圏の構造との関係 ·· 347
(4) 大規模合併における通勤圏や郡域などとの関係 ·· 351
(5) 通勤圏との整合関係からみた市町村合併 ··· 355
4. 合併推進要綱・合併推進構想と市町村合併 ·· 358
(1) 全国市町村の合併目標と合併推進要綱の基本パターン ······························· 358
(2) 合併推進要綱の一般的特徴 ·· 361
(3) 合併推進構想 ··· 365
5. 各都道府県の市町村合併に対する支援 ·· 366

XIII 「平成の大合併」の一般的特徴－合併の実施状況とその結果－ ····························· 371
1. 市町村合併の状況 ··· 371
(1) 合併協議の過程 ··· 371
(2) 市町村合併の特徴 ·· 374
(3) 小規模自治体の動向 ··· 376

2. 合併に影響を与えた要因 ………………………………………… 378
   (1) 一般的要因 ………………………………………………… 378
   (2) その他の要因 ……………………………………………… 380
3. 広域行政との関係 ………………………………………………… 382
4. 「平成の大合併」の結果 ………………………………………… 384
   (1) 「平成の大合併」の結果と小規模自治体の問題 ……… 384
   (2) 「平成の大合併」におけるプラスとマイナスの効果 … 386
5. 「平成の大合併」の影響 ………………………………………… 391
   (1) 市町村人口に対する影響 ………………………………… 391
   (2) 「平成の大合併」のもたらすさまざまな分野への影響 … 392
   (3) 行政サイドと住民サイド ………………………………… 398
   (4) 周辺化の問題 ……………………………………………… 399
   (5) 地域格差に対する影響 …………………………………… 400

XIV 市町村の将来に向けて ……………………………………… 407

1. 市町村人口の将来 ………………………………………………… 407
2. ドイツとの比較においてみた「平成の大合併」の特徴 ……… 410
3. 小規模自治体と大都市圏地域の問題点 ………………………… 415
   (1) 小規模自治体のかかえる問題 …………………………… 415
   (2) 大都市圏地域のかかえる問題 …………………………… 419
4. 人口減少社会における市町村運営 ……………………………… 419
5. 道州制の導入と市町村 …………………………………………… 423

XV むすび ……………………………………………………………… 433

1. 「平成の大合併」への準備 ……………………………………… 433
2. 「平成の大合併」の実施状況 …………………………………… 435
3. 「平成の大合併」の影響と評価 ………………………………… 438
4. 今後の問題点 ……………………………………………………… 439

あとがき ……………………………………………………………………… 443
引用文献 ……………………………………………………………………… 445

I 研究の目的

わが国の市町村では,「明治の大合併」,「昭和の大合併」に続く全国規模の市町村合併として「平成の大合併」が実施された。「平成の大合併」の前半1999年4月から2005年3月末（合併は2006年3月）までは旧合併特例法（通称）のもとで実施され,後半の2010年3月末までは合併新法（通称）が適用された。その結果,合併直前の1999年3月末にあった3,232の市町村は1,727まで減少したが,政府が目標とした1,000まで減少することはできなかった。

本書の目的は,「平成の大合併」はどのような目的と方法のもとで行われたのか,それぞれの地域（都道府県や市町村）はどのように対応したのか,「平成の大合併」にはどのような地域的特徴があるのか,「平成の大合併」はそれぞれの地域にいかなる影響を与えたのか,などの問題に注目しつつ各都道府県の市町村合併の実態を丹念に調査し,そのなかにみられる一般的な特徴について考察することにある。

「平成の大合併」は,現在の地域住民の生活や地方政治家の活動にとってだけでなく,地域の発展方向にも強く影響を与える大事件であったが,どこでも同じように展開したわけではなく,各地域は種々の問題点を残しながら終了した。その膨大な記録をできるだけ克明に記述しておくことは,単に「平成の大合併」の記録にとどまらず,わが国の－道州制構想をも含めた－自治制度の将来を考える上でも基礎的な資料として役立つものと考える。それはまた,「平成の大合併」という市町村の大変革を通じて,それぞれの都道府県や地域のもつ特徴や問題点を理解することにもなると思われる。

著者はこれまで,①市町村合併を日常生活圏（通勤圏）との関係,②市町村合併推進要綱や市町村合併推進構想（以下,合併推進要綱,合併推進構想と略記）との関係,③合併市町村,協議会解散・離脱の市町村,協議会不参加の市町村にとくに注目した合併の経緯に調査項目を絞って全国調査を進めてきたが[1],合併特別交付金の交付状況など調査の途中で気づいて追加した項目もある。その一方では,一部事務組合の設置状況や合併特例債の使途など,調査結果があまり使用できなかったものもある。自治体病院に関する医務課での調査でも使用できなかった資料がある。広島県や北海道,長野県,福島県など最初に行った調査では典型的な市町村を事例として取り上げる予定であったが,時間の都合もあってその後の調査においては省略した。とにかく試行錯誤しながら,このような執筆項目に定着したわけである。

著者は人文地理学の立場から,市町村合併と日常生活圏（通勤圏）との関係をとくに重視する。日常生活圏は人々の生活の空間的範囲であり,よく知られた親しみのある地域である。もちろん,現代のわれわれの日常生活圏はある空間に厳しく限定されたものではなく,われわれは直接的な日常生活圏を越えた地域に対して重層的に広がる親しい領域をもち,種々の強度をもった地域アイデンティ

ティの圏域を意識しながら生活している。さらには，転居や旅行あるいはメディアを通じて認知空間は世界に広がる。

しかもこれらの領域はそれぞれの地域住民によっても異なり，買物圏とか通勤・通学圏，医療圏などからなる基礎的な日常生活圏すら明確に捉えることは困難である。これらの圏域はそれぞれ空間的にも異なっているし，買物圏の中でも日常品や買回品などさまざまな品目により，また人によっても買物場所が異なる。そうしたなかでは，国勢調査を用いて全国的に同一規準（居住地・従業地が別の市町村）でもって利用できる通勤圏は日常生活圏を代表できる貴重な資料と考えられる。今日，交通の発達につれて日常生活圏は大きく拡大し，通勤圏も著しく拡大した[2]。通勤者にとっては通勤先が生活の場所であり，東京都に通勤する埼玉県民が「埼玉都民」と呼ばれるように，通勤先は通勤者の生活にとって重要な場所である。

日常生活圏の代表として通勤圏を用いる場合に問題になるのは，異なる通勤圏に属する市町村同士の合併である。しかし，通勤圏は都市の規模によっても異なるので，大都市の広い通勤圏のなかでは，市町村合併の範囲を広い通勤圏に整合させることはできないし，その必要もない。後述するように，広い通勤圏の中では市町村合併によって中心都市の市域が拡大するとともに，いくつかの衛星都市[3]が誕生した。

このように広い通勤圏のもとで行われた「平成の大合併」は，「昭和の大合併」に比べて広い範囲に広がるので，市町村合併は中心都市と密接に関係したものとなる。「昭和の大合併」のときには都市の通勤圏が狭く，合併市町村の面積も狭く，郡内の町村や農村同士での合併が多く－都市に隣接した地域では市域の拡大はあったとしても－，中心都市の影響範囲は限定されており，市域を広く拡大することはできなかった。本書ではこうした通勤圏に基づく中心都市との関係を考慮しながら，市町村合併の実態を考察してゆくことにする。

本書では「平成の大合併」を都道府県単位に考察する。都道府県は自治（現総務）省の要請に基づいて，合併推進要綱や合併推進構想を策定して市町村合併を実施したので，都道府県単位に検討するのが実態に即したものといえるからである。各都道府県は地理的・経済的条件を考慮しながら市町村合併を推進する一方のアクターである。その中で市町村合併の特徴や法則性を発見することは困難であるとしても，その実態を記述するのは行政地理学の重要な研究対象であると考える（森川，2008）。

著者の研究は上記の項目を中心とする調査であり，都道府県を単位としたワンパターンの考察である。しかし地理学者の眼からすれば，例えば東京大都市圏と関西大都市圏における合併活動の差異にみられるように（森川，2012c），一定基準に基づく比較考察を通じて各都道府県における市町村合併の特徴を知ることができる。そこでは，各都道府県のもつ地理的・歴史的特徴やそれを踏まえて実施される地域政策の特徴もみえてくる。

「平成の大合併」調査のもう1つの意義は，わが国の地域分析にとって基礎資料である市町村の基本的特性を認識することである。統計の基礎的単位として使用される市町村は，社会科学の重要な基礎資料である。それを利用する際には，市町村がどのようにして形成されたのかを認識しておく必要があるだろう。人間の意思によって形成された市町村は自然科学における原子や分子とは異なった基礎的単位であることを認識しておかねばならない。計量地理学の華やかなりし頃には，統計学に基づく資料の客観的分析こそが強く求められたが，合併協議会を経て文脈的偶有性（contextual contingency）をもって形成された市町村資料が，厳しい客観的分析に常に耐えうるかどうかを当時十分に認識していたであろうか。

「平成の大合併」は市町村制度の大改革であった。住民が自分たちの手で必要に応じて自治体を構築するようなアメリカ合衆国の地方自治制度は，わが国の自治制度を考える上ではそれほど参考にならないし，ヨーロッパにおいても大規模自治体の国と小規模自治体の制度の国とが共存していて，どちらの制度が優れているともいえない。ドイツのように１つの州内においても両制度が共存している国もある（森川，2008）。そうした中にあっては，「平成の大合併」は新たな地方自治制度を求めた１つの試みであり，－地域民主主義の発展状況と無関係ではないとしても－注目すべき社会実験の１つであったと考えることもできる。

ところで，実質地域としての日常生活圏は今日では著しく拡大し，かつては少なくとも同一の社会集団（Sozialgruppe）の中では人々は類似した生活を行い，その生活圏はある程度共通したものと考えられていたが，今日ではヴェアレン（Werlen, 1997）が説くように，人間行動には個人差が大きくなり，地域住民全体の生活圏は不統一ないわば薄い存在とみられる（森川，2004：80-85）。それに対して，人文地理学では市町村区画は形式地域といわれ，形式的に採用されたもので，人間生活の実態とは薄い関係にある地域と考えられていたが，今日種々のサービスを提供する市町村は住民生活にとって大きな役割を果たすものとなった。実質地域は薄らいできたのに対して，かつての形式地域は実質化しており，実質地域と形式地域とに区分するのはもはや不適当といえる。市町村区画やその再編としての市町村合併は，人間生活にとっていまやきわめて重要な問題と考えるべきであろう。

人文地理学では空間形成の考察は重要な分野であり，市町村合併の研究はそれに該当する。ハゲットの『立地分析』（Haggett, 1965）は地理的現象の種々の分野における法則性を追究した名著であるが，テリトリー区分に妥当する法則を示すことはなかった（Johnston *et al.*, 2000：460）[4]。したがって，基礎自治体の規模や組織がどうあるべきか，どのようにして形成されるのか，について体系的な科学的知識が蓄積されているとはいえない。その意味において，わが国における「平成の大合併」は注目すべき行政地域改革の１つであり，その総括的な調査研究は重要な基礎資料を提供するものと考えられる。

もちろん，本研究の目的は「平成の大合併」の実態をできるだけ詳細に書き残しておくことにあって，テリトリー区分の法則性まで追究しようという意図をもつものではない。上述したように，収入を得る場所と居住の場所とが異なる通勤者の生活圏を住民の日常生活圏の代表として取り上げるとともに[5]，都道府県が市町村合併にいかに係わってきたかをみるために，市町村合併推進要綱や市町村合併推進構想について考察し，それらとの比較において各都道府県における市町村合併の経過について考察するものである。合併の過程にはさまざまなケースがあるが，よく現れるケースはいくつかに限定される。

Ⅲ～Ⅺ章では各都道府県の市町村合併の実態を記述した後，種々の現象のなかにわずかにみられる一般性や特殊性を発見して，「平成の大合併」の特徴について考察することにする。次のⅡ章ではこれまでの市町村合併の歴史を含めて「平成の大合併」が必要となってきた経緯と「平成の大合併」に対する著者の考察方法について説明し，Ⅲ～Ⅺ章では各都道府県の合併状況を地方区分の順に沿って述べ，各都道府県の実態を踏まえてⅫ章とⅩⅢ章に研究成果をまとめ，ⅩⅣ章では市町村の将来について考察し，ⅩⅤ章を結論とする。

なお本書では，市町村名はとくに断らない限り「平成の大合併」以前のものを使用するが，新旧の市町村名を区別する必要がある場合には新・〇〇市などと記載する。合併しなかった市町村のなかには，本書にまったく記載されないものも含まれる。市町村名の後のカッコの数字は人口数（2000年国勢調査）と財政力指数（2000年度）を示す。例：遠別町（3,683人，0.12）。統計数値は断らない限り2000年または2000年度のものを使用する。

（注）
(1) 著者はこれまでに調査してきたものは，巻末の文献に示すようにその都度発表してきたが，その後の研究によって多数の誤りがあることを発見した．本書ではできるだけ修正に努めることにする．
(2) 市町村合併後の国勢調査では，新市町村とともに合併前の旧市町村の人口が集計されているが，通勤・通学についてはすべて新市町村単位で示され，合併前後の比較はできない．
(3) 本書では中心都市の通勤圏内の市町村がいくつか合併してできた都市を衛星都市と呼び，自然発生的に形成されたベッドタウンと区別して用いることにする．
(4) 彼はその原理を，①相互作用，空間のフロー，②フローのあるネットワークの分析，③ネットワーク上での組織の中心である結節点（nodes）の考察，④結節システムの階層構造の分析，⑤結節点間の空間組織，⑥ネットワークに沿って下方に向かって進む拡散，という具合に幾何学的術語を用いて整理したが，テリトリー区分に関する考察はみられない．
(5) 日常生活圏を示す指標として総務省では一部事務組合をあげているが（総務省，2008：10），一部事務組合は市町村相互間の連結関係を示し，市町村合併の活動開始の枠組みにはよく使用されるとしても，市町村間の行政的な相互契約に基づくものであって，組合ごとに構成市町村が異なる場合もあり，住民の日常生活圏に代替する指標とはなりえない．

Ⅱ　市町村合併の経緯と考察の方法

1.「平成の大合併」に至る経緯と目標

(1)「明治の大合併」から「昭和の大合併」まで

　わが国では 1871（明治 4）年以後藩政村は幾多の統合過程を経て変化を遂げ，1889（明治 22）年になって市制・町村制が施行された。この「明治の大合併」では，明治政府が各地方長官に町村合併標準を示すことによって，300 戸から 500 戸を単位とする町村合併が全国一律に実施された。その際，町村合併は各府県独自の計画と判断に委ねるかたちで行われ，中央政府が行政の基礎的行政区画を自ら決定したわけではないので，地元町村の意向が想像以上に反映されたものであったといわれる（島田，2006a）。

　「明治の大合併」は，小規模農村の合併によって小学校を運営することを目的として戸長役場の所轄区域を調整したもので，500 戸以上をもつ都市部は合併の対象外であった。しかも，町（都市）と農村とは－今日の日常生活圏的な発想とは異なり－民情を異にするとして，都市と農村とが合併して都市人口をさらに増加させようとする意図はなく，今日のように，周辺農村を含めた日常生活圏域を行政地域として統合する発想は芽生えていなかった（森川，2008：48）。

　「明治の大合併」によって市町村数は 1888（明治 21）年から 1889 年までの 1 年間に 71,314 町村から 15,859 市町村へと約 1/5 に減少した。しかし，「明治の大合併」はほぼ 1 年間に実施されたものであり，その方法は「昭和の大合併」や「平成の大合併」とは大きく異なるものであった[1]。

　「明治の大合併」のもとで 39 の市[2]が誕生してから「昭和の大合併」直前までの 64 年間には，市町村数は 15,859 から 9,868 へと減少した。この間の合併は，①組合村[3]の解消を目的とした合併，②都市化に伴う市町村合併，③戦争遂行や国防体制強化のための強制的な市域拡大によるものであった（横道・村上，1993）。1923（大正 12）年の郡制廃止の際には，それに併せて市町村合併も多く発生した。都市の数も都市化の進展に伴って次第に増加し，1950 年には 254 を数えた。

　「昭和の大合併」では，都道府県が合併モデルを提示し，市町村が協議して決定する方式が採用され，中学校の運営のために町村人口は 8,000 人以上と定められた。1950 年に提示された「神戸勧告」では「明治の大合併」の場合と同様に，標準人口に充たない小規模自治体の解消だけが合併目標とされたが，町村合併促進法（1953・54 年）のもとでは全市町村が合併の対象とされ，行政地域と日常生活圏との整合が図られた（森川，2012a：128）。すなわち，合併市は市街地を中心とする従来の都市行政だけを担当する自治体ではなく，都市圏行政を担当するものへと変貌した（西尾，2007：140）。したがって，旧市域に農村部が編入されることによって農家の割合が著しく高まり，従来の商工業中心から農

林漁業をも含めた産業行政へと転換したが（林，1961：88），交通の未発達な当時においては通勤（通学）圏も日常生活圏も狭い範囲に限定され，等質地域的な地域的枠組みがなお重要視されていた（西原，2013）。人口目標の達成のために通勤圏外の農村同士の合併も多く行われた。

「昭和の大合併」では町村合併促進法は3年で失効し，その後は新市町村建設促進法のもとで合併が進められ，1961年6月29日に終了した。それによって，1953（昭和28）年10月に9,868あった市町村は1961年6月末には3,472へと約1/3に減少した（沖縄県を除く）。それは「地方自治の本旨」に基づく自主合併を建前としながらも，自治庁や知事主導の強制的推進体制のもとに，府県合併審議会の設置や知事勧告によって強行されたものであった。表Ⅱ-1に示すように，アメリカ軍占領下において「昭和の大合併」が実施されなかった沖縄県を除いて，市町村減少率には都道府県によって著しい差異がみられた。市町村減少率が極端に低かったのは北海道（18.4％）と鹿児島県（19.0％），宮崎県（39.5％）であり，長崎県（47.5％）の他はすべて50％を超えるものであった。なお，市町村（2000年）当たりの平均面積にも北海道の393.7km^2から埼玉県の41.3km^2まで著しい差異があった。

(2)「昭和の大合併」以降「平成の大合併」に至るまで

「昭和の大合併」の終了から「平成の大合併」の開始までの期間は40年足らずであったが，高度経済成長期を挟んでわが国の社会・経済情勢は大きく変化した。表Ⅱ-2に示すように，この間に合併（新設・編入）[4]によって市町村数は次第に減少したが，人口1万人未満の小規模自治体は大都市圏地域では減少したのに対して，地方圏では「昭和の大合併」終了ころの比率を超えて増加し，「昭和の大合併」の人口的効果をまったく喪失した道県もあった。鹿児島県（33.9ポイント）や長崎県（同32.8），山形県（同30.3），北海道（同29.6）では小規模自治体が著しく増加したのに対して，神奈川県（同-20.2），埼玉県（同-17.4），大阪府（同-17.1）では顕著な減少がみられた。なお，工業化と関連した市町村合併のために，福島県（25.0％）や静岡県（22.1％），広島県（21.8％），千葉県（20.8％），岡山県（20.4％）などのように，1960～2000年の市町村減少率が高い県も現れた。

このようにして，新産業都市や工業整備特別地域の指定に基づく市町村合併が行われたり，高度経済成長期を迎えて大都市圏では多くの新市が誕生したところもあったが（表Ⅱ-3参照），地方圏の市町村の多くは人口減少のもとで財政的にも厳しい状況に置かれていた（表Ⅱ-4参照）。人口1万人未満の小規模自治体比率は都道府県別にみれば，1960年と2000年との間に$r = 0.717$（沖縄県を除く）の高い相関がある。1970年以降過疎法のもとで過疎地域では特別な財政的優遇措置がとられたが，小規模自治体の人口減少は一向に改善されることなく，過疎市町村は増加の一途をたどってきた。1990年代における地方圏の市町村は，エネルギー産業の立地や観光地など特殊な条件をもつものや大都市周辺の衛星都市を除くと，人口減少と厳しい財政状況のもとで増加する行政サービスの需要増加に対処することは困難となり，2000年には新たな再編が待たれる行財政の危機的状況にあった。その一方で，「昭和の大合併」時と比べると交通条件は著しく改善され，住民の日常生活圏は大きく拡大しており，日常生活圏と行政地域との乖離が拡大し，非効率的な行政運営が指摘されていた[5]。

「昭和の大合併」以後増加してきた行政サービスのなかには小規模な単独市町村では処理できないものが現れ，その都度一部事務組合を設置して対処してきた。とくに環境衛生などに関する一部事務組合が増加し，ゴミ・し尿処理施設が急速に設置された[6]。それはやがて1969年に始まる広域市町

表II-1 「昭和の大合併」における都道府県の市町村減少率

都道府県	市町村数 1950年	市町村数 1960年	市町村減少率	平均面積 2000年
北海道	277	226	18.4	393.7
青森	164	68	58.5	143.4
岩手	227	63	72.2	259.0
宮城	195	75	61.5	102.6
秋田	227	72	68.3	168.3
山形	223	48	78.5	211.9
福島	382	120	68.5	153.1
茨城	368	92	75.0	71.7
栃木	172	54	68.5	130.8
群馬	197	75	61.9	90.9
埼玉	322	95	70.5	41.3
千葉	310	101	67.4	64.5
東京	87	43	50.5	54.7
神奈川	117	39	66.7	65.3
新潟	387	120	69.0	136.5
富山	213	40	81.2	121.3
石川	179	43	76.0	102.1
福井	165	41	75.2	119.7
山梨	200	64	68.0	69.8
長野	380	147	61.3	113.0
岐阜	286	106	62.9	107.3
静岡	294	95	67.7	105.1
愛知	219	106	51.6	58.7
三重	286	75	73.8	83.7
滋賀	167	53	68.3	80.3
京都	188	44	76.6	104.8
大阪	152	51	66.4	43.1
兵庫	353	96	72.8	95.3
奈良	141	48	66.0	78.5
和歌山	204	52	74.5	94.5
鳥取	170	41	75.9	89.9
島根	244	62	74.6	103.0
岡山	367	98	73.3	91.2
広島	347	110	68.3	98.6
山口	173	58	66.5	109.1
徳島	131	53	59.5	82.9
香川	166	44	73.5	43.6
愛媛	240	76	68.3	81.1
高知	170	56	67.1	134.1
福岡	285	111	61.1	51.3
佐賀	122	49	59.8	49.8
長崎	160	84	47.5	51.8
熊本	325	104	68.0	78.8
大分	217	66	69.6	109.3
宮崎	86	52	39.5	175.8
鹿児島	121	98	19.0	95.7
沖縄	66	63	4.5	42.9
全国	10,472	3,577	65.8	117.0

*東京特別区は1市として含まれる．
*平均面積は都道府県面積を市町村数（2000年）で除したもの（km²）．
資料：国勢調査1950年，1960年による．沖縄県は統計局：過去の調査結果・時系列データによる．

表II-2 1960～2000年間における市町村数とその比率の変化

都道府県	市町村数 1960年	市町村数 2000年	減少率(%)	1万人未満自治体比率 1960年(%)	1万人未満自治体比率 2000年(%)	増減率(ポイント)
北海道	226	212	6.2	39.7	69.3	29.6
青森	68	67	1.5	42.6	53.7	11.1
岩手	63	59	6.3	27.0	40.7	13.7
宮城	75	71	5.3	26.7	40.8	14.2
秋田	72	69	4.2	33.3	62.3	29.0
山形	48	44	8.3	8.2	38.6	30.3
福島	120	90	25.0	49.2	57.8	8.6
茨城	92	85	7.6	21.7	17.6	-4.1
栃木	54	49	9.3	13.0	14.3	1.3
群馬	75	70	6.7	44.0	34.3	-9.7
埼玉	95	92	3.2	32.6	15.2	-17.4
千葉	101	80	20.8	33.7	22.5	-11.2
東京	43	41	4.7	23.3	27.5	4.2
神奈川	39	37	5.1	25.6	5.4	-20.2
新潟	120	112	6.7	43.3	52.7	9.4
富山	40	35	12.5	27.5	34.3	6.8
石川	43	41	4.7	41.9	43.9	2.0
福井	41	35	14.6	51.2	48.6	-2.6
山梨	64	64	0.0	62.5	62.5	0.0
長野	147	120	18.4	64.6	63.3	-1.3
岐阜	106	99	6.6	61.3	56.6	-4.7
静岡	95	74	22.1	26.3	20.3	-6.0
愛知	106	88	17.0	34.0	21.6	-12.4
三重	75	69	8.0	48.6	43.5	-5.1
滋賀	53	50	5.7	49.1	38.0	-11.1
京都	44	44	0.0	45.5	47.7	2.2
大阪	51	44	13.7	21.6	4.5	-17.1
兵庫	96	88	8.3	33.3	37.5	4.2
奈良	48	47	2.1	56.3	51.1	-5.2
和歌山	52	50	3.8	50.0	60.0	10.0
鳥取	41	39	4.9	63.4	79.5	16.1
島根	62	59	4.8	58.1	76.3	18.2
岡山	98	78	20.4	57.1	64.1	7.0
広島	110	86	21.8	54.5	61.6	7.1
山口	58	56	3.4	36.2	58.9	22.7
徳島	53	50	5.7	50.9	62.0	11.1
香川	44	43	2.3	36.4	39.5	3.1
愛媛	76	70	7.9	46.1	64.3	18.2
高知	56	53	5.4	64.3	69.8	5.5
福岡	111	97	12.6	23.4	24.7	1.3
佐賀	49	49	0.0	38.8	53.1	14.3
長崎	84	79	6.0	38.1	70.9	32.8
熊本	104	94	9.6	51.0	61.7	10.7
大分	66	58	12.1	47.0	65.5	18.5
宮崎	52	44	15.4	34.6	43.2	8.6
鹿児島	98	96	2.0	27.6	60.4	33.9
沖縄	63	53	15.9	63.5	49.1	-14.4
全国	3,577	3,230	9.7	41.2	46.6	5.4

*東京特別区は1市として含まれる．
資料：国勢調査1960年および2000年による．沖縄県を含む．

表 II-3 「平成の大合併」における各都道府県の市町村減少数と市村合併率，合併後の市町村規模およびDID比率

都道府県	市町村数 2000年	市町村数 2010年	合併市町村数	形成新町村数	平均合併市町村	市町村数減少率(%)	市町村合併率(%)	新市町村率(%)	3万未満新町比率(%)	1万人未満の自治体比率 2000年	1万人未満の自治体比率 2010年	差(ポイント)	DID比率 2010年(%)
北海道	212	179	55	22	2.5	15.6	25.9	12.3	63.6	69.3	65.9	-3.4	74.0
青森	67	40	43	17	2.6	40.3	64.2	42.5	52.9	53.7	32.5	-21.2	46.0
岩手	57	34	38	12	3.1	42.4	64.4	35.3	41.7	40.7	23.5	-17.2	29.6
宮城	71	35	45	9	5.0	50.7	63.4	25.7	51.4	40.8	14.3	-26.5	59.9
秋田	69	25	59	15	3.9	63.8	85.5	60.0	33.3	62.3	32.0	-30.3	34.2
山形	44	35	12	3	4.0	20.5	27.3	8.6	33.3	38.6	40.0	1.4	42.4
福島	90	59	43	12	3.6	34.4	47.8	20.3	16.7	57.8	49.2	-8.6	40.0
茨城	85	44	66	25	2.5	48.2	77.7	56.8	4.0	17.6	2.3	-15.3	37.3
栃木	49	27	34	12	2.8	44.9	69.4	44.4	16.7	14.3	3.7	-10.6	44.2
群馬	70	35	50	15	3.3	50.0	71.4	42.9	26.7	34.3	28.6	-5.7	39.9
埼玉	92	64	43	15	2.8	30.4	46.7	23.4	20.0	15.2	4.7	-10.5	79.6
千葉	80	54	38	12	3.1	32.5	47.5	22.2	8.3	22.5	13.0	-9.5	72.9
東京	41	40	2	1	(2.0)	2.5	4.9	2.5	0.0	27.5	27.5	0.0	97.9
神奈川	37	33	5	1	(5.0)	10.8	13.5	3.0	0.0	5.4	6.1	0.7	94.2
新潟	112	30	100	18	5.6	73.2	89.3	60.0	5.6	52.7	20.0	-32.7	48.1
富山	35	15	26	6	4.3	57.1	74.3	40.0	0.0	34.3	6.7	-27.6	37.1
石川	41	19	32	10	3.2	53.7	78.0	52.6	50.0	43.9	10.5	-33.4	50.1
福井	35	17	28	10	2.8	51.4	80.0	58.8	60.0	48.6	11.8	-36.8	41.8
山梨	64	27	51	14	3.7	57.8	79.7	51.9	42.9	62.5	33.3	-29.2	32.6
長野	120	77	61	18	3.3	35.8	50.8	23.4	38.9	63.3	53.2	-10.1	34.8
岐阜	99	42	74	17	4.4	57.6	74.7	40.5	17.6	56.6	16.7	-39.9	38.9
静岡	74	35	58	19	3.0	52.7	78.4	54.3	10.5	20.3	14.3	-6.0	59.6
愛知	88	57	45	14	3.2	35.2	51.1	24.6	14.3	21.6	7.0	-14.6	73.2
三重	69	29	56	16	3.5	58.0	81.2	55.2	43.8	43.5	17.2	-26.3	42.2
滋賀	50	19	41	10	4.1	62.0	82.0	52.6	10.0	38.0	15.8	-22.2	46.7
京都	44	26	25	7	3.5	40.9	56.8	26.9	28.6	47.7	23.1	-24.6	83.0
大阪	44	43	2	1	(2.0)	2.3	4.5	2.3	0.0	4.5	4.7	0.2	95.8
兵庫	88	41	66	18	3.6	53.4	75.0	43.9	33.3	37.5	0.0	-37.5	76.6
奈良	47	39	12	4	3.3	17.0	25.5	10.3	0.0	51.1	46.2	-4.9	51.8
和歌山	50	30	32	12	2.7	40.0	64.0	40.0	58.3	60.0	36.7	-23.3	39.5
鳥取	39	19	30	10	3.0	51.3	76.9	52.6	70.0	79.5	36.8	-42.7	35.3
島根	59	21	53	15	3.5	64.4	89.8	71.4	53.3	76.3	38.1	-38.2	25.0
岡山	78	27	68	17	4.0	65.4	87.2	63.0	23.5	64.1	14.8	-49.3	45.6
広島	86	23	80	17	4.7	73.3	93.0	73.9	35.5	61.6	8.7	-52.9	63.6
山口	56	19	49	12	4.1	66.1	87.5	63.2	16.7	58.9	15.8	-43.1	48.2
徳島	50	24	36	10	3.6	52.0	72.0	41.7	60.0	62.0	29.2	-32.8	31.7
香川	43	17	35	9	3.9	60.5	81.4	52.9	33.3	39.5	11.8	-27.7	32.8
愛媛	70	20	68	18	3.8	71.4	97.1	90.0	38.8	64.3	15.0	-49.3	52.4
高知	53	34	29	10	2.9	35.8	54.7	29.4	70.0	69.8	55.9	-13.9	42.8
福岡	97	60	55	17	3.1	38.1	56.7	30.0	33.3	24.7	13.3	-11.4	70.9
佐賀	49	20	39	10	3.9	59.2	79.6	50.0	50.0	53.1	25.0	-28.1	29.8
長崎	79	21	71	13	5.4	73.4	89.9	61.9	23.1	70.9	9.5	-61.4	47.1
熊本	94	45	66	17	3.9	52.1	70.2	37.8	52.9	61.7	33.3	-28.4	46.6
大分	58	18	52	12	4.3	69.0	89.7	66.7	16.7	65.5	5.6	-59.9	45.2
宮崎	44	26	25	7	3.5	40.9	56.8	26.9	14.3	43.2	30.8	-12.4	45.9
鹿児島	96	43	75	22	3.4	55.2	78.1	51.2	36.4	60.4	39.5	-20.9	39.9
沖縄	53	41	17	5	3.4	22.6	32.1	12.2	40.0	49.1	43.9	-5.2	66.8
全国	3,230	1,728	2,080	586	3.6	46.5	64.4	34.0	32.4	46.6	23.1	-23.5	67.0

＊3万人未満新町比率：人口3万人未満となった新市や合併によっても3万人以上に回復しなかった市も含まれる．
＊平均合併市町村数のなかの（カッコ）は合併市町村が1つの場合を示す．
資料：国勢調査報告（2010年）による．

表Ⅱ-4 各都道府県の平均財政力指数

都道府県	平均財政力指数 2000年度	平均財政力指数 2010年度	増加率 ポイント
北海道	0.23	0.26	0.03
青森	0.25	0.33	0.08
岩手	0.27	0.33	0.06
宮城	0.37	0.53	0.16
秋田	0.26	0.32	0.06
山形	0.31	0.35	0.04
福島	0.38	0.47	0.09
茨城	0.54	0.75	0.21
栃木	0.61	0.75	0.14
群馬	0.48	0.64	0.16
埼玉	0.65	0.83	0.18
千葉	0.60	0.77	0.17
東京	0.74	0.80	0.06
神奈川	0.90	1.02	0.12
新潟	0.38	0.55	0.17
富山	0.46	0.58	0.12
石川	0.40	0.54	0.14
福井	0.47	0.61	0.14
山梨	0.42	0.60	0.18
長野	0.34	0.42	0.08
岐阜	0.41	0.62	0.21
静岡	0.67	0.86	0.19
愛知	0.78	1.04	0.26
三重	0.48	0.65	0.17
滋賀	0.55	0.75	0.16
京都	0.43	0.59	0.16
大阪	0.78	0.77	-0.01
兵庫	0.50	0.63	0.13
奈良	0.37	0.42	0.05
和歌山	0.30	0.38	0.08
鳥取	0.29	0.35	0.06
島根	0.25	0.28	0.03
岡山	0.31	0.44	0.13
広島	0.34	0.58	0.24
山口	0.37	0.57	0.20
徳島	0.29	0.43	0.14
香川	0.45	0.58	0.13
愛媛	0.30	0.45	0.15
高知	0.22	0.25	0.03
福岡	0.40	0.53	0.13
佐賀	0.39	0.54	0.15
長崎	0.25	0.39	0.14
熊本	0.27	0.37	0.10
大分	0.26	0.41	0.15
宮崎	0.28	0.36	0.08
鹿児島	0.24	0.28	0.04
沖縄	0.27	0.34	0.07
全国	0.42	0.54	0.12

＊東京特別区を除く．
資料：総務省自治財務調査課：平成12年度，平成22年度財政指数表による．

村圏の設置へと続くことになる。広域市町村圏の設置理由には，「昭和の大合併」の余波もようやく収まったのに「自治の基礎をゆるがす」ような合併策はとるべきでないという考えに加えて，既存の一部事務組合による個別的な対応には限界があると考えられたからである（佐藤[俊]，2006：235）。

広域市町村圏では協議会や一部事務組合に基づく人口10万人以上を基本として，全国では334の圏域が設置されたが，新たな複合的な事務組合への統合はそれほど進捗しなかった[7]。広域市町村圏に続いて，1977年8月に発表された大都市周辺地域振興整備措置要綱では人口40万人程度の圏域を基準とする25の大都市周辺地域広域行政圏（広域市町村圏と合わせた広域行政圏は359）が設置された。したがって，広域市町村圏と大都市周辺地域広域行政圏を合わせた広域行政圏は全国土の大部分をカバーするものとなった[8]。

1980年代に入ると地方分権ないしは分権改革（機関委任事務制度の全面廃止）が問題となり，1981年に発足した臨時行政改革推進審議会（行革審）の審議テーマとなった。1989年12月の第2次行革審「国と地方の関係などに関する答申」では都道府県連合制度や市町村連合制度の導入が提言され，第23次地方制度調査会（1993年4月）の「広域連合及び中核市に関する答申」では一部事務組合の限界を踏まえて広域連合の導入が答申された。その理由としては，「多様化した広域行政需要に適切かつ効率的に対応するとともに，これまで必要性が指摘されてきた国からの権限移譲の受け入れ体制を整備するため，新しい広域行政体制を制度化する必要がある」とされた（佐藤[俊]，2006：297）。

広域連合の設立には都道府県の指導や支援が大きく影響し，県が市町村に働きかけて設立したところが多いが，なかには市町村合併の妨げになるとして設立を勧めない県もあった（原田，1999）。そうしたなかで，広域連合は複合的事務組合と同類の制度とみなされてさほど普及せず[9]，広域連合の制度化を

推進しようとしていた自治（現総務）省も一部事務組合と広域連合を同列に扱い，せいぜい合併の呼び水となりうる以外は，短所の多い制度として否定的に評価されるに至った（佐藤[俊]，2006：306）[(10)]。

　1990年代になると，わが国の財政は赤字が著しく増大し深刻なものとなった。バブル経済の崩壊による租税収入が減少してきた上に，1985年のプラザ合意以降の円高の進行により地域を支えていた企業の海外移動も失業率を高めて税収を低下させる要因となり，地域経済の不均等発展を助長することとなった。その一方で，地方交付税制度のもとでは基準財政需要額で算定された一般財源を地方自治体に保障してきたので[(11)]，国は交付税特別会計等を用いて巨額の負債をかかえて資金を調達しなければならなかった。そのために交付税特別会計は破綻し，小泉政権下でのドラスティックな交付税削減策へとつながることとなった。広域連合の形成では地方交付税の節減にはならず，国家財政の改善には役立たないことも，市町村合併の道を進むことになったとみることができる[(12)]。

　第24次地方制度調査会答申（1994年11月）では，「この30年間においては東京一極集中が進行し，「国土の均衡ある発展」を図る必要性がますます高まってきており，住民の日常社会生活圏を国土形成の基礎的な単位としてとらえ，広域的な地域の復興整備を推進していくことが重要となっている」と述べており，市町村合併が必要であるとする共通認識が初めて持たれるようになった。そして，1995年3月の合併特例法の期限切れを控えた「市町村の自主的な合併の推進に関する答申」（1994年11月）[(13)]において，市町村合併に対する政府のスタンスに変更がみられ（岩崎，2000：39-40），「市町村合併を円滑化する政策」から「自主的な市町村の合併の推進」へと目標の転換がなされた。この改正に基づいて住民発議の市町村合併も認められた（新田，2010）。

　しかしながら，上述の佐藤[俊]（2006：306）の説明と併せて考えると，自治省は－長野県を例外とすれば－，広域連合には最初からそれほど大きな期待をかけていたとはいえないので，この転換は広域連合から市町村合併へという基本的な方針転換ではなかったものと理解される。市町村合併の推進を決定した後に広域連合を導入するのは無意味であるので，広域連合導入の発表直後に市町村合併に転換したのは政府の戦略によるものと理解することもできる。

　その後1996年には経団連が戦略ビジョン「活力あるグローバル国家」構築を目標にかかげたのに対応して，橋本内閣は「多国籍企業に選んでもらえる国づくり・地域づくり」を目標として「規制緩和」，「官から民へ」，「国から地方へ」の政策を実施し[(14)]，大規模な実行力のある自治体の形成に向けて市町村合併を推進することとなった（宮入，2005a）。1997年9月には，市町村と都道府県の首長を対象として市町村合併に関するアンケート調査を実施し，その結果を踏まえた第25次地方制度調査会では「市町村の合併に関する答申」（1998年4月）[(15)]を提出し，そのなかでは，市町村合併に関する論議をさらに深めることとなった。第24次地方制度調査会答申では「昭和の大合併」以来の合併アレルギーが根強く残っていたことに配慮して，「市町村合併を有効で適切な方策と捉えながらも広域行政の推進と並ぶ選択肢の1つというニュアンスをなお有していた」のに対して，第25次地方制度調査会の答申では合併の必要性を真正面から強調するものとなった（岩崎，2000：48）。

　したがって上述のように，政府が市町村合併の推進の方向性を第24次地方制度調査会答申（1994年11月）において決定したとすれば，小選挙区制比例代表並立制を導入した衆議院議員選挙（1996年10月）や自民党が都市部選挙区において大敗を喫した参議院選挙（1998年7月）よりも以前のことになる。とすれば，自民党の選挙敗北は合併導入の決定的要因というよりも合併推進に拍車をかけ

る要因になったとみることができる[16]。

(3)「平成の大合併」の実施

自治省は1999年8月6日に各都道府県知事に対して、「市町村の合併の推進についての要綱」（合併推進要綱）を2000年内のできるだけ早い時期に策定し、これに基づいて市町村の合併に向けた取り組みを積極的に支援することを要請した（自治振第95号）。その意図は、全国的な取り組みを一定期間内に推進することによって合併機運を高めようとするものであった。

1999年7月に地方分権一括法が成立したのをうけて2000年4月には合併特例法が改正され[17]、合併算定替の期間延長と合併特例債をアメとする「平成の大合併」が始まった[18]。「平成の大合併」では町村の最小人口規模に設定されなかったが、財政状況を考慮して人口1万人未満の小規模自治体を消滅させ、市町村数を1,000まで減少することが目標とされた[19]。1,000に減少するためには、XII章4節で述べるように、平均人口約5万人の新市の形成を必要とするものであったが[20]、その数値目標を達成することはできなかった。

その後2000年12月に閣議決定された行政改革大綱では、「地方分権の推進や少子・高齢化の進展、国・地方を通じて財政の著しい悪化など市町村行政を取り巻く情勢が大きく変化している中にあって、基礎的地方公共団体である市町村の行政サービスを維持し、向上させ、また、行政としての規模の拡大や効率化を図る」との観点から、与党行財政改革推進協議会における「市町村合併後の自治体数を1,000を目標とする」との方針を踏まえて、「自主的な市町村合併を積極的に推進し、行財政基盤を強化する」と説明した[21]。その際には、表II-5に示すように、各人口規模をもつ市町村とその特徴について表示しただけで、望ましい人口規模については触れなかった。

これより先1998年には、4万市特例[22]が議員立法によって決定され、篠山市の市制施行に適用されたが、1999年における合併特例法の一部改正のもとでは市制施行基準はさらに緩和され、3万市特例が認められた。すなわち、市となるべき要件については2005年3月末までの合併に限り人口要件を3万人以上とし、中心市街地の戸数が全戸数の6割以上で商工業等の都市的業態に従事する世帯人口が全人口の6割以上を占めるなどの付帯条件がすべて削除された。このような市制施行規準の緩和は、上記の合併特例債の利用や合併算定替による地方交付税の優遇措置とともに、市町村合併を大きく促進することとなった。

しかし、明治以来の自治体広域化の流れの延長で改革を進めた「平成の大合併」は、世界的な変化の潮流からみれば時代に逆行したものであった（加茂、2009）。今日、都市化、工業化、福祉国家化といった共通の社会変化のなかで自治体の区域改革の問題が共通して現れており、欧米先進国では「ヨーロッパ地方自治憲章」（1985年）や国際地方自治体連合（IURA）の「世界地方自治宣言」（1993年）において、自治体の区域の変更は関係自治体の協議と同意に基づいて行われ、法律が認める場合には住民投票を必要とするとの原則が成立しているからである。

2001年3月には、国民への啓発と関係省庁間の連携のために内閣に市町村合併支援本部を設置し、同年6月には小泉内閣は「骨太の方針」を発表した。その特徴は「都市再生」に重点を置くもので、上述の大都市における多国籍企業の立地条件整備に対して、地方交付税については段階補正[23]の縮減が始まった（岡田・京都自治体問題研究所編、2003：103）。そして、地方は「国への過度の依存」

表Ⅱ-5 合併後の人口規模等に着目した市町村合併の類型（自治省）

類型	想定される典型的な地域	合併を通じて実現すべき目標	人口規模と関連する事項
50万人以上	*複数の地方中核都市が隣接している場合 *大都市圏において，複数の中小規模の市が隣接している場合	*経済圏の確立 *高次都市機能の集積 *大都市圏における一極集中の是正 *指定都市への移行による都道府県も含めたイメージアップ	*政令指定都市
30万人・20万人程度	*地方中核都市と周辺の市町村で1つの生活圏を形成している場合 *大都市圏において，市街地が連担した複数の小面積の市が隣接している場合	*都市計画，環境保全行政等の充実，保健所の設置など *中核的都市機能の整備 *急激な人口増加への広域的な対応 *都道府県全体の発展の中核となる都市の育成 *中核市・特例市への移行によるイメージアップ	*中核市（30万以上） *特例市（20万以上） *一般廃棄物処理（効率的なサーマルリサイクルが可能な）300t/日規模の施設の目安（20～25万人） *老人保健福祉圏域（平均36万人） *二次医療圏（平均21万人）
10万人前後	*地方圏において，人口の少ない市と周辺の町村で1つの生活圏を形成している場合 *大都市周辺において，人口の少ない市町村が隣接している場合	*高等学校の設置や一般廃棄物の処理（焼却）など一定水準の質を有する行政サービスの提供 *県下第2・第3の都市の育成による系全体の均衡ある発展	*広域市町村圏の設定基準（おおむね10万人以上） *消防の体制整備（10万程度） *高等学校の設置（10万人以上の市） *一般廃棄物処理（焼却）（100t/日規模の施設の目安）（7～9万人） *女性に関する施策をもっぱら担当する組織（課相当）の設置（10万人程度）
5万人前後	*地方圏において，隣接している町村で1つの生活圏を形成している場合	*福祉施策等の充実（福祉事務所の設置など） *グレードの高い公共施設の整備 *計画的な都市化による圏域全体の発展 *市制施行	*市制施行の要件（5万人（合併特例4万人））（福祉事務所の設置等） *市町村障害者福祉参加促進事業の単位（「厚生省関係障害者プランの推進方策について」（平成8年11月15日付け厚生省大臣官房障害保健福祉部長通知参照） *特別養護老人ホーム2カ所，デイ・サービス7カ所，ホームヘルパー70人弱 *環境政策一般部門の専任組織（課相当）の設置（3万人程度）
1万人～2万人程度	*中山間地域等において，地理的条件や文化的条件にまとまりなど，複数の町村が隣接している場合 *離島が，複数の市町村により構成されている場合	*適切かつ効率的な基幹的行政サービスの提供	*町村合併促進法（昭和28年）における標準（最低）規模（おおむね8,000人） *中学校の設置（標準法による基準での最小（13,200人程度で1校）（1学校当たりの生徒数を480人（1学級当たり生徒数40人×12学級）とする等の仮定を置いた場合（自治省試算） *デイ・サービスやデイ・ケアの設置（新GP1.7万カ所：7,300人程度に1カ所） *在宅介護支援センターの設置（新GP1カ所：12,500人程度に1カ所） *特別養護老人ホームの整備（最小規模50床を基準（なお，大都市，過疎地等では例外的に30床）：2万人程度） *2万人ではデイ・サービス3カ所，ホームヘルパー30人弱 *建築技師の設置（1万人程度） ○新GP＝新・高齢者保健福祉推進10カ年戦略（新GP） なお，保健福祉，学校教育といった基幹的な行政サービスを適切・効率的に提供するためには，少なくともこの「人口1万人～2万人程度」という類型の規模は期待される．

出所：自治省行政局（1999）：『「市町村の合併の推進についての指針」のポイント』による．

から自立を図るべきであり,「均衡ある発展」から「地域間の競争による活性化」に移すべきだとし,「自らの判断と財源による魅力ある地域づくり」を行い,「地域の自立した発展と活性化」を可能にするのは市町村合併であるとした(24)。

「骨太の方針」は,これまで人口が少ないほど手厚く配分されてきた地方交付税の段階補正に対する見直し措置であり,それは小規模自治体の行財政運営に深刻な影響を与え,旧合併特例法の期限内での合併に向けて浮き足立たせることになった(梶田, 2008;今井 2008:43-44)。地方交付税の―とくに2001～03年度の―減額措置(25)はこれまで緩慢であった合併協議を大きく促進させることとなり,旧合併特例法のもとでは「駆け込み」合併が大半を占める結果となった(町田, 2006:44)。保母(2007:18)は,市町村の財源を絶つ「兵糧攻め」によって実施された「平成の大合併」を自主的合併の衣を着せた「理念なき強制合併」と評し,加茂(2003)は個性なき大規模自治体を残し,多様性のない画一的な自治体にするならば,取り返しのつかない愚挙であると述べている。

さらに,2001年9月に自民党のプロジェクトチーム案では人口1万人未満の市町村を小規模自治体と定義し,2002年11月の第27次地方制度調査会専門小委員会では,一定の選択期間をおいた後,人口〇△人未満の町村の業務を住民票交付や転出入届けの発行など窓口業務に限定し,その他の権能を県が担う事務配分特例方式や近隣市町が担う内部団体移行方式にする西尾私案が発表された。この案(26)は実現しなかったけれども,その「空砲効果」は絶大であった(27)。

その後2005年3月には従来の市町村合併法が失効するのを受けて,一部の優遇措置を継続させて市町村合併を推進するために,2004年には新合併特例法(合併新法)が制定され,2005年4月から施行された。政府は合併目標の1,000市町村に近づけるために強い意気込みを示したが,上述したように,2010年3月末の「平成の大合併」終了時には1,727市町村まで減少しただけで,目標値を達成することはできなかった(28)。

しかも,表Ⅱ-3に示すように,「平成の大合併」は著しい地域差を伴うかたちで終了した。大都市周辺地域では市町村合併はほとんど行われなかったし,人口1万人未満の小規模自治体の減少率においても都道府県間に大きな差異が生じた。小規模自治体の減少率(2000～10年)が高い県は,長崎県(-61.4ポイント)や大分県(同-59.9),愛媛県(同-59.3)など市町村減少率の高い西南日本に多くみられる。また,合併後の財政力の状況を知るために表Ⅱ-4にみると,当然のことではあるが,ほとんど合併しなかった大阪府を除くと,2000～10年には各都道府県の平均財政力指数が上昇しているのがわかる(図ⅩⅢ-2参照)。

わが国の総人口は2008年の12,808.4万人を境として人口減少に転じ(29),2050年には8,833万人に減少すると推測されるので,このままでゆくと将来小規模自治体の数はますます増加することが予測される(30)。「平成の大合併」においては,①広がる日常生活圏への対応,②少子・高齢社会到来への対応,③地方分権による市町村の役割への対応,④厳しい財政状況への対応という4つの目的が掲げられたが(総務省,2010)(31),現実には,合併の目的は財政の効率化一辺倒となり,県から市町村への事務権限の移譲による体力強化の目的は忘れ去られた感がある(西尾,2007:130)。

とりわけ,「日常生活圏への対応」についてはなにを意味するのか理解しにくい点がある。小西(2003:7)が指摘するように,財政的メリットがあるのは合併後の一定期間だけであり,日常生活圏と行政の不整合の問題が重要であると主張する人もあるが,日常生活圏への対応は「昭和の大合併」の分

村合併[32]にみられたような深刻な問題ではなく，多くの場合それほど重要な問題とはならなかった。日常生活圏は都市によって規模が異なり，市町村域を日常生活圏に近づけることは不可能であるからである。

とはいえ，市町村合併において日常生活圏をまったく無視することはできないし，日常生活圏は住民個人によっても異なる。とくに老人や子どもなど交通弱者の日常生活圏は狭い範囲に限定されており，高齢者を対象とする福祉行政では距離の問題が重要である。畠山（2007）によると，沼田市（群馬県）では日常生活圏[33]を分断するかたちで合併が行われ，高齢者福祉サービスの一体化は困難であり，域内格差が顕著にみられるという。

2. 調査項目とその説明

上述したように，本研究では全都道府県における「平成の大合併」の実施状況をある一定の調査項目に従って調査するのが目的である。それは，各都道府県のもつ地理的特徴や市町村合併への対応を比較考察するなかで，①日常生活圏（通勤圏）の様相，②合併推進要綱や合併推進構想など都道府県の対応を取り上げ，③「合併の経緯」において合併協議会（任意，法定）の設置や解散による合併への過程を，都道府県内すべての市町村について記述することである。そのためには各都道府県ごとに，(1)「地理的特徴と市町村合併に対する都道府県の対応」，(2)「合併の経緯」の項目を設定して記述を進める。地理的特徴のなかでは，人口1万人未満の小規模自治体の状況や市町村の財政状況などにとくに注目し，その特徴を取り上げることにした。また，都道府県の市町村合併に対する熱意を考察するためには合併特別交付金の問題も避けて通れないので，その交付状況の比較考察は各地方のまとめのところで行うことにする。

都道府県の合併推進要綱などの資料は郵送によって収集することもできるし，合併協議資料もグリグリ氏の資料によって得られるが，実際に各都道府県の市町村（地方）課を訪ねるとより詳しく正確な情報が得られる。そのため，著者は数県を除くほとんどすべての都道府県を訪ねて説明を求めた。また「平成の大合併」と関係する自治体病院や学校統合の調査のために医務（地方医療）課，介護保険課や学校教育課なども訪ねた。

(1) 日常生活圏

市町村合併においては，上記のように，日常生活圏への対応が合併の目的の1つに数えられているので，合併において日常生活圏がいかに考慮されているかを検討する。上記のように，日常生活圏は国勢調査において集計された通勤圏でもって代表させることにする。通勤圏とともに通学圏も有用な資料ではあるが，通勤と通学では性格を異にするので，本研究では通勤圏だけを考察することにする。

その際に，第1位対地として5％以上就業する中心地が2つ以上の市町村をもつ場合に，通勤圏をもつ中心地（通勤中心地）とする[34]。1つの市町村からだけ5％以上の通勤者が就業する場合には準通勤圏とみなし，5％以上が通勤する第1位対地をもたない市町村は通勤圏外地域とする。通勤圏をもちながらも他の大規模な中心地に対する通勤者比率が5％を超える中心地は，半従属中心地と呼ぶことにする。東京特別区への通勤が多い横浜市や千葉市はその典型的な例である。もちろん，通勤圏

の中心地が自市町よりも小規模な市町[35]へ5％以上の通勤者が就業する場合があるが，その場合の通勤者比率は無視することする．

　交通の不便な農山村においては玉突型通勤圏が現れるが，都市が密集して分布する地域にみられることもある．玉突型通勤圏とはA村からB町へ5％以上の通勤者があり，B町からC市に5％以上の通勤者があるような場合であり，職種も多く労働条件のよいC市にA村から通勤できないときに起こる「通勤圏が傾斜した現象」である．なおC市からみると，A村はB町を介した間接的圏域とみることができる．そのほかにも，A町とB町とが相互に相手の町に5％以上の通勤者を送り込む相互依存型通勤圏が現れる場合もある．なかには，A・B両町が相互依存型通勤圏を形成するなかに，B町に通勤者を送るC町村が加わることもあり，B町は小規模な中心地となる．この形態がさらに発達すると，群馬県の前橋市と高崎市のように，それぞれ通勤圏をもつ2つの中心地同士が相互に通勤者を交流する共同通勤圏となる．

　通勤圏の規模については，5％以上の通勤圏に属する市町村の人口数によって区分することもできるが，本書では通勤圏として周辺10以上の市町村を含む場合を大規模中心地，5〜9を含む場合を中規模中心地，2〜4を小規模中心地と呼ぶことにする．各都道府県の通勤圏の規模は表XII-11に示すようになる．通勤圏の規模や形態をこのように定めるのはきわめて便宜的ではあるが，市町村合併において通勤圏がいかに考慮されているか，通勤圏に対応した合併がいかに多いのかをみるための1つの方法として有効なものと考える．

(2) 合併推進要綱と合併推進構想

　上述したように，自治省は2001年3月を期限として年内のできるだけ早い時期に合併推進要綱を策定し，これに基づいて市町村の合併に向けた取り組みを積極的に支援することを要請した．合併推進要綱に掲げる事項としては，①市町村の地域の現況と今後の展望，②市町村の行財政の現状と今後の見通し，③市町村合併の効果や合併に際して懸念される事項への対処，④市町村の合併パターン，⑤市町村合併に関する都道府県および市町村の取り組みの5項目の考慮が指示されたので，各都道府県の合併推進要綱ではこれらを共通項目として取り上げた．

　そのなかで，本書でとくに注目するのは「市町村の合併パターン」である．合併パターンについては，自治省から市町村の組み合わせをわかりやすく地図上に示すことが要請され，複数の組み合わせを示すのが適当とされた．その際の留意事項は，①圏域の人口規模，②合併を通じて実現すべき目標（基幹的サービスの充実，効率的行政運営など），③規模や能力に応じた組織や権能の差（例：中核市，特例市），④市町村間の結びつき，⑤圏域の面積規模，⑥「合併への制約が大きい地域」に関するものである．

　このうち面積規模についてみると，大都市圏や地方圏の平野部では面積の狭い市町村が存在し，日常生活圏と行政区域とが著しく乖離しているので，合併の効果が大きいものと期待された．一方，人口密度が低い山間部においては合併により面積が広大なものとなり，市町村としての一体性が十分に確保できなかったり，合併の効率性が十分に発揮できない場合も想定されるので，総面積だけでなく可住地面積や集落の配置なども配慮して検討すべきである．また，外海離島や山間へき地のような「合併への制約が大きい地域」では交通条件の改善や今後の情報通信手段の発達，ネットワークの整備な

ども考慮して合併の可能性の検討を行い，合併の適否を判断するのが適当であると述べている。したがって，自治省は「合併への制約が大きい地域」では合併困難な場合があることを認めているが，広域連合や県の支援など合併以外の方策について具体的には触れていない[36]。

さらに，合併推進要綱の「市町村などに対する支援に関する事項」では，国による合併算定替や合併特例債その他の財政措置，都道府県の市町村合併に対する支援に関する説明がある。「市町村合併の一般的な効果」においては，①広域的な観点からのまちづくりや重点的な投資による基盤整備，地域のイメージアップ，②専門職の採用などによる住民サービスの維持・向上，③行財政運営の効率化に関する説明がある。また，「合併後の人口規模等に着目した市町村合併の類型」については，表Ⅱ-5に示すように，①人口50万人以上，②30万人・20万人程度，③10万人前後，④5万人前後，⑤1〜2万人程度に類型化し，それぞれの人口規模をもつ都市の目標や能力などについて述べている。

例えば，人口50万人以上の類型では，①複数の地方中核都市が隣接している場合，②大都市圏において複数の中小規模の都市が隣接している場合が合併の対象となり，合併を通じて，①経済圏の確立や②高次都市機能の集積，③大都市圏における一極集中の是正，④指定都市への移行による都道府県を含めたイメージアップを目標とすることができるとしている。これに対して，1〜2万人程度の類型では中学校の設置は人口13,200人程度で1校（生徒数480人），デイサービス・デイケアの設置は7,300人程度で1カ所，在宅介護支援センターの設置は12,500人程度で1カ所，特別養護老人ホームの整備では人口2万人程度（人口2万人ではデイサービス3カ所，ホームヘルパー30人弱），建築技師の設置は1万人程度の人口が必要としている（自治省行政局，1999）。

これらの説明の中では，いくつかの点が注目される。①「日常社会生活圏と行政区域が著しく乖離している」という説明からは，合併によって乖離を縮小しようという意図が推察される。しかし，上述したように，日常（社会）生活圏は都市の規模によって大きく異なり，両者の完全整合は不可能なので，より具体的な説明が必要であろう。②「複数の地方中核都市が隣接している場合」を合併の対象としており，後述（ⅩⅢ章1節）するように，都市間の合併が困難なことは想定されていない。③同様に，「大都市圏において複数の中小規模の都市が隣接している場合」も合併の効果が期待されるとして合併対象に含められており，大都市圏やその周辺地域における富裕な市町が合併に対して消極的な態度をとることも予想されていなかったようで，特別な配慮や説明はみられない。④上述したように，外海離島や山間へき地を「合併への制約が大きい地域」として認めているが，合併に代わる特別な措置については提示されていない。

当時すでに市町村合併への取り組みを始めていた県もあったが[37]，多くは合併推進要綱の策定後に合併協議が始まる。今井（2008：97）は都道府県と市町村の合併に対する態度とを比較して，都道府県の市町村合併に対する役割は市町村に比べてそれほど大きくないものとみるが[38]，著者は後述（ⅩⅡ章1節）のように，各都道府県の市町村合併に対する熱意には大きな差があり，都道府県の対応が域内の市町村合併に大きく影響したものと考える[39]。上述した合併推進要綱の策定においても一様とはいえない。群馬県のように遅れて提出したところもあるし，福島県や長野県のように，種々の資料だけを示して基本パターンを提示しなかった県もある。また兵庫県のように，簡単な図を1枚用意したところもあった（図Ⅶ-5参照，市町村合併問題研究会編，2001：158）。

合併推進要綱においてとくに問題になるのは，①合併の参考・目安とされる基本パターンがどのよ

うな点に留意して作成されたのか，②基本パターンの圏域が通勤圏や広域市町村圏などとのような関係にあるのか，③どのような人口規模の圏域を想定したのか，などである。各市町村の「合併の経緯」については，できるだけ基本パターンの圏域を考慮しながら説明する。

さらに，合併新法のもとで市町村合併を推進するために，総務省は2005年4月初頭に「市町村の合併の特例等に関する法律等の施行について」を都道府県に通知し（総行市第280号），2005年5月末には合併推進構想の策定を要求した（総行市第490号）。

合併推進構想においては合併特例債の廃止や合併算定替の合算特例期間10年を段階的に5年に短縮するなどの変更があったが，その内容では，①自主的な市町村の合併の推進に関する基本的な事項として，都道府県内における市町村の望ましい姿，合併推進の必要性，合併推進に当たっての当該都道府県の役割等に関する基本的考え方を示すこと，②市町村の現況と人口や高齢化の将来の見通しを示すこと，③構想対象市町村の組み合わせを示すこと，が要求された。構想対象市町村としては，①日常生活圏域を踏まえた行政区域を形成するのが望ましい市町村，②さらに充実した行政権能等を有する政令指定都市[40]，中核市[41]，特例市[42]などを目指す市町村，③おおむね人口1万人未満を目安とする小規模な市町村を取り上げることが要求された。

ただし，旧合併特例法のもとで市町村合併が進捗し，合併新法での合併協議が予定されない13の都道府県[43]では，合併推進構想は策定されなかった。策定した都道府県のなかでは，合併協議の対象となる構想対象市町村の組み合わせだけを提示した場合と，県全域について合併推進要綱の基本パターンとは別に「将来の望ましい市町村の姿（組み合わせ）」を示した場合とがある。構想対象市町村は都道府県が市町村合併に関する審議会などの意見を踏まえて市町村合併を計画したもので，旧合併特例法における基本パターンとは異なる強い意図をもつものであった[44]。

「将来の望ましい市町村の姿」を改めて提示した意図については十分明らかではない。これを提示しても，旧合併特例法のもとでできなかった市町村合併を合併新法のもとで実現できるはずがないので，将来に向けての理想的な市町村の姿をあえて示しただけのものと理解される[45]。

以下の考察では，合併推進構想についても重要な内容が含まれているので，合併推進要綱と同様に取り上げることにする。

(3) 市町村合併の経緯

市町村合併に関する協議では，郡域とか広域市町村圏など行政的な連携関係のある範囲によって勉強会（研究会）が始まり，合併協議が具体化するにつれて小さなグループに分割されることが多い。先にあげたように，早くから着手した県を除くと，多くの都道府県で勉強会が始まるのは合併推進要綱が発表され，合併推進本部が設置され，説明会や後援会などの推進体制が組織されて以後のことである。合併協議が具体化すると合併協議会が設置される。合併協議会では通常任意協議会が設置され協議が進んだ後，法定協議会が設置され，合併に伴う種々の問題が検討される[46]。合併協議の段階になると，県からは合併協議会への県職員の参加や関係市町村への職員派遣，さらには合併協議に対する必要経費の支給も行われる。

任意協議会は法定協議会ほど明確な規定がなく[47]，大阪府のように，法定協議会以前の話し合いは勉強会を含めてすべて任意協議会とみなすところもあるが[48]，本書では任意協議会の段階から合

併協議としてその経緯を記述することにする．場合によっては，任意協議会を経ることなくいきなり法定協議会を設置することもあるし，任意協議会でも法定協議会の段階でも，同一市町村が2つの協議会に同時に加入することもある．住民の意見は住民アンケートや住民投票を行うごとに変化するし，首長の交代によっても合併に対する態度は変化するので，合併協議会への加入と離脱を繰り返す市町村もあった[49]。

　市町村合併の経緯に関する考察では，各市町村がどのような合併協議を経て合併したかが重要であるが，合併や協議会解散や離脱の理由については不明確な場合が多い．協議会構成市町村の財政状況については以前からある程度わかっているので，合併協議会に加入した以上[50]，「かけこみ借金」をも含めて負債問題が発覚して合併協議が破断した例はあるとしても，通常の財政状況を理由にあげて破談になった場合は少ない．また，住民アンケートや住民投票によって協議会を解散・離脱する場合には，賛成票や反対票の数はわかっても，その理由まではわからない[51]．理由も単純なものばかりでなく，複合的な理由が関係する場合もありうるし，集落の位置によっても合併に対する賛否は異なる．

　合併協議の考察においては，単に合併したか非合併にとどまったかについてだけでなく，協議会へ不参加の場合と協議会には参加したが解散や離脱によって非合併にとどまった場合とを区別して考察する．それによって，市町村合併の実態が一層明確になるからである．合併市町村と協議会の解散・離脱によって非合併にとどまった市町村，さらには合併協議会に一度も参加しなかった市町村の特性を，人口規模や財政力指数[52]についてだけでも明らかにすると（表Ⅲ-4，Ⅴ-2，Ⅵ-2，Ⅶ-1，Ⅷ-4，Ⅸ-4，Ⅹ-4を参照），市町村合併の実態がより明確になる．

　一般に，人口1万人未満や0.5万人未満の小規模自治体が多い県，さらには財政力の弱い市町村の多い県では，「平成の大合併」に熱心に取り組む．市町村合併によって小規模自治体が大きく減少した県は，小規模自治体の消滅を合併目標とする総務省の立場からすると目標達成度の高い県とみることができる．また，協議会の解散・離脱によって非合併にとどまった市町村が少ない県では，合併を目指して合併協議会に参加した市町村が目標を達成したという点では合併完了型と解釈することができる．逆の場合には－途中で合併への意欲をなくした市町村を除いて考えれば－，市町村合併が十分に成果を上げることなく合併が未完成に終わり，将来また市町村合併が起こる可能性が高いものとみることができる．

（注）
(1) 島田（2006a）は「明治の大合併」が短期間に実施されたことには触れていないが，「明治の大合併」では旧町村に相当期間にわたって課税や事務実施のいずれについても具体的な自治が認められていたという．したがって，合併協議が膠着状態になったときに国が合併勧告と財政的な脅しによって強引に推進した「昭和の大合併」とは違っていたと評価する．
(2) 北海道を除く．北海道で市制が施行されたのは1922（大正11）年であり，札幌，函館，小樽，旭川，室蘭，釧路に区制を廃止して市制が施行された（山下，2011）．
(3) 資力が乏しく，法で定められた町村の義務的事務を行うことができない場合に，郡参事会の議決によって複数の町村が共同で事務を行う組合村が設立された．「昭和の大合併」以前には町村の規模が小さかったため，全部事務組合や役場事務組合に相当するような町村組合が存在した．
(4) 以下の都道府県の市町村合併の記述において，編入と明記しない合併はすべて新設合併を示す．

(5) 自治省の意向に沿ったものではあるが，各都道府県が策定した合併推進要綱では行財政の非効率の現状を指摘し，市町村合併の必要性を説いている．
(6) 人口1万人未満の小規模自治体では，消防，し尿処理，ゴミ処理について約9割が共同処理を行っており，単独処理は1割である．介護保険は1万人規模の町村の約5割が共同処理を行い，3万人規模では単独で行うものが約7割で，人口10万人の団体では約9割に及ぶ（山崎，2004・05）．
(7) 広域市町村圏では広域市町村圏計画を立て，国と県から財政支援をえて計画を実施したが，その多くは域内の道路工事に充当された．1987年の四全総でも広域市町村圏単位による市町村の積極的・自主的な取り組みが有効と考えられ，圏域のアイデンティティ確立と住民の連帯意識の醸成を行うこと，高齢化社会での基礎的な居住環境の向上や文化，スポーツ，健康づくり，高齢者福祉の分野でもレベルの高い行政水準の効率的確保が要求され（米田，2000），広域行政の圏域として評価された．なお，広域市町村圏の人口は10万人以上とされたが，地域的一体性が重視され，必ずしも人口規模にこだわらなかったようにみえる．
(8) その圏域の分布と特徴については森川（1989，1990b）でも考察した．
(9) 広域連合がそれほど普及しなかった理由としては，介護保険制度の運用という急場しのぎのために設置されたというほかに，①現在の二層制に介在する新しい自治体となり，市町村と県の行政を拘束しないかという警戒感，②現存の複合的事務組合とさほど変わらない特性，③市町村合併への呼び水になるのではないかという懸念，があげられる（佐藤俊，2006：301）．これに加えて，大野（2003）は広域連合は財源の多くを構成団体の負担金に依存しており，「広域計画を策定し，これに基づき勧告する」といった広域機構の役割を果たすには独自の財源が必要なこと，組織や事務に地域住民の声が活かされないことをあげている．長野，岐阜，三重3県に多く設置されたが，広域連合の約9割は介護保険の処理に利用したものであった．
(10) ただし，県の指導（担当課長は自治省から派遣）の下で広域連合を県全域に設置した長野県では，広域連合の導入は市町村合併につながるのではなく，それに代わるものとして受け止められており，自治省がその後になって「平成の大合併」へと軌道修正したといわれ，通常とは異なる解釈がなされている（和田，2007a）．しかし，長野県においても広域連合は当初期待された合併の代替物として十分には機能したとはいえず，合併も進捗することとなった．
(11) 地方交付税のほかに国庫負担金，国庫補助金，国庫委託金からなる国庫支出金があり，歳入純決算額に対する比率は地方交付税の18.3％に対して15.6％（2012年度）と比較的大きいが，国庫負担金と国庫委託金は地方公共団体が行う事務のうち国が共同責任をもつ事務に対して経費の一定割合を義務的に負担するもので，地方交付税のように市町村間の財政調整機能を目的としたものではない．国庫補助金は国の奨励的・財政援助的目的をもって支給される紐付き補助金であり，政治家の介入や官僚による裁量の余地が大きい．
(12) 青木（2006）によると，小規模自治体に対する国の負担を軽減してその財政を再建する手段として，わが国では迷うことなく合併が選ばれたが，フランスのように，課税権をもつ自治体連合など別の解決方法も存在したはずだという．
(13) 第24次地方制度調査会による市町村の自主的な合併の推進に関する答申（http://www2.jan.ne.jp/~ganbarou/shiryo98/shiyou11.ntml）による．
(14) それは「グローバル競争に打ち勝つため」の政策であった．2000～05年間の経済統計が示すように，勤労者や自営業者の所得は減り，増えたのは大企業の収益であり，地域格差を一層拡大するものとなった（岡田，2008a：38，53）．
(15) 地方制度調査会「市町村の合併に関する答申」の概要（http://warp.ndl.go.jp/info:ndljp/pid/234321/www.../980507.html）による．
(16) 岡田・京都自治体問題研究所編（2003：23）は，1998年の参議院選挙で自民党が都市部選挙区で大敗を喫したことが市町村合併推進の決定的要因となったという．地方交付税などの財源を，市町村合併によっ

(17) 地方分権一括法の施行によって市町村はこれまで以上に自己決定・自己責任の原理を貫くことになったが，その施行のもとで強制合併ともいえる「平成の大合併」が始まるのは奇妙な話である．

(18) それに対して，地域審議会の制度は1999年の合併特例法改正によってすでに導入されていたが，地域自治区（特例制度，一般制度），合併特例区からなる地域自治組織が導入されたのは，2004年の第27次地方制度調査会答申に基づく地方自治法の改正によってであった（山崎，2004・05）．地域自治組織論の出発点は西尾私案にあったといわれるが（今井，2004），市町村合併の初期の段階でこの決定がなされていなかったのは意外なことと思われる．当初地域自治組織の必要性には気づかなかったのだろうか．

(19) 自民党は1997年の選挙公約において第1段階でおおむね1,000，第2段階で300とする目標を設定したし（西尾，2007：41），民主党の2007年の政権公約マニュフェストでも基礎的自治体を将来300程度とすべきとしたが，その後目標値を定めなくなった（新田，2010）．ただし，新市町村数の目標を1,000とすることを明確に示したのは，後述の行政改革大綱においてであった．

(20) 小西（2003：36）が指摘するように，新市町村数の目標を1,000とする明確な根拠を示していないし，自治省行政局（1999）から通達された『市町村の合併の推進についての指針』には，各都道府県に対して新市町の標準的な人口規模をいかにすべきかは指示していない．西尾（2007：17）によると，自治省はこの運営に必要な人口を厚生省に内々に打診したところ当初は25万人以上，その後は少なくとも5万以上との回答をえた．そのような合併は非現実的であり断念したといわれるが，人口5万人という数値は，XII章4節で述べるように，1,000の自治体を合併目標としたときの人口に対応するので，まったく無理な目標値とは思われない．

(21) http://www.gyoukaku.go.jp/about/taiko.html による．

(22) 従来の市制施行の人口要件5万人を4万人としただけで，その他の付帯条件はそのまま適用された（新田，2010）．

(23) 段階補正とは，住民1人当たりの行政コストが市町村人口に応じて異なることから，人口10万人を規準として，人口が少なければ少ないほど地方交付税を割り増しする補正である．段階補正係数は2002年度に改正され，小規模自治体にとっては大きな打撃となった（梶田，2003；町田2006：11）．

(24) これに対して，岡田・京都自治体問題研究所編（2003：104）は地域の活性化のために市町村合併が必要という論理は，政府の進めてきた経済のグローバル化と経済構造改革の遂行という政府自身の政策の誤りを覆い隠し，地域経済の発展の責任を市町村に転嫁させるものであり，国の政策転換こそ必要であると痛烈に批判する．さらに続けて，政府のいう「地域の活性化」とは巨大公共事業を行った上で企業を誘致することであり，それはいずれの開発政策においても地域の発展には結びつかなかった．誘致企業は分工場や支店・支所の機能しか持ち合わせず，収益のほとんどは本所のある東京に環流したため，地域への波及効果は少なかった．しかも，グローバル化により地域産業は海外に移転し空洞化してしまった．地域の活性化のためには地域内再投資力の形成こそが重要であると説く．

(25) それまで増額してきた地方交付税が2001年から減額し始め，2003年度には2000年度の2割減となった（梶田，2012；今井，2008：50）．

(26) 西尾私案は，こうした措置によって小規模自治体の自治権を制限し，議員は原則無給で，助役，収入役，教育委員会などは置かないとしたので，全国町村会や町村関係者の猛反対を招いた（越田，2003）．その後西尾氏が2007年11月に旭川市で行った講演は「西尾私案の再来」として注目された．

(27) 西尾私案への対抗軸として「自立」の重要性を強調した「小さくても輝く自治体フォーラム」（第1回は2003年2月に長野県栄村，第18回は2013年8月に滋賀県日野町で開催）も活発に行われ，全国から町村長が集まり，自立した自治体の地域づくり，自治の取り組みについて論議している．

(28) 西尾 (2007：140) は,「平成合併についての所感として, 過去数十年間に生じた人口・雇用・富・情報の地域間分布の変動に対処したものであり, 周辺地域を包摂し地方生活圏単位で人口・雇用・富・情報を共有し共益へ再編成するもので, 適切な措置だった．（中略）第2期の終了時点でも1,500市町村以下にはならないだろうが, それでも成功だ」と述べており,「平成の大合併」に対する評価は人によって異なる．
(29) わが国の人口は2000年の12,692.6万人, 2005年の12,776.8万人, 2010年の12,805.7万人へと推移しており, 2008年の12,808.4万人をピークとして人口減少に転じたことは国勢調査人口にはまだ現れない．
(30) 2040年の市町村人口についてはXIV章1節を参照．
(31) 牛山 (2009) は,「市町村合併は少子高齢化や過疎化, 中央・地方を問わない財政状況の窮迫に多くの根拠を見いだし, 推進されることになった」と述べており, 国土の中核地域・縁辺地域間の市町村の財政窮迫の差異を認めないのは意外に思われる．
(32) 広島県総務部地方課編 (1961：153-163) によると, 広島県では1953～59年のうちに合併した97市町村のうち36 (37.1%) が分村地区を含む合併であった．
(33) 沼田市と合併しなかった白沢村（通勤者比率25.5%）も利根村（同10.4%）も沼田市の通勤圏に属する．
(34) このような便宜的な定義に基づくため通常の中心地概念とは異なる．通勤圏による中心地は就業中心地 (Arbeitszentrum) を含むことにもなるし, 広い市町村域を単位とするのも集落単位の中心地概念とは異なる．
(35) 自市町よりも小規模な市町とは人口において差がある場合で, 本書では仮に20%以上小さいものとする．
(36) 後述するように, 合併推進要綱において「合併への制約が大きい地域」を取り上げた県はきわめて少ない．北海道や沖縄県, 鹿児島県などでもこの項目に対する説明はない．
(37)「市町村合併に対する都道府県の取組」に関する1999年4月の自治省の調査によると, 当時すでに担当課に市町村合併（広域行政）担当係・職員等を配置した道府県は34あり,「合併市町村に対する交付金・補助金制度（資金貸与を含む）」を設けているものが岩手, 宮城, 茨城, 東京, 新潟, 静岡, 徳島, 熊本の8都県あったという（自治振第95号）．
(38) 今井 (2008：92-98) は, 合併推進要綱を策定した段階で都道府県間に大きな取り組みの違いがあったとは思えないと述べており,「平成の大合併」では「昭和の大合併」に比して県ごとの市町村減少率の差異が大きく, 市町村の判断で非合併を選択するものが多いところから, 都道府県の合併に対する態度よりも市町村側の判断によるところが大きかったと考えている．
(39) 小西 (2005) は, 知事の中には無理して合併に協力することはないという人と財政効率化に協力すべきと考える人があったと述べているし, 美谷 (2011) も合併推進要綱の策定について都道府県間の顕著な差異に注目する．
(40) 1956年に地方自治法を改正して政令指定都市の制度が定められ, 大阪市, 名古屋市, 京都市, 横浜市, 神戸市の「五大都市」が指定された．指定要件は「政令で指定する人口50万人以上の市」であるが, 総務省は「立法の経緯や特例を設けた趣旨からして, 人口規模, 行財政能力などにおいて既存の指定都市と同等の実態を有するとみられる都市」を指定するとしており, 指定は国の裁量に委ねられていた．「平成の大合併」では規制緩和によって広大な農山村部をかかえてミニ府県と化した新政令指定都市が誕生し, 過疎地域対策などの「府県行政」志向となり, 政策課題や懸案事項の面でも既存の政令指定都市とは差異がみられる．現在の政令指定都市は20市である．
(41) 中核市は, 1996年の発足当時その規模を保健所設置市の基準と合致させるため人口30万人以上という条件のほかに面積が$100km^2$以上, 昼間人口が夜間人口（常住人口）より多いこととされたが, 市町村合併を推進のために, 人口30万人以外の条件は撤去された．
(42) 2000年に発足した特例市は, 民生行政（社会福祉関係の事務）や保健衛生行政, 地方教育行政を除き, 環境保全行政・都市計画行政の分野において中核市に近い権限をもつもので, 人口20万人以上の都市なら

(43) 合併推進構想が策定されなかったのは，東京都を除くと市町村合併が進捗した秋田，岐阜，三重，富山，石川，福井，京都，兵庫，鳥取，島根，広島，大分の12府県である．
(44) 構想対象市町村に関する合併協議会の設置後，県知事は協議状況について報告を受け，合併協議会からの申請があれば，第三者の市町村合併調停委員を任命して，斡旋や調停を行わせることができることになっていた．
(45) 自治省からの通達では将来の道州制の導入については触れていないが，青森県や岩手県の合併推進構想では道州制に関する説明があり，各都道府県における基礎自治体の理想的な姿として道州制と無関係ではないように思われる．後述するように，最終目標とする300自治体も道州制を考慮したものと考えられる．
(46) 愛媛県（2006）によると，合併の協議事項については，①合併の方式，②合併の期日，③新市の名称，④新市の事務所の位置，⑤財産および債務の取り扱い，⑥議会議員の定数および任期の取り扱い，⑦農業委員会委員の定数および任期の取り扱い，⑧地方税の取り扱い，⑨一般職員の身分の取り扱い，⑩特別職の身分の取り扱い，⑪地域審議会の設置，⑫新市建設計画，⑬条例・規則等の取り扱い，⑭機構および組織の取り扱い，⑮一部事務組合の取り扱い，⑯使用料・手数料の取り扱い，⑰公共的団体等の取り扱い，⑱補助金・交付金などの取り扱い，⑲行政連絡機構の取り扱い，⑳町字名の取り扱い，㉑慣行の取り扱い，などである．なお，豊田市への6町村の編入合併の協議では，すべてを合わせると2,081項目の事務事業について専門部会，分科会で事務事業現況調書が策定され，市町村業務の調整を図ることとなった（森川，2013b）．
(47) 任意協議会は自治法に定めるものではなく，事実上の協議会であって任意組織ではあるが，その役割や位置づけは法定協議会と大差はない．合併にいたる協議の過程で任意協議会を必ず設置する必要はないが，合併協議の初期の段階で課題整理を行うため，あるいは合併が想定される市町村同士がよりフリーな立場で調査研究を行うために設置される場合もある．任意協議会の構成員や組織体制は法定協議会に準じて組織される場合が多い．これに対して，法定協議会は地方自治法第252条の2第1項および合併特例法第3条第1項に基づいて設置するもので，関係市町村の協議により規約を定め関係市町村の議決を必要とする（山口県市町村振興会，2007：273）．
(48) 大阪府市町村課の説明による．
(49) 「平成の大合併」では住民投票や住民アンケートを実施した市町村が多く，岡田（2008a：116）は地方自治の歴史の中で画期的な活動だったとみている．それとは別に，合併協議会に遅れて加入して数カ月して離脱する市町村があり，合併協議も遅れるし期待を裏切るので，他の関係市町村に迷惑をかけることとなったと思われる．
(50) 財政状況の厳しい山間部の町村には合併協議の声をかけないこともあるし，山間部町村の側でも，合併して「周辺部」に位置づけられるのを嫌って単独存続の道を選択する場合がある．
(51) ただし，宮崎県でみられるように，合併協議の議事録をみるとより詳細な理由が明らかとなる．
(52) 財政構造を示す指標には財政力指数の他にも自主財源比率，経常収支比率や公債費負担比率・起債制限比率などがあるが，本書では全国的資料が比較的容易に得られる財政力指数で代表することにする．

III　北海道の市町村合併

1. 地理的特徴と市町村合併に対する道の対応

　北海道[1]の地方自治制度は本州府県とは歴史を異にする。中央政府の直轄地として1886（明治19）年に設置された北海道庁の長官は府県知事よりも強い権限をもち，設定された行政区画の自治は弱いものであった（山下，2011）。本州府県では1889年に市制・町村制が施行されたのに対して，北海道では1897（明治30）年になって北海道一・二級町村制が採用された。町村を一級と二級に区別するもので，一級町村は町村制の町村に似ていたが，大半をなす二級町村では町村長が公選ではないなど，自治権が制限されていた。1943（昭和18）年には二級町村が指定町村に名称変更されたが，通常の町村と区別がなくなるのは戦後の1946（昭和21）年のことである。市制の採用も，前章注（2）に示したように，1922（大正11）年であった。

　北海道の支庁は道庁の総合的な出先機関であり，1869（明治2）年に北海道と改称された際に設定された渡島，後志などの11カ国86郡を基礎に，その後設置された郡役所の管轄区域を統括したものである。1910（明治43）年には支庁の統合や名称変更によって14支庁となった。14支庁が政策立案や地域振興機能をもつ現在の9つの総合振興局に再編されたのは「平成の大合併」が終了した2010年のことである。

　なお，北海道は単一の道でもって道州制への移行が予定されるため，道州制特区推進法が2006年12月に国会で可決成立したのをうけて，道州制の先行実施として道州制特区に指定され，市町村に多くの権限を移譲している。民主党政権下では道州制に関する国の情報発信は減少した感はあったが，道としては道州制特区推進法に基づく取り組みを続けている。

　北海道はこうした特別な自治制度のもとに置かれていたし，面積が広く，人口密度が低いこともあって，「昭和の大合併」や「平成の大合併」における市町村合併にも他府県とは異なった特徴がある。表II-1に示すように，「昭和の大合併」における市町村減少率は18.4％と全国で最も低かったばかりでなく，表II-3に示す「平成の大合併」においても市町村数は212（2000年）から179へと15.6％減少しただけであり，合併減少率の低い都道府県に属する。しかも，1960～2000年間には人口減少が著しく，小規模自治体比率（29.6ポイント）は鹿児島県（同33.9），長崎県（同32.8），山形県（同30.3）に次ぐ大幅な増加を示した（表II-2参照）。2000年における北海道の小規模自治体比率は69.3％で，1～3万人の市町村が減少し，1万人未満－とくに0.5万人未満－の市町村が著しく増加した（表III-1参照）。

　上記のように，北海道の小規模自治体比率（2000年）は鳥取県（79.4％），島根県（76.3％），高知県（69.8

表Ⅲ-1　北海道・東北地方における 1960〜2000 年間の市町村人口規模の変化

		市町村合計	0.5万人未満	0.5〜1.0万人	計		1〜3万人		3〜10万人	10〜30万人	30万人以上	計	
						%		%					%
北海道	1960年	224	13	76	89	39.7	107	47.8	20	7	1	28	12.5
	2000年	212	77	70	147	69.3	41	19.4	14	7	3	24	11.3
						29.6		-28.4					-1.2
青森県	1960年	68	4	25	29	42.6	31	45.6	5	3		8	11.8
	2000年	67	16	20	36	53.7	23	34.3	5	3		8	11.9
						11.1		-11.3					0.1
岩手県	1960年	63	1	16	17	27.0	34	54.0	11	1		12	19.0
	2000年	59	9	15	24	40.7	23	39.0	11	1		12	20.3
						13.7		-15.0					0.7
宮城県	1960年	75	3	17	20	26.7	47	62.7	7		1	8	10.7
	2000年	71	6	23	29	40.8	28	39.4	12	1	1	14	19.7
						14.1		-23.3					9.0
秋田県	1960年	72		24	24	33.3	40	55.6	7	1		8	11.1
	2000年	69	11	32	43	62.3	17	24.6	8	1		9	13.0
						29.0		-31.0					2.9
山形県	1960年	49		4	4	8.2	32	65.3	12	1		13	26.5
	2000年	44	1	16	17	36.4	2	36.4	8	2	1	11	25.0
						28.2		-28.9					-1.5
福島県	1960年	120	9	50	59	49.2	47	39.2	12	2		14	11.7
	2000年	90	21	31	52	57.8	28	31.1	6	2	2	10	11.1
						8.6		-8.1					-0.6
東北合計	1960年	447	17	136	153	34.2	231	51.7	54	8		63	14.1
	2000年	400	64	137	201	50.3	135	33.8	50	10		64	16.0
						16.1		-17.9					1.9

資料：国勢調査 1960 年，2000 年による．

%）に次いで高率であったにもかかわらず，市町村合併は進捗しなかった．表Ⅱ-3 に示すように，小規模自治体の多くは今日まで存続し，「平成の大合併」以後においても最も高い比率を示す地域をなしている．

しかも表Ⅱ-4 によると，北海道の平均財政力指数は 0.23 で，高知県の 0.22 に次いで低く，表Ⅲ-2 に示すように，過疎市町村[2]は 164（72.6%）と著しく多い．財政力指数の最高は，原子力発電所のある泊村の 1.63 で，苫小牧市（0.84），千歳市（0.72），札幌市（0.64），石狩市（0.64），北広島市（0.62）の順となる（表Ⅲ-3）．したがって，市町村合併が行われなかった市町村では合併算定替による地方交付税の優遇措置も適用されなかったため，一時的にせよ財政力の改善も少なく（図ⅩⅢ-2 参照），厳しい状況のまま取り残されている（表Ⅱ-4 参照）．

通勤圏についてみると，北海道では市町村の面積が広く（表Ⅱ-1 参照），都市密度が低く，第2次産業が未発達なこともあって，図Ⅲ-1 に示すように，通勤圏の発達が弱く，通勤圏外地域に属する市町村が 83（39.2%）[3]もあり，買物などの中心地から遠く，都市的サービスの恩恵を受けない町村を多く含む地域といえる．しかし，「昭和の大合併」で多くみられたような通勤圏外の町村同士による合併は意外に少なく，熊石町と八雲町とが郡域を越えて合併した新・八雲町，日高町と門別町とが約 60km の飛地をなして合併した新・日高町だけである．通勤圏外地域と非合併地域とが重なる場合は多い．

通勤中心地においても大規模中心地はなく，札幌市（圏内市町村数は 9），旭川市（同 7），函館市

表Ⅲ-2　北海道・東北地方における過疎地域（2001年4月）

道県	市町村合計	過疎市町村	みなし過疎	過疎のある市町村	過疎地域合計	％
北海道	226	146	4	14	164	72.6
青森県	68	21	10	8	39	57.4
岩手県	63	15	10	5	30	47.6
宮城県	75	14	7	5	26	34.7
秋田県	72	15	31	4	50	69.4
山形県	48	17	6	2	25	52.1
福島県	120	21	8	6	35	29.2
東北合計	446	103	72	30	205	46.0

資料：総務省自治行政局：『過疎対策の現況』平成15年度版，過疎地域市町村等一覧（平成20年）
　　　（http://www.soumu.go.jp/c-gyousei/2001/kaso/hl4kasoichiran.htm）による．

表Ⅲ-3　北海道および東北地方における財政力指数0.6以上の市町村

	財政力指数				
	0.6～0.69	0.7～0.79	0.8～0.89	0.9～0.99	1.0以上
北海道	札幌市，北広島市，石狩市	千歳市	苫小牧市		泊村
青森県	青森市，八戸市				六ヶ所村
岩手県		盛岡市			
宮城県	石巻市，名取市，柴田町，利府町	多賀城市，岩沼市	仙台市		女川町
秋田県	秋田市				
山形県	酒田市	山形市			
福島県	郡山市，会津若松市，いわき市，白河市，西郷村，双葉町	福島市，本宮町		原町市	広野町，楢葉町，富岡町，大熊町，新地町

資料：国勢調査2000年，総務省自治財務調査課：平成12年度財政指数表による．

（同6），苫小牧市（同5）が中規模中心地に属するだけで，その他には20の小規模中心地がある（表Ⅻ-11参照）．小樽市は余市町だけを通勤圏とする準通勤圏をなし，稚内市や根室市は通勤圏外地域である．

　北海道では合併推進要綱（2000年）[4]だけでなく，合併推進構想（2006年）[5]も策定された．合併推進要綱では支庁[6]を単位として95の合併パターンが示されたが，各市町村について考えられる複数の合併パターンが示されるだけで，道全域をカバーする基本パターンは提示されなかった[7]．大規模な面積の拡大を避けるために小規模合併の企画が多く，圏域の人口規模では42／95＝44.2％が1～3万人であった（表Ⅻ-14参照）．上述のように，道内には通勤圏外地域が広く分布するにもかかわらず，「合併への制約が大きい地域」は指定されていない．合併パターンの作成に当たっては役場間距離（40km以内）や商圏，通勤・通学圏が考慮されたが，十勝支庁の本別町，足寄町，陸別町からなる合併パターンでは面積が最大で，2,409km^{2}となる（永野，2002）．95の合併パターンの中で通勤圏域と整合するのはわずかに北見市[8]，留萌市，名寄市，岩内町だけである．

　北海道では合併推進要綱よりも合併推進構想の説明がより詳細である．しかも，旧合併特例法のもとでは合併一辺倒の強硬な姿勢を示していたのに対して，合併推進構想では控えめな表現がみられる（神原，2007）．基礎自治体の充実・強化の手法には広域連合などの広域行政の手法と市町村合併の2つの方法があり，市町村合併は最も有効な手段としながらも広域行政を「行政の充実・強化の有効な手法」として認めている[9]．合併推進構想の段階になって広域行政（広域連合，一部事務組合など）を選択肢の1つに加えた都道府県は他にはない．北海道において合併推進構想が策定されたのは旧

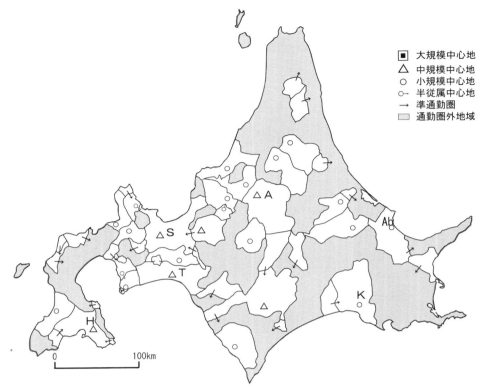

図Ⅲ-1　北海道における通勤圏の分布
A：旭川市，Ab：網走市，H：函館市，K：釧路市，S：札幌市，T：苫小牧市．
資料：国勢調査（2000年）による．

合併特例法のもとで32市町村（15.1％）しか減少しなかったこと[10]が考慮されたものと考えられる。

　北海道の合併推進構想によると，将来の基礎自治体は3万人程度の人口規模でもって適切な行政サービスを提供することができ，効率性を重視すれば5万人程度が適当と考えられている。しかし，将来の基礎自治体の具体的な人口規模を考えると，おおむね5～10万人程度が適当といわれ，22に区分された二次医療圏が「望ましい」基礎自治体の区域とみられる[11]。一方，構想対象市町村としては札幌市を除く道内179市町村を対象として，人口3万人以上で最も離れた役場間の時間距離が80分を超えないことを条件として，住民の日常生活圏（15指標），地域産業の経済圏（同4），行政活動の区域（同10），地勢的特性（同2）の合計31指標を用いてクラスター分析を行い，図Ⅲ-2に示すような圏域に区分した。ただし，旧合併特例法のもとで合併を実現した市町村や人口3万人以上の市町については構想対象市町村となることの可否を事前に調査し，市町村の意向を踏まえた対応をとることにしたといわれ[12]，図に白色で示す構想対象外のところもある。これを20圏域に区分された広域市町村圏（図省略）と比較すると，八雲町，長万部町，今金町のうちの今金町と熊石町が檜山地区に入り，八雲町，長万部町が渡島地区に区分されるほかはすべて広域市町村圏を2～5分した構想対象市町村が形成され，富良野，北空知，上川中部の3地区のように，両圏域がまったく整合するところもある[13]。

　構想対象市町村によると，合計43の組み合わせのうち31（72.1％）は合併市町村を含まない地区

図Ⅲ-2 北海道の合併推進構想における構想対象市町村の組み合わせ
出典：北海道（2006）北海道市町村合併推進構想，p.2 による．

である．人口規模では3万人以上は28（65.1％）で，礼文町，利尻町，利尻富士町の合併9,600人を例外としても，1万人台の町村が9（20.9％）も含まれる．合併推進構想では他県でみられるような「将来の望ましい市町村の姿」に関する説明はないが，旧合併特例法の下で合併した市町村をも含めて全域を対象とした圏域区分を行っている点からみると，構想対象市町村であると同時に「将来の望ましい市町村の姿」に当たるものと推測される．

合併新法のもとで合併が成立したのは湧別町と上湧別町の合併による新・湧別町の誕生だけであり，合併推進構想が十分にその役目を果たしたかどうか疑問である．しかし，この合併パターン域をもって広域連合を発展させようとする動きもあり，神原（2012：23）や神原ほか（2005）のように，自治体間協力，連合自治の重要性を認識するようになった点ではまったく無意味なものではなかったと考える人もある．

2．合併の経緯

北海道の市町村合併率は大都市都府県以外では最も低率であるが（表Ⅱ-3参照），合併活動がきわめて消極的であったというわけではない．表Ⅲ-4[14]に示すように，212の市町村のうち159（75.0％）が任意または法定の合併協議会に参加し，そのうちの55（25.9％）が合併しており，残りの104（49.1％）は合併協議会の設置後解散・離脱し非合併のままにとどまった[15]．その中には，合併した1万人未満の小規模自治体39（18.4％）よりもはるかに多い80（37.7％）の小規模自治体が含まれる．合併協

表Ⅲ-4 北海道・東北地方における合併状況と人口規模，財政力指数

県		市町村数	%	人口規模（2000年）						平均人口	財政力指数（2000年度）						平均財政力指数
				0.5万人未満	0.5〜1万人	1〜3万人	3〜10万人	10〜30万人	30万人以上		0.2未満	0.2〜0.4	0.4〜0.6	0.6〜0.8	0.8〜1.0	1.0以上	
北海道	A	55	25.9	22	17	9	4	2	1	21,196	29	16	9	1			0.23
	B	104	49.1	44	36	19	3	2		11,235	70	30	4				0.19
	C	53	25.0	11	17	13	7	3	2	63,519	20	21	7	3	1	1	0.31
	計	212	100.0	77	70	41	14	7	3		119	67	20	4	1	1	
青森県	A	43	64.2	9	15	13	3	3		27,806	16	22	3	2			0.24
	B	19	28.4	7	4	7	1			10,000	11	8					0.20
	C	5	7.4		1	3	1			18,014	1	2	1			1	0.50
	計	67	100.0	16	20	23	5	3			28	32	4	2		1	
岩手県	A	38	64.4	10	13	7	1			25,352	16	15	6	1			0.27
	B	5	8.5	3	1					10,085	3	1	1				0.24
	C	16	27.1	2	9	4				25,149	5	7	4				0.30
	計	59	100.0	15	23	11	1				24	23	11	1			
宮城県	A	45	63.4	5	20	16	3	1		15,421	9	27	8	1			0.29
	B	11	15.5		1	6	3	1		23,887		5	5	1			0.42
	C	15	21.1	1	2	6	5		1	93,906		3	6	4	1	1	0.60
	計	71	100.0	6	23	28	11	2	1		9	35	19	6	1	1	
秋田県	A	59	85.5	7	29	15	7		1	18,350	19	30	9	1			0.26
	B	7	10.1	2	3	1	1			11,481	1	6					0.25
	C	3	4.4	2		1				8,748	2	1		1			0.14
	計	69	100.0	11	32	17	8		1		22	37	9				
山形県	A	12	27.3		7	3		2		24,554	3	7	1	1			0.29
	B	22	50.0	1	8	7	3	1		30,923	6	10	5	1			0.35
	C	10	22.7		1	6	8			26,913		8	2				0.35
	計	44	100.0	1	16	16		3			9	25	8	2			
福島県	A	43	47.8	10	14	12	5	2		22,659	10	21	7	4	1		0.33
	B	18	20.0	7	2	8	1			11,330	5	9	3			1	0.35
	C	29	32.2	4	15	8			2	32,713	4	11	6	4		4	0.48
	計	90	100.0	21	31	28	6	2	2		19	41	16	8	1	5	

A：合併成立の市町村，B：合併協議会解散または離脱の非合併市町村，C：合併協議会不参加の非合併市町村．
資料：国勢調査2000年，総務省自治財務調査課：平成12年度財政指数表，および各県担当課の資料とグリグリ「市区町村変遷情報」による．

議会にまったく参加しなかったのは53（25.0％）の市町村で，そのうち人口3万人以上は12市町だけであった．

　表Ⅲ-4に示すように，合併協議会に参加するのは小規模自治体が多く，小規模自治体にとっては合併への期待が強かったとみることができる．全市町村の3/4が，少なくとも一度は任意協議会に参加したわけで，面積が広く不利な条件をもつ北海道の市町村においてさえ，市町村合併への意欲がまったく欠けていたとはいえない．注目すべきは，他県に比べると，合併協議会解散・離脱の市町村に小規模自治体や財政力の弱い町村（表Ⅲ-4のBタイプ）が多いことである．これらの町村のなかには，合併への強い関心をもちながらも，後述するように，役場の位置問題をめぐって合併協議が難航したものが多かったし，貧しい町村同士の合併では効果が期待できない場合もあった．

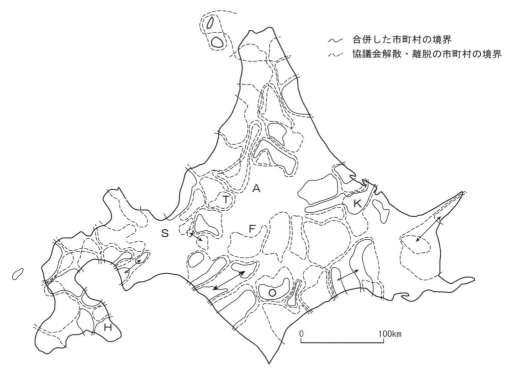

図Ⅲ-3　北海道における市町村の合併状況
A：旭川市，F：富良野市，H：函館市，K：北見市，O：帯広市，S：札幌市，T：滝川市．
＊任意協議会と法定協議会の区別はしない．各協議会には途中で加入したり離脱した市町村も含まれる．オブザーバー参加は加入とはみなさない（合併状況の図は以下同じ）．
資料：北海道地域主権局資料による．

　全国的にみると，合併市町村（Aタイプ）には財政力が弱い小規模自治体が多く含まれ，Bタイプ，Cタイプ（協議会不参加）の順で小規模自治体が減少し，財政状況も良好な市町村が多くなる傾向がある．しかし北海道のBタイプでは，人口規模がやや大きくて財政的にも将来の行政運営に自信があるために協議会を解散・離脱した市町村が多いとはいえず，一般的にみられる現象とは別の要因によって解散・離脱したものといえる．もちろん，Bタイプの非合併市町村に財政力の弱い小規模自治体が多いのは北海道固有の現象ではなく，東北地方やその他の地方でもよくみられる．

　図Ⅲ-3は合併市町村や協議会解散・不参加市町村を分布図に示したものである．合併市町村の分布をみると，市町村面積の小さい地域でやや稠密な傾向はあるものの，全域に散在している．しかし，都市化した札幌市周辺以外の地域でも中央部（旭川市南方，東方）や東部（弟子屈町周辺）などに協議会不参加町村（Cタイプ）の集団がみられるが，特別な理由は見当たらない．その一方で，清水町（10,988人，0.23）や音更町（39,201人，0.36），遠別町（3,683人，0.12）などのように，周辺町村がすべて合併協議会に参加するなかにあって飛地的に不参加町村が点在するものもある．このなかには音更町のように人口規模が大きい町や，原子力発電所が立地する泊村（2,040人，1.63）のように合併の必要を感じない町村もあるが，最初から非合併宣言をした市町村は北海道では皆無であった．

　北海道の市町村合併にとっては，面積が広く，役場間の距離が遠いことがとくに阻止要因となる．

任意協議会解散の主因は役場の位置決定にあり，役場の位置について関係市町村の了解が得られた場合にのみ法定協議会に移行することができたといわれるほどである[16]。北海道では市町村の面積が広く人口密度も低いため，小規模合併が多いのが特徴といえる[17]。合併市町村の比率が低い北海道にあっても，函館市（5市町村合併），北見市（同4），岩見沢市（同3），森町（同2），せたな町（同3），遠軽町（同4），石狩市（同3，編入[18]），八雲町（同2），北斗市（同2），幕別町（同2，編入），日高町（同2），安平町（同2），むかわ町（同2），洞爺湖町（同2），大空町（同2），新ひだか町（同2）[19] などは最初に設置された合併協議会でもって順調に合併した（以下，順調合併と呼ぶ）新市町である。このうち，5市町村が編入合併したのは函館市だけである。2000年に特例市に指定されていた函館市は，合併後の2005年に旭川市[20]と同格の中核市となった。

　順調合併以外にも，多くの市町村からなる合併協議会が解散した後その一部でもって合併した場合がある。①2003年5月に6市町村でもって設置された空知中央地域任意協議会では，美唄市と三笠市，月形町が離脱した後2町村（北村，栗沢町）が岩見沢市に編入し，新・岩見沢市が誕生した。②士別市の場合には，2003年4月から8カ月間士別市，和寒町，剣淵町，旭町の4市町でもって任意協議会を設置していたが，士別市と旭町だけが合併して新・士別市となり，剣淵町，和寒町の間に設置された法定協議会は解散となった。③名寄市の場合には，2003年6月に設置された上川北部6市町村任意合併協議会（名寄市，風連町，下川町，美深町，音威子府村，中川町）が翌2004年1月に解散した後，2004年3月に名寄市に近い風連町と法定協議会を設置して合併して新・名寄市となった。

　④北見市地区では2003年10月に4市町でもって任意協議会を設置し，留辺蘂町（るべしべ）が加入して法定協議会に移行した後，津別町が離脱して4市町で合併し，新・北見市が誕生した。⑤2003年10月に設置された伊達市，大滝町，壮瞥町の法定協議会でも中間に位置する壮瞥町が合併協議会から離脱したため，大滝町は飛地をなして伊達市に編入した。⑥釧路市の合併では，2002年4月から翌年3月にかけて釧路市・釧路町法定協議会を設置したが，2002年10月から2004年3月にかけては釧路地域6市町村合併協議会（釧路市，釧路町，阿寒町，鶴居町，白糠町，音別町）を設置し，その解散後2004年6月に釧路市，阿寒町，音別町，白糠町の合併協議会を設置した。その後白糠町が離脱し，3市町でもって合併したため，音別町は飛地となった。

　⑦洞爺湖町地区では2003年10月に3町村で任意協議会を設置し，法定協議会に移行した後豊浦町が住民投票の結果離脱し，虻田町と洞爺村でもって合併し，洞爺湖町（町役場は虻田町役場）となった。⑧浜頓別町と中頓別町も枝幸町，歌登町と2003年10月から4カ月間任意協議会を設置したが，翌年2月には解散した。枝幸町と歌登町は2004年3月に法定協議会を設置して合併し，新・枝幸町が誕生した。⑨2003年12月には佐呂間町，湧別町，上湧別町でもって法定協議会を設置したが，2005年3月に解散し，上述のように湧別町，上湧別町は合併新法のもとで合併して新・湧別町（町役場は上湧別町役場）となった。⑩2003年1月に設置された日高町，平取町，門別町，穂別町の任意協議会では平取町と穂別町が離脱したため，日高町と門別町が飛地をなして合併し，新・日高町が誕生した。2003年12月に設置された早来町，追分町，厚真町，鵡川町，穂別町の任意協議会のうちでは早来町と追分町が合併して安平町（町役場は早来町役場）となり，穂別町と鵡川町と合併してむかわ町（町役場は鵡川町役場）が誕生したが，中間に位置する厚真町は非合併にとどまった。⑪幕別町，更別村，忠類村では2003年8月に合併協議会を設置したが，更別村が離脱した後忠類村が編入して新・

幕別町となった。

　合併協議会が解散して非合併にとどまる場合には，複雑な協議会の設置・解散を繰り返したものが多い。①檜山南部5町合併問題協議会（乙部町，江差町，厚沢部町，上ノ国町，熊石町）は2002年12月に設置して翌年には熊石町が離脱した。その後2004年2月には協議会を解散し，新たに檜山南部4町合併問題協議会（乙部町，江差町，厚沢部町，上ノ国）を設置し，奥尻町がオブザーバー参加したが，半年後には解散した[21]。2003年11月には5町（八雲町，砂原町，森町，長万部町，今金町）でもって北渡島任意協議会を設置したが，砂原町，森町，長万部町が相次いで離脱し，代わりに，檜山南部5町合併問題協議会を離脱した上記の熊石町が加入した。森町は砂原町と合併して新・森町となった。なお，2004年4月には八雲町，今金町，熊石町でもって法定協議会を設置したが，今金町が離脱し，八雲町と熊石町が合併して新・八雲町が誕生した。檜山支庁に属する熊石町と渡島支庁の八雲町との合併は，檜山支庁域を分断することとなった。熊石町と八雲町とは峠道でつながり，熊石町住民はJR八雲駅を利用しており，八雲町の商圏に属する。5町の合併協議が進捗しないなかで，財政的理由により早期の合併を強く要望していた熊石町は，任意協議会を離脱して八雲町との合併に踏み切ったものとみられる。

　②2つの一部事務組合（西天北5町衛生組合，上川北部消防事務組合）に属する上川支庁の中川町（2,464人，0.12）の場合には，2003年6月から翌2004年1月まで上川北部6市町村任意合併協議会（名寄市，風連町，下川町，美深町，音威子府村，中川町）に属した後，2004年2月から6月まで西天北4町任意合併協議会（天塩町，幌延町，豊富町，中川町）に加入して北部の町との合併を試み，6月の解散を待つことなく，4月には中川郡3町村任意合併協議会（美深町，音威子府村，中川町）に加入したが，同年7月にはその合併協議会も解散して，結局非合併にとどまった。

　③後志支庁の黒松内町においても，2003年11月から3カ月間島牧村・寿都町と任意協議会を設置した後，翌年6月には渡島支庁の長万部町も含めて法定協議会を設置したが，2005年1月には解散して合併には至らなかった。このように，支庁域をまたいだり二次医療圏を越えた協議会の設置も稀ではなかった。④宗谷支庁の豊富町では2003年12月には稚内市，猿払村，礼文町と任意協議会を設置した後，2004年7月解散の少し前，同年2月には留萌支庁の幌延町，天塩町は上川支庁の中川町と任意協議会を設置したが，4カ月後の同年6月には解散して非合併となった。

　⑤2003年1月に9市町（赤平市，滝川市，砂川市，歌志内市，奈井江町，上砂川町，浦臼町，新十津川町，雨滝町）でもって設置された中空知地域合併協議会（任意）は同年12月には解散し，翌年1月に6市町でもって法定協議会を設置したが，後述するように，合併には至らなかった。⑥同様に，2003年7月に設置された十勝支庁の池北3町合併協議会（任意）（池田町，豊頃町，浦幌町）は翌年3月に解散した後，同年9月に豊頃町，浦幌町による法定協議会を設置したが，2005年2月には解散した。帯広市の場合にも，2003年8月から12月にかけて中札内村と芽室町の3市町村で任意協議会を設置した後，芽室町を除く2市村で合併協議会を設置した。しかし解散に終わった。⑦2003年6月から12月まで4町（別海町，中標津町，標津町，羅臼町）からなる広大な面積の任意合併協議会が活動を始めた直後，中標津町と羅臼町の飛地による法定協議会を設置したが，2005年3月には解散し，合併には至らなかった。

　その他にも，合併協議会が設置された後，そのまま解散して非合併にとどまった例も多い[22]。法

定協議会の解散の例では，①七飯町，鹿部町（渡島支庁），②松前町，福島町（同），③蘭越町，ニセコ町，真狩村，喜茂別町，倶知安町（後志支庁），④南幌町，由仁町，栗山町[23]（空知支庁），⑤深川市，妹背牛町，秩父別町，北竜町，幌加内町，沼田町（沼田町は法定協議会移行時に離脱）（同），⑥南富良野町，占冠村（上川支庁），⑦苫前町，羽幌町，初山別村（留萌支庁），⑧留萌市，増毛町，小平町（同），⑨置戸町，訓子府町（網走支庁）がある。

一方，任意協議会の解散例には，①当別町，月形町，新篠津村（石狩支庁），②積丹町，古平町，仁木町，余市町，赤井川村（後志支庁），③利尻町，利尻富士町（宗谷支庁），④本別町，足寄町，陸別町（十勝支庁），⑤士幌町，上士幌町（同），⑥新得町，鹿追町（同），⑦大樹町，広尾町（同）がある。これらはいずれも旧合併特例法のもとで合併協議会を設置し解散したものである。

合併した新市町の人口をみると，せたな町，枝幸町，安平町，むかわ町，洞爺湖町，大空町のように，合併後も1万人前後の町もある。合併には至らなかった協議会のなかでも，島牧村・黒松内町・寿都町任意合併協議会（9,946人）や中川郡3町村任意合併協議会（美深町，音威子府村，中川町）（9,838人），利尻町・利尻富士町任意合併協議会（6,953人），剣淵町・和寒町合併協議会（8,868人），南富良野町・占冠村合併協議会（5,109人）および2008年に設置された留寿都・喜茂別合併協議会（5,070人）は，いずれも人口1万人未満の小規模合併を試みたものであった。

北海道では旧合併特例法のもとで行われた合併協議において，合併構想への要望事項，協議会不参加の理由，合併協議会脱会の理由，協議会解散の理由などについて道庁地域主権局（2005年6月）と北海道自治研究所・自治労本部政治政策局の共同調査（2005年9月〜2006年2月）の2つのアンケート調査が実施された[24]。

任意協議会不参加の理由については，後者の調査を代表する辻道（2006）では，「当面は合併の意思なし」と「任意協議会の前段階において合併是非の結論が出たから」がともに43.4％であった。一方，道庁の調査では「住民意見による」が12（21.8％）市町村で最も多く，次いで「相手がいなかった」と「近隣市町村と合併に関する考えが相異」がともに8（14.5％）であった。任意協議会へ参加した134市町村の複数回答では，132（90.4％）が参加理由として「将来的な財政問題の解消」をあげ，「分権時代にふさわしい組織体制の充実・強化」が131（89.7％），「生活圏への対応」が87（59.6％）であった。一方，辻道（2006）では「合併の是非は別としてまず議論してみる必要があった」が63.7％（2つ選択），「任意協の前段階の議論から合併協議の必要性が出てきた」が53.5％で最も多かった。

任意協議会に参加した延べ146市町村のうち72（49.3％）は法定協議会に移行し，残りの50.7％は解散した。移行しなかった理由は，道庁の調査では「基本的な議論はしたが，合併の気運が高まらなかった」が49（66.2％），「機運は高まったが，何点かの争点で合意に達しなかった」が24（32.4％）であった。合併の気運が高まらなかった理由は，「寂れる地域が生ずる」が最も多かった。同じく「機運は高まったが，何点かの争点で合意に達しなかった」理由では，「本庁舎の位置」が問題になった場合が17（70.8％）で圧倒的に多かった。

一方，辻道（2006）によると，「合併しても将来の見通しが不明瞭」が27.7％，「合併に向けて時間・情報が不足し十分に議論できなかった」が27.7％，「本庁舎の位置問題」が21.3％，「協議中に当面単独自治体でも可能なことがわかった」が21.3％であった。「本庁舎の位置問題」は両アンケート調査に共通して現れるが，その他においては合併への時間不足や域内格差の問題に注目しており，両調査

において微妙な差異がある。

　同様に，法定協議会に参加した延べ123市町村のうちでは75（61.0％）が合併に至らず，7市町村（9.3％）は協議の途中で離脱した。その理由は，道庁の調査によると，「住民アンケートや住民投票の結果」が4（57.1％），「地域自治区・合併特例区などの設置で意見が合わなかった」と「集中化による過疎化を懸念」がそれぞれ2（28.6％）を数えた。最後まで協議を続けたが合併に至らなかった68市町村（休止中を含む）の理由については，「基本的な議論はしたが，合併の機運が高まらなかった」が37（54.4％）で，具体的な理由としては「当面，単独を目指す気運が高まった」が20（54.1％），「寂れる地域が生じるという懸念が強かった」が13（35.1％），「構成市町村間の財政力の違い」が13（35.1％）などであった。また「何点かの争点で合意に達しなかった理由（複数回答）」をあげた30市町村の具体的理由においては「新まちの名称」，「新市（町）の組織，支所などの扱い」，「建設計画の内容」がそれぞれ9市町村（30.0％）であった。

　これに対して，辻道（2006）では（61市町村で3つの選択），「合併に向けて時間・情報が不足し十分に議論できなかった」が42.6％，「合併しても将来の見通しが不明瞭」が32.3％，「周辺市町村が合併を望まない」が21.3％などであった。なお合併の理由については（53市町村で3つ選択），「行財政の効率化など財政危機への対応」が96.2％，「この先単独の自治体でいくのは不可能」が54.7％，「旧合併法の財政特例は2005年3月末で失効するから」が43.4％などが主のものである。

　辻道（2006）では合併新法のもとでの合併推進構想に対して，「合併だけでなく自治体間の連携など多様な自治のかたちを検討し，構想に示すべき」や「構想は策定しても合併は市町村の自主的判断に任せるべき」などの市町村の意見が多かった。また2009年に再び実施された市町村に対する道庁のアンケートでは，「今後，住民に必要なサービスを提供していくための体制整備について当面と将来どのように考えているか」（複数回答）との質問に対して，当面は「現状の体制」や「既存の広域連携」に頼ると答えたものが多いが，将来については「既存の広域連携」が多く，「新たな広域連携制度」や「定住自立圏」も期待される。当面において「合併による対応」をあげる市町村は9のみであるが，将来については57に増加し，合併も止むをえないと考える市町村が増加する傾向にある。

　以上のアンケート調査の結果をみると，「財政事情による合併賛成」と「本庁舎の位置による合併反対」とが深刻な対立要因として強く作用した場合が多い。面積の広い市町村では本庁舎があまりにも遠くに位置するし，貧しい町村同士の合併では効果が期待できないことが判明して合併を中止した場合が多いと思われる[25]。将来については，合併推進構想にも掲げられたように，新たな広域行政への期待もみられる。多くの協議会は合併には至らなかったけれども，協議会への参加を通じて自己認識を強めることとなったものと考えられる。

　次に，合併に至らなかった2つの具体的な事例について報告する。

3. 法定協議会解散の事例－滝川市地区の場合－

　滝川市（46,861人，0.36）は中空知地方の中心都市であり，官公庁や飲食街の集中地区である。小規模市町村の歌志内市，奈井江町，上砂川町，浦臼町，新十津川町，雨竜町の6市町が加入して介護保険認定審査を主たる業務とする中空知広域連合（1998年設立）には，自己の処理能力をもつ滝川

市は加入しなかったが，ゴミ・し尿処理・火葬場の業務を担当する中空知衛生施設組合（1969年設立）には，滝川市は新十津川町，雨竜町，芦別市，赤平市とともに一員をなしている。もう一つの砂川地区保健衛生組合（1968年）には砂川市，奈井江町，浦臼町，上砂川町，歌志内市が加入する。さらに，ふるさと市町村圏計画や交通災害共済に関する事務などの地域開発を目指した一部事務組合には中空知広域市町村組合（1970年）が設置されており，上記の10市町が加入する。したがって，当時から5市5町（当時の人口13万人）で共同事務を行う体制が形成されてきたが，図Ⅲ-2に示す構想対象市町村の組み合わせでは滝川市，新十津川町，雨竜町のグループと砂川市，奈井江町，浦臼町，上砂川町，歌志内市のグループとに分かれる。

　こうしたなかで，2001年11月に10市町でもって中空知地域づくり懇談会が発足し，やや離れた位置にある芦別市（21,026人）を除く9市町村によって2003年1月に任意合併協議会が設置された。緊密な地域連携をもち比較的小面積の市町村からなるこの地域では合併効果が期待されたが，2003年には住民投票の結果奈井江町（7,309人，0.23）が協議会に不参加を表明し，農業地域に属する新十津川町（8,067人，0.16）と雨竜町（3,601人，0.12）も離脱し，2003年11月に協議会を解散した。そのため，残りの6市町村で同年12月に再び任意協議会を立ち上げ，1カ月後の2004年1月に法定協議会に移行した。任意協議会は行政サイドで進行してきたが，法定協議会では市町村議員や市民も参加した。しかし2004年7月には滝川市が離脱し，中心都市を失った法定協議会は9月には解散した。解散の理由には，砂川市にある中核病院の移転，消防の統合，議員定数，農業委員会などの問題があり，最終的には産炭地（上砂川町，赤平市，歌志内市）の隠れ借金の発覚が問題となった。その他にも，市町内施設整備費の負担問題や小規模市町の結束による滝川市との対立が問題となった。道路や下水道，学校などのインフラ整備についてはこれまで一部事務組合で処理してきたので，域内の整備状況に大差はないが，産炭地域と農業地域など行政姿勢の差異も基本的な問題であった。合併新法のもとで道庁が提示した合併推進構想にも各市町村は対応しなかった。

　このようにして市町村合併は不調に終わり，各市町村は単独存続となった。滝川市では職員の減少と給与カットや議員の定数削減（26人から18人）と給与カットを実施して行政改革に努め，新規事業も極力減少させ，緊縮財政に努めている。これまでの経緯からして，今後すぐに合併に向けて活動を再開することはありえないが，滝川市は北海道で定住自立圏の中心市資格をもつ16市には含まれ，定住自立圏の設置を進めている。また，歌志内市，奈井江町，浦臼町，上砂川町（総人口1.9万人）は2012年1月に「公の施設に関する相互利用に関する協定」を締結し，公民館，文化ホール，図書館，野球場などの共同利用を行っている（神原，2013）。

4．協議会不参加の事例－富良野市地区の場合－

　富良野市（26,112人，0.29）は農業と観光の町であり，上富良野町，中富良野町，南富良野町，占冠村を加えた富良野地方の中心都市である。上記の構想対象市町村の組み合わせにおいてもこの5市町村は1つのグループを形成する（図Ⅲ-2参照）。道央にあって過疎地域の指定を受けていないのは珍しい。2001年にはこの5市町村による広域連合調査検討会が発足し，消防，環境衛生，牧場，学校給食の一部事務組合を統合して広域連合の設置を企画し，市町村合併には消極的な姿勢を示した。

そうしたなかで，南富良野町と占冠村が合併協議会を立ち上げたので広域連合設立計画は一時中断したが，その翌年には合併協議会は本庁舎の位置問題で対立し解散した。したがって，広域連合の設置計画は活動を再開し，2008年に成立した。

広域連合は一部事務組合とは違って特別地方公共団体であり，より強い結束が図られるが，広域連合が市町村合併の完全な代替物とはなり得ないものとみられる（島田，2006b）。しかしこの地域の住民は，2001年に負債を抱えて合併した農協の問題をよく認識しているため，市町村合併には消極的であったといわれる。

富良野圏域では富良野市の人口が4万人未満であるが，2012年には多自然居住拠点都市に指定され（総務省，2012），中心市宣言をして定住自立圏の形成を進めている。したがって，2008年に設置された定住自立圏が富良野広域連合の圏域をカバーし，特異な地域の発展が期待されている。北海道には2007年にもう1つ後志広域連合が発足したが，これは税の滞納整理，国民健康保険事業，介護保険事業を業務とし，合併協議会が解散した16町村が集まって結成された点でも富良野の場合とは性格が異なる。

5. むすび

以上において北海道における市町村合併の経緯とその特徴，さらには法定協議会の解散事例（滝川市地区）と合併協議会不参加事例（富良野市地区）について考察した。

北海道に分布する合併市町村の面積には新・北見市の1,428km^{2}から洞爺湖町の181km^{2}まで著しい差異があるが，合併市町村はある地域に集中しているわけではない。合併市町村も協議会不参加の市町村もともに約1/4を占め，残りは協議会解散・離脱の市町村である。市町村面積が異常に大きいという合併の制約条件[26]を考慮すれば1/4の協議会不参加数はそれほど多いとはいえないが，後述のように，協議会解散・離脱の非合併市町村は異常に多いグループに属する（図XIII-1参照）。表II-3にみられるように，合併後においても小規模自治体比率がきわめて高く，市町村合併によってもほとんど低下しなかったところに大きな特徴がある。

したがって，今後は小規模自治体をいかに運営していくかが大きな課題となるであろう。非合併市町村が将来に向けて設置した後志地区（2007年設立）や富良野地区（2008年設立）の広域連合や9つの定住自立圏は新たな組織として注目される。北海道では市町村合併よりも広域連携の道を選択しようとしたが，政府によって強引に押し切られた経緯があり[27]，市町村の広域連携には強い期待がある。後述するように，第29次地方制度調査会答申（2009年6月）でも共同処理方式による周辺市町村間での広域連携が選択肢の1つとされており，非合併に終わった小規模自治体の将来については広域連携に期待がかけられている。なお，北海道では2002年前後に6つの広域連合が設立されていたが（表XIII-3参照），これらの設立時期は合併協議が始まる頃であり，市町村合併が困難を見込んでその対抗措置として設置されたわけではなかった。

北海道の市町村合併では，道庁のアンケート結果に示されるように，多くの市町村は財政的理由から協議会への参加を試みたが，本庁舎の位置決定も難しく，合併による業務の効率化が得られず，地域は寂れて，財政状況も改善しないことが予想され，合併協議を断念した市町村が多いためと考えら

れる．医療・介護サービスについても，多くの場合，合併による施設の合理的利用は不可能といわれる．さらに，辻道（2006）のアンケート調査によると，合併期間の不足や広域連携への強い期待も合併に至らなかった理由といえる．滝川市や富良野市の事例は両市の特殊事情によるだけでなく，北海道に広く共通する事例とみることができよう．

なお，各都道府県では合併支援には県職員の派遣と財政支援を実施した．前者には旧合併特例法下で18団体18名，新法下では2団体2名が派遣されたが，北海道には旧合併特例法のもとでは特別交付金制度はなく，合併新法のもとで2009年度から北海道市町村合併緊急支援交付金という制度を設け，湧別町の合併に対して交付された．その算定方法は0.9億円×関係市町村数で，湧別町の場合は1.8億円であった．

（謝辞）本研究に当たりご協力いただいた山本誠氏（北海道地域主権局），中島純一氏（滝川市企画課），鎌田忠男氏（富良野市企画振興課）ならびに辻道雅宣氏（北海道自治研究所）のご厚意に感謝します．

（注）
(1) 本章は森川（2010a）を大幅に修正したものである．
(2) 2001年4月の過疎地域の状況を示したもので，合併後の釧路市は道内唯一合併後「みなし過疎地域」となった．
(3) このうち準通勤圏（1市町村だけを通勤圏とするもの）をもつ14を除いても69市町村（32.5％）となる．通勤圏外地域の比率は他の都府県と比べて異常に高い．
(4) 北海道（2000）：『みつめなおそう　わたしたちのまち－市町村の合併の検討及び推進の方向性について－（北海道市町村合併推進要綱）』(http://www.pref.hokkaido.lg.jp)（以下に示す各都道府県の合併推進要綱や合併推進構想およびこれに類するものは，巻末の文献には掲載しないことにする）．
(5) 北海道（2006）：『北海道市町村合併推進構想』(http://www.pref.hokkaido.lg.jp) による．
(6) 上記のように，2010年4月より14支庁は総合振興局または振興局に名称変更されたが，本書では旧来の名称を使用する．
(7) 檜山，宗谷，留萌，根室の4支庁については，全市町村を含めた合併パターンに統合することができるが，他の支庁ではそれぞれ可能な組み合わせだけを示しており，支庁全域に関する合併パターンを示すことはできない．札幌市を除く全市町村を合併の対象としたのは，自分のところは関係ないと考える市町村が出てくることを避けたためであった（北海道地域主権局の説明による）．
(8) ただし，北見市には通勤圏とは別の町村との合併パターンも提示されている．
(9) 北海道（2006）：『北海道市町村合併推進構想　本編』，pp.40-41 による．
(10) 合併した市町村53のうち21の新市町が誕生したため，53－21＝32市町村の減少となる．
(11) 北海道（2006）：前掲，pp.51-52 による．二次医療圏の図は省略．
(12) 同上，p.72 による．
(13) 宗谷，中空知，日高，釧路の各地区ではそれぞれ3圏域に区分され，十勝地区は幕別町を除いて5分される．札幌地区のように1地区と圏外の石狩市，札幌市，千歳市，恵庭市からなるところもある．
(14) 今井（2008：96）の都道府県別非合併・合併市町村数を示した図表2-19（資料は不明）は2007年頃までの合併であり，研究会設置市町村（非合併）まで含めたものであるが，全都道府県の数値が著者の表とはやや相違する．
(15) 表Ⅲ-4の数値が森川（2010a）と若干異なるのは，北海道地域主権局に再度問い合わせて修正したためである．

(16) 北海道（2006）：『北海道市町村合併推進構想　本編』，p.10 による．
(17) 旧合併特例法のもとでは，合併関係市町村数が北海道以外の都府県ではその平均 3.6 市町村に対して，北海道では 2.5 市町村と小規模合併が多い．
(18) 以下本書において編入または編入合併と明記しない場合には新設合併を意味する．
(19) このうち，新市町名とに別のところに市町村役場が置かれたのは，せたな町（北檜山町役場），北斗市（上磯町役場），むかわ町（鵡川町役場），安平町（早来町役場），洞爺湖町（虻田町役場），大空町（女満別町役場），新ひだか町（静内町役場）である．
(20) 旭川市は函館市が特例市になった 2000 年に中核市に指定されており，「平成の大合併」では旭川市長が周辺 8 町に合併協議を呼びかけたが，8 町はいずれも自立の道を望んだため，合併協議は進展しなかった（旭川市企画課の説明による）．
(21) 離島においてさえ合併協議会にオブザーバーとして参加した点では積極的な姿勢がみられたが，辻道（2006）によると，任意協議会にだけ参加した市町村のうち 60％以上が単独指向を希望し，合併希望は 1/4 に過ぎなかったといわれ，協議会参加のすべての町村が合併を強く希望していたわけではない．その一方で，財政事情が厳しい北海道の市町村では，「財政特例のあるうちに合併したい」と考えるものも多かったといわれる．
(22) 合併協議会を解散しても，構成市町村の一部が後に合併して新市町を形成した場合は除く．
(23) 任意協議会の段階では長沼町も加入していた．
(24) 北海道のアンケート調査は北海道（2006）『北海道市町村合併推進構想　本編』，p.10 による．北海道地方自治研究所と自治労道本部政治政策局の共同調査は辻道（2006）の報告によるため，辻道（2006）と呼ぶことにする．
(25) 神原（2003；2012：14）はその他にも北海道における市町村合併の進まない原因として，①これまでに合併の成功例がほとんどなく，合併時のしこりを引きずっているところが多い，②合併のほかに広域連合のような選択すべき道が見えてきた，③合併による諸施設の統廃合が進み，人が移動して地域の商業の衰退を招くなど周辺地域を一層過疎化に追い込む，④まちづくりや政策の面で個性が失われる，などをあげるのに対して，横山（2006:137）は広大な面積と関係して，①要綱で示した合併パターンの約 6 割が 1,000km^2 以上であり，合併によって行政効率が低下すること，②産業構造が違うと酪農業の手厚い政策ができないこと，などをあげる．そして，神原（2003）と横山（2006:156）はともに市町村合併に代わる選択肢として，道内分権の受け皿として広域連合制度の創設を提言する．
(26) 面積が 400km^2 を超える市町村では，それ以下のものよりも合併に対して消極的になるという報告もある（西川，2009）．
(27) 神原（2013）および北海道町村会・町村議会議長会（2003）：「市町村のあり方についての提言書」（http://www.h-chosonkai.gr.jp/seimu/teigen.pdf）による．

Ⅳ 東北地方の市町村合併

1. はじめに

　東北地方に新潟県を加える場合は少なく，東北6県は九州や中国・四国などと同様に明確に規定された地域といえる。道州制の9州案と11州案では九州と同じく1州を形成するが，13州案では南北2州に区分される。

　0.5万人未満の町村比率（2000年）を地方別にみると，北海道41.0％，東北19.1％，関東15.2％，甲信越37.0％，北陸26.7％，東海23.7％，関西20.4％，中国42.9％，四国40.5％，九州25.9％，沖縄28.8％となり，小規模自治体比率が高い北海道，中国，四国に対して，東北地方は地方圏の中では最も低い地域である。東北地方では中国・四国などに比べて過疎化の進行が比較的遅く，過疎市町村比率（類型1～3の合計）が低い。就業構造においても，機械金属工業の就業者が多い反面，第3次産業は少なく，とくに医療・福祉サービスの発達が遅れた地域といえる（森川・番匠谷，2012）。

　東北6県の市町村当たり平均面積は岩手県の259.0km^{2}から宮城県の102.6km^{2}までで，北海道（393.7km^2）を除く本州の都府県のなかでは広い面積を占めるものが多い（表Ⅱ-1参照）。「平成の大合併」（2000～2010年）による人口1万人未満の小規模自治体比率の減少率（ポイント）をみると，東北6県の平均は18.7ポイントで，中国（同45.2），四国（同36.0），九州（同33.4）よりもはるかに低く，全国平均の21.6ポイントよりも低い値となり（表Ⅱ-3参照）[1]，「平成の大合併」の小規模自治体に対する影響がそれほど大きくなかった地域といえる。

　しかし，東北地方のなかにも地域差があり，まったく均質な地域とはいえない。各県における「昭和の大合併」終了直前の市町村と「平成の大合併」直前の市町村の人口規模とを比較した表Ⅲ-1によると，1960年に人口1万人未満の小規模自治体比率が高かったのは福島県（49.2％）と青森県（42.6％）で，とくに低いのは山形県（8.2％）であった。「昭和の大合併」において全国第2の高い市町村減少率を示した山形県ではその人口目標（8,000人以上）を達成した町村が多かったのに対して，福島県や青森県では目標達成度が低い状態にとどまっていた。人口3万人以上の都市比率においても，山形県は26.5％で最も高い状態にあった。最も低い宮城県の10.7％との間にそれほど大きな差はなかったが，人口1～3万人クラスの町村比率は山形県の65.3％と福島県の39.2％との間に大きな開きがあった。したがって，1960年当時においては山形県が東北地方で最も都市化した地域であり，福島県が最も農村的な地域であったとみることができる。

　しかし1960～2000年間には，東北地方ではすべての県において人口1～3万人の町村比率は減少し，1万人未満の小規模自治体の比率が増加している。これは後述の茨城県のように，都市化によっ

て人口1万人未満の町村が減少し，市制施行予備軍ともいえる人口1～3万人の町村数が増加した場合とは対照的である（森川，2012c）。2000年の時点で1万人未満の小規模自治体の比率が高かったのは，依然として福島県（57.8％）や青森県（53.7％）であったが，小規模自治体の数が最も増加したのは山形県（28.2ポイント）であり，山形県も2000年には他の5県の状況に近づいてきた。

図Ⅳ-1は東北地方における各市町村の財政力指数（2000年度）の分布を示したものである。財政力指数は隣接する市町村の間でも大きく異なる場合もあるが，山間部には0.20未満の低い町村が広く分布するのに対して，平野部農村では0.20～0.40の市町村が多く，福島県中通り地方から仙台平野にかけては0.40を超える市町村が連なるのが注目される。0.60以上の地域は中心都市と発電所の立地地域に点在する。表Ⅲ-3に示すように，財政力指数が0.60を超えるのは各県庁（所在）都市のほかには八戸市，石巻市，酒田市，郡山市，会津若松市，白石市などであり，弘前市は0.56とやや低い。それに対して，仙台市の周辺では0.60を超える財政力指数の高い市町もあって，大都市圏的な特徴がみられる。なお，財政力指数が1.00を超えるのは六ヶ所村，女川町，新地町，大熊町，富岡町，楢葉町，広野町で，福島県の海岸部では財政力指数が1.00を超える原子力発電所の立地市町と0.20未満の貧しい町村とが隣接して分布する（図Ⅳ-1参照）。しかし，福島原子力発電所の事故ではともに大被害を被ることとなった。

財政力指数の県別平均値をみると，表Ⅱ-4に示すように，南東北3県（0.31～0.38）と北東北3県（0.25～0.27）では顕著な差がみられる。さらに過疎市町村の比率においても，表Ⅲ-2に示すように，南東北3県（29.2～52.1％）と北東北3県（47.6～69.4％）の間に同様の特徴がみられ，市町村の経済状況において比較的豊かな南東北と貧しい北東北との間に地域格差が認められる。

もう1つの特徴は日常生活圏の形状である。日常生活圏の代表として通勤圏の分布について考察すると，図Ⅳ-2に示すように，通勤圏外地域は会津地方西部にはややまとまって分布するが，その他の地域にはわずかに点在するだけで，今日ではもはや通勤圏外地域はほとんど残されていない。しかも通勤圏の規模（圏域内の市町村数）によって格付けされた通勤中心地のなかには，通常の通勤中心地だけでなく半従属通勤中心地も含まれる。多くの市町村はいずれかの通勤中心地の通勤圏に属するが，交通条件のわるい地域には準通勤圏や玉突型通勤圏，相互依存型通勤圏などが現れる。

東北地方において大規模中心地といえるのは仙台市，弘前市，秋田市，会津若松市であり，県庁都市であっても広い通勤圏をもつとは限らない（表XII-11参照）。岩手県や山形県のように大規模中心地を欠く県もあるが，通勤圏の分布状況には県による差異はそれほど大きくなく，東北地方は全体的にみると，町村人口の減少と過疎化の進展により－中国・四国地方ほどではないとしても－市町村の財政は厳しい状況下にあったといえる。しかし，市町村の人口規模や財政状況には差異があり，以下に示すように，市町村合併に対する熱意も県によって異なっていた。

2. 青森県

(1) 地理的特徴と市町村合併に対する県の対応

表Ⅱ-4によると青森県の財政力指数の平均は0.25であり，東北地方のなかでは最も低く，全国でみても高知県（0.22），北海道（0.23），鹿児島県（0.24），島根県（0.25）に次いで低い方から5番目（6

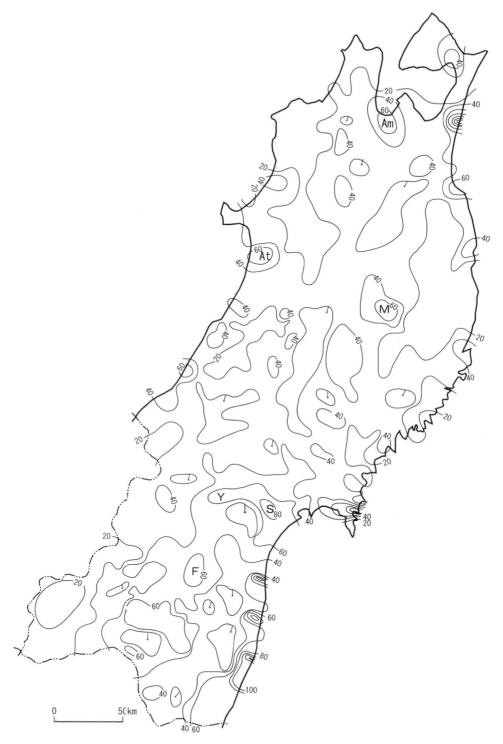

図Ⅳ-1　東北地方における市町村の財政力指数の分布
Am：青森市，At：秋田市，F：福島市，M：盛岡市，S：仙台市，Y：山形市．
資料：総務省自治財務調査課：平成12年度財務指数表による．

42　Ⅳ　東北地方の市町村合併

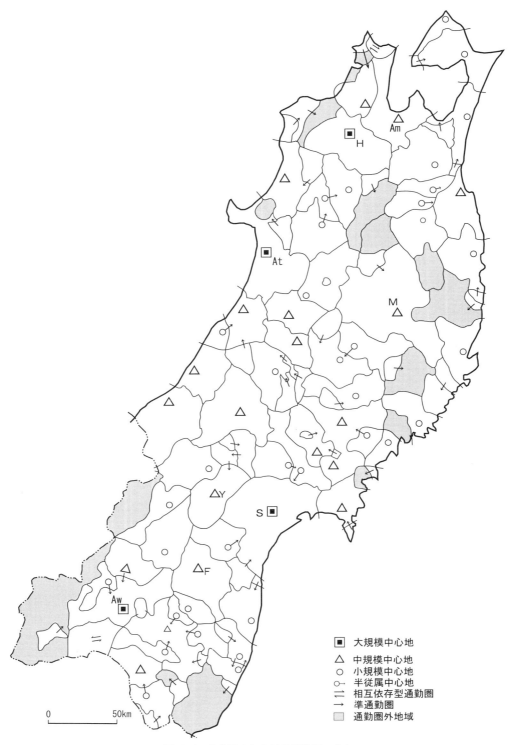

図Ⅳ-2　東北地方における通勤圏の分布
Am：青森市，At：秋田市，Aw：会津若松、F：福島市，H：弘前市，M：盛岡市，S：仙台市，Y：山形市．
資料：国勢調査（2000年）による．

(6番目は秋田県）である。県内で財政力指数が最も高いのは六ヶ所村（1.42）で、八戸市（0.63）と青森市（0.62）がそれに続き（表Ⅲ-3参照），2005年に原子力発電所が営業運転を開始した東通村（0.17）や建設予定の大間町（0.19）の財政力指数はいずれも0.20未満である。過疎市町村の比率も70.0％で，秋田県に次いで高い。小規模自治体比率（2000年）は53.7％で，東北地方では秋田県（62.3％），福島県（57.8％）に次いで高く（全国平均は46.5％，表Ⅱ-2参照），後進的な県として位置づけられる。

　図Ⅳ-2に示すように，青森県では弘前市（圏内市町村数は11）が広い通勤圏をもつ大規模中心地に数えられ，八戸市（同9），五所川原市（同7）が中規模中心地をなし，青森市（同4）をはじめ十和田市（同4），むつ市（同3），三沢市（同2），六ヶ所村（同2），大間町（同2），五戸町（同2），三戸町（同2）は小規模中心地に該当する。このうち，五戸町と三戸町は八戸市の半従属中心地である（表Ⅻ-11参照）。鰺ヶ沢町は深浦町からの通勤者を受け入れて準通勤圏を形成し，三厩村と今別町は相互依存型通勤圏を形成するのに対して，通勤圏外地域には車力村と市浦村がある。

　青森県の合併推進要綱（2000年）では，地域の結びつきや行政圏の指標，県民や市町村長に対するアンケートや市町村長へのインタビュー調査，市町村合併への自主的な動きなどをも考慮して，図Ⅳ-3に示すように，合併推進要綱では11圏域からなる基本パターンだけが提示された[2]。基本パターンの圏域は6つの広域市町村圏を細分したもので，その境界を跨いだ圏域はみられない。

　青森市，弘前市，八戸市については，中核都市創造型としていずれも人口30万人以上の合併が目標とされた。さらに，五所川原市，十和田市，三沢市，むつ市については人口6.9～14.0万人で地域中心都市創造型と命名され，蟹田町地区，鰺ヶ沢町地区，野辺地町地区は人口1.8～3.4万人で地域活力創造型とされ，4.2万人を目標とする七戸町地区だけが新市創造型に分類された。中核都市創造型の3市のうち市町村合併によって実際に中核市に昇格したのは青森だけであるが，弘前市や八戸市は地域中心として強い拠点性をもち，三極構造を形成する点では新潟県や長野県よりも顕著である。合併推進要綱には「県土の均衡ある発展と地域の自律的発展力の充実を図る」ことが明記されているが[3]，「合併への制約が大きい地域」は考慮されていない。

　こうした基本パターンの圏域と通勤圏との関係をみると，両者がほぼ整合するのは五所川原市と鰺ヶ沢町の2地区である。五所川原市地区に含まれる車力村と市浦村は，上記のように通勤圏外地域である。鰺ヶ沢町では岩崎村からは深浦町への通勤者が多く，鰺ヶ沢町の玉突型通勤圏を形成する。むつ市地区ではむつ市と大間町の通勤圏に二分される。その他の地区では基本パターンと通勤圏は異なる。青森市と弘前市の通勤圏では，青森市の通勤圏に含まれる浪岡町（南津軽郡）は基本パターンの圏域では弘前市に含まれる。青森市の通勤圏に属する津軽半島東部は，人口1.8万人の独立した圏域を形成する。八戸市の通勤圏は岩手県にも伸びるが，基本パターンの圏域では半従属中心地をなす三戸町や五戸町の通勤圏まで含まれる。十和田市の通勤圏北部は別の圏域（七戸町地区）に属し，準通勤圏しかもたない三沢市が4市町の独立した圏域を形成する。

　さらに，合併新法による合併推進の目標を定めた合併推進構想[4]（2006年）では，県全域を「将来の望ましい市町村の姿」として人口8万人以上の6地区に区分したが，構想対象市町村に指定したのは旧合併特例法のもとで合併が行われなかった23市町村だけであった。人口1万人未満の非合併市町村では，当該市町村の意向を踏まえて，田舎館村と平川市，新郷村と五戸町，風間浦村とむつ市の3地区の合併が提示されたが，合併新法のもとで合併した市町村は皆無であった。外ヶ浜町の場合

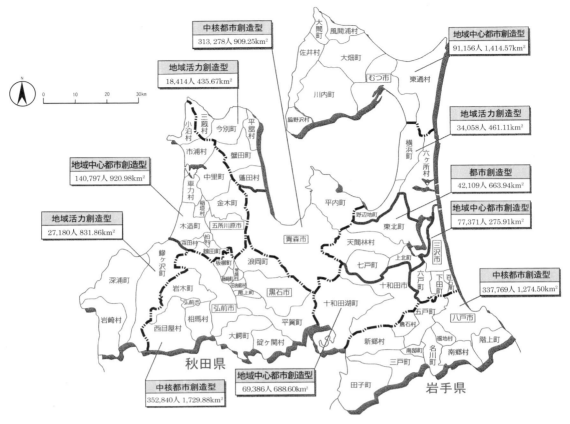

図Ⅳ-3　青森県における合併推進要綱の基本パターンと広域市町村圏
太実線：基本パターン境界，2点鎖線：広域市町村圏境界（基本パターンと重合するところもある）．
人口は1999（平成11）年3月31日現在．
資料：市町村合併問題研究会編（2001：35），自治省行政振興課（1983：16）による．

には，今別町が合併すれば飛地は解消されるが，飛地合併の修正案は示されなかった．

(2) 合併の経緯

　表Ⅲ-4によると，青森県67市町村のうち合併市町村は43（64.2％）であり，合併協議会解散や離脱は19（28.4％）で，協議会不参加の市町村は5（7.4％）にとどまり，東北6県のうちでは平均的位置にある．協議会不参加の5市町村（三沢市，東通村，平内町[5]，六ヶ所村，三戸町）のうちでは，原子力発電所のある六ヶ所村の1.42が異常に高いため財政力指数の平均は0.50となり，東北6県のうちではやや高い方である．しかし協議会不参加の市町村の平均人口は18,014人で，青森市を含む合併市町村の27,806人よりも小さい．合併協議会解散や離脱の19市町村についても，平均人口，平均財政力指数ともに合併市町村よりも低い状態にあり，人口や財政力に余裕があるため合併に消極的だったとみることはできない．

　合併に至らなかった理由（複数回答可）を青森県全体でみると，「合併相手が合併に消極的だった」が9（33.4％），「合併について意見集約ができなかった」が7（25.9％），「合併せずに単独で運営して

いこうと考えた」が 6（22.2％）であった（青森県，2010：18）。

　県内には実際の合併が通勤圏の形状と整合する場合は皆無であり，合併推進要綱の基本パターンと整合するのは十和田市地区（2市町の合併）だけである。七戸町地区では2002年3月に基本パターンと整合する任意協議会を設置して法定協議会に移行したが，1年後には解散し，東北町（町役場は上北町役場）と七戸町（町役場は天間林村役場）に分割して合併した。鰺ヶ沢町地区では鰺ヶ沢町，深浦町，岩崎村の3町村により2002年11月に任意協議会を設置したが，鰺ヶ沢町が離脱し，2町村でもって新・深浦町が誕生した。岩崎村は秋田県の八峰町（秋田県）の合併協議会にオブザーバーとして参加しており，県境を越えた合併を模索していた。なお図Ⅳ-4に示すように，最初の合併協議会でもってそのまま合併が成立した順調合併には，十和田市とつがる市（市役所は木造町役場）が含まれる。十和田市は2003年3月に2市町で任意協議会を設置して合併し，つがる市は2002年10月に西津軽郡5町村で任意協議会を設置して合併した。

　その他の地区では複雑な合併経緯をたどる場合が多い。津軽南地区では2002年10月に弘前市を中心とした14市町村でもって任意協議会を設置したが，浪岡町が板柳町とともに離脱したため，12市町村で法定協議会を設置した後解散した。結局，弘前市（3市町）と平川市（同3）（市役所は平賀町役場），藤崎町（同2）に分裂して合併し，財政の厳しい黒石市（39,059人，0.35）や田舎館村（8,835人，0.23），大鰐町（12,881人，0.23），ダム建設中の西目屋村（2,049人，0.09）は非合併となった。

　東津軽郡では2001年5月に5町でもって東津軽5町村任意協議会を設置したが，蓬田村と今別町は青森市との大規模合併を希望して離脱し，協議会は解散した。その後2004年8月に3町村でもって法定協議会を設置し，外ヶ浜町（町役場は蟹田町役場）が誕生した。したがって，三厩村は飛地となり，蓬田村（3,480人，0.16）と今別町（4,124人，0.15）は未合併にとどまった。西津軽郡や北津軽郡では2002年に4町村でもって津軽北部地方合併協議会を設置し，法定協議会に移行した後解散した。その後2004年7月には五所川原市と金木町，市浦村の3市町村でもって五所川原地域合併協議会を設置して新・五所川原市が誕生したが，中里町が五所川原市との合併を拒んだため市浦村は飛地となった。なお，中里町は単独で存続するよりも合併して少しでも基盤強化を目指して，飛地をなす小泊村と合併して中泊町（町役場は中里町役場）となった。

　八戸市地区では中核都市を目指して八戸市，階上町，福地村，南郷村でもって2001年7月に任意協議会を設置し，2003年4月にはこれに4町村（田子町，名川町，南部町，新郷村）が加わり，8市町村からなる八戸地域合併協議会（法定）を設置したが，2004年6月には協議会を解散した。その後八戸市は南郷村を編入したが，南部町と名川町，福地村は3町村間で合併して新・南部町（町役場は福地村役場）が誕生した。そのため，協議会不参加を貫いた三戸町（13,223人，0.24）のほか，階上町（15,618人，0.28），新郷村（3,343人，0.13），田子町（7,288人，0.16）が非合併となった。

　一方，八戸市地区の基本パターンに含まれる五戸町は，2001年6月に八戸市地区とは別に倉石村，新郷村と3町村でもって五戸地方合併協議会（任意）を設置した。その後新郷村は協議会を離脱して単独存続となり，翌年12月に2町村でもって法定協議会を設置して倉石村を編入して新・五戸町となった。すでに2001年に特例市に指定されていた八戸市は，南郷村を編入しただけで中核市に昇格することはできなかった。

　三沢市地区では，2004年2月に百石，六戸，下田の3町で法定協議会を設置したが，六戸町（10,481

46　Ⅳ　東北地方の市町村合併

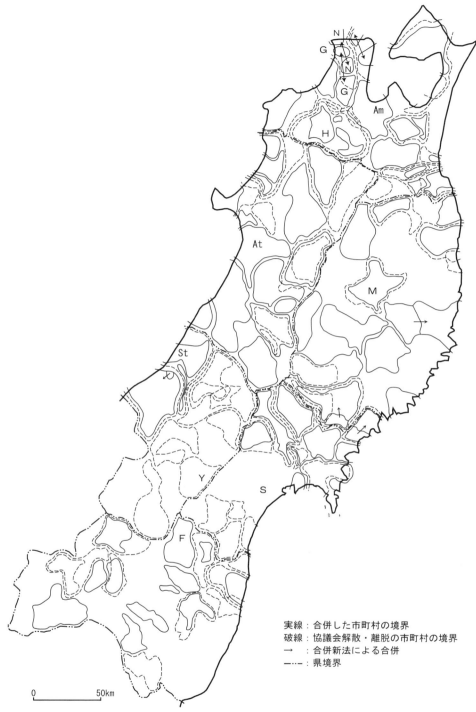

　　　　　実線：合併した市町村の境界
　　　　　破線：協議会解散・離脱の市町村の境界
　　　　　→　：合併新法による合併
　　　　　—··—：県境界

図Ⅳ-4　東北地方における市町村の合併状況
　A：会津若松，Am：青森市，At：秋田市，F：福島市，G：五所川原市，H：弘前市，
　M：盛岡市，N：中里町、S：仙台市，St：酒田市，Y：山形市．
　資料：各県の資料および「グリグリ市区町村変遷情報　詳細」による．

人，0.32）が離脱して2町でもって合併し，おいらせ町（町役場は下田町役場）が誕生した。漁村から戦後米軍基地として発展を遂げた三沢市は2002年には11市町村の研究会には参加していたが，その後単独存続を決定した。軍関係からの交付金は地域限定のため合併しても周辺町村にはメリットがないことも要因となったといわれる[6]。

2002年10月に津軽南地域市町村合併協議会（任意）を離脱した浪岡町（人口20,873人，0.26）は2003年10月に青森市との間に任意協議会を設置し，翌年10月に法定協議会に移行し，2005年1月には青森市との新設合併が成立した[7]。青森市は合併によって30万人を超え，2006年10月に中核市になった。

むつ市を中心とする下北半島地区では，任意協議会不参加を表明した東通村（7,975人，0.17）[8]を除く8市町でもって2003年3月にむつ下北地域任意合併協議会を設置し法定協議会まで移行したが，翌年6月には解散して，3町村が法定協議会を設置してむつ市に編入合併した。残りの風間浦村，大間町，佐井村はその後2005年6月に合併新法のもとで法定協議会を設置したが，翌年5月には解散して合併には至らなかった。

そのほか，合併協議会を設置して解散し非合併にとどまったものには，横浜町，野辺地町と鶴田町，板柳町がある。①横浜町と野辺地町は2003年4月に任意協議会を設置したが，横浜町ではむつ市・下北地方との合併希望があり，同年10月には解散した。横浜町はその後むつ市との法定協議会を設置したが，解散した。②鶴田町と板柳町は2003年11月に任意協議会を設置し法定協議会に進んだが，新市名をめぐって難航し，解散した。

以上が青森県における市町村合併の概要である。上述したように，最初の合併協議会の市町村がそのまま合併したのは十和田市とつがる市だけであり，通勤圏と整合する合併は皆無であった。合併協議会の設置範囲が合併推進要綱の基本パターンと整合する地区はあったが，そのまま合併した例はない。津軽半島において3市町に飛地合併が形成されたのは合併協議会の設置・解散によるものであったが，今すぐには新たな動きはない。五所川原地区消防事務組合（5市町村）が合併後に設置され，飛地に伴う緊急措置に関するデメリットはある程度解消されている。

表Ⅲ-4に示すように，本県では協議会解散や協議会不参加の市町村の中に，人口が1万人未満で財政力指数も低い町村が多く，市町村合併の必要性を意識しながらも合併に至らなかった市町村が少なくないものと推測される。

3. 岩 手 県

(1) 地理的特徴と市町村合併に対する県の対応

岩手県の市町村当たり平均面積は259.0km^{2}で北海道に次いで広く，人口密度も87.1人/km^2（2010年）で，東北地方では最も低い。市町村当たりの平均面積も大きいため，「平成の大合併」における市町村減少率も比較的低い状況にとどまった。ただし，「昭和の大合併」における市町村減少率は東北地方では山形県（全国第2位）の78.5％に次いで72.2％と高く，山形県とともに「昭和の大合併」を大規模に実施した県であった。そのため，小規模自治体比率（2000年）も40.7％で，全国平均（46.5％）以下であった（表Ⅱ-2参照）。

岩手県の平均財政力指数は 0.27 で北東北 3 県のうちでは高いが，南東北 3 県はすべて 0.30 以上である（表Ⅱ-4 参照）。財政力指数 0.60 以上の市町村は盛岡市（0.72）だけである（表Ⅲ-3 参照）。

図Ⅳ-2 によって岩手県の通勤圏の分布をみると，盛岡市の通勤圏が最も大きいが，周辺町村の面積が広いため通勤圏に所属する町村数は 8 しかなく，大規模中心地には達しない。盛岡市のほかに中規模中心地に属するのは一関市（圏内市町村数は 6）だけで，久慈市（同 3），宮古市（同 3），北上市（同 3），二戸市（同 3），大船渡市（同 2），水沢市（同 2），花巻市（同 3），千厩町（同 2）はすべて小規模中心地に当たり，そのうち花巻市は北上市の半従属中心地，千厩町は一関市の半従属中心地である（表Ⅻ-11 参照）。釜石市や遠野市，岩泉町は周辺の 1 町村を通勤圏とする準通勤圏をもつだけである。通勤圏外地域には安代町，葛巻町，陸前高田市が含まれる。

岩手県の合併推進要綱（2000 年）においては，県内を広域行政圏や地域振興局に基づく 9 地区（盛岡広域，岩手中部広域，胆江広域，両磐広域，気仙広域，釜石広域，宮古広域，久慈広域，二戸広域）[9] に区分して，それぞれの地区について合併パターンを示す（図は省略）。例えば，盛岡広域では域内を 4 地区に細分した 4 パターンからなるが，広域市町村圏の境界を跨いだ基本パターンの圏域は皆無である。

これらのパターン数すべてを合計すると県全域では 16 となる。最も少数の 13 の圏域を基本パターンとすると，表Ⅻ-14 に示すように，平均面積は東北 6 県のなかでは最大となる。このうち各市の通勤圏とも整合するのは，岩手中部広域①（花巻市と北上市の通勤圏），胆江広域（水沢市の通勤圏），釜石広域（遠野市と釜石市の通勤圏）の 3 圏域である。

一方，合併推進構想（2006 年）の「構想対象市町村の組み合わせ地図」[10] に示されたのは，図Ⅳ-5 のように，さらに大きな 9 区分であるが，構想対象市町村は花巻地区を除く 8 地区からなる。この 8 区分（構想対象市町村）は，①生活圏域を踏まえた行政地域，②行財政基盤の脆弱な小規模自治体，③さらに充実した行政権能を有する中核市，特例市などを目指す市町村の視点から総合的に検討したものといわれる。これらの構想対象市町村が合併した場合には，久慈市と洋野町の合併のように，合併市町村をさらに拡大することになる。

通常の合併推進構想では，青森県にみられるように，「将来の望ましい市町村の姿」と構想対象市町村とに区分される。前者は県全域に関する道州制を目指した理想的な圏域構想とみられるのに対して，後者は合併新法における合併協議を支援するものである。岩手県の場合には，「将来の望ましい市町村の姿」と構想対象市町村とが一致する点に特徴がある。岩手県では合併新法のもとで川井村が宮古市に編入したが，これは構想対象市町村の一部であり，川井村の合併だけが指示されたわけではない。岩手県のこの構想には，第 28 次地方制度調査会の「道州制のあり方に関する答申」（2006 年 2 月）が考慮されているのが注目される[11]。

しかも，「構想対象市町村の組み合わせ地図」における 8 区分（全部で 9 区分）は合併推進要綱や広域市町村圏における 9 区分とは大きく異なる。基本パターンに示された盛岡広域は合併推進構想では盛岡市地区と八幡平市地区に分離されるが，花巻市地区と奥州市地区とは統合され，さらに遠野市もこれに加わる。基本パターンと合併推進構想の圏域が整合するのは一関市（両磐広域），大船渡市（気仙広域），宮古市，久慈市，二戸市の各地区である。県南地域においては特例市の形成を視野に入れて地域経済力の強化を目指しており，広域市町村圏や地域振興局が設置された時代とは異なる地域

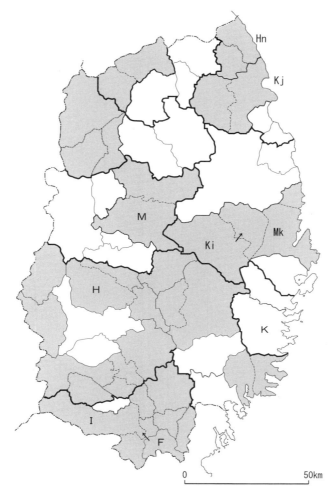

図Ⅳ-5　岩手県における合併市町村と合併推進構想の構想対象市町村
F:藤沢町，H：花巻市，Hn：洋野町，I：一関市，K：釜石市，Ki：川井村，Kj：久慈市，M:盛岡市，Mk：宮古市
点線：2000年の市町村界，細実線：2010年市町村界（アミ部分は合併地域），太実線：構想対象市町村の境界
（花巻市，奥州市，北上市，遠野市，西和賀町は対象以外地域）
＊2010年における藤沢町の一関市への編入を含む．
資料：総務省の市町村合併資料および岩手合併推進構想（2006年）による．

形成が考えられている．

(2) 合併の経緯

　表Ⅲ-4によると，合併市町村は38（64.4％）で東北6県のなかでは中位にあるが，合併協議会解散や離脱の町村は5（8.5％）に対して協議会不参加の市町村は16（27.1％）[12]と多い．岩手県の協議会不参加の市町村率は，大都市圏内の都府県や北海道を除くと高い方で，東北6県のなかでは福島県の33.3％に次いで高く，秋田県や青森県とは対照的である．

　協議会不参加の16市町村のうち財政力指数が0.50を超えるのは，北上市（0.58）と滝沢村（0.51）だけで，0.20未満のものにに葛巻町（0.14），住田町（0.16），岩泉町（0.14），田野畑村（0.13），軽米

町（0.18）があり，平均は0.30となる。葛巻町（8,725人），住田町（7,305人），田野畑村（4,529人）は人口も1万人未満である。隣接する葛巻町，岩泉町では財政が脆弱であるが，合併協議会を設置することなく合併期間が終了した。田野畑村では住民発議によって宮古市に合併協議を申し込んだが，飛地合併との理由で宮古市から断られた。住田町や大槌町，山田町では近隣に合併の適当な相手がないため，独自の歩みを選択することとなった。大槌町は「昭和の大合併」のときの関係もあって釜石市との協議会設置を拒否し，住田町も大船渡市からの申し出に対し単独存続を表明した。盛岡市のベッドタウンをなす滝沢村（51,241人，0.51）には公共施設も多く，自衛隊の駐屯地もあって合併を拒否し，2014年に単独で市制を施行した。雫石町や紫波町の町民は以前盛岡市に編入した旧戸波村のその後の衰退をみており，独自路線を歩むこととなった。

協議会不参加の市町村は，全国的にみると人口が1万人を超え，財政力が豊かで合併の必要を感じないものが多いが，本県の場合には，青森県と同様に人口規模も財政力指数も合併市町村に比べてそれほど高くなく，全国的傾向とは異なる。

以上のように，本県では合併の必要性を感じながらも協議会に参加しなかった市町村が多く，最初の合併協議会の設置も2003年や2004年などで，他県に比べるとやや遅い。上記のように，本県の市町村は面積が広く「昭和の大合併」が大規模に行われており，協議会設置の時期が遅い点では高知県や宮崎県の場合と類似した傾向が認められる。しかし，協議会設置以前の段階では県が合併研究会を設置したり，各地域振興局が合併の促進に努めるなどある程度積極的であったといわれる。

合併協議会の設置以後においては，最初に合併協議会を設置してそのまま合併する順調合併が比較的多い。花巻市（4市町村），遠野市（同2），大船渡市（同2），八幡平市（同3）（市役所は当面西根町役場），洋野町（同2）（町役場は種市町役場），西和賀町（同2）（町役場は湯田町役場）がそれに当たる。なかでも，大船渡市と三陸町との合併は超スピードで進行し，2001年6月に任意協議会を設置し，7月には法定協議会に移行して8月には合併協定調印式を済ませ，編入合併した。遠野市のように研究会の段階では6市町村から構成された場合もあるが，最初から小規模な市町村数でもって合併協議会を設置したものが多いことも順調合併を多くした原因かと思われる。宮古市もこのグループに含まれるが，宮古市は2005年に合併パターンの3市町村でもって合併した後，合併新法のもとで2009年に川井村を編入した。

このうちの花巻市，遠野市，大船渡市，八幡平市，西和賀町の合併は，合併推進要綱の合併パターンとも整合する。種市町と大野町の合併による洋野町の形成は，八戸市（青森県）の通勤圏に属する種市町と久慈市の通勤圏に属する大野村とが合併したものである。ただし，大野村でも八戸市との経済的関係はあるし，両町村は同じ九戸郡に属し，一部事務組合などの行政的な連携があり，日常生活圏を完全に無視した合併とはいえない。

以上の順調合併はいずれも小規模合併であるが，合併協議会の設置と解散を伴った大規模合併には，奥州市と一関市がある。奥州市の場合には，2004年7月に水沢市と周辺3町村とで任意協議会を設置したが，同年10月には解散し，翌年1月には江刺市を加えた5市町村でもって法定協議会を設置し，同年3月には合併に調印している。新庁舎は水沢市役所である。勢力が拮抗する都市同士の合併は避ける傾向があるが，水沢市（60,990人，0.53）に対して江刺市（33,687人，0.30）は人口・財政力ともに小さく，自己の通勤圏を欠く点から考えると，合併も1つの選択肢であったものと考えられる。

一方，一関市の場合には，一関市が周辺3町村に呼びかけて2003年2月に任意協議会を設置し，同年12月には法定協議会に移行した。その後平泉町が協議会参加を希望したので，翌年4月には5市町村による法定協議会を設置し，さらに2004年8月には一関市，西磐井郡，東磐井郡の9市町村でもって両磐地区協議会（法定）を設置したが，新市名の問題で難航し，同年12月に協議会を解散した。その後平泉町（9,054人，0.29）と藤沢町（10,452人，0.19）を除く7市町村でもって合併協議会を再開し，2005年に新・一関市が誕生した。ただし，多額の公債を抱えて合併が遅れていた藤沢町は「平成の大合併」終了後の2011年9月になって一関市に編入したので，地名の消滅にこだわる平泉町だけが非合併となった。

　最初に設置された合併協議会のうちの一部をもって合併したものには，盛岡市，久慈市，二戸市がある。①2002年3月に盛岡市，岩手郡，紫波郡の11市町村でもって広域行政連絡会議を設置したが，盛岡市が矢巾町，玉山村との間に任意協議会を設置したのは2004年3月であった。この協議会には盛岡市の通勤圏に属し密接な関係にある雫石町や滝沢村は参加せず，その後矢巾町も不参加を表明したので，盛岡市は玉山村との間に合併協議会を設置して2005年3月に編入し，2008年に中核市となった。②久慈市の場合には，2004年1月に山形村との間に任意協議会を設置し，同年7月には任意協議会を解散した野田村と普代村も含めて法定協議会を設置したが，3カ月後には解散した。その後久慈市と山形村で法定協議会を設置し，翌年に新設合併した。③二戸市では2004年7月に二戸市，浄法寺町，九戸村でもって任意協議会を設置したが，九戸村が離脱し，2市町でもって法定協議会を設置して2005年3月に合併して新・二戸市となった。

　合併協議会が解散して非合併にとどまったのは，先に触れた野田村と普代村である。したがって，合併協議会の解散や離脱によって非合併の状態にあるのは，この2村と平泉町，矢巾町（25,268人，0.48），九戸村（7,324人，0.16）の5町村だけである。協議会解散・離脱の市町村が少ない点では後述の秋田県と類似する。

　以上のように，岩手県では合併協議会不参加の市町村が多く，その中には人口が小さく財政力の脆弱なものが大半を占める。しかし，表Ⅱ-3に示すように，人口1万人未満の町村率は合併前の40.7％から合併後の23.5％へと減少しており，その比率は宮城県の14.3％に次いで低く，合併目標はある程度達成されたとはいえるだろう。なお，合併の経緯においては小規模な合併による順調合併が多く，複雑は経緯をたどったものは比較的少なかったといえる。

4．宮　城　県

(1) 地理的特徴と市町村合併に対する県の対応

　宮城県には泉市，秋保町，宮城町を合併して1989年に政令指定都市になった東北地方の広域中心都市・仙台市がある。宮城県は人口密度も高く，過疎地域も少なく，県平均財政力指数は福島県の0.38に次ぐ0.37で，東北地方では経済的に豊かな地域である（図Ⅳ-1，表Ⅱ-4参照）。仙台市（0.83）の財政力指数は原子力発電所のある女川町（1.36）に次ぎ，0.60以上が8市町を数える（表Ⅲ-3参照）。しかし，表Ⅱ-2にみられるように，1960〜2000年間には小規模自治体の比率が増大しており，人口減少がみられる点では他県と同様である。

図Ⅳ-2によって通勤圏の分布をみると，大規模中心地・仙台市は非常に広い圏域（22市町村）を占めており，中規模中心地には古川市（圏内市町村数は9），石巻市（同8），迫町（同6），築館町（同5）が属し，気仙沼市（同3），白石市（同2），中新田町（同3）は小規模中心地となる。白石市は仙台市の半従属中心地をなし，中新田町は古川市の半従属中心地である（表Ⅻ-11参照）。古川市の就業者の5.9%が新幹線で45km離れた仙台市に通勤しており，仙台市の半従属中心地とみることができる。県内には「昭和の大合併」以後通勤圏を拡大し比較的大きな通勤圏を形成している築館町と迫町がある[13]。通勤圏外地域に属するのは志津川町だけである。

宮城県の合併推進要綱（2000年）は，日常生活圏との一体性，都市経営の成立しうる規模，地元の合併意識などを考慮して1年前に作成された「みやぎ新しいまち・未来づくり構想」（1999）の市町村合併の組み合わせをもとに策定された[14]。合併推進要綱には基本パターン以外のパターンもあり得るとは述べているが，合併推進要綱に実際に示されたのは，青森県の場合と同様に，図Ⅳ-6に示す基本パターンだけであった。基本パターン圏域の大部分は広域市町村圏（7圏）を細分したものであり，津山町の所属[15]だけが広域市町村圏と異なる。

市町村の組み合わせ類型としては中核都市創造型，都市移行型，ポテンシャル開花型，連携進化型に区分しており，仙台市と川崎町[16]を除く15の基本パターンからなる。なお，地域のもつポテンシャルを最大限発揮することを目的とするポテンシャル開花型には，市制施行に達しないものから人口10万人をもつものまでさまざまな圏域が含まれる。「みやぎ新しいまち・未来づくり構想」策定委員会（1999：164）では，中核的な都市人口は20万人規模であるが，最小規模としても2万人が必要と考えており，20万人も2万人もポテンシャル開発型と称し，その中間に市制施行を目的とした都市移行型が挟まれる結果となった。

本県では旧合併特例法のもとで市町村数が71から36に減少しただけであったため，合併推進構想（2006年3月）が策定された[17]。そのなかでは，日常生活圏の一体性（相互依存度）を目標とする市町村の人口規模，地域の意向を重視して市町村の組み合わせがなされた。人口規模については，最も効率的な行政運営が可能とされる16.5万人に近い人口20万人を中長期的な目標とする。第28次地方制度調査会の道州制の検討の中でも，都道府県への大幅な権限移譲の流れを踏まえれば，市町村は現在の特例市並み（人口20万人）の事務を処理できる規模が望ましいという[18]。したがって，宮城県では当面の人口目標とする最小規模7～8万人と20万人との2種類が「将来の望ましい市町村の姿」と考えられている。

具体的には，合併新法のもとで合併の推進対象地域として気仙沼・本吉地域広域行政圏（新・気仙沼市，本吉町）を指定したほか，「合併新法下で合併が望ましい市町村の姿」（構想対象市町村に該当）としては，①仙南地域広域行政圏（白石市など2市7町），②仙台地域広域行政圏の南部地域（名取市など2市2町），③東部地域（塩竈市など2市3町），北部地域（黒川郡3町1村）を取り上げ，「その他の未合併地域」として色麻町，涌谷町，女川町を指定する。「その他の未合併地域」では当面自立に向けた行財政改革の取り組みが住民の理解のもとに進められているが，地方分権改革や地方財政などの状況変化によっては合併の必要性が高まることも想定されるので，その際には適時適切に対応すると述べている。

したがって，本県の合併推進構想では，未合併地域を①合併対象地域と②合併が望ましい市町村お

よび③その他の未合併町に3区分し，中長期的には人口20万人程度の都市が適当とする。県内人口の40%を占める仙台市のほかに人口20万人程度の5市，10万人程度の4市からなるのが「将来の望ましい市町村の姿」と考えられている[19]。

合併推進要綱の基本パターンを通勤圏との関係からみると，築館町の通勤圏のなかで築館町と志波姫町だけをとりだして人口2.3万人のポテンシャル開花型の圏域としているのは，やや奇異な感じがする（図Ⅳ-6参照）。これは，1998年当時築館町と志波姫町間に合併研究会が設置され，志波姫町に新幹線駅，築館町に高速道路インターの設置など恵まれた交通体系を活かして栗原圏域の核都市形成を計画していたことによる（同上「みやぎあたらしいまち・未来づくり構想」策定委員会，1999：173）。

そのほか，石巻市の通勤圏に属する津山町（本吉郡）が迫町の圏域（登米郡）に含められ，志田郡にあって仙台市の通勤圏に属する三本木町，松山町，鹿島台町などが古川市の圏域に含められているのは，広域行政や同一水系による地域連携が強いためといわれる（同上：172）。鳴瀬町も松島町などと同様に，仙台市の通勤圏に属するにもかかわらず，基本パターンでは石巻市の圏域に加えられている。仙台市の広い通勤圏はいくつかの圏域に分割されて独立の衛星都市を形成するのが適当と考えられたからである。勢力の拮抗した名取市（67,216人，0.66）と岩沼市（41,407人，0.72）は旧名取郡内にあって緊密な関係にあり，とくに仙台空港が両市にまたがることを考慮したといわれるが，1995年には仙台市から持ちかけた合併話を名取市が拒否したという経緯もある。

(2) 合併の経緯

表Ⅲ-4によると，合併市町村（A）は45（63.4%）で，合併協議会解散や離脱（B）は11（15.5%）であるが，協議会不参加（C）の市町村は15（21.1%）を数える。15の市町村には仙台市（1,008,130人，0.83）や女川町（11,814人，1.36）が含まれ，平均人口は93,906人，平均財政力指数は0.60と高いが，この2市町を除いてもCタイプはA・Bタイプに比べて高い数値（29,896人，0.52）となり，協議会不参加の市町村は人口が大きく，財政的にも安定した全国的な傾向と合致する。

宮城県では通常よりも少し早くから合併への取り組みが行われてきた。加美町では1998年に研究会を設置しており，栗原市地区でも1997年に10町村で住民発議の法定協議会設置（不成立）が求められており，「みやぎ新しいまち・未来づくり構想」策定委員会（1999：15）においても「宮城における最近の動向」として大河原町，柴田町，村田町の「さくら市構想」など10地区を1990年代における合併への動向として紹介している。

図Ⅳ-4に示すように，宮城県は山形県ほどではないとしても，中南部に非合併地域が広く分布する。合併推進要綱の基本パターンにおける白石市，角田市，柴田町，亘理町の各地区でも合併協議会を設置したが，合併には至らなかった。それに対して，名取市，塩竈市，黒川郡の3地区では合併協議会さえ設置されなかった。名取・岩沼両市の合併についてはともに行財政基盤が強く，合併への気運が盛り上がらなかったといわれる[20]。しかし，塩竈市や多賀城市などでも合併に関する住民アンケートを実施しており，市町村合併に対してまったく無関心な地域というわけではない。

協議会不参加の15市町村の中には七ヶ宿町（2,034人，0.30）のように過疎市町村に属するものや，大郷町（9,768人，0.34），大衡村（5,992人，0.47）のように人口1万人未満の小規模自治体も含まれ

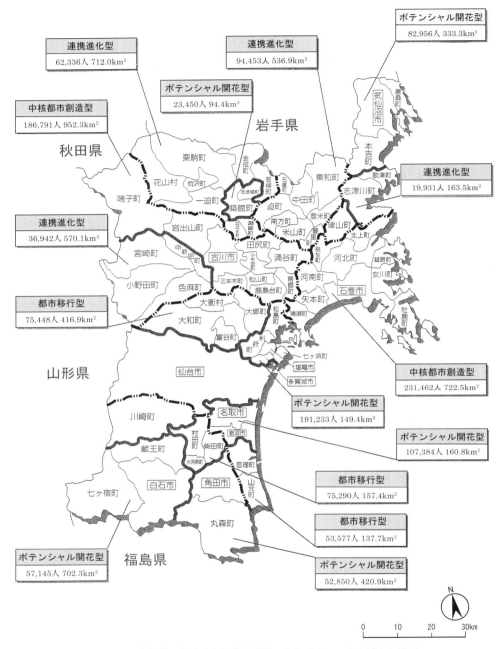

図Ⅳ-6　宮城県における合併推進要綱の基本パターンと広域市町村圏
　太実線：基本パターン境界，2点鎖線：広域市町村圏境界（基本パターン境界と重合するところもある），
人口は1999（平成11）年10月1日現在．
　資料：市町村合併問題研究会編（2001：42），自治省行政振興課編（1983：20）による．

る．七ヶ宿町では周辺化による地域の衰退が強く懸念され，大郷町や大衡村が含まれる黒川郡4町村においては企業誘致やベッドタウン化によって町村間に合併に対する温度差があったといわれる．
　市町村合併を合併推進要綱の基本パターンとの関係からみると，基本パターンの圏域と整合し，し

かも最初に設置された合併協議会のまま順調に合併したものに登米市と南三陸町がある。登米郡8町と津山町を含む本吉郡と気仙沼市の6市町でもって設置された勉強会の14市町村のなかから，2003年4月に津山町を含む9町でもって法定協議会を設置して誕生したのが登米市である。新庁舎建設までは迫町役場が利用される。一方，南三陸町は上記の気仙沼市と本吉郡6市町の勉強会のうち，志津川町と歌津町が2003年8月に法定協議会を設置して合併したものである。ただし，2004年9月の合併調印式の後歌津町議会が合併関連議案を否決し，2005年2月に再調印して合併が完了したので，完全に順調合併とはいえない。南三陸町役場としては志津川町役場が使用された。

気仙沼市の合併も基本パターンの圏域と整合するが，2003年5月に気仙沼市，唐桑町，本吉町でもって法定協議会を設置して解散した後，気仙沼市と唐桑町でもって合併したものである。しかもその後2007年になって，本吉町から合併の申し入れがあり，2008年に合併新法のもとで気仙沼市に編入してはじめて基本パターンと整合することとなった。なお，基本パターンとは整合しないが，10市町からなる石巻広域連携強化研究会のうち矢本町と鳴瀬町が2003年に法定協議会を設置して合併した東松島市（市役所は矢本町役場）の場合にも順調合併といえる。

基本パターンの構成市町村によって合併協議会を設置し，それぞれ1町の離脱後に合併が成立したものには石巻市と加美町がある。石巻市の場合には，石巻広域連携強化研究会のうちの6市町でもって2003年2月に任意協議会を設置し，牡鹿町が遅れて参加したので，7市町でもって法定協議会を設置した。その後河北町が協議会を離脱したので，2004年5月に6市町による法定協議会を設置したところへ河北町が再加入して，新・石巻市が誕生した。女川町は石巻広域連携強化研究会には参加したが，任意協議会には参加せず単独町制を維持し，周囲を石巻市域でもって包囲されることとなった。

一方，加美町では2001年4月に加美郡4町でもって任意協議会を設置し，法定協議会に移行後に解散し，その後色麻町を除く3町でもって法定協議会を設置して加美町（町役場は中新田町役場）が誕生した。色麻町（8,162人，0.28）が協議会を離脱して単独存続となったために，加美町は市制を敷くことができなかった。色麻町では住民アンケートの結果合併反対が多く，町長は3町に対して合併協議の延期を要求したが受け入れられなかったといわれており，合併の意思を失ったわけではない（宮城県，2011：32）。

栗原市の合併も基本パターンの圏域と密接な関係をもつものであった。最初，研究会の段階では栗原郡に属する10町村が参加したが，2003年2月の栗原地域合併推進協議会（任意）においては高清水町（4,470人，0.30）が不参加のため，9町村でもって協議会を設置した。その後2003年7月に高清水町が加入したので，10町村で法定協議会を設置して2004年6月に調印し，栗原市が誕生した。市役所は新庁舎建設までは築館町役場に置かれる。

大規模合併によって形成された大崎市の場合にも，2003年2月に大崎地方合併推進協議会（任意）を設置した後，瀬峰町が合併協議会を離脱したため[21]，同年7月に7市町でもって法定協議会を設置して大崎市（市役所は当面古川市役所）が誕生した。ただし，大崎市の誕生に当たっては合併調印式の後古川市議会が否決するという事件があった。古川市は市名を大崎市から古川市への変更を求めたが，要求は受け入れないまま2005年1月に再び合併協定の調印式となった。

一方，小牛田町（20,245人，0.45）と涌谷町（19,313人，0.36），南郷町（7,150人，0.21）は，2003年6月に法定協議会を設置した後，庁舎の位置を不満とした涌谷町が離脱し，2町でもって

2005年2月に法定協議会を設置して合併し，美里町（町役場は小牛田町役場）が誕生した（宮城県，2011：71）。涌谷町は非合併にとどまる。

合併協議会が解散して構成市町が非合併となったものには，先にあげた白石市，柴田町，角田市，亘理町の各地区がある。①白石市（40,793人，0.43）と蔵王町（13,545人，0.49）との合併協議では2003年12月に任意協議会を設置したが，七ヶ宿町の場合と同様に地域の衰退を懸念した蔵王町が拒否することとなった。宮城県が実施した意識調査（2005年9～10月）によると，地域が寂れることに加えて財政力の格差もあげられた[22]。②柴田町地区では2002年2月に3町でもって法定協議会を設置したが，柴田市の合併協定調印式を済ませた後新庁舎の問題で難航して解散し，2008年には住民発議のかたちで法定協議会を立ち上げたが，柴田町が離脱し，協議会は休止状態となった。

③角田市と丸森町は2004年2月に法定協議会を設置したが，角田市（34,354人，0.46）が過疎に悩む丸森町（17,868人，0.27）を敬遠したわけではない。丸森町は「昭和の大合併」の際に合併によって形成された町であり，合併に対して苦い経験をもつ住民が多く，「地域が寂れる」として丸森町の方から合併を拒否する結果となった。亘理町と山元町は2003年7月に法定協議会を設置したが，財政力の格差が問題となり[23]，亘理市の誕生には至らなかった[24]。

以上が宮城県の市町村合併の概要である。表Ⅱ-3に示すように，宮城県の新市町村率（2010年）は25.7％で，それほど高いとはいえないが，1万人未満の町村比率は合併前の40.8％から14.3％へと減少しており，合併目標の達成度は高いといえる。しかも，宮城県では大崎市や栗原市，登米市のように大規模合併が比較的順調に成立したのも特徴といえる。

宮城県では，県立病院の多い岩手県とは対照的に市町村立病院が多いため，これらの大規模合併の域内に複数の市町村立病院が含まれることになり，病院の再編（拠点病院と診療所化）が行われたのが注目される[25]。仙南地域では一部事務組合による病院が多く，市町村合併も進展しなかったのでそのままの状態にあるが，登米市では5病院，2診療所と自治体病院が多いため，3病院と4診療所に再編された。さらに栗原市では，2012年になって花山村と一迫町の中学校の統合（栗原西中学校）も実施された。登米市（9町村）や栗原市（10町村）のような大規模合併の場合には，構成団体の多さが個々の町の利益に固執する「議論の矮小化」を許さないという効果もあったといわれる[26]。

なお，仙台市の周辺地域に非合併地域が広く分布するのは，福岡市の周辺でもみられたのと類似して，財政状況の良好な人口規模の大きな市町が多いためとみることができよう。

5．秋田県

（1）地理的特徴と市町村合併に対する県の対応

表Ⅲ-2によると，秋田県は過疎地域市町村が69.4％を占めて東北地方では最も高く，財政力指数の平均は0.26で青森県に次いで低く，財政力指数0.20未満の町村も多く，0.60を超えるのは秋田市（0.66）だけである（表Ⅲ-3参照）。1～3万人の町村の減少率（1960～2000年）も著しく高く，小規模自治体比率（2000年）は62.3％で，東北地方では最高を記録する（表Ⅲ-1参照）。さらに国立社会保障・人口問題研究所の将来人口の推計（2010～2040年）によると，人口減少率35.6％（人口70.0万人）は全国最高と予測されており，きわめて厳しい条件下にある地域といえる。

図Ⅳ-2に示すように，秋田県の通勤圏では秋田市（圏内市町村数は11）は大規模中心地に属し，中規模中心地には大曲市（同8），横手市（同6），能代市（同5），本荘市（同5）があり，湯沢市（同4）や大館市（同3），角館町（同3），鷹巣町（同2），仁賀保町（同2），森吉町（同2）は小規模中心地である。このうち，鷹巣町は大館市の半従属中心地であり，森吉町は鷹巣町の半従属中心地となるので，玉突型の通勤圏を形成する。仁賀保町も本荘市の半従属中心地である（表Ⅻ-11参照）。そのほか，湯沢市東部には玉突型通勤圏が発達し，鹿角市は準通勤圏を形成する。通勤圏外地域は大潟村だけである。このようにして通勤圏については，大規模中心地，中規模中心地がよく発達しており，都市密度がとくに低いというわけではない。

秋田県の合併推進要綱[27]では「広域的なまとまりのある地域」と「とくに結びつきの強い地域」と呼ばれる合併パターンを提示したが，図Ⅳ-7に示す前者が基本パターンとみられる。基本パターンは広域市町村圏の圏域を細分したものであるが，東成瀬村だけが広域市町村圏の圏域を越えて横手市の圏域に含まれる。

基本パターンの圏域はいずれも人口4万人以上の11地区からなり（表Ⅻ-14参照），通勤圏（日常生活圏）は強く考慮されている。準通勤圏をなす鹿角市地区や相互依存型通勤圏に近い角館町地区[28]はそれぞれ基本パターンの圏域を形成し，大館市地区と鷹巣町・森吉町地区では独立の圏域を形成する。能代市地区や湯沢市地区，横手市地区でも玉突型通勤圏をなす一部の町村が含まれるだけで，通勤圏は基本パターンの圏域とほぼ整合する。ただし，広大な通勤圏をもつ秋田市の場合には，秋田市以北は独立した1地区を形成し，秋田市の通勤圏に含まれる協和町（仙北郡）や岩城町（由利郡）も郡域とのつながりを生かして大曲市地区と本荘市地区に含まれる。9つの地域振興局に区分された県域のうち，横手市・大曲市・仙北市地区と秋田市・男鹿市地区は2・3の基本パターンに分割される。

表Ⅲ-4に示すように，本県では合併成立の市町村が59（85.5％）あり，合併後の市町村のうちでは合併によって形成された新市町が60.0％を占めて東北地方では最も高く，全国的にみても高い方である（表Ⅱ-3参照）。旧合併特例法による合併が大いに進捗したため，秋田県は東北6県では唯一合併推進構想が策定されない県となった。

上記のように，財政力の弱い小規模の町村が多い事情を考慮して，当時の寺田典城知事は市町村合併による広域行政のスケールメリットを強調して，市町村合併にはきわめて積極的であった。秋田県では一般県民（約13,000人）と行政職員（約1,800人）を対象として1999年7月から2002年11月まで3回に分けて郵送法による合併に関するアンケートを実施し，①合併の是非，②合併の枠組み，③特例法期間中の合併の必要性について調査し（秋田県，2008：42-44），積極的に市町村合併を進めた。

（2）合併の経緯

表Ⅲ-4によると，後述の山形県とは対照的に，本県の合併市町村の比率は85.5％と著しく高く，合併協議会解散や離脱の市町村は7（10.1％），協議会不参加の市町村は3（4.4％）にとどまる。その3町村（東成瀬村，羽後町，上小阿仁村）はいずれも財政力が脆弱で交通条件のわるい山間部に位置し，財政力指数の平均は0.14である。

市町村合併の経緯をみると，県のアンケート調査の成果が生かされたためかと思われるが，合併協議会を設置してそのまま合併する順調合併が多い。秋田市（3市町），由利本荘市（同8），湯沢市（同4），

58　Ⅳ　東北地方の市町村合併

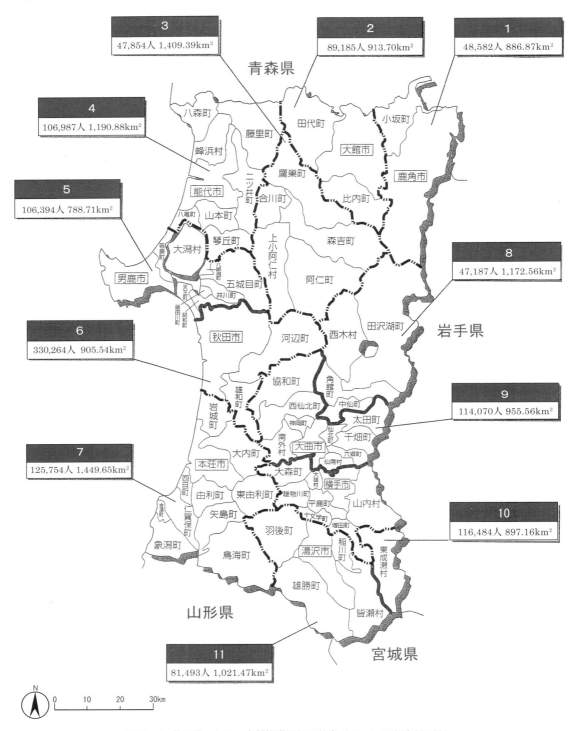

図Ⅳ-7　秋田県における合併推進要綱の基本パターンと広域市町村圏
　　太実線：基本パターン境界，2点鎖線：広域市町村圏境界（基本パターンの境界と重合するところもある），
　人口は1998（平成10）年3月31日現在.
　資料：市町村合併問題研究会編（2001：43），自治省行政振興課編（1983：22）による.

大仙市（同 8），北秋田市（同 4）をはじめ，にかほ市（同 3），潟上市（同 3），美郷町（同 3）では，2002 年か 2003 年に合併協議会を設置して 2004～2005 年には合併した。

まず，①秋田市の合併では 2003 年 2 月に河辺町，雄和町と 3 市町でもって任意協議会を設置し，同年 7 月には法定協議会に移行して 2 町を編入した。②由利本荘市は 2003 年 1 月に本荘市と由利郡 7 町でもって法定協議会を設置し，そのまま合併した。市役所は当分本荘市役所に置かれる。③にかほ市では 2002 年 6 月に由利郡 3 町でもって法定協議会を設置し，そのまま合併し，市役所は象潟町役場に置かれた。したがって，基本パターンの圏域が由利本荘市とにかほ市に分かれて合併したことになる。④湯沢市でも 2003 年 4 月に湯沢市と雄勝郡 3 町村でもって湯沢雄勝合併協議会を設置し，同年 7 月には法定協議会に移行して合併し，新・湯沢市が誕生した。⑤大仙市の場合には大曲市と仙北郡 7 町村でもって 2002 年 12 月に任意協議会，翌年 4 月に法定協議会を設置し，新設合併に踏み切った。本庁は大曲市役所にある。⑥北秋田市の場合には，2003 年 9 月に北秋田郡 4 町でもって任意協議会を設置し，翌年 2 月に法定協議会に移行して北秋田市が誕生した。市役所は新庁舎建設まで鷹巣町役場に置かれる。⑦潟上市でも 2003 年 4 月に南秋田郡 3 町でもって任意協議会を設置し，同年 7 月には法定協議会に移行して合併し，市役所は天王町役場におかれた。⑧美郷町の場合には，仙北郡 3 町村で 2002 年 11 月に任意協議会，翌年 2 月に法定協議会を設置して美郷町（町役場は六郷町役場）が誕生した。

任意協議会が設置された場合には，いずれも任意協議会から法定協議会への移行期間が短いので，合併協議が順調に進行したものと推測される。また，由利本荘市や大仙市，横手市のように 8 市町村からなる大規模合併もあるが，いずれも同郡内の町村の合併という点でも特徴がある。

秋田市の合併は合併推進要綱の基本パターンとも整合するし，北秋田市や湯沢市でも，それぞれ非合併の 2 町村（上小阿仁村，羽後町）を含めると基本パターンの圏域とも整合する。大仙市の場合には大仙市と美郷町とを合わせると基本パターンに近づくが，中仙町（11,870 人，0.23）が大仙市に加わるので，完全に整合するとはいえない。それと類似するのは横手市の場合で，ここでは東成瀬村（3,390 人，0.08）を除く平鹿郡 5 町村と横手市でもって 2003 年に設置された任意協議会と，平鹿郡増田町と十文字町でもって設置された任意協議会とが統合して計 8 市町村でもって合併し，新・横手市が誕生した。ただし，その間には山内町（9,794 人，0.20）の離脱・復帰もあり，完全な順調合併とはいえない。

もちろん，本県においても合併協議会が解散したり，1・2 の市町村が離脱した合併も皆無ではない。①能代市地区では合併推進要綱の基本パターンによって 2003 年 2 月に 8 市町村でもって設置された能代山本地域合併協議会（任意）が同年 6 月に解散した後，藤里町（4,708 人，0.12）を除く 7 市町村でもって再び任意協議会を設置したが，新市名の問題で能代市が離脱し，協議会を解散した。その後 2005 年 2 月に能代市は二ツ井町と法定協議会を設置して合併したのに対して，琴丘町，山本町，八竜町は 3 町でもって 2005 年 2 月に法定協議会を設置して合併し，三種町（町役場は八竜町役場）が誕生した。八森町と峰浜町は 2 町で合併して八峰町（町役場は八森町役場）となった。したがってここでは，1 つの基本パターンの圏域が 3 分割して合併したことになる。

②大館市地区では，鹿角市の準通勤圏に属する小坂町（7,171 人，0.26）をも含めて 4 市町村でもって 2003 年 7 月に任意協議会を設置したが，その後小坂町が離脱したので，2004 年 3 月に大館市と田

代町で法定協議会を設置し，それに比内町も加わって編入合併し，新・大館市が誕生した。その区域は合併推進要綱で示された基本パターンの圏域であり，小坂町は単独存続となった。男鹿市の場合にも，2003年5月に3市町でもって任意協議会を設置したなかから大潟村（3,323人，0.32）が離脱して，翌年2月に男鹿市と若美町でもって合併協議会を設置して合併した。

大潟村は戦後八郎潟を干拓して全国から入植した農家によって形成された特異な村で，ソーラーライスの名で知られるブランド米を生産し，村民の自立心が強く，協議会を離脱したのは村民が合併を希望しなかったためである[29]。大潟村の2004年の住民アンケートでは62.2%が合併反対であった。

③仙北市の場合には，2002年12月に仙北北部4町村で任意協議会を設置したが，設置の数日後に中仙町が離脱して大仙市の合併協議会に加入したので，残りの3町で法定協議会を設置した。しかし役場の位置の問題で難航して角館町が離脱したので，2005年2月に西木町と田沢湖町とで法定協議会を設置したが，その後角館町が協議会に復帰して仙北市（市役所は角館町役場）が誕生した。

合併協議会を離脱した3町村（小坂町，藤里町，大潟村）のほかには，任意協議会が解散して単独存続となったのは五城目町（12,372人，0.23），井川町（6,116人，0.22），八郎潟町（7,533人，0.26）と鹿角市，小坂町があるだけである。五城目町など3町は2003年8月に任意協議会を設置して法定協議会に移行したが，井川町と八郎潟町が相次いで離脱し，2005年2月に協議会を解散した。鹿角市と小坂町（7,171人，0.26）との任意協議会は，上記のように，2003年7月に小坂町が大館市など4市町村の任意協議会に加入したと同時期に設置されたが，小坂町は自主独立の道を選んで離脱し，その直後2004年2月には鹿角市との協議会も解散した。大館市と鹿角市を含めた5市町村で合併協議会を設置する話もあったが，鹿角市と小坂町は旧南部藩（盛岡藩）の領地であり，大館市の地域とは文化的な差異もあるといわれる[30]。

以上が秋田県の市町村合併の概要である。秋田県では財政基盤の脆弱な小規模自治体が多かったし，県も住民アンケートを実施するなどして市町村合併を積極的に支援してきたので，東北地方では市町村合併の進捗率が最も高い県となった。合併の経緯においては順調合併が多く，合併推進要綱の基本パターンと類似した合併が多い。ただし表Ⅱ-3に示すように，1万人未満の小規模自治体には八峰町を含めてなお8町村（32.0%）が残存しており，合併の効果が最大限発揮されたわけではない。

6. 山形県

(1) 地理的特徴と市町村合併に対する県の対応

先にも触れたように，山形県は「昭和の大合併」では市町村減少率は，富山県に次いで全国第2位であった（表Ⅱ-1参照）。表Ⅱ-2に示すように，「昭和の大合併」終了直前の1960年には人口1万人未満の小規模自治体比率は全国で最も低く，1960〜2000年間には人口減少によって人口1万人未満の町村が増加してきたとはいえ，東北地方では人口3万人以上の都市比率（2000年）が最も高い県であった。平均財政力指数（2000年）は0.31でとくに高いわけではないが（表Ⅱ-4参照），山形市（0.71）と酒田市（0.63）は0.60を超え，山形市周辺には仙台平野に続く地域として比較的高い財政力指数を示す地域がある（図Ⅳ-1参照）。

山形県の通勤圏は，図Ⅳ-2に示すように，大規模中心地はなく，中規模中心地には山形市（圏

内市町村数は7）をはじめ鶴岡市（同7），新庄市（同7），酒田市（同5）が含まれ，米沢市（同3），長井市（同2），寒河江市（同3）は小規模中心地に属する。このうちの寒河江市は山形市の半従属中心地に当たる（表XII-11参照）。通勤圏外地域に属するのは小国町だけであるが，大石田町，尾花沢市，村山市，東根市，山形市の間には玉突型通勤圏が認められる。

　山形県は4地域（村山，置賜，最上，庄内）に区分されるが，合併推進要綱（2000年）には，①歴史的つながりの深い4地域を細分して8地区からなる合併パターン1のほかに，②通勤・通学などの住民の日常生活圏や市町村議会議員の意識調査に基づき，地域の中核都市を中心とした16地区からなる合併パターン2（小国町と最上町は非合併），③保健福祉や学校教育など市町村の基幹的な行政サービスの適切・効率化を目指して人口1万人以上の確保を基本とする13地区からなる合併パターン3（14市町村が非合併）の3つの合併パターンが提示された[31]。

　14市町村を非合併のままにとどめる合併パターン3は現実的でなく，図IV-8に示す合併パターン1が基本パターンに妥当するものといえる。それは，広域市町村圏の2つの圏域をそれぞれ二分しただけで，他の4圏域は広域市町村圏のままである。「昭和の大合併」において大規模な合併を行った本県では，今日でも合併アレルギーが強く，合併に反対が多い住民感情を考慮して基本パターンを複数提示されたといわれる[32]。

　基本パターンの圏域は各都市の通勤圏ともほぼ整合しており，異なるのは余目町（東田川郡）が酒田市の通勤圏に入るくらいである。玉突型通勤圏をなす尾花沢市・東根市の地域を1つの地区として区分するのも妥当な措置といえよう。また，基本パターンの8つの圏域のうちでは新庄地区が人口9.6万人となるだけで，他はすべて10万人を超え，平均人口も福島県に次いで大きいものであった（表XII-14参照）。

　旧合併特例法のもとで合併の進捗率が低かった本県では，合併推進構想が策定された。この策定に当たっては市町村長や有識者，パブリックコメントなどを踏まえて，酒田市，遊佐町，庄内町を除く県内全域を対象として6つの構想対象市町村が指定された[33]。そのほとんどは合併推進要綱の基本パターンと同じ圏域であるが，置賜地域では3市5町を1地区に統合しており，合併推進要綱の基本パターンよりも大規模な合併計画に変更された（図省略）。山形県の合併推進構想では「将来の望ましい市町村の姿」を示していないが，県内ほぼ全域を6地区に区分した構想対象市町村の組み合わせは「将来の望ましい市町村の姿」をも兼ねた構想とみることができる。その圏域は合併推進要綱における基本パターンよりも大規模な合併を目標としたもので，青森県や岩手県などと共通した様式である。

（2）合併の経緯

　図IV-4に示すように，本県で合併したのは海岸部の酒田市と鶴岡市およびそれに挟まれた庄内町だけである。その他の地域でも合併協議会が設置されたところは多いが，合併には至らなかった。したがって，44市町村のうち12（27.3％）が合併しただけで，22（50.0％）が協議会解散や離脱であり，10（22.7％）が協議会不参加であった（表III-4参照）。市町村合併率が低く，協議会解散や離脱の市町村が半数にも達するのは，図XIII-1において説明するように，全国的にみても異常に多いものといえる。

　16地区に区分された合併推進要綱の合併パターン2では，小規模な合併市町村を目標とするが，

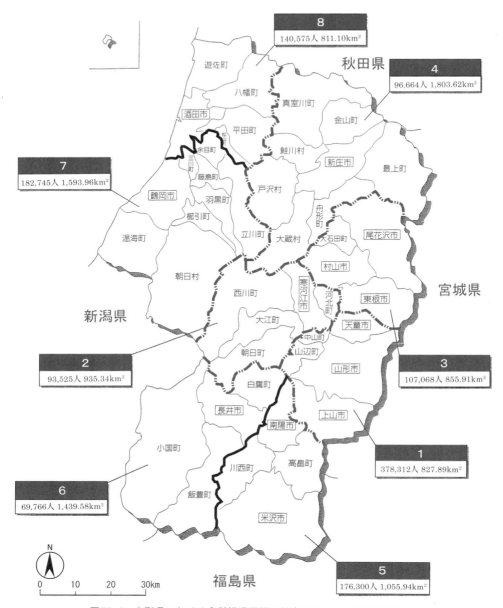

図IV-8　山形県における合併推進要綱の基本パターンと広域市町村
太実線：基本パターン境界，2点鎖線：広域市町村圏境界（基本パターン境界と重合するところもある），
人口は2000（平成12）年3月31日現在．
資料：市町村合併問題研究会編（2001：45），自治省行政振興課編（1983：24）による．

実際の合併の進行においては最初は多数の市町村でもって研究会（勉強会）が設置され，やがて合併協議会の段階になって細分された場合が多い．上述のように，本県において合併が成立したのは3地域のみであるが，それらも最初に設置された合併協議会の市町村がそのまま合併した順調合併ではない．

酒田市と鶴岡市では，最初2001年8月には酒田市，鶴岡市，飽海郡，東田川郡，西田川郡の14市

町村でもって庄内地域市町村合併研究会を設置して合併について検討したが，やがて研究会は分裂した。2002年8月には酒田市を含む7市町でもって庄内北部地域合併協議会（任意）を設置したが，合併方式をめぐって協議が難航し，合併協議は一時休止した。その間に立川町と余目町が合併協議から離脱したので，翌年2月には2町を除く5市町でもって法定協議会を設置したが，水道事業などに関する協議が難航し，遊佐町（18,037人，0.29）が合併協議から離脱した[34]。その後2004年11月に4市町でもって法定協議会を設置し，新・酒田市が誕生した。

一方，鶴岡市，東田川郡，西田川郡では2002年7月に8市町村でもって庄内南部地区合併検討協議会（任意）を設置し，余目町はオブザーバーとして参加し，同年10月には法定協議会に移行した。その後三川町（7,879人，0.27）が合併協議から離脱して庄内南部地区合併協議会（法定）を休止したが，2005年に三川町を除く6市町村でもった合併が成立し，新・鶴岡市が誕生した。三川町では再選された合併反対派の町長と賛成派が多い町議会とが対立し，2006年6月には合併賛成派が勝利して鶴岡市と法定協議会を設置したが，中学校の改築や介護保険料などの住民負担について難色を示し，合併を断念した[35]。

余目町と立川町の合併では，2002年12月に任意協議会，翌年4月に法定協議会を設置して庄内町（役場は余目町役場）が誕生した。両町は東田川郡に属し，同一の一部事務組合に属するが，余目町は酒田市の通勤圏に属し日常生活圏は異なる。

その他の地域では市町村合併はまったく成立しなかったので，広大な非合併地域が残された。そのなかには，4度も合併協議会を設置しながらも合併が成立しなかった新庄地区がある。最上郡8町村はいずれも新庄市の通勤圏に属する一体性の強い盆地である。①2003年2月には新庄市と6町村でもって任意協議会を設置し，少し遅れて鮭川村も加入したが，同年7月には解散した。2002年に実施された金山町と最上町の住民アンケートでは合併反対が多数を占めていた。②2003年8月には新庄市と舟形町の2市町で法定協議会を設置したが，翌年7月には解散した。③その後，合併新法のもとで2008年11月に4市村（新庄市，真室川村，鮭川村，戸沢村）でもって任意協議会を設置し，④鮭川村を除く3市村でもって法定協議会まで進んだが，真室川村が離脱した。新庄市と戸沢村は協議会を継続したが，戸沢村の住民アンケートの結果合併反対が過半数を占めたので，2009年8月になって協議会を解散した。

新庄市には山形新幹線の建設などによる多額の公債費があって財政状況が厳しく，周辺町村との合併において敬遠されがちであるが，公債費は地域全体のために負担したもので，新庄市だけの責任とはいえない面もある。なお，合併新法の期間中の2006年に最上地区（金山町，真室川町，鮭川村，戸沢村）では医療保険事務の効率化，行政経費の縮減を目指して広域連合が設置された。新庄市の人口は38,850人（2010年）であるが，定住自立圏の出発当時は4万人以上の人口をもっていたので中心市の資格を有する。しかし，合併協議のしこりが残り，定住自立圏は成立していない。2012年7月になって8市町村による最上地域政策研究所が設置され，ソフトな連携が始まりつつある[36]。

その他の地域では，①山形市，上山市，山辺町，中山町の4市町[37]でもって2003年2月に任意協議会を設置し，法定協議会に移行したが，議員定数，農業委員会定数，新市建設計画，支所機能などの問題をめぐって協議が難航し，2005年2月に協議会を解散した。②米沢市，長井市，川西町の3市町は2003年6月に任意協議会を設置したが，4カ月後には解散した。③尾花沢市と大石田町も

2004年4月に法定協議会を設置したが，翌年解散した。④寒河江市，西川町，朝日町も2003年7月に任意協議会を設置したが，1年足らずで解散した。さらに，⑤2007年12月には合併推進構想のもとで8市町による「置賜地域の将来を考える懇談会」を設置したが，2008年には広域合併を断念した。

その他，合併協議会も設置されなかった市町には村山市，天童市，東根市，南陽市，河北町，大江町，高畠町，小国町，白鷹町，飯豊町の10市町がある。このなかで人口が1万人未満は飯豊町（9,204人）だけであるが，財政力指数0.30未満のものには大江町（0.22），小国町（0.29），白鷹町（0.25），飯豊町（0.20）が含まれ，財政力が豊かで市町村合併を見送ったとはいえない市町が含まれる。

以上のように，山形県では「昭和の大合併」では人口8,000人以上の合併目標を達成した町村が多かったが，「平成の大合併」においては合併成立の市町村はわずかで，協議会解散や離脱によって非合併となったり，協議会不参加の非合併市町村が多く残された。合併新法のもとでも，合併不成立の市町村が多い。人口規模や財政状況からしても市町村合併が必要と考えられ，しかも合併の意思のある町村が多く取り残されているので，「平成の大合併」が完全に終了したとはいえない。表Ⅱ-3によると，山形県では1万人未満の小規模自治体の比率は合併以前とほとんど同じで，合併の効果はほとんどなかったとみることができる。

上述のように，山形県において協議会解散や離脱による非合併の市町村が多いのは，「昭和の大合併」と無関係ではないように思える。「昭和の大合併」のときの経験を踏まえて合併反対派の住民が多く，協議会が容易に進行しなかったのは宮崎県の場合と類似した事例とみることができる。

7. 福 島 県

(1) 地理的特徴と市町村合併に対する県の対応

表Ⅱ-2によると，福島県では「昭和の大合併」終了直前の1960年には人口1万人未満の小規模自治体比率が49.2％で，東北地方では最も高く，人口1〜3万人クラスの市町比率は39.2％で最も低く（表Ⅲ-1参照），「昭和の大合併」の目標達成度が低い県であった。2000年の時点においても1万人未満の小規模自治体比率は57.8％で東北地方の最高比率を維持しており，合併を必要とする町村の多い県であったといえる。

ただし，進出企業の多い福島県の財政力指数の平均は0.38であって，東北6県では最も高く（表Ⅱ-4参照），図Ⅳ-1によって財政力指数の分布をみた場合にも，0.60以上の市町村が多く，浜通り地方には原子力や火力の発電所の立地によって1.00を超える町村が5つを数えた（表Ⅲ-3参照）。都市の中でも福島市（0.70），郡山市（0.68），会津若松市（0.66），いわき市（0.65），白河市（0.64）などがあり，仙台平野に続く中通り地方には財政力が比較的高い市町村が広く分布する。こうした状況のなかで行われた「平成の大合併」の市町村合併率は，表Ⅱ-3や表Ⅲ-4に示すように，山形県に次いで低い状況にとどまった。

福島県の通勤圏では，図Ⅳ-2に示すように，会津若松市（圏内市町村数は10）が大規模中心地に属し，中規模中心地には福島市（同9），郡山市（同8），白河市（同8），喜多方市（同5）があり，原町市（同4），須賀川市（同3），二本松町（同3），棚倉町（同3），船引町（同2），本宮町（同2），会津坂下町（同2）は小規模中心地である。郡山市の半従属中心地には須賀川市，本宮町，二本松町，船引町が属し，

会津若松市には喜多方市と会津坂下町が半従属中心地をなし，白河市の半従属中心地には棚倉町がある（表XII-11参照）。いわき市は広野町，大熊町は双葉町を通勤圏に含めるだけで準通勤圏に当たる。そのほか，相互依存型通勤圏をなすものには下郷町と田島町があり，通勤圏外地域は7町村（舘岩村，檜枝岐村，南郷村，北会津村，西会津町，金山町，石川町）を数える。

　福島県の合併推進要綱では，長野県や兵庫県などと同様に，基本パターンが示されなかった。しかし，市町村合併の推進のためにいくつかの指標を用いたクラスター分析により，日常生活圏および行政上における市町村間の結びつきが参考資料として示された。行政上の連携状況に関する8指標（行政指標）と日常生活の一体性に関する3指標（生活指標）を用いてそれぞれクラスター分析を行い，さらに全指標（計11）を用いたクラスター分析の結果では，市町村の統合の過程で単独町村のグループがなくなる前の段階，ちょうどなくなった段階，なくなった後の段階の3つの段階について合計9枚の図が提示された（市町村合併問題研究会編，2001：49-57）。

　福島県は，市町村がこれらの分析結果を合併協議の参考にできると考え，市町村の自主的な決定に任せて市町村の意向を支援する立場を貫いてきた[38]。図IV-9は全指標によるクラスター分析のうち単独市町村が1グループを形成することのなくなった段階の地域区分を取り上げたもので，その結果を基本パターンとみなすと，表XII-14に示すように，平均人口と平均面積は東北6県のうちでは小さい方となる[39]。23圏域の区分は9圏域からなる広域市町村圏を細分したもので，圏域を跨ぐものは皆無であった。

　福島県では旧合併特例法による合併進捗率が低かったこともあって，合併推進構想（2007年）が策定された。そのなかでは，「自主的な市町村の合併を推進する必要があると認められる市町村」が構想対象市町村とされた[40]。しかし具体的には，合併新法のもとで合併協議をしていた本宮町・白沢村と福島市が指定されただけであり，「将来の望ましい市町村の姿」は示されなかった。

(2) 合併の経緯

　図IV-4によって市町村合併の状況をみると，協議会不参加の市町村は浜通り地方を中心に中通り地方の郡山市などや会津地方の山間部にもみられる。浜通り地方には発電所（原子力・火力）の立地する市町が多いが，いわき市（1,231.3km^2）のように，新産業都市指定の際に大規模な合併を行い，「平成の大合併」には参加しなかった都市もある。しかしそのほかにも，合併困難なへき地町村（例：檜枝岐村）や自立可能な人口規模をもつ都市周辺の町（例：三春町，19,976人）があるほか，石川郡（5町村）のように，合併協議会がまったく設置されなかった地域もある。

　表III-4によると，合併市町村の比率（47.8％）は山形県の27.3％に次いで低く，協議会不参加の市町村は29（32.2％）にも達し，東北6県のうちでは最も高率となった。協議会不参加の市町村のなかには，人口1万人以上の市町村は10（34.5％）に対して，5,000人未満の小規模自治体が4（13.8％）も含まれる。協議会解散・離脱の18（20.0％）市町村の中に0.5万人未満の町村が7（38.9％）も含まれるのも異例のことといえる[41]。これらの町村は，人口規模や財政状況からすると単独存続は厳しいにもかかわらず，協議会離脱や解散が行われたとみられる。平均財政力指数をみると，宮城県の場合と同様に，合併市町村（0.33）に比べて協議会解散・離脱（0.35）や協議会不参加（0.48）の市町村の指数が順に上昇しているが，財政力指数1.00以上の5町が含まれるためで，この5町を除く

66　IV　東北地方の市町村合併

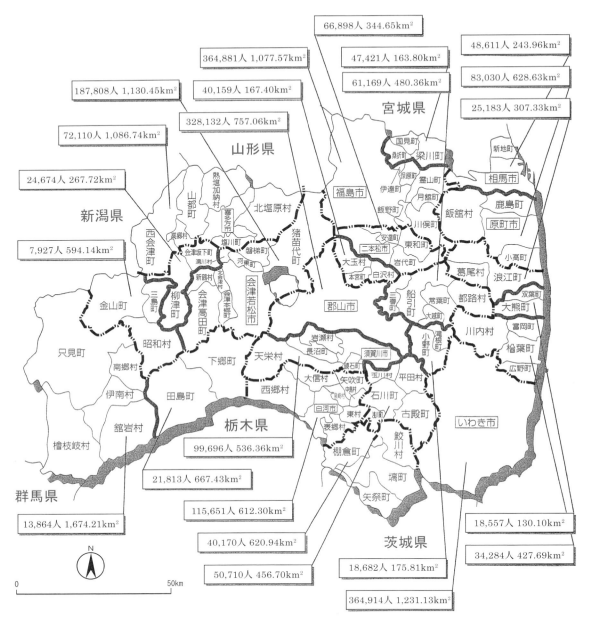

図Ⅳ-9　福島県の合併推進要綱に示された「クラスター分析　全指標②」と広域市町村圏
太実線：「クラスター分析　全指標②」の境界，2点鎖線：広域市町村圏（基本パターン境界と重合するところもある）の区分．人口は2000（平成12）年3月31日現在．
資料：市町村合併問題研究会編（2001：56），自治省行政振興課編（1983：26）による．

と上昇しているとはいえない．

　上記のように，県は合併推進要綱に基本パターンを示さなかったので，市町村合併と合併推進要綱との関係を検討することはできない．通勤圏と合併市町村との関係をみると，通勤圏と整合するかたちで合併が成立したのは二本松市だけであり，合併地域が少しだけ異なるものには喜多方市と田村市がある．また，伊達市は福島市の通勤圏内の一部の町村を統合した衛星都市の誕生とみることができ

る．通勤圏と大きく異なるのは南会津町の場合である．そこでは相互依存通勤圏をなす一方の下郷町を除くかたちで，田村町を中心とする4町村でもって南会津町（役場は田島町役場）が誕生した．ただし，この地域の通勤者比率はいずれも低い状況にあり，通勤圏とは異っていても同じ南会津郡に属して日常生活圏を無視した合併とはいえないであろう．

　福島県では最初に設置された合併協議会の市町村がそのまま合併した順調合併は比較的多い．①上記の二本松市地区では2003年1月に4市町でもって任意協議会を設置し，翌年には法定協議会に移行し，2005年には合併して新・二本松市が誕生した．②上記の南会津町の場合にも，2004年1月に4町村でもって法定協議会を設置し，そのまま合併して南会津町が誕生した．③会津美里町の場合には，2003年3月に新鶴村，会津高田町，会津本郷町でもって法定協議会を設置し，2005年に合併した．町役場は会津高田町に置かれた．

　④須賀川市地区では2003年10月に須賀川市と長沼町が任意協議会を設置し，2カ月後には法定協議会を設置した後，2004年4月になって須賀川市と岩瀬村で法定協議会を設置し，2つの合併協議会は同年のうちに相次いで合併調印を行い，須賀川市に編入した．須賀川市と岩瀬村との合併では，合併協議会設置以後6カ月で合併したことになる．ただし，⑤白河市地区では2003年12月に白河市，表郷村，大信村でもって任意協議会を設置し，法定協議会に移行した後，東村が加入して4市村で合併したので，通常の順調合併とはやや異なる．白河市に隣接しながらも工業団地の売却が不十分なため公債費の多い泉崎村では，西白河郡8町村との合併協議会が設置される以前に加入を断念したといわれる[42]．

　そのほかの合併では，合併協議会の設置後に一部の町村が離脱して残りの市町村で合併したものが多い．①喜多方市地区では5市町村でもって2003年11月に任意協議会を設置したが，北塩原村（3,644人，0.35）は「自立の道を進む宣言」をして離脱し，5市町村でもって合併した．②会津若松市地区では会津若松市と北会津村，会津若松市と河東町，湯川村がそれぞれ別々に合併協議会を設置したが，湯川村は離脱して非合併にとどまり，北会津村は2004年に編入し，河東町は1年遅れて編入した．③田村郡では2002年10月に6町村でもって任意合併協議会を設置したなかから，小野町（12,555人，0.32）が離脱し，5町村でもって法定協議会を設置して2004年に田村市（市役所は新庁舎建設まで船引町役場）が誕生した．

　さらに，複雑な経緯をたどるものには伊達市と南相馬市の誕生がある．①2003年7月に伊達地方任意合併協議会が設置されたときには9町で構成されていたが，川俣町と飯野町が離脱し，同年12月には7町でもって法定協議会を設置した後，桑折町（13,700人，0.41）と国見町（11,198人，0.30）も離脱した．したがって，2004年1月に残りの5町（保原町，梁川町，霊山町，月舘町，伊達町）でもって法定協議会を設置して合併し，伊達市（市役所は保原町役場）が誕生した．一方，②南相馬市では2003年1月に6市町村でもって相馬地方任意合併協議会を設置したが，同年7月には解散した．その2カ月前の2003年5月には浪江町と小高町は任意協議会を設置したが，同年12月には解散した．同年9月には原町市，飯舘村，鹿島町でもって任意協議会を設置し，それに小高町が加入して2004年2月には4市町村でもって法定協議会を設置した．しかしその後，飯舘村（7,093人，0.18）が離脱したので，残りの3市町でもって南相馬市（市役所は原町市役所）が誕生した．原町市（48,750人，0.91），鹿島町（12,740人，0.39），小高町（13,756人，0.41）のなかでは財政力が著しく良好なのは

原町市である。飯舘村の住民投票では合併賛成47.3％，反対52.7％であったが，村長は離脱に賛成し，村議会は反対したという経緯がある[43]。なお，③南相馬市の北側の地域では，相馬市が新地町に合併を申し込み，2004年8月には2市町の任意協議会を設置したが，2005年5月には解散した。火力発電所のある新地町（9,917人，1.49）は，南相馬市の合併とは逆の場合で，相馬市（38,842人，0.48）との合併ではメリットが少ないとの判断があったものと推測される。

上述したように，合併新法のもとで合併したものには福島市と本宮市がある。本宮市の場合には，2004年1月に本宮町と白沢村が任意協議会を設置していたが，合併が遅れ，合併したのは2007年であった。一方，福島市では川俣町，飯野町との法定協議会が2004年9月に住民発議によって設置されたが，川俣町（17,751人，0.30）が離脱し，飯野町は2008年になって福島市に編入した。

このほかにも，合併協議会を設置したが，合併が不成立に終わったものとして，先にあげた相馬市と新地町との場合以外にも次の3つがある。①大沼西部地方3町村合併検討協議会（任意）は三島町，金山町，昭和村3町村によって2002年4月に設置されたが，翌年3月には協議会を解散し，その後2003年10月には会津坂下町，柳津町を加えた5町村でもって任意協議会を設置し法定協議会に進んだが，市庁舎の位置や議員定数をめぐって対立し，2004年9月に解散した。

②矢祭町議会は2001年10月に「市町村合併をしない矢祭町宣言」を可決して有名になったが，2002年1月に実施された住民アンケートでも「合併しない宣言」へのに賛成が70.9％でもって支持されたため，矢祭町は合併協議会に参加しなかった。したがって，矢祭町を除く棚倉町，塙町，鮫川村による東白河地方3町村合併協議会（任意）が2002年2月に設置されたが，法定協議会に移行後翌年9月に解散した。③浪江町と小高町も2003年8月に法定協議会を設置したが，その年のうちに解散した。上述のように，小高町はその後南相馬市と合併した。

以上が福島県における「平成の大合併」の概要である。表Ⅲ-4にみられるように，福島県では小規模自治体が多く合併の必要度は高かったにもかかわらず，市町村合併が進捗しなかったとみることができる。県内には石川郡の町村のように，合併協議会を設置しなかった地域もあり，協議会不参加の市町村が広い面積を占める。非合併町村において今後すぐに市町村合併への動きはないが[44]，両沼5町村合併協議会地域に只見町を加えて，奥会津振興センターが2010年4月に三島町役場脇の1室に共同事務所を設置し，県職員1名が駐在し，広域連携への積極的な取り組みがみられる。ただし，その業務は行政と企業，行政と大学の連携をはかる観光事業などであって，財政の効率化や行政サービスの円滑化を直接目的とする組織ではない。合併協議会の解散時には落胆していた住民もいますぐにこの圏域町村でもって合併しようとする動きはないし，県には広域連合を振興する計画もない[45]。

しかし，非合併にとどまった市町村でも－専門職の雇用はできないが－従来通り県の支援を仰ぐことができるので，通常の自治体行政が成り立つといわれる。尾瀬の民宿地で温泉地としても知られる檜枝岐村（757人，0.15）のような小規模村でも，財政的には厳しいが，従来通りの行政サービスが実施されており，特別な問題は起こっていないとのことである[46]。例えば，村にはゴミ処理では1993年に焼却施設（8トン・日）が設置され，村には最終処分場がないため，南会津町とともに群馬県の民間施設に委託する。し尿処理では100％公共下水道が整備されており，処理場は不要といわれる。

8. 東北地方における市町村合併の特徴

(1) 市町村合併の地理的特徴および合併推進要綱・合併推進構想との関係

　東北地方は仙台市を中心とした一体性が強い地域であるが（森川，2006），上述のように，経済的には仙台市を中心とした比較的豊かな南東北3県と貧しい北東北3県との間には地域差が認められる。

　図Ⅳ-1に示すように，市町村の財政状況においても，エネルギー産業基地や一部のベッドタウンなどを除くと良好な状態にあるのは県庁都市とその周辺地域であり，山間部には生活条件の厳しい過疎地域が広く分布する。表Ⅲ-3によると，財政力指数が0.60を超えるのは岩手県や秋田県では県庁都市だけである。その他の県でも都市やベッドタウンのほかにエネルギー産業の立地によって財政力指数1.00以上の豊かな町村もあるが，他の地方にみられるような製造業や観光地による豊かな市町村はほぼ皆無に等しい。唯一の例外は，高速道路のインターチェンジや新幹線駅の設置によって大型店や工場が立地するようになった福島県の西郷村（18,642人，0.64）である。

　図Ⅳ-2に示すように，各県庁都市は広い通勤圏をもち，周辺部には小規模な通勤圏や玉突型通勤圏，相互依存型通勤圏，準通勤圏などもみられる。玉突型通勤圏の形成は山形県の都市部を例外とすれば，都市システムの発達の遅れた地域に現れる。これらの通勤圏にはさまざまな規模の圏域があり，合併市町村域が通勤圏と整合する例は少ない。とくに県庁都市の広い通勤圏全域を単一の自治体に合併することは困難であり，仙台市周辺では非合併のベッドタウンが広く分布する。通勤圏外地域は福島県を除くと，きわめて少ない。

　各県の市町村合併には強い独自性があり，地理的特徴をそのまま反映したものとはいえない。それは「昭和の大合併」への対応にも強く現れた（表Ⅱ-2参照）。山形県をはじめ宮城県，岩手県では「昭和の大合併」が大規模に実施され，「昭和の大合併」終了直前には小規模自治体が40％前後に減少していたが，秋田県や福島県，青森県では小規模自治体は50％を超えていた。高度経済成長期における市町村の人口増減には東北地方全体に共通性も認められるが，こうした地域差は残されたままであった。

　「平成の大合併」に対する各県のスタンスも一様とはいえない。上述したように，秋田県の当時の県知事は市町村合併に対してきわめて熱心であったが，福島県では各市町村の意向を尊重する姿勢がみられた。山形県では合併反対派の住民に対する配慮もみられたようである。市町村合併に対する取り組み時期においても県による差異があり，宮城県では自治省からの合併推進要綱の策定要請よりも早い時期から市町村合併への動きがみられたが，岩手県では合併への取り組みも遅れていた。

　自治省の通達を受けて策定された各県の合併推進要綱では，日常生活圏や広域市町村圏などを考慮した基本パターンが示されたが，その策定も都道府県によって異なるものであった。基本パターンだけを示した県には青森県（図Ⅳ-3参照）と宮城県（図Ⅳ-6参照）があり，複数のパターンを示した県には秋田県（図Ⅳ-7参照）や山形県（図Ⅳ-8参照）があり，広域市町村圏ごとにそれぞれいくつかのパターンをあげたものには岩手県がある。さらに，福島県（図Ⅳ-9参照）のように，主要指標に関するクラスター分析の結果だけを合併の参考資料として提示した県もあった。合併推進要綱の基本パターンを広域市町村圏と比較すると，宮城県と秋田県では一部の境界線が圏域をまたぐが，その

他の県では広域市町村圏の圏域の一部を二分するかたちで基本パターンが設定された。

東北地方各県における合併推進要綱の基本パターンを厳密に比較することは困難であるが，福島県を含めて東北6県の基本パターンにおける人口規模や面積規模を示すと表Ⅻ-14のようになる。宮城県は平均人口，平均面積ともに小さく，平均面積が最も大きいのは岩手県である。

旧合併特例法の失効後，合併新法のもとでの市町村合併を促進するために，秋田県を除く5県では合併推進構想が策定された。各県ともに未合併市町村を中心として構想対象市町村を指定したが，そのほかに「将来の望ましい市町村の姿」を明確に指定したのは青森県だけであった。宮城県では「将来の望ましい市町村の姿」について概念図を示しただけで，市町村界を明確に区分したものではなかった。岩手県と山形県では「将来の望ましい市町村の姿」を兼ねるかたちで広い範囲で構想対象市町村が示され，福島県では構想対象市町村だけが示された。しかし，秋田県を除く東北5県のなかで合併新法によって市町村合併が実現したのは4例だけであった。「望ましい市町村の姿」には旧合併特例法の下で合併した新市町も含まれているので，「将来の望ましい市町村の姿」を実現するためにはもう一度合併することが必要となる。

(2) 合併の経緯に関する一般的特徴

先にも触れたように，東北地方は西南日本の諸県に比べると小規模自治体の比率が低く，秋田県を除くと「平成の大合併」における市町村減少率も低い地域といえる。市町村減少率を全国順位で示すと秋田県9位，宮城県25位，岩手県29位，青森県32位，福島県38位，山形県42位の順となり，秋田県だけが高い順位にある。市町村合併においては，財政力の弱い小規模自治体では通常合併率が高いが，表Ⅲ-4に示すように，東北地方ではこの原則に従わない場合が多い。一方，合併した市町村の人口規模は各県ともに，0.5万人未満よりも0.5～1万人クラスの町村の方が多く，財政力指数では0.20未満が卓越する岩手県以外には0.20～0.40が多い。

青森県や岩手県，秋田県の市町村合併では県庁都市など人口規模の大きな都市が合併市町村に含まれたため，合併市町村の平均人口を増大させる傾向があるが，宮城県と福島県では協議会不参加の市町村の平均人口が最も多い。その一方で，秋田県では平均財政力指数が最も低いのは協議会不参加の市町村である。財政力が豊かな市町村が合併を敬遠するのではなく，交通不便なへき地町村が「合併すると地域が寂れる」として自ら合併を拒否する例がみられるからである。青森県，宮城県，福島県ではエネルギー産業が立地する協議会不参加の市町村が財政指数の平均値を上昇させているが，協議会不参加のなかにも人口が少なく，財政力の乏しい小規模自治体が含まれる。

2010年の国勢調査によると，表Ⅱ-3に示すように，各県の全市町村数に対する新市町村の比率は秋田県の60.0%が飛び抜けて高く，山形県の8.6%との間には著しい差異がある。2010年現在人口1万人未満の小規模自治体比率が最も高いのは福島県の49.2%で，低いのは宮城県の14.3%である。福島県に小規模自治体が多いのは市町村合併率が低いためであるが，市町村合併率がきわめて低い状況にとどまる山形県では，「昭和の大合併」時に大規模な合併が行われていたこともあって（表Ⅱ-1参照），福島県に次ぐ比率（40.0%）である。ただし，2000～2010年間に1万人未満の小規模自治体比率の変化状況をみると，小規模自治体比率の差（ポイント）は宮城県の-26.5ポイント，青森県の-21.2ポイントが大きく，「平成の大合併」の目標達成度が高かったのに対して，山形県の場合には1.4

ポイントの増加となり，合併の効果はまったく認められないものであった．

　市町村合併への取り組みにも県による差異がある．最初に設置された合併協議会でもってそのまま合併が成立する順調合併が多かったのは岩手県や秋田県であり，その他の県では比較的複雑な経緯をたどることとなった（図Ⅳ-4参照）．なかでも新庄市地区（山形県）のように，合併新法による協議会設置も含めると，構成市町村を変えながら4回も合併協議会を立ち上げ，結局合併に至らなかったところもある．

　合併推進要綱の基本パターンの圏域を越える範囲で大規模な合併協議会を設置したのは，青森県で3カ所（浪岡町の青森市合併，横浜町のむつ市との協議会設置，板柳町と鶴田町の協議会設置）と秋田県で2カ所（中仙町の大仙市合併，小坂町の大館市の協議会への加入）だけで，その他はすべて基本パターンの圏域内で行われた．基本パターンを提示しなかった福島県の場合も，仮に図Ⅳ-9を基本パターンとすると，域外の町村と合併したのは田村市，伊達市，南会津町の3市町だけである．その一方で，協議会を設置しなかった基本パターンの圏域には，宮城県の塩竈市地区，黒川郡地区，名取市地区，福島県の福島原子力発電所の立地する富岡町地区や石川郡などがある．上述したように，黒川郡地区は仙台市の近郊にあって，各町村の合併に対する温度差があったからである．

　このように，市町村合併においては基本パターンの圏域が重視されたが，基本パターンと同一区域でもって合併したケースは少なく，一部の離脱市町村や協議会不参加市町村を残して二分または三分して合併したものが多かった．

　合併以前から市町村の面積が大きかった岩手県では，一関市（8市町村）を除くと2・3の市町村による小規模な合併が多いが，なかには宮城県の栗原市（同10），登米市（同9），石巻市（同7），大崎市（同7），秋田県の由利本荘市（同8），大仙市（同9），横手市（同8）のように，大規模合併によって形成された都市もある．これらの都市はその通勤圏域と完全に整合するわけではないが，多くは同一郡内の町村でもって合併しており，日常生活圏域と大幅に異なるケースはない．例えば一関市は，通勤圏内にある平泉町が未合併にとどまるが，一関市の半従属中心地の通勤圏に属する千厩町，室根村，藤沢町を含めて合併している．藤沢町は「平成の大合併」終了後に一関市と合併したが，金城町（宮城県）の一関市への越県合併は実現しなかった．

　多くの市町村の意向を集約した大規模合併の場合には，成立自体が容易でないし，地域格差を広げないように多くの市町村が協力して新市を運営することにも特別な配慮が必要である．市会議員は全町村から選出すべきであろうが，上述したように，構成市町村の多さが個々の町の利益に固執する「議論の矮小化」を阻止する効果もある．その一方では，宮城県北部の新市にみられるように，病院や学校など公的施設の統廃合に関する問題も発生する．

　東北地方では仙台市は「平成の大合併」以前に政令指定都市に昇格していたため，政令指定都市を目指した市町村合併はみられなかったが，青森市と盛岡市は合併によって中核市となった．仙台市の場合には，合併を呼びかけた名取市からは拒否されたが，合併を希望する川崎町の要求は断ることとなった．上述したように，協議会不参加の市町村のなかには人口規模が比較的大きく，財政力が豊かな都市が多いが，その一方では，秋田県の3町村のように，山間部の小規模自治体も含まれる．小規模自治体のなかには，本庁舎にも遠く，財政力が厳しいだけに合併すれば辺地に追いやられ，上述のように，かえって「地域が寂れる」と考えた町村も多い．なかには「昭和の大合併」のときの苦い思

いを記憶にとどめている場合もある。宮城県の合併資料のように，財政力の格差が協議会解散の原因となったことを明記するのは珍しい例である。

　エネルギー産業の立地や観光地などで財政力の豊かな町村では非合併にとどまるものが多い。福島県の浜通り地方では南相馬市を除いて合併はみられなかったし，宮城県の女川町は周辺を合併市町村に囲まれた中で非合併を貫いた。青森県の東通村でも合併協議会には参加しなかった。世界遺産の観光地・平泉町は非合併にとどまり，大潟村（秋田県）の非合併も特異な例である。上述したように，大潟村は戦後苦労して新たな村を開拓しブランド米を育ててきた村で，独自の政策に対する強い思いがあり，住民の自立志向が強い。

　合併新法のもとでは東北地方で3地区（川井村，本吉町，飯野町の3町村）の編入合併が行われただけで，「平成の大合併」は終了した。表Ⅱ-3について繰り返し述べるように，宮城県と岩手県以外では全国平均の27.9％よりも高い比率で小規模自治体が残存しており，とくに福島県では49.2％，山形県では40.0％を数える。そのなかには，合併の必要性を認めながらも不成立に終わった小規模自治体もある。

　「平成の大合併」終了後に合併したのは藤沢町（岩手県）だけであるが，時間的制約のなかでの市町村合併には時の勢いに流された偶然的要素が含まれ，すべてが「納得のゆく合併」をもって終了したとは思えない。

(3) 合併市町村に対する支援

　最後に，各県が合併市町村に交付した合併特別交付金について触れておきたい。市町村合併のために交付される合併特別交付金は府県によって異なるが，東北地方では合併特別交付金交付要綱に従ってすべての県が交付しており，算定基準は表Ⅻ-1に示すようになる。青森・岩手両県では全国的によく使用される算定式が利用され，山形県でも同様の方式が適用されたが，金額は多くない。秋田県と福島県では基本金額に合併関係市町村数を掛け合わせたもので，福島県では基本金額が少額である。この方式では小規模合併の交付金は少ないが，8市町村が合併した秋田県の由利本荘市，大仙市，横手市では最高16億円を交付された。青森県と岩手県では合併関係市町村数からして10億円を超えないので，秋田県の交付金額がとくに多いことになる。合併特別交付金は市町村建設計画に則って使用され，電算システムの構築などに多く使用されたといわれる。これに対して，宮城県の交付金額は一律5億円で，合併した市町村数はまったく考慮しれなかった。

　合併新法による合併では旧合併特例法よりも少額に設定されるのが通常であり，秋田県のように，合併推進構想が策定されず，合併新法による交付金算出基準を設定していない県もある。このほかにも，合併協議会に対して通常500万円か600万円を上限とする運営経費補助金が合併成立と協議会解散を問わず支給された。このほか，合併協議には県の職員が派遣され，各県ともに合併協議会に助言してきた。

（謝辞）本研究に当たりご協力いただいた山本俊二氏，井沼広美氏（青森県），阿部匡寛氏（岩手県），齋藤　淳氏（宮城県），鈴木　修氏，今野　翔氏（秋田県），鹿野吉昭氏，金子　徹氏（山形県），助川浩一氏，阿部俊彦氏（福島県）をはじめ多くの方々のご厚意に感謝します。著者は調査のために県庁にお邪魔しただけで大震災の復興にはなんら貢献できず，心苦しい思いをした。今はこれらの市町村の1日も早い復興を祈るしかない。

（注）
(1) 各都道府県の市町村合併率の平均順位をみた場合にも，東北地方は29.2位で，南関東の42.5位，関西の30.2位に次いで低いものであった（XIII章4節参照）．
(2) 市町村合併問題研究会編（2001）には，通常基本パターンの他に考慮される1・2のパターンが掲載されているが，基本パターンだけを示した県には青森県の他にも宮城県，秋田県，群馬県，新潟県，島根県，愛媛県，長崎県，大分県がある．これらの県の基本パターンは，他県に比べて参考・目安以上に重視されていたものと推測される．
(3) 青森県（2000）：『青森県市町村合併推進要綱』，p.13 による．市町村合併が「県土の均衡ある発展」に結びつくものと考えられていた．
(4) 青森県（2006）：『青森県市町村合併推進構想』，p.18 による．
(5) 平内町は合併協議会の前段階において青森市との話し合いが行われた．
(6) 青森県市町村振興課の説明による．
(7) 浪岡町では2004年10月の合併協定調印式をすませて合併関連議案を2市町が可決し，県議会も可決した後，合併反対を求める住民による浪岡町長の解職請求が起こり，町長解職後合併反対の候補が当選して，青森県知事に合併処分の取り消しを要請した．最終的には浪岡町域の分町を視野に検討したが，合併の取り消しも分町も実現しなかった．合併後は新しい議会のなかで多数票を占めない限り，旧市町村の意見が通ることはないからである（今井，2008：231）．
(8) 東通原子力発電所の誘致により安定した財源が期待できることから，東通村は周辺市町村との合併を当面行わない方針といわれる．しかし，東北電力の原子力発電所1号機が2005年10月に運転を開始しただけで，その他の建設は不透明であり，村が整備した住宅団地の多くが売れ残り，大幅な財政赤字などの問題もある．
(9) 現在，地域振興局は7地区に統合されている．
(10) 岩手県（2006）：『岩手県における「自主的な市町村の合併の推進に関する構想」』，p.8 による．
(11) 上記の岩手県（2006：7）には「今後の市町村合併は，上記の8つの組み合わせを前提としつつも，道州制という，北東北あるいは東北の県境を越えた広範囲にわたる地域を想定し，その拠点としての岩手県という視点から市町村合併を構想する必要性がある」と記されており，8つの組み合わせは道州制と無関係ではないものと考えられる．
(12) 北上市，陸前高田市，釜石市，雫石町，葛巻町，岩手町，滝沢村，紫波町，金ヶ崎町，住田町，大槌町，山田町，岩泉町，田野畑村，軽米町，一戸町の16市町村を指す．
(13) 栗原市行政管理課の説明や迫町（1981：309-316）によると，1960年当時の両町の通勤圏は狭い範囲に限られていて，当時市制施行は不可能であったという．
(14) 宮城県（2000）：『宮城県市町村合併推進要綱』による．
(15) 津山町は広域市町村圏では気仙沼本吉地域に属する．
(16) 上記の宮城県（2000：34）に示す意識調査によると，仙台市は十分な行財政能力を有しているため「合併が必要」との回答は少なく，川崎町は仙台市との合併を希望しながらも仙台市からの関心はほとんどない状態であった．
(17) 宮城県（2006/08）：『宮城県市町村合併推進構想』，p.3 による．
(18) 北海道（2006）：『北海道市町村合併推進構想　本編』，p.51 では，行政サービスの提供において専門的職種の配置・運営からして人口3万人以上，行財政の効率化からは5万人程度が適当といわれ，この問題に対する見解の統一性があるとはいえない．
(19) 注（17）p.247 による．

(20) 注（17）p.85 による．
(21) 瀬峰町（栗原郡）は栗原市の合併協議会にも加入していた．
(22) 注（17）p.84 による．
(23) 合併協議においては財政状況が重要な問題であるが，他市町村の財政状況については－公債残高の詳細は別として－協議以前からある程度わかっていることであり，このように合併拒否の理由にあげられるのは珍しい．
(24) 注（17）p.80 による．
(25) 宮城県医療整備課の説明によると，地域住民に対しては特別に地区病院に関する住民説明会を開催して説得に努めたとのことである．
(26) 注（17）pp.65-67 による．
(27) 秋田県では「合併支援要綱」（2000年8月）と呼ばれ，合併支援プラン（2001年12月），同改訂（2003年9月）の計3冊が作成された．
(28) 角館町（14,676人，0.28）から田沢湖町（12,899人，0.33）への通勤者比率は6.7％あり，田沢湖町から角館町への通勤者比率は9.6％である。なお西木村から角館町へ16.3％の通勤者がいる．
(29) 大潟村役場の説明による．
(30) 秋田県市町村課の説明による．
(31) 山形県（2000）：『山形県市町村合併推進要綱』，pp.24-38 による．
(32) 山形県地域医療対策室（当時市町村合併の担当者）の説明による．
(33) 山形県（2006）：『山形県市町村合併推進構想』，p.21 による．なお，鶴岡市は合併したにもかかわらず6つの構想対象市町村に指定されたのは，三川町と鶴岡市との合併が計画されたためである（山形県市町村課の説明による）．
(34) 遊佐町が合併協議から離脱した理由として，町長は①自治組織の問題，②水道事業の会計と料金問題，③土地開発公社所有の土地の処分問題，④都市計画区域の都市計画税の賦課と徴収問題があったことを遊佐町議会で報告している（遊佐町企画課の説明による）．
(35) グリグリ『市区町村変遷情報　詳細』による．
(36) 新庄市企画課の説明による．
(37) 山形市は1992年に天童市を含めた4市町に広域合併の検討を提案したが，天童市は2001年3月には合併協議会不参加を表明した．
(38) 「平成の大合併」の期間中に県知事は交代したが，市町村合併に対する県の態度が変化することはなかった．
(39) 合併パターンを提示していない福島県では基本パターンを示すことは不可能である．図Ⅳ-9 は23に区分したクラスター分析全指標②であるが，この段階よりも後の段階で12に区分した図も示されている．その場合には平均人口は東北地方で最も大きいものとなる．
(40) 福島県（2007）：『福島県市町村合併推進構想』，p.9 による．
(41) 人口0.5万人未満の解散・離脱の7町村（北塩原村，湯川村，柳津町，三島町，金山町，昭和村，鮫川村）と協議会不参加の4町村（檜枝岐村，磐梯町，川内村，葛尾村）を合わせた11町村である．
(42) 泉崎村総務課の説明による．
(43) 注（35）による．
(44) 著者は北海道，長野県とともに福島県にはとくに強い関心を抱いていたので，東日本大震災以前の2010年9月に調査を行った．大震災後の状況については十分明らかでない．
(45) 奥会津振興センターの説明による．
(46) 檜枝岐村役場の説明による．

V 関東・甲信越地方の市町村合併

1. はじめに

　南関東には首都・東京が含まれる。かつて東京と大阪は双頭型の都市システムの頂点に立ち，大阪は東京に対抗する大都市とみられたこともあったが，高度経済成長期以後東京一極集中の時代を迎えて，両者の規模的差異は拡大の一途をたどり，停滞を続ける大阪はもはや東京に対抗する巨大都市とはいえない。表V-1に示すように，今や東京大都市圏（DID，2000年）には2,749.1万人の人口が居住するのに対して，大阪大都市圏の人口は1,178.9万人である（森川，2012a：73）。東京特別区のDID人口は849万人（2005年）を1.00とすると大阪市のDID人口はその0.310に当たるが，高次都市機能でみると大阪市は0.181，名古屋市は0.109しかなく，経済活動では東京が一層優位を占める（表XIV-4参照，森川，2012a：194）。

　しかも，東京は大都市圏を形成するだけでなく，その影響力は圏構造を形成して全国に広がる（森川 1998：211）[1]。図V-1に示すように，財政力指数の高い地域は東京都・神奈川県を中心に国土の中核地域に広がり，しかもその傾向は強化の一途をたどりつつある。かつて大都市だけが著しい発展を遂げて，その影響は周辺地域にまでは及ばなかった交通の未発達な高度経済成長期以前の状況を思い出すと，まさに大変化といえるだろう[2]。

　さらに県庁都市を頂点とした地域的都市システムについてみた場合にも，茨城県や山梨県などでは県庁都市の勢力が弱まり，県内には東京指向地域が広がる（森川，1990a）。東京を中心とする圏構造は社会経済的活動に大きな影響を与えるので，「平成の大合併」の実施においても顕著な地域差を生ずるものと考えられる。著者は大都市圏周辺地域には共通の特性があると考えて，その地域における「平成の大合併」の特徴について報告した（森川，2012c）。

　ところで，首都圏をどのように設定するかが問題となる。これには種々の考え方があろうが，道州

表V-1　三大都市圏とその通勤圏（2000年，人口：万人）

	中心都市人口	DID人口	通勤圏総人口	圏内市町村の第1位通勤先の通勤率					
				5～10%	10～20%	20～30%	30～40%	40～50%	50～60%
東京大都市圏 (%)	813.5	2,749.1	2,872.3 100.0	84.9 3.0	338.0 11.8	852.6 29.7	582.8 20.3	162.3 5.7	38.2 1.3
大阪大都市圏 (%)	259.9	1,178.9	1,320.0 100.0	151.7 11.4	152.7 11.4	654.1 49.0	116.4 8.7		
名古屋大都市圏 (%)	217.2	367.9	503.8 100.0	4.7 0.9	121.2 24.1	106.3 21.1	31.1 6.2	23.3 4.6	

＊DID人口：連担したDID人口の合計．
資料：国勢調査2000年による．出典：森川（2009c）．

76　V　関東・甲信越地方の市町村合併

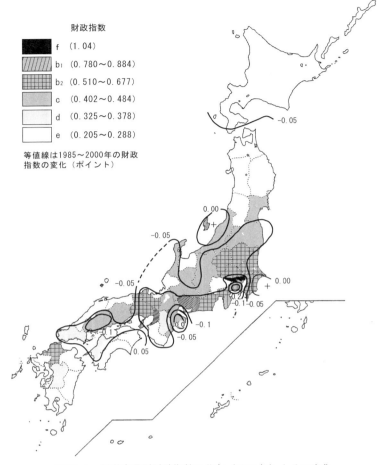

図V-1　都道府県別財政指数の分布（2000年）とその変化
＊凡例のb_1～fのグループは原資料による．f（1.04）の東京都は他の道府県とは別の組織に属するため，
　fとして別格に扱う．財政力指数1.00以上の道府県がa（1.00以上）のグループに属するが，2000年度
　には存在しなかった．なお，2000年度とは1998～2000年の3年間の平均値である．
資料：総務省自治財政局財務調査課：平成17年度都道府県財政指数表による．

制の9州案では南関東・甲斐と北関東・信越とに区分する．本書の章構成でも関東・甲信越の枠組み
を採用するが，その内部については南関東，北関東，甲信越に三分する．9州案では山梨県は南関東
に含められるが，その地理的特性や東京都との緊密度からみると山梨県は甲信越としてまとめるのが
適当と考える．
　これら3地域間には著しい地域差があることはいうまでもない．1960～2000年の人口増減率をみ
ると，東京都の24.6%増を中心として46.6～86.6%増の南関東3県があり，その外側の北関東3県
は28.3～45.9%増，甲信越3県は1.4～13.6%増という具合に顕著な圏構造がみられる．都道府県の
平均財政力指数（2000年度）を比較した場合にも，神奈川県の0.90を最高として0.75の東京都がこ
れに次ぎ，埼玉県（0.65），栃木県（0.61），千葉県（0.60），茨城県（0.56）が0.50を超え，群馬県（0.48），
山梨県（0.42），新潟県（0.38），長野県（0.34）の順となり，関東7都県と甲信越3県の間には格差

が認められる。ちなみに，その他の府県で平均財政力指数が0.50を越える府県をあげると，国土の中核地域に位置する大阪府（0.78），愛知県（0.78），静岡県（0.67），滋賀県（0.55），兵庫県（0.50）の5府県だけである（表Ⅱ-3参照）。

「平成の大合併」による市町村減少率（2000~2010年）をみた場合にも，表Ⅱ-3に示すように，市町村減少率は東京から離れるにつれて徐々に増加し，圏構造的な差異が認められる。すなわち，市町村合併がきわめて少なかった東京都（2.5％）や神奈川県（10.8％）の減少率に対して，新潟県（73.2％），山梨県（57.8％）の市町村減少率は高く，新潟県の減少率は長崎県（73.4％），広島県（73.3％）とほぼ同率で全国でも最高グループに属する。東京に近くて広い非合併地域を含む埼玉県（31.5％）や千葉県（31.3％）が東京都や神奈川県に次ぐ低率を示すのは当然と考えられるが，長野県（35.8％）が同じくらい低率なのは例外といえる。

このようにみると，今日では確かに東京大都市圏の影響力は増大してきたが，関東・甲信越を1つの単位地域としてみた場合には南関東と甲信越地域間の格差は大きく，等質地域的なまとまりを考えることはできない。

Ⅴ.1 南関東

2. 東京都

(1) 地理的特徴と市町村合併に対する都の対応

東京都[3]は東京特別区（23区）と多摩地域31市町村と島嶼部（伊豆諸島，小笠原諸島）9町村に区分することができる。東京都は大戦下の1943年に東京府から東京都に移行し，官選官吏の都長官を置き，現在の東京23区（当時の東京市は35区）の区域にあった東京市を廃止して，区は東京都の直轄となった。その後，1974年には1952年以前公選制であった区長が復活した。さらに，地方自治法の一部改正により2000年4月から都区制度改革が実施され，各特別区は法的にも基礎的自治体として明確に位置付けられた。したがって，東京特別区（23区）は他の政令指定都市における区制とは異なり，通常の市と同格である。ただし，統計的には東京特別区は市町村からは除いて処理されることが多い。

2000～05年間における人口増減率についてみると，東京都の市町村は神奈川県とともに0～5％の人口増加率のものが多く，稲城市（10.5％）のように10％以上人口が増加している市もあるが，島嶼部[4]以外においても檜原村（-10.0％）や奥多摩町（-11.0％）のように人口が急減するところもある。

東京都の平均財政力指数（東京特別区を除く）は0.74であり，神奈川県（0.90），大阪府（0.78）に次いで全国第3位であるが，1.00を超える市が9市[5]を数える。しかし多摩地域でも檜原村（3,256人，0.19）や奥多摩町（7,575人，0.37）のように財政力指数の低い町村もあり，島嶼部では御蔵島村（0.09）から大島町（0.36）まで分布する。

東京特別区の通勤圏は東京都を越えて神奈川県，埼玉県，千葉県だけでなく茨城県や栃木県にまで広がり，115市町と2,872万人（全人口の22.6％）の人口がその通勤圏に含まれる。しかもその通勤圏は広いだけでなく，東京特別区への通勤者比率も大阪市や名古屋市に比べると著しく高く，就業者

の40％以上が東京特別区に通勤する市町村人口は通勤圏内の7％（200.5万人）にも達する（表Ⅴ-1参照）。

東京都のなかでは立川市などの狭小な通勤圏は東京特別区の通勤圏の下に隠れた存在となり，重層的な日常生活圏が認められる。図Ⅴ-2や表XⅡ-11に示すように，多摩地域においてわずかに八王子市（圏内市町村数は3），青梅市（同3），あきる野市（同2）が小規模な半従属中心地を形成する。八王子市の通勤圏は相模湖町，藤野町（神奈川県）と上野原町（山梨県）からなる。なお，東京都には大きな人口をもつ都市が多いが，中核市や特例市は存在しない。八王子市では財政健全化を優先して中核市への移行を凍結してきたが，2012年に市長が交代して中核市への手続きを進めている[6]。

東京都は合併推進要綱の策定において基本パターンを提示しなかった都府県に属する。東京都は市町村合併を重要な選択肢の1つとして認めるが，市町村合併はあくまでも市町村の自主性に任せるべきであり，基本パターンを示せば東京都から市町村合併を押しつけたことになるとして，東京都は基本パターンを提示しなかった。しかしその代わりに，市町村合併の議論に役立てるために多摩地域31の市町村について広域ゾーニング（図Ⅴ-3）と細分化ゾーニングおよびその修正型（図Ⅴ-4）を提示し，合併に対する情報提供に努めた[7]。

上記のように，東京特別区は改正地方自治法（2000年）によってそれぞれが基礎的自治体として位置づけられたが，特別区内では千代田区，中央区，港区が都心3区と呼ばれて東京特別区の中心をなしており，昼夜人口や税源の地域的偏在が大きいなど特有の実態がある。そのため，大都市地域における行政の一体性・統一性を維持するために，大都市事務を一括して東京都が処理する点では一般市町村とは異なる行政制度を採用している。そうした特殊事情もあって，東京都は東京特別区を市町村合併の対象地域から除外された。島嶼地域も「昭和の大合併」の際に1島1町村に統合され，東京特別区とのつながりが強いため合併推進要綱の対象から除き，多摩地域の地域的まとまりだけが検討された。

ゾーニングでは都市の人口規模の目安として人口約20万人を設定し[8]，人の動き12指標と行政圏域12指標によるクラスター分析を行い，広域ゾーニングとしてまず6ゾーンに区分し，細分化ゾーニングでは行政効率を考慮して各市の人口が20〜30万人になるように，さらに12ゾーンに細分した。このなかには，人口の多い八王子市（53.6万人）と町田市（37.8万人）が含まれるため，両市を除いた細分化ゾーン修正型（11区分）が提示された[9]。

したがって，東京都は基本パターンを提示しなかった5都府県[10]の1つに属するとはいえ，細目化ゾーンはクラスター分析に基づいて理論的に妥当な合併パターンを図示しており，市町村に押しつけるものではないにしても，基本パターンに匹敵するものとみることができる。

さらに，都内市町村長40名（うち39名から回答）に対する「合併に関するアンケート調査」（2000年5月）には興味深い結果が得られた[11]。その第1は，日常生活の行動圏は拡大しているかとの問いに対して，「拡大している」との回答が61％で過半数を占め，行動圏の変化の原因（複数回答）については買物などの消費生活が28％，スポーツ・音楽鑑賞などの趣味，教養・娯楽活動が25％，通院などの保険・医療活動が21％で，通勤・通学が拡大しているとみるのは14％に過ぎないことである。先にみたように，大都市圏における通勤・通学圏は広い範囲に広がり[12]，そのなかに，より狭い範囲に限定された買物圏などの日常生活圏が形成されていると考えられる。東京特別区の通勤・通学圏

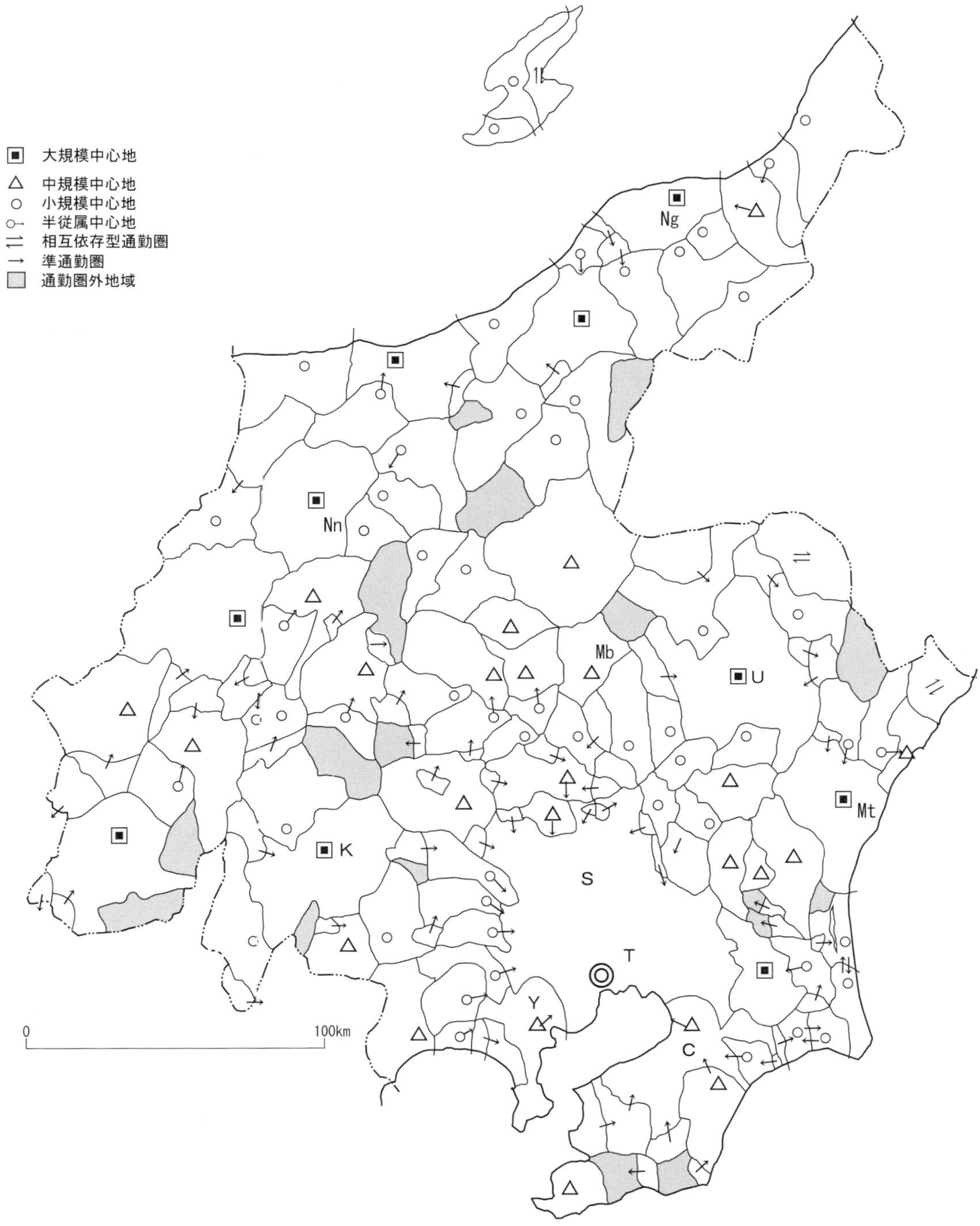

2. 東京都　79

図Ⅴ-2　関東・甲信越地方における通勤圏の分布

＊東京都島嶼部を除く．
C：千葉市，K：甲府市，Mb：前橋市，Mt：水戸市，Ng：新潟市，Nn：長野市，
S：さいたま市，T：東京特別区，U：宇都宮市，Y：横浜市．
資料：国勢調査（2000年）による．

図Ⅴ-3 東京都の合併推進要綱における広域ゾーニング
＊人口と面積は2000年国勢調査．
出典：東京都（2001）：『市町村合併に関する検討資料』，p.74による．

関係市町村	市町村数	人口（人）	面積（km²）
① 武蔵野市，三鷹市，府中市，調布市，小金井市，国分寺市，国立市，狛江市	8市	1,109,732	115.45
② 小平市，東村山市，田無市，保谷市，清瀬市，東久留米市	6市	683,033	76.59
③ 立川市，昭島市，東大和市，武蔵村山市	4市	414,420	70.62
④ 八王子市，町田市，日野市，多摩市，稲城市	5市	1,296,599	324.53
⑤ 青梅市，福生市，羽村市，瑞穂町，奥多摩町	3市2町	299,165	365.87
⑥ あきる野市，日の出町，檜原村	1市1町1村	98,245	206.84

は以前から広い面積を占めているとはいえ，その他の日常生活圏も今日では大きく拡大して通勤・通学圏の範囲に近づいており－もちろん高齢者などの交通弱者の日常生活圏は狭域に限定されるとしても－，重層構造は解消の方向にあるとみることができる．

　第2には，現在自市町村が広域的に対応している行政課題としてあげた複数回答には，ゴミ・ダイオキシン・環境対策が26％，保険・医療・衛生対策が15％，道路交通網の整備が13％であった．これらの行政課題について現在の方法で将来も対応できるかとの質問に対して「課題によっては対応できない」との回答が45％で最も多く，その理由（複数回答）としては，「市町村間の調整に時間がかかり，迅速・的確な意思決定ができない」（25％），「支出負担調整が困難」（24％），「施設設置場所の調整が困難」（24％），「人材確保・育成が困難」（21％）などの回答があった．これは主として一部事

図Ⅴ-4　東京都の合併推進要綱における細分化ゾーニング修正案
*人口と面積は2000年国勢調査.
出典：東京都（2001）：『市町村合併に関する検討資料』, p.76による.

関係市町村	市町村数	人口（人）	面積（km²）
① 武蔵野市, 三鷹市	2市	307,376	27.23
② 府中市, 小金井市	2市	338,434	40.67
③ 国分寺市, 国立市	2市	183,473	19.63
④ 調布市, 狛江市	2市	280,449	27.92
⑤ 小平市, 東村山市, 清瀬市, 東久留米市	4市	502,153	60.74
⑥ 田無市, 保谷市	2市	180,880	15.85
⑦ 立川市, 昭島市, 東大和市, 武蔵村山市	4市	414,420	70.62
⑧ 日野市, 多摩市, 稲城市	3市	383,053	66.58
⑨ 青梅市, 奥多摩町	1市1町	148,882	328.89
⑩ 福生市, 羽村市, 瑞穂町	2市1町	150,283	36.98
⑪ あきる野市, 日の出町, 檜原村	1市1町1村	98,245	206.84

務組合に対する市町村長の認識であるが，これらの人たちの回答からは市町村間の広域連携よりも市町村合併が望ましいとする意向がみえてくる．

　第3には，一般論として市町村合併は必要かとの質問に対して，「地域によっては合併を推進した方がよい」が55％，「合併の必要性が生じたときに推進すればよい」が21％，「全体的に合併を推進した方がよい」が13％を占め，合併賛成という意見が多い．これらを選んだ理由（3つまで回答）では，「一般行政費の削減などにより行政効率が向上できる」が30％，「新たな行政ニーズに的確に対応で

きる行政体制の整備ができる」が18％など，行政基盤の強化のために合併が必要と考えるものが多く，そのためには，「合併市町村に対する財政支援策の拡充が必要」との回答が81％を占めた。これに対して，「合併の障害となるもの，合併が必要でない理由」（3つまで回答）については，住民意識の差異が23％，財政状況の格差が16％，行政水準の格差が14％の回答があった。

これらの回答は一般論としていえることであるとしても，現実の市町村合併とは大きく異なるのは奇妙な現象といえる。「人口規模も大きく財政的にも豊かで，今後の行政にも十分に対応できるので，合併の必要はない」という市町村長の意向は明確には示されていない[13]。

(2) 合併の経緯

東京都の「昭和の大合併」における市町村減少率は50.6％で，全国平均の65.8％には及ばなかったものの，鹿児島県や北海道のように極端に低い比率ではなかった（表Ⅱ-1参照）。それに対して，「平成の大合併」では田無市と保谷市による西東京市が2001年に分庁方式で合併しただけである。この両市はこれまで1954年と1965年の2度にわたって合併の動きがあり，1965年には法定協議会まで設置されたが，1967年に両市はそれぞれ市制を施行した（西東京市, 2001：6）。両市の市域は相互に入り組んでおり，自宅の前にある小学校が隣市に属するため通学ができないという地区もあった。1992年に合併派の保谷市長が当選し，「平成の大合併」の以前から合併協議を進めてきた。西東京市の法定協議会には2名の東京都の課長が参加し，合併後の特別交付金として3カ年で7.48億円が交付された。西東京市の場合には，合併による一体的土地利用が可能となり，生活圏と行政圏の乖離が解消され，職員の削減や専門職員の配置も可能になり，合併の効果は十分に発揮されたといわれる。

しかし，西東京市以外には合併協議会（法定・任意）はまったく設置されず，合併新法のもとで市町村合併の推進を目的とする合併推進構想も策定されなかった。現在多摩地域には26市のほかに3町1村があるが，瑞穂町は人口が32,857人と多く，横田基地を抱えて財政的にも豊かであり，合併の意思はない。その他人口3万人未満の町村でも，檜原村は人口・財政力指数ともに低い水準にあるが，2004年に実施した住民の意向調査の結果では「合併を検討する必要はない」が過半数を占めた。これには，1995年に合併によって誕生したあきる野市の五日市地区の状況が影響しており，非合併の理由として「周辺部が取り残される」，「合併によるメリットがない」などの回答が上位を占め，合併に対して強い恐怖感が窺える。ダムがある奥多摩町では，合併推進派であった元町長と争って当選した現町長のもとでも合併に向けた動きはない。日の出町（16,631人，0.62）では，東京たま広域資源循環組合（一部事務組合）が運営する一般廃棄物最終処分場があるために，組合から交付金が支給されるなどの特殊事情もあり，合併の意思はないといわれる[14]。

上述したように，東京都における市町村の財政力指数は著しく高い。加えて，東京都では1980年から市町村総合交付金（都道府県支出金の一部）も支給される。都道府県支出金（2002年度）によると，市町村当たり年平均は67.8億円（東京特別区を市として計算しても43.7億円）にも達する[15]。ゴミ処理は6市1町が単独処理を行う以外，7地区には衛生組合[16]があって広域連携による処理が実施されているが，消防は稲城市が自営のみで他の29市は東京都に事務委託しており，上水道も23市3町は都営水道を利用しており，独自に経営するのは武蔵野市，昭島市，羽村市，檜原村だけである。これらの東京都に対する事務委託も市町村の財政負担を軽減することになり，市町村合併への抑

止力として働いたものと推測される。

　そのほかにも，上記のような市町村総合交付金を初めとする各種補助金・交付金などによる市町村に対する東京都の財政支援が，市町村合併を少なくした理由としてあげられよう[17]。もう1つ重要なことは，東京都は大阪府や神奈川県とともに合理的な都市経営を考えて人口20～30万人の都市運営を目標としたことである。ただし，東京都では合併推進要綱の合併パターンを考えるなかでこの問題を論じただけで，今後の広域連携については触れていない。

　一般論からすると，人口の密集した広い生活圏のなかでは合併による行政効果が－地方圏の過疎地域などに比べて－大きいにもかかわらず，西東京市以外には合併はまったく実現しなかった。それはいうまでもなく，大都市圏市町村の財政が豊かであり，合併による地域アイデンティティの喪失や従来のきめ細かい行政ができなくなる危険性を考えてのことである。

　東京都内39市町村長に対するアンケート調査によると，上述のように，一般論としては合併のメリットを強調しながらも現実には合併協議会さえ設置されなかったのは，財政的にも人口規模においても将来もこれまでの狭い範囲でもって十分に存続できる自信をもち，地域民主主義（local democracy）の崩壊を避けようとする意思が働いたためと考えられる。

　繰り返し述べるように，六都市圏では市町村合併がほとんど行われることなく「平成の大合併」が素通りした感がある。しかし，「平成の大合併」に対する熱意は東京都，神奈川県，大阪府においてそれぞれ異なり，行政の効率化を目指した広域連携への意気込みにも差異があることが明らかになった。東京都では市町村総合交付金をはじめとする各種補助金・交付金，さらには消防・上水道などに対する負担軽減措置が広域連携への構想を発展させなかった原因であるように思われる。

3．神 奈 川 県

（1）地理的特徴と市町村合併に対する県の対応

　首都圏内の一部とみられる神奈川県では，横浜市は大阪市を抜いて東京特別区に次ぐ大都市となった。県内には横浜市以外にも2つの政令指定都市（川崎市，相模原市），1つの中核市（横須賀市），4つの特例市（小田原市，大和市，平塚市，厚木市）がある。

　表Ⅱ-4に示すように，神奈川県の平均財政力指数は0.90で，東京都や大阪府，愛知県よりも高く，2000年度には全国第1位であった。箱根町（1.59）や厚木市（1.35）をはじめ1.00以上の市町が11（29.7%）を占め，0.89の横浜市は第21位に位置づけられる。ただし，2000～2005年間の人口増減率では開成町の12.9%増から箱根町の10.3%減まで差が大きい。

　「昭和の大合併」においては，市町村減少率は66.7%で，全国平均（65.8%）とほぼ同じレベルであったが（表Ⅱ-1参照），高度成長期の急速な人口増加によって1万人未満の小規模自治体の比率は25.6%（1960年）から5.4%（2000年）へと大きく減少した（表Ⅱ-2参照）。2000年の小規模自治体比率は島嶼部を抱える東京都よりも低く，大阪府（4.5%）に次いで低い数値であり，-20.2ポイントという全国最高の減少率を記録した。

　表Ⅻ-11や図Ⅴ-2に示すように，神奈川県では東京特別区の通勤圏の強い影響を受け，中規模中心地の横浜市（圏内市町村数は5），小規模中心地の厚木市（同4），相模原市（同2），平塚市（同2）

はいずれも東京特別区の半従属中心地である。横浜市の通勤圏に属する5市町は東京特別区との競合状態にあり，横浜市への通勤者が少しでも多い市町をその通勤圏に含めたものであり，茅ヶ崎市や藤沢市，鎌倉市は近くの横浜市よりも東京特別区への通勤者がやや多く，東京特別区の通勤圏の飛地となる。それより西方に位置する小田原市（同8）だけが県内唯一の独立した中規模中心地である。

表Ⅱ-3によると，「平成の大合併」における神奈川県の市町村減少率は10.8％であり，東京都（2.5％），大阪府（2.3％）とともに市町村減少率の最も低い都府県の1つである。大都市圏で合併が進まなかった理由としては，①人口増加による活力の維持，②狭い面積に人口が集中し財政状況も比較的良好で行政の効率がよいこと，③廃棄物対策，消防など広域の行政課題に対して個別の事業ごとに広域連携を実施する傾向があること，④都市内分権によるきめ細かい住民自治の実現を指向する市町が増加していること，などがあげられ（神奈川県，2010：9-10），これらの条件は神奈川県全域に通用する。

神奈川県の合併推進要綱（2001年）では，上記の東京都などと同様に自主的な市町村合併を支援する立場から，県は基本パターンを提示しなかった。しかし，神奈川県は市町村に対する情報提供には熱心で，クラスター分析の手法を用いて横浜市・川崎市を除く35市町村について生活圏分析とそれに行政圏の分析を加えた総合分析の結果を公表し，各市町村間の結びつきの度合いがどの程度強いのかを示し[18]，その他の情報もできるだけ市町村に提供するように努めた。

それによると，総合分析（生活圏分析を含む）において最も緊密な関係にあるのは三浦市と横須賀市，津久井町と城山町，湯河原町と真鶴町などであるが，35市町村を7グループに区分するとすれば図Ⅴ-5のようになる[19]。この図を生活圏だけを取り上げたクラスター分析の結果（図[20]は省略）と比較すると，秦野・伊勢原両市が独立のグループを形成し，座間・海老名・綾瀬3市が厚木市のグループに入るなどの点でやや差異がある。

神奈川県の合併推進構想については後述することにする。

(2) 合併の経緯

神奈川県では市町村合併の勉強会を行った市町村は多かったが，任意協議会まで到達したのはわずかであった。なかには，水源地域として以前から密接に交流してきた山梨県道志村と横浜市の飛地合併や，中央線沿線にある相模湖町，藤野町のように日常生活圏が緊密な八王子市（東京都）との合併など越県合併も検討された。また，清川村（人口3,482人，0.40）のように，人口は小規模であるが，ダム所在交付金があって健全財政[21]のため合併の必要を感じないものもあった。

したがって，県内で実際に合併が成立したのは相模原市，城山町，相模湖町，藤野町，津久井町の1市4町だけである。相模原市は隣接する城山町とは密接な関係にあるが，相模湖町，藤野町とはそれほど緊密とはいえず，最初は勉強会も開催されない状態であった。相模湖町と津久井町が相模原市に編入合併したのは2006年3月のことであり，城山町と藤野町が編入したのは合併新法下の2007年3月であった。相模原市は市町村合併によって人口70万人となり，2010年4月に政令指定都市に移行したが，政令指定都市への昇格を早く公表すると反発もあるので，市長は合併後までその意図を伏せていたといわれる。

そのほか，法定協議会まで進んだものには真鶴町と湯河原町がある。法定協議会が解散して合併

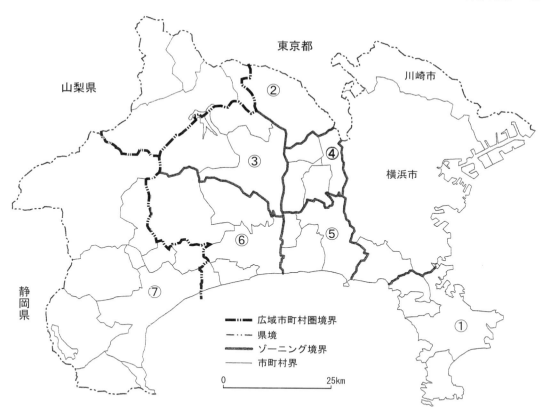

地域区分の関係市町村	市町村数	人口（人）	面積（km²）
① 横須賀市，三浦市，逗子市，葉山町	3市1町	568,790	167.18
② 相模原市，城山町，津久井町，相模湖町，藤野町	1市4町	681,140	328.83
③ 厚木市，愛川町，清川村	1市1町1村	263,610	199.47
④ 大和市，海老名市，座間市，綾瀬市	4市	536,968	93.40
⑤ 藤沢市，茅ヶ崎市，寒川町	2市1町	646,327	118.64
⑥ 平塚市，秦野市，伊勢原市，大磯町，二宮町	3市2町	585,413	253.22
⑦ 小田原市，南足柄市，箱根町，真鶴町，湯河原町，中井町，大井町，松田町，山北町，開成町	2市8町	363,742	635.29

＊人口と面積は2000年国勢調査．
＊＊クラスター分析において結び付き度合いは全域が一つのグループになるとき1.0（情報損失量100％）となる．神奈川県のクラスター分析では0.7（7グループに分類）のほかに0.5（10グループに分類）の場合を示している．

図Ⅴ-5　神奈川県の合併推進要綱における総合分析と広域市町村圏
資料：神奈川県（2001）：『市町村合併に関する要綱−分権時代における神奈川県の市町村のあり方について−』，
　　　自治省行政振興課編（1983：40）による．

が不成立となったのは新町名の問題での対立と，湯河原町中心部の市街地整備による負債の返済期と合併協議とが同時期に重なり，真鶴町住民が不快感をもったためといわれる．しかし本来，温泉観光の湯河原町（人口27,721人，0.82）と漁業の真鶴町（9,075人，0.56）では町民気質に大きな差異がみられた．もう1つ政令指定都市昇格を目指した湘南3市3町（平塚市，藤沢市，茅ヶ崎市，寒川町，大磯町，二宮町）の場合には，行政レベルにおいて合併運動が起こったが，推進役の平塚市長が2003年の統一地方選挙で落選したために立ち切れとなった．

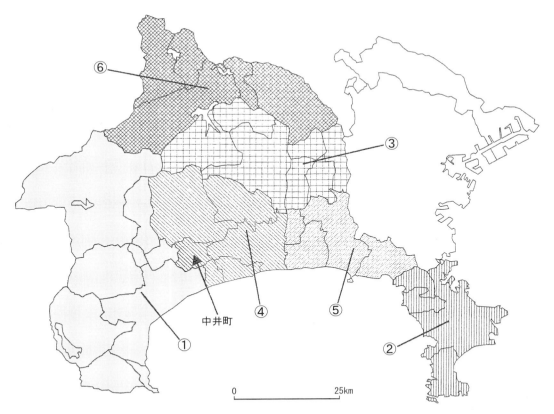

図V-6 神奈川県の合併推進構想で示された6つの圏域（政令指定都市を除く）
（関連市町村）①県西圏域，②三浦半島圏域，③県央圏域，④湘南西圏域，⑤湘南東圏域，⑥相模原市．
＊中井町は①県西圏域と④湘南西圏域の2圏域に重複加入する．
資料：神奈川県（2007）：『神奈川県における自主的な市町村の合併の推進に関する構想』，p.17による．

　神奈川県では合併推進構想が策定され，構想対象地域としては西部2市8町（県西圏域）が指定され，「将来の望ましい市町村の姿」に相当する5つの「合併に向けた取り組みが期待される都市圏域」が設定された[22]。それは，横浜市，川崎市，相模原市を除く30市町村について，人口30万人以上の都市が道州制時代に対応できる自治体と考えられたからである。すなわち，合併推進構想策定のための審議会答申に示された区分やこれまでの広域連携の実状を踏まえて，図V-6に示すように，①県西圏域（36.1万人），②三浦半島圏域（73.7万人），③県央圏域（82.3万人），④湘南西圏域（60.1万人），⑤湘南東圏域（84.3万人）に区分された[23]。
　この5圏域（相模原市を除く）は図V-5の地域区分と完全には整合しない。5圏域のうちでは広域連携に最も積極的なのは県西圏域であった。県西圏域は小田原・東京都心間が約90分を要する距離にあり，東京・横浜大都市圏の吸引力が消滅する地域である。ここでは小田原市を中心とする日常生活圏が成立しており，人口も減少傾向にあり，県西圏域2市8町[24]は1969年以後広域市町村圏を設置して広域行政を推進してきた。2007年には小田原市長の音頭により市町村長による行政県西合併検討会（任意協議会の前段階）が設置され，合併の功罪やまちづくりの将来展望について検討し，議員有志の「議員県西地域合併を検討する議員連盟」や「民間県西地域合併推進民間団体の会」に

よる自主的な合併検討を始めていたので，上記のように合併推進構想の対象市町村に指定された[25]。しかし，小田原市長が5選目の続投をやめて引退し，その後選出された新市長は消極的であったため，合併協議会は2009年をもって解散した。2市8町は635.3km^{2}の広い面積をもち，足柄上郡と足柄下郡との一体性も希薄な状態であった。その後も，2市8町は産科医の不足問題などをめぐって広域協議会が設置されてはいるが，市町村合併の意思はない。

このようにして，神奈川県における「平成の大合併」は市町村合併の実績が乏しいまま終了した。県による合併特別交付金は相模原市の15億円以外には，2001～06年間に合併補助金として0.99億円が支出された。県は合併推進要綱では自主的合併を謳っていたが，合併推進構想では大規模な人口をもつ都市間の連携や合併を推進しようと試みた。県下の各都市は市町村合併には強いアレルギー反応を示して合併は進捗しなかったが，県は「県内市町村が市町村合併により，人口30万人の中核市相当あるいはそれ以上の都市を目指す」構想を示し，大阪府とともに，権限移譲の取組みを鋭意進めてきた[26]。後述するように，大阪府では広域圏域に特例市並みの権限移譲を進めているのに対して，神奈川県では合併推進構想に示された6圏域を対象として実質的には中核市機能の実現を目指して「神奈川版中核都市圏」に向けた取組みを進めたところに特徴がある。

4．埼 玉 県

(1) 地理的特徴と市町村合併に対する県の対応

埼玉県[27]の人口は1965年頃から急激に増加し，1960年に243万人だった人口は1980年には500万人を突破し，2000年には697万人（増加率186.8%）となり，首都圏でも最高の増加率を示した。生産年齢人口比率は70.8%で全国で最も高く，その多くは東京に通勤しており，「埼玉都民」と呼ばれるほどである（菅野，2009）。人口激増のために1万人未満の小規模自治体比率は－地方圏の県とは逆に－1960年の32.6%から2000年の15.2%へと減少し，その減少幅は神奈川県に次いで大きい（表Ⅱ-2参照）。平均財政力指数も0.65で，全国第6位に躍進している（表Ⅱ-4参照）。最高は戸田市（1.16）で，1.00以上が4市町（大宮市，和光市，三芳町），0.90～0.99が5市（浦和市，所沢市，狭山市，川口市，上尾市）を数える。

図Ⅴ-2に示すように，埼玉県の県域の大半は東京特別区の通勤圏に属する。熊谷市（圏内市町村数が9）と秩父市（同7），東松山市（同5）は中規模中心地に属するが，熊谷市，東松山市の東京特別区への通勤者比率は5%を越えるので半従属中心地といえる。そのほかには，独立の小規模中心地として本庄市（同4）があるくらいである（表Ⅻ-11参照）。東京特別区の通勤圏は幹線交通路に沿って遠方まで伸張しており，その通勤圏内部では浦和市や大宮市は独立した自己の通勤圏をもつことができず，東京の通勤圏の下に隠れた狭い2次的通勤圏をもつに過ぎない。

埼玉県では合併推進要綱（2001年）の策定に当たって，生活圏の一体化状況，広域行政圏，県民意識調査の結果，市町村長・議会議員の意識調査からなる4つの分野別の市町村の結びつきについてクラスター分析を行い，市町村間の親密度に応じて合併パターンを策定した[28]。その結果は図Ⅴ-7に示すように，法定協議会がすでに設置され具体的な協議が行われている9市町[29]を除く全市町村を対象として，基本パターンに当たる24の圏域が示された。ただし，いくつかの地域については，

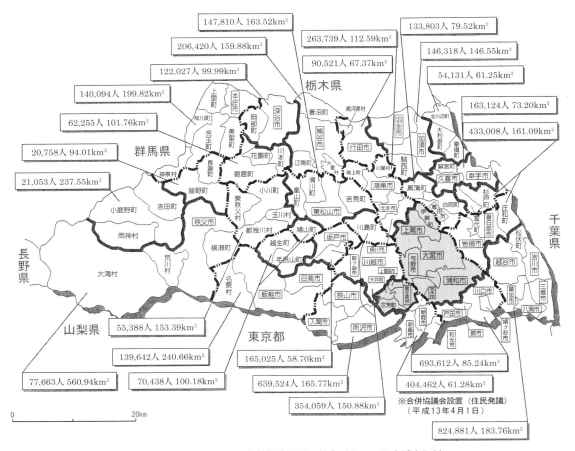

図V-7 埼玉県における合併推進要綱の基本パターンと広域市町村
太実線：基本パターン境界，二点鎖線：広域市町村圏境界．
要綱は平成13年3月策定．人口は平成12年10月1日現在（国勢調査速報値）．
＊浦和市・大宮市・与野市および上尾市・伊奈町ならびに富士見市・上福岡・大井町の
　9市町村は合併パターンの対象から外してある．
資料：市町村合併紋団研究会（2007：71），自治省行政振興課編（1983：34）による．

　基本パターン以外に別の事例も示している．埼玉県では4つの広域市町村圏と5つの大都市周辺地域広域行政圏が設置されていたが，圏域境界の一部は基本パターンとは異なる．もしこの基本パターン通りに合併したとすれば，人口3万人未満は2町だけとなったはずである．
　しかし旧合併特例法のもとでは，この合併推進要綱に基づく市町村合併はあまり進捗しなかった．さいたま市を含めた13地域で合併が行われ，人口1万人未満の小規模自治体は13から3に減少しただけであった．そのため，埼玉県は2006年に市町村の意見聴取に基づいて合併推進構想を策定し，市町村合併の推進に努力した．合併推進構想においては「将来の望ましい市町村の姿」と直接的な構想対象市町村とを区別して指定している府県もあるが，本県では図V-8に示すように，すでに合併した市町村をも含めて全域を構想対象市町村に組み入れたものであった．地区境界線が合併推進要綱の場合（図V-7参照）と異なるのは，市町村の意見を聴取し，これまでの合併や当時の合併協議会の活動状況を考慮したためである[30]．

図V-8　埼玉県の合併推進構想における構想対象市町村の組み合わせ
太字の市町については優先して取り組むことが適当と考えられる組み合わせを示す．
資料：神奈川県（2007）：『神奈川県における自主的な市町村の合併の推進に関する構想』，p.17による．

　合併推進構想の合併パターンと合併推進要綱の基本パターンとの関係をより具体的にみると，両者が整合するのは川口市地区と本庄市地区だけであり，飯能市地区と所沢市地区，東松山市地区と小川町地区をそれぞれ統合したものや，秩父市地区，小鹿野町地区，長瀞町地区や川越市地区，坂戸市地区，越生町地区のように3地区を統合したものもある．

　合併推進構想に示された11地区（さいたま市を除く）の合併人口には，秩父市地区の11.5万人から春日部市地区の108.5万人まで幅があり[31]，大阪府や神奈川県のように，特例市や中核市への合併を目指してすべてを20万人以上とか30万人以上にしようという意図はみられない（森川，2011c）．埼玉県では旧合併特例法による合併は12市町（さいたま市を除く）であったのに対して，合併新法のもとで合併したのは熊谷市（2市町），久喜市（同4），加須市（同4）の3市（計10市町の合併）であり，合併新法のもとでの合併が相対的に多い．

（2）合併の経緯

　埼玉県の各市町村は，人口規模や日常生活圏を重視するかたちで声を掛け合い，さまざまな範囲でもって勉強会が設置されたが，任意協議会の設置に至らなかったものも多い（埼玉県市町村合併研究会，2007：100）．表V-2に示すように，埼玉県では2010年3月末までに92市町村のうち43（46.7％）が合併し，31（33.7％）が協議会解散で単独存続となり，18（19.6％）は協議会不参加に終わった．合併市町村のなかには，合併新法のもとで合併した上記の10市町村が含まれる．協議会不参加の中にも勉強会の段階では合併活動をしていた市町村も多く，ほとんど活動しなかったのは所沢市，越谷市，戸田市，北本市，三郷市の5市だけである．

表V-2 関東・甲信越地域における合併状況と人口規模，財政力指数

都県	市町村数		%	人口規模（2000年）							財政力指数（2000年度）						
				0.5万人未満	0.5～1万人	1～3万人	3～10万人	10～30万人	30万人以上	平均人口	0.2未満	0.2～0.4	0.4～0.6	0.6～0.8	0.8～1.0	1.0以上	平均
東京都	A	2	4.9				1	1		90,443					2		0.86
	B	0	0.0														0.00
	C	39	95.1	8	3	1	10	14	3	304,698	4	7		8	10	9	0.73
	計	41	100.0	8	3	1	11	15	3		4	7		8	12	9	
神奈川県	A	5	13.5				3	1	1	136,230			2	2		1	0.66
	B	2	5.4		1		1			18,398			1		1		0.69
	C	30	81.1	1			6	10	9	4	259,068			1	4	15	10	0.95
	計	37	100.0	1	1		10	11	9	5				4	6	16	11	
埼玉県	A	43	46.7	5	6	14	12	4	2	60,392	2	7	14	15	4	1	0.58
	B	31	33.7	1	2	6	16	5	1	68,765		1	6	17	5	2	0.69
	C	18	19.6			3	8	4	3	122,746			2	9	6	1	0.77
	計	92	100.0	6	8	23	36	13	6		2	8	22	41	15	4	
千葉県	A	38	47.5	2	11	16	7	1	1	30,044		18	14	2	3	1	0.48
	B	27	33.8		5	12	8	1	1	66,936		2	16	5	4		0.57
	C	15	18.7				4	8	3	198,490				2	8	5	0.95
	計	80	100.0	2	16	28	19	10	5			20	30	9	15	6	
茨城県	A	66	77.7	5	10	30	17	4		32,746	2	20	28	9	6	1	0.50
	B	9	10.6			5	4			35,602			4	2	3		0.66
	C	10	11.7			3	6	1		50,404		2	3	1	3	1	0.69
	計	85	100.0	5	10	38	27	5			2	22	35	12	12	2	
栃木県	A	34	69.4	2	2	17	10	2	1	33,152		6	11	13	3	1	0.59
	B	10	20.4		2	6	2			17,286			5	4	1		0.60
	C	5	10.2		1	3	1			21,587				4	1		0.76
	計	49	100.0	2	5	26	13	2	1			6	16	21	5	1	
群馬県	A	50	71.4	13	6	19	7	5		13,521	4	15	15	10	6		0.47
	B	15	21.4	1	4	8	2			14,612	2	5	4	2	1	1	0.47
	C	5	7.2			4	1			15,568		1	1	2	1		0.56
	計	70	100.0	14	10	31	10	5			6	21	20	14	8	1	
山梨県	A	51	79.7	19	13	16	2	1		54,479	8	21	16	5	1		0.38
	B	4	6.2	2	1	1				15,202	1	1	1			1	0.55
	C	9	14.1	4	2	3				48,325	3		1	3		2	0.60
	計	64	100.0	25	16	20	2	1			12	22	18	8	1	3	
長野県	A	61	50.8	24	15	11	7	3	1	24,308	18	24	12	6	1		0.33
	B	31	25.9	9	8	9	5			16,451	4	14	8	5			0.40
	C	28	23.3	13	7	7	1			7,942	11	12	3	1		1	0.32
	計	120	100.0	46	30	27	13	3	1		33	50	23	12	1	1	
新潟県	A	100	89.3	22	31	32	12	2	1	22,817	22	44	25	7		1	0.35
	B	7	6.2	1	4	1	1			12,072	1	4				2	0.55
	C	5	4.5		1	2	2			21,912		1	2			2	0.86
	計	112	100.0	23	36	35	15	2	1		23	49	27	7		5	

＊東京特別区の財政力指数を除く．
＊新潟県Aの財政力指数には黒崎町が含まれない．
A：合併成立の市町村，B：合併協議会解散または離脱の市町村，C：合併協議会不参加の市町村
資料：国勢調査2000年，総務省自治財務調査課：平成12年度財政指数表，および各府県担当課の資料とグリグリ「市区町村変遷情報」による．

図Ⅴ-9による合併市町村や解散協議会の分布状況と図Ⅴ-7による合併推進要綱の基本パターンの圏域とを比較すると，基本パターンの圏域でもって合併したのは行田市と熊谷市だけである。行田市は2003年8月に羽生市，吹上町，南河原村と法定協議会を設置したが，翌年3月に解散し，同年8月に南河原村の申し出を受けて法定協議会を設置し，南河原村を編入した。一方，熊谷市地区では2003年4月に熊谷市，大里町，江南町，妻沼町でもって法定協議会を設置したが，江南町の住民投票では合併反対が多く協議会を離脱したため，2004年5月に協議会は一旦解散した。その後2004年6月に熊谷市，大里町，妻沼町の3市町でもって法定協議会を設置して新設合併し，江南町は2007年になって合併新法のもとで編入した。そのため，図Ⅴ-9には協議会解散と合併とが同一の範囲で示される。

　そのほか，順調合併の例には飯能市（2市町編入合併）と鴻巣市（同3）がある。飯能市の場合には日高市が加われば合併推進要綱の合併パターンとも整合することになったが，日高市は不参加のため，2003年7月に飯能市と名栗村の2市村でもって法定協議会を設置して編入した。一方，鴻巣市は2004年7月に川里町，吹上町の3市町でもって法定協議会を設置して編入合併し，新・鴻巣市が誕生した。吹上町は2003年8月には行田市の法定協議会に加入していて，その解散後にこの法定協議会に加入したので，厳密にいえば順調合併といえない。

　埼玉県の合併において最も多いのは，最初に設置した大規模な合併協議会が分裂してその一部が合併したケースである。秩父市地区では横瀬町（9,782人，0.59）を残して秩父市（4市町村）と小鹿野町（同2）に分かれて合併し，本庄市地区でも上里町（30,126人，0.68）と美里町（12,107人，0.61）を残して新・本庄市（2市町村）と神川町（同2）が形成された。春日部市（同2）やふじみ野市（同2），行田市（同2），深谷市（同4），ときがわ町（同2）などの小規模合併もこのタイプに属する。

　秩父市地区と本庄市地区についてもう少し詳しくみると，秩父市地区では2003年2月に秩父市，小鹿野町，皆野町の3地区（9市町村）を含む合併検討準備会が発足したが，皆野町と長瀞町が離脱したため，同年6月に7市町村により任意協議会を設置した。しかし翌年には解散し，同年4月に4市町村で法定協議会を設置して合併し，新・秩父市となった。一方，同年5月には小鹿野町と両神村とが協議会を設置して合併し，新・小鹿野町が誕生した。本庄市地区では2003年4月に6市町村でもって法定協議会を設置したが，翌年には解散し，2005年1月に本庄市と児玉町で法定協議会を設置して合併した。一方，神川町と神泉村は1カ月前の2004年12月に法定協議会を設置して新・神川町となった。

　そのほかにも，合併推進要綱の基本パターンの圏域を無視して，より広い範囲でもって合併協議会が設置された場合がある。①上述の行田市（編入合併）の場合はその例に当たる。②小川町，東秩父村，都幾川村，玉川村からなる小川町地区でも，この基本パターン圏域の4町村とそれ以外の滑川町（12,836人，0.72）と嵐山町（19,816人，0.64）を含めて合併協議会を設置したが，そのうちでは都幾川村と玉川村が合併してときがわ町（町役場は玉川村役場）が誕生しただけで，他の町村はすべて非合併となった。③合併新法のもとで合併が成立した加須市（加須市，騎西町，北川辺町，大利根町の合併）や久喜市（久喜市，菖蒲町，栗橋町，鷲宮町の合併）の場合にも，旧合併特例法のもとで設置された合併協議会の解散後に，合併推進要綱の基本パターンの圏域を越えた広い範囲で合併した特異な事例といえる。

　埼玉県の市町村合併では，さいたま市（市役所は浦和市役所）を例外として，同格の都市同士が合

92　V　関東・甲信越地方の市町村合併

図V-9　関東・甲信越地方における市町村の合併状況
　実線：合併した市町村の境界，破線：協議会解散・離脱の市町村の境界，二点鎖線：都県境界，
→：合併新法のもとで市域を拡大したもの．
　C：千葉市，K：甲府市，Mb：前橋市，Mt：水戸市，N：新潟市，Nn：長野市，S：さいたま市，
T：東京特別区，U：宇都宮市，Y：横浜市．
　資料：各県の資料およびグリグリ「市区町村変遷情報　詳報」による．

併する場合はまったくなく，中心都市がその周辺の2・3の町村と合併する小規模合併からなる。

小規模な合併においても，合併に至るまでには種々の経緯がみられる。例えば深谷市地区では，2001年7月に熊谷市や妻沼町，大里町，江南町，寄居町などの9市町でもって県北中核都市圏推進協議会のなかに研究部会を設置したが，合併に関する住民アンケート（住民2,000人対象）を実施した深谷市ではこの合併に対する意欲が乏しく，2003年1月にはこの広域合併を断念した。その直後に深谷市は岡部町，川本町，花園町，寄居町に合併協議を申し入れ，合併協議会を設置した。しかし，寄居町議会では「5市町の法定協議会からの離脱および花園町（12,648人，0.48）との2町での合併検討を求める請願」を採択し，2004年3月には寄居町（37,724人，0.65）が合併協議から離脱した。花園町長は寄居町との合併を検討したが，花園町の合併に関する住民アンケートでは「寄居町を除く4市町との合併」が34.8％，「寄居町との合併」が30.7％，「合併しない」が26.4％となり，寄居町との合併意欲が乏しく，その後も種々の動きがみられた。熊谷市は2004年6月になって大里町，妻沼町と法定協議会を設置して合併し，合併新法のもとで江南町を編入した。

2004年8月には花園町を除く3市町で深谷市・岡部町・川本町合併協議会（法定）を設置したのに対して，花園町・寄居町の2町は法定協議会設置を試みたが，花園町が設置案を再び否決した。花園町の合併に関する住民投票では「深谷市を含む合併」が47.6％，「寄居町と合併」が46.2％，「合併しない」が6.2％となった。その後花園町が協議会参加を申入れて4市町による法定協議会が設置され，新・深谷市が誕生した。寄居町は合併を断念して単独町制を継続することになった[32]。

合併協議会が解散して非合併にとどまる市町村も，小規模な合併協議会に加入していたものが多かった。①吉川市，松伏町，②川口市，鳩ヶ谷市，蕨市，③朝霞市，和光市，新座市，志木市，④東松山市，吉見町，⑤狭山市，入間市，⑥長瀞町，皆野町などがそれである。このほかには，先にあげた寄居町のように，解散した合併協議会の一部の市町が単独存続となったものに16市町村[33]がある。このほかには，所沢市を含めた越谷市地区，川越市地区，鳩山町地区など協議会不参加のグループがある。これらは東京特別区に近い人口3万人以上の市であり，県西部や県北部には存在しない。

したがって，合併市町村と協議会解散で非合併となった市町村，協議会不参加の市町村に3分類して特徴をみると，他地域でもみられたように（森川，2011d，2012a），協議会不参加の市町村は人口も大きく，財政力も豊かなものが多いのに対して，合併市町村には財政力が脆弱なものが多いという特徴がみられる（表V-2参照）。財政力指数0.40未満で協議会解散によって非合併となったのは埼玉県では東秩父村（4,119人，0.21）だけである。人口1万人未満の非合併の町村でみると，上記の東秩父村と長瀞町（8,560人，0.41），横瀬町の3町村である。協議会不参加の市町村は財政力が豊かで人口も多く，単独存続に自信を示すだけに将来合併の可能性が低いのに対して，協議会解散の市町村には人口・財政力において不十分なものがあり，将来合併の可能性のあるものが含まれているようにみえる。

第13番目の政令指定都市として2001年に3市の合併によって誕生したさいたま市は，1995年に検討会「3市合併・政令指定都市推進行政連絡会議」を設置した後，1997年には任意協議会に移行し「平成の大合併」以前から計画してきたもので，2005年になって岩槻市を編入した。顕著な人口増加がみられる東京大都市圏では市制施行はこれまでにも頻繁に行われており（表V-3参照），さいたま市の誕生も大都市圏の発展過程の1つとみることができる。川越市は2003年に合併することなく中

表 V-3　1960〜2000 年における関東・甲信越地方の市政施行

都県	合計	1960〜69 年	1970〜79 年	1980〜89 年	1990〜99 年
東京都	18	小平，日野，東村山，国分寺，国立，田無，保谷	福生，狛江，東大和，清瀬，東久留米，武蔵村山，多摩，稲城，秋川		羽村，あきる野*
神奈川県	4	伊勢原，座間，南足柄，綾瀬			
埼玉県	18	戸田，入間	志木，和光，新座，桶川，久喜，北本，八潮，富士見，上福岡，三郷，蓮田，坂戸	幸手	鶴ヶ島，目高，吉川
千葉県	13	市原*，流山，八千代	我孫子，鴨川*，鎌ヶ谷，君津，富津	浦安，四街道	袖ヶ浦，八街，印西
茨城県	4		取手	牛久，つくば*	鹿嶋*
栃木県	1		黒磯		
群馬県	0				
山梨県	0				
長野県	1	佐久*			
新潟県	2				

＊印は合併による市政施行．
資料：グリグリ「市区町村変遷情報　詳報」による．

核市に昇格した．川口，鳩ヶ谷，蕨 3 市では新市の名称問題をめぐって法定協議会が解散し，その後 2010 年 9 月には再び法定協議会を設置したが，鳩ヶ谷市（54,518 人，0.66）は 2011 年 10 月になって川口市（460,027 人，0.91）に編入した．

　以上が埼玉県の市町村合併の状況である．さいたま市以外には都市間の合併はまったくなく[34]，都市がその周辺町村を合併する小規模合併だけであった．しかも協議会の解散や協議会からの離脱が多いのは，人口が多く財政力が豊かな市町村にとって合併の必要度が低く，選択肢が多かったためと考えられる．表 V-4 に示すように，人口 1〜3 万人（2000 年）の市制施行予備軍とみられる町村は多くなかったため，後述の茨城県のように新市の誕生は少ないものとなった．

5. 千葉県

(1) 地理的特徴と市町村合併に対する県の対応

　千葉県の人口は 1960 年の 231 万人から 2000 年の 593 万人へと 157.0％の増加率を示し，首都圏のうちでは埼玉県の 186.6％増に次いで高く，神奈川県の 146.6％を超えるものであった．激しい人口増加のために 1 万人未満の小規模自治体比率は 1960 年の 33.7％から 2000 年の 22.5％へと減少し，その減少率は神奈川県，埼玉県，大阪府，愛知県に次ぐ位置にある（表 II-2 参照）．平均財政力指数も 0.60 で，埼玉県（0.65），栃木県（0.61）に次いで全国第 8 位に位置する（表 II-4 参照）．財政力指数の最高は成田市の 1.47 で，1.00 以上が 6 市（浦安市，袖ヶ浦市，市原市，船橋市，君津市），0.90〜0.99 が 5 市（市川市，千葉市，柏市，富津市，佐倉市）を数える．

　図 V-2 に示すように，千葉県においても西北部が東京特別区の通勤圏に属する点では埼玉県の場合と類似するが，東京特別区の通勤圏は埼玉県に比べると狭い範囲に限定される．千葉県の大規模中心地は成田市（圏内市町村数は 10）で，中規模中心地には千葉市（同 8），茂原市（同 9），館山市（同 8）があり，小規模中心地には旭市（同 3），八日市場市（同 2），佐原市（同 2），東金市（同 2）がある．このうち，東京特別区への通勤者比率は成田市が 5.6％，千葉市が 22.6％で，ともに東京特別区の半従属中心地に当たり，茂原市と東金市は千葉市の半従属中心地となり，佐原市は成田市の半従属

表V-4　関東・甲信越地方における1960～2000年間の市町村人口規模の変化

		市町村合計	0.5万人未満	0.5～1.0万人	計	%	1～3万人	%	3～10万人	10～30万人	30万人以上	計	%
東京都	1960年	43	5	5	10	23.3	15	34.9	15	2	1	18	41.9
	2000年	41	8	3	11	26.8	1	2.4	11	15	3	29	70.7
						3.5		-32.5					28.8
神奈川県	1960年	39	2	8	10	25.6	15	38.5	7	5	2	14	35.9
	2000年	37	1	1	2	5.4	10	27.0	11	9	5	25	67.6
						-20.2		-11.5					31.7
埼玉県	1960年	95	8	23	31	32.6	39	41.1	21	4		25	26.3
	2000年	92	6	8	14	15.2	23	25.0	36	13	6	55	59.8
						-17.4		-16.1					33.5
千葉県	1960年	101	1	33	34	33.7	49	48.5	15	3		18	17.8
	2000年	80	2	16	18	22.5	28	35.0	19	10		34	42.5
						-11.2		-13.5					24.7
茨城県	1960年	92	1	19	20	21.7	51	55.4	19	2		21	22.8
	2000年	85	5	10	15	17.6	38	44.7	27	5		32	37.6
						-4.1		-10.7					14.8
栃木県	1960年	54	1	6	7	13.0	34	63.0	11	2		13	24.1
	2000年	49	2	5	7	14.3	28	57.1	11	2	1	14	28.6
						1.3		-5.9					4.5
群馬県	1960年	75	8	25	33	44.0	31	41.3	8	3		11	14.7
	2000年	70	14	10	24	34.3	31	44.3	10	5		15	21.4
						-9.7		3.0					6.7
山梨県	1960年	64	18	22	40	62.5	19	29.7	4	1		5	7.8
	2000年	64	25	15	40	62.5	17	26.6	6	1		7	10.9
						0.0		-3.1					3.1
長野県	1960年	147	40	55	95	64.6	37	25.2	13	2		15	10.2
	2000年	120	46	30	76	63.3	27	22.5	13	3	1	17	14.2
						-1.3		-2.7					4.0
新潟県	1960年	120	4	48	52	43.3	48	40.0	18	1		20	16.7
	2000年	112	23	36	59	52.7	35	31.3	15	2	1	18	16.1
						9.4		-8.7					-0.6

資料：国勢調査1960年，2000年による．

中心地に当たる（表XII-11参照）．また富津市，君津市，市原市，千葉市の間にも玉突型通勤圏がみられ，東京大都市圏の周辺では通勤圏の強い傾斜が認められる．県内において独立の通勤圏をもつのは中規模中心地の館山市だけで，小規模中心地の八日市場市（32,807人）と旭市（40,963人）は共同通勤圏を形成する．

　こうした都市の通勤圏（日常生活圏）のなかでは，特徴ある市町村合併がみられる．千葉県広域行政研究会による調査研究や市町村関係者の意向調査などを踏まえて，2000年12月に策定された合併推進要綱[35]には，県民の日常生活や広域的行政の範囲，市町村間の歴史的・地理的結びつき，行政の効率化，共通の地域政策などが考慮された（千葉県，2010：23）．図V-10に示すように，東京特別区との結びつきが強く，行財政基盤も充実し，人口規模も大きい千葉・東葛飾地域の都市群を除いて[36]，12の基本パターンが設定された．そのなかには，広域市町村圏への統合を目指した広域市町村圏一体型のほか，中核市や特例市への移行，市制施行を目標に掲げた圏域が設定された．人口規模からみると，50万人以上の人口をもつものが1（千葉市），30～50万人が2，10～30万人が8となり，中核市移行型や特例市移行型はあるが，市制を敷くことができない小規模な合併計画は皆無である．なお，埼玉県の場合と類似して，基本パターンの圏域は8つの広域市町村圏の境界を跨いでおり，

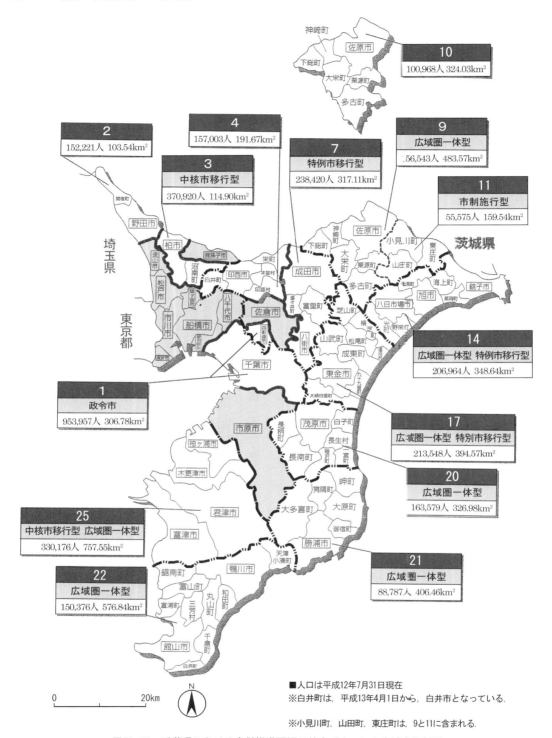

図Ⅴ-10　千葉県における合併推進要綱の基本パターンと広域市町村圏
　　太実線：基本パターン境界，二点鎖線：広域市町村圏境界．
　　資料：市町村合併問題研究会編（2001：74），自治省行政振興課編（1983：36）による．

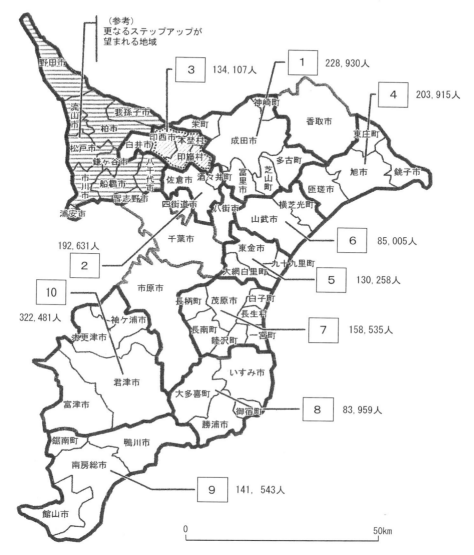

図Ⅴ-11　千葉県の合併推進構想における構想対象市町村の組み合わせ
＊各圏域の人口は国勢調査 2010 年による．
出典：千葉県（2006）：『埼玉県市町村合併推進構想』，p.300 による．

激しい都市化による日常生活圏の変化を反映したものと解釈される．

　旧合併特例法による合併が終了した 2006 年 3 月には，都市の数は 11 に増加して県内の市町村は 80 から 36 に減少したが，なお 20 の町村が残存する状況の下で合併推進構想が策定された．構想対象市町村の組み合わせは埼玉県の場合と同様に，広域市町村圏を考慮しておおむね人口 10 万人以上が基本とされた．この規模では住民の利便性の向上，人件費の削減，一部事務組合の解消など大きな効果が見込まれる[37]．図Ⅴ-11 に示すように，旧合併特例法のもとで合併した市町まで含めて，ほとんど県全域が構想対象地域とされたのも埼玉県の場合と類似する．

このなかでは，合併推進要綱において東京都との結びつきが強い地域として残されていた千葉・東葛飾地域の大部分も，「さらなるステップが望まれる地域」として政令指定都市への移行が期待された。合併推進構想の合併パターン10地区のうち合併推進要綱に示された基本パターンと整合するのは県南部の4地区だけであり，その他の地区については地区割りが大きく変更されたところもあった。ただし，合併推進構想の発表以後合併新法のもとで合併したのは新・印西市だけである。

(2) 合併の経緯

埼玉県の場合と同様に，最初の勉強会（研究会）の段階では多くの市町村が参加したが，任意協議会の設置にまでは至らなかったものが多い。図V-10によると，東京に近い東葛飾地域や市原市・富津市間の地域は合併協議会非設置の地域とされたが，合併研究会は設置されており，市町村合併にまったく関心がなかったわけではない。東葛飾・葛南地域4市政令指定都市研究会は2009年に解散したが，その直後に7市による東葛飾・葛南地域市長懇話会が設置され，将来的な政令指定都市の可能性も視野に入れて広域連携に関する研究がなされている。一方，市原市・富津市間4市においては法定協議会設置を求める住民発議が3市で可決したが，袖ヶ浦市（58,593人，1.29）議会が否決したため不成立に終わった。

表V-2に示すように，千葉県では2010年3月末までに80市町村のうち38（47.5％）が合併し，27（33.8％）が協議会の解散や離脱により非合併となり，15（18.7％）が協議会不参加であった[38]。協議会不参加の比率は埼玉県とほとんど同率であり，合併協議会の解散・離脱が多いのは，埼玉県の場合と同様に人口が多く，財政力が豊かで合併に対する意欲が低く，合併の効果が認められないと判断したものと推測される。

本県では2002～03年に合併協議会を設置したところが多いが，合併地域が合併推進要綱の基本パターンと整合するのは野田市・関宿町と柏市・沼南町だけであり，両市では合併協議会を設置してそのまま編入合併した[39]。

そのほか，合併協議会の設置範囲が基本パターンと重なるものには館山・鴨川，勝浦市，印西市，茂原市，千葉市の地区があるが，合併が成立しなかった茂原市地区と千葉市地区については協議会解散の事例として後で述べることにする。①館山・鴨川地区では，2002年9月に館山市，鴨川市と安房郡の11市町村でもって安房地域市町村合併任意協議会を設置したが，翌年1月に解散した後，鴨川市と天津小湊町は法定協議会を設置して合併して新・鴨川市となった。それに対して，残りの9市町村も2003年4月に館山・安房9市町村合併協議会（法定）を設置したが，行政改革の考え方の違いや新市名として「館山市」が受け入れられないのを不満として館山市が協議会から離脱し，協議会は解散した。2004年8月には館山市を除く安房8町村合併協議会を設置したが，鋸南町（10,521，0.32）[40]が合併協議から離脱したので，残りの安房7市町村でもって同年12月に合併協議会を設置して南房総市（市役所は富浦町）が誕生し，館山市と鋸南町は非合併となった。

②勝浦市地区では2002年3月に勝浦市と6市町でもって夷隅郡市合併問題協議会（任意）を設置したが，勝浦市が離脱を表明して合併協議会を解散した。その後2004年3月には5町でもって任意協議会を設置したが，町内への新庁舎設置を要望した大多喜町が離脱して解散した。その後2005年2月には3町（夷隅町，大原町，岬町）でもって合併協議会を設置して合併し，いすみ市（市役所は

大原町役場）が誕生した。財政力が比較的豊かな御宿町（8,019人，0.53）と大多喜町（12,121人，0.47）は非合併となった。

　③印西市地区では2002年12月に白井市（2001年市制）と栄町を含めた5市町村で任意協議会を設置したが，栄町（25,475人，0.51）が離脱した。翌年4月に4市村でもって法定協議会を設置したが，白井市（50,475人，0.38）では住民投票の結果，賛成24.6％，反対69.9％でもって合併協議から離脱した。しかし，2009年1月になって合併新法のもとで3市町村は法定協議会を設置した。このとき，本埜村（8,209人，0.31）は合併に慎重な態度を示して村議会と対立した村長が議会を解散し，新たに選出された村議会によって村長は失職し，本埜村と印旛村は印西市に編入合併した。

　合併範囲が通勤圏とほぼ一致するものには旭市と八日市場市がある。旭市では2002年9月に1市3町で任意協議会を設置したが，東庄町と銚子市が参加を拒否した翌年6月には法定協議会に移行し，2005年に新・旭市が誕生した。一方，八日市場市の場合には，2003年4月に八日市場市，光町，野栄町の3市町でもって法定協議会を設置したが，翌年3月には光町が合併協議から離脱を表明して協議会は解散し，2006年に八日市場市と野栄町は2市町で合併して匝瑳市（市役所は八日市場市役所）が誕生した。協議会を離脱した光町は横芝町と合併して横芝光町となった。横芝町は参加していた10市町からなる成田市地区の任意協議会が解散した後，芝山町と多古町の3町でもって懇談会を設置したが，芝山町と多古町が成田市との合併を希望したため協議は進行せず，結局，通勤圏も異なる他郡の光町と合併することになった。

　横芝光町は山武郡に所属し，新町役場は光町役場に置かれ，横芝町役場は廃止された。匝瑳郡光町（12,167人，0.36）の第1位通勤先は八日市場市（9.4％）であり，山武郡横芝町（14,554人，0.49）は松尾町に対して6.6％が通勤しており，日常生活圏も異なるし，基本パターンにおいても別の圏域に属していた。消防は両町ともに合併以前から同一の一部事務組合に属するが，上水道，ゴミ・し尿，火葬場などの一部事務組合は今日でも別である[41]。匝瑳郡4村の組合立病院として1951年に設置された公立東陽病院は今日でも匝瑳郡の医師会との関係が緊密である。

　それに対して，成田市（95,704人，1.47）の合併範囲は通勤圏よりも狭いものとなった。2002年12月には上記の10市町（成田市，富里市〈2002年市制〉，下総町，大栄町，多古町，芝山町，栄町，神崎町，栗源町，横芝町）でもって任意協議会を設置し，遅れて松尾町と蓮沼村も加入したが，翌年には協議会は解散した。その後，成田市は日常生活圏をともにする富里市，下総町，大栄町，多古町，芝山町の5町に対して成田市への編入合併を呼掛けたが，富里市と多古町，芝山町は新設合併を希望したため，2004年3月に成田市は編入合併の条件を受け入れた下総町，大栄町と法定協議会を設置した（千葉県，2010：138）。その後多古町や栄町，神崎町，芝山町も成田市に合併協議を申し入れたが，成田市は現時点では他町との合併協議は見送ることを宣言し，2005年に2町だけを編入した。したがって，他の町は合併を希望しながらも非合併となった。このなかに含まれる神崎町（6,747人，0.43）と芝山町（8,401人，0.69）は人口1万人未満の町である。

　佐原市地区では，2003年3月に佐原市の呼びかけに応じて山田町，小見川町でもって任意協議会を設置したが，小見川町が東庄町，山田町との3町での合併を検討したため協議会は解散し，翌年には小見川町，山田町，栗源町の3町でもって任意協議会を設置した。これに佐原市が加入を申し出たのに対して小見川町が拒否し，協議会は解散した。その後，小見川町を除く3市町でもって設置され

た法定協議会に小見川町も遅れて参加し，2006年に香取市（市役所は佐原市役所）が誕生した。成田市の通勤圏に属する栗源町は同一郡内での合併を選択したが，周辺町村の態度には成田市と佐原市に対する評価の差異が感じられる。

山武市地区では，2002年12月に7市町村（成東町，山武町，蓮沼村，松尾町，東金市，大網白里町，九十九里町）でもって任意協議会を設置したが，松尾町と蓮沼村が成田地域任意合併検討協議会に加入し，単独市制を目指す大網白里町（47,036人，0.55）も合併協議から離脱した。成田地域任意合併検討協議会の解散により松尾町を含む5市町でもって2003年4月に山武地域合併協議会（法定）を設置し，蓮沼村もそれに加入した。その後東金市が住民投票により合併協議から離脱を表明したので，2005年2月に成東町，山武町，蓮沼村，松尾町でもって新たに法定協議会を設置し，2006年に山武市（市役所は成東町役場）が誕生した。協議会を離脱した東金市，九十九里町（20,266人，0.44），大網白里町はいずれも非合併にとどまる。東京から1時間距離にあって住宅団地5地区をかかえる大網白里町では人口が5万人を超え，2013年1月に単独で市制を敷いた。

そのほか，協議会解散（離脱を除く）によって合併が成立しなかったものには，千葉市，茂原市，佐倉市，銚子市の4地区がある。①千葉市地区では，2003年2月に四街道市との法定協議会設置の是非を問う住民投票の結果，賛成55.5％，反対45.5％で住民発議による法定協議会を設置したが，2004年に行われた四街道市の住民投票では賛成45.3％，反対54.7％となり，協議会を解散した。②茂原市地区では，2002年9月に基本パターンの7市町村でもって合併協議会を設置したが，茂原市は協議会を離脱して長柄町と長南町に合併協議を申し入れた。しかし両町から拒否され，茂原市は7市町村での合併協議再開を視野に入れて2007年4月に長生郡市合併協議会（法定）を設置したが，長生村（13,892人，0.55）では住民アンケートの結果により合併協議から離脱を表明した。一宮町と白子町は長生村の協議会離脱案を否決したため，協議会は解散して7市町村すべてが非合併にとどまった[42]。

③佐倉市地区では，2004年10月になって佐倉市・酒々井町合併協議会（法定）を設置したが，酒々井町の住民投票の結果賛成38.1％，反対61.9％となり，合併を断念して単独存続となった。④銚子市と東庄町との合併協議会でも，上記のように，旭市などとの合併協議への参加申入れが拒否されたため2004年8月に2市町で法定協議会を設置したが，合併特例債の活用方法など新市におけるまちづくり構想をめぐって対立し，合併は中止となった（千葉県，2010：59）。

以上が千葉県における市町村合併の状況である。半従属中心地が多く「通勤圏の傾斜」現象がみられる千葉県においても，埼玉県と類似して合併協議会の解散・離脱の市町村が多い。合併市町は東京大都市圏以外の地域に多いが，野田市や柏市のように大都市圏内にも合併地域があり，埼玉県におけるさいたま市や春日部市の例と類似する。本県においても都市同士の合併はなく都市とその周辺町村との合併が多いが，南房総市のように，中心都市・館山市を取り巻くかたちで郡内の7町村が合併して市制を敷いた例もある[43]。

県内には，広域市町村圏の振興整備のための行政機構として広域行政機構（いわゆる広域市町村圏事務組合）が設立され，各構成市町村間の意見の調整と事務の共同処理を行ってきた。広域市町村圏以外の地域においては京葉広域行政連絡協議会（市川市，船橋市，浦安市）と東葛広域行政連絡協議会（松戸市，柏市，野田市，流山市，我孫子市，鎌ヶ谷市）の2つの広域行政連絡協議会が存続して

おり，事務の適切かつ効率的な処理のための広域連携を進めている．

Ⅴ.2 北 関 東

6. 茨 城 県

(1) 地理的特徴と市町村合併に対する県の対応

　茨城県は栃木県や群馬県とともに北関東に含められるが，筑波研究学園都市の建設などにより北関東3県の中では人口増加率が最も高く，北関東と南関東との中間的な存在といえる．人口1万人未満の小規模自治体の比率も1960年と2000年とを比較すれば都市化の影響のもとで21.7%から17.6%へと減少している（表Ⅱ-2参照）．また表Ⅴ-4に示すように，人口1〜3万人の市制施行予備軍ともいえる町が比較的多く，新戸誕生の数が最も多い県でもある．

　平均財政力指数は0.54で栃木県の0.61よりは低いが，群馬県の0.48よりも高い位置にある（表Ⅱ-4参照）．1.00を超えるのは神栖町（1.67）と東海村（1.37）で，美浦村（0.95），鹿嶋市（0.93），つくば市（0.92），水戸市（0.87）がそれに続く．

　図Ⅴ-2に示すように，茨城県のうち東京特別区の通勤圏に属するのは西南部の5市町だけであるが，2005年に開通したつくばエクスプレス（秋葉原・つくば間最速で45分）には東京への通勤快速列車も運行するようになり，東京の通勤圏は拡大傾向にある．その外側には独立した小規模中心地としてつくば市や土浦市の通勤圏がある．本県の通勤中心地では，大規模中心地・水戸市（圏内市町村数は16）をはじめ，中規模中心地の下館市（同7），石岡市（同5），日立市（同5），つくば市（同5），土浦市（同5）があり，小規模中心地には鹿嶋市（同3），水海道市（同2），下妻市（同2），龍ヶ崎市（同2），常陸太田市（同2），大宮町（同3），総和町（同2），神栖町（同3）が含まれ，中小規模の通勤中心地が多い（表Ⅻ-11参照）．このうち，つくば市と土浦市は相互依存の関係にあり，水海道市と下妻市はつくば市の半従属中心地をなし，常陸太田市（日立市）や大宮町（水戸市），総和町（古河市），神栖町（鹿嶋市）はカッコ内の都市の半従属中心地をなしている．

　平坦地が広く交通の発達した茨城県では，日常生活圏に対する地形的な制約が少ないのが特徴であるが，それでも，北茨城市と高萩市は相互依存圏をなしており，西北端の大子町と北浦町[44]は通勤圏外地域に当たる．

　本県では1999年12月に設置された茨城県市町村合併推進委員会が2000年11月に提出した報告書に基づいて，同年12月に合併推進要綱を発表した．合併パターンの策定に当たっては市町村の特性評価（22指標），地域の一体性評価（42指標）および地域の意向を求めてクラスター分析を試みた[45]．その結果，合併推進要綱では全市町村が17の基本パターンに区分され，そのほかにもより大きく統合した合併パターンも示された（茨城県，2008：413-447）．10区分された広域市町村圏との関係をみると，埼玉県や千葉県の場合と同様に，一部の境界線に不整合がみられる．基本パターンの17圏域のうちでは，水戸市地区（585,480人）とつくば市・土浦市地区（503,504人）を政令市移行型[46]としたほか，中核市移行型1，特例市移行型2，都市充実型7，市制移行型5に区分された．図Ⅴ-12に示すように，人口5万人未満の地域は皆無である．

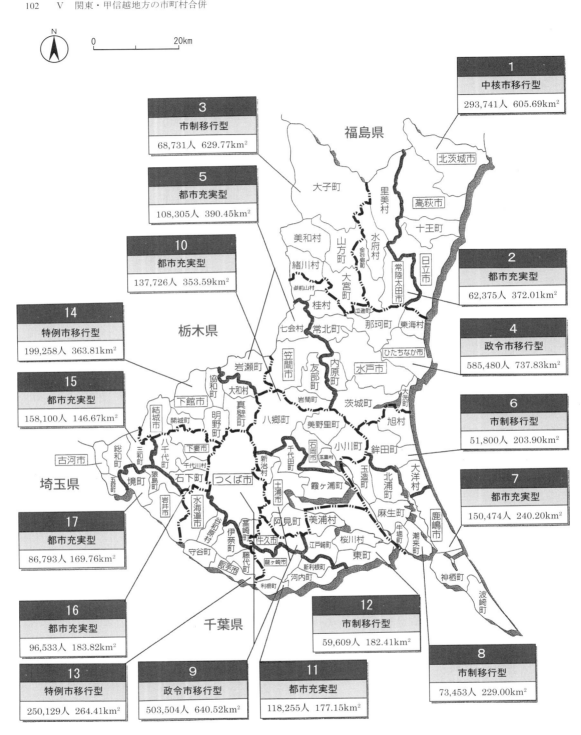

図V-12　茨城県における合併推進要綱の基本パターンと広域市町村
　太実線：基本パターン境界，二点鎖線：広域市町村圏境界．人口は平成12年9月1日現在（常住人口調査）．
　資料：市町村合併問題研究会編（2001：58），自治省行政振興課編（1983：28）による．

茨城県では旧合併特例法が終了した2006年3月までに25地域の合併が行われ，市町村数は85から44に大きく減少したが，人口3万人未満の町村が9町村残っていたため，合併推進構想も策定された（茨城県，2008：477-517）。合併推進構想においては，未合併市町村17に合併を希望する水戸市を加えた18市町村について検討した。そのなかでは，合併意思のある5市町（水戸市，守谷市，河内町，境町，利根町）のうち，旧合併特例法のもとで法定協議会が設置されていた龍ヶ崎市と利根町[47]だけが構想対象地域に指定されたが，合併新法のもとでの合併は実現しなかった。その他の16市町村については合併気運が乏しかったり，相手先の市町村が合併に慎重だったため，構想対象地域に指定するまでには至らなかった。

本県の合併推進構想では，埼玉県や千葉県で示したように，基本パターンを大幅に修正した「将来目指すべき合併パターン」[48]（図V-8，図V-11参照）は提示されなかった。本県では，基本パターンとは異なる合併が行われたり，道州制に関する議論も開始されたので，合併推進要綱における17地域の見直しが検討されてはいたが，結局見直しは実現せず，提示された「将来目指すべき合併パターン」は2006年現在の44市町村の境界を用いて17地域を部分修正したにとどまった（茨城県，2008：509）。

通勤圏分布図（図V-2）と合併推進要綱の基本パターン（図V-12）をみると，両者の圏域が完全なかたちで整合するところは皆無であるが，水戸市の半従属中心地をなす大宮町の通勤圏は圏外の大子町まで含めると基本パターンの圏域となり，下館市は岩瀬町を除いて考えると，通勤圏と整合する。

(2) 合併の経緯

表V-2に示すように，本県では85の市町村のうち66（77.7％）が合併し，9（10.6％）が協議会解散か離脱で非合併にとどまり，10（11.7％）が協議会不参加となった[49]。「平成の大合併」によって11の新市が誕生したのは全国でも最も多い[50]。

茨城県ではつくば市や潮来市のように，合併特例法の改正（1999年）以前から準備を進めていて「平成の大合併」の期間中に編入合併したものもある。1987年に4町村の合併によって誕生したつくば市は，1988年につくば市と茎崎町の2市町で法定協議会を設置し，1999年になって合併協議の再開を合意して2002年に茎崎町がつくば市に編入した。潮来町と牛堀町の合併では，両町は2000年7月に茨城県知事に市制施行の人口要件の緩和を要望し，2000年11月に国会で合併特例法改正案（合併による市制施行の人口要件が4万人以上から3万人以上に引き下げ）が可決されたのを受けて，潮来市が誕生した。

合併協議会の設置においては，合併推進要綱の基本パターンの圏域と整合するものが多かったが，そのうち合併が実現したのは常陸太田市（4市町村）と鉾田市（同3）だけである。2002年10月に常陸太田市が久慈郡内3町村と法定協議会を設置して編入合併したのが新・常陸太田市であるが，通勤圏からみると，日立市の半従属中心地をなす常陸太田市の通勤圏に日立市の通勤圏に属する里見村を加えて合併したものである。鉾田市の場合には，2004年1月に鉾田町，大洋村の2町村で住民発議の法定協議会を設置したが，鉾田町との合併か大洗町との合併かで迷っていた旭村も参加することになり，3町村に法定協議会を拡大して鉾田市が誕生した。鉾田町と旭村は水戸市の通勤圏に属するのに対して，大洋村の通勤者の多くは鹿嶋市を指向するので，通勤圏を跨いだ合併となった。

上記のように，市制施行予備軍の町村が合併によって人口3万人を得るには近隣の1・2の町村との合併だけで十分であるし，都市同士の合併は敬遠されるので，本県では小規模合併が多い。市域拡張をも含めた25の合併市町村の成立は，北海道よりも多く，全国最多である。しかも，小規模合併の場合には，合併協議会を設置してそのまま合併した順調合併が多い。上述した埼玉県や千葉県においては，市町村の人口や財政力からみて合併の必要度が低く，しかも相手市町村の選択肢が多いために合併協議会の設置・解散が多かったのに対して，茨城県で順調合併が多いのは意外に思われる。都市同士の合併を避けて新市形成を中心に考えた場合には，選択肢が限定されたためかもしれない。

　順調合併によって新市が誕生したものには上記の潮来市（2町の合併）をはじめ，常陸大宮市（同5），那珂市（同2），稲敷市（同4）がある。①常陸大宮市の場合には，大宮町は基本パターンに属していた大子町（23,982人，0.30）を除く代わりに，水戸市の基本パターンに属する御前山村を取り込んで，2002年に5町村で任意協議会を設置して4町村を編入した。市役所はもちろん大宮町役場である。②那珂市（市役所は那珂町役場）は水戸市の通勤圏内の2町が2003年に合併協議会（任意・法定）を設置して編入合併して衛星都市を形成したものであり，③稲敷市は稲敷郡に属する4町村が2003年6月に法定協議会を設置して合併したもので，市役所は新庁舎建設まで江戸崎町役場に置かれる。ただし，稲敷郡では通勤圏のまとまりはなく，桜川村の通勤者の多くは江戸崎町と東町を指向し，江戸崎町では美浦村を指向し，新利根町は龍ヶ崎市の通勤圏に含まれる。美浦村（18,219人，0.95）もこの地区の研究会には加入していたが，合併協議会には参加しなかった。

　そのほかの順調合併には，上記の常陸太田市（4市町の合併）やつくば市（同2）のほか，日立市（同2），取手市（同2），水戸市（同2），古河市（同3）が含まれる。これらの大部分は2002年か2003年に合併協議会を設置して合併したものである。①日立市と十王町は2003年4月に法定協議会を設置してそのまま編入合併したものであるが，②東京特別区の通勤圏に属する藤代町と取手市との編入合併は，1996年に設置された任意協議会が2001年には休止されていたもので，完全な順調合併とはいいがたい。同様に，③水戸市は2003年に内原町を編入したが，1995年に設置した常北町との合併協議会は休止状態のままである。④古河市の場合にも，総和町の通勤圏に属する境町を除く3市町で合併したが，市名をめぐって難航し，法定協議会を一時休止したことがあった。最終的には市名は古河市となったが，市役所は総和町に置かれた。

　もちろん，新市誕生の11市についてもそのすべてが順調合併によるものではない。①常陸大宮市，②那珂市，③稲敷市，④潮来市，⑤鉾田市の合併については上述したが，鉾田市の西側では⑥行方市（市役所は新庁舎設置まで麻生町役場）と⑦小美玉市（市役所は美野里町役場）が誕生した。行方市では2002年10月に麻生町・北浦町の2町で任意協議会・法定協議会を設置したが，玉造町も参加を希望し，2004年3月にこの3町でもって法定協議会を設置した。翌年2月に小川町と玉造町の2町でもって住民発議の法定協議会を設置したが，小川町・玉造町合併協議会は1回の協議会でもって休止し，玉造町は麻生町・北浦町とともに元の3町でもって合併し，行方市が誕生した。玉造町は小川町などとともに石岡市の通勤圏に含まれ，麻生町は鹿嶋市を指向するが，通勤者比率はいずれも低く，北浦町は通勤圏外にあるため，地域の連結関係は緊密とはいえない。ただし，3町は行方郡に属し，同一の一部事務組合に属しており，行政的には一体性の強い地域である。

　一方，小美玉市は石岡市の通勤圏に属する3町が合併したもので，石岡市の衛星都市といえる。

2003年5月に美野里町,玉里村,八郷町,石岡市の4市町村が法定協議会を設置したが,新市の名称をめぐって協議が難航し,翌年解散した。その後2005年1月に石岡市と八郷町が法定協議会を設置したのとほぼ同時に,小川町,美野里町,玉里村の3町村でもって法定協議会を設置した。さらに同じ頃,上記のように小川町は玉造町と2町で法定協議会を設置したが,小川町と玉造町はそれぞれ元の枠組みに復帰し2町の合併協議会を休止した。結局,元の小川町,美野里町,玉里村の3町村でもって合併し,小美玉市が誕生した。小美玉市の命名は合併3町村の町村名の1字ずつを取り入れたものである(茨城県,2008:273,338)。

　潮来市の南方では鹿島町,神栖町,波崎町3町による鹿島地域都市づくり懇談会が1993年に設置されていたが,鹿嶋市(1995年に市制)と3市町で任意協議会を設置したのは2003年末であった。ただし,神栖町は3市町での合併に慎重な姿勢を示し,同年のうちに協議会を解散した。その直後に波崎町が神栖町に合併協議を申し入れ,法定協議会を設置して編入合併により⑧神栖市が誕生し,鹿嶋市は単独存続となった。

　⑨桜川市の場合には,2001年5月に岩瀬町,真壁町,大和村,協和町の4町村でもって任意協議会を設置したが,翌年6月には解散し,2003年4月に協和町を除く3町村でもって合併協議会を設置して合併し,桜川市(市役所は大和村役場)が誕生した。協和町を含めてこの地域はすべて下館市の通勤圏内にあるので,下館市から独立した衛星都市が誕生したことになる。協和町は2003年6月に設置された下館市,関城町,明野町の法定協議会に加わり,翌年合併して筑西市(市役所は下館市役所)となった。しかし,下館市(65,034人,0.71)の通勤圏に属する結城市(52,774人,0.56)は合併協議会に一度も加入しなかった。

　⑩つくばみらい市の場合には,水海道市,伊奈町,谷和原村でもって2004年4月に法定協議会を設置したが,市役所の設置が谷和原村に決定したことから水海道市(42,015人,0.71)が離脱し,残りの伊奈町と谷和原村とが合併してつくばみらい市(市役所は伊奈町役場)が誕生した。⑪かすみがうら市の場合には2003年12月に千代田町と霞ヶ浦町が法定協議会を設置してかすみがうら市(市役所は千代田町役場)が誕生した。

　水戸市や日立市,つくば市,常陸太田市,取手市については順調合併のところで説明したように,市制都市のなかには近隣の2,3の町村を合併して市域を拡大し,勢力圏を拡大したものが多い。①土浦市は,2003年5月に千代田町,霞ヶ浦町,新治村と任意協議会を設置したが,合併方式をめぐってその年のうちに解散し,新治村は土浦市に編入した。②石岡市は土浦市などとの6市町村による懇話会から2002年に離脱し,先に述べた石岡市,美野里町,玉里村,八郷町の4市町村でもって法定協議会を設置したが,やがて解散し,上述のように,石岡市は八郷町と2市町でもって新設合併した。③下妻市は2003年8月に八千代町,千代川村,石下町でもって任意協議会を設置し,法定協議会まで進んだが,市名の選考などで難航し,下妻市が離脱して協議会は解散した。その後2005年1月に下妻市は法定協議会を設置して千代川村(9,536人,0.37)だけを編入し,八千代町(24,352人,0.43)は単独存続にとどまった。④水海道市は上記のように,2004年4月に伊奈町,谷和原村と法定協議会を設置したが解散して,下妻市の合併協議会に加入していた石下町を編入し,市名を常総市と改めた。

　⑤坂東市の場合には,2002年5月に古河市,岩井市,総和町,五霞町,三和町,猿島町,境町の7市町で懇話会を設置したが,分割して合併することで意見が一致し,岩井市,猿島町,境町は3市町

による合併を検討することになった。総和町の通勤圏に属する境町を含めた3市町の合併協議は進行し、翌年任意協議会を設置し法定協議会へと進んだが、やがて岩井市と猿島町は2市町での合併を考えるようになり、2市町で合併して市名を坂東市に改めた。境町（27,171人、0.58）は非合併となった。新・古河市の誕生についてはすでに述べたが、幸手市（埼玉県）への通勤者が多い五霞町では、住民が幸手市との合併を希望し、2003年4月には法定協議会を設置して県境を越えた編入合併を決定したが、幸手市議会は久喜市・鷲宮町との合併を優先する決議を採択し、新たに選ばれた市長が解散を申し込んだため合併協議会は廃止され、五霞町（10,218人、0.64）は非合併となった（茨城県、2008：349）。

水戸市の通勤圏に属する笠間市は2002年10月に友部町、岩間町との間に任意協議会を設置したが、笠間市が離脱して解散した。その後友部町と岩間町でもって任意協議会、法定協議会を設置したが、再び解散した。その後2005年5月になって再び笠間市、友部町、岩間町の3市町でもって法定協議会を設置して合併し、新・笠間市が誕生した。市役所は水戸市に近く交通の便利な友部町に置かれた。

茨城県では合併によって町が形成されたのは城里町（23,007人）だけである。城里町は水戸市の通勤圏に属する常北町、桂村、七会村が2003年3月に任意協議会を設置して合併したものである。町役場は、1995年に水戸市と法定協議会を設置した後、解散して未合併にとどまっていた常北町に置かれた。常北町は水戸市への編入合併を断って衛星都市（町）の中心地の道を選んだことになる。

このほか、合併協議会が解散して合併が不成立に終わったり休止状態のままになったものも、わずかながら存在する。水戸市と茨城町は法定協議会を解散して、茨城町（35,296人、0.43）は非合併となった。2003年12月に設置された龍ヶ崎市（76,923人、0.73）と利根町（19,033人、0.45）の法定協議会は翌年休止した後、2007年12月には上記のように合併推進構想のもとで協議を再開したが、合併には至らず休止のままである。同じく阿見町（46,922人、0.83）と美浦村（18,219人、0.95）の法定協議会（2004年）も解散したが、いずれも人口が1万人を超え、財政力も豊かな町村である。大洗町（19,957人、0.75）の場合には2004年2月に旭村が合併を申し込んだが、合併協議会は成立しなかったので協議会不参加の町に属する。

以上が茨城県における合併の概要である。茨城県の場合には、埼玉・千葉両県とは違って協議会解散・離脱による非合併の市町村は比較的少なく、合併による新市の誕生が多いところに特徴がある。しかも、DID人口比率（2010年）に比べても新市の誕生が異常に多く、市町村合併が積極的に行われた結果といえる（表Ⅱ-3参照）。「平成の大合併」終了後の国勢調査における人口3万人以上の都市比率は79.5％で、大阪府（79.1％）や埼玉県（78.1％）、兵庫県（78.0％）よりも高く、全国第1位である。それは、市制施行予備軍ともいえる人口1～3万人の町村が多かったためであるが、新市の誕生をとくに積極的に推進した県の政策にもよるであろう。新市の誕生は基本パターンの圏域にある都市の市域拡大を阻むため、基本パターンと整合した合併は常陸太田市だけである。

茨城県では1960～2000年間に人口1～3万人クラスの町村数は埼玉・千葉両県と同様に10ポイント以上減少したが、都市化のもとで人口1万人未満の町村が減少したのは4.1ポイントだけで、埼玉・千葉両県のように10ポイントを超える減少には至らなかった（表Ⅱ-2参照）。埼玉・千葉両県ではこの40年間に町村の人口が著しく増加したため2000年までに市制を敷いた町村が多く（表Ⅴ-3参照）、2000年の時点では市制施行予備軍といえる町村の残存は少なかった。それに対して、茨城県における都市化の進行は両県よりもやや遅れて市制施行予備軍の町村を多くとどめていたので、これら

の町村のなかには2, 3町村の合併により市制を敷くものが多かった。そこでは，少数の市町村による小規模な合併が多く，順調合併による編入合併が多いことも特徴の1つに数えられる。

7. 栃木県

(1) 地理的特徴と市町村合併に対する県の対応

栃木県でも1965年頃から人口増加が始まり，輸出産業を中心として内陸工業団地が形成され，「ものづくり拠点県」として発展を遂げてきた。そうした産業発展を反映して県平均の財政力指数（2000年）は0.61で，関東では神奈川県（0.90），東京都（0.74），埼玉県（0.65）に次いで高く，千葉県（0.60），茨城県（0.54），群馬県（0.48）よりも上位にあるのが注目される（表Ⅱ-4参照）。県内の最高は那須高原の温泉郷・塩原町の1.02であり，小山市（0.96）と宇都宮市（0.94）が0.90を超える。

もう1つの特徴は，1万人未満の小規模自治体が少ないことである。「昭和の大合併」の市町村減少率は68.6％であってとくに高いわけではないが，市町村当たりの平均面積は130.8km^2（全国第10位）と広く（表Ⅱ-1参照），表Ⅱ-2に示すように，栃木県の「昭和の大合併」終了直前（1960年）における小規模自治体比率は13.0％で，山形県（8.3％）に次いで低率であった。栃木県では「昭和の大合併」の合併推進計画を策定する際に，新町村の平均人口をおおむね1.5万人にするという条件が掲げられたからである（美谷・手塚, 2011; 栃木県, 1955）。その後2000年においても14.3％とわずかに上昇しただけで，都市化によって小規模自治体が減少した大阪府（4.5％）や神奈川県（5.4％）に次ぐ全国第3位の低い比率であった。したがって，栃木県は市町村合併の必要度が低い地域であったとみることができる[51]。

表Ⅻ-11と図Ⅴ-2によると，栃木県の通勤圏は17市町を含む大規模中心地・宇都宮市が中心をなし，中規模中心地はなく，小規模中心地には小山市（圏内市町数は3），佐野市（同4），栃木市（同3），大田原市（同2），真岡市（同2），今市市（同2）がある。このなかでも，真岡市は宇都宮市の半従属中心地をなし，栃木市は小山市の半従属中心地に当たる。今市市は日光市と通勤者が相互依存の関係にあり，黒磯市と那須町も相互依存型通勤圏を形成する。南端にある野木町は東京特別区の通勤圏に含まれ，足尾町だけが通勤圏外に位置する。

栃木県では1999年8月の自治省通達を受けて著名学者を含めた栃木県市町村合併推進要綱調査研究委員会を設置し，同年11月には報告書をまとめ，それに基づいて2001年1月に合併推進要綱を発表した[52]。合併推進要綱では，さまざまな要素を総合的に考慮した総合分析型としてA-1パターン（15地区）とそれをさらに細区分したA-2パターン（21地区），クラスター分析による客観分析型としてのB-1パターン（12地区），さらにそれぞれが単一市町村にならないように2分したB-2パターン（19地区），および総合的分析においてアンケート調査や地域の気運などを考慮して作成したCパターン（11地区）の合計5つの合併パターンが提示された。A-1パターンの15地区は10地区からなる広域市町村圏を細分したもので，広域市町村圏の境界を跨いだ地区はない。このパターンを基本パターンとみなすと，図Ⅴ-13に示すように，圏域人口の最小は5.5万人となり，A-2パターンでは2.2万人となる（市町村合併問題研究会編，2001：64-68）。

これらのパターンと通勤圏の分布との関係をみると，比較的整合性の高いのはA-1パターンと

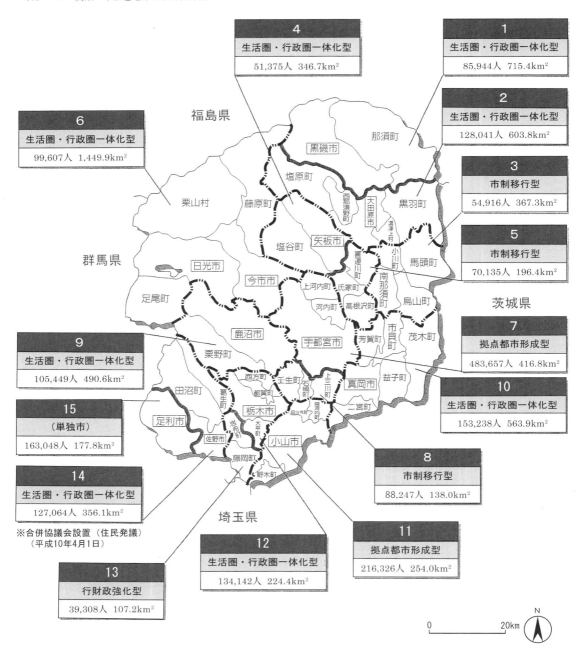

図V-13 栃木県における合併推進要綱の基本パターンと広域市町村圏
太実線：基本パターン境界，二点鎖線：広域市町村圏境界．人口は平成12年3月31日現在．
資料：市町村合併問題研究会編（2001：64），自治省行政振興課編（1983：30）による．

B-1パターンである．

合併推進構想は2006年の策定後合併気運の醸成に基づいて構想対象市町村の組み合わせを修正しながら，第4次まで作成された．そのなかでは県南の2地区が構想対象市町村に指定され，2007年の第2次改訂では2007年3月に合併した宇都宮市地区（3市町）に代わって栃木市・小山市地区が

追加されたので，依然として2地域が対象とされた[53]。しかし，すでに合併した地域をも含めて，県内全市町村を対象とする「将来の望ましい市町村の姿」は示めされなかった。

（2）合併の経緯

表V-2に示すように，合併市町村は34（69.4％），協議会解散や離脱による非合併が10（20.4％），協議会不参加は足利市，小山市，壬生町，野木町，那須町の5市町（10.2％）で，それほど特徴ある構成とはいえない。合併市町村には宇都宮市が含まれるため平均人口が大きいが，小規模自治体の多くが合併市町村に含まれる傾向は認められる。平均財政力指数は協議会不参加の市町村が最も高く，0.76という数値は埼玉県や千葉県と比べても低いとはいえない。

図V-9によると他県でもよくみられるように，順調合併による地域と合併協議会の設置と解散を何度も繰り返した市町村とがある。基本パターンの圏域と合併協議会の構成市町村とが整合するのは今市市，鹿沼市，佐野市，宇都宮市の4地区だけであるが，そのすべてが順調合併によるとは限らない。①今市市地区では2003年2月に域内5市町村でもって任意協議会を設置したが，同年7月には解散した。しかし，その3カ月後には日光市を除く4市町村でもって法定協議会を設置し，日光市もそれに加入して新・日光市が誕生した。新市名には日光市が採用されたが，今市市役所が本庁舎となった。②鹿沼市は2004年9月に粟野町と法定協議会を設置してそのまま編入合併した。粟野町の永野地区は栃木市への分町運動を起こしたが，分町は成立しなかった。③佐野市地区では1998年4月に佐野市，田沼町，葛生町の3市町で法定協議会を設置し，そのまま合併した。ここでは，佐野青年会議所が住民発議制度の適用を受けて住民運動を起こし，「平成の大合併」開始前に法定協議会を設置したが（栃木県佐野市，2006：12），合併協定調印式が行われたのは2004年2月であった。今市市地区と鹿沼市地区ではともに通勤圏域ともほぼ一致するが，佐野市地区では通勤圏に含まれる岩舟町（10,148人，0.54）と藤岡町（9,673人，0.46）を除くかたちで合併した。

④宇都宮市の場合には，最終的には基本パターンに示された3市町の圏域でもって合併したが，最初は種々の合併協議会が設置された。まず2003年6月には5市町でもって宇都宮地域合併協議会（任意）を設置し，高根沢町（15,853人，0.71）が離脱した後2004年2月に4市町でもって法定協議会を設置したが，翌年1月に協議会は解散した。高根沢町は2004年5月に宇都宮市と法定協議会を設置したが，2005年6月には解散した。その後2006年7月に宇都宮市は合併新法のもとで基本パターンに示す3市町でもって法定協議会を設置し，上河内町と河内町を編入した。宇都宮市はすでに1996年4月に中核市に昇格していたので，昇格を目指して合併を強く要求することはなかった。

基本パターンの圏域を二分して合併したり，その一部だけが合併した場合もある。①那須郡南部地区では2003年7月に4町でもって南那須地区合併協議会（任意）を設置したが，本庁舎の位置をめぐって協議が難航し，翌年10月に協議会を解散した。その1カ月後には南那須町・烏山町と，馬頭町・小川町に分かれて法定協議を設置し，那須烏山市（市役所は烏山町役場）と那珂川町（町役場は馬頭町役場）が誕生した。②氏家町地区では，2003年8月に上記の高根沢町を除いて氏家町と喜連川町の2町でもって法定協議会を設置し，さくら市（市役所は氏家町役場）が誕生した。③真岡市地区では，2004年1月に基本パターンのなかの芳賀町を除く5市町でもって芳賀地区合併協議会を設置したが，同年8月には解散し，2007年10月になって合併新法の下で法定協議会を設置して二宮町が真岡市に

編入した。それによって，他の3町（益子町〈13,283人，0.49〉，茂木町〈9,330人，0.61〉，市貝町〈6,644人，0.61〉）は非合併にとどまった。2004年3月には芳賀町（9,467人，0.61）は高根沢町と法定協議会を設置したが，同年7月には解散し，いずれも非合併となった。

このほか，基本パターンの圏域を跨いだ合併もある。①西那須野町は大田原市の通勤圏に属するにもかかわらず，通勤圏による緊密な関係を絶ち，塩原町とともに2003年1月に黒磯市と法定協議会を設置して合併し，那須塩原市（市役所は当面黒磯市役所）となった。上述のように，塩原町（13,862人，1.02）は財政豊かな観光地であるにもかかわらず黒磯市（31,798人，0.79）と合併したのに対して，那須高原と那須温泉の観光地・那須町（14,009人，0.79）は協議会にまったく参加することなく非合併となった。基本パターンでは塩原町と西那須野町は大田原市との合併に含められたが，圏域を越えて黒磯市と合併した。ただし，広域市町村圏では黒磯市も大田原市も同一の圏域に属しており，日常生活圏をまったく無視した合併とはいえない。②一方，大田原市地区では黒磯市と合併した2町を除いて，大田原市は黒羽町，湯津上村とともに2003年11月に法定協議会を立ち上げて編入合併し，新・大田原市が誕生した。

③南河内町，国分寺町は小山市の通勤圏に属するのに対して，石橋町は宇都宮市の通勤圏に属しており，基本パターンの圏域も郡域も異なるにもかかわらず，3町は2003年12月に法定協議会を設置してそのまま合併し，下野市が誕生した。市役所は当面国分寺町役場に置かれるが，国分寺町役場に近いJR自治医大駅付近に新庁舎の建設が予定されている。国道4号線やJRが域内を貫通しており，住民の意識調査でも地域の一体性が意識されている[54]。上三川町（15,477人，0.79）は宇都宮市との合併協議会に属しながらも合併には至らなかった。2002年12月の上三川町の合併に関する住民アンケートでは「積極的に必要」が25.5%，「どちらかといえば必要」が31%で，「どちらかといえば必要ない」の16.1%，「必要ない」の13.5%よりも多く，合併賛成が過半数を占めたが，2004年8月の住民アンケートでは合併賛成が27.2%，反対が66.2%となっていた[55]。一方，壬生町（21,134人，0.62）の場合には，協議会に参加することなく非合併を貫いた。人口が大きく財政力も豊かなことが上三川町と壬生町を非合併に導いたものと推測される。

④栃木市地区の合併は複雑な経緯をたどる。栃木市（41,860人，0.74）と小山市（79,472人，0.96）は1998年4月に住民発議によって法定協議会を設置したが，2000年6月には休止した。2003年5月に大平，藤岡町，岩舟町の3町でもって設置された法定協議会も翌年4月には解散した。その2カ月後に設置された栃木市と西方町の任意協議会も3カ月後には解散したが，2008年12月になって上記の構想対象市町村（2市6町）のうち栃木市，大平町，藤岡町，都賀町でもって栃木地区合併協議会（法定）を設置した。その後西方町も協議会に加入したが，2009年9月には西方町を除いてもう一度法定協議会を設置し，一旦休止した後，2010年3月になって4市町でもって新・栃木市が誕生した。

一方，⑤西方町と鹿沼市は2009年11月に準備会を設置したが，同年12月の西方町の住民投票において鹿沼市よりも栃木市との合併希望が上回り，2010年7月には新・栃木市と西方町との間に法定協議会を設置し，「平成の大合併」終了後の2011年1月になって編入合併が成立した。岩舟町[56]も2008年12月には佐野市との法定協議会を設置したが，一旦休止した後協議を再開した。2011年1月の岩舟町の住民投票では栃木市との合併に賛成が多く，同年4月になって岩舟町は栃木市との法定

協議会を設置し，2014年4月に栃木市に編入合併した。

　基本パターンの圏域で設置された合併協議会が解散して合併が不成立に終わったのは矢板市地区だけである。ここでは，2003年7月に任意協議会を設置し法定協議会に移行したが，翌年12月に解散し，矢板市（18,863人，0.63）と塩谷町（7,336人，0.44）は非合併にとどまった。

　以上が栃木県の合併状況である。県内では西方町（29,777人，0.45）や岩舟町（7,168人，0.54），高根沢町（17,034人，0.71）などの合併協議がとくに複雑であり，未合併のまま「平成の大合併」を終了したのが注目される。これらの町では合併の選択肢が複数あり，住民の意見の変更によるものといわれる[57]。先に述べたように，栃木県では小規模自治体が少なく，市町村合併に対する期待が低いかと思われたが，多くの市町村が合併協議会に参加した。

8. 群馬県

(1) 地理的特徴と市町村合併に対する県の対応

　群馬県は北関東3県のうちでは山間部が最も多い地域であるが，東南部には古くから機業地帯として発達した東毛地域がある。平均財政力指数は栃木県（0.61），茨城県（0.54）に比べて0.48と低いが（表Ⅱ-4参照），三洋電機や富士重工業など大工場のある大泉町（1.07）では財政力指数が1.00を超え，太田市も0.90と高い。高崎市（0.91），前橋市（0.85）の両中心都市も高い方である。一方，山間部では財政力指数の低い町村が多く，0.20未満の町村は6（8.6％）を数え，長野県33（27.5％），新潟県23（20.5％），山梨県12（18.8％），東京都4（9.8％）に次いで高い比率を示す（表Ⅴ-2参照）。人口1万人未満の小規模自治体比率も1960年には44.0％と東日本では高い方であり，2000年には都市化の影響を受けて34.3％へとやや減少したものの，栃木県（14.3％）や茨城県（17.6％）と比べれば高率である（表Ⅱ-2参照）。

　群馬県では前橋・高崎両市が中心都市として競合関係にあるため，通勤圏においても大規模中心地は存在しない。中規模中心地には前橋市（圏内市町村数は9），高崎市（同9），沼田市（同8），桐生市（同5），渋川市（同5）があり，小規模中心地には太田市（同4），藤岡市（同3），伊勢崎市（同3），富岡市（同3），館林市（同2），草津町（同2），中之条町（同2）がある（表XII-11参照）。このうち，渋川市と伊勢崎市は前橋市の半従属中心地であり，藤岡市と富岡市は高崎市の半従属中心地に当たる。草津町も六合村と長野原町から通勤者を受け入れるので，小規模中心地とみることができるし，中之条町の場合には，吾妻町との相互依存型通勤圏を形成するのに加えて高山村の通勤者を受け入れており，小規模中心地といえる。前橋市から高崎市へ6.8％，高崎市から前橋市へ9.0％の通勤者をそれぞれ送出するので，両市は共同通勤圏を形成する。通勤圏外地域に属するのは嬬恋村と上野村の2村だけである。

　合併推進要綱の合併パターンにおいては，広域市町村圏と完全に整合する基本パターンが提示された。県としては市町村の意思を尊重するため，詳細に区分した基本パターンの提示を避けて「自主的な市町村合併の検討に当たっての1つの目安」として，10の広域市町村圏からなる図Ⅴ-14だけを提示した。これまで広域的な行政手法として積極的に活用してきた広域市町村圏は構成市町村間のつながりが強く，住民にも広く認知され定着しているところから，最大公約数的な規模として合併問題

112　Ⅴ　関東・甲信越地方の市町村合併

図Ⅴ-14　群馬県における合併推進要綱の基本パターンと広域市町村圏
太実線：基本パターン境界，二点鎖線：広域市町村圏境界．人口は平成12年10月1日現在．
＊東毛広域市町村圏および吾妻広域市町村圏については，地勢等の条件を考慮して，構成市町村を2つに分けることも組み合わせとして考えられる．
資料：市町村合併問題研究会編（2001：74），自治省行政振興課編（1983：36）による．

を考える1つの目安とすることができるものと考えたからである（群馬県，2011：222；市町村合併問題研究会編，2001：69）。当時の群馬県知事は市町村合併に消極的であり，『これからの広域行政』と名づけた合併推進要綱を期限ぎりぎりの2001年3月に自治省に提出した[58]。

広域市町村圏はかつての郡を単位としたものであるため，前橋市や高崎市，太田市など拡大した通

勤圏とは整合しないところもある。伊勢崎市と藤岡市はそれぞれ前橋市と高崎市の通勤圏に属しており，伊勢崎市と藤岡市の圏域には前橋市と高崎市の強い影響が認められる。また，市制施行予備軍ともいえる1～3万人の市町村の比率は44.3%で，栃木県（57.1%），茨城県（44.7%）に次いで高率を占めていたが（表V-4参照），本県における新市の誕生はみどり市だけであり，3つの新町形成のほかには，市域拡大型の合併が多いのが本県の特徴といえる。

合併推進構想は策定されたが，合併協議中の市町村（4地区）を構想対象地域に指定しただけで，県の意思による地域指定はなく，「将来の望ましい市町村の姿」も示されなかった（群馬県，2011：269-285）。

(2) 合併の経緯

表V-2によると，合併市町村は50（71.4%），協議会解散や離脱による非合併が15（21.4%）に対して，協議会不参加は館林市，玉村町，板倉町，明和町，上野村の5市町村（7.2%）で，協議会解散や離脱の市町村が比較的多い。任意協議会の設置は一般に遅く，2001年6月に設置された神流町の任意協議会を除くと2003年や2004年が多く，順調合併は少なく，複雑な経緯をたどる場合が多かった。

合併推進要綱の基本パターンの圏域（広域市町村圏）と整合するかたちの合併が行われたのは前橋市地区だけである。①前橋市地区では2002年4月に前橋市，大胡町，宮城村でもって任意協議会を設置し，それに粕川村が加わって法定協議会を設置して編入合併が行われた後，合併新法のもとで富士見村が編入してはじめて基本パターン圏域と整合することとなった。

②伊勢崎市地区の場合には，2002年11月に基本パターン圏域内の4市町村でもって任意協議会を設置し，玉村町（37,522人，0.67）はオブザーバーとして参加するにとどまり，法定協議会に移行して新設合併によって新・伊勢崎市が誕生した。玉村町は高崎市の通勤圏に属するが，人口も多く，前橋市，高崎市，伊勢崎市に隣接するため合併先の決定が難航し，単独存続にとどまることとなった（群馬県，2011：186）。

③渋川市地区では2003年8月に圏域内の6市町村でもって任意協議会を設置し，法定協議会に移行し，順調合併によって新・渋川市が誕生した。基本パターンの圏域内に残されていた吉岡町（16,504人，0.43）と榛東村（13,334人，0.44）は2004年4月に任意協議会を設置したが，役場の位置問題をめぐって難航し，協議会を解散して2町村はともに非合併となった。吉岡町は2002年のアンケート結果では前橋市を中心とした合併希望者が多数を占めたが，合併反対派の町長が当選し，当面自立の方針を選択した（群馬県，2011：170）。

④富岡市地区の合併も渋川市の場合と類似したものである。富岡市と妙義町，甘楽町は2003年10月に任意協議会を設置したが，翌年8月には解散し，富岡市は妙義町と法定協議会を設置して合併した。下仁田町と南牧村も2003年6月には任意協議会を設置して法定協議会まで進んだが，住民投票の結果合併反対が多数を占め，2004年9月に休止した。したがって，下仁田町（11,171人，0.32），南牧村（3,340人，0.16），甘楽町（27,512人，0.73）は非合併となった。下仁田町，南牧村は2006年8月に富岡甘楽地域合併研究会を設置したが，甘楽町が参加しないために休止した（群馬県，2011：173）。両町村には合併の意思はあるようにみえる。

⑤県北部の吾妻広域市町村圏や利根沼田広域市町村圏でも圏域内の一部の市町村が合併し，一部に

協議会解散地区がとどまる点では共通する。吾妻広域市町村圏では東西に分かれて合併協議会を設置した。東部4ヶ町村任意合併協議会（中之条町，高山村，東村，吾妻町）は2003年2月に設置され，翌年法定協議会に進んだが，2005年3月には解散し，その後東村と吾妻町でもって合併協議会を設置して東吾妻町（町役場は吾妻町役場）が誕生した。

一方，⑥西部では2003年1月に西吾妻4ヶ町村任意合併協議会（六合村，長野原町，草津町，嬬恋村）を設置し，2003年12月には嬬恋村（10,657人，0.54）を除く3町村でもって法定協議会を設置したが，翌年10月には解散した。その後2009年8月になって合併新法のもとで中之条町と六合村が法定協議会を設置して編入合併し，新・中之条町となった。したがって，圏域内には2つの新町（東吾妻町，新・中之条町）が誕生し，高山村，草津町，長野原町，嬬恋村の4町村は非合併にとどまった。西部の3町村は温泉の草津町，八ッ場ダムの長野原町，高冷地野菜と観光の嬬恋村とそれぞれ強い個性をもった町村であり，町村を統合する中心集落もなく，合併が困難といわれる。高山村でも3町村と同様に，新自治体の建設計画の協議内容を調整することができず，自主独立の道を選択することになった（群馬県，2011：180）。

⑦利根沼田広域市町村圏では，2003年1月に域内9市町村（沼田市，利根郡）でもって利根沼田地域任意合併協議会を設置したが，同年9月には解散し，4市町村は同年11月に設置した法定協議会も休止した。その後2004年4月になって沼田市，白沢村，利根村が法定協議会を設置し，編入合併して新・沼田市が誕生した。その他の市町村では，2004年6月に月夜野町，水上町，新治村でもって法定協議会を設置し，合併してみなかみ町（町役場は月夜野町役場）が誕生した。残りの片品村（5,929人，0.25），川場村（4,439人，0.18），昭和村（7,878人，0.26）は非合併にとどまるので，9市町村は沼田市域の拡大，みなかみ町の誕生，非合併地区の3地域に分割されたことになる。川場村や昭和村は自立宣言をしており，片品村でも自主独立を目指して法定協議会には参加しなかった。川場村の住民意識調査では，住環境や生活環境に満足する住民が多く，村内の道路，施設などは整備済みで合併特例債のメリットがなく，負債返済を伴う特例債事業よりも住民負担の軽減につながる自立の道を優先した（西野，2011）。さらに，川場村，上野村，片品村などの非合併の原因には，山村の中心都市・沼田市の財政力も年々低下してきたことも関係しているといわれる（西野，2010）。沼田市（46,339人，0.52）が歪なかたちで市域を拡大し[59]非合併町村も発生したのは，体力の弱い沼田市と合併してもメリットが少ないと考えたからであろう。

高崎市地区と藤岡市地区，桐生市地区と太田市地区の間には，それぞれ一部の地域で基本パターンの圏域を越えた合併がみられる。⑧高崎市地区では2003年12月に群馬郡4町村任意合併協議会（倉淵村，箕郷町，群馬町，榛名町）を設置したが，2004年3月には解散した。それとほぼ同時に，高崎市，吉井町，倉淵村，群馬町，新町の5市町村が高崎地域任意合併協議会を設置したが，2004年9月には解散した。したがって，倉淵村と群馬町は両方の任意協議会に加入していたことになる。解散直後には，高崎市と箕郷町，高崎市と群馬町，新町，倉淵村（うち新町と倉淵村は飛地）との間にそれぞれ法定協議会を設置し，編入合併して新・高崎市が誕生した。新町は合併推進要綱の基本パターンでは藤岡市地区に属する町である。

その後，高崎市と榛名町は2006年2月に法定協議会を設置して合併したので，倉淵村の飛地は解消された。同様に，2008年7月になって高崎市と吉井町は法定協議会を設置し，吉井町は基本パター

ンの圏域を越えて高崎市に編入した。

　高崎市地区では2004年1月に安中市と松井田町が任意協議会を設置し，法定協議会に移行して合併し，新・安中市が誕生した。2005年2月には合併協定調印式が行われ，両市町は合併関連議案を可決したが，住民の意見を無視して合併協議が進行したとして官報告示後の2005年9月になって松井田町長選で合併に慎重な候補が当選し，住民アンケートでも合併反対が73.7％を占めたので，合併撤回が要求された。同年11月には群馬県に対して合併処分の取り消しを要請し，続いて12月には総務省にも要請したが，取り消し不可能の決定を受けたため，合併撤回を断念することとなった[60]。これは後述の安土町（滋賀県）の場合とともに，全国的にみても珍しい事件といえる。

　⑨藤岡市地区では2003年12月に藤岡市，吉井町，鬼石町でもって任意合併協議会を設置して翌年6月に解散し，2004年7月に藤岡市と鬼石町が法定協議会を設置して編入合併した。また以前から合併話があった万場町（2,219人，0.17）と中里村（941人，0.13）は2001年6月に任意協議会，同年12月には法定協議会を設置して早々と合併し，神流町（町役場は万場町役場）となったが，人口が異常に少ない合併といえる。財政状況の厳しい藤岡市には万場町と中里村を合併する意思はなく，両町村が合併したといわれる[61]。

　一方，上野村（2,285人，0.21）は交通的にも孤立しており，高齢の黒沢武夫村長（全国町村会元会長）は「基礎社会である自治体が大きくなればなるほど自治から放棄される住民が多くなり，とくに山間部や離島の中には政治から放棄されるところが多くなることを危惧し」，積極的な合併は行わない方針を表明した（群馬県，2011：171）。村内にはIターン者の流入がみられるし（西野，2011），最近では大規模な水力発電所の建設（2005年12月より一部稼働）により村の財政は好転したといわれる。

　⑩桐生市地区と太田市地区の間では薮塚本町が，広域市町村圏（基本パターン）の圏域を越えて太田市と合併したのが注目される。桐生市地区では2003年6月に新里村，黒保根村，東村でもって任意協議会を設置したが，同年10月には解散し，翌年2月には桐生市，新里村，黒保根村でもって法定協議会を設置し，2村は飛地となって桐生市に編入した。同じく2004年2月には，笠懸町，大間々町，東村でもって任意協議会，法定協議会が設置され，合併してみどり市（市役所は笠懸町役場）が誕生した。大間々町（22,192人，0.53）が桐生市と合併すれば桐生市の飛地は解消されるが，大間々町は財政の厳しい桐生市からの合併呼びかけには応じなかった。桐生市とみどり市は同一の広域市町村圏に属し，一部事務組合の活動は一体的になされており，飛地にはとくに問題はないといわれる[62]。

　⑪太田市地区では2002年5月に6市町村（太田市，尾島町，新田町，薮塚本町，千代田町，大泉町）でもって任意協議会を設置したが，2004年2月には解散した。2003年9月には薮塚本町と大間々町，笠懸町による任意協議会を設置したが，2カ月後には解散した。2003年9月には太田市，尾島町，新田町，桐生市でもって東毛地域合併協議会を設置したが，休止した。その後太田市，尾島町，新田町の法定協議会に上記の薮塚本町も加入して合併し，新・太田市が誕生した。2003年3月には千代田町，大泉町，邑楽町は西邑楽3町任意合併協議会を設置して法定協議会に進んだが，休止した。また，2008年7月には太田市と大泉町は任意協議会を設置したが，2009年3月に解散し，合併は不成立となった。

　⑫館林市周辺では2002年7月に館林市が合併協議会設置を申し入れたが，板倉町（15,946人，0.41），明和町（11,474人，0.80）を含む各町長は慎重な姿勢を示した。農村的な板倉町以外は財政力の豊かな町であり，協議会は不成立のままに終わった。

以上が群馬県の市町村合併の概要である。群馬県では市町村合併によって太田市（147,906人）と伊勢崎市（125,751人）が特例市に昇格（いずれも2006年）し，前橋市（284,155人）と高崎市（239,904人）の中核市昇格（前橋市2008年，高崎市2010年）が実現した。前橋市と高崎市は2000年12月に同時に特例市に昇格したが，中核市への昇格には2年間の差があった。前橋市と高崎市の間には県庁争奪など歴史的な確執があり，強いライバル意識がみられる。さいたま市の合併や宇都宮市の発展に対して群馬県の地盤沈下は避けられず，両市の商工会議所は合併による政令指定都市昇格を計画したが，実現には至っていない（戸所，2004：65,138）。

本県では市町村合併において市町村の意向に任せる方針をとり，合併推進要綱の提出も遅く，合併協議会の設置もやや遅れて始まった。そのためかどうかは明らかでないが，2005年3月末までの旧合併促進法の期間内での合併に間に合わず，合併を断念した市町村が多く，協議会解散・離脱による非合併市町村も比較的多いようにみえる。合併新法のもとで合併したのは六合村の中之条町への編入と富士見村の前橋市への編入，吉井町の高崎市への編入だけである。

Ⅴ．3　甲信越

9．山梨県

（1）地理的特徴と市町村合併に対する県の対応

山梨県は急速に首都圏に接近してきた地域であり，県内の中小都市の人口移動においては甲府市を指向するよりも東京を直接指向するものがある（森川，1990a）。山梨県は通常関東・甲信越に属するが，道州制の11州案と13州案では南関東に含められる。しかし，1960年以後の人口増減率をみても北関東3県に比べて低く，首都圏との関係は新潟県や長野県と同一地域に位置づけるべきであろう。

山梨県の市町村数は「昭和の大合併」の際に200から64へと68.0％減少しており，市町村減少率は全国平均の65.8％よりもやや高い状態であったが（表Ⅱ-1参照），人口1万人未満の小規模自治体比率は1960年においても2000年においても同じ62.5％を示し，全国平均（46.5％）に比べて高い方であった（表Ⅱ-2参照）。一方，平均財政力指数は0.42であり，低いとはいえない（表Ⅱ-4参照）。0.20未満の町村は12（18.8％）を数えるが，県内には有名な観光地や工業団地もあり，山中湖村（1.45），昭和町（1.26），忍野村（1.15）は1.00を超えており，0.82の甲府市がそれに次ぐ。

通勤圏では，図Ⅴ-2や表Ⅻ-11に示すように，甲府盆地の中心をなす甲府市は29市町村を通勤圏とする大規模中心地として君臨する。そのほかには，富士吉田市（圏内市町村数は5）が中規模中心地，韮崎市（同4），身延町（同3），長坂町（同3），河口湖町（同2），都留市（同2）が小規模中心地に当たる。韮崎市は甲府市の半従属中心地に属し，都留市と河口湖町は富士吉田市の半従属中心地に当たる。上野原町は八王子市（東京都）への通勤者が多く，丹波山村は奥多摩町（同），富沢町は富士宮市（静岡県）の通勤圏に属する。通勤圏外地域に属するのは上九一色村，大和村，小菅村の3村である。

山梨県では1998年4月に合併に向けた具体的な検討を促進するための「広域行政・合併相談コーナー」を県市町村課と8つの各地方振興事務所に設置し，1999年3月に（財）山梨総合研究所に委託して「望ましい市町村のあり方に関する調査」を実施した。調査による27の合併パターンの提案

と合併推進方策に関する提言に基づいて山梨県は自主的な市町村合併の推進に着手した。上記のシンクタンクの調査結果を受けて2000年3月に合併推進要綱を策定し[63]，早くから市町村合併への対応が始まった。

合併推進要綱の合併パターンについては，北海道，岩手県，愛知県，京都府，山口県などと同様に，県内8地区ごとにいくつかの合併パターンが示された。山梨県における県内の区分は水系に従って国中と郡内に分けられる場合が多いが，広域市町村圏や二次医療圏の圏域では甲府，峡西，東山梨，東八代，峡南，峡北，富士北麓，山梨県東部の8地区に区分される。ただしそのなかには，重複して含まれる市町村（春日居町，双葉町）があり，東八代地区のように甲府地区の一部に含まれる地区もある。これらの各地区ごとに示した市町村の組合わせパターンは合計27に達する。甲府地区では5つの組み合わせがあるが，山梨県東部地区のように1つのパターンだけのところもある。このうち，東八代と富士北麓はそれぞれ二分することができるので，10区分をもって合併推進要綱の基本パターンと考えることにする。

これらの地区のうち峡北地区はほぼ韮崎市の通勤圏と整合し，富士北麓地区は富士吉田市，山梨県東部は都留市の通勤圏とほぼ整合するが，その他の地区では身延町の通勤圏を除くと，大部分が甲府市の通勤圏に含まれる。これらの圏域は人口規模や地理的条件からみて，①合併推進地域（市制移行型，地域振興型），②発展シーズ形成地域（都市充実型），③行政効率志向地域（財政高度化型），④客観的要素からみて「合併への制約が大きい地域」に類型化される[64]。市制移行型の人口は3万人ではなく4万人以上とされており，5つの事例が示される。地域振興型は人口2～5万人程度の圏域で5つの事例をあげる。都市充実型では中核市を目指すもの1，特例市を目指すもの4のほか，広域市町村圏における中心都市の機能強化を目指すもの10が示される。財政高度化型に該当するのは峡南中南部と東部広域連合の地域で，地域の全部または一部を指定し，人口は1～2万人を想定する。

このようにして山梨県では，合併市町村の人口的・機能的タイプを中心とした合併を考えるので，例えば甲府地区の広域市町村圏では，上記のように，甲府市を中心とする5つの組み合わせが示され，日常生活圏との整合性はそれほど考慮されていない。もう1つ注目されるのは，「合併への制約が大きい地域」（タイプ④）に対する配慮である。Ⅱ章2節で説明したように，そこでは広域連合の導入や県による補完（過疎代行[65]，地理的制約の克服，政策課題への支援）が提案された[66]。このように「合併への制約が大きい地域」が設定されて合併とは別組織の導入を考えようとする例は少なく－全都道府県について厳密に調べたわけではないが－，他に考慮されているのは静岡県と香川県くらいである。

合併推進構想（2006年）では構想対象市町村と「将来的に望まれる広域的な本県市の姿」（「将来の望ましい市町村の姿」に該当）の両地区が示された。前者には1万人未満の10町村[67]と，1万人以上の未合併町村で生活圏域を踏まえた行政区域の形成を図ることが望ましい2町（増穂町，昭和町）[68]を加えた12町村が指定された。後者については，図Ⅴ-15に示すように，県全域が7地域に区分された。これは8つの広域市町村圏のうち甲府地区と東八代（笛吹市，芦川村）を統合したもので，合併推進要綱の8地区と大幅に異なるものではない。

(2) 合併の経緯

図V-15 山梨県の合併推進構想における「将来的に生まれる広域的な本県市の姿」と広域市町村圏
二点鎖線：広域市町村圏境界．
「将来的に生まれる広域的な本県市の姿」は甲府市と笛吹市の圏域を統合した7圏域からなる．
資料：山梨県（2006）：『山梨県市町村合併推進構想』，p.7，自治省行政振興課編（1983：50）による．

表V-2に示すように，合併市町村は51（79.7％），協議会解散や離脱による非合併が4（6.2％），協議会不参加は9（14.1％）[69]となる．協議会解散や離脱は4市町村と比較的少なく，「合併完了型」に近い[70]．人口1万人未満の小規模自治体も2000年の40（62.5％）から2010年の9（33.3％）へと減少しているが（表Ⅱ-3参照），協議会不参加の市町村のなかには6つの小規模自治体が含まれている．このなかには早川町（1,740人，0.19）や忍野村（8,367人，1.15）のように，非合併宣言をした町村もある．忍野村にはファナック社の本社がおかれ，財政力指数も高く富裕な村であるが，早川町

は地形的に孤立した地域で，合併すれば役場支所が設置され，役場職員が減少して大災害の際に活動できる人員を確保できないことへの危機感が強く，在任9期目の町長が非合併を決断したといわれる。ここでは，富士宮市の企業が特別養護老人施設を設置したり義務教育の完全無料化を実施したりして人口増加に努めている[71]。

　上記の27のパターンの圏域と整合した合併には，甲斐市，南アルプス市，笛吹市の3市がある。①甲斐市の場合には，2002年4月に敷島町，竜王町，双葉町の3町でもって法定協議会を立ち上げ，そのまま合併して甲斐市（市役所は竜王町役場）が誕生した。②南アルプス市（市役所は櫛形町役場）では，2000年4月に中巨摩郡の6町村（白根町，若草町，櫛形町，甲西町，八田村，芦安村）によって法定協議会を設置し，2003年4月には合併が成立した。このように早い時期に合併が成立したのは，県全体の動きというよりも当時の櫛形町長の行政手腕によるものといわれる[72]。

　③笛吹市地区では，2002年7月に東八代郡5町村に春日居町（東山梨郡）を加えた6町村でもって任意協議会を設置し，4ヵ月後に法定協議会に移行して新設合併し，笛吹市（市役所は当分石和町役場）が誕生した。ただし，2002年5月には甲府市との任意協議会に加入し同年10月には法定協議会にも参加していた芦川村が，2004年6月の協議会解散後2006年1月になって合併新法のもとで笛吹市との間に任意協議会を設置し，法定協議会に移行して編入したので，合併パターンの圏域と整合したものである。

　そのほかの地域でも順調合併がみられる。①県西南部の南部町と富沢町は，2001年12月に任意協議会，翌年2月に法定協議会を設置して合併し，新・南部町（町役場は富沢町役場）が誕生した。②身延町の場合にも，下部町，中富町，身延町の3町でもって2002年4月に任意協議会，7月に法定協議会を設置して合併し，新・身延町（町役場は中富町役場）が誕生した。③北杜市の場合にも，北巨摩郡7町村が2002年4月に峡北地域合併推進協議会（任意）を設置し法定協議会に移行して新設合併し，北杜市が誕生した。市役所は高校の統合によって空屋となった県立須玉高校の校舎を暫定市庁舎として活用している。なお，研究会を離脱して峡北地域合併推進協議会（法定）には参加しなかった小渕沢町（北巨摩郡）は2005年2月になって北杜市と法定協議会を設置し，編入した。

　合併パターンの圏域を二分して合併したものには東山梨地区がある。そこでは2003年3月に塩山市・山梨市を含む6市町村でもって任意協議会を設置し，法定協議会まで進んだが，新市名応募要項などをめぐって協議が難航し休止した後，2004年10月には山梨市，牧丘町，三富村でもって法定協議会を設置して合併し，新・山梨市となった。休止した法定協議会の再開後，残りの3市町村（塩山市，勝沼町，大和村）でもって合併し，甲州市（市役所は塩山市役所）が誕生した。

　市川三郷町の場合には，2002年7月には三珠町，市川大門町，六郷町，増穂町，鰍沢町でもって任意協議会を立ち上げたが，2004年1月には解散し，2004年4月には三珠町，市川大門町，六郷町の3町でもって任意協議会を設置し，法定協議会に移行して合併し，市川三郷町（町役場は市川大門町役場）が誕生した。残りの増穂町と鰍沢町は2008年9月になって合併新法のもとで法定協議会を設置し，富士川町（町役場は増穂町役場）となった。

　そのほか，協議会解散後一部町村が別の協議会を設置して合併した場合もある。玉穂町，田富町，昭和町の3町は2003年8月に任意協議会を設置したが，昭和町が離脱し，2004年11月には玉穂町，田富町，豊富村でもって法定協議会を設置して合併し，中央市（市役所は田富町役場）が誕生した。

大規模な工業団地の開発や住宅地化によって人口も増加し財政的にも豊かな昭和町（15,937人，1.26）は非合併のままである。

　山梨県東部地区では，2003年4月に秋山村は上野原町と法定協議会を設置したが，同年11月に設置された都留市，西桂町，道志村の法定協議会にも参加した。しかしその直後に，秋山村は上野原町との合併推進を表明し，合併して上野原市となった。秋山村などが離脱した法定協議会は2004年1月には解散し，都留市（35,513人，0.47），西桂町（4,910人，0.33），道志村（2,087人，0.15）の3市町村は非合併にとどまった。

　上九一色村の分村問題をめぐる合併協議は複雑である。2002年5月には甲府市，中道町，芦川村，上九一色村の4市町村でもって任意協議会を設置し，10月には法定協議会に移行したが，2004年6月に法定協議会を解散した。その一方で，2002年3月に上九一色村（南部）は河口湖町，勝山村，足和田村と4町村で任意協議会を設置した。同年6月には法定協議会に移行したが，2003年11月になって上九一色村（南部）を除く3町村が先行して合併し，富士河口湖町（町役場は河口湖町役場）を形成したので，法定協議会は一旦解散した。2004年3月には上九一色村（南部）が申し入れた合併協議を鳴沢村が拒否したので，同年6月に甲府市に対して上九一色村全村との合併協議を申し入れた。しかし，甲府市は市域が南北の県境まで続く細長い形体となり，行政サービスが低下する恐れがあるとして拒否したため，上九一色村は全村での甲府市との合併を断念し，分村合併を検討することとなった。最終的には，2005年2月に甲府市，中道町，上九一色村（北部）で法定協議会を設置し，2006年3月に上九一色村は南北に分れて甲府市と富士河口湖町に同時編入した。このような分村合併は全国的にも他に例をみないものである。

　合併協議会の解散によって非合併となったものには，上記の都留市地区がある。ここでは，2004年3月に都留市と道志村でもって任意協議会を設置したが，道志村からトンネル建設を要望され[73]，協議会は解散した。これより先，道志村は横浜市の水道水源地として越県合併を検討したこともあった。同様に，小菅村と丹波山村は奥多摩町（東京都）との越県合併を検討したが，奥多摩町から拒否された。丹波山村は甲州市との任意協議会設置を申し入れたが，合併後間もないとの理由で断られた。

　山梨県では合併新法のもとで合併したものには，上記の芦川村の笛吹市編入のほかには増穂町と鰍沢町の合併による富士川町（町役場は増穂町役場）があるだけで，合併推進構想の対象地域のすべてが合併して目標を達成することはできなかった。

　以上が山梨県の合併状況である。山梨県では合併によって形成された15市町のうち6つの新市があり，新市誕生が比較的多く，上述のように，協議会解散や離脱による非合併の市町村は比較的少ない。県内にある9つの小規模自治体のうち，南部町（9,011人，2010年）以外はすべて非合併町村である。

10. 長 野 県

（1）地理的特徴と市町村合併に対する県の対応

　長野県[74]は市町村合併において特徴ある県といえる。長野県は伝統を重視する土地柄といわれ，市町村数は「明治の大合併」直後の398から「昭和の大合併」直前の378まで減少数が少ないことでも知られる（林，1961：92）。長野県の「昭和の大合併」における市町村減少率は61.3％で，全国平

均 (66.3%) に近い比率であったが，市町村数 147（1960 年）は北海道の 226 に次いで多く，1 万人未満の小規模自治体比率 (64.6%) は高知県の 64.3% を超えて最高を記録した（表Ⅱ-1 参照）。2000 年には小規模自治体比率は 63.3% へとやや減少したのに対して，西日本には過疎化の激しい県が現れたので，最高の地位を他県に譲ることとなった（表Ⅱ-2 参照）。とはいえ，「平成の大合併」における市町村減少率 (35.8%) は地方圏の中では低かったため，合併後の 2010 年における小規模自治体比率 (53.2%) は北海道 (65.9%)，高知県 (55.9%) に次いで高い地位に復帰した（表Ⅱ-3 参照）。

　長野県は財政力の豊かな地域ではない。表Ⅱ-4 によると，長野県の平均財政力指数は 0.34 で全国的にはそれほど低い地域とはいえないが，関東・甲信越地方のなかでは最下位である。ただし，軽井沢町 (1.66) のように財政力指数が高い町もあり，長野市 (0.81)，松本市 (0.76) がそれに次ぐ。

　長野県の合併比率を低下させた原因としては，県下全域を 10 圏域に区分した広域連合の存在がある。上述のように本県では，小規模自治体が多かったために広域行政を導入する必要性に迫られていた。135 組合（1963 年）と飛び抜けて多い一部事務組合が町村の業務補充に活用されており（佐藤俊，2006：228），県の指導の下に一部事務組合の複合化も活発に行われ，広域行政が早くから発達してきた（原田，1999；和田，2007a）。

　1991 年には「長野県一部事務組合あり方研究会」が発足して，事務組合の統合化・複合化が進められた。こうして多様化する広域行政需要に対応して広域連合が発足し，長野県地方課の主導のもとで全国的にも珍しく，県下全域にわたる広域連合が組織された（和田，2005；島田，2006b；堀内，2012）。広域連合の母体となすのは 1969～72 年に設置された 10 の広域市町村圏であり[75]，1987 年の四全総ではそれに整合するかたちでふるさと市町村圏も設置されていた。広域市町村圏の圏域は地方事務所の管轄圏域とも符合する。

　長野県では，1998 年にまず上田広域連合が設置されて以後 2000 年にかけて，県下全域に広域連合が設置され，2000 年における介護保険制度の導入やゴミ処理の広域化のために広域連合が強化された。長野県では広域連合は市町村合併に移行するよりも，その代わりに設置されるものと認識され，とりわけ 2002 年の西尾私案発表以後，広域連合は小規模自治体が合併せずに自律の道を歩む方策として評価された。

　Ⅱ章 1 節で述べたように，広域連合制度創設直後に自治省は市町村合併に踏み切ったのに対して，田中康夫知事（2000 年 10 月～2006 年 8 月在任）は当時の旧路線を踏襲し，他県とは異なる独自の道を進むこととなった。2003 年には，市町村特例事務支援制度を設けて小規模自治体の自立支援に力を尽くした。「自律する自治体」確立のために策定された「長野県市町村『自律』支援プラン」のなかでは－最大限自助努力をすることを前提に－，集落創生交付金を創設して小規模自治体に対して財政的支援や事務事業を援助する県職員の派遣を計画し[76]，小規模自治体が存続できるように活力を与える政策を進めた。

　こうした県の政策は小規模自治体の行政を支援するもので，市町村合併は市町村の意思に任せるというきわめて消極的なものであった（小原・長野県地方自治研究センター編，2007：192）。広域連合の存在が合併・非合併を判断する決定的な位置を占めていたとまではいえないとしても，非合併の市町村は広域連合を頼りにしているので，堀内 (2012) は広域連合は合併推進の大波を弱める波消しブロックの役目を果たしたとみている。今日でも，小規模自治体ほど広域連合を頼りにしているという。

合併推進要綱（2000年）[77]においても，本県では市町村合併に役立てるために通勤圏，通学圏，通院圏，小売商圏のほかゴミ処理，し尿処理，消防，介護認定，広域連合の区域を示しただけで，市町村合併に必要な情報を与えることに専念し，他の多くの都道府県にみられるように，基本パターンを提示せず，それを用いて実際に合併を考えるのは市町村の任務であるという姿勢を貫いた[78]。

さらに，2008年に発表された合併推進構想においても－当時田中康夫知事はすでに退任し村井仁知事の時代であったが－，合併への意欲をもつ3地区（7市町村）[79]を合併対象町村としてその合併を支援しただけで，県南部の山間部をはじめ多くの小規模な未合併町村は対象地域に加えられなかったし，県内全市町村に関する「将来の望ましい市町村の姿」も提示されなかった。

上記のように，本県の市町村合併を特徴づけるものには，市町村特例事務支援制度と広域連合があるが，広域連合は吉村午良知事時代（1980年～2000年8月在任）にすでに導入されていたものであった。ただし，広域連合には大都市依存型（長野）や小規模自治体連合型（木曽）などがあって，人口規模も財政状況も異なるし，業務的にも差異がみられ，三野（2005, 2007）によるといくつかの類型に分類されるという。中心都市との関係からみると，長野市や松本市，飯田市，上田市，佐久市などのように，広い通勤圏（生活圏）をもつ単一の都市を中心とする広域連合が多いが，諏訪や北信など複数の中心都市によって構成されるところもある。

木曽広域連合は人口が少ないが，木曽福島町の通勤圏はかなり広い面積を占める。広域連合を跨いだ市町村合併は塩尻市と東御市の合併だけであり，塩尻市の（旧）楢川村地域は今でも木曽広域連合に属する。通勤圏域は県内の日常生活圏とも密接に関係しており，図V-16に示すように，広域連合の境界線が通勤圏（生活圏）を跨ぐのは北信の中野市，豊野町と大町の池田町，松川村，長野の坂城町，木曽の楢川村だけである[80]。

通勤圏は，図V-2と表XII-11に示すように，松本市（圏内市町村数は20），長野市（同14），飯田市（同13）が大規模中心地で，佐久市（同6），上田市（同5），伊那市（同5），木曽福島町（同6）が中規模中心地，大町市（同3），飯山市（同3），駒ヶ根市（同3），丸子町（同3），中野市（同2），須坂市（同2），茅野市（同2），小海町（同2）が小規模中心地に当たり，広い県域には多くの中心地が立地する。このうち，飯山市は中野市の半従属中心地に当たり，中野市は長野市，駒ヶ根市は伊那市，丸子町は上田市，小海町は佐久市のそれぞれ半従属中心地に当たる。岡谷市や諏訪市は通勤圏を欠く都市であり，通勤圏外地域には川上村，南牧村，大鹿村，南信濃村，軽井沢町が含まれる。

(2) 合併の経緯

表V-2に示すように，長野県では120の市町村のうち61（50.8%）が合併した。合併によって形成された18市町のうちでは新設合併は12で，編入合併が6を数える。また合併市町村のなかには，岐阜県中津川市に越県合併した山口村（馬籠宿の所在地）の全国唯一のケースが含まれる[81]。合併協議会の途中で解散・離脱したのは31（25.9%）市町村であり，協議会へ不参加の市町村も多く28（23.3%）を数える。したがって，合併協議会の解散による31町村と不参加の28を合わせた59（49.2%）市町村が今日でも非合併にとどまり，合併市町村と非合併の市町村の数がほぼ拮抗することになる。

これを市町村の人口規模別および財政力指数のレベルに区分してみた場合には，平均人口も平均財政力指数も最も大きいのは協議会解散・離脱タイプ，最も小さいのは協議会不参加タイプとなり，関東・

10. 長野県　123

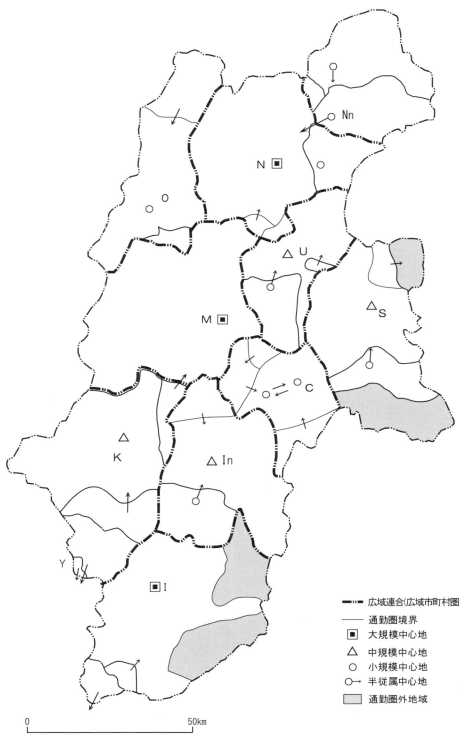

図V-16　長野県における通勤圏と広域連合
C：茅野市，I：飯田市，In：伊那市，K：木曽福島町，M：松本市，N：長野市，Nn：中野市，
O：大町市，S：佐久市，U：上田市，Y：山口村．
資料：国勢調査（2000年），長野県市町村課資料による．

甲信越地方においてこの類型に属するのは島嶼部を抱えた東京都と長野県だけである。本県で協議会不参加の市町村は，人口が大きく財政に恵まれた合併への熱意の乏しい市町村ではなく，過疎地域の小規模自治体が多く含まれる。小規模で行財政が貧しいにもかかわらず合併希望が乏しいのは，地理的制約にもよるが，上述の市町村特例事務支援制度や広域連合に支えられた強い自律意欲によるものと考えられる。

　その一方で，長野県では人口10万人以上の4市すべてが合併に参加しているのが注目される。長野・松本両市はともに大規模な合併を行った都市である。長野市は2002年12月に豊野町と任意協議会を設置し，さらに2003年4月には大岡村，戸隠村，鬼無里村の4市村でもって任意協議会を設置し，同年12月には豊野町も含めて5市町村で法定協議会を設置して編入合併した。2004年2月には信州新町，小川村，中条村の3町村は法定協議会を設置したが，住民投票で小川村が反対し，中条村は長野市との合併を希望したので，同年12月には協議会を解散した。その後，信州新町と中条村は合併新法のもとで2008年10月に法定協議会を設置して長野市に編入した。小川村（3,620人，0.11）は非合併にとどまった。これらの合併市町村のすべては長野市の通勤圏に属し，鬼無里村や大岡村でも長野市への通勤者比率は10%以上となる。豊野町を除く5町はいずれも過疎地域に属するので，合併後は長野市のなかに広い面積をもった過疎地区を形成することになった。

　同様に，松本市では2002年5月に松本市と四賀村でもって任意協議会を設置し，翌年7月に法定協議会に移行し，2004年10月には松本市と奈川村，安曇村，梓川村が法定協議会を設置してそれぞれ編入合併した。その後，合併協議から離脱していた波田町が町長の交代によって2009年10月に法定協議会を設置し，合併新法のもとで編入した。合併町村のすべては松本市の5%通勤圏内にあるが，奈川村（6.5%）と安曇村（7.5%）の松本市への通勤者比率は10%未満で高いとはいえない。しかも，波田町以外はすべて過疎地域に属する。

　長野市の通勤圏内では千曲市や飯綱町が誕生し，松本市の周辺では安曇野市が衛星都市として発足しており，両市に合併したのはともに過疎町村だけである。すなわち，①千曲市地区では2000年1月に更埴市，戸倉町，上山田町で任意協議会を設置し，2002年8月に法定協議会に移行して合併し，千曲市（市役所は更埴市役所）が誕生した。②飯綱町の場合には2002年12月に牟礼村，三水村の2村でもって任意協議会を設置し法定協議会に移行して合併し，飯綱町（町役場は牟礼町役場）となった。③安曇野市地区でも2002年12月に5町村で任意協議会を立ち上げ，やがて法定協議会に移行して安曇野市（市役所は豊科町役場）が誕生した。これらはいずれも順調合併によるものである。長野市と松本市はそれぞれ中核市（1999年）と特例市（2000年）の指定を受けており，両市は昇格のために財政力の弱い周辺町村を広く取り込む合併を試みたわけではない。

　上田市（125,368人）の場合には，上田広域連合の長門，武石，和田の3町村による任意協議会が2003年7月に解散した後，丸子町を加えて2004年7月に4町村でもって法定協議会を設置したが，丸子・武石両町村の住民投票の結果，4町村の合併よりも上田市との合併が多数を占め，丸子・武石両町村は上田市，真田町とともに2004年6月に法定協議会を設置して2005年に新設合併して新・上田市が誕生した。残された長門町と和田村も，2004年9月には法定協議会を設置して翌年10月に長和町（町役場は長門町役場）が発足した。

　飯田市（107,381人）では，2003年8月に飯田市，喬木村，上村，南信濃村でもって任意協議会を

設置したが，翌年8月に解散し，喬木村を除く3市村で合併協議会を設置して編入合併した．飯田市への通勤率（22.4％）が高い喬木村（7,089人，0.21）は非合併にとどまった．

そのほかの市町村で順調合併したものには，大町市，塩尻市，東御市，佐久穂町，阿智村などがある．①大町市地区では2003年3月に大町市，八坂村，美麻村で任意協議会を設置し，法定協議会を経て順調に編入合併した．小谷村，白馬村，池田町，松川村は大町市の呼びかけに応じず，非合併となった．②塩尻市の場合にも2002年8月に楢川村と任意協議会を設置し，法定協議会を経て編入した．③東御市は2002年9月に東部町と北御牧村が法定協議会を設置して誕生した新市（市役所は東部町役場）である．東御市と塩尻市はともに広域連合の圏域を跨いで合併したので，合併後広域連合の圏域調整が行われた．

④佐久穂町も2003年4月に佐久町と八千穂村が任意協議会を設置し法定協議会に移行して誕生した町（町役場は佐久町役場）である．⑤阿智村の場合には，2004年7月に阿智村，浪合村が任意協議会を設置し法定協議会を経て編入合併し，新・阿智村が誕生した後新合併法のもとで2008年2月に清内路村が任意協議会を設置して編入した．

これに対して，協議会解散を伴った合併には，伊那市，佐久市，中野市，木曽町，筑北村がある．①伊那市地区では2003年1月に6市町村でもって任意協議会を設置したが，同年12月には解散し，辰野町，箕輪町，南箕輪村を除いて翌年9月に伊那市，高遠町，長谷村が法定協議会を設置して新設合併により新・伊那市が誕生した．②佐久市の場合には，2002年8月に佐久市，臼田町，浅科町，御代田町で任意協議会を設置したが，御代田町が離脱した代わりに望月町が加入し，2003年12月に法定協議会を設置して新・佐久市が誕生した．③北信広域連合に設置された中野市，山ノ内町，豊田町の任意協議会は山ノ内町住民の反対によって2003年11月に解散し，2004年6月の残りの2市町でもって法定協議会を設置し，翌年新・中野市が発足した．

④木曽町の場合には，木曽広域連合に属する木曽福島町，上松町，木祖村，日義村，開田村，三岳村，王滝村は2002年8月に任意協議会を設置して法定協議会に移行したが，木祖村のアンケートの結果反対が多かったため，翌年7月協議会を解散した．その翌月，木祖村を除く6町村で任意協議会を設置したが，その翌月には上松町が反対して解散し，さらにスキー場負債問題をかかえた王滝村も除いて木曽福島町・日義村・開田村・三岳村の4町村でもって2005年2月に法定協議会を立ち上げ，木曽町（町役場は木曽福島町役場）の誕生にこぎ着けたが，市制を敷くことはできなかった．

⑤筑北村の場合には2002年6月に本城村，坂北村，坂井村，麻績村の4村で任意協議会を設置し法定協議会に進んだが，麻績村が離脱し，残りの3村で合併して筑北村（村役場は坂北村役場）が誕生した．筑北村は上記の阿智村とともに合併後の人口が1万人に達しない小規模自治体である．

これに対して，1966年には一度任意協議会を設置したことがあった岡谷市，諏訪市，茅野市，下諏訪町，富士見町，原村の6市町村は2002年12月になって任意協議会を設置したが，富士見町，茅野市，原村ではアンケートの結果合併反対が多数を占め，2004年3月に協議会を解散した．その後同年7月には岡谷市，諏訪市，下諏訪町の3市町でもって法定協議会を設置したが，諏訪市のアンケート調査で合併反対が多く[32]，同年11月には解散した．都市間の合併が不調に終わった事例の1つといえよう．

北信広域連合の飯山市地区も合併協議会が解散して単独存続にとどまった例である．ここでは，

2004年3月に木島平村の反対によって任意協議会を解散し，同年7月には飯山市，野沢温泉村の2市村でもって法定協議会を設置したが，野沢温泉村（4,610人，0.21）の住民投票による反対によって2005年には解散した。「平成の大合併」終了後2012年6月になって，飯山市と中野市が定住自立圏構想の共同中心市となって中心市宣言を行い，北信地域定住自立圏の形成に向けて連携事業や役割分担について協議を進めている。

そのほかにも，協議会を一度だけ設置して解散した例として，①川上村，南牧村，②駒ヶ根市，飯島町，中川村，宮田村，③松川町，大鹿村，④白馬村，小谷村，⑤須坂市，高山村，⑥南木曽町，大桑村がある。このなかには，川上・南牧2村（8,448人）や白馬・小谷2村（7,892人）のように，合併しても人口1万人に達しないものが含まれる。

先にも述べたように，本県では28の市町村が協議会に参加することなく非合併となった。しかも，この中には平谷村（712人）をはじめ人口2,000人未満が5村，5,000人未満では14の村が含まれ，そのうちの13（48.1％）は過疎地域に属する。そのほか，小諸市をはじめ人口1万人以上が8市町あり，合併の意思のないものも含まれる。非合併宣言をした泰阜村や栄村[83]をはじめ，周辺町村からの合併の誘いを拒否した軽井沢町や小布施町があり，これらも実質的には宣言したものとみられる[84]。長野県では人口1万人未満の協議会不参加の非合併市町村は19[85]を数え，北海道の25に次いで多い。なかには北相木村，平谷村，売木村のように人口1,000人未満の村も含まれる。

和田（2007b）は，多くの町村が非合併のまま存続した理由について，①厳しい自然条件に基づく不便な交通条件，②自治と民主主義の伝統と運動の蓄積にみられる社会的条件，③独自の支援策をもった県の姿勢と首長のリーダーシップなどの政治的条件，④独自個性的施策による自立型自治体づくりの成果，⑤住民の意識と自治力などの相互作用をあげている。そのほか，単独存続の町村の中にも人口規模の差異があり，過疎地域の指定や通勤者比率にみられる地理的位置の差異など，さまざまな理由が考えられる。

以上のように，長野県の市町村合併の進捗率は低いものにとどまった。小規模自治体が多い本県では県下全域に広域連合が機能しており，自律を目指す小規模自治体にとっては広域連合の役割は大きい。島田（2006b）は，市町村合併による県から小規模自治体への権限移譲よりも，広域連合への権限移譲を行うべきであるとしており，広域連合の一層の活用を考えている。

しかし，この10数年間には県知事も田中知事から村井知事，阿部知事へと交代し，県政も変化しており，最近では県職員の派遣など県の自律支援策も以前ほど活発には行われてはいない[86]。市町村合併によって広域連合の役割も変化してきた。非合併町村では周辺市町村の合併によって広域連合の負担割合が増える傾向があるといわれる（堀内，2012）。合併市町村では広域連合の枠組みについて「見直しが必要」とする意見があるが，非合併町村のなかには「今のままでよい」とする意見が根強い。ともかく，長野県の市町村合併と広域連合との関係については今後もその動向が注目される。

11. 新潟県

（1）地理的特徴と市町村合併に対する県の対応

新潟県は通常関東・甲信越地方に区分されるが，道州制の11州案と13州案では北陸に含められる

こともある。新潟県の人口は237.4万人（2010年）で北陸3県の人口306.8万人には及ばないが，「平成の大合併」直前（2000年）の市町村数は112で，北陸3県の合計111よりも多かった。人口1万人未満の小規模自治体の比率は1960年には43.3％で全国平均に近い比率であったが，2000年には52.7％に増加し，東日本では高い方であった（表Ⅱ-2参照）。

新潟県の財政力指数（2000年度）の平均は0.38で，関東・甲信越地方では長野県（0.34）に次いで低いが，地方圏のなかでは平均的な数値に近い（表Ⅱ-4参照）。しかし，県内には刈羽村（2.13），湯沢町（1.57），聖籠町（1.46），柏崎市（1.02）のように，財政力指数が1.00を超える市町村が多く，新潟市（0.77）や長岡市（0.76），上越市（0.72）はいずれも0.70台である。その一方では，山間部の一部や佐渡島において0.20未満の低い指数の地域もある。ただし，山間部のなかでもスキーで有名な湯沢町付近では財政力指数が高い地域もあり，妙高高原町も0.63と高いのに対して，上越市東方では0.20未満の町村があり，長岡市西方の海岸部でも0.20台の町村がある。

図Ⅴ-2によって通勤圏の分布をみると，新潟市（圏内市町村数は14），上越市（同12），長岡市（同10）が大規模中心地をなし，中規模中心地には新発田市（同5）があり，村上市（同4），三条市（同4），柏崎市（同4），十日町市（同4），小出町（同4），佐和田町（同4），新井市（同3），燕市（同3），糸魚川市（同2），五泉市（同2），白根市（同2），中条町（同2），水原町（同2），津川町（同2），六日町（同2），羽茂町（同2）が小規模中心地に当たる（表Ⅻ-11参照）。津川町や小出町，六日町，佐和田町，羽茂町は僻地にあって2～3の町村を通勤圏とする小規模中心地である。このうち，新発田市，五泉市，白根市，水原町は新潟市の半従属中心地に属し，燕市は長岡市の半従属中心地である。中条町は新発田市の半従属中心地をなし，両津市は準通勤圏をもつ。通勤圏外地域に属するのは入広瀬村，松之山町，湯沢町の3町村である。

新潟県における合併推進要綱（新潟県市町村課，2011：353-443）の基本パターンは日常生活圏や広域行政の圏域を考慮して策定された。図Ⅴ-17に示すように，基本パターンは上越市周辺の一部の地域について「その他のパターン」を示しただけで，全体的には単一の基本パターンが提示された。基本パターンでは3万人未満が3地区，3～10万人が12，10～30万人が5，それに75万人を数える新潟圏からなる21地区に区分される。人口の平均は117,906人，面積の平均は599km^{2}で，東北地方の各県と比較すると人口は中程度で，面積は小さい方である（表Ⅻ-14参照）。

新潟県では14の広域市町村圏に区分されているので，基本パターンは広域市町村圏の圏域を分割する場合が多いが，出雲崎町地区では基本パターンを広域市町村圏が分断しており，両者の圏域には一部不整合がみられる。

こうした基本パターンを先に考察した通勤圏との関係からみると，大部分は通勤圏と整合するが，若干不整合の地域がある。その1は基本パターンにおける三条市地区と分水町（西蒲原郡）地区との分離である。分水町地区5町村のうちでは寺泊町の通勤先が分水町を指向し，岩室村が吉田町の通勤圏に含まれる以外は燕市の通勤圏に属しており，5町村はすべて燕市の通勤圏とみることができる。したがって，燕市はその通勤圏から切り離されて三条市の圏域に加入したことになる。三条市（84,447人，0.69）の圏域には燕市（43,480人，0.74）以外にも加茂市（33,085人，0.42）が含まれ，競合する立場にある燕市と三条市が同一圏域に含まれる。

もう1つは安塚町（東頸城郡）地区の設定である。この6町村のうちでは通勤圏外地域の松之山町

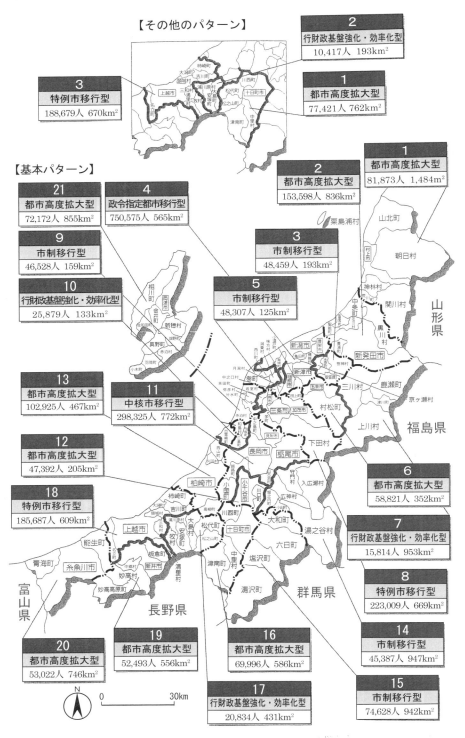

図V-17　新潟県における合併推進要綱の基本パターンと広域市町村圏
太実線：基本パターン境界，二点鎖線：広域市町村圏境界．人口は平成12年10月1日現在（国勢調査速報値）
資料：市町村合併問題研究会編（2001：84），自治省行政振興課編（1983：42）による．

と松代町が十日町市の通勤圏側に属するほかはすべて上越市の通勤圏に属し，日常生活圏を異にするので，広域市町村圏でも通勤圏に対応するかたちで設定されている。基本パターンではそれを分割して1つの圏域にするのはなぜか明らかでない。安塚町地区の町村は財政力指数が0.10台で著しく低いという点では共通した特徴がある。

新潟県では旧合併特例法のもとで市町村合併が進捗していたが，合併推進構想（新潟県市町村課，2011：445-479）も策定された。構想対象市町村に指定された①村上市，荒川町，神林村，朝日村，山北町と②長岡市，川口町の2地区は，いずれも合併新法のもとで合併したが，長野県の場合と同様に，「将来の望ましい市町村の姿」は提示されなかった。

（2）合併の経緯

後述するように，新潟県は市町村合併に強い熱意をもった県であり，市町村合併率は89.3%に達し，市町村減少率は73.2%で，長崎県（73.4%），広島県（73.3%）に次いで僅差で第3位に位置する（表Ⅱ-3参照）。協議会解散・離脱の市町村は7つ（6.2%）で「合併完了型」に近く，協議会不参加も4市町（小千谷市，聖籠町，湯沢町，津南町）だけである。

新潟県の市町村合併には，阿賀野市や魚沼市，五泉市，阿賀町のように，基本パターンと整合するかたちで順調合併によって新市町が誕生したところもある（図Ⅴ-9参照）。すなわち，①阿賀野市（市役所は水原町役場）の場合には2002年4月に北蒲原郡4町村で法定協議会を設置し，そのまま合併したし，②魚沼市地区では2000年8月に北魚沼郡町村合併促進協議会（任意）を設置し，2002年7月には法定協議会に移行して魚沼市（市役所は小出町役場）が誕生した。③五泉市では2003年1月に五泉市・村松町任意合併協議会（任意）を設置し，合併方式などをめぐり協議会を休止したこともあったが，2004年5月に法定協議会を設置してそのまま合併した。④阿賀町の場合には，2002年4月に東蒲原郡町村合併協議会（任意）を設置し，法定協議会を経て阿賀町（町役所は津川町役場）が誕生した。

順調合併とはいえないが，そのほかにも基本パターンと整合する合併には新・糸魚川市と佐渡市がある。糸魚川市では2002年7月に上越市に隣接した名立町を含めて任意協議会を設置したが，翌年には名立町を除く3市町で法定協議会を設置して合併し，新・糸魚川市が誕生した。佐渡市の場合には，2001年6月に両津市（オブザーバー参加）を除く全町村によって佐渡市町村合併協議会を設置し，やがて両津市も正式に参加したが，市役所の位置をめぐって2002年10月に協議会は解散し，佐和田町を除く9市町村でもって合併協議会を設置し，佐和田町が協議会に復帰して佐渡市が誕生した。市役所は佐和田町と両津市の中間の金井町（新庁舎建設まで金井町役場）に置かれた。

そのほかでも，基本パターンとの関係を重視した合併が多い。①柏崎市地区では2002年10月の圏域の4市町村でもって任意協議会を設置したが，原子力発電所の立地する柏崎市（88,418人，1.02）と刈羽村（5,028人，2.13）のうち刈羽村が法定協議会に参加せず，残りの2町を編入して新・柏崎市が誕生した。これと類似した事例には②南魚沼市がある。ここでは，湯沢町（9,130人，1.57）を除く3町でもって2002年1月に南魚沼郡任意合併協議会を設置したが，翌年塩沢町の住民アンケートで反対が多く，塩沢町が離脱したため協議会は解散し，六日町と大和町でもって協議会を設置して新設合併により南魚沼市（市役所は六日町役場）が誕生した。塩沢町は2004年12月に協議会を設置

して南魚沼市に編入した[87]。

③新発田市地区では，2002年1月に任意協議会を設置して豊浦町を編入した後，2002年12月には新発田市，紫雲寺町，加治川村の3市町村でもって任意協議会を設置し法定協議会に移行して編入し，新・新発田市が誕生した。中条町と黒川村は新発田市とは別に2003年12月に任意協議会を設置して法定協議会に移行して合併し，胎内市（市役所は中条町役場）となった。工業専用港の建設と火力発電所によって財政的に豊かな聖籠町（13,313人，1.46）は基本パターンにおいては新発田市地区に含められていたが，協議会不参加のまま非合併にとどまった。④三条市地区の場合には，2002年4月に燕市を含む5市町村でもって県央東部合併研究会と称する任意議会を設置したが，翌年には解散し，加茂市と田上町（13,643人，0.34）が離脱して非合併となり，残りの3市町でもって法定協議会を設置して合併し，新・三条市が誕生した。後述のように，燕市も自己の通勤圏でもって合併した。

村上市（31,758人，0.51）は市町村合併が難航した地区に属する。2002年4月には村上市・岩船郡市町村合併推進協議会（任意）を設置したが，翌年解散した。その4カ月後には全6市町村でもって法定協議会を設置したが，2005年3月には協議会は休止扱いとなり，2006年9月に合併新法のもとで荒川町を除いて任意協議会を設置し，これに荒川町も加入した。粟島浦村を除く5市町村は合併推進構想の構想対象地域に指定され，2007年4月に法定協議会を設置して合併し，新・村上市が誕生した。粟島浦村（449人，0.07）と関川村（7,510人，0.23）は非合併となった。

さらに，基本パターンの圏域を跨いで合併協議会が設置された例もある。①十日市市地区では地区内の津南町を除く3市町村に，上記のように広域市町村圏を共にする松代町，松之山町を加えた5市町村でもって2003年1月に十日町広域圏連合合併協議会（任意）を設置し，順調合併により新・十日町市が誕生した。ただし，松代町，松之山町はこれより先2000年12月に安塚町，浦川原村，大島村，牧村とともに東頸城郡町村合併検討協議会（任意）を設置し，2002年10月に解散していたので，この2町にとっては順調合併とはいえない。この地区では基本パターンを構成する6町村すべてが合併協議会を設置したことはあったが，その解散後，基本パターン圏域を分割するかたちで合併した。

②新井市地区では新井市，妙高村，妙高高原町の3市町村でもって2002年5月に任意協議会を設置し，翌年法定協議会に移行して編入合併により妙高市（市役所は新井市役所）となった。ただし，基本パターンの新井市地区に含まれる板倉町は中郷町とともにこの地区の勉強会には加入していたが，2002年3月に上越地域5市町村任意合併協議会に加入し，上越市と合併した。

③燕市の合併では，上述のように，基本パターンが燕市の通勤圏を分断するかたちで設置されていたこともあって，基本パターンの圏域とは異なるものとなった。2002年4月には基本パターンの圏域を跨いで寺泊町，弥彦村，分水町，吉田町の4町村でもって西蒲南部・寺泊町村合併検討協議会（任意）を設置したが，同年11月には分水町と吉田町が離脱した。2003年9月には分水・弥彦・寺泊合併協議会（法定）を設置したが，翌年2月には解散した。一方，燕市は，上記のように2002年4月には三条市，栄町，田上町，下田村とともに県央東部合併研究会（任意）を設置したが，翌年6月に解散した。その後3つの合併協議会に属していた3市町が一緒になって2004年3月に燕市・分水町・吉田町合併推進協議会（任意）を立ち上げ，法定協議会に移行して新・燕市が誕生した。市役所が旧燕市役所でなく吉田町役場（新庁舎建築まで）に置かれたのは佐渡市の場合と類似する。上記の合併協議会に関係したその他の市町村のなかでは，燕市の通勤圏に属する弥彦村（8,535人，0.39）と加茂

市の通勤圏に含まれる田上町（13,643人，0.34）は非合併にとどまり，寺泊町は長岡市と合併し，上述したように，三条市，栄町，下田村は新・三条市となった。

　大規模な合併をしたものには新潟市，長岡市，上越市がある。①新潟市は1995年に黒埼町との任意協議会を設置し，1999年には法定協議会に移行して，2002年2月に合併調印式を済ませた。「平成の大合併」以前に始まる黒埼町の合併協議は県下の合併推進に大きな影響を与えることとなった[88]。2001年11月には新潟市，亀田町，横越町で任意協議会を設置し，2002年9月にはそれとは別に10市町村でもって新潟地域合併問題協議会（任意）を設置し，2004年1月には13市町村により新潟地域合併協議会（法定）を設置した。そのほかにも，2004年には新潟市・新津市合併協議会（法定）や新潟市・巻町合併問題協議会（任意・法定）を設置し，それぞれ新潟市に編入した。したがって，新潟市地区では黒埼町以外にも白根市や豊栄市，新津市を含めた13市町村が協議会の解散なく編入し，政令指定都市を形成した。基本パターンの圏域でも75万人（2000年）を超え，政令指定都市の資格を得ることができる人口規模に達していたが，合計15市町村による実際の合併はその圏域を越えるものとなった。

　②長岡市の場合には，自己の合併協議会を設置して合併した上に，合併協議会の解散したなかから長岡市への編入に加わった町村がある。すなわち，2003年1月に長岡地域8市町の任意協議会を設置したが，栃尾市と見附市が離脱したので，残りの6市町でもって翌年2月に法定協議会を設置して5町村を編入した。そのほかでは，2002年4月に設置された西蒲原郡・寺泊町村合併協議会（任意，4町村）のうちの寺泊町，2002年6月に設置された三島郡3ヶ町村合併協議会（与板町，和島村，出雲崎町）が解散したなかから与板町と和島村（出雲崎町は非合併），さらに栃尾市とも個別に合併協議会を設置して編入し，さらに合併新法のもとでは川口町（5,748人，0.26）を編入した。したがって，長岡市は合計11市町村の合併によって2007年4月に特例市に昇格した。

　③上越市では2001年10月に上越地域の5市町村（上越市，牧村[89]，清里村，三和村，名立町）と任意合併協議会を設置し，それに板倉町，浦川原村，大島村が加入し，さらに安塚町，中郷村が加入し，頸北地域合併研究会5町村のうち4町村（内柿崎町，大潟町，頸城村，吉川町）をも加えて2003年8月に14市町村からなる法定協議会を設置して編入合併し，新・上越市が誕生した。このような周辺町村との大規模合併によって人口が20万人を突破したので，2007年4月に長岡市とともに特例市に昇格した。

　したがって，新潟市だけでなく長岡市でも上越市でも，合併推進要綱に示す基本パターンの圏域を越えて広域合併を行ったことになる。新潟市は政令指定市となり，長岡・上越両市は特例市となったが，それは基本パターンの目標でもあった[90]。

　以上のように，新潟県の市町村合併の多くは基本パターンの圏域に対応するかたちで実施され，112あった市町村は30に減少した。新たに誕生した市町はそのうちの18(60.0%)を数え（表Ⅱ-3参照），「平成の大合併」の進捗率の高い県となった。新潟市，長岡市，上越市は通勤圏としては大規模中心地に属し，合併によってそれぞれ昇格したが，3市の間には規模の差が著しく，青森県と同様に三極構造をもった県とはいえないであろう。1万人未満の小規模自治体も59（52.7%）から6（20.0%）へと大幅に減少した。後述するように，新潟県は多額の合併特別交付金を支給しており，県は市町村合併にきわめて積極的であった。

12. 関東・甲信越地方における市町村合併の特徴

(1) 市町村合併の地理的特徴および合併推進要綱・合併推進構想との関係

　繰り返し述べるように，関東・甲信越地方は東京の影響が強く，東京からの距離によって圏構造が認められる地域である。南関東と北関東の中間には茨城県があるが，北関東と甲信越の間には明確な地域差があり，甲信越は一般の地方圏と大差のない地域である。市町村の財政状況においても，神奈川県や東京都を中心に距離とともに低下するが，栃木県のように距離の割に高い財政力指数を示す例外もある。

　図Ⅴ-2や表Ⅴ-1にみるように，この地域では東京特別区の通勤圏が広い面積を占め，その周辺には横浜市や千葉市など多くの大都市が半従属中心地を形成しており，大阪市や名古屋市に比べて著しく強大な圏構造を形成する。

　関東・甲信越地方の通勤中心地は表Ⅻ-11に示すように分類され，埼玉県，千葉県，群馬県以外では県庁都市が各県内の最大となるが，神奈川県，埼玉県，群馬県のように大規模中心地を欠く県もあるし，栃木県のように中規模中心地を欠く県もある。山梨県でも富士吉田市が中規模中心地に位置するが，甲府市が広大な通勤圏を形成し，栃木県における宇都宮市と類似する。一方，長野県と新潟県には県域が広いため3つの大規模中心地があるが，長野県では諏訪・岡谷地方なども含めると3地域以上に分割される。また，東京都と神奈川県，埼玉県以外の県では多数の小規模中心地が存在するのもこの地域の特徴といえる。

　このように，各都県によって通勤中心地の階層構造が異なり，特徴ある都市システムを示しており，市町村合併にも多大の影響を与えるものと考えられる。たとえば，大規模中心地が君臨し中規模中心地を欠如する地域では，広い通勤圏内に含まれる－財政力が比較的豊かな－町村の合併によって自立した衛星都市が誕生する可能性が高いのに対して，中規模中心地や小規模中心地が発達した県では，同一通勤圏内に含まれる町村数が少なく，町村側からみると中心都市との合併による行財政改善への期待もあって，市域拡大型の合併が多くなる傾向がある。

　表Ⅱ-2によると，「平成の大合併」直前の時点において人口1万人未満の小規模自治体の比率にも地域差があったことがわかる。長野県（63.3％），山梨県（62.5％），新潟県（52.7％）から群馬県（34.3％）の間には大きな隔たりがあるが，それから神奈川県（5.4％）までの間には落差が小さい。しかも，茨城県，群馬県，埼玉県，千葉県，神奈川県，長野県では，一般的傾向とは異なって，1960～2000年間に小規模自治体比率が減少している。とくに神奈川県（20.2ポイント減），埼玉県（同17.4），千葉県（同11.2）では，都市化によって町村人口が増加し，小規模自治体の減少がみられる。したがって，小規模自治体の解消のための「平成の大合併」の必要度は，関東・甲信越の域内でも都県によって著しく異なっていたといえる。

　「平成の大合併」に対する各都県のスタンスも一様とはいえない。市町村合併をきわめて熱心に推進した新潟県と消極的だった長野県との間には大きな差異がある。各県の合併推進要綱においても差異があり，長野県では合併の参考資料として種々の生活圏や広域行政圏域を提示したが，基本パターンは示さなかった。東京都や神奈川県でも基本パターンは提示せず，東京都では代わりにゾーニング

を示した．また，群馬県では市町村の自主的な合併を推進するために，広域市町村圏の圏域を基本パターンとして提示した．山梨県では広域市町村圏によって8圏域に区分したなかで，それぞれいくつかの合併パターンを考える方式を採用したのに対して，新潟県では基本パターンだけを示したので，合併モデルとしてより重要な意味をもつものであったと考えられる．

基本パターンの圏域と広域市町村圏とは密接な関係にあるが，東京都では広域行政圏は設定されず，神奈川県では県西部において一部設定されただけである．上述のように，群馬県では広域市町村圏の圏域が基本パターンにそのまま採用され，山梨県では合併推進構想の「将来の望ましい市町村の姿」と広域市町村圏とが整合する（図V-15参照）が，埼玉県，千葉県，茨城県，長野県，新潟県では－ごく一部だけではあるが－両者の境界線が異なるところがある．

合併推進構想は東京都以外の9県において策定されたが，神奈川県では5圏域に区分しただけであった．その他の県では構想対象地域が提示され，県の支援のもとで合併協議が行われたが，合併計画が実現したのはごく一部であった．埼玉県，千葉県，山梨県では「将来の望ましい市町村の姿」も提示されたが，それはあくまでも市町村合併の望ましい姿を示したものといえる．「将来の望ましい市町村の姿」を示さなかった新潟県のように，基本パターンの圏域を理想的な姿と考える県もある．

（2）合併の経緯に関する一般的特徴

市町村合併においては，財政力の弱い小規模自治体の合併率が高いのに対して，協議会解散や離脱によって非合併となった市町村や協議会不参加の市町村は，人口が大きく財政的に豊かな場合が一般的である．表V-2に示すように，関東・甲信越地方においてこの原則に従わないのは－島嶼部を抱えた東京都を除くと－長野県だけである．長野県以外の関東・甲信越地方においては，財政的に良好な市町村ほど合併を敬遠する傾向がある．また合併した市町村の人口規模をみると山梨・長野両県で0.5万人の小規模自治体が卓越するのを除くと1～3万人の市町村が多く，埼玉県や栃木県では財政力指数0.6～0.8の市町村が多い．

表Ⅱ-3に示すように，市町村合併率は県によって大きな差異が認められる．市町村合併率がとくに高い新潟県（89.3%），山梨県（79.7%），茨城県（77.7%），群馬県（71.4%），栃木県（69.4%）と東京都（4.9%），神奈川県（13.5%）との間には著しい差異がある．これは新市町村率や市町村減少率をとっても同様である．しかし，各都県の市町村合併率と人口1万人未満の小規模自治体比率との間には相関がなく（相関係数 $r = 0.002$, $n = 10$），合併市町村の比率には合併以前の市町村の人口規模が関係するとはいえない．

合併終了後の2010年の時点において人口1万人未満の小規模自治体が最も多いのは長野県の53.2%で，少ないのは茨城県（2.3%）と栃木県（3.7%），埼玉県（4.7%）である（表Ⅱ-3参照）．長野県が小規模自治体比率が高いのは「昭和の大合併」時に小規模自治体を多く残していたのに加えて，「平成の大合併」も進捗しなかったことによるが，同じく多くの小規模自治体を残していた山梨県（33.3%，2010年）では，「平成の大合併」における大規模な合併にもかかわらずなお比較的多くの小規模自治体を残すこととなった．一方，新潟県では1960年における小規模自治体比率は43.3%で，山梨県（62.5%）や長野県（64.6%）ほど高くなく（表Ⅱ-2参照），市町村合併率が高かっただけに2010年の小規模自治体比率も20.0%に低下した．

表Ⅴ-3にみられるように，東京都や神奈川県，埼玉県，千葉県，茨城県などでは都市化の進展のもとで1960年以後引き続いて－多くは単独市制であるが－市制を施行してきており，その他の県との間には著しい差異がある。「平成の大合併」においては東京都や神奈川県では市町村合併はほとんどなく，埼玉・千葉両県では都市が2・3の周辺町村と合併するかたちでの小規模合併が多くみられたが，日常生活圏による制約は少なく，合併の選択相手は多く，財政的な緊迫度も低いため，協議会の解散・離脱のケースも多かった。それに対して，さらにその外側に位置する茨城県の場合には，埼玉・千葉両県とは違って小規模な範囲での順調合併が多く，合併協議会の解散・離脱による非合併市町村は少ないものとなった。茨城県では市制施行予備軍ともいえる人口1～3万人の町村が多かったため多くの新市が誕生したが，真の都市化度を示すDID人口比率に比べて異常に多くの都市が誕生しており，県の積極的な政策も働いたものと推測される。

山梨県も茨城県と類似して順調合併が多く，新市の誕生が多くみられ，協議会解散・離脱の市町村が少ないのに対して，群馬県や栃木県ではやや複雑な合併経緯をとった市町村があった。群馬県では既存の都市の人口増加を目指した市域拡張が多く，中核市や特例市に昇格したものが多かった。一方，栃木県では「昭和の大合併」における市町村減少率が高く，小規模自治体も少なかったにもかかわらず，「平成の大合併」も積極的に推進された。しかし高根沢町や西方町，岩舟町などは合併協議において複雑な動きをして非合併にとどまり，西方町と岩舟町は「平成の大合併」終了後に合併した。

新潟県と長野県の市町村合併はきわめて対照的である。「平成の大合併」を積極的に進めた新潟県では市町村減少率が高いだけでなく，新潟市，長岡市，上越市においては大規模合併が行われ，政令指定都市や特例市に昇格した。ただし，長岡市は合併後も人口30万人に届かず，上越市とともに特例市にとどまった。

一方，「昭和の大合併」でも多くの小規模自治体を残し，2000年の時点においても多くの小規模自治体を抱えていた長野県では，県下全域に広域連合を導入するとともに，小規模自治体の支援対策として市町村特例事務支援制度を採用して，「平成の大合併」には消極的な態度を示した。長野県の小規模自治体はこれらの制度に守られて合併への意欲が低かったといえる。合併推進要綱において県は多くの資料を提供したが，基本パターンを提示しなかった。今日，非合併にとどまった町村の多くは広域連合に依存するが，その構成市町村の中には合併したものもあり，構成市町村数の減少がみられ，広域連合の負担費用が増加するなど状況変化もみられ，今後の進展が注目されるところである。

(3) 合併市町村に対する支援

市町村合併の際には制度の調整や本庁舎の確保などにおいて特別な出費を必要とする。したがって，多くの都県では合併協議会に関する費用や職員の派遣による指導だけでなく，使途項目を定めた上で合併特別交付金を支給している。表Ⅻ-1に示すように，その金額は都県によって異なり，都県の市町村合併に対する熱意を象徴するものと考えることができる。

関東・甲信越地方における合併特別交付金の交付は全国最高額を交付した新潟県からまったく交付しなかった群馬県[91]までさまざまである。東京都や神奈川県では合併件数がともに1件だけであり，算定式は明らかでないが，通常の算定式を適用した場合には交付金の金額は多いものとなる[92]。最も一般的な算定式は，千葉県と長野県で採用された5億円＋$(n-2)\times1$億円（ただしnは関係市町村数）

である．この算定式を用いて算出した交付額の上限を10億円とするのも両県共通である．埼玉県や栃木県でもこの算定式を用いるが，埼玉県では0.8億円+(n-2)×0.2億円となり，金額は大きく異なる．栃木県では2億円+(n-2)×1億円で，上限が10億円である．なお，合併新法のもとでの合併市町村に対しては0.75億円+(n-2)×0.25億円で計算される．山梨県の場合にも1億円+(n-1)×1億円の算定式を使用している．

これに対してもう1つの算定式は，基本金額（a）に関係市町村数（n）を直接乗じたものである．茨城県では$a×n$であるが，新潟県では$a×(n-1)$の算定式を採用した．ただし両県では基本金額が異なり，茨城県では2.5億円に対して，新潟県では5億円として計算されるので，15市町村で合併した新潟市には5×(15−1)＝70億円が交付された．この交付額は第2位の他県の最高額20億円（広島県三次市，島根県松江市）に比べてもずば抜けて多い額である．

その一方では，群馬県のように合併特別交付金をまったく交付しなかった県もあるが－後述の京都府や兵庫県，愛媛県の場合と同様に－，市町村合併の進捗率を著しく損なうことにはならなかった．長野県では広域連合や集落創生交付金によって小規模自治体を支援したり，合併推進要綱の基本パターンを提示しなかったが，合併特別交付金については他県と同様に支給された．埼玉県では交付金額が少ないのは，これまでの市町村合併や市制施行の際の交付金との釣り合いによるのかもしれない．

なお，東京都の場合には合併特別交付金とは別に，上述のように，多額の市町村総合交付金を年々支給して市町村の財政を潤しており，市町村合併への反応を低下させるものとなったものと推測される．

（謝辞）本研究に当たりご協力いただいた宮澤信広氏（東京都），冨永康嗣氏（神奈川県），吉田 正氏，奥村みちる氏（埼玉県），下川耕平氏，中村龍夫氏（千葉県），市毛直光氏，飯村勝輝氏（茨城県），高林 実氏，石川真紀子氏（栃木県），中嶋政雄氏，高山昌史氏（群馬県），末木憲生氏，小野宏之氏（山梨県），若林弘康氏（長野県），和田蔵次氏（長野県地方自治研究センター），向井康弘氏，大島正也氏（新潟県）をはじめ多くの方々のご厚意に感謝します．

（注）
(1) ただし，より詳細にみれば，東京から神奈川，静岡，愛知，滋賀，大阪にかけて－かつて東海道メガロポリスと呼ばれた－帯状の発展地域が顕在化してきたように思われる．
(2) 西岡（1966：82）によって1935年の県民所得分布をみると，関西では大阪府，兵庫県，京都府に人口1人当たりの県民所得の高い地域が集中するが，関東では東京府だけが高く，埼玉県も千葉県も全国最低レベルにあった．
(3) 東京都と神奈川県，大阪府については森川（2011c）を一部修正したものである．
(4) ただし，三宅村の人口が2000年の無住地から2005年の3,831人に変化したのは例外である．
(5) 武蔵野市（1.42），府中市（1.17），三鷹市（1.14），調布市（1.14），多摩市（1.14），町田市（1.11），立川市（1.10），羽村市（1.05），八王子市（1.00）の9市である．東京特別区は合計すると1.43（ただし2006年度）となる．
(6) 八王子市総合政策課の説明による．
(7) 東京都（2001）：『市町村合併に関する検討資料』，p.2による．
(8) 同上，p.66による．
(9) ただし，図Ⅴ-4に示すように，11地域のなかの5つは20万人未満の地域である．

(10) 東京都を除く6県には福島県，神奈川県，長野県，岐阜県，愛知県，兵庫県がある．愛知県などでも基本パターンは提示されなかったが，岐阜県や京都府ではいくつかの合併パターンを示している．
(11) 東京都（2001）:『市町村合併に関する検討資料』, pp.110-114 による．
(12) 多摩地域31市町村間の通勤通学者率は買物率など他の指標と同じような分布を示すが（同上, p.39），東京特別区への通勤通学者率が高く，通勤圏は40km離れた青梅市（特別区へ通勤者比率7.3%，羽村市へ7.2%），あきる野市（特別区へ7.7%，八王子市へ6.4%）まで広がる．日の出町はあきる野市への通勤者比率が14.6%で，東京特別区への7.0%よりも高い．
(13) 東京都市町村課の説明によると，統計上では財政力が豊かだとしても，「わが市は財政的に豊かである」と市長自ら表明することはあまりないだろうとのことである．
(14) 東京都市町村課の説明による．
(15) 市町村別決算状況調（平成14年度）の歳入内訳（市・町村）の都道府県支出金による (http://www.soumu.go.jp/iken/zaisei/xls/03_2.xl). 全国の市町村平均は6.9億円となる．
(16) 22市町村によって構成される7地区の衛生組合（一部事務組合）とは，ふじみ，西多摩，小平・村山・大和，西秋川，多摩ニュータウン，柳泉園，多摩川であり，そのほかに単独処理を行うのは立川，武蔵野，昭島，日野，東村山，国分寺の6市と奥多摩町である．なお，多摩地域では介護認定審査会のための一部事務組合はないとのことである．
(17) ちなみに，檜原村と奥多摩町の2009年度決算状況によると，歳入に占める都支出金の比率は39.8%と41.8%で，地方交付税の31.5%と20.8%よりもはるかに多い．また葉上（2009）によると，青ヶ島村では村財政の1/3が都支出金からなり，それは地方交付税に匹敵する額だという．
(18) 神奈川県（2001）:『市町村合併に関する要綱－分権時代における神奈川県の市町村のあり方について－』, p.31 による．
(19) 同上, p.45 による．なお，神奈川県では，広域市町村圏は西部2地区にのみ設定されている．
(20) 同上, p.39 による．
(21) 清川村では宮ヶ瀬ダムが2000年に完成し，ダム所在交付金（年8.5億円）によって2003年度以降地方交付税の不交付団体となった．
(22) 神奈川県（2007）:『神奈川県における自主的な市町村の合併の推進に関する構想』, p.17, p.33 による．
(23) 中井町は①と④に含まれる．相模原圏域を加えると6圏域になる．
(24) 県西圏域の2市8町は小田原市，南足柄市，中井町，大井町，松田町，山北町，開成町，箱根町，真鶴町，湯河原町からなるが，合併推進要綱の地域区分には中井町は含められていない．
(25) 注（22）, p.32 による．
(26) 同上, p.15 による．
(27) 埼玉県，千葉県，茨城県については森川（2012c）を一部修正したものである．
(28) 埼玉県（2001）:『埼玉県市町村合併推進要綱－自主的な市町村合併の検討のために－』, p.25 による．
(29) 浦和市，大宮市，与野市および上尾市，伊奈町，富士見市，上福岡市，大井町，三芳町では法定協議会が設置され，すでに協議が進行中であった．
(30) 埼玉県（2007）:『埼玉県市町村合併推進構想』, p.26 による．
(31) 同上, p.27 による．
(32) グリグリ「市区町村変遷情報　詳細」による．
(33) 宮代町（35,193人），杉戸町（47,336人），幸手市（56,413人），蓮田市（64,386人），白岡町（46,999人），羽生市（57,499人），富士見市（103,247人），三芳町（35,752人），滑川町（12,836人），嵐山町（19,816人），小川町（37,301人），東秩父村（4,119人），寄居町（37,724人），美里町（12,107人），上里町（30,126人），

横瀬町（9,782人）の16市町を指す．
(34) 鳩ヶ谷市の川口市への編入合併は「平成の大合併」終了後に行われた．
(35) 千葉県（2000）:『千葉県市町村合併推進要綱』(http://www.pref.chiba.lg.jp/shichou/kouiki/gappei/documents/siryou5.pdf) による．
(36) 我孫子市が飛地をなして除外地域に指定されたのは，柏市，流山市，我孫子市，沼南町の合併協議の枠組みのなかにおいて流山市が離脱した後，我孫子市の市民アンケートにおいて単独によるまちづくりの希望者が多数を占めたためである（千葉県，2010：49）．
(37) 千葉県（2006）:『千葉県市町村合併推進構想』(http://www.pref.chiba.lg.jp/shichou/kouiki/gappei/documents/siryou6.pdf)，p.299による．
(38) 市川市，船橋市，木更津市，松戸市，習志野市，市原市，流山市，八千代市，我孫子市，鎌ヶ谷市，君津市，富津市，浦安市，八街市，袖ヶ浦市の15市である．ただし，流山市，袖ヶ浦市，木更津市，君津市，富津市は合併研究会には加入していた．
(39) 上述したように，柏市地区では2001年に我孫子市と流山市をも含めて4市町で研究会を設置したが，流山市と我孫子市は合併協議から離脱し，それを考慮するかたちで基本パターンも示されていた．柏市は2008年に中核市になった．
(40) 鋸南町では安房8町村の合併に反対し，町の自立または内房4町村の合併を主張する町長が当選したため協議会を離脱した．鋸南町には町立病院があり，施設整備が財政的に困難という問題を抱えていた．
(41) 横芝光町企画課の説明による．
(42) 茂原市を中心とする広い地域が未合併に終わったので，市町村合併に代わるものとして定住自立圏の設定を計画したが，茂原市では千葉市への通勤通学者比率が10％を超え，昼夜間人口比も1.0未満のため中心市宣言ができないとのことである．
(43) 中心都市を除いて周辺部が襟巻状に合併したのは全国的にも珍しい．南房総地域では医療の一部事務組合をなす館山市，南房総市，鴨川市，鋸南町の3市1町で定住自立圏設立の協議をしたが，南房総市は人口規模においても館山市とそれほど差はないにもかかわらず，館山市が中心市となり南房総市は周辺市町村に位置づけられ，交付金に4,000万円と1,000万円という大差が現れることに不満があり，協議が進行しないといわれる（館山市企画課の説明による）．
(44) 北浦町の通勤者比率は鹿嶋市4.6％，麻生町4.5％，鉾田町4.2％に三分されるために第1位通勤先の通勤者比率が5.0％に達しない．
(45) 県下4カ所の総合事務所を通じて市町村長の意見を聞き，「一般住民の意見を聞く会」を開催したり，住民アンケートや議員，各種団体などにも意見が求められた（茨城県市町村推進委員会（2000）:『茨城県における市町村合併に関する調査検討報告書』，p.25および県市町村課の説明による）．
(46) 政令指定都市は政令で指定する人口50万以上の市と定められているが，運用上は70万以上とされており，人口要件だけでなく指定都市の事務を自ら処理する能力が問われる（II章の注（36）を参照）．したがって，これらの都市がどれほど真剣に政令指定都市を目指していたかどうかは明らかでない．
(47) 龍ヶ崎市と利根町の合併協議では2003年12月に住民発議による法定協議会が設置されて以後休止，検討再開を繰り返していた．
(48) 他県で呼ばれる「将来の望ましい市町村の姿」に該当する．
(49) 協議会不参加は結城市，守谷市，高萩市，北茨城市，ひたちなか市，牛久市，大子町，大洗町，河内町，東海村の10市町村である．
(50) 茨城県の後には，兵庫県8，岐阜県7，山梨県6および静岡県，愛知県，滋賀県，岡山県，長崎県の各5が続く．ただし市制施行予備軍の町が多かった栃木県では3市が誕生しただけであった．「平成の大合併」

では人口以外の市制施行条件が不用とされたため，大都市圏周辺地域以外の長崎県や岡山県では市制を敷くために多数の町村が合併した場合が多い．

(51) 栃木県（2000）：『栃木県市町村合併推進要綱調査研究委員会　報告書』，pp.78-87のアンケート調査によると，「今後の行政課題への対応」については県民（1,775人）・各種団体代表者（67人）の2/3が「対応困難なことが多い」としており，市町村長・議員（528人）の1/2近くが「ある程度対応できる」と答えているが，人口2万人未満の町村では「対応困難」とする人が多くなっている．また，市町村合併の必要性については県民は50％よりもやや多いくらいであるが，各種団体代表者と市町村長・議員はいずれも75％以上が「合併が必要」または「合併の検討に応じるべき」と答えている．ただ，人口1万人未満の町村の市町村長・議員が60％くらいとやや低率になっているのが注目される．

(52) 栃木県（2001）：『栃木県市町村合併推進要綱』による．

(53) 栃木県（2006）：『栃木県市町村合併推進構想』では構想対象市町村として宇都宮市地区（1市2町）と真岡市地区（1市1町）をあげ，2007年の改訂において栃木市・小山市地区（2市6町）を追加した．その後も栃木市を中心とする合併協議の町村に変更があり，第3次・第4次まで変更がなされた．なお，益子町，茂木町，市貝町，芳賀町は4町間の結びつきが強く，新市が形成されるよう今後も検討が望ましい地域としている．

(54) 栃木県市町村課の説明による．ただし，『栃木県市町村合併推進要綱調査研究委員会　報告書』，pp.102-110に示された合併パターンにはこの3町の組み合わせは考えられていない．

(55) 注（32）による．

(56) 通勤者比率では岩舟町は佐野市が14.4％，野木町が10.3％で，佐野市の通勤圏に含まれる．

(57) 栃木県市町村課の説明による．

(58) 群馬県市町村課の説明による．しかし，市町村合併問題研究会編（2001：213）によると群馬県の提出は最も遅く4月9日であったという．県は市町村合併に関するアンケート調査（市町村長など210名を対象）を実施し，その他地域の一体性の理解のための調査を行い，多数の市町村組み合わせについて検討している（群馬県，2011：226-255）．

(59) 日常生活圏を分断した合併のなかで，畠山（2007）は山間部の小規模自治体では需要規模が小さい上に道路環境や交通利便性の劣るもので，合併後も旧市町村界を越えての移動は活発化しにくく，介護保険における域内格差が発生したことを紹介している．

(60) 注（32）による．群馬県市町村課の説明では，合併後の今日では特別な問題はないとのことである．

(61) 群馬県市町村課の説明による．

(62) 同上．

(63) 山梨県市町村課の説明および合併推進要綱は山梨県（2000）：『山梨県市町村合併推進要綱』（http://www.pref.yamanashi.jp）による．

(64) 山梨県（2000）：『山梨県市町村合併推進要綱』による．

(65) 過疎法では，市町村が事業主体となって整備するべき基幹的な市町村道等や公共下水道について，都道府県が過疎地域市町村に代わって事業を行うことができる行政措置（都道府県代行制度）が適用される．基幹的な市町村道などはこれまでにほぼ整備されていて今日実施される事業は少ないが，過疎地域市町村の公共下水道の整備に係る代行制度については市町村8,000人以下，財政力指数が各都道府県の過疎地域市町村の平均以下というのがおもな条件となる．

(66) ただし，西尾私案における特例町村制を考えているわけではない．なお，これらの2地域でも合併が行われて新市町が誕生している．

(67) 10町村は芦川村，鰍沢町，早川町，道志村，西桂村，忍野村，山中湖村，鳴沢村，小菅村，丹沢山村か

(68) 昭和町では甲府市か中央市との合併が推奨され，増穂町では鰍沢町の組み合わせが示された（山梨県（2006）：『山梨県合併推進構想』(http://www.pref.yamanashi.jp/shichoson/.../05572628672.pdf)，p.17 による）．
(69) 富士吉田市（54,090人，0.66），大月市（33,124人，0.61），韮崎市（32,707人，0.58），早川町，忍野村，山中湖村（5,274人，1.45），鳴沢村（2,864人，0.64），小菅村（1,084人，0.09），丹波山村（866人，0.07）の9市町村である．
(70) 全国的には「合併完了型」に近いものとして，東京都（0市町村），神奈川県（2）のほかに，石川県（1），福井県（1）や富山県（2），広島県（2），香川県（2），愛媛県（2），岡山県（4），静岡県（5），鳥取県（5），大分県（5）などがある．
(71) 山梨県市町村課の説明による．なお，2010～40年間の人口推計では-63.2％となり，人口減少率は県下最高と推測されている．
(72) 山梨県市町村課の説明による．
(73) ただし，道坂トンネルは2013年に完成し，都留市への距離は約30分短縮された．
(74) 長野県に関する記述は森川（2010b）を大幅に修正加筆したものである．
(75) 広域市町村圏と広域連合の区域を比較すると，広域市町村圏では坂城町が長野地域，立科町が佐久地域に属する（自治省行政局振興課編，1983）．
(76) このなかでは，①地域の広域的課題への対応・支援，②市町村の機能補完（人的支援，事務の委託など市町村特例事務支援制度），③財政的支援があり，その対象は，①財政力指数が3年間に県平均以下，②人口おおむね1万未満，③財政改革プログラムの策定など最大限自助努力をしていることが条件とされた（三野，2005）．
(77) 長野県（2000）：『地域の明日をともにみつめて－長野県市町村合併推進要綱－』(http//www.pref.nagano.jp/xtihou/matu/gyoumu/soumu/gappei/youkou.pdf) による．
(78) ただし，長野県は2000年に市町村合併について市町村長と市町村議会議長に対する面談調査を実施しており，県は市町村合併にまったく無関心であったわけではないようにみえる．表XII-1に示すように，合併市町村に対して合併特別交付金も支給している．
(79) 3地区7市町村とは①阿智村，清内路村，②長野市，信州新町，中条村，③松本市，波田町である（長野県（2008）：『長野県市町村合併構想』，p.19 (http://www.pref.nagano.lg.jp/ soumu/shichoson/gappei/---/top/htm)）．
(80) ただし，山口村とともに南木曽町は岐阜県の中津川市の通勤圏に属し，根羽村の就業者は愛知県の稲武町を指向する．なお，坂城町は上田と長野の両広域連合に加入する．
(81) 山口村の合併の経緯については土岐（2009）に詳しい．
(82) 法定協議会では新市名は諏訪市に決まり，本庁舎は今後の検討課題とされていた．諏訪市の担当者の説明によると，アンケートの内容は不明確であり，本庁舎の位置をめぐる対立が市の経済的発展に影響すると考えられたわけではないとのことである．
(83) 岡田・京都自治体問題研究所編（2003：249）は，小規模自治体であっても地域経済の自立を目指して地域の持続的発展を追求している代表的な事例として紹介している．
(84) 長野県市町村「自律」研究チーム参加には泰阜村，坂城町，小布施町，栄村がある．保母（2002：42）は，「昭和の大合併」のときに長野市と合併した旧・松代町の衰退と合併しなかった小布施町の活力ある存在とを対照的な事例として紹介している．
(85) 小海町，南相木村，北相木村，立科町，青木村，阿南町，平谷村，根羽村，下条村，売木村，天龍村，泰阜村，喬木村，豊丘村，麻績村，生坂村，山形村，朝日村，栄村の19町村からなる．

(86) 長野県市町村課の説明による.
(87) 塩沢町のように,協議会を一旦離脱して後から編入合併した例はいくつかあるが,新設合併の機会を逃して編入した場合には合併条件が不利となる可能性がある.
(88) 新潟県市町村課の説明による.
(89) 5市町村のうち牧村は安塚町や浦川原村,大島村とともに,2000年12月に設置して2002年10月に解散した東頸城郡町村合併任意協議会(6町村)に加入しており,3町村よりも先に最初から合併協議会に参加していた.
(90) 基本パターンでは,長岡市は人口298,325人でもって中核市移行型とされ,上越市は人口185,687人で特例市移行型とされていた.実際にはこれでは資格人口に達しないため,より広域の合併を行ったものと推測されるが,長岡市の場合にはそれでも中核市への昇格はできなかった.
(91) 群馬県の本会議議事録(2004年6月3日)によると,合併特別交付金を支給しない理由について「地方債や地方交付税の特例措置,さらに補助金交付など国の手厚い財政支援措置が講じられており,県も合併協議会の運営経費等に対して補助を行い,新市町の建設計画に位置づけられた県の事業について協力している.県の財政はきわめて厳しい状況にあり,県としてはそれぞれの地域の実情に合わせて人的・技術的・財政的な支援を行ってゆきたい」とある(群馬県,2011:35).神流町に対しては中学校体育館建設費として0.76億円を交付しており,その他合併協議会運営経費への補助金(0.14億円)を支援し,人的支援を行ったところもある(群馬県市町村課の説明による).
(92) 西東京市は2市の合併で7.48億円が交付され,相模原市は5市町の合併(4町の編入)で15億円が交付されており(表XII-1参照),一般的な算定式5億円+$(n-2) \times 1$億円の適用よりは多額となる.ただし,新潟県の算定式5億円$\times (n-1)$を適用した場合には達しない金額である.

Ⅵ 東海・北陸地方の市町村合併

1. はじめに

　この地域については，三重県を除く代わりに甲信越3県を含めた中部地方の名称が伝統的に利用されてきたが，各省庁の出先機関の管轄地域はさまざまに区分され，甲信越を関東地方に統合した残りの地域を，三重県を含めて東海・北陸地方とする場合が多い。ただし，道州制の9州案のように，この範囲から福井県を除く場合もある。

　東海地方と北陸地方は気候風土だけでなく社会経済的状況も異なる地域であるが，北陸3県[1]は地方的単位としては小さいため東海・北陸地方に統合して扱われる。今日この地域は，名古屋市の著しい発展のもとで首都圏と関西圏の中間にあって第3の経済圏を形成してきたが，静岡県では静岡市以東は関東地方とのつながりが強いし，三重県伊賀地方は関西圏に属する。後述するように，愛知県の平均財政力指数は2010年になると全国第1位に躍進したが，表Ⅱ-4に示すように，北陸3県でも中国，四国や東北，九州地方に比べると数値が高く，国土の中核地域としてともに成長する地域とみることができる。

　東海・北陸7県には関東・甲信越地方ほど著しい差異はないとしても，地域的な差異は認められる。「昭和の大合併」において市町村減少率が全国平均（65.8％）より低かったのは愛知県（51.6％）と岐阜県（62.9％）だけで，富山県（81.2％）は全国第1位であった（表Ⅱ-1参照）。「昭和の大合併」終了直前の1960年における小規模自治体比率は石川県（41.9％），福井県（51.2％），岐阜県（61.3％），三重県（48.6％）が全国平均（41.2％）を超えていたが，2000年には福井県（48.6％），岐阜県（56.6％）が全国平均（46.6％）を超えるだけであった（表Ⅱ-2参照）。しかも，表Ⅵ-1に示すように，1960～2000年間に小規模自治体比率がわずかに増加したのは富山県だけであり，その他の県では都市化の影響もあってか小規模自治体比率はすべて減少している。「平成の大合併」終了後の2010年には小規模自治体比率は7県ともに平均以下となり，合併効果の高い地域とみることができる（表Ⅱ-3参照）。

Ⅵ.1 東海地方

2. 愛知県

(1) 地理的特徴と市町村合併に対する県の対応

　愛知県[2]には全国第4位の大都市・名古屋市が立地するにもかかわらず県域が比較的広いので，

表VI-1　東海・北陸地方における1960～2000年間の市町村人口規模の変化

		市町村合計	0.5万人未満	0.5～1.0万人	計	%	1～3万人	%	3～10万人	10～30万人	30万人以上	計	%
愛知県	1960年	106	11	25	36	34.0	45	42.5	21	3	1	25	23.5
	2000年	88	9	10	19	21.6	24	27.3	31	10	4	45	51.1
						-12.4		-15.2					27.6
静岡県	1960年	95	6	19	25	26.3	51	53.7	15	2	2	19	20.0
	2000年	74	5	10	15	20.3	36	48.6	14	7	2	23	31.1
						-6.0		-5.1					11.1
岐阜県	1960年	106	30	35	65	61.3	30	28.3	9	1	1	11	10.4
	2000年	99	35	21	56	56.6	28	28.3	11	3	1	15	15.2
						-4.7		0.0					4.8
三重県	1960年	72	4	31	35	48.6	25	34.7	10	2		12	16.7
	2000年	69	7	23	30	43.5	28	40.6	5	6		11	15.9
						-5.1		5.9					-0.8
富山県	1960年	40	9	2	11	27.5	20	50.0	7	2		9	22.5
	2000年	35	8	4	12	34.3	12	34.3	9	1	1	11	31.4
						6.8		-15.7					8.9
石川県	1960年	43	5	13	18	41.9	19	44.2	5	1		6	14.0
	2000年	41	8	10	18	43.9	16	39.0	5	2		7	17.1
						-2.0		-5.2					3.1
福井県	1960年	41	7	14	21	51.2	13	31.7	6	1		7	17.1
	2000年	35	7	10	17	48.6	11	31.4	6	1		7	20.0
						-2.6		-0.3					2.9

資料：国勢調査1960年, 2000年による.

東京都や大阪府とは異なった特徴を示す。表Ⅱ-3にみるように，東京都，神奈川県，大阪府の3都府県では「平成の大合併」における市町村減少率が著しく低いのに対して，愛知県の市町村減少率は35.2％で，全国の中位レベルに位置し，上記の3都府県と同一のグループには含まれない（図XIII-1参照）。表Ⅱ-2によれば，愛知県の1960年における1万人未満の小規模自治体比率は34.0％で，当時の都道府県平均（41.2％）よりはやや低かったが，2000年においても21.6％の小規模自治体があり，極端に低い大阪府（4.5％）や神奈川県（5.4％）とは異なっていた。

愛知県の財政力指数の平均は2000年度には0.78で，大阪府（0.78）とともに神奈川県（0.90）に次ぐ第2位であったが，合併後の2010年度には1.04となり，全国第1位に躍進している（表Ⅱ-4参照）。2000年度の財政力指数においても飛島村（1.95），三好町（1.52），豊田市（1.44）をはじめ1.00以上の市町村が18（20.5％）を数え，名古屋市は0.91で第26位となる一方，東部山地には過疎地域も広がり，富山村（209人，0.05）や津具村（1,654人，0.17）のように財政力指数が極端に低い村もあった。

愛知県内には東京大都市圏や大阪大都市圏とは異なって，名古屋市の通勤圏に含まれる30万人以上のベッドタウンは皆無であるが，名古屋市の通勤圏には岐阜県の南濃町をも含めて41の市町村が含まれる（図VI-1参照）。ただし，表V-1にみるように，名古屋市への通勤者比率は10～20％の市町村が多く，東京や大阪と比べて圏域が狭いだけでなく通勤者比率も低いものであった。

そのほか，県内には豊田市（圏内市町村数は6）が中規模中心地をなすだけで，豊橋市（同3），岡崎市（同2），一宮市（同2），豊川市（同3），半田市（同3），刈谷市（同2），新城市（同2），安城市（同2），西尾市（同2），田原町（同2）が小規模中心地に属する。このうち，北部の一宮市（27.4万人）や南部の半田市（11.1万人），刈谷市（13.2万人），安城市（15.9万人）は名古屋市の半従属中

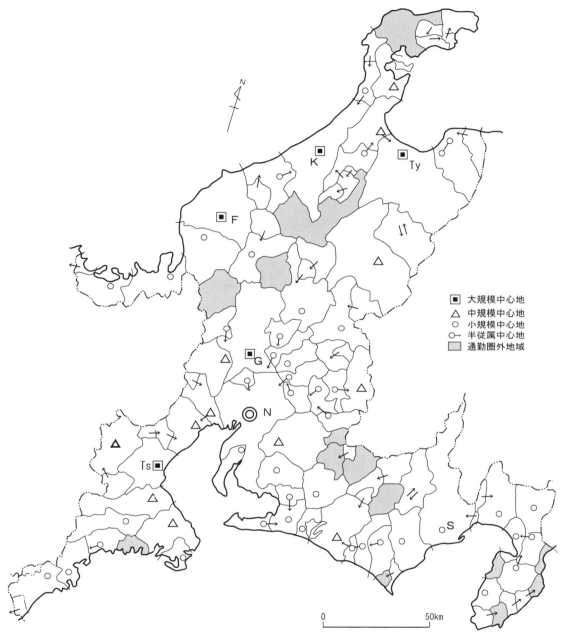

図Ⅵ-1　東海・北陸地方における通勤圏の分布
F：福井市，G：岐阜市，K：金沢市，N：名古屋市，S：静岡市，Ts：津市，Ty：富山市．
資料：国勢調査（2000年）による．

心地に当たる（表Ⅻ-11参照）．さらに，一色町と吉良町を通勤圏とする西尾市の場合には安城市への通勤者比率が8.5%を示し，安城市の半従属圏となる．名古屋圏と豊田圏との境界線は尾張・西三河の地方界でもって明確に区分されるが，刈谷圏，安城圏，西尾圏については名古屋市の影響力が伸長し，玉突型通勤圏が成り立つ．奥三河山間部には通勤圏外地域が5町村（設楽町，東栄町，豊根村，

富山村，稲武町）を数える。

愛知県では，3都府県（東京都，大阪府，神奈川県）の場合と類似して，自主的な合併を阻害するとの理由から市町村合併の基本パターンは提示されず，いくつかの合併パターンを示すにとどまった。合併推進要綱における合併パターンの策定においては，①市町村長による圏域の評価（市町村長意向調査），②市町村議会議員による市町村の組み合わせ，③客観的な指標に現れた日常生活圏と市町村相互の結びつきが考慮され，統計分析やアンケート結果を総合的に検証・評価したといわれる[3]。

合併パターンについては合併後の人口規模によって20～30万人程度の中核市・特例市型，4・5万人程度の都市機能充実型，1・2万人程度の生活機能充実型の3つに区分され，さらに合併前の人口規模との差によってAタイプ（規模類似）とBタイプ（規模多様）の2つのグループに区分され，13の広域行政圏（広域市町村圏・大都市周辺地域広域行政圏）[4]ごとにそれぞれいくつかの合併パターンが示された。そのなかでは，「尾張東部地区広域行政圏及び三好町の地域」のように，広域行政圏全域を6区分したところもあるが[5]，衣浦東部広域行政圏や西尾幡豆広域行政圏のように，広域行政圏を一体とする合併パターンだけを示した地区もある。これらを合計すると，名古屋市を除いて21の地区に細分されるので，図Ⅵ-2に示すように，21地区を基本パターンとみなすことにする。

郡域を基準として設定された広域行政圏の多くは，今日では広域組織としての機能を喪失しているが，この圏域を基本として設置された二次医療圏は医療福祉面において重視されているので，市町村合併の協議もこの圏域の市町村でもって始まったところが多い。この圏域の境界を跨いで合併した市町村は皆無である。

合併新法のもとで2006年に策定された合併推進構想では構想対象市町村として5地区が指定されただけで，「将来の望ましい市町村の姿」は示されなかった[6]。

(2) 合併の経緯

表Ⅵ-2に示すように，88市町村のうち市町村合併が成立したのは45（51.1%）であり，20（22.7%）が協議会解散によって非合併となり，23（26.2%）は協議会不参加のままであった。平均人口も平均財政力指数も合併市町村が最も小さく，協議会不参加の市町村が最も大きい。平均人口では合併市町村は41,648人で静岡県に次いで大きく，平均財政力指数では協議会不参加の市町村が0.99と著しく高い。本県では，「平成の大合併」終了後の2010年8月に合併調印が行われた西尾市（1市3町）があり，その合併をも加えると合併市町村は49（55.7%）となる。

このような状況を他の都道府県と比較した場合には，合併市町村が多いグループの中にあって協議会解散や協議会不参加の市町村が比較的多く，合併成立が比較的少ないX3グループに属する（図ⅩⅢ-1参照）。愛知県は県域が広く，大都市圏以外の地域が広く含まれるため3都府県のような大都市圏の特性をもたないが，名古屋市の周辺には非合併の多くの市町村が分布する。

合併協議を進めるに当たってはまず13の広域行政圏の範囲で勉強会（研究会）が行われたが，その範囲でもって合併協議会を設置したのは西尾幡豆と新城南北設楽の2地区だけである。しかも，両地区とも協議会を解散して合併には至らず，実際の合併市町村が合併推進要綱の合併パターンと整合するのは42圏域のうち一宮市，稲沢市，岡崎市（2市町合併），新城市，田原町，豊川市の6地区だけである。これに上記の西尾市を含めれば7つとなる。このうち，新城市地区，田原町地区，豊川市

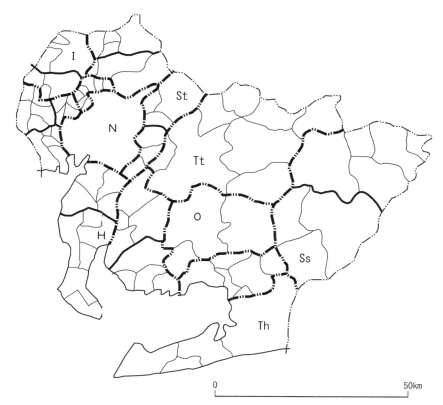

図Ⅵ-2　愛知県における合併推進要綱の基本パターンと広域行政圏
H：半田市，I：一宮市，N：名古屋市，O：岡崎市，Ss：新城市，St：瀬戸市，Th：豊橋市，Tt：豊田市．
＊愛知県では広域行政ごとに合併パターンが示されているので，分割可能なパターンを基本パターンとして取り上げる．
実線：市町村界（2000年），二点鎖線：広域行政圏，太実線：分割可能な合併パターン区分．
資料：市町村合併問題研究会編（2001：136-144），自治省行政振興課編（1983：58）による．

地区では協議会の一度以上の解散を伴った合併であり，最終的な合併地域が合併推進要綱の合併パターンと整合することになったものである．とくに豊川市地区では，合併新法のもとで合併した結果合併パターンと整合することとなった．種々の組み合わせを示した合併推進要綱の合併パターン42圏域のなかで，圏域が整合する合併が6つか7つしか実現しなかったのは意外に少ないように思われる．

地域的にみると，図Ⅵ-3に示すように，名古屋市から知多半島に至る県中部に非合併地域が広がり，東部や西北部では合併地域が広い面積を占める．東部では豊橋市は非合併のままにとどまるが，岡崎市，豊田市，新城市，一宮市などの都市では周辺町村を合併し，市域を拡大した．名古屋市に隣接する西北部では北名古屋市，清須市，あま市など合併によって新市が誕生しており，大都市郊外において今回の市町村合併まで新市誕生の余地が残されていたのは珍しいケースといえる．

愛知県の市町村合併において順調合併といえるものには，愛西市，一宮市，稲沢市，岡崎市，豊田市がある．①愛西市の場合には，津島市の申し入れを拒否して2003年4月に海部郡4町村で任意協議会を設置し，法定協議会に移行して愛西市（市役所は佐屋町役場）が誕生した．②一宮市と③稲沢

表VI-2 東海・北陸7県における合併状況と人口規模，財政力指数

県	市町村数		%	人口規模（2000年）						平均人口	財政力指数（2000年度）						平均
				0.5万人未満	0.5～1万人	1～3万人	3～10万人	10～30万人	30万人以上		0.2未満	0.2～0.4	0.4～0.6	0.6～0.8	0.8～1.0	1.0以上	
愛知県	A	45	51.1	7	10	15	8	3	2	41,648	2	10	8	13	8	4	0.63
	B	20	22.7	2		8	9	1		43,267		1	1	9	3	6	0.86
	C	23	26.2			1	14	6	2	187,122				3	12	8	0.99
	計	88	100.0	9	10	24	31	10	4		2	11	9	25	23	18	
静岡県	A	58	78.4	5	8	30	7	6	2	54,479	1	12	13	18	11	3	0.63
	B	5	6.8		2	3				15,202		2	3				0.44
	C	11	14.8			3	7	1		48,325				1	4	6	0.98
	計	74	100.0	5	10	36	14	7	2		1	14	16	19	15	9	
岐阜県	A	74	74.7	33	16	15	6	3	1	24,884	16	33	14	5	6		0.37
	B	25	25.3	2	5	13	5			24,535	1	4	11	8	1		0.53
	C	0	0.0							53,513							
	計	99	100.0	35	21	28	11	3	1		17	37	25	13	7		
三重県	A	56	81.2	7	20	21	3	5		22,902	4	21	17	11	3		0.44
	B	8	11.6		2	5	1			36,698		2	4	2			0.47
	C	5	7.2		1	2	1	1		61,227			1	2	1	1	0.99
	計	69	100.0	7	23	28	5	6			4	23	22	15	4	1	
富山県	A	26	74.3	7	4	8	5	1	1	32,744	4	5	10	6	1		0.46
	B	2	5.7			2				22,096		1	1				0.45
	C	7	20.0	1		2	4			32,188		1	5	1			0.48
	計	35	100.0	8	4	12	9	1	1		4	7	16	7	1		
石川県	A	32	78.0	7	10	12	3			13,997	7	14	6	4			0.37
	B	1	2.5			1				11,267		1					0.26
	C	8	19.5	1		3	2	1	1	90,228		1	3	4	1		0.55
	計	41	100.0	8	10	16	5	1	1		7	16	9	8	1		
福井県	A	28	80.0	6	10	8	3	1		21,677	5	13	5	3	1	1	0.41
	B	1	2.9				1			64,898			1				0.65
	C	6	17.1	1		3	2			26,182	1		2	1		2	0.71
	計	35	100.0	7	10	11	6	1			6	13	7	5	1	3	

A：合併成立の市町村，B：合併協議会解散または離脱の市町村，C：合併協議会不参加の市町村．
資料：国勢調査2000年，総務省自治財務調査課：平成12年度財政指数表，および各府県担当課の資料とグリグリ「市区町村変遷情報」による．

市は尾張西部広域行政圏を二分したもので，両市はそれぞれ2003年に任意協議会・法定協議会を設置して周辺町を編入した．④岡崎市の場合には，幸田町が研究会の段階で離脱した後2004年1月に法定協議会を設置して額田町を編入した．⑤豊田市では，豊田加茂広域市町村圏のうち三好町が協議会設置以前に離脱して残りの7市町村でもって2003年11月に法定協議会を設置して編入合併した．

その他の合併では協議会の解散を伴った複雑な経緯をたどる．最初の合併協議会が解散して，その一部の市町村をもって協議会を設置して合併が成立した場合も少なくない．①尾張中部地区広域市町村圏では2002年9月に7町でもって任意協議会を設置したが，豊山町（13,001人，1.31）の離脱によって解散し，2003年4月には残りの6町で法定協議会を設置し，その解散後西枇杷島町，清洲町，新川町でもって任意協議会・法定協議会を設置して新設合併し，清須市（市役所は新川町役場）が誕生した．師勝町と西春町も2004年4月に法定協議会を設置して合併し，北名古屋市（市役所は西春町役場）が誕生した．協議会解散後名古屋市への編入を検討していた春日町は，合併新法のもとで2008年4月に法定協議会を設置して清須市に編入した．

2. 愛知県　147

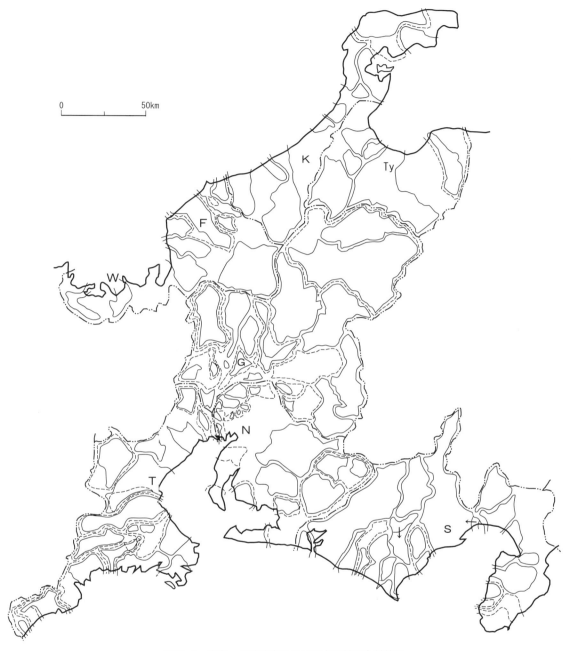

図Ⅵ-3　東海・北陸地方における市町村の合併状況
F：福井市，G：岐阜市，K：金沢市，N：名古屋市，S：静岡市，T：津市，Ty：富山市，W：若桜町．
資料：各県の資料およびグリグリ「市区町村変遷情報　詳細」による．

②新城南北設楽広域市町村圏の場合には，2002年11月に8市町村で設置した最初の任意協議会が解散した後，新城市は翌年7月に近隣2町村と法定協議会を設置して合併し，新・新城市が発足した．残りの北設楽郡5町村も同時期に任意協議会を設置したが，役場の位置の問題で協議が難航し，同年

12月には解散し，2004年4月に設楽町・津具村でもって法定協議会を設置して合併して，新・設楽町が発足した。残りの3町村も2004年5月には任意協議会を設置したが，再び役場の位置をめぐって紛糾して解散した。その後同年11月に豊根村と富山村の2村でもって法定協議会を設置して編入合併し，人口1,424人の新・豊根村が発足した[7]。東栄町（4,717人，0.21）は非合併となった。

③海部津島広域行政圏において愛西市が誕生したことはすでに述べたが，2003年10月に3町村でもって設置された法定協議会の解散後，飛島村を除く弥富町と十四山村でもって2005年5月に法定協議会を設置して編入合併し，弥富市（市役所は弥富町役場）が誕生した。一方，2004年7月に大治町，七宝町，美和町でもって設置された法定協議会も解散し，大治町，七宝町は名古屋市への合併を検討していたが，2009年4月になって七宝町，美和町，甚目寺町の3町によって法定協議会を設置し，「平成の大合併」終了間際になってあま市（市役所は美和町役場）が誕生した。大治町（27,073人，0.71）は非合併のままとどまった。

④上記のように，豊川市地区では豊川市は音羽町，一宮町，小坂井町，御津町の4町と2001年3月に設置した法定協議会が解散した後，2004年11月に一宮町と法定協議会を立ち上げて編入合併したが，その後2007年6月に合併新法のもとで音羽町・御津町と法定協議会を設置して編入し，さらに2009年6月に小坂井町と法定協議会を設置して編入したので，結局最初の計画通りの合併が成立することになった。

⑤豊橋渥美広域市町村圏では豊橋市を除いて2001年10月に田原町，赤羽町，渥美町の3町でもって法定協議会を設置したが解散し，2003年2月に田原町は赤羽根町と法定協議会を設置して編入し，田原市が誕生した。その後2004年8月に田原市は法定協議会を設置して渥美町を編入した。

⑥西尾幡豆広域市町村圏では2003年8月に西尾市と幡豆郡3町が任意協議会を設置したが，編入合併か新設合併かをめぐって協議が難航し，協議会は解散した。その後西尾市に合併賛成の市長が誕生して2009年12月に4市町で法定協議会を設置して編入合併した。ただし，この合併が愛知県議会で可決され合併が認められたのは「平成の大合併」終了後の2010年12月であった。

これに対して，合併協議会の解散によって構成市町村が単独存続のままにとどまったところもある。①尾張北部広域行政圏のうちと春日井市を除く5市町（犬山市，江南市，岩倉市，大口町，扶桑町）による任意協議会は2003年4月に設置され，同年8月に解散した後，犬山市を除く4町で直ちに任意協議会を設置したが，翌年3月には解散した。その後扶桑町・犬山市で協議会設置の動きがあったが，町長の辞職によって合併は中止された。②2004年1月に設置された知多北部の東海市，大府市，知多市，東浦町も任意協議会から法定協議会に進む段階で，大府市議会が否決したため協議会を解散した。③南知多町・美浜町でも2004年8月に設置された任意協議会は法定協議会まで進んだが解散し，合併には至らなかった。

もちろん，協議会不参加の市町村のなかにも協議会設置の計画はあったが，構成市町村の意見統一ができず協議会設置に至らなかった場合もある。広域市町村圏からなる碧海5市（碧南市，刈谷市，安城市，高浜市，知立市）の地域では各市の足並みがそろわず，合併協議会の設置には至らなかった。この地域は財政的にも豊かで合併の必要度は高くなく，合併協議が進行したとしても通勤圏の中心をなす刈谷市（132,054人，1.28）と安城市（158,824人，1.16）の2つの中心都市があり，主導権争いが起こる可能性があったであろう。そのほかには，税収が多く非合併宣言をした飛島村（4,525人）[8]や

人口が5万人を超えて単独で市制を敷いた三好町（みよし市，2010年）や長久手町（長久手市，2012年）があり，さらに協議会設置計画さえなかった都市としては小牧市や春日井市，瀬戸市などがある。

　愛知県では合併新法のもとで合併した市町村も比較的多く，合併推進構想（2006年12月）の「構想対象市町村の組み合せ」として指定された①十四山，弥富町（弥富市誕生），②豊川市，音羽町，御津町，③清須市，春日町，④豊川市，小坂井町，⑤七宝町，美和町，甚目寺町（あま市誕生）はすべて合併が成立した。「引き続き合併を検討すべき市町村」としては，⑥東栄町（新城・奥三河の市町村），⑦飛島村があげられたうち，東栄町では「新城市・設楽町・東栄町・豊根村」の組み合わせが最も望ましいとされたが，かつて協議会解散の経緯があり，合併の話は進まなかった。

　以上が愛知県における市町村合併のおもな経緯である。本県では「平成の大合併」と絡んだ主要都市の昇格もないし[9]，財政的に厳しい小規模自治体も少ないため，他の大都市圏周辺部と同様に協議会の解散が多いのが特徴といえる。東京大都市圏や大阪大都市圏と比較すると本県の特徴として次の点があげられる。

　繰り返し述べるように，東京・大阪の大都市圏と比べると名古屋市の人口規模が小さく，県域が広いため，奥三河のような過疎地域まで含まれ，大都市圏の特徴を十分に発揮した地域とはいえない。また東京・大阪の大都市圏とは違って，名古屋市周辺に人口規模の比較的小さい市町村が残されていた。東京特別区や大阪市の周辺では大規模な衛星都市が多く分布し，市町村合併の実施される余地がもはやなかったのに対して，名古屋市周辺には比較的小規模な市町村があり，「平成の大合併」によって北名古屋市や清須市，あま市などの新市が誕生した。しかも，名古屋市周辺では名古屋市への編入合併を希望した町が多かった。西枇杷島町の住民には名古屋市への合併の意向があったし，豊明市，日進市，東郷町，長久手町でも名古屋市との合併を進める会を設置（2003年）したが，名古屋市から拒否され，合併は成立しなかった（愛知県，2011：58-67）。

　2004年には七宝町，美和町，大治町が名古屋市との合併研究会を設置したのに対して，名古屋市長は甚目寺町も含めて事務レベルの勉強会の開催を提案したこともあったが，いずれの案も成功しなかった。周辺市町にとっては，2000年の水害の災害復旧において名古屋市は体制が整っていたので合併しておくべきだったという思いがあるといわれる[10]。

　名古屋市周辺の衛星都市やベッドタウンには工業的衛星都市が多く，住宅衛星都市の多い東京・大阪とは違っているが（森川，1998：99），財政的に豊かな市町村が多いことが市町村合併を遅延したものと考えられる。しかし，県内には新城南北設楽広域市町村圏のように過疎地域も含まれており，地域差も大きい。合併推進構想では1万人未満町村の合併推進を計画し，上述のように，構想対象市町村に指定された5地区はすべて合併新法のもとで合併が成立したが，「引き続き合併を検討すべき市町村」にあげられた東栄町（新城・奥三河の市町村）は非合併にとどまった。豊根村（1,420人）と富山村（209人）の合併によって発足した新・豊根村の人口はわずか1,629人（2000年）しかなく，全国でも珍しい小規模村である。設楽町と東栄町を含めても1万人を少し超える程度で，小規模自治体では事務の共同処理も選択肢の1つとされており，奥三河の東栄町，新城市，設楽町については県と市町村の検討委員会を設置し，森林行政や医療，観光，道路などの問題をその業務としている。

3. 静岡県

(1) 地理的特徴と市町村合併に対する県の対応

　静岡県は国の地方区分では東海地方に属するが，富士川以東の地域は関東地方といってもよく，実質的には東海と関東とに二分される。また，東海道線や東名高速道が県内を縦貫する交通の要衝であるため，東京を中心とする大都市圏が成長するにつれて発展を遂げてきた富裕な地域でもある。ちなみに，静岡県の平均財政力指数（0.67）は，神奈川県（0.90），大阪府（0.78），愛知県（0.78），東京都（0.74）に次いで全国第5位であった（表Ⅱ-4参照）。財政力指数1.00以上の市町村は，原子力発電所のある浜岡町（1.49）をはじめ長泉町（1.18），裾野市（1.17），熱海市（1.16），伊東市（1.04），小山町（1.04），湖西市（1.03），富士市（1.02），御殿場市（1.00）の9市町を数え，浜松市（0.91）は第13位，静岡市（0.86）は第19位であった。しかし，西北部山地や伊豆半島には過疎地域もあり，最高の浜岡町と最低の水窪町（0.16）との間には大きな開きがある。

　「昭和の大合併」の市町村減少率は67.7%で，全国平均とほぼ同率であったが（表Ⅱ-1参照），人口1万人未満の小規模自治体比率は1960年の26.3%から2000年には20.3%へと減少しており（表Ⅱ-2参照），人口増加によって小規模自治体が減少した地域に属する。

　県人口は376.7万人にも達するが，東西に細長く伸びる県域には多くの都市が密集して分布するため，図Ⅵ-1に示すように大規模な通勤圏は発達せず，中規模中心地といえるのは浜松市（圏内市町村数は9）だけで，静岡市（同3）をはじめ沼津市（同4），三島市（同4），磐田市（同2），袋井市（同4），掛川市（同3），島田市（同3），藤枝市（同2），富士市（同2），御殿場市（同2），湖西市（同2），修善寺町（同2），西伊豆町（同2）はいずれも小規模中心地である（表XⅡ-11参照）。しかも，密集する都市では近隣都市に対する通勤者比率が高く，三島市から沼津市へ13.7%，磐田市から浜松市へ14.5%，袋井市から磐田市へ9.8%，掛川市から袋井市へ6.6%，島田市から藤枝市へ7.1%，藤枝市から静岡市へ13.4%，湖西市から豊橋市（愛知県）へ10.7%，修善寺町から三島市へ7.5%と通勤者が多く，これらの都市は半従属中心地に分類される。ただし，掛川市（80,217人，0.87）と袋井市（59,835人，0.90）との人口規模では掛川市の方が大きく，掛川市が袋井市の通勤者の第1位対地となるべきであるが，近くに磐田市（86,717人，0.82）があるため，袋井市の通勤者の多くが磐田市を指向し玉突型通勤圏を形成している。

　伊豆地方では，西伊豆町（7,747人）は松崎町（8,515人）との間に相互依存型通勤圏を形成するが，北側に位置する賀茂村から西伊豆町に通勤者が多いため，西伊豆町は2町村を通勤圏とする小規模中心地となる。中川根町と本川根町との間にも相互依存型通勤圏がみられる。下田市や伊東市，浜岡町，佐久間町はそれぞれ1市町村だけの準通勤圏を形成しており，熱海市と戸田村，土肥町，春野町が通勤圏外地域に属する。

　静岡県では，広域行政推進研究会による『県内市町村の地域的一体性状況に関する調査報告』（1999年3月）と『市町村の規模の在り方に関する調査研究』（2000年3月）において多数の指標を用いてクラスター分析による市町村間の一体性に関する調査が行われ，合併推進要綱策定への準備がなされていた。

　静岡県の合併推進要綱（2000年）において注目されるのは，山梨県と同様に，「合併が困難な地域

への対応」において広域行政制度などの活用について触れていることである[11]。先にも触れたように，都道府県知事に対する事務次官通達（自治振第95号）では「合併への制約が大きい地域」について説明しており，人材派遣，市町村からの事務受託，過疎代行などの手段による支援の意思を示しているが，それ以上具体的に広域行政について触れてはいない。

合併推進要綱（2000年）に示す合併パターンでは，社会生活的一体性および産業経済的一体性を考慮したAパターン（16圏域）とそれをさらに細分化したBパターン（同24），これに広域的行政サービス体系および政策的一体性誘導の観点を加えたCパターン（同17），Cパターンを細分化したDパターン（同21），「合併などについて検討・研究を行っている圏域」をあげたEパターン[12]の計5つのパターンが示された。ただし，Eパターンを除く4つのパターンの間には大差はなく，AパターンとCパターンの間にも2圏域において区分の差がみられるだけである。したがって，図Ⅵ-4のAパターンを基本パターンとみるのが適当と考える。

静岡県は行政的には通常4地域（危機管理局）[13]に区分される。Aパターンは一部境界不一致のところもあるが，大部分は10の広域行政圏を細分するかたちをとる。Aパターンと通勤圏とを比較した場合には，整合するのは賀茂村，西伊豆町，松崎町からなる西伊豆町地区の圏域ぐらいで，他には整合する地域はなく，Aパターンには日常生活圏以外の条件が強く考慮されているように思われる。

静岡県では合併推進構想（2006年）も策定され，合併新法による市町村合併が行われた。そのなかで構想対象地域として指定されたのは，(A) 人口1.5万人未満を含む地区（①南伊豆地区，②富士宮・芝川地区，③静庵（静岡市・由比町）地区，④島田・川根地区，藤枝・岡部地区），(B) 生活圏が一体化している地区（⑤富士・富士川地区）の計5地区であった[14]。このほか，静岡県市町村合併推進審議会の答申を得て構想の変更を行う地域として7地区をあげていたが，合併推進構想の変更版（2008年）には，図Ⅵ-5に示す「合併を推進する市町の組み合わせ図」が提示された。この指定地域の一部には旧合併特例法のもとで合併した市町村も含まれ，構想対象地域が県全域をカバーしないとしても，「将来の望ましい市町村の姿」を意図したものと解釈される。

なお，静岡県で注目されるのは県内に静岡市と浜松市の2つの政令指定都市が誕生したことである。また，静岡県では1997年頃から市町村への権限移譲を始めており，その件数は全国第1位といわれ，基礎自治体の権限強化に努めてきた[15]。

(2) 合併の経緯

表Ⅵ-2に示すように，合併市町村は58（78.4％），協議会解散や離脱による非合併が5（6.8％），協議会不参加は11（14.9％）[16]で，協議会解散や離脱の市町村が比較的少なく，「合併完了型」に近い。人口1万人未満の小規模自治体も，15（20.3％，2000年）から5（14.3％，2010年）に減少している（表Ⅱ-3参照）。小規模自治体のうち西伊豆町（9,469人，2010年）と川根本町（8,074人）は合併してできた新町であり，残りの河津町，南伊豆町，松崎町は協議会の解散によって合併が不調に終わった町である。

静岡県の実際の市町村合併では順調合併が多かったが，合併推進要綱に提示されたA～Dパターンの圏域と一致したものは皆無である。2002年か03年に設置された合併協議会のなかには，任意協議会を経ることなくいきなり法定協議会が設置されたものもある。

152　VI　東海・北陸地方の市町村合併

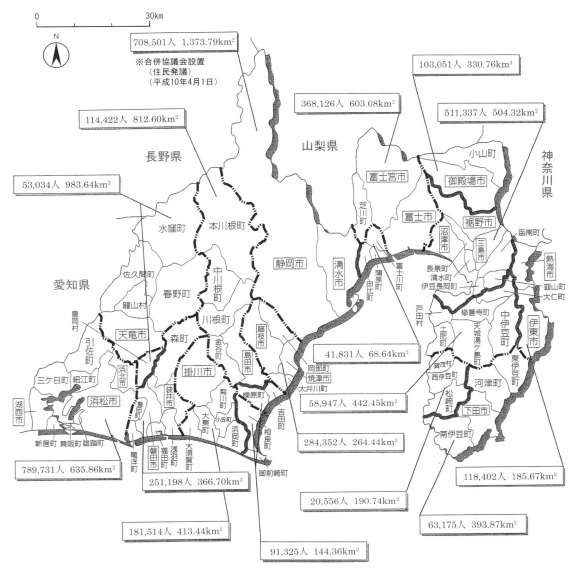

図VI-4　静岡県における合併推進要綱の基本パターンと広域市町村圏
太実線：基本パターン境界，二点鎖線：広域行政圏．人口は平成12年3月31日現在．
資料：市町村合併問題研究会編（2001：131），自治省行政振興課編（1983：56）による．

　①修善寺町，土肥町，天城湯ヶ島町，中伊豆町の4町は，2003年1月に法定協議会を設置してそのまま合併し，伊豆市（市役所は修善寺町役場）となった．一方，②基本パターンではこの圏域に属していた大仁町は，伊豆長岡町，韮山町とともに2003年10月に法定協議会を設置して合併し，伊豆の国市（市役所は伊豆長岡町役場）が誕生した．伊豆市では，土肥町は通勤圏外地域に属するが，天城湯ヶ島町と中伊豆町は修善寺町の通勤圏に属する．伊豆の国市の3町のうち大仁町と韮山町は三島市の通勤圏にあり，伊豆長岡町だけが沼津市の通勤圏に属する．同じく通勤圏外地域にある戸田村も，2003年12月には圏域を越えて沼津市と法定協議会を設置して編入した．したがって，伊豆市と

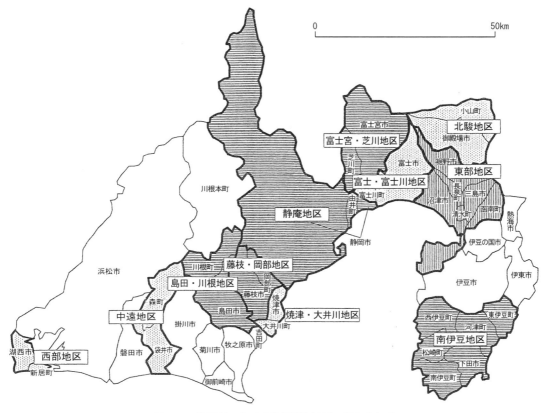

図Ⅵ-5 静岡県における構想対象地域の組み合わせ
出典：静岡県（2008）：『静岡県市町村合併推進構想 変更版』，p.15による．

伊豆の国市の誕生は通勤圏よりも同一郡域を重視したものといえる．③西伊豆町地区は圏域の3町村でもって2003年6月に法定協議会を設置したが，松崎町（4,197人，0.36）が離脱して解散し，翌年9月に西伊豆町と賀茂村でもって法定協議会を設置して合併し，新・西伊豆町が誕生した．人口の少ない松崎町は非合併となった．

　④県西部では浜松市が2003年9月に12市町村でもって法定協議会を設置し，順調な編入合併によって新・浜松市を形成した．法定協議会設置の以前には佐久間町と水窪町が2町で研究会を設置したり，14市町村でもって環浜名湖政令指定都市構想研究会を設置するなどの動きはあったが，法定協議会の設置以後大きな問題もなく12市町村が歩調を合わせて合併したのは，政令指定都市への昇格目標のためとはいえ驚くべき結束といえる．ただし，浜松市の日常生活圏からみれば，その通勤圏に含まれる海岸部の市町が浜松市とは別に新・磐田市を形成した[17]のに対して，直線距離でも55kmも離れて市役所訪問にも2時間以上を要する水窪町が浜松市と合併したのは異様なことである[18]．浜松市は2007年4月に静岡市より2年遅れて政令指定都市となった．

　上述のように，⑤浜松市の通勤圏に属する竜洋町や豊田町，磐田市は福田町，豊岡村を加えて2003年1月に法定協議会を設置して新・磐田市となった．袋井市は基本パターンでも上記の広域行政推進研究会の調査においても磐田市と同一圏域に属していたが，都市同士の合併は敬遠され，袋井

市は浅羽町の2市町でもって合併した。ただし，2003年6月に袋井市は森町，浅羽町と1市2町でもって法定協議会を立ち上げ，翌年5月に合併協定調印式をすませますが，その後になって森町は合併関連議案を否決したので2市町の合併したものである。

　基本パターン（Aパターン）の圏域のなかには，磐田市と袋井市の他にも沼津市と三島市，裾野市や富士市と富士宮市，藤枝市と焼津市のように，人口規模の比較的類似した複数の市を含む圏域があったが，都市同士の合併はまったく実現しなかった。⑥藤枝市・焼津市地区では圏域の2市2町によって2002年7月に任意協議会を設置し，法定協議会まで進んだが，2004年12月になって解散し，その後2007年には焼津市は大井川町と，藤枝市は岡部町と法定協議会を設置してそれぞれ編入合併し，新・焼津市と新・藤枝市が誕生した。一方，⑦富士市・富士川町の場合には2006年11月に合併新法の下で法定協議会を設置し，富士宮市は2009年4月になって芝川町と法定協議会を設置して，それぞれ編入合併によって新・富士市と新・富士宮市が誕生した。

　⑧掛川市地区では，掛川市と大東町，大須賀町の3市町が2003年4月に任意協議会を設置し法定協議会に移行して新・掛川市が誕生したが，そのほかにも2003年1月に菊川町と小笠町でもって任意協議会・法定協議会を設置して合併し，菊川市（市役所は菊川町役場）が誕生した。さらに，⑨原子力発電所の立地する浜岡町は通勤圏内にあるが，基本パターンでは別の圏域に属する御前崎町（6,677人，0.57）と2002年9月に法定協議会を設置して合併し，御前崎市（市役所は浜岡町役場）となった。原子力発電所のある市町村には単独存続にとどまるものが多い中にあって浜岡町が他町と合併したのは，観光振興や御前崎港の利活用，さらには権限移譲による都市計画・土地利用計画を広域的観点から策定できるなど，まちづくりの効果が期待されるからといわれる[19]。

　⑩島田市地区では，2003年2月に相互依存型通勤圏を形成する本川根町と中川根町とが川根地域合併協議会設立準備会を設置し，法定協議会に進んで合併し，川根本町（町役場は中川根町役場）が誕生したし，⑪同年12月には島田市と金谷町も法定協議会を設置して新設合併し，新・島田市が誕生したが，2006年12月には合併新法のもとで法定協議会を設置して川根町を編入した。⑫榛原町地区では2003年12月に榛原町と相良町が法定協議会を設置してそのまま合併し，牧之原市（市役所は榛原町役場）が誕生した。大手企業の工場や事業所が立地する吉田町（27,492人，0.94）は協議会に不参加のままで単独存続となった。

　⑬静岡市の合併では，静岡市と清水市との法定協議議会は1998年4月に設置されていたが，新設合併の成立は2003年4月であったので「平成の大合併」として扱われる。この合併によって静岡市の人口は700,886人（2005年）に達し，2005年4月に政令指定都市となった。なお2004年4月には，静岡市と蒲原町との間に法定協議会を設置し，2005年2月には合併協定調印式を済ませた。しかし，その後に当選した蒲原町長は「静岡市との合併を撤回し，由比町，富士川町との合併」を主張して紛糾したが，新町長が当選した時点ですでに総務大臣による廃置分合処分の告示は完了していたので，2006年3月には蒲原町の静岡市への編入が成立した。一方，2004年4月に設置された静岡市・由比町の法定協議会は「合併を是」としたものの，由比町議会が議案を否決したため協議会を解散し，合併新法のもとで2007年7月に再び合併協議会を設置して編入した。これによって，蒲原町の飛地は解消された。

　上述のように，静岡県では合併新法のもとでの合併が比較的多い。最後に合併したものには，構

想対象地域に指定された富士宮市・芝川町と湖西市・新居町の合併がある。①富士宮市と芝川町は2009年4月に法定協議会を設置して合併した。②湖西市と新居町の合併では浜松市との合併を希望する新居町長と湖西市との合併を模索する町議会との対立があったが，2008年3月になってようやく任意協議会を設置し，法定協議会に移行して編入合併し，新・湖西市が誕生した。

　以上は，途中で協議会を解散したものも含めて，市町村合併が成立した場合であるが，協議会が解散してその構成市町村が非合併となった例に下田市地区がある。ここでは2003年4月に下田市，南伊豆町，河津町でもって任意協議会を設置し，法定協議会に進んだが，2004年1月には解散した。同年5月には下田市と南伊豆町とで任意協議会を設置したが，同年10月には解散した。2008年6月には上記のように構想対象地域の指定のもとで下田市，河津町，南伊豆町，松崎町の4市町による法定協議会を設置したが，2009年10月に解散し，関係市町はすべて非合併にとどまることとなった。南伊豆町議会では「合併協定書の内容に先送りが多く，将来像が見えない」，「東伊豆町，西伊豆町を加えるべきだ」などと反対派が主張し，松崎町議会では「松崎町の主張が受け入れられず，メリットがない」との反対があった。下田市（27,898人，0.50）は人口不足のため定住自立圏の中心市となる資格をもたない[20]。

　さらに県東部には，神奈川県から続く協議会不参加の地域がある。この地域では財政が豊かで合併には消極的であったが，合併への動きがまったくなかったわけではない。この地域の8市町村（沼津市，三島市，裾野市，函南町，清水町，長泉町，韮岡町，伊豆長岡町）では研究会が設置され，さらに12市町による政令指定都市の誕生が期待されたが，沼津市と三島市の調整がつかず不成立となった。裾野市，沼津市，三島市，御殿場市を含む12市町は2003年9月に政令指定都市事務調査会を設置したことがあり，2006年6月にも9市町が政令指定都市への移行を視野に検討したが，協議は進展しなかった。沼津市は段階的に政令市を目指すべきとしたのに対して，三島市は一気に政令市を目指すべきと主張し，調整がつかなかった。北駿地区の御殿場市と小山町（22,235人，1.04）の合併では，御殿場市は住民アンケートでも合併に肯定的であったが，小山町は消極的なため合併協議会も成立しなかった。

　以上が静岡県の合併状況である。都市が多い本県ではあるが，都市同士の合併は敬遠され，中心市と近隣町との小規模な合併が多い中にあって，政令指定都市を目指した浜松市の大規模合併は例外といえる。新市の誕生は5市を数える。

4. 岐阜県

(1) 地理的特徴と市町村合併に対する県の対応

　岐阜県は，平野に恵まれ名古屋市にも近い美濃地方と，険しい山地のため生活条件が厳しい奥美濃と飛騨地方の対照的な2地域からなる。「昭和の大合併」では市町村数は286から106へと約1/3に減少したが（表Ⅱ-1参照），2000年の市町村数は99と多く，全国第4位にあった。小規模自治体は1960年の61.3％から2000年の56.6％へとわずかに減少したが，全国平均の46.5％（2000年）に比べれば高い方であった（表Ⅱ-2，Ⅵ-1参照）。

　表Ⅱ-4に示すように，県の平均財政力指数は0.41と比較的高く，最高は可児市の0.92で，0.80以

上には大垣市（0.88），各務原市（0.85），岐阜市（0.81），岐南町（0.81）がある。ただし，県北には厳しい財政事情の市町村も多く，0.20未満の町村は17（17.2％）を数える。

表XII-11および図VI-1に示すように，通勤圏では岐阜市（圏内市町村数は22），大垣市（同12）が大規模中心地，高山市（同9），中津川市（同6）が中規模中心地のほか，可児市（同4），美濃加茂市（同4），八幡町（同4），関市（同3），下呂町（同3），多治見市（同2），恵那市（同2），瑞浪市（同2），美濃市（同2），明智町（同2），萩原町（同2），揖斐川町（同2）などが小規模中心地に該当する。これらの通勤中心地のうち，大垣市の就業者の6.2％は岐阜市へ通勤する半従属中心地である。さらに，可児市（名古屋市），美濃加茂市（可児市），関市（各務原市），美濃市（関市），恵那市（中津川市），瑞浪市（土岐市），明智町（瑞浪市），揖斐川町（大垣）はそれぞれカッコ内の都市の半従属中心地に当たる。土岐市や各務原市は瑞浪市や関市の通勤者を受け入れるだけの準通勤圏を形成する。下呂町（14,916人）と萩原町（11,716人）は相互に5％以上の通勤者を受け入れ，人口も類似した規模であるので共同通勤圏とみることができるが，下呂町から萩原町への通勤者が7.8％に対してその逆の流れは18.1％で通勤者比率においてはかなりの差異があり，萩原町も下呂町の半従属中心地といえよう。通勤圏外地域には白川村，藤橋村，坂内村がある。

県内では10の広域市町村圏を統合した5つの地域振興局（岐阜，西濃，中濃，東濃，飛騨）がある。岐阜県の合併推進要綱は「合併支援要綱」と呼ばれ，合併パターンについては5名の学術経験者で構成された岐阜県市町村広域行政検討委員会の報告による①45の組み合わせ，②市町村議会議員が合併のために想定したとされる42の組み合わせ，③日常社会生活圏を重視した39の組み合わせが示された[21]。これらの組み合わせ圏域は重複した種々の組み合わせを考えたものであり，このほかにも，④広域市町村圏を単位とした10の組み合わせも示された。合計39の組み合わせは，県域を5つの地域振興局の単位に区分し，それをさらに市町村間の結びつきの程度によって13と21の圏域に区分したものである（図VI-6参照）。人口規模からすると，13圏域が他県の基本パターンに妥当するので，市町村合併や通勤圏の考察には13圏域を基本パターンとみなすことにする。

上記の基本パターン（13圏域）は通勤通学圏を考慮したとはいえ，通勤圏との間には不整合の地域もみられる。例えば，墨俣町は岐阜市の通勤圏に属するが，基本パターンでは大垣市の圏域に含まれる。美並村は八幡町地区に含められるし，加子母村は下呂町地区ではなく，中津川市地区に区分されている。しかしながら，後述するように，基本パターンの境界を跨いだ合併はきわめて少ない。

岐阜県では合併推進構想は策定されず，合併新法による市町村合併は皆無であった。

(2) 合併の経緯

表VI-2に示すように，合併市町村は74（74.7％），協議会解散や離脱による非合併が25（25.3％）で，協議会不参加はゼロである。協議会不参加の市町村がまったくないのは後述の島根県，愛媛県と3県だけであるが，県は協議会参加を特別に指導したわけではない[22]。小規模自治体も合併直前の56（56.6％）から合併後の7（16.7％）に減少したが（表II-3参照），7つの小規模自治体はすべて協議会の解散によって合併が不調に終わった町村である。

基本パターンの境界を越えた合併には，後述の墨俣町の大垣市への飛地編入と高山市・飛騨市地区がある。高山市・飛騨市地区において，飛騨市地区に属していた上宝村（吉城郡）が高山市と合併し

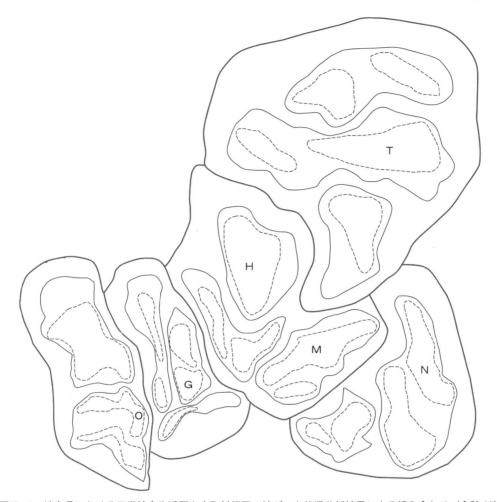

図VI-6 岐阜県における日常社会生活圏と市町村相互の結びつき状況分析結果による組み合わせ（合計39）
　　　G：岐阜市，H：八幡町，M：美濃加茂市，N：中津川市，O：大垣市，T：高山市．
　　　破線：13グループ形成の一段階前で結びつく状況（21グループ）．
　　　細実線：すべての市町村がいずれかにグループ化されたときの状況（13グループ）．
　　　太実線：13グループが他の13グループと結びつく状況（5グループ）．
　　　資料：岐阜県（2002）：『岐阜県市町村合併支援要綱（改訂版）』，p.30による．

たのは圏域を越えた編入合併である。この地区では2002年5月に15市町村でもって飛騨地域合併推進検討研究会（任意協議会）を設置したが，同年11月に吉城郡4町村でもって法定協議会を立ち上げ，合併して飛騨市（市役所は古川町役場）が誕生した。さらに1カ月後の2003年12月には高山市と大野郡7町村と吉城郡2町村の10市町村でもって法定協議会を設置し，そのまま編入して新・高山市となった。面積は2,177.7km^{2}で香川県よりも広く，東西の長さは80.9kmに達する。このような大規模合併が行われたのは新町の中心となる中核的な町を欠くためである。高山市の行政は総合支所制度を採用しており，合併地区の住民が本庁舎に出かけることは少ない。コミュニティバスの導入や市役所の午後7時までの営業，さらには地域審議会に対する予算や地域振興資金の付与，一体感醸成のための飛騨高山ブランドの開発や観光ルートの整備など，特別な施策が講じられている。

この任意協議会に加入していた白川村（2,151人，0.37）は2002年9月に苦渋の決断によって協議会から離脱し，非合併となった。行政の中心となる高山市との距離は80〜100kmあること，これまで住民の献身的努力によって維持してきた世界遺産白川郷合掌造り集落の維持が困難になること，生活圏で富山県との関係が強いことなどが大きな理由となった[23]。飛騨の広域市町村圏は合併によって解消したので，白川村は介護保険や消防業務などを高山市に委託することになった。

　それに対して，基本パターン（13圏域）と整合した合併には山県市と郡上市，下呂市がある。①山県市の場合には2001年2月に山県郡3町村でもって任意協議会，同年8月には法定協議会を設置してそのまま合併し，山県市（市役所は高富町役場）が誕生した。②郡上市地区では，2001年10月に郡上郡7町村でもって郡上郡町村合併検討研究会（任意協議会）を設置し，翌年4月には法定協議会に移行して合併し，郡上市（市役所は八幡町役場）となった。③下呂市の場合にも，2002年7月に益田郡5町村でもって任意協議会を設置し，同年11月には法定協議会に移行して合併し，下呂市（市役所は下呂町役場）が誕生した。通常，観光地の合併においては地名の保持が重視されるが，新市名が下呂市となり，下呂町役場が本庁舎となったことは下呂町民にとって喜ばしいことと思われる。

　美濃加茂市地区でも，基本パターンに含まれる美濃加茂市と加茂郡8市町村でもって2002年8月に任意協議会を設置し，翌年4月には法定協議会に進んだが，2004年12月には解散して合併には至らなかった。ここでは，議員の定数特例や財政運営の不満などにより美濃加茂市では住民アンケートの結果合併賛成6,618票（17.9％），反対9,608票（26.5％）で市長が協議会離脱を表明したので，残りの7町村による合併が検討されたが，美濃加茂市を挟んで飛地が発生するため，合併には至らなかったといわれる[24]。最近，美濃加茂市を中心市とする定住自立圏が7市町村全域を対象として設置されたのは後述の彦根市の場合と類似する。

　圏域の一部を残して合併したものには，関市地区と揖斐川町地区がある。関市地区では2002年10月に圏域全体の7市町村でもって任意協議会を設置したが，翌年2月に解散した。その後，美濃市は新市名が関市となることに難色を示して不参加となり，2003年3月に5市町村でもって法定協議会を設置した後，武芸川町も遅れて参加し，美濃市を除く5町村が編入して合併して新・関市が誕生した。美濃市の人口は関市よりも少ないが，美濃和紙で栄えた歴史をもち，有力な企業経営者もあって，関市との合併には企業者の反対も強かったといわれる[25]。

　一方，揖斐川町地区では，2002年4月に8町村でもって揖斐川郡町村合併推進研究会（任意協議会）を設置し，同年12月には法定協議会に進んだが，翌年7月に協議会を解散した。その直後に池田町（23,820人，0.49）を除く7町村でもって法定協議会を設置したが，大野町（23,071人，0.52）が離脱したため6町村でもって合併し，新・揖斐川町が誕生した。人口2万人を超え，石灰や大理石の生産で財政力も比較的豊かな池田町と大野町は財政力の弱い町村[26]との合併を嫌ったものと推測される。なお，池田町は大垣市に隣接するが，大垣市と合併すれば独自の政策が実行できない可能性も考慮された。

　基本パターンの圏域を二分して合併したものには，本巣市・瑞穂市地区と中津川市・恵那市地区がある。本巣市・瑞穂市地区の場合には，2001年9月に本巣郡4町村でもってもとす北部地域合併問題検討協議会（任意）を設置し，翌年法定協議会に移行してそのまま合併し，本巣市（市役所は本巣町役場）となった。一方，本巣郡南部の穂積町，巣南町，北方町は2002年5月に法定協議会を設置したが，公共料金の調整や新市名をめぐって難航し，4カ月後には協議会を解散し，北方町を除く2

町はただちに法定協議会を設置して合併し，面積28.2km²をもった瑞穂市（市役所は本巣町役場）が誕生した。北方町（17,250人，0.64）は非合併にとどまった。

　中津川市，恵那市の場合にも，最初から基本パターンを二分するかたちで合併協議会を設置し，そのまま合併した。恵那市地区では2002年6月に恵那市と恵那郡5町村が任意協議会を設置し，翌年2月に法定協議会に移行して合併し，新・恵那市が誕生した。一方，中津川市の場合にも，2002年6月に中津川市・山口村合併問題協議会（任意）を設置し，翌年1月には法定協議会を設置した。また，2002年7月には7市町村（中津川市，坂下町，川上村，加子母村，付知町，福岡町，蛭川村）によって中津川市・恵那郡北部町村合併問題協議会（任意）を設置し，翌年3月には法定協議会に移行してそのまま編入合併した。

　上記のように，中津川市の合併には全国唯一の越県合併を行った山口村が含まれる。山口村は2004年9月に長野県知事に越県合併の要請書を提出したが，県知事は難色を示したため，同年11月に山口村は合併関連議案の12月議会への提出を再度要求した。しかし，長野県知事は提案を見送ったので，中津川市，山口村および恵那郡6町村が長野県知事に要請し，長野県議会が合併関連議案を可決した。2005年1月に長野県知事が総務省に中津川市と山口村の合併を申請することによって越県合併が成立した。

　そのほかにも，基本パターンのうちの一部だけが合併したものがある。①可児市，多治見市，土岐市，瑞浪市の地区では，2002年10月には可児市，兼山町，御嵩町でもって可児市郡合併検討協議会（任意）を設置し，法定協議会に進んだが，2004年3月に協議会を解散し，可児市と兼山町の2市町でもって法定協議会を設置して編入合併した。一方の瑞浪市，土岐市，多治見市，笠原町の4市町は2002年7月に東濃西部合併協議会（法定）を設置したが，都市間の合併は困難なためか，本協議会も2004年3月には解散し，多治見市と笠原町の2市町でもって同年7月に法定協議会を設置して笠原町を編入した。したがって，将来の行政運営に自信のある土岐市（63,283人，0.58），瑞浪市（42,298人，0.65），御嵩町（19,653人，0.56）は単独存続を貫いた。

　②各務原市は，2003年1月に各務原市，川島町，岐南町でもって任意協議会を立ちあげたが，法定協議会設置の後岐南町（22,137人，0.81）が離脱し，川島町が各務原市に編入し，新・各務原市を形成した。③岐阜市の場合には，2002年12月に岐阜市，羽島市，柳津町，武芸川町でもって任意協議会を設置し，それに笠松町，岐南町，北方町も参加を申し入れ，2003年4月には岐阜市，羽島市，柳津町，笠松町（22,319人，0.63），北方町の5市町でもって岐阜広域合併協議会（法定）を設置したが，最終的に編入合併したのは柳津町（12,334人，0.73）だけで，関市と合併した上記の武芸川町を除くと他は非合併にとどまった。その結果，岐阜市の人口は50万人にも達せず，政令指定都市構想は実現しなかった。

　④大垣市地区では，2002年12月に大垣市と圏域外の池田町によって法定協議会を設置したが，翌年3月には解散した。上記のように，池田町は同じ頃に揖斐郡町村推進研究会（任意協議会）に加入したことがあったが，解散後は法定協議会に参加することなく非合併となった。なお，2003年2月には大垣市は9市町でもって西濃圏域合併協議会（法定）を設置し，関ヶ原町も加入したが，2005年3月に解散した。解散の1カ月前に大垣市は上石津町，墨俣町と法定協議会を設置して飛地編入したが，大垣市の人口はわずか増加しただけで特例市には届かなかった。

上石津町（6,921人，0.33）が飛地となったのは[27]，周辺の町村が住民アンケートの結果を踏まえて大垣市との合併協議から離脱したためである[28]。合併後大垣市は上石津町との間にコミュニティバスを運行している。墨俣町（4,660人，0.30）も大垣市とは飛地をなすものである。墨俣町は岐阜市の通勤圏に属するが，輪中地域をなして安八町，輪之内町などとの一体性が強く，社会的インフラにおいては岐阜市との関係がとくに強いわけではない。なお，大垣市圏域の南部では，海津町，平田町，南濃町は2002年6月に法定協議会を設置して順調合併して海津市（市役所は海津町役場）が誕生した。

以上が岐阜県における市町村合併の概要である。県内の全市町村が合併協議に参加したこと，合併支援要綱の基本パターンとみなされる13圏域を十分考慮して協議会が設置されたこと，順調合併が比較的多いことも本県の特徴といえる。県北部では広大な面積をもつ新・高山市が誕生したのに対して，都市密集地域では将来の行政運営に自信をもって非合併を貫く大規模な市町が多い。なお，協議会解散によって構成市町村すべてが非合併となった美濃加茂市地区も特徴的な事例といえる。

5. 三重県

(1) 地理的特徴と市町村合併に対する県の対応

三重県は通常，北勢，伊賀，中南勢，伊勢志摩，東紀州の5地域に区分されるが，中南勢と伊勢志摩の境界は不明瞭であり，後述の合併推進要綱の合併パターンの圏域とも異なる。三重県は近畿地方とみられることもあり，伊賀地方では今日でも関西経済圏に属し関西に向かう通勤者が多いが，伊賀地方を除く三重県の大部分は名古屋市の経済圏に属し，東海地方に含められる。しかも，南北に細長い県域のなかでは南北間に顕著な地域格差がある。県北部には大工業都市・四日市市をはじめ鈴鹿市や亀山市，いなべ市などには自動車や液晶関連の大工場が立地し，中部の津市には行政官庁が集中し，伊勢志摩地方は観光地として発展してきたが，南部の東紀州地域は高速道路も未開通で，経済の遅れた地域をなしている。

人口1万人未満の小規模自治体数は1960年の35（48.6％）から2000年の30（43.5％）へとやや減少しており，2000年には全国平均以下に低下している（表VI-1，表II-2参照）。県平均の財政力指数は0.48と比較的高く，火力発電所の立地する川越町が2.05のほか，鈴鹿市は0.91，津市は0.90であるが，熊野市の財政力指数は0.29と低く，0.20未満が4町村（宮川村，紀勢町，大内山村，紀和町）を数える。

表XII-11や図VI-1にみられるように，三重県の通勤圏には大中小さまざまなものがある。大規模中心地は津市（圏内市町村数は11）だけで，中規模中心地には伊勢市（同8），松阪市（同7），四日市市（同6），桑名市（同6），上野市（同5）があり，小規模中心地には名張市（同4），熊野市（同3），尾鷲市（同2），阿児町（同3），大台町（同2），紀伊長島町（同2）がある。このうち，伊勢市（松阪市），松阪市（津市），桑名市（四日市市），大台町（松阪市），紀伊長島町（尾鷲市）はそれぞれカッコ内に示した都市の半従属中心地に当たる。通勤圏外の地域には南島町がある。

三重県では「市町村のあり方に関する意識調査」を実施して，資源の効率的・合理的な配分，県土の特色ある発展，分権社会の創造という3つの視点を考慮して合併推進要綱が策定された。合併パターンは広域市町村圏と一致するかたちで10区分した「三重①」のほかに，一部の地域について別

の組み合わせを示した合計5つのパターンからなる[29]。図Ⅵ-7に示すように，人口23,679人から349,503人（1995年）までの圏域からなる「三重①」が基本パターンとみられ，広域市町村圏と完全に整合するし，三雲町以外は通勤圏とも緊密な関係がある。

本県では合併新法のもとでの合併協議はみられたが，合併協議が旧合併特例法のときから継続していたもので，合併推進構想は策定されなかった。

(2) 合併の経緯

表Ⅵ-2に示すように，合併市町村は56（81.2%），協議会解散や離脱による単独存続が8（11.6%）で，協議会不参加は5（7.2%）[30]であり，市町村合併の進捗率の高い県といえる。人口1万人未満の小規模自治体も合併直前の30（43.5%）から5（17.2%）に減少している。残存する5つの小規模自治体のうち御浜町を除く4つは協議会の解散によって合併が不調に終わった町村であるが，大紀町は合併後2010年に1万人未満となったものである。

三重県の合併協議のほとんどは基本パターンの圏域内で行われたが，圏域と整合する合併は皆無である。①上野市地区では，2001年2月に6市町村でもって伊賀地区市町村合併問題協議会（任意）を設置して2003年4月に法定協議会に移行し，伊賀市（市役所は上野市役所）が誕生した。名張市は2002年6月になって協議会に加入したが，住民投票の結果合併反対が69.9%を占め，協議会を離脱して青山町との合併を模索したが，不調に終わり非合併にとどまった。

②尾鷲市地区では，2003年10月に圏域の3市町（尾鷲市，紀伊長島町，海山町）でもって任意協議会を設置したが，新市名や新市役所の位置をめぐって意見が対立し，翌年2月には解散し，その後同年4月に2町でもって法定協議会を設置した。これに対して，尾鷲市は加入を申し入れたが，2町はすでに法定協議会を設置していて時機を失し，2町で合併して紀北町（町役場は海山町役場）となった。

③隣の熊野市地区でも，2003年4月に協議不参加を表明した鵜殿村を除く圏域4市町でもって法定協議会を設置したが，新市役所の位置をめぐって協議が難航し，同年10月には解散した。その後2004年2月には紀和町・御浜町が任意協議会を設置したが，2カ月後には解散し，同年4月には熊野市，御浜町，紀和町でもって任意協議会を設置して法定協議会に進んだ後，2005年10月に解散した。2004年10月には熊野市と紀和町で法定協議会を設置し，新・熊野市が誕生した。なお，2004年4月には紀宝町と鵜殿村が法定協議会を設置して合併し，新・紀宝町（町役場は鵜殿村役場）となった。残された御浜町（4,991人，0.24）は2008年2月および同年6月になって合併新法のもとで熊野市に協議を申し入れたが，よい反応が得られず，本庁舎の位置の問題もあって合併期間内の合併を断念した。

④大宮町・大台町地区においては，2003年1月に大宮町・大台町の2町で任意協議会を設置し，それに宮川村も加入したが，2カ月後には解散した。その後同年9月には大宮町，紀勢町，大内山村の3町村でもって任意協議会を設置し法定協議会に移行した後，2004年4月になって住民発議による大宮町，紀勢町，大内山村，大台町の4町村の法定協議会が設置されたが，大台町が離脱し，3町村で合併して大紀町（町役場は大宮町役場）が誕生した。2004年11月には大台町と宮川村の多気郡2町村が法定協議会を設置して合併し，新・大台町となった。

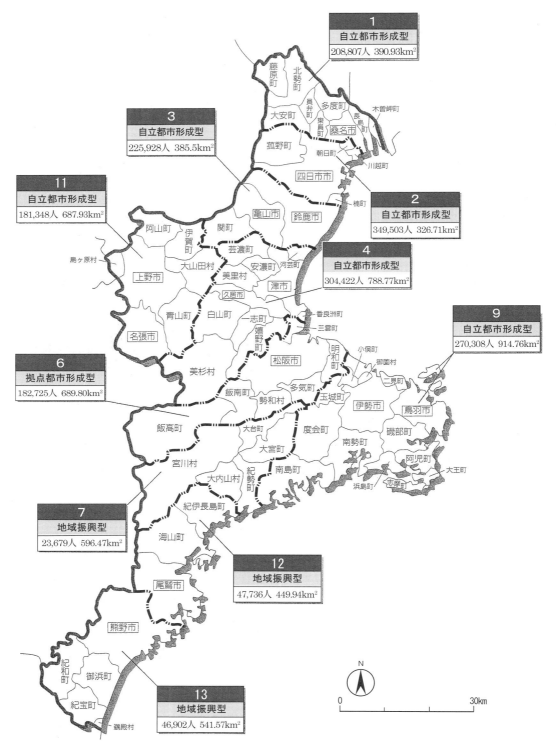

図VI-7　三重県における合併推進要綱の基本パターンと広域市町村圏
　二点鎖線：基本パターン境界，広域市町村圏境界．人口は平成7年10月1日現在（国勢調査）．
　資料：市町村合併問題研究会編（2001：145），自治省行政振興課編（1983：60）による．

基本パターンの圏域をほぼ2分するかたちで合併した例には，桑名市といなべ市の地区がある。①員弁郡5町（北勢町，員弁町，大安町，藤原町，東員町）は2001年10月に任意協議会を設置し，2002年4月には東員町を除く4町でもって法定協議会を設置して合併し，いなべ市（市役所は員弁町役場）が誕生した。一方，②2002年2月には桑名市や東員町を含む5市町（桑名市，多度町，長島町，木曽岬町，東員町）でもって任意協議会を立ち上げたが，同年10月には解散し，翌年2月に桑名市，多度町，長島町の3市町でもって法定協議会を設置し，合併して新・桑名市となった。両方の合併協議会に加入した東員町（13,530人，0.61）は非合併にとどまった。

基本パターンの圏域の一部だけで合併協議が行われた地区には，四日市市と亀山市がある。①四日市市地区では2003年7月に四日市市と楠町とが任意協議会を設置し，法定協議会に移行してそのまま楠町を編入した。②亀山市地区でも2003年4月に亀山市と関町が法定協議会を設置し，そのまま合併した。四日市市地区では菰野町と朝日町，川越町が単独存続となり，亀山市地区では鈴鹿市が非合併にとどまった。鈴鹿市は研究会の段階では，鈴鹿亀山地区合併研究会や四日市市鈴鹿市合併研究会に参加して合併には積極的にみえたが，2003年1月には合併協議から離脱した。

基本パターンの圏域を跨いで合併協議会を設置した地区としては，津市地区と松阪市地区，伊勢市地区がある。①津市地区では，2002年2月に津市，久居市，安芸郡4町村，美杉村を除く一志郡3町の計9市町村でもって任意協議会を設置し，それに嬉野町と美杉村が加入した。しかし，同年10月には一志町，嬉野町，美杉村，三雲町による任意協議会が設置され，1カ月後には解散した。結局，2003年1月には美杉村と嬉野町を除く9市町村でもって法定協議会を立ち上げ，その後美杉村が加入して10市町村でもって合併し，新・津市が誕生した。この合併によって津市の人口は163,246人（2000年）から285,746人（2010年）に増加したが，特例市には指定されていない。

嬉野町（17,884人，0.47）は，基本パターンにおいても通勤圏においても津市の圏域に属するにもかかわらず，津市から離れて松阪市と合併したのが注目される。嬉野町の合併には松阪市，津市，近隣4町村（嬉野町，一志町，三雲町，美杉村）の3つの選択肢があったが，住民アンケートでは松阪市との合併が35％で最多を占めた[31]。津市は周辺10市町村との大規模な合併を進めているため，嬉野町が津市と合併しても周辺部に位置づけられることを恐れたものと考えられる。

②松阪市地区では，2002年4月に松阪市，三雲町，飯南町，飯高町でもって松阪地方市町村合併協議会（任意）を設置し，それに上記の嬉野町が加入したが，同年11月には協議会を解散した。嬉野町と三雲町は2002年10月には一志町や美杉村とともに任意協議会を設置したが，1カ月後には解散した。この解散の少し前，2003年4月には5市町（松阪市，嬉野町，三雲町，飯南町，飯高町）でもって法定協議会を立ち上げ，合併して新・松阪市となった。さらに，この圏域内の明和町，多気町，勢和村は2003年4月には圏域を越えて玉城町，度会町と5町村で任意協議会を設置したが，翌年3月には解散した。このうち，多気町と勢和村は2004年7月に法定協議会を設置して合併して新・多気町となり，残された明和町（22,300人，0.43），玉城町（14,284人，0.57），度会町（9,218人，0.25）は非合併となった。

③通勤圏においても2つの通勤中心地（伊勢市，阿児町）をもつ伊勢市地区では，3つに分かれて合併した。伊勢市は2002年8月に伊勢市，二見町，小俣町，御薗村の4市町村でもって任意協議会を設置し，2004年3月に法定協議会に移行してそのまま合併し，新・伊勢市となった。志摩郡4町（浜

島町，大王町，志摩町，阿児町）は 2002 年 4 月に任意協議会を設置し，法定協議会に移行した後磯部町（志摩郡）も加入し，5 町でもって合併して志摩市となった。市役所は阿児町役場が老朽化していたため県の志摩庁舎 4 階に間借りしていたが，阿児町内に新築された。もう 1 つは南勢町と南島町との合併である。両町は 2003 年 8 月に任意協議会を立ち上げ法定協議会に進んで合併し，南伊勢町（町役場は南勢町役場）が誕生した。

　三重県では長野県と同様に 10 の広域連合が設置されていたが，伊賀介護保険広域連合，一志地区広域連合，松阪地方介護広域連合の 3 つは合併によって解散した。伊賀介護保険広域連合（6 市町村）はそのすべてが伊賀市に合併したので解散したのは当然であるが，一志地区広域連合（6 町村）は津市（香良洲町，一志町，白山町，美杉村）と松阪市（嬉野町，三雲町）とに分かれて合併し，広域連合は解散した。さらに，松阪地方介護広域連合の場合には，松阪市，飯南町，飯高町は新・松阪市へ，多気町，勢和村は新・多気町へ，大台町，宮川村は新・大台町へ合併し，明和町は審査部門を松阪市に委託することとなった。

　合併を機に 5 つのゴミ処理一部事務組合は解散したが，関係市町村が分裂して合併した場合もある。たとえば嬉野町では合併によって組合は解散したが，合併後も引き続き津市の施設にゴミを搬入している[32]。

　以上が三重県の合併状況である。県内には順調合併の場合だけでなく，協議会が解散して二分または三分して合併し，一部は単独存続にとどまった市町村もあるし，嬉野町のように基本パターンの圏域を越えて合併した例もある。また御浜町のように，合併に対する希望をもちながらも合併期間が終了してしまった場合もある。長野県の場合とは異なって 10 の広域連合のうち 3 つは解散したが，そのなかには，関係市町村が分割合併して解散した例もある。

VI.2　北　陸　地　方

6．富　山　県

(1) 地理的特徴と市町村合併に対する県の対応

　富山県は「昭和の大合併」が大規模に行われた県である。1950 年に 213 あった市町村は 1960 年には 40 に減少し，市町村減少率は 81.2％で全国第 1 位であり，市町村当たりの平均面積（121.3km^2）も第 11 位と広い方である（表II-1 参照）。しかも「平成の大合併」においても，市町村数は 35 から 15 へと 57.1％減少したので，戦後になって市町村数が大幅に減少した県といえる。人口 1 万人未満の小規模自治体比率は 1960 年には 27.5％であったが，2000 年には 34.3％へとやや増加した（表II-2 参照）。この比率では合併の必要度はそれほど高くないはずであるが，「平成の大合併」においても大規模な合併が実施され，市町村数は全国最少の 15 にまで減少した（表II-3 参照）。

　原子力発電所をもたない富山県では，財政力指数の最高は富山市の 0.81 であり，0.20 未満の財政の貧困な町村もあるが，県内市町村の平均は 0.46 で，地方圏のうちでは比較的高い方である（表II-4 参照）。山間部の町村で財政力指数が低く，経済活動の活発な平野や海岸部の市町村で高い傾向がみられる。

通勤圏は図Ⅵ-1に示すように，4地域に区分される。富山市は12の市町村を通勤圏に含む県内唯一の大規模中心地であり，高岡市（圏内市町村数は7）は中規模中心地であるが，高岡市から富山市に6.0％が通勤しており，高岡市は富山市の半従属中心地といえる。小規模中心地の砺波市（同4）では高岡市に対して14.1％が通勤しているので，高岡市の半従属中心地に当たる（表Ⅻ-11参照）。南部では井口村から城端町へ，城端町から福光町へ，福光町から砺波市へとそれぞれ5％以上の通勤がみられ，玉突型通勤圏が発達する。県東部では魚津市（黒部市を含めて3）と黒部市（魚津市を含めて2）が小規模な通勤圏をもちながら相互に通勤者の交流があり，共同通勤圏を形成する。さらに，平村から上平村に5.7％の通勤があるだけで，上平村からは5％以上の通勤者の通勤目的地がない。通勤圏外地域に属するのは山間部の上平村と利賀村である。

富山県の合併推進要綱（2001年）は，市町村広域行政等研究会の県民アンケート調査や客観的指標に基づく地域の一体性調査（クラスター分析）の結果をとりまとめたものである[33]。富山県では3つの合併パターンが示されたが，図Ⅵ-8に示すように，広域市町村圏の圏域と完全に一致するかたちで全市町村を5つの圏域に区分した「富山①」を基本パターンとみることができる。それによると，最も小さい新湊市地区でも圏域人口は9.45万人であり，各圏域は大きな人口をもつことになる（表Ⅻ-14参照）。

この基本パターンを図Ⅵ-1の通勤圏と比較すると，整合しない圏域が若干ある。新湊市地区では通勤圏は富山市と高岡市の通勤圏とに分れるが，すべての町村は射水郡に属して広域市町村圏を形成しているので，とくに一体性を欠く地域とはいえない。砺波市の南部には通勤圏外の地域があるが，他市町の日常生活圏に属するわけではない。

富山県では合併新法による合併の予定がなかったため，合併推進構想は策定されなかった。

(2) 合併の経緯

表Ⅵ-2に示すように，35市町村のうちの26（74.3％）が合併市町村であり，協議会解散や離脱による単独存続は2（入善町，朝日町）（5.7％），協議会不参加は7（20.0％）[34]である。この3タイプ（A～C）のなかで平均人口が最も大きいのは富山市（325,700人，0.81）や高岡市（172,184人，0.76）が含まれる合併市町村（A）である。合併市町村の財政力指数は0.10の山田村から0.81の富山市まで広く分布するが，3つのタイプごとの財政力指数の平均では0.45から0.48までほとんど差がなく，協議会不参加の市町村が僅差でもって最も高い。

富山県において，合併推進要綱の基本パターンと整合するかたちで市町村合併が行われたのは射水市だけである。ここでは，2003年5月に5市町村による法定協議会が設置されたが，小杉町長が新湊市を除く射水郡4町村による小規模な合併を主張したため他市町村と対立し，協議は一時休止したが，その後小杉町の協議会復帰により合併が成立し，射水市が誕生した。市役所は小杉町役場を中心とする5市町村の分庁方式であるが，大島町の市有地に本庁舎の建設が予定されている[35]。

その他の地域のうちでは，砺波市地区は砺波市と南砺市に分かれて合併した（図Ⅵ-3参照）。この地区では，2001年5月には小矢部市と砺波市も含めて東砺波郡8町村と西砺波郡2町の計12市町村が研究会を設置したが，砺波市は山間部を除く庄川町，福野町，井波町，利賀村との5市町村までの枠組みが合併の限度であるとしたのに対し，福野町，井波町，利賀村は10市町村での合併協議を主

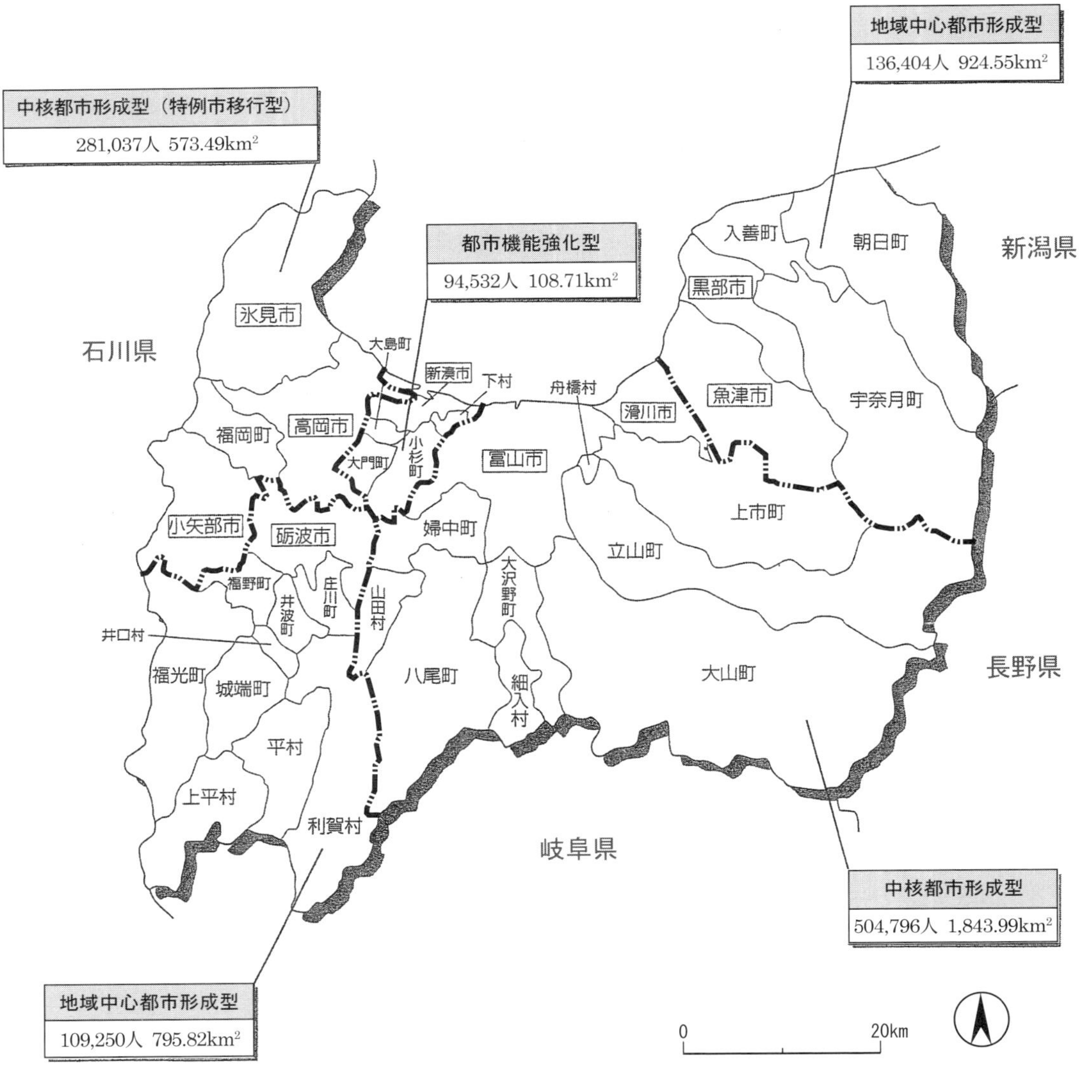
地域中心都市形成型
136,404人 924.55km²
中核都市形成型（特例市移行型）
281,037人 573.49km²
都市機能強化型
94,532人 108.71km²
中核都市形成型
504,796人 1,843.99km²
地域中心都市形成型
109,250人 795.82km²
石川県
新潟県
長野県
岐阜県
入善町
朝日町
黒部市
魚津市
宇奈月町
滑川市
舟橋村
上市町
立山町
大山町
富山市
下村
新湊市
大島町
氷見市
高岡市
福岡町
大門町
小杉町
婦中町
大沢野町
細入村
八尾町
山田村
小矢部市
砺波市
福野町
井波町
庄川町
井口村
福光町
城端町
平村
上平村
利賀村
0
20km

図Ⅵ－8　富山県における合併推進要綱の基本パターンと広域市町村圏

二点鎖線：基本パターン境界，広域市町村圏境界．人口は平成 12 年 3 月 31 日現在．
資料：市町村合併問題研究会編（2001：85），自治省行政振興課編（1983：44）による．

張して対立した。結局，2002 年 12 月に砺波市は庄川町と 2 市町でもって協議会を設置して合併し，新・砺波市となった。残りの市町村のうち 8 町村は同時期に砺波地域市町村合併協議会（任意）を設置して合併し，南砺市（市役所は福野町役場）が誕生した。

残された福岡町は高岡市，小矢部市との 3 市町での合併を検討したのに対して，小矢部市は福岡町に合併協議を申し入れたが，広域合併を検討していた福岡町は小矢部市との 2 市町による合併協議を拒否した。小矢部市が高岡市よりも福岡町との合併を希望したのは，高岡市と合併して周辺部に位置づけられるのを嫌ったものと考えられる。その後 2002 年 12 月に氷見市，小矢部市，高岡市，福岡町と 4 市町で合併問題広域首長会議を立ち上げ，紆余曲折を経て 2004 年 1 月に高岡市・福岡町合併任意協議会を設置し，法定協議会に移行して，福岡町は高岡市と合併した。福岡町との合併を希望し高

岡市との合併を嫌っていた。矢部市は，氷見市と同様に，合併協議会に参加することなく単独存続にとどまった。

富山市地区では2001年7月に基本パターンの域内に含まれる11市町村で富山地域合併に関する研究会を設置したが，滑川市の住民アンケート（住民3,000人対象）では魚津市との合併希望が23.3％で，富山広域圏11市町村の21.5％をわずかに上回った[36]。滑川市とともに舟橋村，立山町（27,994人，0.48），上市町（23,362人，0.41）の3町村も準備会不参加を表明したので，2003年1月には4市町村を除く7市町村によって準備会を設置した。2003年4月には山田村を除く6市町村（富山市，大沢野町，大山町，八尾町，婦中町，細入村）で法定協議会を設置したが，同年6月には山田村も加入して新設合併によって新・富山市が誕生した。合併調印後の婦中町議会では合併関連議案に対する賛否が同数となり，町長が専決処分することによって合併関連議案を議決し，合併問題は解決した。富山市が新設合併したため，県下では編入合併は皆無となった。2005年に富山市は中核市に昇格した。

一方，準備会不参加を表明していた滑川市地区4市町村では，立山町が大山町，上市町，舟橋村との合併を呼びかけたが，大山町は富山市と合併し，他の合併は進展しないままに終わった。とりわけ，舟橋村（2,153人，0.30）は面積（3.47km^2）が全国最小で，人口も少なく，富山市近郊にあって豊かな村であり，どことも合併の意思を示さなかった。

舟橋村は1970年以来富山高岡広域都市計画区域にあって全村が市街化調整区域に属していたが，1988年に都市計画地域から離脱し，1990年代より独自に宅地分譲を始めたところ民間ディベロッパーも参入して宅地化が急速に進み，人口増加率が全国有数となった。富山市外であって市内よりも地価が安く，通勤にも便利で，相対的に良質な住宅が取得できるためである。舟橋村が合併に反対したのは村民にとってなんらメリットがないと判断したためであった。すなわち，①合併後の富山市の中では人口・面積ともきわめて小さく，合併後は富山市政の中での舟橋村に対する行政サービスは大きく後退する懸念がある。②合併特例債を得たとしても，その収入のほとんどは新幹線の開通を目前にした富山駅前地区の整備や中心市街地活性化に振り向けられることが予想される。③舟橋村では当時すでに上下水道の整備などインフラ整備がほぼ完了しており，合併特例債の恩恵を得る必要が少ない。村で行われた2度の住民説明会においても，合併賛成の意見は少なかったといわれる。村の消防は富山市に委託していてとくに問題はないが，最近では人口急増は弱まり，少子高齢化が進行しつつある[37]。いずれはこの小さな村では立ち行かなくなる可能性もある。

基本パターンの魚津市地区には，魚津市（47,136人，0.63）と黒部市（36,531人，0.70）の2市が含まれる。2003年5月には魚津市を除く4市町でもって法定協議会を設置したが，入善町に市役所を設置する案には賛成が得られず，翌年6月には解散し，2005年2月には黒部市と宇奈月町で法定協議会を設置して合併し，新・黒部市が誕生した。したがって，魚津市は最初2001年に5市町で新川地域市町村合併研究会を設置した段階では合併協議に参加していたが，黒部市を中心とするその後の合併協議からはずれ，協議会不参加のまま非合併となった。入善町（28,276人，0.51）と朝日町（15,915人，0.39）の2町も協議会を離脱して単独存続となった。

以上が富山県の合併状況である。本県では「昭和の大合併」が著しく進捗した上に，さらに「平成の大合併」もかなり進捗したので，両合併期を通じて市町村数が大幅に減少した。本県では市町村合併に対する抵抗が少なく，官の指示には逆らわない県民性もあり，しかも市町村の財政は苦しく，将

来を憂慮したものと考えられる[38]。

合併推進要綱の基本パターンには同一地区内に2つ以上の市が含まれる場合があったが，都市同士の合併は皆無の状態で，氷見市や小矢部市，滑川市，魚津市は非合併となった。しかし，魚津市が滑川市に合併協議を申し入れたり，黒部市が魚津市に5市町での合併協議を申し入れたことはあったので，最初から都市同士の合併が敬遠されたわけではない。合併の意思を示さなかった舟橋村が存続するので，本県では1万人未満の小規模自治体を1村だけ残すこととなった。

7．石　川　県

(1) 地理的特徴と市町村合併に対する県の対応

戦前まで北陸地方の広域的中心都市とみられていた金沢市は，勢力圏も狭く，今日では広域中心都市とはいえないし，石川県の人口も117万人（全国34位，2010年）で大きいとはいえない。上記の富山県ほどではないとしても，石川県でも「昭和の大合併」による市町村数は179から43（76.0％減）へと大きく減少したため（表Ⅱ-1参照），人口1万人未満の小規模自治体（2000年）は18（43.9％）で，全国平均よりはやや低い状況にあった（表Ⅱ-2参照）。

石川県の財政力指数の県平均は0.40で，北陸3県のなかでは最も低い（表Ⅱ-4参照）。県内にも志賀原子力発電所があるが，小規模なため原発交付金が少なく，志賀町の財政力指数（0.85）も飛び抜けて高いとはいえない。それでも県内では最高であり，金沢市（0.76）がそれに続く。一方，財政力指数0.20未満の町村は南部山間部と能登半島に広く分布する。

石川県の通勤圏をみると，表Ⅻ-11や図Ⅵ-1に示すように，大規模中心地には金沢市（圏内市町村数は16），中規模中心地には七尾市（同7），小規模中心地には小松市（同3）と羽咋市（同2）がある。ただし，小松市も羽咋市も就業者の5.4％と9.7％が金沢市に通勤しており，金沢市の半従属中心地とみられる。そのほかには明確な中心地は存在しない。例えば能登半島の先端部では，柳田村から9.3％が能都町に通勤し，能都町の6.1％が内浦町に通勤し，そこから10.0％が珠洲市に通勤する玉突型通勤圏がみられる。輪島市，門前町，穴水町，尾口村，白峰村は通勤圏外地域に属する。

石川県の合併推進要綱（2001年）では，郡や広域市町村圏，広域行政，生活圏など市町村相互の連携関係と最小人口規模とを考慮してA，B，Cの3つのパターンが示された[39]。Aパターンは，図Ⅵ-9に示すように，人口1万人未満の市町村の解消を目指したもので，9つの合併組み合わせを含めて41市町村の22市町への合併を目標とする。Bパターンは同じく人口2万人未満の市町村の解消を目指して11地区の組み合わせを含めて17市町となる。Cパターンでは人口5万人以上を目指した8地区の組み合わせを含めて10市への合併を目標とする。9地区からなるAパターンを基本パターンとすると広域市町村圏の5圏域を細分したものとなり，合併対象から除かれた2地区（輪島市を除く）を加えると県全域は11地区に区分される。

この方式は「昭和の大合併」における神戸勧告によるものとして注目される。神戸勧告は－「明治の大合併」と類似して－規準人口（8,000人）未満の小規模自治体の解消だけを考えたので，それ以上の人口をもつ市町は，小規模自治体の合併相手として利用されない限り合併の対象から外され，県全域の市町村が合併の対象とはならなかった。人口1万人以上を市町の目標としたAパターンでは，

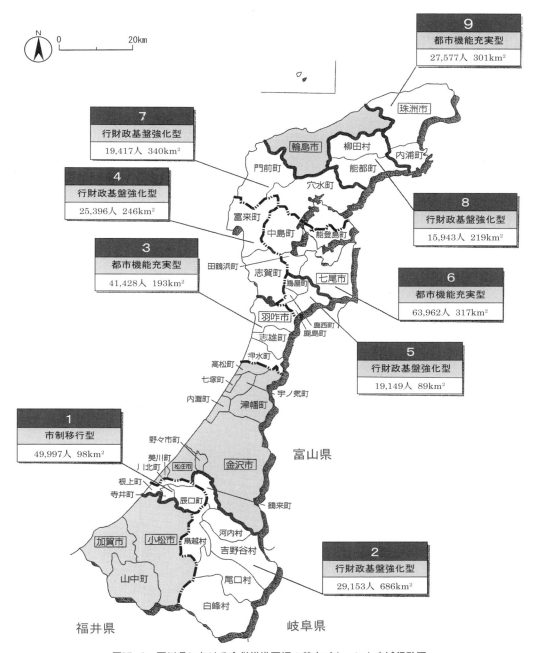

図Ⅵ-9 石川県における合併推進要綱の基本パターンと広域行政圏
太実線：基本パターン境界，二点鎖線：広域市町村圏境界．人口は平成12年10月1日現在（国勢調査速報値）．
資料：市町村合併問題研究会編（2001：87），自治省行政振興課編（1983：46）による．

9地区の人口は1.6万人（能都町・柳田村地区）から6.4万人（七尾市地区）までとなる．このような神戸勧告方式を採用したのは本県だけであり，Aパターンの合併圏域は他県の基本パターンに比べると小規模な人口を合併目標としたものとなった．

図Ⅵ-9を通勤圏分布を示す図Ⅵ-1と比較すると，当然のことながら，通勤圏との関係は緊密であ

るとはいえない。七尾市の通勤圏は七尾市地区と鹿島郡地区とに区分される。鹿島郡地区の3町（鳥屋町，鹿島町，鹿西町）の人口は1.9万人に達するので，A・Bパターンでは行財政基盤強化型に属する独立の圏域に区分された。おおむね人口5万人以上を目指したCパターンと通勤圏とを比較した場合にも，小松市と金沢市の通勤圏の境界付近にある能美郡4町（辰口町，寺井町，根上町，川北町）がまとまって1つの圏域を形成しており，通勤圏とは整合しない。金沢市の通勤圏に属する押水町も羽咋市の圏域に含められている。能登半島の7市町村はそれぞれ独自の日常生活圏をもっており，一体性のある地域とはいえない。

石川県では，富山県や福井県と同様に，合併新法のもとでの合併協議や合併はなく，合併推進構想は策定されなかった。

(2) 合併の経緯

表VI-2に示すように，41市町村のうち合併したのは32（78.0％）である。合併協議会が解散・離脱によって非合併となったのは穴水町（2.5％）だけで，協議会不参加が8（19.5％）[40]となる。したがって，富山県や福井県の場合と同じく協議会解散・離脱の市町村が少なく，順調合併が多いのが本県の特徴といえる。通常，合併に関する研究会（勉強会，懇話会）が設置されたなかで合併気運が高まって任意協議会が設置され，やがて法定協議会に移行して合併が成立する場合が多いが，本県では準備会において事前に調整がよく行われたため任意協議会を経由することなく，直ちに法定協議会を設置してそのまま順調合併したケースが多い。10の合併協議会のうち先に任意協議会を設置したのは3だけで，協議会を解散して市町村が離脱して非合併となったのは穴水町だけである（図VI-4参照）。

しかしながら，合併市町村が合併推進要綱のCパターンと整合する地域はまったくなく，Aパターンと比較した場合にも両者の区域が完全に整合するのは七尾市，志賀町，中能登町の合併事例だけである。①七尾市地区では2002年4月に七尾市，田鶴浜町，中島町，能登島町が法定協議会を設置してそのまま合併して新・七尾市が誕生したのに対して，②2002年3月に羽咋郡北部の志賀町（15,681人，0.85）と富来町（9,715人，0.24）が任意協議会を設置し，法定協議会に移行して合併し，新・志賀町となった。志賀町には上記のように原子力発電所があるが，県が志賀町・富来町との合併（A・Bパターン）以外に羽咋市を含めた広域市町村圏域（Cパターン）や2つの広域市町村圏を統合した圏域を推奨したなかで，志賀町は富来町との合併を進めることになった[41]。③中能登町の形成においては，2002年9月に鹿島郡の3町（鳥屋町，鹿島町，鹿西町）で任意協議会を設置し，翌年法定協議会に移行して中能登町（町役場は鳥屋町役場）が誕生した。

そのほかにも，Aパターンに類似した合併のケースがある。①能美郡4町のうちでは川北町（4,922人，0.61）だけが協議会不参加となり，根上町（15,426人，0.61），寺井町（15,308人，0.54），辰口町（14,343人，0.55）が2003年1月に法定協議会を設置して合併し，能美市（市役所は寺井町役場）が誕生した。川北町は企業進出によって財政が豊かであり，人口規模は小さいが，単独の行政運営に自信をもつものと考えられる。②羽咋市地区では，2003年3月には羽咋市，志雄町，押水町の3市町の法定協議会設置を求める住民発議に対し羽咋市（25,541人，0.44）は可決したが，2町はともに否決し，羽咋市を含めた協議会は設置されなかった。同年4月に羽咋市を除く志雄町と押水町の2町で法定協議会を設置し，合併して宝達志水町（町役場は志雄町役場）が誕生した。

Aパターンでは人口の多い小松市と加賀市，山中町は設定外の地域におかれたが，B・C両パターンでは小松市だけが設定外にとどまり，加賀市と山中町は合併パターンに組み入れられた。加賀市と山中町は2003年7月に任意協議会を設置し，同年10月には法定協議会に移行して合併し，新・加賀市となった。また，河北郡5町はいずれも人口が1万人を超えるためAパターンでは設定外に置かれていたが，Bパターンの人口規準に達しない高松町（10,826人，0.39），七塚町（11,270人，0.41），宇ノ気町（12,574人，0.54）の3町の合併パターンが示された。この3町は2002年4月に法定協議会を設置してそのまま合併し，かほく市（市役所は宇ノ気町役場）となった。

　そのほか，パターン圏域を越えたものには輪島市と門前町との合併や能登町の誕生がある。輪島市はA・Bパターンともに設定外の地域とされていたが，2003年4月に門前町，穴水町の3市町でもって法定協議会を設置した後，2005年1月に協議会を解散した。石川県下で合併協議会が解散したのはこれが初めてである。その後，輪島市は門前町と法定協議会を設置して合併し，残された穴水町（11,267人，0.26）は非合併となった。穴水町の当時の人口は1万人を超えていたが，今日では9,735人（2010年）に減少している。一方，能登町地区では，2003年1月に能都町，柳田村，内浦町で法定協議会を設置して合併し，能登町（町役場は能都町役場）が誕生した。2002年8月に珠洲市は内浦町に対して合併協議を申し入れたが，拒否された経緯がある。

　これらはいずれも2～4市町村の小規模合併であるが，白山市の形成は例外的に大規模なものであった。それはA，B，Cのすべてのパターンの圏域を越えて松任市と美川町まで含む大規模な合併である。松任市と石川郡の8市町村の多くは金沢市の通勤圏に属するが，鶴来町を回廊として広く合併し，細長い1市域を形成した。この地域では，2002年3月に松任市，美川町を除く6町村で白山麓合併研究会を設置したのに対して，同年6月には金沢市が6町村に対して合併協議を申し入れた。さらに，7月には松任市が野々市町を含めた石川郡8町村に合併協議を申し入れたが，単独市制を目指す野々市町は同意しなかった。同年12月には鶴来町が金沢市からの申し入れを拒否し，鶴来町は松任市と石川郡での8市町村合併を検討し，翌年2月には法定協議会を設置して新設合併し，新市名は白山市（市役所は松任市役所）となった。白山市の市域は細長い特異な形態をなすが，合併によって県内では人口は2番目に大きく，面積は最も広く，市のステータスは上昇したし，観光分野においては広域的な資源の活用ができるようになり，より効果的な企画や振興ができるようになったといわれる[42]。

　一方，政令指定都市を目指す金沢市（456,438人，0.76）では，合併協議の申入れは野々市町（45,581人，0.72）だけでなく鶴来町（21,477人，0.55）からも拒否され，金沢市は協議会不参加のまま単独存続となった。金沢市が周辺市町と大規模な合併を行ったとしても，実質的な政令指定都市の人口閾値とされる70万人に達するのは容易なこととは思えない。しかも，金沢市が政令指定都市を目指したにもかかわらず，合併推進要綱の合併パターンでは設定外の地域に置かれ，金沢市の合併は石川県から支持されなかった。それは上記の神戸勧告方式のパターンからすれば当然のことではあるが，金沢市にとっては冷淡な政策と受け止められたかもしれない。

　以上が石川県における「平成の大合併」の概要である。合併推進要綱の合併パターンに神戸勧告方式が採用されたが，実際の市町村合併はその方式にとらわれることなく実施され，協議会解散による非合併の市町村が穴水町に限定されたところに特徴がある。さらに，合併によって形成された10の新自治体のうち，新市の誕生はかほく市と能美市だけであり，市域拡張型が4，人口が3万人に達し

ない新町が4を数え，小規模合併による新町形成の比率が高いのが特徴である。なお，金沢市，羽咋市，珠洲市では市側からの合併協議の申し出が周辺町村からいずれも拒否されたのも特異な現象といえる。

8. 福井県

(1) 地理的特徴と市町村合併に対する県の対応

　福井市は北陸地方の都市との結びつきが強いが，東京都との関係も緊密である（森川，2006）。しかし，福井県を管轄している国の出先機関の中には金沢や名古屋のほかに大阪の出先機関の圏域に属するものもあり，福井県は道州制の9州案では関西圏に含められている。

　福井県には大飯町（財政力指数1.74），敦賀市（1.27），高浜町（1.13），美浜町（0.78）のように原子力発電所をもつ市町が多いだけに県の平均財政力指数は0.47で，北陸3県のうちでは最も高い（表Ⅱ-4参照）。福井市の財政力指数は0.88（県内第4位）であるが，財政力指数0.20未満の4町村は山間部（今庄町，和泉村）だけでなく，海岸部（越廼村，河野村）にも存在する。財政力指数とは別に最近の幸福度の研究によると，福井県は最上位に位置づけられる場合が多い（森川正之，2010；山根ほか，2008）。しかも，幸福度などによって計算された抽象的な数値だけでなく，平均寿命の長さや高い出生率，低い失業率，小学生の高い学力と体力，女性の社会進出など多くの具体的な指標においても常に上位にあり，福井県のもつ優れた特性は一般に認められている[43]。

　福井県も他の北陸2県と同様に「昭和の大合併」における市町村減少率（75.2%）は高い方であったが（表Ⅱ-1参照），1960年の小規模自治体比率は51.2%と北陸3県では最も高く，2000年にはやや減少したものの，全国平均とほぼ等しい48.6%であった（表Ⅱ-2参照）。

　福井県の通勤圏は，図Ⅵ-1や表Ⅻ-11に示すように，福井市が大規模中心地（圏内市町村数は15），武生市が中規模中心地（同7）に属する。武生市（73,792人，0.77）の8.9%は鯖江市（64,898人，0.65）に通勤し，準通勤圏しかもたない鯖江市では16.3%が福井市へ，11.7%が武生市に通勤しており，武生市は鯖江市とも緊密な関係にある。小規模中心地には小浜市（同3）と敦賀市（同2）があるだけで，東海地方の都市分布と比較すると通勤中心地の数が少なく，きわめて単純な通勤構造をもつ地域といえる。通勤圏外地域に属するのは和泉村だけである。

　福井県の合併推進要綱（2000年）では，①市町村や地域住民の意向，②日常生活圏や市町村行政の結びつき，③歴史的・地理的な結びつき，④行財政の効率からみた客観的規模を考慮して，規模的には中核的都市機能集積型（20万人以上），地域拠点都市形成型（10万人以上），都市機能創出型（5～10万人），市制移行型（4万人以上），行政サービス向上型（1～2万人）に類型化し，基本パターンA，基本パターンBと呼ばれる合併パターンのほかに，一部の地域については「その他のパターン」も示された[44]。図Ⅵ-10に示す基本パターンAは，4つの広域市町村圏の圏域を基礎として，行財政効率を高めるために都市圏を形成する中心都市と周辺町村との合併を考慮したものであり，基本パターンBもほぼ類似の発想による。前者では県全域が7地区に区分されるのに対して，後者ではより細分して10地区に区分される。基本パターンAを本書でいう「基本パターン」[45]とすると，各地区の人口はすべて5万人以上となる（表Ⅻ-14参照）。

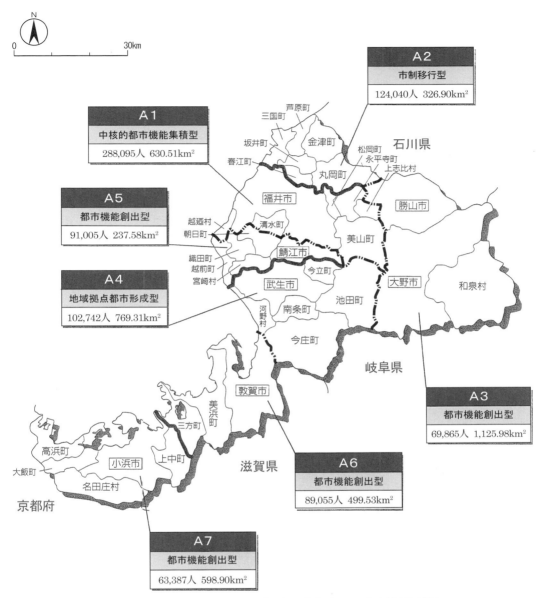

図Ⅵ-10 福井県における合併推進要綱の基本パターンと広域市町村圏
太実線：基本パターン境界，二点鎖線：広域市町村圏境界．人口は平成12年3月31日現在．
資料：市町村合併問題研究会編（2001：90），自治省行政振興課編（1983：48）による．

　合併推進要綱の基本パターンAと通勤圏とを比較すると，武生市と福井市の通勤圏に二分された5市町村が鯖江市地区として1圏域に統合されること，福井市の通勤圏に属する地域が芦原町・三国町地区として独立しているのが異なるくらいで，そのほかには両者が不整合の地域は存在しない．したがって，基本パターンAは日常生活圏をよく反映したものであったといえる．
　富山県や石川県と同様に，福井県でも合併推進構想は策定されなかった．

(2) 合併の経緯

　表Ⅵ-2に示すように，35の県下全市町村のうち合併したのは28（80.0％）で，合併協議会が解散・離脱により非合併となったのは鯖江市（2.9％）だけであり，協議会不参加は6（17.1％）[46]であった。図Ⅵ-3や表Ⅵ-2にみられるように，合併市町村の比率が高く，合併協議会が解散・離脱によって単独存続となった市町村が少ないのは本県だけでなく，北陸3県の共通した特徴であり，合併を意図した市町村のほぼすべてがその目標を達成した「合併完了型」に近いとみることができる。

　合併市町村と合併推進要綱の基本パターンとの関係をみると，基本パターンAは，上述のように人口規模も大きいためその地区と整合する実際の合併は皆無であるが，基本パターンBでは永平寺町地区と福井市地区だけが整合する。この地区では2002年12月に吉田郡3町村によって吉田郡合併協議会（法定）が設置されたが，上志比村は役場の位置や行財政改革の問題をめぐって他の2町と対立し，2004年3月には協議会は一旦解散した。しかし同年10月には上志比村を含む3町村によって再び任意協議会を設置し，法定協議会に移行して合併した。新町名には永平寺町が採用されたが，上志比村民の願いは受け入れられず，上志比村からは遠方にある松岡町役場が新町の本庁舎となった。

　基本パターンBはこの新・永平寺町と新・福井市域とに区分されるが，基本パターンAでは両圏域を合わせた単一の圏域となる。福井市地区では2002年10月には鯖江市を含めた5市町による任意協議会を設置して法定協議会まで進んだが，鯖江市が協議会を離脱して2004年6月に協議会を解散した。福井市は鯖江市との合併によって中核市への昇格を目指したが，実現しなかった。その後同年11月には，鯖江市を除いて福井圏域合併協議会（法定）を設置して編入合併し，新・福井市が誕生した。したがって，鯖江市を除いて合併した新・福井市域は基本パターンBと整合し，福井市の合併協議会に参加していた鯖江市だけが非合併となった。

　一方，基本パターンAの鯖江市地区では2002年11月に丹生郡の4町村（朝日町，宮崎村，越前町，織田町）が任意協議会を設置し法定協議会に移行して合併し，越前町（町役場は朝日町役場）が誕生した。この地域は福井市の通勤圏に属し，鯖江市との関係がとくに緊密だったわけではなく，合併によって鯖江市の日常生活圏が分断されたわけでもない。

　武生市地区や坂井町地区，大野市地区では基本パターンAの境界を跨ぐかたちの合併はなく，それぞれの地区のなかに1・2の合併市町が誕生した。すなわち，①武生市地区では最初11の周辺市町村に呼びかけたが同意が得られず，2003年10月に武生市と今立町が法定協議会を設置して新設合併し，市名を越前市（市役所は武生市役所）と改めた。もう一方では，南条郡の3町村（南条町，今庄町，河野村）が2002年9月に任意協議会を設置し，その2カ月後には法定協議会に移行して合併し，南越前町（役場は南条町役場）が誕生した。その結果，河野町の住民は町外を迂回して町役場に行かねばならず，飛地のような存在となった。今立郡に属する池田町（3,759人，0.12）は，人口も減少しており財政も豊かではないが，町全体で有機農業に取り組み，町の一体性が強く，町長が協議会に不参加を宣言し，単独存続を維持することとなった。

　②坂井町地区では，2002年12月に春江町と坂井町が法定協議会を設置したが，翌年12月には解散し，2004年8月に坂井郡4町でもって法定協議会を設置した。春江町は協議会を一時離脱していたが，間もなく復帰して4町で合併し，坂井市（市役所は坂井町役場）となった。一方，芦原町と金津町は2002年10月に法定協議会を設置して合併し，あわら市（市役所は金津町役場）が誕生したので，

この地区内には坂井市とあわら市の2市が形成されたことになる。③大野市地区では2003年1月に大野市と和泉村が任意協議会を設置して和泉村は大野市に編入したが，勝山市（28,143人，0.54）は協議会にも参加することなく単独存続にとどまった。勝山市では合併反対の住民も多く，市長も合併に消極的であった。もし合併した場合には大野市（38,880人，0.45）や和泉村と合併することになり，市役所も大野市に置かれることになったであろう。

以上の合併の事例においては合併推進要綱の基本パターンが少なくとも考慮されたが，嶺南地方8市町における2つの合併は異常なものともいえる。2002年3月に設置された嶺南地域市町村合併問題研究会では，嶺南地域8市町村の合併は10年後の広域合併の目標とするとの最終報告をまとめ，実際の合併は小規模な2つの合併にとどまった。敦賀市は嶺南8市町が合併するときには参加するとの意思を示した。したがって，2014年に舞鶴若狭自動車道が敦賀市まで開通したときには合併協議が再開する可能性があるだろう。

原子力発電所が集中立地する嶺南地方では，各市町村の財政力には大きな差異があり，市町村の財政状況が合併にも影響する。ただし美浜町（11,630人，0.78）のように，原子力発電所をもつ自治体でも施設が古い場合には財政力指数がそれほど高くない場合もある。大飯町（7,032人，1.74）は，基本パターンBでは高浜町（12,119人，1.13）との行政サービス向上型の合併を目標としたが，2004年10月には名田庄村（2,951人，0.15）と法定協議会を設置して合併し，おおい町（町役場は大飯町役場）となった。原子力発電所をもつ市町村には非合併にとどまるものが多いが，大飯町では人口を1万人に増加させるとともに，上水道の水源を名田庄村に依存するため，財政力の著しく低い名田庄村と合併したといわれる[47]。そのため，県境にある高浜町は合併から取り残されることとなった。

これらの原子力発電所をもつ市町に挟まれた上中町（8,149人，0.33）と三方町（9,164人，0.27）の合併は，きわめて特異なものとなった。基本パターンA・Bともに両町間には圏域の境界線が敷かれ（図Ⅵ-10参照），上中町は小浜市地区，三方町は敦賀市地区との合併を勧められた。2001年10月における上中町の合併に関する住民アンケート（住民600人対象）では，合併の是非について合併賛成が34.2％，反対が46.6％であった。合併の枠組みについては小浜市（33,295人，0.44）などとの合併が圧倒的に多く，三方町など東部の市町村との合併を希望するのは微々たる数であった[48]。2002年11月の三方町の合併に関する住民アンケート（住民2,200人対象）でも，合併の是非について「積極的に進めるべき」が20.8％，「どちらかといえば必要」が45.5％で，合併の枠組みについては「敦賀市・美浜町」との合併が39.8％，「美浜町」が13.4％で，「上中町」は9.5％にとどまっていた。

2002年11月には小浜市（33,295人，0.44）が上中町，名田庄村に合併協議を申し入れ，2003年2月には上中町は小浜市，三方町，美浜町との合併の検討を始めた。さらに，同年8月には小浜市，名田庄村，三方町，上中町の4市町村でもって研究会を設置し，9月には8市町村で嶺南8市町村合併研究会も開催されたが，周辺町村は起債の多い小浜市との合併を敬遠した。その後，同年11月になって三方町と上中町は2町での合併を検討するようになり，翌年2月には上中町・三方町合併協議会（法定）を設置して遠敷郡上中町と三方郡三方町とが合併して，郡名の変更のもとに三方上中郡若狭町が誕生した。庁舎はもちろん分庁方式であるが，形式上は三方庁舎を本庁舎とする。一方，小浜市は非合併にとどまった。

若狭町のように合併した2町が郡域も日常生活圏も異にし，所属する一部事務組合も異なったまま

で今日に至った例は横芝光町（千葉県）があるくらいで，全国的にも珍しい。一部事務組合における消防組織の差異や負担金の変更は行政にとっても問題になるし，ゴミの収集と処理方法の差異は住民サイドでも面倒なことであり[(49)]，合併の効果は乏しいものと考えられる。しかも両町にはそれぞれ―診療科目に一部違いはあるが―町立病院があり，ともに経営が苦しい状況にある。若狭町は現在の合併を暫定的なものと考え，将来実現する嶺南8市町村の合併を待っているようにみえる。

以上が福井県における市町村合併の概要である。富山県や石川県と同様に，福井県でも協議会解散・離脱による非合併の市町村は少ないが，若狭町の合併は異様なものとして注目される。舞鶴若狭自動車道の開通（2014年7月）後には新たな合併協議が起こるであろうか。

9. 東海・北陸地方における市町村合併の特徴

（1）市町村合併の地理的特徴および合併推進要綱・合併推進構想との関係

東海・北陸地方は，静岡県東部や三重県の一部を除いて名古屋市を中心とする東海地方と，それぞれ独立した地域を形成する北陸3県からなる。表Ⅻ-11に示すように，通勤中心地の発達した東海地方とわずかな数の中心地からなる北陸地方とは対照的である。東海地方では名古屋圏を除くと通勤圏の狭い小規模中心地が多いのは，藩政時代から宿場町が発達していて都市密度が高かったのに加えて，工業化や都市化によって中小都市が発達したためである。名古屋大都市圏は東京や大阪の大都市圏とは違って，工業的衛星都市が多く，住宅衛星都市がみられないのが特徴である（森川，1998：99）。しかも東京・大阪の大都市圏に比べれば名古屋市の通勤圏は狭い範囲に限られ（表Ⅴ-1参照），自己の通勤圏をもつ半従属中心地が多く存続しており，東京大都市圏のようにその広大な通勤圏の下に中小都市の通勤圏が隠れた存在ではない。名古屋大都市圏から独立した静岡県の都市においても隣接する都市同士の通勤者の交流が著しい。

こうしたなかで，通勤からみた中心地システムの構造も一様とはいえない。愛知県では名古屋市が大規模中心地として通勤圏を広げ，その周辺において中規模中心地を形成するのは工業化によって急速に発展を遂げた豊田市だけである。岐阜県では岐阜市の他に大垣市が大規模中心地をなし，飛騨山地の高山市や県東部の中津川市が中規模中心地を形成しており，県南部には多くの小規模中心地がある。三重県では，大規模中心地を形成する津市のほかに中規模中心地と小規模中心地がそれぞれ5つあり，中小規模の通勤中心地の発達した地域といえる。さらに特徴的なのは静岡県の場合である。上述したように，都市密度が高いために大規模中心地の発達は困難で，浜松市が中規模中心地をなすだけで，静岡市は小規模中心地に当たる。静岡県内には都市相互間の通勤も多く，半従属中心地も発達する。これに対して，北陸3県ではいずれも県庁都市が大規模中心地として広い通勤圏をもち，中規模中心地も小規模中心地も数少ないのが特徴といえる。

先にも触れたように，このような通勤中心地システムの構造は市町村合併のパターンに影響を与えるはずであるが，この間の関係は複雑であり，法則性の発見は困難である。大都市の周辺地域では財政的に豊かな人口規模の大きいベッドタウンが発達していて非合併にとどまる場合が多いが，名古屋市の西郊では合併による新市の誕生があり，しかも名古屋市への編入合併を希望する町も多く，東京や大阪とは異なった特徴がみられる。静岡県では中小都市とその周辺町村との小規模合併が多いが，

浜松市と静岡市はそれぞれ自己の通勤圏外の市町まで大規模な合併を行い，政令指定都市に昇格した。

合併推進要綱において特徴的なのは，愛知県と石川県である。愛知県では県内を13の広域行政圏に区分し，その圏域ごとに合併パターンを提示しており，実際の市町村合併においてもその圏域内で行われ，圏域を越えた合併はみられない。一方，石川県の場合には人口1万人未満や5万人未満の市町村の合併を促す神戸勧告方式に従っており，全国的にも珍しい基本パターンを提示したが，実際の市町村合併は通常通りに行われ，この原理が広く採用されたわけではない。

合併推進構想が策定されたのは愛知県と静岡県であり，両県ともに構想対象地域が指定されただけで，県下全域を対象とした「将来の望ましい市町村の姿」は提示されなかった。もっとも，静岡県の場合には，構想対象地域として指定された①人口1.5万人未満を含む地区，②日常生活圏が一体化している地区，③中核市を目指す地区のなかには，旧合併特例法のもとで合併した地域も含まれており，県全域ではないが「将来の望ましい市町村の姿」を考慮したものと考えられる（図Ⅵ-5参照）。

愛知県と静岡県では合併新法のもとで合併した市町村が比較的多かったが，その他の県では旧合併特例法の失効までに合併が進捗していたために合併推進構想は策定されず，合併新法のもとでの合併は皆無であった。

(2) 合併の経緯に関する一般的特徴

表Ⅵ-1や表Ⅱ-2によると，1960年でも2000年でも小規模自治体が比較的多かったのは岐阜県と福井県であり，静岡県や愛知県は少ない方であった。しかし，「平成の大合併」が終了した2010年には小規模自治体比率の全国平均27.9%と比べると，東海・北陸地方のいずれの県でも低率となり，最高の三重県でも17.2%であった（表Ⅱ-3参照）。その点では，市町村合併が効果をあげた地域とみることができよう。

表Ⅵ-2によると，合併市町村率が愛知県で51.1%とやや低いほかはいずれも70%を超え，福井県（80.0%）と三重県（81.2%）では80%台となる。愛知県の市町村合併率が低いのは協議会不参加の市町村が多いためで，協議会解散・離脱がとくに多いわけではない。北陸3県では協議会解散・離脱が少ないことは先にも指摘したが（図Ⅵ-3参照），最も高い岐阜県でも25.3%であった。なお，協議会不参加の市町村率は愛知県（26.2%）と富山県（20.0%）でやや高いが，岐阜県ではすべての市町村が協議会に参加しており，不参加の市町村は皆無であった。

合併状況を平均財政力指数からみると，上述したように，合併市町村が最も低く，協議会不参加の市町村で最も高いのが一般的であるが，静岡県と富山県，石川県では協議会解散・離脱の市町村において財政力指数は最低となる。このような事例は北海道や北東北3県にもみられたが，財政力に基づく合併への熱意以外にも協議会解散・離脱の理由があったものと考えられる。

各県ともに，合併市町村数では2～4の小規模な合併が圧倒的に多いが，浜松市（同12），高山市（同11），中津川市（同8），津市（同10），南砺市（同8），白山市（同8）など8以上の大規模合併もある。このなかには，合併によって政令指定都市に昇格した浜松市，大合併によって最大の面積規模となった高山市，越県合併を受け入れた中津川市など特記すべき合併もある。さらに，上記の若狭町（福井県）や豊根村（愛知県）も異常な合併の姿であり，独自の行政を守るために非合併を貫いた白川村（岐阜県）や池田町（福井県）も特記すべきであろう。

東海・北陸地方に限ったことではないが，現実の市町村合併が合併推進要綱の基本パターンと整合するのはきわめて少ない状況にある。

(3) 合併市町村に対する支援

各県ともに県の合併に対する支援は実施されたが，表Ⅻ-1に示すように，合併特別交付金の算出方式は県によってそれぞれ異なる。ただし，愛知県や岐阜県，三重県，福井県は全国的に一般的にみられる算定式を使用しており，交付額の上限を10億円で打ち切るかどうかに違いがあるだけである。

これに対して，石川県の場合には合併関係市町村数（n）とは関係なしに一律2.5億円に定められており，宮城県と類似した方式である。逆に富山県の場合には合併関係市町村数（n）を重視してそれに1億円を掛算したもので，8市町村が合併した南砺市が8億円で最高額を得たことになる。静岡県の場合は独特の算出方法で，合併関係市町村数（n）が4以下では富山県のように合併関係市町村数（n）をとくに重視するが，合併関係市町村数が4を超えると市町村数が1増加するごとに1億円増加するものである（表Ⅻ-1参照）。しかし，上限の金額を設定していないので12市町村が合併した浜松市の交付額は10億円＋(12−4)億円＝18億円となり，東海・北陸7県になかでは最高の金額が交付されたことになる。このような方式によると，東海・北陸7県になかでは交付額が最も多いのは静岡県で，少ないのは石川県といえる。

もちろん，この算定基準は①市町村建設計画に基づいて実施される事業，②地域アイデンティティを高めるための事業，③合併によって生ずる行政サービスを高めるための事業，④その他県知事が認める事業などの交付対象事業に使用される上限の限度額を示したものである。合併新法での合併の際には愛知県や静岡県に示すように，旧合併特例法の場合よりも交付金額が少ない。

このほかに合併協議会に対する数百万円を限度とする補助金があり，人的支援として県市町村課からの職員の派遣をどこの県でも行っている。

(謝辞) 本研究に当たりご協力いただいた村瀬誠一氏（愛知県），三寄章司氏（同県医療福祉計画課），渡邉誠氏（静岡県），大橋正敏氏，大橋淳史氏（岐阜県），藤本典夫氏，梶原めぐみ氏（三重県），大橋　豊氏，結城亜砂士氏（富山県），坂口由美氏，庄田陽介氏（石川県），獅子原朋広氏，藤原邦彦氏（福井県）らのご厚意に感謝します。

(注)
(1) 北陸3県については森川（2013a）にて報告した．
(2) 愛知県について報告した森川（2011b）には数値に誤りがあり，本書では大幅に修正した．
(3) 愛知県（2000）：『愛知県合併推進要綱』，p.15（愛知県（2011：239-254）に掲載）による．
(4) ただし，「尾張東部地区広域行政圏及び三好町の地域」は尾張東部地区広域行政圏に豊田加茂広域行政圏のうちの三好町を加えたもので，広域行政圏と完全には一致しない．
(5) 6つの組み合わせとは，①瀬戸市・尾張旭市・長久手町，②尾張旭市・長久手町，③瀬戸市・尾張旭市，④豊明市・日進市・東郷町・三好町，⑤豊明市・日進市・東郷町，⑥日進市・東郷町である（市町村合併問題研究会編，2001：138）．
(6) 愛知県（2006）：『愛知県市町村合併推進構想』，pp.22-28（愛知県，2011：255-271に掲載）．概要版は2006年に策定後2008年と2009年の2度にわたって改正された．

(7) 2村の人口や財政状況は,豊根村(0.34),富山村(0.05)のようにかなり相異する.豊根村は合併特例債を狙って合併したわけではないが,合併特例債のメリットがないとはいえない(愛知県市町村課の説明による).
(8) 飛島村の地先埋立地は名古屋港の臨海地域として鉄鋼関連の事業所や発電所など工業用地として利用され,多額の固定資産税収入を得る.村内の大部分は農地で市街化調整区域のため域外からの入居者は制限され,人口の急増はなく,財政力指数は全国有数となった.
(9) 中核市になったのは豊田市(1998年),豊橋市(1999年),岡崎市(2003年)であり,春日井市(2001年)と一宮市(2002年)が特例市になったのも合併以前のことである.
(10) 愛知県市町村課の説明による.
(11) 静岡県(2000):『静岡県市町村合併推進要綱』,p.19による.
(12) 同上,pp.20-22による.なおEパターンには対象外の市町村が比較的多く含まれている.
(13) 4つの危機管理局は静岡県賀茂(下田市,加茂郡),静岡県東部,静岡県中部,静岡県西部に区分される.
(14) 静岡県(2006):『静岡県市町村合併推進構想』,pp.15-18による.
(15) 静岡県自治行政課の説明による.
(16) 11市町とは東伊豆町(15,807人,0.81),小山町(22,235人,1.04),吉田町(27,492人,0.94),清水町(30,870人,0.86),長泉町(36,109人,1.18),函南町(38,611人,0.76),熱海市(42,936人,1.16),裾野市(52,682人,1.17),伊東市(71,720人,1.04),御殿場市(82,533人,1.00),三島市(110,519人,0.84)である.このうち,清水町は沼津市と1966年11月に法定協議会を設置して以来休止したまま今日まで廃止されていない.この合併協議会の設置は「平成の大合併」以前のことであるので,清水町は協議会不参加の市町村に分類した.
(17) 竜洋町は浜松市の通勤圏に含まれるが,磐田市などの一部事務組合に属し,合併推進要綱の基本パターンにおいても浜松市から独立しており,浜松市長も竜洋町との合併を希望しなかったといわれる(西原,2013).
(18) ちなみに,2005年7月に浜松市内に設置された12の地域自治区は,「合併時の未調整事務事業の調整」がおおむね終了したために,2012年に廃止された.旧地域自治区の代表者を委員とする区協議会において議論され,地域自治区の事務所であった地域自治センターは協働センターと名称を変更し,区役所の出先機関として業務を担当している(浜松市市民協働・地域政策課の説明による).なお,水窪町の合併については藤田(2011:297-323)の調査報告がある.
(19) 静岡県自治行政課の説明による.
(20) 下田市の合併が成立しなかったために,南伊豆町の湊病院(組合立)の下田市への移転が計画通りには進捗せず,問題になっているといわれる(静岡県地域医療課の説明による).
(21) 岐阜県(2002):『岐阜県市町村合併支援要綱改訂版』,pp.24-30による.市町村合併問題研究会編(2001:126-130)では5(岐阜①)と12(岐阜②)の2つのパターンが示されているが,岐阜県合併支援要綱改訂版の説明とは異なる.
(22) 岐阜県市町村課の説明による.
(23) 富山県2市2町とともに県域を越えて設置された南砺広域連合(2006年3月に解散)に加入していた.
(24) 岐阜県市町村課の説明およびグリグリ「市区町村変遷情報 詳細」による.
(25) 岐阜県市町村課の説明による.
(26) 6町村のうち揖斐川町(19,027人,0.51)を除くと財政力指数が低く,0.20未満が4町村を数える.坂内村は人口663人,財政力指数0.08である.
(27) 上石津町は近隣の養老町(16,743人,0.52)との合併もできたが,養老町から合併を拒否された経緯がある(岐阜県市町村課の説明による).
(28) 2004年8月に安八町(15,078人,0.68)は町長が決定し議会が承認したが,その後,住民意向調査の結

果神戸町（20,750 人，0.70）は反対 56.8%，垂井町（28,935 人，0.69）は反対 67.3%，関ヶ原町（9,110 人，0.52）は反対 59.5%，養老町（33,256 人，0.52）は賛成 58.0%，輪之内町（9,141 人，0.40）は議会が反対，町長も同意という結果により，さらに池田町（23,820 人，0.48）は反対 47.1%によって協議会離脱となった（岐阜県市町村課資料による）．

(29) 三重県（2006）：『三重県市町合併推進要綱』，pp.305-331 による．
(30) 鈴鹿市（185,151 人，0.91），鳥羽市（24,945 人，0.59），菰野町（37,972 人，0.69），朝日町（6,716 人，0.70），川越町（11,782 人，2.05）の 5 市町である．このうち鈴鹿市と朝日町は研究会に加入しており，三重県市町行財政課からは任意協議会解散・離脱のタイプへの分類を指摘されたが，三重県合併推進要綱（2006：39, 356）では合併研究会と任意協議会とは区別されており，両市町は任意協議会には含まれないので，協議会不参加に含めることにした．研究会と任意協議会の差異は曖昧であり，後述の大阪府でも同様に処理した．
(31) 三重県市町行財政課の説明による．
(32) 同上．
(33) 富山県（2001）：『富山県市町村合併支援要綱』による．
(34) 7 市町には舟橋村，立山町，上市町，滑川市，小矢部市，氷見市，魚津市が含まれる．
(35) 射水市政策推進課の説明による．
(36) グリグリ「市区町村変遷情報　詳細」による．
(37) 富山大学山根拓教授の説明による．
(38) 富山県市町村支援課の説明による．
(39) 石川県（2001）：『石川県広域行政推進要綱』，pp.12-18 による．本県では神戸勧告方式を採用するにもかかわらず，合併市町村の目標を行財政基盤強化型，市制移行型，都市機能充実型，広域圏発展型の 4 つに類型化することには疑問がある．なお，合併推進要綱の A，B，C パターンは 5 つの広域市町村圏を細分したものであり，いずれも広域市町村圏の圏域区分に適合したものである．
(40) 8 市町には金沢市，小松市，珠洲市，羽咋市，野々市町，津幡町，内灘町，川北町が含まれる．
(41) 志賀町総務課の説明による．原子力発電所は富来町との境界付近に立地する．
(42) 石川県地方課の説明による．
(43) サービスの多様化・高度化が大都市に人口を吸引するように（加藤，2011），「住みよさ」とか幸福度は「足による投票（vote with their feet）」に基づく人口増加を伴うべきだと著者は考える．その点では福井県の人口増減率（2000〜10 年）は -2.75%で，人口増加はみられない．
(44) 福井県（2000）：『福井県市町村合併要綱』，pp.18-25 による．
(45) 福井県では合併推進要綱の合併パターンを基本パターン A とか B と呼ぶので紛らわしい．
(46) 6 市町には池田町，美浜町，高浜町，敦賀市，小浜市，勝山市が含まれる．
(47) おおい町役場の説明による．
(48) 注（36）による．
(49) 若狭町役場企画課の説明による．

Ⅶ　関西地方の市町村合併

1. はじめに

　本書では大阪府，京都府，兵庫県，奈良県，滋賀県，和歌山県の6府県をもって関西地方とする。道州制の9州案ではこれに福井県が加わるが，福井県は東海・北陸地方か北陸3県に含めるのが妥当と考える。しかし，2010年に発足した関西広域連合には鳥取県，徳島県および4つの政令指定都市が参加するのに対して，奈良県は不参加であり，政治的な地域連携にはさまざまな動きもみられる。

　関西地方の中心をなすのは大阪市（259.9万人）であるが，周辺の神戸市（149.3万人）と京都市（146.7万人）をもって三極構造をなし，東京大都市圏における東京特別区と横浜市との関係とはやや異なる特徴をもった地域である。高度成長期までは三大都市圏がこぞって成長を遂げてきたが，1980年代になると情報や金融が東京に一極集中するようになり，大企業本社の多くが東京に移転し，関西地方は相対的に地盤沈下を続け，1995年に発生した阪神大震災がさらに追い打ちをかける結果となった。「昭和の大合併」以後における市制都市の発生状況をみた場合にも，東京大都市圏と比べてその数は少なく，対照的である（森川，2012c）。

　関西地方のなかでも県や地域による差異が大きく，一様に論ずることはできない。東京・名古屋方向に伸びる交通の大動脈に沿った滋賀県の著しい発展に対して，幹線交通路から離れた位置にある和歌山県は活力に乏しい。京都府や兵庫県の中北部や奈良県南部にも過疎市町村が広く分布し，衰退の著しい地域がある。

　「昭和の大合併」以後の市町村の変化についても地域差がある。「昭和の大合併」では市町村減少率の全国平均（65.8％）とほぼ同様の減少比率を示したのは奈良県（66.0％）と大阪府（66.4％），滋賀県（68.3％）だけで，京都府（76.6％），和歌山県（74.5％），兵庫県（72.8％）は70％を超え，「昭和の大合併」の進捗率は高い方であった（表Ⅱ-1参照）。とはいえ，「昭和の大合併」終了直前の1960年において小規模自治体比率が全国平均（41.2％）を下回り「昭和の大合併」の目標達成度が高かったのは，大阪府（21.6％）と兵庫県（33.3％）だけであり，奈良県（56.3％）のように高い比率をとどめる県もあった。1960～2000年間には小規模自治体比率の全国平均は41.2％から46.6％へとやや上昇するなかにあって，大阪府は4.5％へと低下したが，和歌山県では50.0％から60.0％へと上昇しており，小規模自治体比率の地域差は拡大してきたとみることができる（表Ⅱ-2参照）。

　さらに表Ⅱ-3をみると，「平成の大合併」終了後の2010年には，小規模自治体比率は兵庫県（0％），大阪府（4.7％）から全国平均（27.9％）よりも高い奈良県（46.2％），和歌山県（36.8％）まで広がる。

　通勤圏については以下の各府県で詳しく説明するが，表Ⅻ-11に示すように，各府県の通勤中心地

の階層構造にも著しい差異が認められる。大阪府以外の地域においても同じような構造をもつわけではない。

2. 大 阪 府

(1) 地理的特徴と市町村合併に対する府の対応

2000～05年間における大阪府[1]の人口増加率は高いとはいえない。この間の全国人口の増加率は0.7％であったのに対して，大阪府は0.1％の増加にとどまり，全国平均よりも低い増加率であった。東京大都市圏が人口増加を続け，愛知県が活況を呈するなかにあってひとり大阪大都市圏だけが衰退の方向にある。人口1人当たりの県民所得においても1990年まで大阪府は－1950年の第1位を除いても－東京都に次いで第2位にあったが，2000年には愛知県に抜かれて第3位（東京都を100として75.7）となり，2007年には愛知，神奈川県，三重県，滋賀県に次ぐ第7位（同68.4）に転落している（森川，2012a：62）。

大阪府の平均財政力指数は2000年には0.78で，神奈川県（0.90）に次いで愛知県（0.78）とともに第2位であったが，2010年には0.77にやや低下して第4位に後退した（表Ⅱ-4参照）。財政力指数1.00以上は田尻町（1.57）を筆頭に6市町を数え，大阪市（0.92）は府内第9位に当たる。大阪府は市町村合併の影響が少なかったとはいえ，2000～10年間に平均財政指数が低下した唯一の府県である。さらにまた，2010～40年間の人口増減率推計[2]をみても，東京特別区（-5.3％），横浜市（-6.0％），名古屋市（-7.8％）に対して，大阪市は-13.1％と推計され，京都市（-13.1％）と同率で神戸市（-12.2％）よりも低く，将来の挽回も期待されない。

このような地盤沈下はみられるものの，高度経済成長期の都市化によって人口1万人未満の小規模自治体の比率は，上述のように，1960年の21.6％から2000年の4.5％へと全国最小比率へと減少しており（表Ⅱ-2参照），小規模自治体の消滅という「平成の大合併」の目標からすれば合併の必要度の最も低い都道府県であった。

通勤圏は表Ⅻ-11や図Ⅶ-1に示すように，大阪府の全域が大阪市の通勤圏に属するだけでなく，奈良県，兵庫県，京都府に向けて伸び，77市町村が大阪市の通勤圏に含まれる。神戸市からは5.5万人（8.2％），京都市からは2.6万人（3.7％）がそれぞれ大阪市に通勤するので，東京特別区に対する横浜市（40.2万人，23.6％）ほどではないが，神戸市は大阪市の半従属中心地に当たる。しかし，東京圏に比べれば通勤圏の範囲においても通勤者比率においても大きな差が認められる（表Ⅴ-1参照）。

3都府県のうちでは東京都や神奈川県が市町村の自主的合併に任せたのに対して，大阪府は市町村合併に積極的であったようにみえる。合併推進要綱の策定のためには，大阪府は住民の日常生活について府内8,000人にアンケートを配布して商圏調査（52.9％の有効回答）を行って行動パターンを分析し，合併に対する意向や通勤・通学をも含めて点数化して「結びつきの度合いの強さ」を求めている[3]。合併推進要綱においては，①市町村間の結びつきの現状，②人口・面積規模，③合併により期待される効果を踏まえて，図Ⅶ-2に示すように，7地域[4]に区分して合計30通りの合併パターンを提示している[5]。30通りの組み合わせのなかには1つの市町村に対していくつかの組み合わせが示されているが，合併パターンを1枚の図にまとめたものはないので，基本パターンは提示できない[6]。

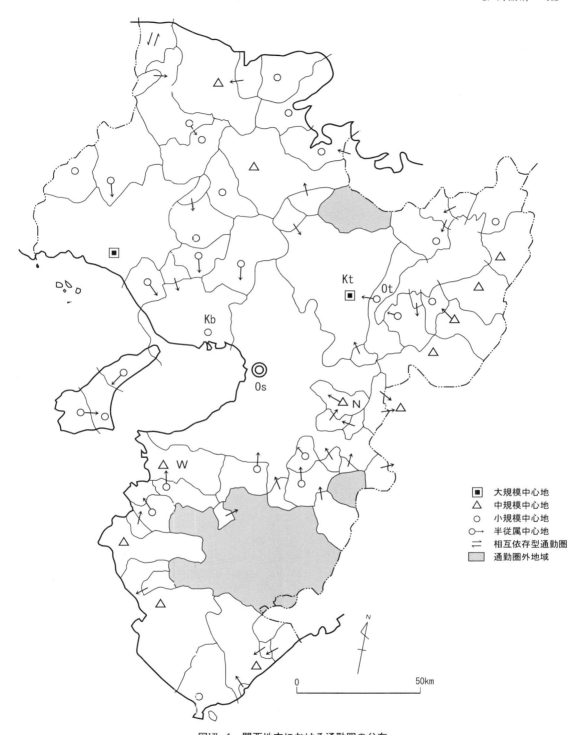

図Ⅶ-1 関西地方における通勤圏の分布
Kb：神戸市，Kt：京都市，N：奈良市，Os：大阪市，Ot：大津市，W：和歌山市．
資料：国勢調査（2000年）による．

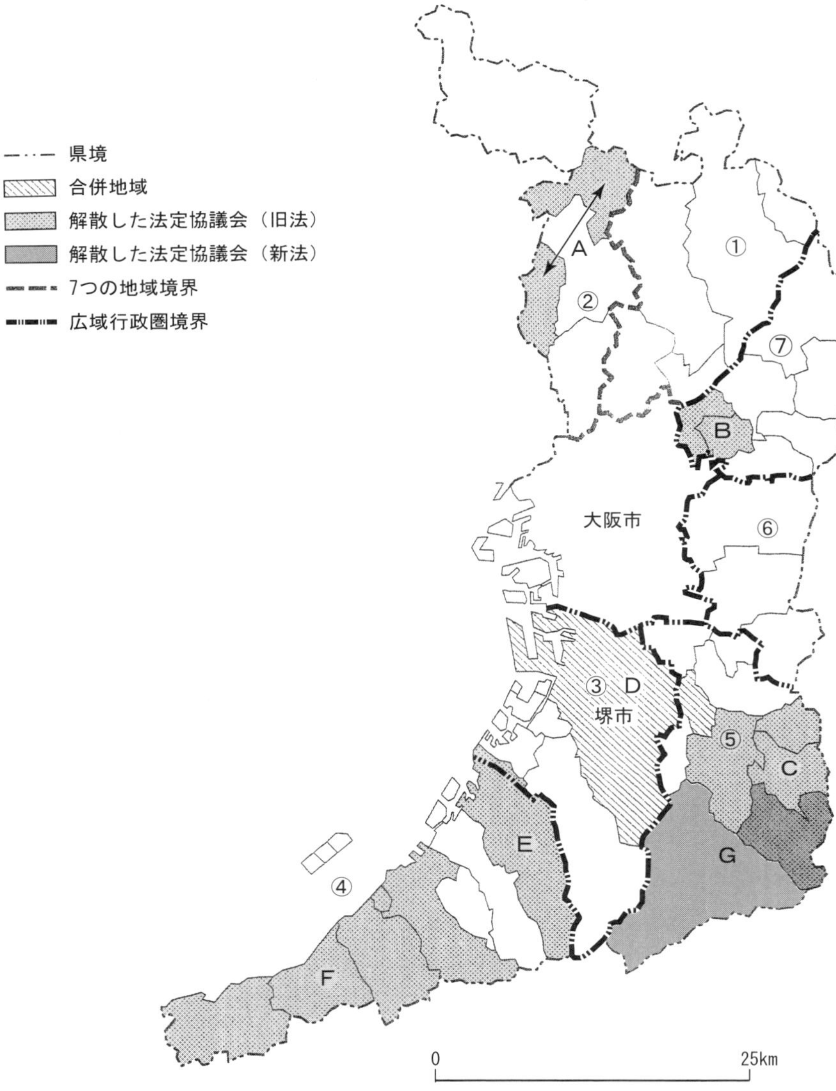

184　Ⅶ　関西地方の市町村合併

図Ⅶ-2　大阪府における市町村合併や法定協議会設置の状況と広域行政圏
　地域名：①三島地域，②豊能地域，③泉北地域，④泉南地域，⑤南河内地域，⑥中河内地域，⑦北河内地域．
　協議会名：A：池田市・豊能町合併協議会，B：守口市・門真市合併協議会，C：富田林市・太子町
　　　　・河南町・千早赤阪村合併協議会，D：堺市・美原町合併成立，E：岸和田市・忠岡町合併
　　　　協議会，F：泉州南合併協議会，G：河内長野市・千早赤阪村合併協議会．
＊大阪府や高槻市，豊中市などは広域行政圏に加入していない．
資料：大阪府（2000）：『大阪府市町村合併推進要綱』，pp.20-43，大阪府（2006）：『市町村合併の手引き』，p.18，
　　自治省行政振興課編（1983：66）による．

　大阪府では旧合併特例法のもとでの市町村合併が少なかったため，合併推進構想も策定された．合併推進構想では，構想対象市町村の組み合わせとして，①生活圏域を踏まえた行政区域の形成を図ることが望ましい市町村，②さらに充実した行政権能などを有する政令指定都市，中核市，特例市などを目指す市町村[7]，③おおむね人口1万人未満を目安とする小規模な市町村が合併推薦の対象とさ

表Ⅶ-1 関西地方6県における合併状況と人口規模, 財政力指数

府県	市町村数		%	人口規模（2000年）							財政力指数（2000年度）						
				0.5万未満	0.5～1万人	1～3万人	3～10万人	10～30万人	30万人以上	平均人口	0.2未満	0.2～0.4	0.4～0.6	0.6～0.8	0.8～1.0	1.0以上	平均
大阪府	A	2	4.5				1		1	414,818					2		0.86
	B	16	36.4		2	5	3	6		72,740		1	4	5	4	2	0.75
	C	26	59.1			1	11	8	6	261,985			1	13	8	4	0.79
	計	44	100.0		2	6	15	14	7			1	5	18	14	6	
京都府	A	25	56.8	3	12	7	2		1	70,525	7	13	2	3			0.32
	B	13	29.6	3	3	3	3	1		38,983	1	3	2	5	1	1	0.55
	C	6	13.6			1	5			62,416			3	1	2		0.65
	計	44	100.0	6	15	11	10	1	1		8	16	7	9	3	1	
兵庫県	A	66	75.0	8	25	26	6		1	20,855	5	29	21	9	2		0.41
	B	6	6.8			3	3			28,528			3	3			0.60
	C	16	18.2			1	6	6	3	250,186				6	9	1	0.83
	計	88	100.0	8	25	30	15	6	4		5	29	24	18	11	1	
奈良県	A	12	25.5	4	3	3	1		1	40,799	3	4	4		1		0.35
	B	25	53.2	8	6	8	2	1		18,312	7	7	10	1			0.33
	C	10	21.3	3			6	1		49,541	1	3	2	3	1		0.50
	計	47	100.0	15	9	11	9	2	1		11	14	16	4	2		
滋賀県	A	41	82.0	3	13	18	6	1		22,902	2	12	15	7	4	1	0.51
	B	6	12.0		3	1	1	1		36,698		2	1	3			0.59
	C	3	6.0			1	1	1		61,227					2	1	1.02
	計	50	100.0	3	16	20	8	3			2	14	16	10	6	2	
和歌山県	A	32	64.0	10	9	9	4			14,280	11	12	7	2			0.31
	B	14	28.0	3	7	3	1			10,032	3	9	2				0.27
	C	4	8.0		1	1	1	1		118,120		1	2		1		0.56
	計	50	100.0	13	17	13	6	1			14	22	11	2	1		

A：合併成立の市町村, B：合併協議会解散または離脱の市町村, C：合併協議会不参加の市町村
資料：国勢調査2000年, 総務省自治財務調査課：平成12年度財政指数表, および各府県担当課の資料とグリグリ「市区町村変遷清報」による.

れた．そのなかでは，人口2万未満の町村は行政効率がわるく，人口20万以上の規模の市に再編していくことが望ましいとしており，具体的には河内長野市と千早赤阪村が対象とされた[8]。

このように，通常の合併推進要綱が策定され，合併推進構想も策定されて構想対象市町村まで指定されたのは，東京都や神奈川県とは異なった対応であり，「平成の大合併」を積極的に進めようとする姿勢が感じられる．

(2) 合併の経緯

表Ⅶ-1に示すように，大阪府では合併市町村は2つ(4.5%)しかなく，協議会解散・離脱が16(36.4%)[9]で，残り26(59.1%)はすべて協議会不参加の非合併市町村である．したがって，東京都や神奈川県とともに非合併の多いZタイプに属するが（図XIII-1参照），旧合併特例法のもとでは11の研究会が設置されており，東京都や神奈川県のように，市町村合併に無関心な市町村が多かったわけではない．34市町村が参加した11の合併研究会は任意協議会とみなされているが[10]，任意協議会とするには疑問が残るので，表Ⅶ-1ではこれらを除くことにする[11]。

大阪府の合併においては，図Ⅶ-3に示すように，旧合併特例法のもとで6つ(17市町村)，合併新法のもとで1つ（河内長野市と千早赤阪村の2市村）の法定協議会が設置された[12]。しかし，このうち合併が成立したのは堺市に編入した美原町だけであり，16市町村が非合併にとどまった．各合併協議会の構成市町村数は2～5と小さく，特異な例としては池田市，豊能町のように，箕面市を

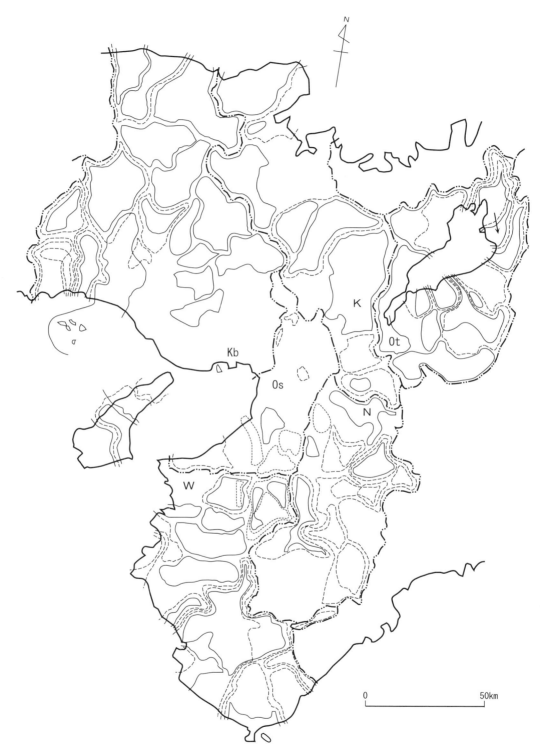

図Ⅶ-3 関西地方における市町村の合併状況
Kb：神戸市，Kt：京都市，N：奈良市，Os：大阪市，Ot：大津市，W：和歌山市．
実線：合併した市町村の境界，破線：協議会解散・離脱の市町村の境界，二点鎖線：府県境界，
→：合併新法のもとで市域を拡大したもの．
資料：各県の資料およびグリグリ「市町村変遷情報　詳細」による．

挟んで飛地をなす合併協議会も府の合併重点地域に指定されていた。このなかでは，北摂広域連携行政研究会（10市町村）や南河内広域行政研究会（同8）のように大規模なものもあったが，これらの名称が示すように，広域連携が中心であり，合併を意図した任意協議会であったかどうかは疑問である。

　堺市と美原町は2000年12月に研究会を設置し，2003年1月には任意協議会を設置し法定協議会に移行して2005年に編入合併したが，堺市は同時に，大阪狭山市と2001年4月に研究会を設置（2003年解散）し，高石市と2002年4月に研究会を設置（2003年解散）していた。堺市は美原町と合併した翌年（2006年）に政令指定都市に指定された。堺市の人口は1995年の802,993人から2000年の792,018人へと1.4％減少しており，当時政令指定都市の実質的基準と考えられていた人口80万人へ到達するために周辺都市との合併を強く希望したが，高石市は住民投票による多数の反対票により，大阪狭山市は議会の否決によって合併協議会の設置を拒否した。しかし，政令指定都市の人口要件は静岡市の昇格のときから70万人に引き下げられ，堺市は合併しなくても政令指定都市の指定を受けることができることとなった[13]。

　堺市・美原町以外の法定協議会はいずれも解散して合併には至らなかった。①岸和田市と忠岡町の場合には2003年7月に法定協議会を設置したが，翌年12月には解散した。②池田市と豊能町とは2004年4月に法定協議会を設置して同年12月には解散したし，③守口市・門真市の場合には，2003年3月に法定協議会を設置して2004年12月に解散した。④泉南市，阪南市，泉佐野市，岬町，田尻町の場合にも，2003年11月に法定協議会を設置して翌年9月には解散した。⑤富田林市，河南町，太子町，千早赤阪村の場合には2002年7月に法定協議会を設置したが，2005年3月に解散した。かくして，法定協議会に進んだ6協議会のうち5つは協議がまとまる段階まで到達したが，住民投票を実施した8市町のうち6市町において反対票が多数を占め，合併賛成者が多かったのは岬町だけであった[14]。

　上記のように，合併新法のもとでは河内長野市・千早赤阪村合併協議会が2008年3月に設置されたが，千早赤阪村議会の反対によって協議会は解散し，千早赤阪村（6,968人，0.38）は単独存続となった[15]。

　したがって結果的には，大阪府における「平成の大合併」は堺市と美原町の合併だけに終わった。大阪府において合併が進捗しなかった理由としては，①各市町村が財政力豊かで行政改革で対応できること，②旧合併特例法の合併特例債を使用しなくても公共施設の整備は可能であること，③住民投票において反対が多かったことなどがあげられ，先にみた神奈川県におけるのとほぼ同じ理由であった。

　大阪府の市町村合併の経緯は以上であるが，「平成の大合併」の終了直前の2009年になって大阪府が地方分権改革ビジョンを発表したのが注目される[16]。それによると，大阪府は都市人口30万人程度の最適規模を考慮して，2018年までに当面は広域連携を推進しながらも自主的な合併によって，全府域を中核市程度の都市に再編したい意向である。2010～12年に大阪府の事務を市町村への権限移譲を推進し，大阪府の機能は関西州を視野に入れて広域化し，政令指定都市と大阪府との二重行政の解消を目指している。豊能地域や南河内地域では広域連携を進め，島本町と高槻市でも機関の共同利用に向かっている。広域連携すれば事務の効率化が可能であるし，市町の側でも権限移譲に反対で

はないという。

　このように，市町村合併が成功しなかった市町村に対して，行政効率の高い人口 20 〜 30 万人を単位とする広域連携が計画されている点では神奈川県と類似する。この計画は大都市の区と同様の行政地域に区分して行政効率を高めるものであり，市街地が連担して人口密度が高い地域では都市の最適規模論が適用されうるので，大都市圏にとっては妥当な構想といえる。しかし，非合併のままでも十分に自主的な行政運営ができるこれらの市町が，行政効率だけを考えて新たに合併に踏み切るとは思えない。なお，2013 年 9 月末に実施された堺市長選挙では大阪都構想反対派の市長が再選され，橋下 徹大阪市長の構想は支持されなかった。今後の動向が注目される。

3．京都府

(1) 地理的特徴と市町村合併に対する府の対応

　京都府[17]は大阪大都市圏の一角を形成するとはいえ，大都市圏に含まれるのは京都市以南の地域で，中北部は人口減少の激しい過疎地域である。工業団地のある久御山町（17,080 人）のように，財政力指数が 1.21 にも達するベッドタウンもあり，大山崎町（0.86），宇治市（0.85），長岡京市（0.84）と続き，京都市（0.67）は 9 位である。一方，0.20 未満の町村は 8 つもある（表Ⅶ-1 参照）。平均財政力指数の 0.43 は関西地方では和歌山県（0.30）や奈良県（0.37）よりは高いが，関東・甲信越地方と比較すれば，甲信越 3 県よりはやや高い程度である（表Ⅱ-4 参照）。

　京都府では「昭和の大合併」の市町村減少率が 76.6％で，全国平均（65.8％）以上の減少率を示し（表Ⅱ-1 参照），小規模自治体比率は 1960 年，2000 年ともに全国平均とほぼ同じ程度であり，40 年間の増減率（ポイント）も低い方であった（表Ⅱ-2 参照）。

　図Ⅶ-1 によって通勤圏の分布をみると，南部には京都市，奈良市，大阪市の通勤圏が広がる。大規模中心地としての京都市（圏内市町村数は 15）の通勤圏の南側では大阪大都市圏が達しており，京都市の通勤圏は滋賀県の大津市まで広がる。京都府の中北部には山間部を境にして中規模中心地の福知山市（同 5），小規模中心地の宮津市（同 3），舞鶴市（同 2），綾部市（同 2）と峰山町（同 4）の通勤圏があり，綾部市は福知山市，宮津市は舞鶴市のそれぞれ半従属中心地をなしている（表Ⅻ-11 参照）。峰山町は通勤圏をもつ町として知られ，その通勤圏の町村と合併して市制を敷いた全国でも数少ない例の 1 つである（森川，2011d）。広い市域をもつ舞鶴市は宮津市と高浜町（福井県）を通勤圏とする小規模中心地に当たり，通勤圏外地域は中部の美山町だけである。

　京都府の合併推進要綱は『これからの市町村のあり方について』と題するもので，京都府，京都府市長会，京都府町村会の連名でもって 2001 年 3 月に発表された。合併推進要綱がこのようなかたちで遅く発表されたのは全国でも数少なく，福島県や群馬県，兵庫県などと類似する（市町村合併問題研究会編，2001：213）。2000 年 2 月に上記 3 者によって市町村行財政研究会が発足し，流域圏や経済圏などの調査に基づいてクラスター分析を行い，合併市町村の組み合わせを作成した[18]。

　合併推進要綱の合併パターンは，図Ⅶ-4 に示すように 3 地域（北部，中部，南部）に区分したなかで，合併の類型として①中核市・特例市創造型，②都市圏域発展型，③都市・農村融合型，④市制移行型，⑤行財政基盤強化型，⑥過疎地域連合型の 6 タイプを考えて[19] 合計 26 の組み合わせを示

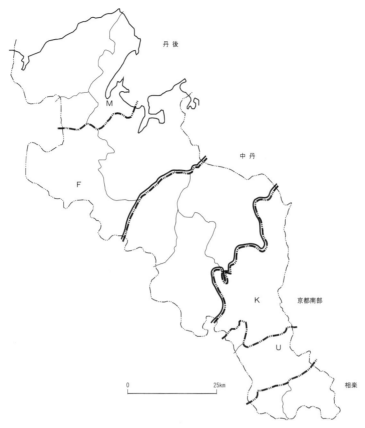

図Ⅶ-4　京都府における合併推進要綱の基本パターンと広域市町村圏
　F：福知山市，K：京都市，M：宮津市，U：宇治市．
　実線：基本パターン境界，二点鎖線：広域市町村圏境界，太実線：府内3区分（北部，中部，南部）．
　資料：市町村合併問題研究会編（2001：150-153），自治省行政振興課編（1983：64-65）による．

したが，このなかには部分的に重複した組み合わせが多いので，全域をカバーする小規模な組み合わせを基本パターンと考えると，北部では5，中部では3（京都市と亀岡市を除く），南部では4で合計12となる[20]。この12地区は京都市を除く5つの広域行政圏域を細分したものとなる。このなかには，表Ⅻ-14に示すように，人口1～3万人クラスに属する4地区が含まれ，加悦町・野田川町や京北町・美山町のように1万人台の人口をもつものもあり，小規模人口の合併パターンが多い。なお，合併新法のもとで2007年に合併した木津川市は当時すでに合併協議が進行しており，合併新法のもとでの新しい合併計画はないため，合併推進構想は策定されなかった。

　この組み合わせと通勤圏との関係をみると，両者が整合するのは福知山市と宮津市であり，豊岡市（兵庫県）の通勤圏に属する久美浜町をも含めると，峰山町でもほぼ整合する。通勤圏が未発達な中部では両者の関係は不明瞭であるが，南部の奈良・大阪通勤圏と京都市の通勤圏の境界線は合併パターンの組み合わせと整合する。

(2) 合併の経緯

表Ⅶ-1に示すように，京都府では市町村44のうち25（56.8％）が合併し，13（29.6％）は協議会解散または離脱し，亀岡市，舞鶴市，綾部市，長岡京市，大山崎町の6市町（13.6％）が協議会不参加であった。3タイプのうちでは協議会不参加の市町村の平均財政力指数が最も高いが，平均人口では京都市が含まれるため合併市町村の人口が最も大きくなる。

京都府では4地域（丹後，中丹，南丹，山城）[21]からなる府内の基本的地域区分に従って2001年に行政改革推進会議が設置され，組み合わせ試案の最も広い範囲をもって分科会が開かれた。その後小規模な研究会や協議会が設置されたが，そのなかには26の組み合わせパターンと整合するものも多かった。

京都府でも合併協議会を設置してそのまま合併した順調合併がある。北部地域では2002年4月に設置した峰山町・大宮町・網野町・丹後町・弥栄町・久美浜町合併協議会（法定）は順調に進行して京丹後市（市役所は峰山町役場）が誕生した。「昭和の大合併」のときには，郡の中心町が周辺農村を統合するかたちで合併して新市を形成することが多かったが（森川，2008：55），峰山町の通勤圏は当時は未発達であり，当時から合併計画があったわけではない。

福知山市の場合には，2001年には綾部市と舞鶴市を含めた6市町の研究会でもって出発したが，2001年8月に福知山市の通勤圏に属する4市町（福知山市，大江町，三和町，夜久野町）でもって研究会を設置し，2003年4月には法定協議会に移行して編入合併により新・福知山市が誕生した。夜久野町の住民アンケートでは「合併を進める」が30.5％，「合併しない」が28.3％，「どちらともいえない」が27.9％という僅差でもって合併に踏み切った[22]。そのほか，京北町の京都市への編入が順調に行われたが，京北町はこれまで合併を予定していた京都中部の研究会を離脱して京都市と合併した点では，上記の順調合併とは異なるケースである。

合併協議会を解散してその一部の市町村が合併した例も多い。府北部では2002年10月に宮津市・加悦町・岩滝町・伊根町・野田川町合併協議会（法定）が設置されたが，本庁舎の位置や庁舎の方式などをめぐって協議が難航し，野田川町が合併協議会から離脱し，協議会は解散した。その後2005年2月に加悦町，岩滝町，野田川町の3町でもって法定協議会を設置して合併し，与謝野町（町役場は岩滝町役場）が誕生した。残された伊根町（3,112人，0.11）は宮津市（23,276人，0.51）との合併を敬遠して，ともに非合併となった。

京都府中部には過疎地域が広がり，8町村の合併は「昭和の大合併」のときから計画されていた。2001年8月には亀岡市を含む9市町で研究会を設置したが，亀岡市は単独存続の意向を示し，上述のように，2002年11月には京北町が京都市に合併協議を申し入れて翌年10月に法定協議会を設置して京都市に編入したので，同年12月には残りの7町でもって任意協議会を設置した。しかしその後も丹波町，和知町，瑞穂町の3町が合併協議から離脱したので，園部町，八木町，日吉町，美山町の4町でもって2004年4月に法定協議会を設置して南丹市（市役所は園部町役場）が誕生した。一方，合併協議会を離脱した3町も2004年4月に法定協議会を設置して京丹波町（町役場は丹波町役場）となった。

京都府南部では2002年10月に7町村でもって相楽郡任意合併協議会が設置されたが，木津町が法定協議会の設置案を否決して任意協議会を解散した後，木津町，山城町，加茂町の3町でもって2005年4月に法定協議会を設置し，木津川市（市役所は木津町役場）が誕生した。この3町は将来

的には相楽郡7町村での合併も検討するとしており，精華町も合併特例法による合併にとらわれず，将来的な合併を視野にいれて対応するとの意向を示している。

相楽郡東部は人口減少地域であり，合併から取り残された3町村（和束町，笠置町，南山城村）は2008年に相楽東部広域連合を結成し，3町村の教育委員会を連合して笠置・南山城村で1中学と和束中学の計2校に統合した。市町村合併なしに広域連合でもって小中学校を統合するのは全国的にも珍しい[23]。児童・生徒数の減少により旧市町村内における小中学校の統合は過疎市町村では一般的に行われているが，合併市町村のなかで旧市町村域を越えて小中学校が統合した例は少ない。

合併協議会が解散して構成市町村のすべてが非合併にとどまったものには府南部地域がある。2002年10月に7市町（八幡市，京田辺市，久御山町，宇治市，城陽市，井手町，宇治田原町）でもって設置された研究会は任意協議会に発展したが，人口も多く財政力の豊かな京田辺市（59,577人，0.69）と久御山町が法定協議会不参加を表明して翌年1月には協議会は解散した。その後，宇治市，城陽市，井手町，宇治田原町の4市町でもって2006年7月に設置された任意協議会は，住民も首長も合併を希望しなかったため協議は進展せず，翌年には解散した。

以上が京都府の市町村合併の概要である。全体的にみれば，市町村合併が成立した場合にも協議会が解散した場合にも，比較的単純に進行したといえる。図Ⅶ-3に示すように，南部のベッドタウン地域と中北部の農村地域の間には顕著な対照性が認められ，ベッドタウン地域では協議会が解散した市町がみられる。合併終了後の26市町のうち人口0.5万人未満が4を数え，1万人未満は6（23.1％）を数える。京都府では合併特別交付金を拠出しなかった代わりに2004年度から「京都府市町村未来づくり交付金」を京都市を除く全市町村のまちづくり事業などに対して交付しているが，合併市町村だけが交付の対象ではない。

4．兵 庫 県

(1) 地理的特徴と市町村合併に対する県の対応

兵庫県はわが国の縮図といわれ，大都市圏から過疎地域，島嶼地域まで多様性に富んだ地域である。しかも，関西地方にあって大阪府と同様に地盤沈下が激しい地域に数えられる。人口1人当たりの県民所得をみると，1935年には全国第3位にあったが次第に順位を下げて，2000年には阪神大震災の影響もあってか第24位（東京都を100として62.2）に低下し，2007年には第19位（62.2）に回復している（森川，2012a：62）。平均財政力指数（2000年）は0.50で全国第11位であり，大阪府（0.78）や滋賀県（0.55）よりも低い（表Ⅱ-4参照）。市町村の財政力指数においても1.00以上は芦屋市（1.22）だけで，西宮市（0.98）と宝塚市（0.98）がこれに次ぎ，阪神大震災で大きな被害を受けた神戸市は0.71で県内18位であった。

兵庫県の「昭和の大合併」における市町村減少率は72.8％で全国平均よりも高く（表Ⅱ-1参照），人口1万人未満の小規模自治体比率は1960年・2000年ともに30％台で全国平均よりも低く，「昭和の大合併」は積極的に実施されたといえる。表Ⅶ-2や表Ⅱ-2に示すように，この小規模自治体比率（2000年）は関西地方では大阪府に次いで低いもので，40年間にその比率を減少してきた滋賀県とはほぼ同率とみられる。

表Ⅶ-2　関西地方における 1960～2000 年間の市町村人口規模の変化

府県	年	市町村合計	0.5万人未満	0.5～1.0万人	計	%	1～3万人	%	3～10万人	10～30万人	30万人以上	計	%
大阪府	1960年	51	3	8	11	21.6	11	21.6	21	6	2	29	56.9
	2000年	44		2	2	4.5	6	13.6	15	14	7	36	81.8
						-17.1		-8.0					25.1
京都府	1960年	44	3	17	20	45.5	17	38.6	6		1	7	15.9
	2000年	44	6	15	21	47.7	11	25.0	10	1	1	12	27.3
						2.2		-13.6					0.4
兵庫県	1960年	96	3	29	32	33.3	44	45.8	15	2	3	20	20.8
	2000年	88	8	25	33	37.5	30	34.1	15	6	4	25	28.4
						4.2		-11.7					7.4
奈良県	1960年	48	10	17	27	56.3	13	27.1	7	1		8	16.7
	2000年	47	15	9	24	51.1	11	23.4	9	2	1	12	25.5
						-5.2		-3.7					8.8
滋賀県	1960年	53	2	24	26	49.1	22	41.5	4	1		5	9.4
	2000年	50	3	16	19	38.0	20	40.0	8	3		11	22.0
						-11.1		-1.5					12.6
和歌山県	1960年	52	4	22	26	50.0	20	38.5	5	1		6	11.5
	2000年	50	13	17	30	60.0	13	26.0	6		1	7	14.0
						10.0		-12.5					2.5

資料：国勢調査 1960 年，2000 年による．

　兵庫県の通勤圏では，図Ⅶ-1 や表ⅩⅡ-11 に示すように，県南部には大阪市，神戸市，姫路市の有力な通勤圏が東西に連なり，加古川市（圏内市町村数は 2）と三田市（同 2）は神戸市の半従属中心地をなしている．神戸市（同 6）は大阪市の半従属中心地をなし，通勤圏は狭く中規模中心地に当たるが，姫路市は 18 の市町村を通勤圏に含める大規模中心地である．上述の千葉県において顕著にみられたように，大都市圏から地方の農村地域にかけて通勤圏は著しく「傾斜」しており，中北部では小規模な通勤圏をもつ半従属中心地が発達する．すなわち，県中部には社町（同 3），西脇市（同 3），山崎町（同 3），佐用町（同 3）やさらにその北側には氷上町（同 3），和田山町（同 4），八鹿町（同 4）などの小規模中心地が，多くは半従属中心地として立地し，日本海沿岸には中規模中心地・豊岡市（同 5）の通勤圏がある．淡路島では小規模中心地の洲本市（同 4）とその半従属中心地としての津名町（同 3）と三原町（同 2）がある．通勤圏外地域は家島町と山南町だけである．

　なお，2000 年 10 月の国勢調査の時点には篠山市はすでに合併していたため，全域が三田市の通勤圏に属するが，合併以前の 1995 年には篠山町と丹南町が共同通勤圏に近い存在であった[24]．1999 年 4 月 1 日に多紀郡 4 町の合併によって新市となった篠山市は，「平成の大合併」の旧合併特例法が適用された最初の都市として知られる[25]．

　兵庫県では，合併推進要綱に当たる『今後の市町経営のあり方に関する検討指針』は 2001 年 1 月に策定され，いくつかの広域行政圏が掲載されているが，「市町村合併は市町や住民が地域の実情に応じて自主的，主体的な合意形成を図ることを基本と考え，地域の意向を十分尊重し，その取り組み段階に応じた対応を行うこと」とした．市町村問題研究会編（2001：158）には図Ⅶ-5 が掲載されているだけで，市町合併の基本パターンは示されなかった．しかし，図に示された圏域は 10 の圏域からなる広域市町村圏（県東南部には圏外の地域が含まれる）の境界と整合するものが多い．

　兵庫県では，京都府などと同様に合併特別交付金も交付されなかったが[26]，合併推進要綱の合併パターン提示において類似の対応を示した長野県や福島県の状況に比べると，市町村合併率は著しく

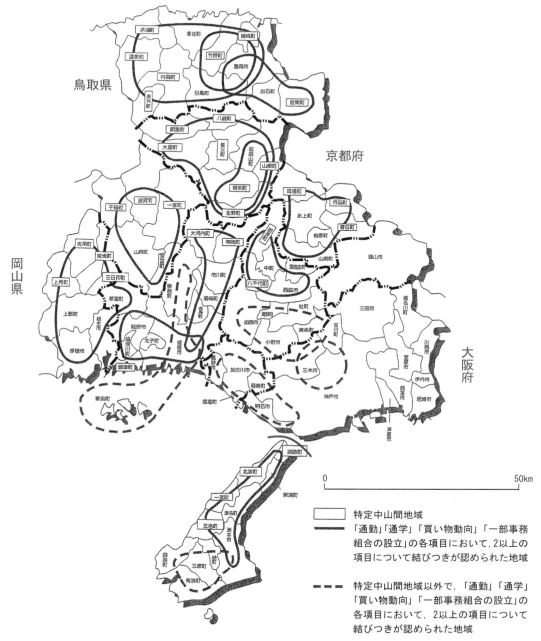

図Ⅶ-5　兵庫県の合併推進要綱における中山間地域についてのケーススタディと広域市町村圏
　　実線と破線：合併パターン，二点鎖線：広域市町村圏境界．
　　資料：市町村合併問題研究会編（2001：158），自治省行政振興課編（1983：68-69）による．

高く，1999年の「平成の大合併」開始時点の市町数91（篠山市誕生前）は41（45.1％，2010年）へと減少し，小規模自治体はまったく消滅した．合併推進要綱の基本パターンを提示しなかった本県では－旧合併特例法のもとでの合併進捗率が高かったこともあってか－合併推進構想も策定されず，合併新法のもとでの合併は皆無であった．

(2) 合併の経緯

　表Ⅶ-1に示すように，兵庫県では88（2000年国勢調査時点）の市町村のうち合併したのは66（75.0％），協議会解散または離脱は6（6.8％），協議会不参加は16（18.2％）であり，協議会不参加の市町は神戸市を中心とした東南部の都市に広く分布する。伊丹市，宝塚市，川西市，猪名川町では阪神北部広域行政推進協議会（研究会）を設置して合併を視野に入れて検討したが，それ以上には進展しなかった[27]。その他の県東南部の市町では，市町村合併に向けた動きはほとんどみられない。本県では協議会解散または離脱の市町村数が少なく，8つの新市が誕生した。表Ⅶ-2に示すように，市制施行予備軍ともいえる人口1～3万人の町が30（34.1％）と多く，茨城県の11市に次いで多くの新市が誕生したのも本県の特徴といえる。

　兵庫県では合併推進要綱の合併パターンを考慮することなく，各市町村はそれぞれ独自の範囲で研究会を設置したが，市町村合併においてとくに複雑な経緯をたどった地域は少ない。なかには姫路市のように，25市町でもって研究会を設置したところもあり，県北部では香住町が豊岡市，城崎郡，美方郡，出石郡11市町による合併協議を申し入れたこともあったが，郡単位の比較的狭い範囲で研究会や任意協議会を設置した場合が多かった。

　市町村合併と通勤圏との関係をみると，相互依存型通勤圏を形成する新温泉町をはじめ，丹波市（市役所は氷上町役場），宍粟市（市役所は山崎町に設置），朝来市や加東市（市役所は社町役場）では両者はほぼ整合する。①丹波市の場合には，2000年10月というきわめて早い時期に法定協議会を設置しており[28]，福知山市（京都府）を指向する市島町と通勤圏外地域に属する山南町を含めた氷上郡6町が合併したもので，通勤圏とも緊密な関係にある。②宍粟市の場合には，宍粟郡5町でもって2003年3月に任意協議会を設置したが，姫路市の通勤圏に属する安富町を除く山崎町通勤圏の4町（山崎町，一宮町，波賀町，千種町）でもって法定協議会を設置して合併し，本庁舎は山崎町に新築された。

　③朝来市では，2002年9月に住民発議により和田山町とその通勤圏内で朝来郡に属する3町（養父郡八鹿町を除く）でもって法定協議会を設置して合併した。市役所は新庁舎建設まで和田山町役場に置かれる。④加東市の場合には2003年4月に社町の通勤圏に属する滝野町と東条町が法定協議会を設置し，西脇市からの申し出を断って合併した。一方，西脇市の通勤圏では玉突型通勤圏に当たる加美町と中町，八千代町が合併して多可町（町役場は中町役場）として独立し，西脇市と合併したのは黒田庄町だけであった[29]。

　浜坂町と温泉町の合併によって誕生した新温泉町（町役場は浜坂町役場）は日常生活圏に適合したものといえるが，新温泉町の命名は合併協定調印式後に新町名を温泉町から変更したものである。一方，城崎郡香住町と美方郡の村岡町，美方町の3町による香美町（町役場は当分香住町役場）の形成は通勤圏とは整合しないものとなった。美方町は村岡町を第1位通勤先とし，村岡町は八鹿町の通勤圏に属するのに対して，香住町は豊岡市の通勤圏に属する。新温泉町と香美町に合併した5町は2002年10月に法定協議会を設置したが翌年9月に解散し，その年のうちに新温泉町（2町）と香美町（3町）に分かれて法定協議会を設置して合併したものである。

　兵庫県では，篠山市（4町）をはじめ豊岡市（6市町），養父市（4町），三木市（2市町の編入合併），多可町（3町）の場合にも順調合併であった。①篠山市では1958年に多紀郡6町村の合併話があり，

1975年に篠山町に城東町と多紀町が合併し，1997年4月に今田町，篠山町，西紀町，丹南町の4町で法定法議会を設置して合併して1999年3月23日に篠山町が篠山市（市役所は篠山町役場）となった。②豊岡市は2003年1月に城崎郡・出石郡の5町と法定協議会を設置してそのまま合併して新・豊岡市となった。③養父市では2002年6月に養父郡4町が法定協議会を設置して合併し，養父市（市役所は八鹿町役場）が誕生した。④三木市の場合には，2004年4月に吉川町と法定協議会を設置して吉川町は三木市に編入した。

　もちろん，協議会を設置・解散して構成市町も変更した複雑な経緯をたどる場合もある。①淡路島では北端の淡路町（神戸市の通勤圏）以外の多くの町は洲本市の通勤圏に属するが，淡路市と新・洲本市とは複雑な経緯をたどり，これに南あわじ市が加わって3市が形成された。そのため，洲本市の通勤圏（日常生活圏）は縮小され，洲本市の経済的発展にとっては不利なものと考えられる。淡路島では三原郡4町の合併による南あわじ市（市役所は旧三原郡生活文化会館）は順調合併に属するが，中北部では津名郡・洲本市合併研究会が2000～01年に設置された後，2002～03年には洲本市・津名町・五色町合併協議会と淡路町・北淡町・東浦町合併協議会とに二分され，その後後者に一宮町と津名町が加わり，2003年2月に5町でもって法定協議会を設置して淡路市（市役所は津名町に建設予定）が誕生した。一方，前者では洲本市と五色町が法定協議会を設置して合併して新・洲本市が発足した。その際には，合併協定調印式の後五色町が合併案件を否決する事件もあった。

②2003年2月に設置された宍粟郡5町と姫路市（1市4町）の2つの任意協議会に同時に加入していた宍粟郡安富町は，2003年7月に宍粟市の誕生を目標として宍粟郡4町が法定協議会を設置したときには加入せず，将来の発展がより期待される姫路市との合併に踏み切った。安富町は宍粟郡の一部事務組合に属していたが，安富町の姫路市合併後は安富町だけでなく宍粟市全域についての一部事務組合を姫路市で運営する方式に変更された。

③佐用郡4町については2003～04年に法定協議会を解散した後，佐用町・上月町2町間の合併協議会を立ち上げたのに南光町が加わり，さらに三日月町も加入して，結局最初の計画による4町でもって新・佐用町が発足した。姫路市と作用町の通勤圏の境界地域にある三日月町は，安富町の場合とは反対に同一郡内の合併を選んだ。

　大規模な合併協議会が解散した後，2・3に分かれて新市町が誕生する場合もよくみられる現象である。④城崎郡香住町は美方郡4町からなる合併協議会に参加したが，その協議会の解散後二分して新温泉町と香美町が発足したことは上記の通りである。

⑤広大な通勤圏をもつ姫路市の場合には，上記のように2002年4月に25市町でもって合併研究会を設置したが，旧合併特例法の有効期間が終わる2006年3月に周辺4町と3つの合併協議会を合わせて編入合併するにとどまった。3つの合併協議会を別々に設置したのは夢前町と家島町の編入合併への対応が遅れたためで，家島町では地域性を活かして編入条件に若干の差異があったようである[30]。福崎町との法定協議会を設置していた香寺町では，2005年の住民投票の結果姫路市との合併支持が48.6％に対して福崎町との合併支持が46.9％となったため，協議会を解散して姫路市との合併に踏み切り，福崎町（19,582人，0.71）は非合併にとどまったという経緯がある。なお，姫路市の西側では2003年4月に4市町（龍野市，新宮町，揖保川町，御津町）でもって法定協議会を設置してたつの市（市役所は龍野市役所）が誕生し，姫路市の衛星都市となった。

合併協議会が解散して合併に至らなかった地区もある。相生市，赤穂市，上郡町の場合には，任意協議会が2003年に1カ月だけ設置された後すぐに解散し，その後赤穂市・上郡町合併協議会と相生市・上郡町合併協議会がほぼ同時に設置された。しかしいずれも2007年には解散し，3市町はそれぞれ非合併となった。

市川町や太子町も協議会を離脱して非合併にとどまった。2005年1月に設置された神崎町・大河内町合併協議会には市川町も参加して法定協議会を設置したが，市川町（14,812人，0.42）を除いて神河町（町役場は大河内町役場）が発足した。市川町は下水道整備が遅れていたため，他の2町との合併が破談となったといわれる。太子町（31,960人，0.63）は，2003年7月に龍野市と揖保郡3町との合併協議会に遅れて加入したが，翌年には離脱して単独存続となった。太子町が非合併の道を選んだのは人口・財政力ともに自立できる自信のためと推測される[31]。

以上が兵庫県における市町村合併の経緯である。兵庫県は大都市圏から過疎地域まで多様な地域から構成されており，市町村合併についても種々の事例がある。そのなかでは，協議会の解散によって単独存続になったのは6市町（市川町，太子町，福崎町，上郡町，相生市，赤穂市）だけで，比較的少ない。兵庫県は市町村の自主的合併を重視し，後述のように，合併特別交付金も交付されなかった。加えて，県内には神戸市をはじめ大都市圏地域が16市町（17.6％）を占める。それにもかかわらず，市町村合併した市町村は66を数え，合併率は75.8％という高水準に達し，合併によって小規模自治体数がゼロとなったのは全国唯一のことであり，「合併完了型」に近い県とみることができる。

県内の人口密度が低い山間部では郡を単位とした大規模な合併が多いため，郡域によって区分された広域行政圏の圏域と整合するものがある。丹波市，篠山市，佐用町は完全に整合し，養父市と朝来市の場合には南丹地区を二分したものとなるが，宍粟市は安富町が姫路市に合併したため不整合となった。都市の発達した瀬戸内沿岸部では2，3の市町による小規模合併が多い。

上述のように，県内に8つの新市が誕生し，全国的にも茨城県に次いで多いことも注目される。たしかに，本県では市制施行予備軍とみられる人口1～3万人の町村を多く保有していたが，「昭和の大合併」以後の都市化による新市の誕生は少なく，京都府や奈良県とも類似して，関西の大都市圏周辺地域では1960年以降における都市化は不活発であった（森川，2012c）。したがって，茨城県の場合とはやや異なり，長崎県などと同じように，過疎地域の多数の町村の合併によって人口3万人に達したものも含まれる。養父市（26,501人，2010年）では市制施行後人口が3万人未満に減少している。

そうしたなかにあって，家島町を含めて4町を編入した姫路市は，人口53.6万人（2010年）と面積534.4km^{2}をもつ都市となった。姫路市は政令指定都市を狙って合併を広く呼びかけたが，現在政令指定都市の制定基準は人口約70万人に置かれており，現状では可能性があるとはいえない。兵庫県では姫路市（1996年），西宮市（2008年），尼崎市（2009年）の中核市への昇格や明石市（2002年），加古川市（2002年），宝塚市（2003年）の特例市への昇格のように多くの都市が昇格したが，合併による人口増加と関係した昇格は皆無である。

5．奈良県

（1）地理的特徴と市町村合併に対する県の対応

奈良県における 2000～05 年の人口増減率は-1.5%で，関西地方では和歌山県の-3.2%に次いで低い。「昭和の大合併」における市町村減少率は 66.0%で全国平均（65.8%）とほぼ同じレベルであったが，1 万人未満の小規模自治体比率は 1960 年の 56.3%から 2000 年の 51.1%へとわずかに減少した（表Ⅱ-2 参照）。

奈良県では観光産業は盛んであるが，製造業などの事業所は少なく，大阪方面への通勤者が多く，市町村の財政も豊かとはいえない。平均財政力指数（0.37）は関西地方では和歌山県（0.30）に次いで低く（表Ⅱ-4 参照），県内で財政力指数が最も高いのは，2002 年に中核市に移行した奈良市（0.88）であり，生駒市の 0.86 がそれに次ぐ。県内では北部の奈良盆地と南部山地からなり，南北格差が大きい。南部山地には野迫川村（783 人，0.09）や大塔村（812 人，0.07）のように，人口 1,000 人未満で財政力もきわめて低い村がある。

図Ⅶ-1 にみるように，県北の平野部の市町村のほとんどが大阪市の通勤圏に属し，東部の室尾村でも 8.7%が大阪市に通勤する。県内には独立した通勤圏をもつ通勤中心地はまったくなく，大阪市の半従属中心地をなすのも奈良市（圏内市町村数は 5）と橿原市（同 3）だけであり，大淀町（同 2）も橿原市の半従属中心地に当たる。奈良市は県内では天理市の第 1 位通勤先となるだけであるが，京都府南部に通勤圏が広がるので中規模中心地に属する（表Ⅻ-11 参照）。大和郡山市や桜井市，大和高田市などの通勤圏は大阪市への通勤圏の陰に隠れた存在であり，東部には三重県の上野市や名張市に通勤する町村もある。さらに，南部には通勤圏外の 7 町村（天川村，野迫川村，大塔村，十津川村，下北山村，上北山村，東吉野村）がある。

合併推進要綱（2000 年）の策定では，8 つの指標[32]を用いて市町村の結びつきによる組み合わせが示され，中核市・特例市移行型（20～30 万人程度），市勢拡大型（人口 10 万人以上），市制移行型（人口 5 万人前後），地域強化型（人口 1～2 万人前後）に類型化された。基本パターンは合併における「1 つのきっかけを提供するもの」と考えられ，図Ⅶ-6 に示すように，奈良市，生駒市，大和郡山市の 3 市を除く 6 つの圏域は広域市町村圏と完全に整合する。なお，基本パターンのほかに 14 に細分したパターンも示される[33]。

上記の基本パターンの 6 圏域のなかでは，人口が最も少ない南和広域（14 市町村）でも人口は 96,905 人と大きい。広域市町村圏を基本パターンにそのまま採用したため，大規模な自治体の形成を考えたものであった。南和広域は面積が 2,346.8km^2 と広大なため，上記の別案では 3 地区に細分される。

旧合併特例法における市町村合併が終了した 2006 年の時点では，47 市町村が 39 に減少しただけで，合併推進率はきわめて低く，人口 1 万人未満の市町村 24 のうち 18 が残存していたので，合併推進構想が策定された。その基本的な考え方として，①人口 1 万人未満の町村の解消，②新たな市制施行，③人口 10 万人以上の市勢拡大をあげ，図Ⅶ-7 に示すように，すでに合併した市町村も含めて 9 つの構想対象市町村の組み合わせ（生駒市と大和郡山市を除く）が提示された[34]。それは奈良市や天理市の組み合わせや王寺周辺広域，南和広域の分割など合併推進要綱の基本パターンとは異なる組み合わせであり，構想対象市町村の組み合わせと「将来の望ましい市町村の姿」とを兼ねた構想であった。

奈良市と山添村の新たな組み合わせは，市町村合併を考慮したものである。すなわち，山添村（4,967 人，0.28）は消防・救急医療や広域的な地域振興では天理市を中心とする一部事務組合に加入し，ゴ

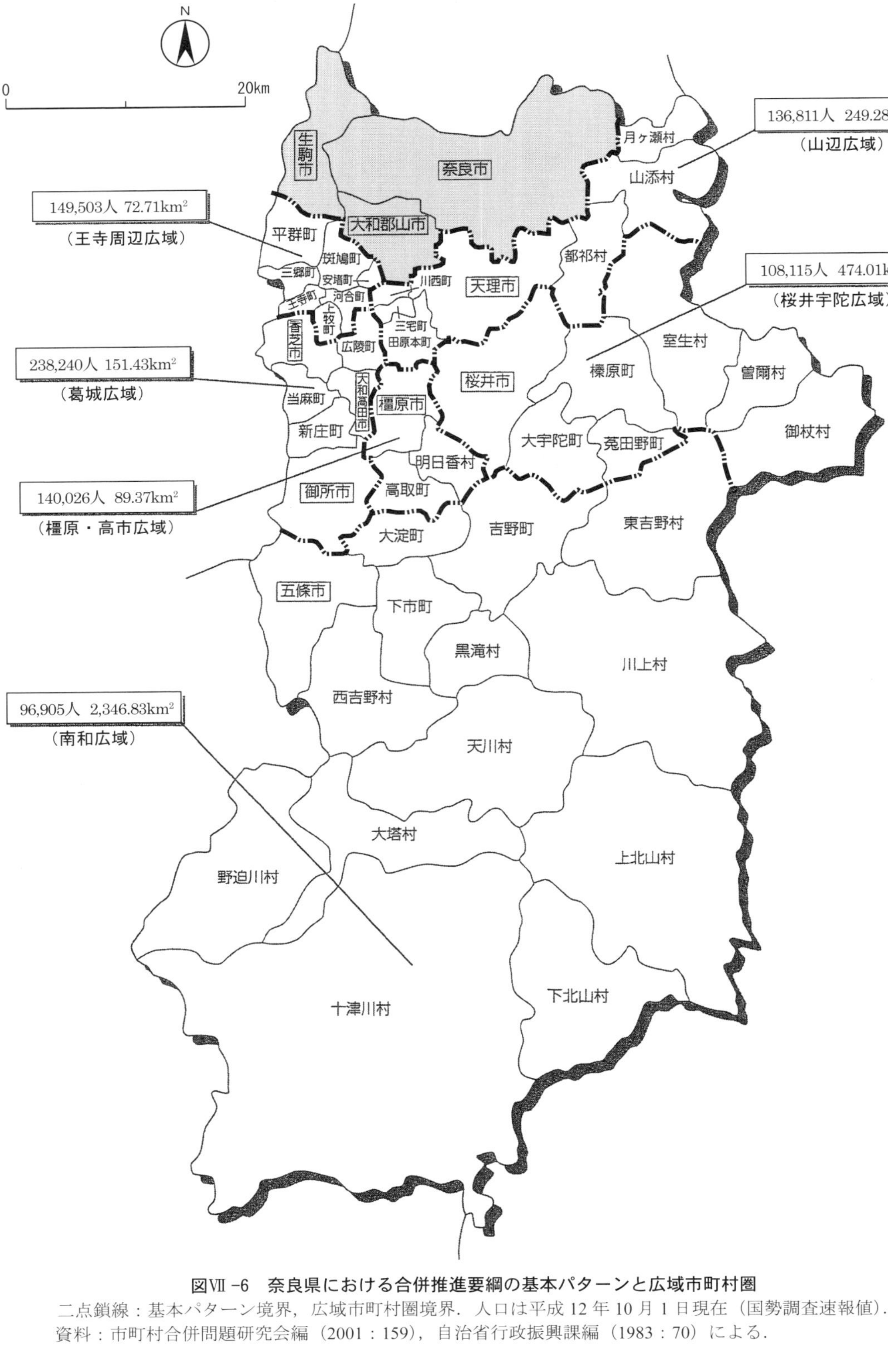

198　Ⅶ　関西地方の市町村合併

図Ⅶ-6　奈良県における合併推進要綱の基本パターンと広域市町村圏
　二点鎖線：基本パターン境界，広域市町村圏境界．人口は平成12年10月1日現在（国勢調査速報値）．
　資料：市町村合併問題研究会編（2001：159），自治省行政振興課編（1983：70）による．

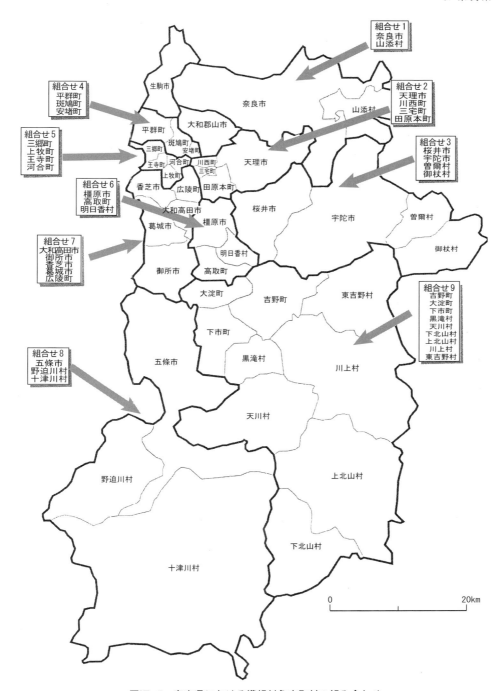

図Ⅶ-7 奈良県における構想対象市町村の組み合わせ
資料：奈良県（2006）：『奈良県市町村合併推進構想』，p.20 による．

ミ処理業務も天理市に事務委託してきたが，月ヶ瀬村（1,962人，0.22）と都祁村（6,797人，0.45）が奈良市に編入したため，広域行政圏の飛地となったためである．さらに，奈良市の水源ダムが奈良市と山添村に跨がることも合併推進の理由とされた．

また，旧合併特例法のもとで7町の合併が実現しなかった王寺周辺広域は，合併推進構想では二分された。平群町，斑鳩町，安堵町の3町は消防・救急業務や介護認定審査会の設置運営などについて共同処理しており，行政的な強い連携のため3町の合併構想が合併対象地域に示された。しかもこの地域は，世界遺産に登録された法隆寺など史跡に富む地域であり，一体的な新市の建設が有効とされた。さらに，県中南部では旧合併特例法のもとでの協議会設置状況を踏まえて東部9町村と西部3市村に区分された。

しかし，兵庫県の場合と同様に，合併新法下での市町村合併は皆無に終わった。旧合併特例法のもとで合併できなかったので，市町村合併は「もう終了した」との意識も強く働いたし，合併市町から合併のメリットは聞かれなかったので，合併協議は進捗しなかったといわれる[35]。

(2) 合併の経緯

表Ⅶ-1に示すように，47の市町村のうち合併した12（25.5％）に対して，25（53.2％）が協議会解散または離脱による非合併にとどまり，協議会に不参加の市町村が10（21.3％）を数える。後で述べるように，図XⅢ-1では協議会解散・離脱の市町村比率が高いYグループに属し，山形県（50.0％）や北海道（45.3％），宮崎県（40.9％），千葉県（33.8％），埼玉県（33.7％）よりも高く，全国最高を記録する。そのなかには，協議会の構成市町村の一部を変更しながら何度も設置と解散を繰り返した市町村も含まれる。

一方，協議会不参加の市町村には生駒市，大和郡山市，天理市，香芝市，大和高田市，御所市，広陵町，山添村，川上村（2,558人，0.12），十津川村（4,854人，0.25）があり，この中には，都市だけでなく南部山地の小規模村も含まれる。県南部の大淀町，下市町，吉野町では商業活動が営まれ，ある程度の中心性をもつが，北海道の場合と同様に，町村が広大な面積をもつため合併の効果は得られず，公共施設の統合は不可能と考えられた。

合併協議会の設置範囲が合併推進要綱の基本パターン圏域と整合するのは，王寺周辺広域（平群町，三郷町，斑鳩町，安堵町，上牧町，王寺町，河合町）だけである。この地区では，1991年に早くも7町の合併による市制施行が計画され，2003年6月には住民発議による法定協議会が設置されたが，合併の是非を問う住民投票の結果，平群町は賛成56.1％，斑鳩町は反対78.3％，王寺町は反対69.5％となり，2004年には王寺町と斑鳩町が合併協議からの離脱を表明し，2005年2月に協議会を解散した。新市名は西和市とされ，新庁舎は王寺町役場に置かれる予定であった[36]。

勉強会の設置は郡単位によるものが多かったが，合併が成立したのは次の4地区だけである。①大和高田市，御所市，香芝市，新庄町，當麻町，広陵町の6市町による合併は旧合併特例法の期限内での合併が不可能と判断して2002年4月に新庄町・當麻町の2町による法定協議会の設置に変更された。住民アンケート（投票形式）によると新庄町は賛成48.8％，反対45.6％，當麻町は賛成42.4％，反対52.1％であったが[37]，合併協議を継続することによって葛城市（市役所は新庄町役場）が誕生した。②2003年4月に新生五條市合併協議会が設置されたが，野迫川村が離脱し，五條市に西吉野村（3,911人，0.14）と大塔村が編入して水系を越えた細長い市域を形成した。野迫川村は同一郡内の大塔村，西吉野村との新設合併を希望しており，五條市と合併した場合には議員数の確保や消防署の大塔村設置などの点で条件が不利となり，合併反対が多かったといわれる。野迫川村は県内最小規模の村であ

るが，住民サービスは現在でも以前と同様に行われており，特別な問題はないとのことである。ただし消防は役場消防団によって運営される県内唯一の非常備村であり，災害の際には近隣市町村の援助を受けることになる[38]。

③奈良市では，上記のように月ヶ瀬村と都祁村を編入した。2002年2月には月ヶ瀬，都祁村，山添村の3村でもって研究会を設置したが，上野市（三重県）の通勤圏に属する山添村では住民投票の結果賛成が44％，反対が56％で，合併協議会に加入することなく単独存続を貫くことになった。そのため，1市2村で2003年に合併協議会を設置して2村が奈良市に編入した。④宇陀地区6町村では2001年11月に任意協議会を設置した後，2003年4月になって東吉野村（2,909人，0.11）が加入して法定協議会に移行したが，東吉野村，曽爾村（2,472人，0.13），御杖村（2,623人，0.11）が離脱して協議会は解散した。その後2004年5月に宇陀郡4町村（大宇陀町，菟田野町，榛原町，室生村）でもって法定協議会を設置して合併し，宇陀市（市役所は榛原町）が誕生した。協議会を離脱した曽爾村と御杖村も2004年1月に2村でもって法定協議会を設置したが，まもなく解散した。

上記の王寺周辺広域以外にも，協議会が解散して合併が成立しなかったものがある。①橿原市，桜井市，高取町，明日香村，三宅町，川西町，田原本町の7市町村は3つの基本パターン圏域に跨るかたちで2003年3月に中和地区市町村合併問題協議会（任意）を設置したが，明日香村が明日香法[39]の扱いをめぐって合併協議から離脱を表明し，協議会はその年のうちに解散した。翌年7月には桜井磯城任意合併協議会（桜井市，川西町，三宅町，田原本町）を設置して法定協議会まで進んだが，2005年3月には解散して4町はいずれも単独存続となった。

一方，②吉野郡町村合併検討協議会（任意）は2002年7月に8町村でもって設置され，翌年3月には7町村で法定協議会に移行した。2003年2月には法定協議会不参加を表明していた東吉野村はその後宇陀地区合併協議会に参加したが，住民投票では吉野地区との合併が58.8％，宇陀地区との合併希望が41.2％となり，宇陀地区の協議会からも離脱した。その後東吉野村は吉野郡町村合併協議会に再加入して，元の8町村からなる法定協議会を設置したが，翌年解散した。その後2004年6月には飛地をなす吉野町，上北山村，東吉野村でもって任意協議会を設置したが，2カ月後に解散した。さらに，上北山村を除く吉野町と東吉野村でもって2004年9月に法定協議会を設置したが，東吉野村の合併の是非を問う住民アンケートの結果賛成が36％，反対が58％となり，2005年3月には協議会を解散した。さらにまた，黒滝村と天川村は2004年6月に任意協議会を設置して法定協議会に移行したが，2005年に解散した。大淀町と下市町，下北山村は最初の協議会解散以後再度設置することなく，非合併を貫いてきた。

こうしたなかでは，参加と離脱を繰り返した東吉野村の行動が注目される。東吉野村は吉野郡に属し，古くから筏流しによる林業の盛んな村であったが，明治以後陸送が発達し，桜井市への木材運搬が行われるようになり，サラリーマンが増加してきた。したがって，今日の東吉野村では流域圏と交通圏（榛原町への通勤者比率4.6％）の2つの異なる生活圏が形成され，宇陀郡と吉野郡の警察署や法務局の管内にある。そのため，最終的には住民投票の結果協議会は解散され，合併協議はまとまりを欠くものとなった。東吉野村の人口は1970〜2010年間には1/3以下に減少し，2010〜40年間には人口は58.8％減少して216人となるといわれ，村の財政は厳しく，将来に対する不安はあるが，いますぐには合併の動きはないとのことである[40]。

以上のように，奈良県では多くの未合併市町村を残したまま「平成の大合併」が終了した。2010年の小規模自治体比率は28.2%で全国平均レベルであるが，市町村減少率は17.0%で北海道（15.6%）に近く，合併の目標達成度の低い県といえる（表Ⅱ-3参照）。北部の大都市圏周辺地域と中南部の過疎山村地域からなる奈良県では，協議会解散による非合併の市町村が多いのが大きな特徴である。協議会解散には住民投票や住民アンケートの結果とか合併市町村の名称や本庁舎の位置など，合併協議項目などにおいて合意に達しない場合が多いといわれるが[41]，南部山地の町村にとっては地理的にみて合併の効果が乏しく，北部の市町村では歴史ある市町村名が消失したり，文化財の管理に疑問が生ずるなどの問題が合併の阻止要因として作用しているように思われる。

6. 滋賀県

(1) 地理的特徴と市町村合併に対する県の対応

　東海道線や名神高速道路が貫通する滋賀県は，関西地方では最も活力に富む県である。それは関西地方の大都市圏周辺部として成長するよりも，三大都市圏を結んで発展する回廊の一部をなすものとみることができる。人口は2005～10年に2.2%の増加を示して関西6府県のうちでは最も高く，次位の大阪府（0.5%増）をはるかに超える。さらに2010～40年間の人口推計をみると，滋賀県の人口増減率（-7.5%）は沖縄県（-1.7%），東京都（-6.5%）に次ぐ全国第3位の数値を示し，驚嘆に値する。

　県平均の財政力指数（2000年度）は0.55で，関西地方では大阪府（0.78）に次いで高く（表Ⅱ-4参照），栗東町（2001年に市制施行）の1.34，野洲町の1.06など1.00を超える市町があり，大津市の0.86は県内第6位である。「昭和の大合併」終了直前の1960年には53市町村のうち1万人未満の小規模自治体は26（49.1%）で平均よりもやや多かったが，都市化の影響を受けて2000年には19（38.0%）に減少し，「平成の大合併」終了後の2010年には3（15.8%）に減少している（表Ⅱ-3参照）。

　表Ⅻ-11や図Ⅶ-1に示すように，滋賀県の通勤圏では大規模なものはなく，彦根市（圏内市町村数は8），長浜市（同8），水口町（同6），八日市市（同5）が中規模中心地に当たり，草津市（同3），近江八幡市（同3），大津市（同2），高月町（同3），安曇川町（同3）が小規模中心地となる。しかも，大津市（京都市），草津市（大津市），八日市市（近江八幡市）はそれぞれカッコ内の都市の半従属中心地に当たる。湖西のマキノ町，今津町，新旭町，安曇川町の間には玉突型通勤圏が発達しているが，県内には通勤圏外地域は存在しない。

　合併推進要綱（2000年）は，①すべての市町村が行財政基盤を充実させ自立性を高めるとともに，地域特性を生かしながら県全体の均衡ある発展をはかること，②地域の実情や日常生活の結びつき，広域行政などの状況を踏まえて地域全体として目指す方向を理解し，具体的な議論を深めることの2点を考慮して策定された[42]。合併推進要綱の策定においては各県事務所総務課が中心となって住民を含めた懇話会を開き，合併問題を地元で考えることを優先した。その後県全体の懇話会を開いて合併パターンを作成したといわれる[43]。なお，2000年5・6月に実施された市町村合併に関する意向調査（回収数2,649）によると，「住民の行政需要に単独で対応できる」との回答が「困難」と答えたものよりも多い市町村は50市町村のうち8（16.0%）であり，「市町村合併の検討が必要でない」とする回答が多かったのは大津市とびわ町だけであった[44]。

滋賀県では全県を7区分した図Ⅶ-8に示す「基本的合併パターン」（これを基本パターンとする）のほかに，部分的に修正した「その他の合併パターン」と「参考パターン」が示される。基本パターンの7圏域のうち2つは5つの広域市町村圏を2分割したもので，基本パターンの圏域と広域市町村圏の圏域とは整合する場合が多い。圏域人口は，大津市地区の30.8万人から高島市地区の5.6万人まであり，人口目標によって中核市移行型，特例市移行型，10万都市形成型，市制移行型に区分された。

　合併推進要綱の基本パターンと通勤圏との関係をみると，彦根市や八日市市の圏域では境界が整合しないし，長浜市と高月町，近江八幡市と八日市市のように，1つの基本パターンの圏域のなかに2つの通勤圏が含まれるところもある。

　なお，合併推進構想（2006年）[45]も策定され，合併新法のもとでも市町村合併が行われた。しかし，構想対象市町の組み合わせとして3地区（湖北地区，彦根市地区，近江八幡市地区）が指定されただけで，「将来の望ましい市町村の姿」は示されなかった。

(2) 合併の経緯

　表Ⅶ-1に示すように，50の市町のうち合併市町村は41（82.0%），協議会解散や離脱による非合併は6（12.0%）で，協議会不参加は草津市（115,455人，0.90），栗東町（54,856人，1.34），竜王町（13,370人，0.83）の3市町（6.0%）であり，市町村合併の達成度の高い県といえる。竜王町にはダイハツの工場があり，地方交付税が不交付団体のときもあった。人口1万人未満の小規模自治体は，2000年の19（38.0%）から2010年の3（15.8%）へと減少し，合併の効果が認められる。存続する小規模自治体3（豊郷町7,132人，0.38；甲良町8,169人，0.38；多賀町8,463人，0.56）はいずれも彦根市との合併が不調に終わったために生じたものであり，協議会不参加の3市町と比べると人口が小さく，財政力も脆弱で，これらの町が将来もこのままで運営できるかどうかは疑問である。

　滋賀県では50市町村は合併によって19の市町に減少しており，新市町村率は52.6%である（表Ⅱ-3参照）。これまでの方法に従って，基本パターンの圏域との整合関係から市町村合併の実態を整理すると，基本パターンと整合するのは大津市地区と高島市地区だけである。①大津市地区では2002年7月に大津市と志賀町でもって任意協議会を設置し，一旦休止した後，2005年1月に法定協議会を設置して編入合併したが，官報告示後に志賀町の合併反対派住民は町議会の承認が必ずしも民意を反映していないとして県知事の合併決定取り消しを求める訴訟を起こした。しかし，住民投票の結果町議会解散への反対が54.1%を占めて辛うじて反対運動は収まった。2009年に大津市は中核市となった。一方，②高島市地区では，高島郡6町村でもって2002年4月に任意協議会を設置し，朽木村を除く5町により法定協議会を設置した後，朽木村も加入して元の6町村でもって合併し，高島市（市役所は新旭町役場）が誕生した。この地域では介護や消防を中心とする湖西広域連合を設置していたが，高島市の誕生によって解散した。

　そのほか，基本パターンの圏域を越えないかたちで合併が行われたのは，甲賀郡地区と長浜市地区である。③甲賀郡5町は2002年1月に甲賀地域合併検討協議会（任意）を設置した後，4町によって行われた法定協議会設置に土山町も遅れて参加し，5町が合併して甲賀市（市役所は水口町役場）となった。それに対して，甲賀郡のうち石部町と甲西町は2002年7月に独自の任意協議会を立ち上げ，法定協議会に移行して合併し，湖南市（市役所は甲西町役場，分庁方式）となった。

204　Ⅶ　関西地方の市町村合併

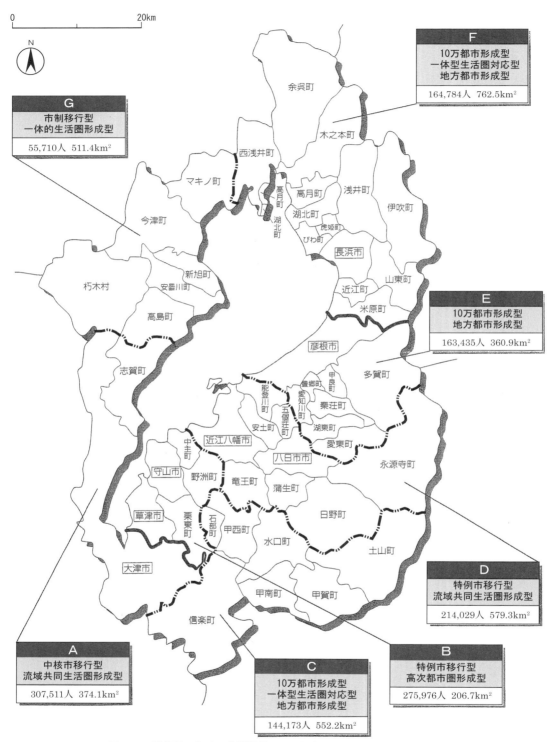

図Ⅶ-8　滋賀県における合併推進要綱の基本パターンと広域市町村圏
　太実線：基本パターン境界，二点鎖線：広域市町村圏境界．人口は平成12年3月31日現在．
　資料：市町村合併問題研究会編（2001：148），自治省行政振興課編（1983：62）による．

一方，④長浜市地区では 2000 年 11 月に長浜市を含む 13 市町でもって湖北地域市町村合併検討協議会を設置したが，2002 年 5 月に解散した。その後同年 11 月には長浜市を中心に 10 市町でもって任意協議会を設置し，法定協議会に進んだが，2004 年 8 月には協議会を解散した。長浜市長は大規模合併を希望したが，長浜市議会は慎重であった。その間 2003 年 9 月には，坂田郡の山東町，伊吹町，米原町でもって法定協議会を設置して合併し，米原市（市役所は米原町役場）が誕生した。その後 2004 年 10 月には米原市と近江町との間に任意協議会を設置して編入合併し，米原市は市域を拡大した。一方，2005 年 2 月には長浜市と浅井町，びわ町でもって任意協議会を設置し，1 カ月後には法定協議会に移行して合併し，新・長浜市となった。残りの湖北 6 町は 2005 年 1 月に法定協議会を設置したが，2 カ月後には解散し，2008 年 6 月になって合併新法のもとで長浜市および東浅井郡・伊香郡 6 町任意合併協議会を設置し，法定協議会を経て長浜市に編入した。したがって，湖北 6 町は 3 度協議会を解散し，4 度目に長浜市と合併したことになる。

　⑤基本パターンの圏域の一部だけが合併したものには守山市がある。ここでは，2002 年 1 月に守山市，中主町，野洲町でもって任意協議会を立ち上げ法定協議会に進んだが，本庁舎の位置をめぐって難航し，同年 11 月には協議会は解散した。その後守山市を除く 2 町は法定協議会を設置して合併し，野洲市（市役所は野洲町役場）が誕生した。新市は最初分庁方式であったが，その後本庁支所方式に移行した。守山市が単独存続にとどまったほか，草津市と栗東市は協議会不参加のまま非合併となった。

　最後に残るのは，近江八幡市・八日市市地区と彦根市地区である。この両地区では，例外的に基本パターン（広域市町村圏）の圏域を越えた合併がみられる。⑥八日市市地区では 2001 年 4 月に五個荘町，能登川町（神崎郡），安土町（蒲生郡）の 3 町が任意協議会を設置し，翌年 1 月には法定協議会に移行したが，2003 年 1 月には協議会を解散した。解散以前の 2002 年 4 月には，八日市市，永源寺町（神崎郡），蒲生町，日野町（蒲生郡）でもって法定協議会を設置していたが，2003 年 3 月には解散した。その 2 カ月後には八日市市，永源寺町，五個荘町（神崎郡），愛東町，湖東町（愛知郡）と，圏域を越えて組み合わせを変更した 5 市町でもって任意協議会を設置し，1 カ月後には法定協議会に移行して合併し，東近江市（市役所は八日市市役所）が誕生した。残された蒲生町と日野町は 2 町だけで 2003 年 10 月に任意協議会を設置したが，翌年 9 月には協議会を解散した。東近江市は 2004 年 11 月に以前から参加を申し出ていた能登川町と，協議会を解散したばかりの蒲生町の 1 市 2 町でもって任意協議会を立ち上げ，法定協議会を経て編入合併した。これによって，東近江市は市域を大きく拡大することとなった。

　一方，安土町は近江八幡市と 2005 年 2 月に法定協議会を設置したが，同年 6 月には解散した。その後「平成の大合併」が終わりに近づいた 2009 年 4 月になって合併新法のもとで両市町は再び法定協議会を設置し，合併にこぎつけた。しかし，合併の官報告示以後の 2009 年 7 月になって安土町の町長選挙で合併慎重派の候補が当選し，住民アンケート（2010 年 2 ～ 3 月）でも合併反対が 62.9%を占め，町議選でも合併賛成派 4 人に対して反対派議員が 6 人となり，2010 年 3 月には県知事と総務大臣に合併停止を求める要望書を提出した。しかし，総務省告示によって合併は確定しており，停止運動の効力はなく，2010 年 3 月には新・近江八幡市が発足した[46]。しかし合併後も分立を目指す動きがあり，波乱含みの門出となった[47]。リコールされた合併推進派の元町長は 2011 年 6 月に近江

⑦彦根市地区では，2002年8月に4市町（彦根市，豊郷町，甲良町，多賀町）でもって法定協議会を設置したが，一旦休止の後住民アンケートを実施したところ彦根市に合併反対意見が多く，2005年3月には協議会を解散し，4市町すべてが非合併となった。一方，圏域内の愛知川町と秦荘町（愛知郡）は2003年11月に法定協議会を設置して合併し，愛荘町（町役場は愛知川町役場）が誕生した。

彦根市地区では合併が不成立に終わった彦根市，豊郷町，甲良町，多賀町との間に一部事務組合が存続しており，それにさらに愛荘町を加えるかたちで定住自立圏が設置され，2010年3月には湖東定住自立圏共生ビジョンが策定された。上記の小規模3町の自立行政はこの定住自立圏の運営にかかっているともいえよう。県内には彦根市のほか長浜市，草津市，栗東市，東近江市が定住自立圏の中心市の要件を充たしており，長浜市でも合併1市圏域型の定住自立圏を形成している。

以上が滋賀県の合併状況である。表Ⅶ-2において兵庫県に次いで人口1～3万町村が多かった本県では，都市化の影響をうけて甲賀市，野洲市，湖南市，高島市，米原市の5市が新たに誕生したのが注目される。滋賀県には協議会解散の例は多いが，解散したまま終わったのは彦根市地区だけである。また安土町のように，合併後に分立を求めて争ったのは珍しい例である。

7．和 歌 山 県

(1) 地理的特徴と市町村合併に対する県の対応

和歌山県は関西地方の一部であるが，幹線交通路から離れているため，関西地方のなかでは最も遅れた地域である。2000～05年の人口増減率は-3.2%で，関西地方では奈良県の-1.5%と和歌山県だけが減少しており，2005～10年でも-3.3%で人口減少が続いている。上述したように，1万人未満の町村比率は人口流出によって1960年の50.0%から2000年の60.0%へと増加しており，関西地方の他府県とは異なった特徴を示す（表Ⅱ-2参照）。

平均財政力指数（0.30）も関西6府県のなかでは最低である（表Ⅱ-4参照）。県内で財政力指数が最も高いのは和歌山市の0.81であり，観光地の白浜町（0.69）がこれに次ぐ。したがって，関西地方にあって和歌山県だけが大都市圏の影響が少ない国土の縁辺地域に当たる。県内では県北部に人口が比較的集中し，南部では山村の過疎地域が多く，南北格差が大きい県でもある。

和歌山県の通勤圏については，表Ⅻ-11と図Ⅶ-1に示すように，大規模なものはなく，和歌山市（圏内市町村数は9）と田辺市（同8），御坊市（同6）が中規模中心地である。新宮市も三重県の紀宝町，鵜殿村を通勤圏に含めると5町村を通勤圏にもつことになり，中規模中心地といえる。小規模中心地には橋本市（同3），海南市（同2），吉備町（同2），串本町（同2）がある。橋本市は大阪市へ，海南市は和歌山市への通勤者が多く，それぞれ半従属中心地をなし，吉備町も有田市の半従属中心地である。龍神村と清水町は通勤圏外地域に属するが，北山村からは5.3%が熊野市（三重県）に通勤する。

合併推進要綱（2001年）は和歌山社会経済研究所に依頼して策定され[48]，基本パターンⅠ～Ⅵ[49]のほかに補完パターン1と2が発表された（市町村合併問題研究会編，2001：161-166）。和歌山県の県振興局は7圏域に区分されるが，合併パターンは6圏域からなる広域市町村圏に沿って作成され，基本パターンⅠ（組み合わせが最少となる広域合併）は8圏域，基本パターンⅡは11圏域に区分された。

基本パターンⅢ～Ⅵや補完パターンは県内の一部の地域だけを対象として区分したものである。

本書では図Ⅶ-9に示す基本パターンⅠを和歌山県の「基本パターン」と考えるが，後述のように，和歌山県の実際の市町村合併で基本パターンⅠやⅡの圏域と整合するものは皆無である[50]。基本パターンⅠでもⅡでも和歌山市が合併対象地域から外されているのは，和歌山市は県内人口の約4割を占めて格段に大きく，しかも1997年に中核市に指定され，人口拡大の必要はなかったためである[51]。基本パターンの人口目標としては地域中心都市形成型(10万人前後)，都市形成(充実)型(5万人前後)，行財政基盤強化型(2万人前後)に区分されたが，和歌山市を除くため圏域人口の最大は田辺広域の14.5万人，面積は1,376.0km^{2}となり，最小は新宮広域2の2.6万人，430.3km^{2}である（表Ⅻ-14参照）。

合併推進要綱の基本パターンと通勤圏とを比較すると，通勤圏はかなりよく考慮されており，異なるのは印南町が田辺市の通勤圏とは別の御坊広域に含められているくらいである。

本県では合併新法のもとでも合併協議会が設置されたので，合併推進構想も策定された。図Ⅶ-10に示すように，県内では7市町（非合併のまま市制を施行した岩出町を含む）を除く全市町を対象として6つの組み合わせを示し，各地区の「期待される合併効果」まで記載されている[52]。これは未合併市町村の合併推進のためにすでに合併した市町村まで含めたもので，「将来の望ましい市町村の姿」を提示した奈良県の場合と類似する。対象外7市町のなかに日高川町とみなべ町が飛地をなして含まれるのは，両町が基本パターンⅢの圏域でもってすでに合併しており，合併地域とみられるためである。それに対して，例えば田辺市は既合併地域ではあるが，上富田町の合併相手として田辺市との合併が薦められた。このようにして，県は対象市町村の合併に向けて支援措置を整えたが，合併新法のもとで成立した新市町は皆無であった。

(2) 合併の経緯

表Ⅶ-1に示すように，50の市町村のうち合併したのは32（64.0％），協議会解散や離脱による非合併は14（28.0％）で，協議会不参加は和歌山市（386,551人），御坊市（28,034人），岩出町（48,156人），印南町（9,769人）の4市町（8.0％）であった。したがって，和歌山県では協議会不参加の市町は少ないが，協議会解散・離脱の市町村が比較的多い県といえる。人口1万人未満の小規模自治体は，2000年の30（60.0％）から2010年の11（36.7％）へと減少したが（表Ⅱ-3参照），全国平均の27.9％に比べるとなお高い状態にある。協議会解散の市町村のなかには，北山村（486人，0.08）のような小規模自治体が多く含まれる。協議会不参加の4市町のなかでは小規模町の印南町が含まれる。印南町では合併よりもまずインフラ整備をすべきだとする町長の意向が優先したといわれる。

表Ⅶ-1によると，合併市町村よりも協議会解散による非合併市町村の方が平均人口・平均財政力指数ともに小さく，通常考えられる合併の必要度とは別の非合併要因によるものが多かったと考えられる。なお，図Ⅶ-9に示した基本パターンの圏域と整合するかたちで合併した市町村は皆無であり，基本パターンの圏域を二分して順調合併したのも和歌山広域2（海南市地区）だけである。ここでは，2003年5月に海南市と下津町が法定協議会を設置して新・海南市となったほか，同年12月に野上町と美里町が法定協議会を設置して合併し，紀美野町（町役場は野上町役場）が誕生した。海南市と下津町は和歌山市の通勤圏に属するのに対して，紀美野町を形成した2町は海南市の通勤圏に属する。

新宮広域2（串本町地区）では2002年11月には圏域の全域を形成する串本町，古座町，古座川町

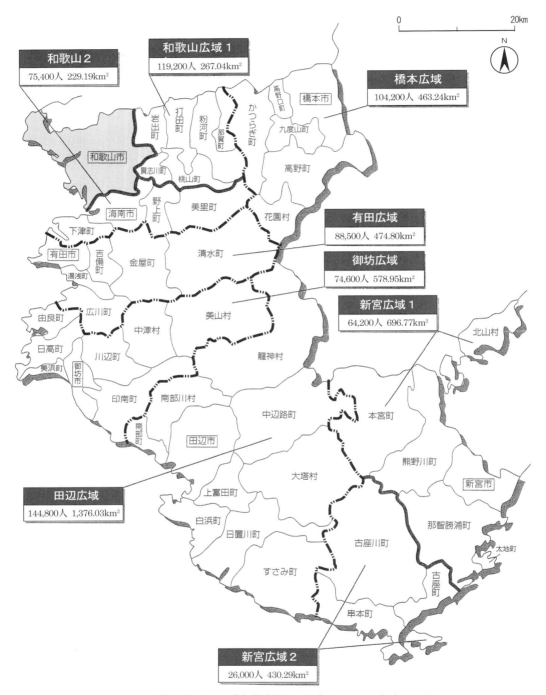

図VII-9 和歌山県における合併推進要綱の基本パターンと広域市町村圏
太実線：基本パターン境界，二点鎖線：広域市町村圏境界．人口は平成12年3月31日現在（概数）．
資料：市町村合併問題研究会編（2001：161），自治省行政振興課編（1983：72）による．

7. 和歌山県　209

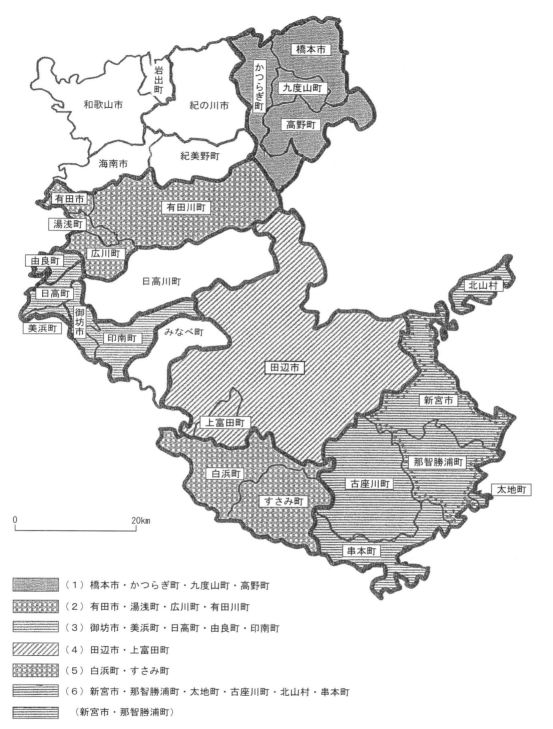

図Ⅶ-10　和歌山県における構想対象市町村の組み合わせ
資料：和歌山県（2006）:『奈良県市町村合併推進構想』，p.34 による．

でもって任意協議会を設置した。翌年4月には串本町と古座町の2町が法定協議会を立ち上げ，その なかには古座川町も一時加入していたが，2町の合併により新・串本町が誕生し，古座川町（3,726人， 0.12）は離脱して非合併にとどまった。

有田広域（有田市地区）では有田市と吉備町の2地区に分かれて合併協議会を設置し，吉備町地 区でだけ合併が成立した。すなわち，有田市，湯浅町，広川町の3市町は2003年7月に法定協議会 を設置した後2006年8月に解散して非合併となったのに対して，吉備町，金屋町，清水町の3町は 2003年8月に任意協議会を設置し，翌年1月には法定協議会に移行して有田川町（町役場は吉備町 役場）が誕生した。

同様に，圏域の一部の地域を残して合併したものには和歌山広域1（打出町地区），橋本広域，御 坊広域がある。①和歌山市の通勤圏に属する打出町地区では，2002年4月に那賀郡5町（粉河町， 那賀町，打出町，桃山町，貴志川町）が任意協議会を設置したが，翌年6月には解散した。その後同 年11月には粉河町と那賀町の2町でもって法定協議会を設置したが，解散した。その後再び元の5 町でもって法定協議会を設置して合併し，紀の川市（市役所は打出町役場）が誕生した。人口が5万 人に近い岩出町は最初の協議会にはオブザーバーとして参加していたが，単独市制を目指して非合併 にとどまり，2006年に単独で市制を敷いた。

②橋本広域の場合には，2002年10月に圏域を構成する全6市町村によって法定協議会を設置した が，翌年7月には解散した。しかし，2ヵ月後にはかつらぎ町，九度山町，高野町，花園村でもって 任意協議会を立ち上げて法定協議会に進んだが，2005年3月には解散した。ただし，協議会解散前 の2004年2月には橋本市は高野口町と法定協議会を設置して合併し，新・橋本市が誕生した。また 2004年6月には，かつらぎ町と花園村の2町村でもって法定協議会を設置して編入合併し，新・か つらぎ町となった。多額の公債費をかかえた花園村（614人，0.07）では就業者の7.4％が高野町に通 勤する。花園村からかつらぎ町に行くには高野町を迂回することになる。九度山町も高野山のある高 野町も非合併となった。

③御坊広域の圏域では2つの協議会が設置された。2002年11月に任意協議会を設置した日高郡3 町村（川辺町，中津村，美山村）は，翌年3月には法定協議会に移行して合併し，日高川町（町役場 は日高町役場）が誕生した。一方，美浜町，日高町，由良町は2003年7月に任意協議会を設置し同 年12月には法定協議会に進んだが，基金やサービス料金に関する調整が難航し，2004年5月に解散 した。その翌月には日高町と由良町の2町でもって法定協議会を設置したが，2005年1月には解散 した。したがって，御坊広域では御坊市と印南町は協議会に参加することなく非合併となり，美浜町， 日高町，由良町の3町は協議会解散によって非合併となった。

田辺広域と新宮広域1とは圏域を越えて合併が行われた地域である。田辺広域では2002年4月に 圏域全体の10市町村によって田辺広域任意合併協議会を設置し，同年7月には南部町，南部川村， 白浜町を除く7市町村でもって法定協議会を設置した。南部町と南部川村は同年11月に法定協議会 を設置して合併し，みなべ町（町役場は南部町役場）となった。一方，7市町村でもって設置された 田辺広域の法定協議会では，その後新宮広域1の圏域に属する本宮町の加入や域内3町（日置川町， すさみ町，上富田町）の離脱により5市町村によって合併し，新・田辺市が誕生した。田辺市と合併 した龍神村（4,461人，0.14），中辺路町（3,710人，0.13），大塔村（3,246人，0.12），本宮町（3,869人，

0.13）はいずれも山間部の貧しい町村であり，沿岸部の比較的豊かな町村は非合併となった。とくに日高郡に属する龍神村は通勤圏外地域であり，本宮町（東牟婁郡）は新宮市に5.3％が通勤する町である。白浜町と日置川町（4,841人，0.17）は2004年5月になって法定協議会を設置して2町で合併し，新・白浜町となったが[53]，上富田町（14,501人，0.41）とすさみ町（5,952人，0.18）は単独存続にとどまった。

新宮広域1の圏域では，2003年1月に那智勝浦町と太地町との間で任意協議会を設置して法定協議会に進んだが，翌年7月には解散した。一方，新宮市と熊野川町も2003年1月に法定協議会を設置し，同年3月には北山村が一時加入したが離脱し，2市町でもって合併し，新・新宮市が誕生した。さらに2009年1月には合併新法のもとで，新・新宮市と那智勝浦町でもって法定協議会を設置したが，2009年9月には解散した。

以上が和歌山県の合併状況である。上述したように，和歌山県では協議会の解散や離脱による単独存続の市町村が比較的多く，そのなかには財政事情の厳しい市町村の多くが含まれており，「平成の大合併」は十分に成果をあげて終了したとは思えない。

8. 関西地方における市町村合併の特徴

(1) 市町村合併の地理的特徴および合併推進要綱・合併推進構想との関係

関西地方は関東・甲信越地方や東海・北陸地方と同様に大都市圏から過疎山村まで含む地域であり，域内には顕著な地域差がみられる。平均財政力指数には大阪府の0.78，滋賀県の0.55から和歌山県の0.30まで幅があり（表Ⅱ-4参照），1万人未満の小規模自治体比率も2000年には1960年に比べて差が広がり，大阪府の4.5％から和歌山県の60.0％まで分布する（表Ⅱ-2参照）。小規模自治体比率は，大阪府と滋賀県，奈良県では都市化の影響を受けて1960～2000年間に低下したのに対して，その他の府県では上昇しているのが注目される。

関西地方は大阪大都市圏を中心とするまとまりがみられるものの，東京を中心とする関東地方と比べればその規模も小さいし，構造的にも異なる。大阪市の通勤圏は県域を越えて伸びており，その圏内には77市町村が含まれる。大阪市以外で大規模中心地に当たる都市は京都市と姫路市だけであり，和歌山市や彦根市などは地形的な制約もあって中規模中心地にとどまる（表Ⅻ-11，図Ⅶ-1参照）。

合併推進要綱において通常の基本的な合併パターンが発表されたのは奈良県（図Ⅶ-6），滋賀県（図Ⅶ-8），和歌山県（図Ⅶ-9）である。兵庫県ではいくつかの組み合わせを示しただけにとどまり，京都府では，岩手県や愛知県などにみられるように，府内の3地域ごとに合併パターンを示す方法が採用された。京都府の合併推進要綱は，上述のように，『これからの市町村のあり方について』と題するもので，福島県や群馬県，兵庫県などとともに提出期限終了間際の2001年3月に発表された。大阪府では7地区に区分したなかで合計30の合併パターンの組み合わせが示され，東京都や神奈川県に比べると市町村合併に対して積極的な姿勢がみられた。

合併推進構想が策定されなかったのは京都府と兵庫県の2府県である。兵庫県は旧合併特例法のもとでの合併が進捗し，小規模自治体がゼロとなった唯一の県であり，合併推進構想の策定は不要となったものと解釈される。その他の府県では，大阪府をも含めて合併推進構想が策定された。大阪府の場合には，人口2万未満の町村は行政効率がわるく，人口20万以上の規模の市に再編していくことを「将

来の望ましい市町村の姿」としており，具体的な構想対象地域としては河内長野市と千早赤阪村だけが指定されたが，合併には至らなかった。滋賀県の場合にも構想対象地域として3地区が指定され，湖北地方では広く合併したのに対して，彦根市地区は合併不成立に終わった。また，近江八幡市と安土町とは問題を残すかたちで合併した。滋賀県では構想対象地域だけが指定され，「将来の望ましい市町村の姿」については提示されなかった。

奈良県では旧合併特例法による合併市町村の市町域を一部修正するかたちで，県下全域を対象とした構想対象市町村の組み合わせが示された。和歌山県でも一部の地域を除いて合併地域をも含めた県下全域が対象市町村として取り上げられた。合併対象地域とともに「将来の望ましい市町村の姿」を提示した点では，和歌山県と奈良県の合併推進構想は共通する。和歌山県では非合併市町村の合併を対象としたものであるが，田辺市のように基本パターンの圏域を越えた合併のため圏域境界を一部変更したところもあり，合併推進要綱の基本パターンを一部変更している点でも奈良県の場合と類似する。

(2) 合併の経緯に関する一般的特徴

表Ⅶ-1に示すように，実際の市町村合併も府県によってさまざまである。大阪府は市町村合併率が極端に低く，東京都と神奈川県とともにZグループに属するのに対して，奈良県は協議会解散・離脱の市町村が全国で最高比率を示してYグループに含まれる（図ⅩⅢ-1参照）。協議会解散・離脱の市町村が多いタイプには大都市圏周辺で合併意欲が乏しい場合（埼玉県，千葉県），面積が広く合併効果が見込めない場合（北海道），「昭和の大合併」が進捗したもの（山形県）などがあるが，奈良県の場合にはまた別の要因があったように思われる。奈良県中南部の協議会解散は北海道と類似した理由によると考えられるが，北部については歴史的に由緒ある地名による新市町名や本庁舎の位置の決定が合併の阻止要因として影響したものと推測される。

その他の府県では合併市町村の比率が高く，滋賀県では82.0%，兵庫県では75.0%，和歌山県では64.0%であった（表Ⅶ-1，表Ⅱ-3参照）。通常，3分類（A～Cタイプ）の中では合併市町村（Aタイプ）の平均財政力指数が最も低いのが一般的であるが，大阪府，奈良県，和歌山県では協議会解散・離脱の市町村の方が低い。とりわけ，和歌山県の場合には財政力とは別の理由により合併できなかった小規模自治体が多い。

合併協議においては合併推進要綱の合併パターンが考慮されたが，基本パターンの圏域と整合する合併は多くない。大阪府では合併新法のもとでの合併協議会を含めると7つの法定協議会が設置されたが，複数の都市を含む法定協議会の設置は守口市と門真市だけで，他の6つはいずれも都市と周辺町村との合併を意図したものであった。そのうち，実際に合併したのは堺市だけである。東南部に協議会不参加の市町を残した兵庫県では，8つの新市が誕生したが，奈良県では協議会解散・離脱が多かった。なかには東吉野村のようにいくつかの合併協議会に加入しながら非合併に終わった村もある。滋賀県では安土町や志賀町が合併協定調印式以後合併中止に向けて動きがあったのが注目されるし，彦根市地区のように，協議会解散のままで合併期間が終了し，関係市町村のすべてが非合併にとどまったところもある。奈良県では和歌山県以上に多くの小規模自治体が非合併のままとなった。和歌山県では田辺市は財政力の低い山間部の町村とだけ合併したし，奈良県におけるかつらぎ町と花園村の合

併も特異なものであった．

なお，大阪府内では各種の広域連携が進められ，兵庫県東南部 4 市町では阪神広域こども急病センターを設置しており，都市間の広域連携が進みつつある．一方，合併から取り残された京都府東南部 3 町村では相楽東部広域連合を結成し，教育委員会の連合による中学校の統合を行ったのは特異な例といえる．

(3) 合併市町村に対する支援

京都府や兵庫県では，北海道や群馬県，愛媛県などのように，府県の合併特別交付金の制度がつくられなかった．大阪府の場合には，府の職員派遣は市町村に籍を置くかたちで日々出張が行われたし，新しいまちづくりには 5 年間 5 億円が市町村振興補助金として拠出されたといわれるが，合併特別交付金は不明とのことであり[54]，堺市でも交付された経験がないといわれる[55]．

奈良県の合併特別交付金は $n \times 1$ 億円であるため，下限は 2 億円となり，奈良県の交付した合併特別交付金総額は 12 億円であった（ただし n は関係市町村数）．和歌山県でも $n \times 1$ 億円で計算され，田辺市と紀の川市が最高 5 億円であった．滋賀県では 5 億円 $+(n-5) \times 0.5$ 億円の算定式[56]を用い，合併後の人口が 10 万人を超えるときの最低額は 5 億円，町制のときは最低額 3 億円とする．なお，合併新法のもとでの合併では $(n-2) \times 0.5$ 億円とした．

関西地方では関東地方と同様に，それほど多額のの合併特別交付金を支給した府県はない．大都市圏やその周辺地域では「昭和の大合併」以後にも市町村合併が行われてきたので，それらの合併とのバランスを考えて交付額が少なく算定された可能性もある．

(謝辞) 本研究に当たりご協力いただいた元木一典氏，山田拓哉氏（大阪府），中越　豊氏，安藤成司氏（京都府），田中孝幸氏，門多宏樹氏（兵庫県），上田博文氏，安田太津子氏（奈良県），髙木浩文氏，藤原久美子氏，込山拓哉氏（滋賀県），髙寺憲司氏，川口　亮氏（和歌山県）のご厚意に感謝します．

(注)

(1) 大阪府については森川（2011c）を大幅に修正加筆した．
(2) 国立社会保障・人口問題研究所（2013）による．2005 年の国勢調査を基にした 2035 年の市町村人口の推計も行われているが，「平成の大合併」が終了した 2010 年の国勢調査に基づく 2040 年の市町村人口推計値が市町村の将来人口を考える上で最も適当と考えられる．
(3) 大阪府（2000a）:『大阪府市町村合併推進要綱』，pp.18-19 による．
(4) 大阪府内は大阪市を除いて 7 地域に区分され（図Ⅶ-2 参照），各地域について三島（4 パターン），豊能（同 3），泉北（同 4），泉南（同 6），南河内（同 9），中河内（同 2），北河内（同 6）のように，34 の合併パターン（ただし 4 つは再掲のため合計 30）が示される（注（3）pp.20-43 による）．
(5) 大阪府（2000b）:『大阪府市町村合併推進要綱－資料編』による．
(6) 大阪府市町村課の説明では，市町村合併問題研究会編（2001：154-157）に掲載された 4 枚の図は不適当なものとみられる．
(7) 2000 年以後に昇格したものには，堺市以外にも，2001 年に寝屋川市，八尾市，茨木市，枚方市，吹田市，豊中市が特例市へ昇格したのをはじめ，2002 年に岸和田市（特例市），2003 年に高槻市（中核市），2005 年に東大阪市（中核市），2012 年に豊中市（中核市）が市町村合併とは無関係に，相次いで昇格した．
(8) 大阪府（2008）:『自主的な市町村の合併の推進に関する構想』による．

(9) 岸和田市，池田市，守口市，泉佐野市，富田林市，門真市，泉南市，阪南市，豊能町，忠岡町，田尻町，岬町，太子町，河南町，千早赤阪村の15市町村は旧合併特例法のもとで法定協議会に加入したもので，河内長野市は合併新法のもとで千早赤阪村との法定協議会を設置した．
(10) 大阪府（2006）：『市町村合併の手引き』，p.102 による．
(11) 大阪府の任意協議会と研究会（勉強会）との区別は曖昧である．大阪府（2006：102）の表には「任意協議会」と記されているが，合併推薦構想（大阪府 2008：1）には「11 研究会と 6 合併協議会が設置された」と記載され，任意協議会という表現はない．グリグリ「市区町村変遷情報　詳細」にも任意協議会設置や解散の説明はない．もし 11 の研究会を任意協議会とすると，その大部分が協議会解散による非合併市町村となる．
(12) 注（10），p.18 による．
(13) 堺市企画課の説明による．
(14) 門真市は投票率 50％未満のため開票しなかった（大阪府，2008：『自主的な市町村の合併の推進に関する構想』，p.1 による）．
(15) 大阪府（2008）：上掲，p.17 による．
(16) 大阪府（2009）：『大阪発"地方分権改革"ビジョン－地域主権に根ざした輝く未来のために－』（仮綴）による．
(17) 京都府，兵庫県，奈良県については森川（2012c）を一部修正したものである．
(18) 京都府自治振興課の説明による．
(19) 京都府，京都市長会，京都府町村会（2001）：『これからの市町村のあり方について』の「市町村の組み合わせ試案」による．
(20) このほかに大規模な組み合わせを考えると，北部 2（舞鶴市を除く），中部 1（亀岡市を除く），南部 3 で合計 6 となる．
(21) 京都府では 2004 年に以前の 12 が 4 つの広域振興局に統合された．この区分に政令指定都市・京都市は含まれないし，山城の乙訓地区は特別扱いされることもある．なお，広域行政圏では 5 つに区分されていた．
(22) グリグリ「市区町村変遷情報　詳細」による．
(23) 相楽東部広域連合の説明による．
(24) 多気郡 4 町の通勤状況は，篠山町（丹南町へ 6.9％），西紀町（丹南町へ 10.9％），丹南町（篠山町へ 14.5％），今田町（三田市へ 8.9％）となり，丹南町が通勤圏をもつことになるが，人口的には丹南町よりも篠山町が大きく，篠山町は丹南町の通勤圏に属するとはいえない．
(25) 4 町が合併した当時は人口が 5 万人未満であったため篠山町となったが，合併特例法（市制基準 4 万人以上）が適用されてその日のうちに篠山市となったという経緯がある（兵庫県市町振興課の説明による）．なお，2000 年の国勢調査の時点では篠山市は 1 市に数えられ，1999 年の資料をうることができないので，本書では合併後の 1 市として扱うことにする．
(26) 合併協議支援事業（法定合併協議会への市町負担金が対象）や合併準備支援事業（電算システムの統合や条例等調査事業などが対象）に対して，財政力指数により異なる単価（財政力指数 0.2 以下の 340 万円が上限）でもって，市町負担金または実施事業費の 1/2 が補助された（兵庫県市町振興課の説明による）．
(27) 猪名川町企画課の説明による．ただし，2008 年にはこの 4 市町と兵庫県および 4 市町医師会でもって阪神広域こども急病センターを設置しており，都市間の広域連携がみられる．
(28) 氷上郡の青年会議所では 10 万都市構想があったし，郡を単位に設置された教育委員会の独特の強い結束もあり，西東京市などの事例を参考にして住民発議の法定協議会が早い時期に設置された．しかし篠山市のように，「平成の大合併」以前に着手した合併協議ではなかった（丹波市企画課の説明による）．
(29) 多可郡 4 町は研究会を設置して西脇市との合併を申し入れたが，西脇市議会が拒否し，黒田庄町だけが

西脇市と合併した（西脇市企画課の説明による）．
(30) 姫路市企画課の説明による．
(31) 合併協議会に途中から加入してその後離脱するのは住民アンケートや首長の交代などのためによくみられる例であるが，協議会の構成市町村にとっては迷惑な話と思われる．
(32) 8つの指標とは，①介護保険分野の共同処理，②保健医療分野の共同処理，③ゴミ処理の共同処理，④消防の共同処理，⑤し尿処理の共同処理，⑥同一の広域市町村圏への帰属，⑦町村会・町村議会町会の取り組み，⑧住民アンケートによる50％以上の合併意向であり，行政的な市町村間の組み合わせがとくに重視されている（奈良県（2001）：『奈良県市町村合併推進要綱の概要』（http://www.pref.nara.jp/ secure/ 48451/ gaiyou.pdf），p.3による）．
(33) このなかでは，3市町村からなる橿原・高市広域市町村圏も除かれるので，実際に細分されたものは13である．
(34) 奈良県（2006）：『奈良県市町村合併推進構想』（http://www.pref.nara.jp/ secure/ 47730/naraken_ kousou.pdf）による．
(35) 奈良県市町村振興課の説明による．
(36) 注（22）による．
(37) 同上．
(38) 野迫川村役場の説明による．
(39) 明日香法では，古都保存法の指定地域のなかでも明日香村は全村が歴史的風土として保存すべき特別の地域であるとされ，明日香村が国から補助金の交付をうけて行う特定事業（道路，下水道，都市公園などで明日香整備計画に基づき行われる事業）に必要な経費は，通常の補助率より高率な補助をもらえること（かさあげ措置）になっている．
(40) 東吉野村総務企画課の説明による．
(41) 奈良県市町村振興課の説明による．
(42) 滋賀県（2000）：『滋賀県市町村合併推進要綱－将来の町を考える－』，p.12による．
(43) 滋賀県自治振興課の説明による．
(44) 注（42），p.29による．
(45) 滋賀県（2006）：『滋賀県における自主的な市町の合併の推進に関する構想』による．
(46) 注（22）による．
(47) 中日新聞2010年3月22日による．
(48) 和歌山県市町村課の説明による．
(49) 和歌山県でも福井県と類似して，合併推進要綱の合併パターンを基本パターンⅠとかⅡと呼ぶので紛らわしい．
(50) ただし，海南市，紀の川市，紀美野町，日高川町，みなべ町の合併は基本パターンⅢの圏域と整合する．
(51) 和歌山県（2001）：『和歌山県市町村合併推進要綱』，p.9, p.11による．
(52) 和歌山県（2006）：『和歌山県市町村合併推進構想』，pp.28-33による．
(53) 白浜町が田辺広域任意合併協議会（10市町村）を離脱したのは町名の消滅などが原因といわれ，日置川町は財政力の乏しい町ではあるが，合併による税収増などのスケールメリットが考えられたし，日置川町では民宿などの体験型観光があり，熊野古道とも関係しており，白浜町の観光とまったく無縁ではないといわれる（白浜町企画課の説明による）．
(54) 大阪府市町村課の説明による．
(55) 堺市企画課の説明による．ただし，北海道の調査によると，大阪府では〔2.5億円を限度×関係市町

村数〕の算定式により合併特別交付金が交付されたとのことである（http://www.pref. hokkaido.lg.jp/file.jsp?id=56066）.

(56) ただし，5市町村以下の合併では一律5億円であり，5億円以下にはならない.

Ⅷ 中国地方の市町村合併

1. はじめに

　中国地方[(1)]は5県からなるが，鳥取県は関西圏との関係が緊密であり，山口県西部は北九州の方を向いている。中国地方を管理する国の出先機関の大部分は広島市に集中するが，四国を含めた中国四国農政局は農業の発達した岡山平野の中心都市・岡山市にある。児島・坂出ルート（通称瀬戸大橋）が岡山・高松両市間を結ぶようになり，岡山市は四国の玄関口としての機能を強化した。2009年には岡山市も広島市（1980年）に次いで政令指定都市となり，岡山市には広島市に対する対抗意識が強い。道州制の11州案や13州案では中国と四国は分離するが，9州案では中国・四国地方として統合されており，その場合には，交通的には広島市よりも岡山市の方が州都としてふさわしいと考える人もある。

　中国地方では，山口県の「昭和の大合併」における市町村減少率（66.5％）を含めて全国平均以上の市町村減少率を示した（表Ⅱ-1参照）。1960～2000年における中国地方の人口増減率は11.3％増で，四国（0.8％）や九州（4.2％），東北地方（4.6％）よりは高かったが，小規模自治体の人口流出が著しく，表Ⅷ-1に示すように，人口1万人未満の小規模自治体比率は上昇するのに対して人口1～3万人の市町村比率は各県ともに低下し，島根県，岡山県，山口県では3万人以上の都市比率においてさえ低下した。すなわち，大規模都市の人口が増加する一方で，中小都市の人口減少によって小規模自治体

表Ⅷ-1　中国地方における1960～2000年間の市町村人口規模の変化

県		市町村合計	0.5万人未満	0.5～1.0万人	計	％	1～3万人	％	3～10万人	10～30万人	30万人以上	計	％
鳥取県	1960年	41	7	19	26	63.4	11	26.8	3	1		4	9.8
	2000年	39	12	19	31	79.4	4	10.3	2	2		4	10.3
						16.0		-16.5					0.5
島根県	1960年	62	10	26	36	58.1	18	29.0	7	1		8	12.9
	2000年	59	27	18	45	76.3	8	13.6	5	1		6	10.1
						18.2		-15.4					-2.8
岡山県	1960年	98	15	41	56	57.1	30	30.6	10	2		12	12.3
	2000年	78	25	25	50	64.1	21	26.9	5		2	7	9.0
						7.0		-3.7					-3.3
広島県	1960年	110	14	46	60	54.5	38	34.6	9	2	1	12	10.9
	2000年	86	39	14	53	61.6	19	22.1	10	2	2	14	16.3
						7.1		-12.5					5.4
山口県	1960年	58	3	18	21	36.2	24	41.4	10	3		13	22.4
	2000年	56	15	18	33	58.9	11	19.7	6	6		12	21.4
						22.7		-21.7					-1.0

資料：国勢調査1960年，2000年による．

の数が増加したことが推測され，中国地方における国土集落システムの両極分解の傾向は顕著である。

上述のように，「昭和の大合併」における市町村減少率は各県ともに全国平均（65.8%）を超えたにもかかわらず，1960年の小規模自治体比率が全国平均（41.2%）を下回るのは山口県（36.2%）だけであった（表Ⅱ-2参照）。しかも，2000年までに小規模自治体比率は大幅に増加し，鳥取県の79.5%と島根県の76.3%は全国第1位・第2位を占めるものとなった。中国地方の山間部では過疎地域が広く分布し，とくに島根県は1970年の過疎地域対策緊急措置法の制定の際のモデル地域となった。島根県の過疎市町村比率76.3%（2001年）は全国的にも大分県の77.3%に次いで第2位である。地方別にみると，中国地方の61.3%は四国（56.9%），九州（52.0%），東北（46.0%）に比べても著しく高く，中国地方は最も過疎化の進んだ地域といえる。

中国地方の3万人未満の市町村の就業構造を分析した場合にも，中央日本や東北地方とは異なり，第2次産業では機械金属工業は発達せず，第3次産業では卸売小売業＋医療・福祉タイプが多く，高齢化や過疎化に対応した業種の発達した地域といえる（森川・番匠谷，2012）。

県平均財政力指数も山口県が0.37で第26位，広島県が0.34で第31位，岡山県が0.31で第33位，鳥取県が0.29で第34位，島根県は0.25で第44位となり，北陸3県や東北6県よりも下位に位置し－その後に起こった東日本大震災を除いて考えると－，東北地方と中国地方の間の経済的地位は逆転していたものとみることができる（表Ⅱ-4参照）。

こうした状況のもとで，「平成の大合併」における地方別にみた市町村減少率が64.1%で全国最高を記録したのも理解できるし，中国地方は「平成の大合併」のモデル地域とみることができる。

2．鳥取県

(1) 地理的特徴と市町村合併に対する県の対応

鳥取県は中国地方の東北部に位置し，上述のように，地域間の連携では関西地方との経済的結びつきが強い地域である。鳥取県は島根県とともに山陰地方に属するが，過疎市町村が比較的少ない点では島根県とは大きく異なる（表Ⅷ-2参照）。しかし，県平均の財政力指数は0.29で島根県の0.25よりは高いものの，中国地方では島根県に次いで低く，山陰地方として共通性がある（表Ⅱ-4参照）。表Ⅷ-3に示すように，財政力指数が高いのは米子市（0.74），日吉津村（0.70），鳥取市（0.67）であるのに対して，0.20未満の町村は10（25.6%）を数える。

「昭和の大合併」では市町村減少率は75.9%と高い方であったが（表Ⅱ-1参照），1960年には41の市町村のうち63.4%が1万人未満の小規模自治体であった（表Ⅱ-2参照）。その後も人口流出によって2000年には人口1～3万人の市町村が減少して小規模自治体の数は増加し，その比率は79.5%に上昇し（表Ⅷ-1参照），全国最高比率となった。

鳥取県の通勤圏は，図Ⅷ-1や表Ⅻ-11に示すように，大規模中心地が鳥取市（圏内市町村は14）と米子市（同12），中規模中心地が倉吉市（同8）の3中心地からなり，小規模中心地はまったくなく（表Ⅻ-11参照），赤碕町が東伯町を指向するのと通勤圏外地域に日南町があるだけで，通勤圏はきわめて単純な構造を示す。その点では，県内ほぼ全域の市町村がいずれかの都市の通勤圏に属する地域でありながらも，県の平均財政力指数が低いのは意外に思える。

表Ⅷ-2　中国地方における過疎地域（2001年4月）

県	市町村合計	過疎市町村	みなし過疎	過疎のある市町村	過疎地域合計	％
鳥取県	39	4		6	10	25.6
島根県	59	33	8	4	45	76.3
岡山県	78	27	12	8	47	60.3
広島県	86	28	14	16	58	67.4
山口県	56	21	8	6	35	62.5
合計	318	113	42	40	195	61.3

資料：総務省自治行政局：『過疎対策の現況』平成15年度版，過疎地域市町村等一覧（平成20年）（http://www.soumu.go.jp/c-gyousei/2001/kaso/h14kasoichiran.htm）による．

表Ⅷ-3　中国地方における財政力指数0.6以上の市町村

県	財政力指数				
	0.6～0.7	0.7～0.8	0.8～0.9	0.9～1.0	1.0以上
鳥取県	鳥取市	米子市，日吉津村			
島根県	松江市，出雲市，三隅町			鹿島町	
岡山県	津山市	岡山市		倉敷市	
広島県	呉市，竹原市，坂町，本郷町	広島市，三原市，大竹市，東広島市，廿日市市，大野町	福山市，府中町，海田町		
山口県	下関市	宇部市，山口市，防府市，小野田市，柳井市	徳山市，下松市，岩国市，光市，和木町	新南陽市，小郡町	

資料：国勢調査2000年，総務省自治財務調査課：平成12年度財政指数表による．

　鳥取県の合併推進要綱[2]では，パターン例1（社会的・経済的にとくに結びつきが強い市町村を3～4組み合わせたもの）とパターン例2（人口3万人以上を確保し自治体としての実力向上を目指すもの），さらにはパターン例3（生活圏や経済圏の実態に合わせてさらに広域的に組み合わせたもの）の3つのパターンが示された（鳥取県，2006：75）。ただし，パターン例2と例3では広域的な合併が想定されており，実際の市町村合併もパターン例1と緊密な関係において行われたので，図Ⅷ-2に示すように，鳥取市を除いて細かく11地区に区分された例1を基本パターンと考える。11地区は3つの広域市町村圏を細分したもので，そのうち8（72.7％）が3万人未満であった（表Ⅻ-14参照）。このように基本パターンの圏域が異常に多くの小規模自治体からなるのは，2000年の時点において小規模自治体が多かったことや小規模県のために市町村数の著しい減少を避けたい意向が働いたためとみられる。通勤圏の境界は基本パターンにおいても強く考慮されており，通勤圏を跨いだ合併パターンは皆無である。

　鳥取県では合併新法のもとでの市町村合併はなく，合併推進構想も策定されなかった。

（2）合併の経緯

　表Ⅷ-4に示すように，39市町村のうち30（76.9％）が合併市町村，5（12.8％）が協議会解散・離脱による非合併，4市町村（境港市，岩美町，日南町，日吉津村）（10.3％）が協議会不参加であった。協議会解散や離脱による非合併町村（Bタイプ）の財政力指数は，平均すれば合併市町村（Aタイプ）よりも低く，合併の必要度とは別の要因によって合併できなかったものと推測される。2000年には31（79.5％）もあった小規模自治体は2010年には7（36.8％）にまで減少したが，これらはいずれも非合併の町村である（表Ⅱ-3，表Ⅷ-7参照）。

220　Ⅷ　中国地方の市町村合併

図Ⅷ-1　中国地方における通勤圏の分布
H：広島市，M：松江市，Ok：岡山市，T：鳥取市，Y：山口市
資料：国勢調査（2000年）による．

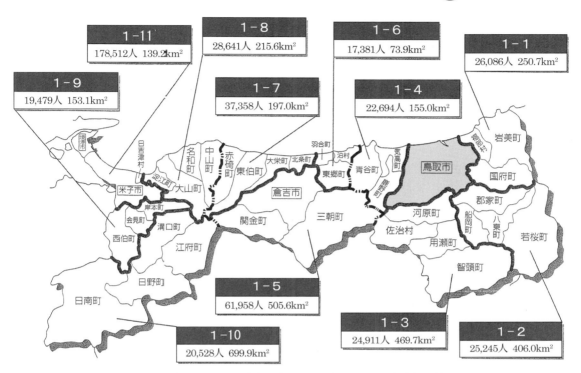

図Ⅷ-2　鳥取県における合併推進要綱の基本パターンと広域市町村圏
　太実線：基本パターン境界，二点鎖線：広域市町村圏境界．人口は平成12年10月1日現在（国勢調査速報値）．
　資料：市町村合併問題研究会編（2001：167），自治省行政振興課編（1983：74）による．

　2001年に始まる各市町村合併の呼びかけでは，倉吉市地区（10市町村）や鳥取市地区（同15）のように広い範囲で研究会を設置したところもあり，基本パターンの圏域でもって合併協議を進めたのは東郷湖周地域と日野郡4町，八頭郡東部の3地域だけである．そのうち，合併が成立したのは2001年10月に羽合町，泊村，東郷町でもって法定協議会を設置してそのまま合併した湯梨浜町（町役場は羽合町役場）だけである．

　日野郡4町では2001年に研究会を設置していたが，溝口町は2003年2月に岸本町（西伯郡）と法定協議会を設置して合併し，伯耆町（町役場は岸本町役場）となった．日野町（4,516人，0.17）と江府町（3,921人，0.51）は2003年8月に法定協議会を設置したが，奥大山の水の工場が立地して財政的に比較的豊かな江府町は，その住民投票においても日野町との合併反対が過半数を占め，江府町は非合併を決意した．そのため，それに連動するかたちで日南町（6,696人，0.14）と日野町は非合併にとどまることとなった．日南町では，「昭和の大合併」の際に今日的規模の広い面積（340.9km²）をもつ合併が行われたので，将来広域合併の必要を感じながらも当面は合併を見送り，単独存続を維持することとなった[3]．

　八頭郡東部では，2003年1月に4町でもって任意協議会を設置し法定協議会に移行したが，2004

表Ⅷ-4 中国地方における合併状況と人口規模，財政力指数

県		市町村数	%	人口規模（2000年）							財政力指数（2000年度）						
				0.5万人未満	0.5～1万人	1～3万人	3～10万人	10～30万人	30万人以上	平均人口	0.2未満	0.2～0.4	0.4～0.6	0.6～0.8	0.8～1	1以上	平均
鳥取県	A	30	76.9	8	16	3	1	2		17,401	7	20	1	2			0.28
	B	5	12.8	3	2		1			6,148	2	2	1				0.27
	C	4	10.3	1	1	1				15,131	1	1	1	1			0.42
	計	39	100.0	12	19	4	2	2			10	23	3	3			
島根県	A	53	89.8	23	16	6	7	1		13,404	29	15	5	3	1		0.25
	B	6	10.2	4	2					8,512	4		2				0.23
	C	0	0														
	計	59	100.0	27	18	6	7	1			33	15	7	3	1		
岡山県	A	68	87.2	23	23	17	3		2	25,822	22	31	12	2	1		0.30
	B	4	5.1	1	1	1	1			22,235	2						0.33
	C	6	7.7	1	1	3	1			17,661		3	3				0.42
	計	78	100.0	25	25	21	5		2		24	34	17	2	1		
広島県	A	80	93	39	14	17	6	2	2	33,715	27	31	14	7	1		0.31
	B	2	2.3				2			40,358					2		0.82
	C	4	4.7			2	2			25,252			1	3			0.64
	計	86	100.0	39	14	19	10	2	2		27	31	15	10	3		
山口県	A	49	87.5	13	17	9	5	5		26,750	18	18	6	5	2		0.36
	B	6	10.7	2		2	1	1		35,081	2	1	1	1			0.44
	C	1	1.8		1					6,732					1		0.80
	計	56	100.0	15	18	11	6	6			20	19	7	6	4		

A：合併成立の市町村，B：合併協議会解散または離脱の市町村，C：合併協議会不参加の市町村．
資料：国勢調査2000年，総務省自治財務調査課：平成12年度財政指数表，および各府県担当課の資料とグリグリ「市区町村変遷情報」による．

年に若桜町（4,998人，0.15）が離脱して協議会を解散した．しかし2004年5月には残りの3町（郡家町，船岡町，八東町）でもって法定協議会を設置して合併し，八頭町（町役場は郡家町役場）が誕生した．

　先にあげた湯梨浜町は基本パターンの圏域による順調合併であり，伯耆町は2町による順調合併であったが，そのほかでも順調合併には琴浦町，南部町，米子市がある．①琴浦町地区では2003年1月に東伯町と赤碕町でもって法定協議会を設置して合併し，琴浦町（町役場は東伯町役場）となり，②南部町地区でも同時期に西伯町と会見町が法定協議会を設置して合併し，南部町（町役場は西伯町役場）が誕生した．③米子市の場合には，アンケートで合併反対が多かった境港市や王子製紙工場の立地する日吉津村（2,971人，0.70）を除いて，2003年4月に淀江町と法定協議会を設置して合併した．

　これらの順調合併がいずれも小規模合併の場合であったのに対して，比較的複雑な合併経過をたどったものに倉吉市と鳥取市がある．倉吉市地区では10市町村からなる研究会を設置した後，2002年10月に倉吉市の通勤圏に属する4町（三朝町，関金町，北条町，大栄町）と天神川流域合併協議会（法定）を設置したが，三朝町，北条町，大栄町が相次いで離脱して協議会を解散した．その後2004年4月に倉吉市は関金町と合併協議会（法定）を設置して編入合併し，北条町と大栄町も合併協議会を

設置して合併して北栄町（町役場は大栄町役場）が誕生した。温泉と国宝（三仏寺投入堂）で有名な三朝町（7,921人，0.28）の場合には，「町名が消え，負担が重くなるのに行政サービスが低下し，メリットがない」との理由で単独存続を決意した（鳥取県，2006：357）。

一方，鳥取市周辺では，2002年11月に鳥取市・国府町・福部村と鳥取市・河原町，鳥取市・鹿野町の3つの法定協議会が設置され，翌年用瀬町，佐治町と気高町，青谷町が加わり，2003年9月に9市町からなる法定協議会を設置して編入合併し，鳥取市は2005年には特例市に昇格した。これは3つの基本パターンの圏域に跨る大合併であるが，東部では岩美町（14,015人，0.30）が単独存続を決意して合併に参加しなかった。一方，南部の智頭町（9,383人，0.23）は2004年5月に法定協議会に加入し10市町村でもって合併協定調印式に調印したが，その後の住民投票において何度も僅差でもって合併を拒否することになり，非合併となった。

そのほかにも，協議会解散を伴った合併には大山町の合併がある。ここでは2001年6月には基本パターンの4町に日吉津村を含めた5町村でもって合併を検討したが，日吉津村は協議会には参加せず，淀江町も離脱して別の協議会に加わり，結局，3町（大山町，名和町，中山町）でもって2003年1月に法定協議会を設置して合併し，新・大山町（町役場は名和町役場）が誕生した。

鳥取県は鳥取，倉吉，米子の3市を中心都市とする比較的単純な地域構造を示すにもかかわらず，以上にみるように基本パターンと整合する合併協議の呼びかけは少なく，基本パターンの圏域をそのまま実現した新市町も湯梨浜町だけであった。本県で合併協議会などの呼びかけが始まったのは合併推進要綱が発表された2001年以後のことで，早くから合併構想があった山口県や1999年に始まった広島県などと比べると遅く，協議期間は短いものであった。そのためかどうかは別として，単独存続を決意した市町村が比較的多いのが特徴の一つといえる。境港市，日吉津村，日南町，日野町，江府町，三朝町，智頭町，若桜町，岩美町が非合併で，境港市と岩美町以外はすべて1万人未満の小規模自治体である。非合併の市町村のなかには，三朝町や智頭町，若桜町などのように合併協議の途中で不満を募らせて協議会を離脱したものもある。なかには日野町のように，江府町との合併が江府町の住民投票によって拒否されたため，非合併となったところもある。

以上が鳥取県の市町村合併の概要であるが，鳥取県では青年会議所や商工会議所などの民間団体にも独自な合併構想がみられた（鳥取県，2006：15）[4]。例えば，1999年に発表した米子商工会議所の「ほうき市」20万都市構想や東伯青年会議所が東伯郡西部4町と中山町による「東伯市」構想（1990年）などがあるが，市町村合併が実現したのは2～3市町村による小規模な合併が主流であった（鳥取県，2006：20）。鳥取県には新市の誕生はないが，新町は7町に達し，市町村数の著しい減少を避けることとなった。その多くは同一都市の通勤圏の一部をもって構成されており，日常生活圏をまったく無視した合併はみられない。例外的に大規模合併が成功したのは特例市を目指した鳥取市の9市町合併だけである。

3．島根県

(1) 地理的特徴と市町村合併に対する県の対応

上記のように，島根県は過疎地域を代表する県である。平均財政力指数も低く，最高は原子力発電

所のある鹿島町が 0.90 で，それに次くのは松江市（0.67），三隅町（0.65），出雲市（0.60）である（表Ⅷ-3 参照）。0.20 未満の低い町村は実に 33（55.9％）を数える。「昭和の大合併」では市町村減少率（1960 年）も 74.6％と高い方であったが（表Ⅱ-1 参照），小規模自治体比率は全国平均以上の 58.1％で，さらにその後の人口流出によって 2000 年には，上記のように鳥取県に次ぐ 76.3％であった（表Ⅱ-2，表Ⅷ-1 参照）。

島根県の通勤圏では，図Ⅷ-1 や表Ⅻ-11 に示すように，大規模中心地が松江市（圏内市町村は 10），中規模中心地が出雲市（同 6），浜田市（同 5）からなり，小規模中心地には益田市（同 4），安来市（同 2），大田市（同 2），江津市（同 2），木次町（同 2），三刀屋町（同 2），西郷町（同 3）がある。安来市からの通勤者比率は松江市と米子市が 8.9％と 8.8％のほぼ同率で，安来市は両市の半従属中心地とみることができる。江津市から浜田市へも 13.7％の通勤者があり，江津市は半従属中心地である。木次町と三刀屋町は共同通勤圏を形成する。そのほか，仁多町と横田町の間にも相互依存関係が成り立つ。通勤圏外地域 9 町村[5]のなかには離島の 3 町村が含まれるが，離島を除いても 6 町村が石見地方に集中するのは北海道以外では高知や宮崎県とともに異常に多い町村数であり，通勤の不便と過疎化の進展とは無関係ではない。同じく山陰地方といっても，先の鳥取県とは地理的条件を異にする。

島根県の合併推進要綱（島根県，2006：67-90）は通勤圏や通学圏，医療圏，買物圏など日常生活上の結びつきとともに一部事務組合など行政上の結びつきを考慮し，各市町村の意向を含めて 13 の「基本パターン」[6]を提示したもので（図Ⅷ-3 参照），4 地域については「その他のパターン」も示される。この「基本パターン」は 6 つの広域市町村圏を細分したものであるが，三刀屋町と木次町とを統合する点では広域市町村圏と相違する。

雲南市や松江市地域のように，1998 年・99 年に研究会を設置して合併協議を始めたところもあるが，島根県では広域連合の活用を進めてきた経緯もあって比較的遅く，市町村合併に関する取り組みは先進県とはいえない（島根県，2006：6）。

なお，島根県では合併新法のもとで予定された合併はなく，合併推進構想は策定されなかった。

(2) 合併の経緯

表Ⅷ-4 に示すように，島根県の合併市町村は 53（89.8％），協議会解散・離脱は 6（10.2％）で，協議会不参加の市町村はゼロであり，島根県は離島をも含めてすべての市町村が合併協議会を設置した珍しい県である。市町村の財政事情が厳しいだけに県も市町村も合併に力を入れており，後述のように，松江市の合併特別交付金は 20 億円と高額であった。

基本パターンの 13 圏域のうち市町村合併の呼びかけ範囲として利用されたものが 10 圏を数え，基本パターンと無関係に研究会・協議会を設置したのは雲南と奥出雲，飯南の 3 地域だけで，ほとんどの地域における市町村合併の取り組みは基本パターンから出発したといえる。このなかには島前地域連絡会議（3 町村）のように，「合併してもメリットはない」との理由で 2002 年 11 月に任意協議会を設置した直後に解散した地域もあるが，基本パターンでもって市町村合併が実現したものに益田市，大田市，安来市，奥出雲町，隠岐の島町の 5 地区がある。

①益田市地区では 2002 年 9 月に 3 市町でもって任意協議会を設置し，法定協議会を経て順調合併により 2 町を編入した。②大田市地区でも同じ時期に 3 市町でもって任意協議会を設置して順調合

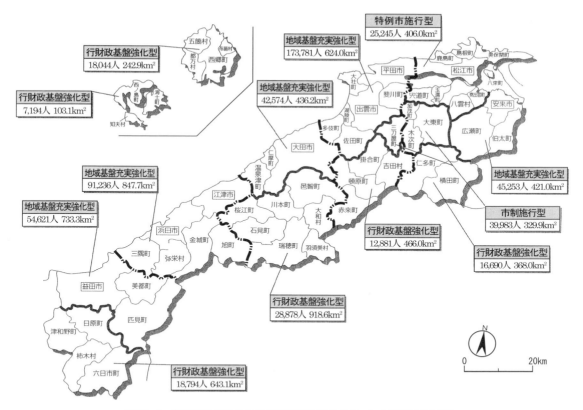

図Ⅷ-3　島根県における合併推進要綱の基本パターンと広域市町村圏
　太実線：基本パターン境界，二点鎖線：広域市町村圏境界．人口は平成12年10月1日現在（国勢調査速報値）．
　資料：市町村合併問題研究会編（2001：169），自治省行政振興課編（1983：76）による．

併となったが，新市名を石見銀山市とする案が浮上し，合併協議会が一時休止した時期があった[7]。③安来市の場合にも，2002年4月に3市町で法定協議会を設置して順調に合併した。④奥出雲町地区では仁多町と横田町は2003年1月に任意協議会を設置して法定協議会に進んだ後，役場の位置をめぐって一時対立したが，奥出雲町（町役場は仁多町役場，分庁方式）が誕生した。⑤隠岐島では2001年5月に7町村で連絡会を設置したが，島後4町村で法定協議会を設置し，順調合併して隠岐の島町（町役場は西郷町役場）となった。

　そのほかにも，島根県には順調合併が多い。⑥2002年4月には大原郡3町と飯石郡3町でもって基本パターンの圏域を越えて雲南6町村合併協議会（任意）を設置し，法定協議会に移行して雲南市（市役所は当分木次町役場）が誕生した。⑦飯南町（6,541人）の場合には，出雲市との合併を検討していた頓原町が合併を断念して2003年に赤来町と合併協議会を設置して合併した。本庁舎は赤来町に置かれ，分庁方式が採用された。⑧江津市は基本パターンを異にする桜江町（邑智郡）と2002年3月に任意協議会を設置し，4カ月後には法定協議会に移行して編入合併し，新・江津市が誕生した。

　⑨浜田市地区では基本パターンに含まれる江津市が桜江町と合併したので，2002年7月に5市町村による任意協議会を設置したが，三隅町が離脱し，4市町村でもって法定協議会を設置した後に三隅町も加入して新・浜田市が誕生した。⑩邑南町の場合にも，合併協議会の設置以後は順調合併とい

える。邑智郡では2001年3月に全7町村で邑智郡合併問題実務研究会を設置したが，翌年には南部3町で任意・法定の協議会を設置して邑南町（役場は石見町役場）が誕生した。

その他の地域では協議の途中で種々の問題が発生し，協議会の解散や離脱が生じた。①邑智町と大和村は川本町も含めて2002年3月に任意協議会を設置したが，川本町が離脱し，2町村でもって美郷町（町役場は邑智町役場）が誕生した。邑智郡7町村合併問題研究会では上記の桜江町が江津市と合併したほか，邑東合併推進協議会（邑智町，大和村）と邑南3町村合併研究協議会（石見町，瑞穂町，羽須美村）が設置され，美郷町（6,624人）と邑南町（13,866人）が誕生した。川本町（4,784人）は邑東合併推進協議会に加入したが，悠邑ふるさと会館の問題[8]をめぐって対立し，離脱を表明して単独存続となった。

②松江・八束地区では2002年5月に9市町村で任意協議会を設置したが，東出雲町（12,275人）が協議会を離脱したので8市町村で法定協議会を設置して合併し，新・松江市が誕生した。このなかには原子力発電所が立地する鹿島町も含まれる。なお，東出雲町は「平成の大合併」終了後の2011年8月になって松江市に編入した。松江市が特例市になったのは2012年のことである。

③出雲市地区では，2002年10月に7市町でもって出雲地区任意合併協議会を立ち上げ，法定協議会に移行したが，斐川町の住民アンケートで合併反対が過半数を占めて協議会を離脱したので，協議会は一旦解散し，6市町で法定協議会を設置して合併し，新・出雲市が誕生した。なお，平田市，斐川町，宍道町はちょうど同じ2002年10月に3市町で任意協議会を設置したが，平田市（29,006人，0.32）の住民アンケートでは出雲地区との合併希望が51.2％で斐川町・宍道町との合併の37.2％を超えたため，出雲市との合併を決めたといわれる[9]。上記の東出雲町と同様に，斐川町（26,816人）も2011年10月になって出雲市に編入した。

④鹿足郡4町村の場合には，2002年10月に設置された任意協議会が法定協議会に移行した後新町名と本庁舎の位置をめぐって対立し，2003年9月に解散した。その後，津和野町から日原町に2町合併を申し入れて新・津和野町（10,628人）が誕生した。津和野町にとっては町名は維持されたが，本庁舎は日原町に置かれ，分庁方式が採用された。一方では，六日市町が柿木村に合併を申し入れ，六日市町に役場（分庁方式）を置く吉賀町（8,179人）が誕生した。

以上が島根県の市町村合併の概要であるが，基本パターンに沿って合併協議会を立ち上げたものが比較的多く，基本パターンを生かした合併が多い。ただし，通勤圏との関係からみると，松江市の通勤圏に属する大東町や加茂町が同一郡の木次町とともに雲南市を形成し，江津市の通勤圏に属する温泉津町が仁摩町とともに大田市と合併し，日常生活圏よりも同一郡の古い関係を重視する傾向が認められる。また，邑南町の場合には通勤圏外地域の3町村が合併した特異なケースとして知られる。

基本パターンから外れて誕生した新町のなかには，美郷町，吉賀町，飯南町など1万人未満の小規模町があり，津和野町の人口も2005年には1万人未満に減少している。「平成の大合併」終了後に合併した東出雲町（松江市に編入）や斐川町（出雲市に編入）を除くと，単独存続の市町村は川本町と島前3町村だけとなり，目標達成度の高い県といえる。

4. 岡山県

(1) 地理的特徴と市町村合併に対する県の対応

　上述のように，岡山市はJR線を伴った瀬戸大橋の架橋によって四国の玄関口となり，中国地方の主要都市として広島市と競合する地位にある。道州制の導入において9州案（中四国地方）が採用されれば，少なくとも交通的には岡山市は広島市よりも有利な位置にある。

　「昭和の大合併」では中国地方の他県と同様に市町村減少率が高く，大規模な合併が実現したが，2000年においても小規模自治体は50（64.1％）にとどまっていた（表Ⅱ-2参照）。しかも1960〜2000年間には小規模自治体比率が上昇し，人口1〜3万人の市町村だけでなく3万人以上の都市までも比率が低下しており，地域の全体的な衰退が懸念される（表Ⅷ-1参照）。平均財政力指数は0.31で広島県の0.34に次ぐが（表Ⅱ-4参照），岡山市（0.74）は最高の倉敷市（0.90）に次ぎ，表Ⅷ-3に示すように，0.60以上の市町村が意外に少ない。財政力指数0.20未満の市町村は24（30.8％）を数え，過疎市町村比率も60％で，低いとはいえない（表Ⅷ-2参照）。

　岡山県の通勤圏では，図Ⅷ-1と表Ⅻ-11に示すように，岡山市，津山市，倉敷市が広い面積を占め，大規模中心地は岡山市（圏内市町村数は20）と津山市（同14），中規模中心地は倉敷市（同8）で，小規模中心地には高梁市（同3），新見市（同3），備前市（同2），井原市（同2），久世町（同3），美作町（同3），落合町（同2），勝山町（同3），八束村（同2），大原町（同2）がある。このうち，倉敷市と備前市は岡山市の半従属中心地をなし，大原町は美作町の半従属中心地，美作町は津山市の半従属中心地に当たる。久世町（11,707人，0.42）と落合町（15,973人，0.35），勝山町（9,324人，0.26）の関係は複雑で，勝山町は久世町の半従属中心地といえるが，久世町と落合町は共同通勤圏を形成しており，しかもそれぞれ1・2の町村を通勤圏とするものである。久世町から落合町への通勤者比率13.2％に比べれば勝山町への通勤者比率7.8％は低いが，3町が共同通勤圏を形成しているとみることもできよう。八束村も川上村との間に相互依存通勤圏を形成するが，八束村の通勤圏には中和村が加わるので小規模中心地となる。岡山県内には哲西町（東城町へ）や井原市，笠岡市（福山市へ）のように広島県の中心地を指向するところもあるが，通勤圏外地域は見当たらない。

　岡山県の合併推進要綱（岡山県，2007：159-178）は2000年6月に設置された岡山県市町村合併検討委員会の答申を尊重するかたちで策定された。その合併パターンは①地理的一体性・歴史的経緯，②住民の日常生活圏，③市町村広域行政圏域，④国・県の行政区域，産業・経済圏域を考慮して策定されたもので，人口規模では①中核市発展型（50万人前後），②都市発展型（5〜10万人），③市制移行型基本パターン（5万人前後），④体制整備型（1〜3万人前後）に類型化される。基本パターンは，図Ⅷ-4に示すように，非合併の岡山市と笠岡市を含めて19地区からなるが，通勤圏と整合する基本パターンの圏域は皆無であり，県民局への改正前の地方振興局の9圏域や広域市町村圏の8圏域とも異なるところも多い[10]。基本パターンのほかに「その他の組み合わせ」が示されている。

　岡山県では合併推進構想（岡山県，2007：267-287）が策定され，合併新法のもとでも市町村合併が行われたが，構想対象市町村の組み合わせは合併協議が進行中の岡山市地区だけであり，「将来の望ましい市町村の姿」は示されなかった。

228　Ⅷ　中国地方の市町村合併

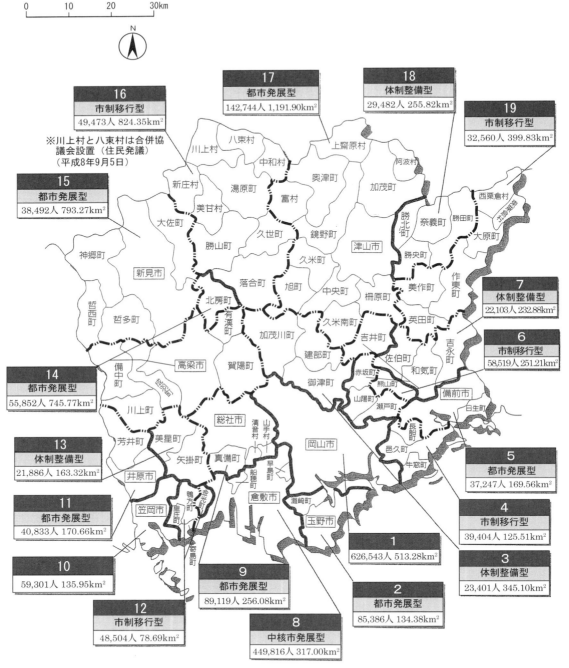

図Ⅷ-4　岡山県における合併推進要綱の基本パターンと広域市町村圏
　太実線：基本パターン境界，二点鎖線：広域市町村圏境界．人口は平成12年10月1日現在（国勢調査速報値）．
　資料：市町村合併問題研究会編（2001:171），自治省行政振興課編（1983:78）による．

(2) 合併の経緯

　表Ⅷ-4に示すように，岡山県の合併市町村は68（87.2％），協議会解散・離脱は4（5.1％）で，協議会不参加は笠岡市，早島町，里庄町，矢掛町，奈義町，新庄村の6市町村（7.7％）である。岡山市や倉敷市，津山市などの都市が合併したため平均人口では合併市町村が最も多いが，平均財政力指数では合併市町村が最も低く，一般的傾向は守られる。

　本県の市町村合併では，研究会の段階が長く続き，合併協議会の段階においても設置解散，離合集散など複雑な過程をたどる場合が多い。中国地方の合併状況を示した図Ⅷ-5においても，合併協議会の解散状況の記載を一部省略しなければならないところが現れたほどである[11]。

　最初の呼びかけ範囲が基本パターンの圏域と整合するのは，旧郡域に基づく高梁，邑久郡，赤磐郡，阿新の4地区に過ぎない。①高梁市地区では2002年6月に7市町村で任意協議会を設置したが，賀陽町と北房町が離脱した後5市町村でもって法定協議会を設置して合併し，新・高梁市が誕生した。②邑久郡では2002年8月に3町でもって法定協議会を設置し，合併して瀬戸内市（市役所は邑久町役場）となった。長船町では住民アンケートの結果合併反対が53.4％に達したため（岡山県，2007：25），長船町は一時合併に調印しなかったが，2004年には再び協議開催を申し入れて合併した。③赤磐郡では2002年12月に5町で赤磐郡合併協議会（法定）を設置したが，瀬戸町が離脱したので残りの4町でもって合併し，赤磐市（市役所は山陽町役場）が誕生した。④阿新地区では新見市と阿哲郡4町とが2002年10月に任意協議会を設置し，法定協議会に移行して順調に合併し，新・新見市となった。

　しかし岡山県では島根県などとは異なり，合併の呼びかけは合併推進要綱の基本パターンよりも広い範囲をもって出発し，途中きわめて複雑な経緯をたどって2006年3月までに合併にたどりついた市町が多い。その典型的な例は津山市と美作市，美咲町である。

　①津山地区では1991年に津山広域事務組合を設置して早くから広域行政に取り組み，2002年2月には津山市，苫田郡，勝田郡，久米郡の16市町村からなる合併問題調査研究会を設置したが，同年7月には津山市・勝北町の2市町による合併準備協議会を設置し，これに5町（奥津町，阿波村，鏡野町，奈義町，久米町）が加わり，さらに中央町が加入したが，奈義町（6,690人，0.27）の住民投票では合併反対が73.1％を占めて協議会を離脱した（岡山県2007：32）。2002年12月に7市町村でもって津山地域任意合併協議会を設置したが，奥津町と鏡野町が離脱した。さらに中央町も法定協議会への参加を見送ったため，4市町（津山市，阿波村，勝北町，久米町）でもって法定協議会を設置し，それに加茂町と中央町が加入したが，中央町の住民アンケートでは「久米郡各町との合併」が69.9％を占めたため再び離脱し（岡山県，2007：32），5市町でもって合併が実現した。したがって，津山地域は最初は広域合併を試みたが，編入合併したのは合併推進要綱の基本パターン（12市町村）とは異なり，狭い範囲にとどまった。

　②美作地区では，2001年8月に事務レベルの勝英地域市町村合併問題研究会（9市町村）を設置し，翌年柵原町も加入した。2002年12月には勝北町を除く9町村でもって任意協議会を設置した。2003年には勝央町（11,428人，0.49）も新市の名称や本庁舎の位置を不満として離脱し，任意協議会を解散した。2003年4月に設置された6町村（大原町，東粟倉村，西粟倉村，美作町，作東町，英田町）の英田郡市町村問題研究会には勝田町も加入したが，中心をなす美作町が研究会から離脱し，研究会

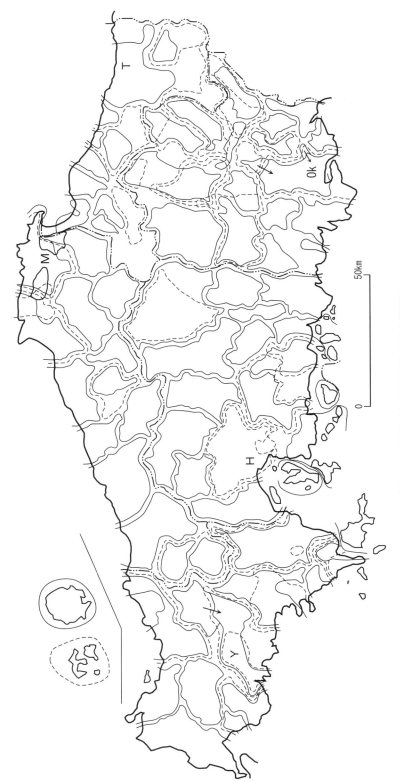

図Ⅷ-5 中国地方における市町村の合併状況

H：広島市，M：松江市，Ok：岡山市，T：鳥取市，Y：山口市．
*旧合併特例法の期間中に何回にもわけて合併した場合は一度の合併とみなす．府中町と広島市，海田町と広島市の合併協議会は別々に設置されたが，一度の設置とみなす．
実線：合併した市町村の境界，破線：協議会解散・離脱の市町村の境界，二点鎖線：県党，→：合併新法のもとで市域を拡大したもの．
資料：各県の資料およびグリグリ「市町村変遷情報　詳細」による．

は休止状態となった。その後，同年10月には美作町が勝田郡の町や柵原町などとともに設置した6町（勝田町，美作町，英田町，勝央町，勝北町，柵原町）の任意協議会から勝北町が離脱した。2003年12月には大原町，東粟倉村，西粟倉村，美作町，作東町が英田郡任意協議会を設置し，勝田町，勝央町，美作町，英田町，柵原町からなる5町合併協議会は法定協議会に移行した。2004年1月には美作町は5町合併協議会に対して英田郡任意協議会との合流を申し入れたが受け入れられなかったため，5町合併協議会を離脱して英田郡域での合併推進を表明した。さらに，柵原町も5町合併協議会から離脱し，英田郡任意協議会も解散した。

その後2004年3月に勝田町，大原町，東粟倉村，西粟倉村，美作町，作東町の6町村が勝英地域法定協議会を設置したのに対し，5町合併協議会では残された勝央・英田2町でもって飛地合併を希望したが，合併重点支援地域の指定を受けることができず[12]，英田町は勝央町との合併を断念して勝英地域法定協議会に加入した。

新市の名称は美作市，市役所は美作町役場と決定したが，西粟倉村（1,831人，0.11）[13]や勝央町（11,428人，0.49）の住民アンケートでは合併反対が多く，2町村は離脱して非合併となった。結局，6町村（美作町，英田町，作東町，大原町，勝田町，東粟倉村）の合併によって美作市（市役所は美作町役場）が誕生した。

以上が美作市誕生までの経緯である。勝田郡と英田郡では勝英地域農業共済事務組合など両郡に跨がる一部事務組合もあるが，通勤圏では勝田郡は津山圏に属し，英田郡は大原町の通勤圏に入る西粟倉・東粟倉2村以外は美作圏に属する。

③美咲町の3町（旭町，中央町，柵原町）もそれぞれ紆余曲折を経て合併したものである。すなわち，旭町（6,871人，0.16）は2001年11月には真庭郡9町村とともに真庭地域市町村合併研究会に属し，2003年3月には真庭地域任意合併協議会（6町村）に属したが，すぐに解散した。その後2004年2月に旭町，中央町，久米南町で任意協議会を設置し，法定協議会に移行した。それに柵原町が加入したが，久米南町（6,115人，0.19）は新町の財政計画を不満として離脱したので，3町でもって美咲町（町役場は中央町役場）が誕生した。中央町（7,214人，0.21）は津山市と共に津山地域合併準備協議会に属し，2003年5月に津山市を中心とする法定協議会に加入したが，翌年3月に離脱し，その1カ月前に上記の合併協議会に加入した町である。

なかでも複雑な経緯をたどったのは美咲町に合併した柵原町（6,871人，0.24）である。柵原町は2002年12月には英田郡勝田町，勝央町など9町村で任意協議会を設置し，翌年3月に解散した後同年10月には美作町など6町と任意協議会を設置し，同年12月には5町で法的協議会を設置したが，2004年3月に離脱した。その後旭町，中央町，久米南町の任意協議会に遅れて参加して合併した。美咲町の3町はともに津山市の通勤圏に属し，ともに久米郡に属していたが，ゴミ処理などの一部事務組合はそれぞれ異なっていた[14]。

2001年に真庭圏域関係町村合併研究会を設置した真庭地域も，最初は基本パターンに郡外の北房町（上房郡）と旭町（久米郡）を加えた12町村からなる広域合併を計画していた。しかし翌年には新庄村（1,051人，0.27）が「小さくても自主自立をめざす新庄村宣言」をして離脱し，2003年8月には真庭地域任意合併協議会（北房町，勝山町，落合町，湯原町，久世町，美甘村）と蒜山3村合併任意研究会（川上村，八束村，中和村）[15]を設置した。その後，「真庭は1つ」の理念のもとに両協

議会が合体して9町村からなる真庭市構想研究会が発足して真庭市が誕生した。本庁舎は久世町に建設されるまで勝山町役場が利用されるが，分庁方式で勝山庁舎の他に久世庁舎，落合庁舎がある。

そのほか，苫田郡，旧和気郡，浅口郡などでは郡単位に合併の呼びかけを行った。①苫田郡6町村は基本パターンに示された津山地域から分離して2001年に苫田郡合併問題研究会を設置した後解散し，2003年2月に冨村，奥津町，上斎原村，鏡野町の4町村からなる苫田郡西部任意協議会を設置し，法定協議会を経て合併し，新・鏡野町が発足した。②旧和気郡では2003年に備前市・和気郡合併調査会を設置したが，和気郡北部3町が別に合併研究会を設置し，残された備前市と日生町の合併調査研究会に吉永町が加入し，2003年10月に3市町による法定協議会を設置して合併し，新・備前市となった。一方，北部の佐伯町と和気町は2003年12月に法定協議会を設置したが，佐伯町の住民アンケートでは合併賛成が1,218票，反対が1,201票の僅差であり（岡山県，2007：115），佐伯町議会では賛成3名，反対6名であった。しかし，2005年のリコール後の町長選挙で合併推進派が多数を占めたため合併して新・和気町が誕生した。

③浅口郡では2002年に浅口郡5町合併研究会を設置したが，経済的に比較的豊かな里庄町（10,782人，0.56）は単独存続を表明し，笠岡市からの呼びかけも不調に終わった。金光町の住民アンケートでは「浅口地域との合併」が2,186票，「倉敷地域との合併」が2,088票，「合併しない」が1,308票で（岡山県，2007：121），2004年4月に金光町と鴨方町によって設置された合併協議会に寄島町が加わり，浅口市（市役所は鴨方町役場）が誕生した。

一方，井原市の合併は郡域を越えて行われた。2002年に矢掛町と美星町が合併問題協議を行ったのに対し，井原市は住民アンケートの結果に従って矢掛，美星，芳井の各町に合併協議を呼びかけたが，美星町と2町合併を希望する矢掛町は不参加となり，2003年9月に3市町は法定協議会を設置して，吉井町と美星町を編入した。残された矢掛町（16,230人，0.36）は非合併となった。そのほか，郡も異なり広域市町村圏も別の圏域に属する加茂川町（御津郡）と賀陽町（上房郡）の合併も特異なものといえる。両町は吉備高原市の建設計画をめぐって親密となり，2002年7月に法定協議会を設置し，そのまま合併して加賀郡吉備中央町（町役場は当分賀陽町役場）となった。

県南中央部の市町村合併は岡山市と倉敷市，総社市からなる。①総社市は2001年には倉敷地域市町村合併研究会に属していたが，1市2村でもって法定協議会を設置した。山手村と清音村は総社市よりも倉敷市への通勤者比率が高いが，住民のアンケート調査ではいずれも総社市との合併を希望し，総社市と合併した[16]。一方，②倉敷地域では2002年に倉敷市，早島町，船穂町，金光町からなる倉敷地域市町村合併問題研究会を設置し，翌年には真備町が加入したが，早島町（11,915人，0.57）の住民アンケートでは「合併不必要」が約6割を占め，金光町のアンケートでは浅口郡地域との合併希望が最も多かったので，2003年10月に倉敷市，船穂町，真備町で法定協議会を設置し，一時休止した後編入合併して新・倉敷市が誕生した。真備町の住民投票では合併賛成44%，反対56%で，真備町議会は離脱を決定し，町長は辞職したが，前町長の再選により離脱を撤回して倉敷市へ編入した。ただし，倉敷市が中核市に昇格したのは合併以前の2002年であった。

③岡山市では2002年に県南政令市構想研究会設立会議（岡山市，玉野市，灘崎町）と県南政令市構想（北部地域）研究会設立会議（岡山市，御津町，瀬戸町）が開催されたが，2003年7月には4市町（岡山市，玉野市，灘崎町，瀬戸町）でもって任意協議会を設置した。しかし，瀬戸町が協議会

から離脱し，玉野市も法定協議会に不参加を表明した。御津町でも住民アンケートの結果は合併賛成49.4%，反対は50.6%であったが，合併の引き続き推進を表明した[17]。2004年3月に岡山市，御津町，灘崎町で法定協議会を設置して編入合併して新・岡山市が発足した。その後2005年8月には岡山市は政令指定都市への移行を視野に入れて建部町，瀬戸町，吉備中央町，早島町へ協議申し込みを行った。それに対して，建部町と瀬戸町は前向きに対応し，2005年12月に法定協議会を設置して，2町は2006年になって合併新法のもとで編入した。

　上記のように，合併推進構想では合併の意向を示す岡山市，建部町，瀬戸町を対象市町村として取り上げ，県は積極的に支援した結果2町の合併が実現し，岡山市は2009年4月に全国18番目の政令指定都市に昇格した。

　以上が岡山県の市町村合併の概要である。岡山県の市町村合併では，上述の島根県とは対照的に，県の示した基本パターンにとらわれることなく合併協議が始まり，しかも協議会の離合集散が激しく複雑に変化したところに特徴がある（図Ⅷ-5参照）。住民アンケートの結果が僅差のなかで，協議会を離脱することもあった。新市の誕生は5を数え，中国5県の中では最も多い。基本パターンの圏域と整合するのは瀬戸内市と新・新見市だけである。単独存続となった市町村は10を数え，ダムの新庄村[18]，陸上自衛隊の奈義町のほか久米南町，西粟倉村の4町村は人口1万人未満である。

5. 広 島 県

(1) 地理的特徴と市町村合併に対する県の対応

　広島県の海岸部には広域中心都市・広島市をはじめいくつかの都市があるが，内陸部には過疎地域が広く分布し，広島県は地域格差の大きい県の1つである。内陸部の市町村では人口減少が著しく，過疎市町村比率（67.4%）は中国地方では島根県に次いで高い（表Ⅷ-2参照）。「平成の大合併」直前の2000年における小規模自治体比率も61.6%で，全国的にみれば高い方である（表Ⅱ-2参照）。県平均財政力指数は0.34で，中国地方では山口県の0.37に次いで高いが，全国的には高いとはいえない（表Ⅱ-4参照）。財政力指数では福山市の0.84が最高で，府中町0.83，海田町0.81と続き，広島市は0.75で第6位となり（表Ⅷ-3参照），0.20未満の町村は27（31.4%）を数える。

　広島県の通勤圏では広島市（圏内市町村数は21）と三次市（同10）が大規模中心地をなし，中規模中心地には福山市（同8），呉市（同8）があり，小規模中心地には東広島市（同4），三原市（同3），因島市（同4），庄原市（同4），府中市（同2），加計町（同2），吉田町（同2），世羅町（同2），東城町（同2），大崎町（同2）がある（図Ⅷ-1，表Ⅻ-11参照）。このうち，広島圏をとりまく呉市，東広島市，加計町，吉田町などの中心地はすべて広島市の半従属中心地であり，府中市は福山市の半従属中心地，庄原市は三次市の半従属中心地である。福山市や三次市，因島市，大竹市，東城町は県外にも通勤圏をもつほか，上下町，油木町は準通勤圏をもち，吉和村，芸北町，豊町は通勤圏外地域に当たる。

　合併推進要綱の合併パターンでは，図Ⅷ-6に示す17の「基本的組み合わせ」（基本パターン）のほかに12の圏域からなる「その他の組み合わせ」が示された（広島県，2006：166-215）。合併パターンの作成においては日常生活圏や広域行政サービスの一体性による地域の客観的な結びつき，合併に

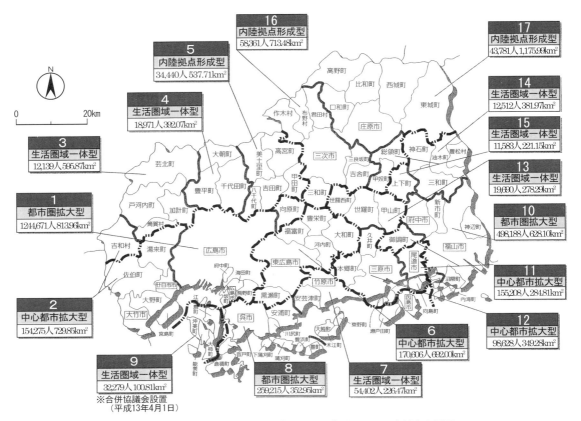

図Ⅷ-6 広島県における合併推進要綱の基本パターンと広域市町村圏
太実線：基本パターン境界，二点鎖線：広域市町村圏境界．人口は平成12年10月1日現在（国勢調査速報値）．
資料：市町村合併問題研究会編（2001:173），自治省行政振興課編（1983：80）による．

対する市町村の意向や合併動向，合併効果などを総合的に検討したといわれる．17の圏域は人口によって，人口1～5万人程度の生活圏一体型から3～6万人程度の内陸拠点形成型，10～15万人の中心都市拡大型，27万人以上の都市圏拡大型に分類される．

基本パターンの17圏域と10圏域からなる広域市町村圏とを比較すると，広域市町村圏を細区分したものだけでなく，岡山県の場合と同様に，広域市町村圏の境界を跨いで設定された圏域も若干ある．両者の圏域が整合するのは，呉，東広島，竹原の3地区だけで，三原地区の広域市町村圏は基本パターンは三原市と世羅郡とに二分される．その他の地区では基本パターンの圏域が市郡などの行政的単位を重視するのに対して，広域市町村圏は日常生活圏により適合したものといえる．通勤圏との関係からみると，基本パターンの圏域が通勤圏と整合するのは世羅地区3町だけである．

「平成の大合併」に熱心であった広島県では，旧合併特例法のもとで市町村合併が著しく進捗したので，合併推進構想は策定されなかった．

(2) 合併の経緯

表Ⅷ-4に示すように，合併市町村は80（93.0％），協議会解散・離脱は2（府中町，海田町，2.3％），

協議会不参加の市町は4（4.7%）であり，予定された合併はほぼ完了したことになる。協議会不参加の4市町は大竹市，竹原市の2市と広島市周辺の2町（坂町，熊野町）である。

最初の呼びかけ範囲が合併推進要綱の基本パターンの圏域と整合するのは11地域[19]であり，当初の呼びかけ圏域でもって合併したのは江田島市，安芸高田市，世羅町，神石高原町，尾道市の5地域である。①広域市町村圏において江能地区を形成して島嶼部としての一体性を強めてきた能美島3町（佐伯郡）と江田島町（安芸郡）は，2001年4月に法定協議会を設置した後，新市名「江田島市」をめぐって協議が難航し能美町が離脱を表明したこともあったが，江田島市が誕生した。市役所は新庁舎建設まで能美町役場に置かれ，人口重心付近に本庁舎の建設が予定されている。

②広域連合を形成していた高田郡6町は2001年10月に任意協議会を設置し，法定協議会に移行して合併し，安芸高田市（市役所は吉田町役場）となった。もちろん，合併によって広域連合は解消した。③世羅郡3町では周辺町を含めて市制施行の調査研究を試みたが，久井町や甲奴町，大和町はその合併に消極的であったし，世羅西町は三次市との合併を働きかけたこともあった。2002年1月に3町で任意協議会を設置し，翌年10月に法定協議会を経て合併し，新・世羅町（町役場は甲山町役場）となった。ただし，世羅郡をめぐる一部事務組合の設置状況はきわめて複雑であり，郡内3町でもって形成されているわけではない[20]。

④神石郡4町村では2001年4月に任意協議会を立ち上げたが，本庁舎の位置をめぐって対立し，これまで郡の中心であった油木町では町内に本庁舎を確保できなかったため町長は辞職した。その後2002年7月に法定協議会に進み，合併して神石高原町（町役場は三和町役場）が誕生した。⑤尾道市の場合には，2001年1月に因島市，瀬戸田町を含めて5市町で勉強会を設置した後，2002年3月に尾道市，向島町，御調町の3市町は任意協議会を設置し，法定協議会に移行して編入合併した。その後，2004年11月に法定協議会を解散した因島市，瀬戸田町の2市町に対して，同年11月と12月とに分けて法定協議会を設置して編入し，新・尾道市の市域は大きく拡大した。

以上の市町村合併はすべて順調に進行したわけではないが，ともかく最終的に基本パターンの圏域に整合することとなった。基本パターンでは山県郡は安芸太田町と北広島町の2町分割が提示され，最終的には基本パターンに従って2町が誕生したが，最初2000年11月には山県郡全域による山県郡広域合併問題研究会が設置された。その後，住民アンケートに基づいて東西に2分裂した後，通勤圏外地域に属する芸北町は安芸太田町からの加入要請を断り，北広島町の協議会に加わった。千代田町は高田郡との合併による5万都市構想を持ち出したが，不調に終わり，2002年4月には4町でもって山県東部合併推進協議会を設置して誕生した北広島町の本庁舎所在地に収まった。一方，山県郡西部3町村もちょうど同じ頃に合併協議会を立ち上げて合併し，安芸太田町となった。町役場が山県郡の郡役所のあった加計町でなく戸河内町役場に置かれたのは，戸河内町役場が最も新しく広い建物のためであった。5年以内に町の重心地点付近に本庁舎を建設する協定はあるが，財政上の都合で目下凍結中である[21]。

そのほかにも，最初の呼びかけ範囲が合併推進要綱の基本パターンの圏域と整合するものには佐伯郡地区（能美島3町を除く），広島市，東広島市，三次市，庄原市，甲奴郡がある。①島嶼部の能美島3町を除く旧佐伯郡は基本パターンを形成しており，2001年3月には廿日市市や大竹市を含めた7市町村でもって広島西地域合併問題研究会を設置したが，同年7月に廿日市市，佐伯町，吉和村でもっ

て任意協議会を設置し法定協議会を経て新・廿日市市が発足した。その後2003年9月に大野町が廿日市市と任意協議会を設置して編入し，広島市への合併を希望していた宮島町も少し遅れて編入した。一方，湯来町は広島市への編入合併を希望し，2004年2月に任意協議会，同年12月に法定協議会を設置して広島市に編入した。大竹市では和木町（山口県）との越県合併の話があったが実現せず，単独存続となった。

②広島市は2001年2月に安芸郡4町（府中町，海田町，坂町，熊野町）との合併を呼びかけたが，府中町との間に2003年12月に住民発議によって設置された法定協議会は府中町の住民投票により僅差でもって合併は成立しなかった。海田町との合併協議は調印式以後合併案件が海田町議会によって否決され，町長辞任後には反対派の町長が選出され，破談となった。坂町と熊野町の広島市との合併は2002年5月に勉強会を設置しただけで終わった。したがって，広島市と合併したのは基本パターンの域外から編入を求めた上記の湯来町だけである。

熊野町を除く3町は広島市が1970年の市域拡張の際に合併を呼びかけたときにも拒否した町であり，今回も合併が実現しなかった。これらは広島市の周辺にあってそれぞれ1万人以上の人口をもち，財政的にも豊かな町が多く，マツダ本社のある府中町（50,673人，0.83）の財政力指数は2000年度にはそれほど高くなかったが，2007年度には交付税不交付団体に復活しており，単独でも市制を敷きうる状況にある。熊野町（25,392人，0.49）の場合には筆の産地として知られ，町長の方針により単独存続の道を歩むことになった[22]。

これに対して，③東広島市（123,423人，0.76）は1974年に4町合併によって誕生した県内では最も新しい活気ある都市であるが，合併の動きは複雑であった。2001年1月に東広島市と賀茂郡5町（黒瀬町，福富町，豊栄町，河内町，大和町）が加茂広域圏連合問題研究会を設置したが，竹原市の通勤圏（通勤者比率11.7%）に属する安芸津町も加わって翌年8月には東広島市，賀茂郡5町，安芸津町の任意協議会を設置した。しかしその後大和町は法定協議会に不参加の意向を示し，2003年の大和町長選挙では東広島市指向の候補を破って前町長が当選し，住民投票の結果でも三原市との合併が過半数を占めた。黒瀬町（25,351人，0.52）では東広島市（通勤者比率16.5%）と呉市（同23.6%）への合併希望があり，2004年には黒瀬町住民は住民投票を要求したが，町の臨時議会が否決して住民投票は行われなかった。結局，東広島市は大和町を除く5町と合併した。

④三次市では2000年10月に三次市・双三郡合併問題調査検討会を結成し，さらに甲奴町へも加入を働きかけ，2001年10月には7市町村により任意協議会を設置した。甲奴町は2002年1月に甲奴郡3町合併協議会が不成立になる直前に加入を申し入れ，1市7町村をもって合併が成立し，新・三次市が誕生した。

⑤庄原市の場合には，2000年に庄原市と比婆郡5町で市町村合併問題調査研究連絡協議会を設置したが，翌年6月に甲奴郡3町合併協議会が不成立になる以前に総領町が住民アンケートの結果を踏まえて参加を申し入れたので，2002年4月には6市町でもって法定協議会を設置した。東城町は2002年の住民アンケートの結果合併反対が合併賛成をやや上回り，東城町長は合併方針を維持したのに対して，東城町議会は単独存続の方針を打ち出して対立した。その後町長も単独存続を表明したので東城町は協議会を一旦離脱したが，態度を翻した東城町長が任期満了後の選挙に当選し，2003年10月には東城町を加えた法定協議会を設置して合併し，新・庄原市が誕生した。

東城町（10,330人，0.27）の合併は直接的には政治的決着によるものであるが，庄原市から中国自動車道路で30.2kmも離れて独自の通勤圏をもつ古い中心地である。広い町域のなかでは居住地によって住民の意見も分かれ，人口も2000年には1万人をやや超える状況にあったことなども合併の経緯に影響したものと考えられる。

⑥人口が3町合わせても11,584人にしか達せず，3町がそれぞれ通勤圏を異にする甲奴郡の場合には，2000年10月に甲奴郡合併問題研究協議会を設置したが，上下町は府中市へ，甲奴町は三次市へ，総領町は庄原市へとそれぞれ分割合併した。

このようにして，多くの合併協議では合併推薦要綱の基本パターンが考慮されたが，それとは異なる合併呼びかけも若干ある。①呉市では呉地方行政懇話会（1990年設置）などこれまで広域的連携に取り組んできた周辺15町[23]に合併協議を要請し，2000年9月には呉市，熊野町，坂町，黒瀬町でもって広域行政研究会を設置したが，呉市は日常生活圏を越えた位置にあるこれら比較的富裕な町とはどこも合併することができず，合併推進要綱の基本パターンに従って，通勤圏内にある6町（川尻，安浦，音戸，倉橋，下蒲刈，蒲刈）と通勤圏外にある島嶼部の豊浜町，豊町の計8町を何度にも分けて編入合併した。

②三原市の場合には，2001年5月の研究会には瀬戸田町も参加したが，2002年5月には瀬戸田町を除く3市町（三原市，本郷町，久井町）で任意協議会を設置し法定協議会に移行した後，東広島市の合併協議会を離脱した大和町が加入して4市町で合併し新・三原市が誕生した。③基本パターンによると大崎上島3町は安芸津町とともに竹原市の圏域に含められていたが，大崎上島の3町は2000年11月に任意協議会，2002年7月に法定協議会を設置して合併し，大崎上島町（町役場は東野町役場）となった。

④福山市は基本パターンで提示された府中市を除く周辺4町を前後3回に分けて編入した。合併に積極的な内海・新市2町とは2002年1月に法定協議会を設置して合併し，2003年10月には沼隈町との法定協議会を設置し，単独存続を表明していた神辺町（40,361人，0.59）も2004年6月に住民発議でもって合併を申し入れ，法定協議会を設置して編入した。⑤府中市は隣接の新市町が福山市との合併に踏み切ったのを見届けた後，2002年3月に上下町と任意協議会を設置し法定協議会に移行して編入し，新・府中市となった。⑥竹原市と⑦大竹市は非合併を宣言したわけではないが，単独存続にとどまる。竹原市では安芸津町との合併について2001年に事務レベルでの竹原市・安芸津町合併問題調査研究会を設置したが，不調に終わった。大竹市では上記のように和木町（山口県）との合併協議もあったし，2002年には大竹市・大野町・宮島町広域行政問題研究会を設置したし，大竹市・大野町の合併に係る合併協議会の設置を求める住民発議を市議会でも可決しており，大竹市側に合併の意向がなかったわけではない[24]。

以上が広島県の市町村合併の概要である。離合集散の多かった岡山県と比べると，広島県の市町村合併には協議会解散は少なく，最初の呼びかけ範囲として合併推進要綱の基本パターンの圏域が重視され，順調合併が多かった点では対照的である（図Ⅷ-5参照）。協議会解散・離脱の市町村は府中町と海田町だけで，目標とした合併はほぼ達成したとみることができる。しかし，呉市にしても広島市にしても，周辺の豊かな町は自立を希望して合併の誘いには対応せず，貧しい農村部や島嶼部の町とだけ合併することになった。なお，大和町や瀬戸田町，東城町，甲奴町，総領町など問題となった町

はいずれも日常生活圏の境界付近に位置する町である。

6. 山口県

(1) 地理的特徴と市町村合併に対する県の対応

　山口県の県庁都市・山口市は小規模で，県西部は北九州市の勢力圏に属し，県東部は広島市の勢力圏に属するため，中核都市の育成が県の地域政策の中心課題である。「昭和の大合併」における市町村合併率は全国平均に近いが，市町村当たりの平均面積は109.1km^{2}で中国地方では最も広く，全国第15位であった。「平成の大合併」直前の小規模自治体比率も58.9％で，中国地方の中では最も低い県であった（表Ⅷ-1，表Ⅱ-2参照）。

　県内には装置型製造業が発達するため県の平均財政力指数は0.37で－全国的には高いとはいえないが－，中国地方では最も高い（表Ⅱ-4参照）。財政力指数の最高は新南陽市の0.92，小郡町の0.90で，山口市の0.71は県内第10位である（表Ⅷ-3参照）。0.20未満は20（35.7％）町村で，過疎市町村比率（62.5％）は中国5県では中位に位置する（表Ⅷ-2参照）。

　県内にはいくつかの中小都市が発達するため通勤圏は狭く，大規模中心地はないが（図Ⅷ-1参照），中規模中心地は岩国市（圏内市町村数は7），柳井市（同6），山口市（同5），萩市（同5）と多い。小規模中心地には徳山市（同4），下関市（同4），宇部市（同3），長門市（同3），防府市（同2）があり，防府市は山口市の半従属中心地である（表Ⅻ-11参照）。通勤圏外地域には美祢市と東和町がある。

　山口県の合併推進要綱（2000年）は山口県広域行政調査研究会の調査報告書に基づいて策定されたもので，「山口県広域推進要綱」と呼ばれる（山口県市町村振興協会，2007：40）。このなかでは県内は8地域[25]に区分され，3類型27組み合わせからなる合併パターンが示される。3類型とはA：中核市・特例市志向型（人口20・30万人），B：地域中心的都市機能充実型（人口10万人前後），C：地域づくり基盤強化型（人口2万人前後）のように人口規模によって区分したもので，それぞれの8地域ごとに示した合併パターンを合計すると27圏に区分される。したがって，最も大きい組み合わせでは，図Ⅷ-7に示すように県全域は8地域に区分されるが，岩国，柳井，長門，萩の4地域は人口不足のため8地域すべてがA型地区に区分されるわけではない[26]。合併推進要綱に示された「広域的な組み合わせ」をみると，一部の地域は隣接2地域で共有するところもあるが，図Ⅷ-7に示す8地域は図Ⅷ-1の通勤圏ともおおむね整合する。広域市町村圏は柳井地区と周南地区との境界が基本パターンの圏域を跨ぐだけで，その他はすべて整合する。

　山口県では合併推進構想（2006年）も策定され，合併新法のもとでも市町村合併が行われた。構想対象市町の組み合わせは，①生活圏域や行政上のつながり，②中核都市形成や中核市・特例市の指定，③小規模市町の解消，④市町の意向や具体的な取り組み状況を考えて作成したといわれ，下関市と長門市を除く地域について20市町を7市に統合する（図Ⅷ-8参照）[27]。

　このなかには，美祢地区や岩国地区（和木町の合併）のように非合併地域だけでなく，宇部市と山陽小野田市のように，旧合併特例法のもとで合併した市町も含まれる。このような合併が行われると，人口は20万人を超えて特例市の指定を受けることが可能となるし，一体化した日常生活圏に適合するものと考える。したがって山口県の場合には，具体的な構想対象市町に下関市，長門市を加えた9

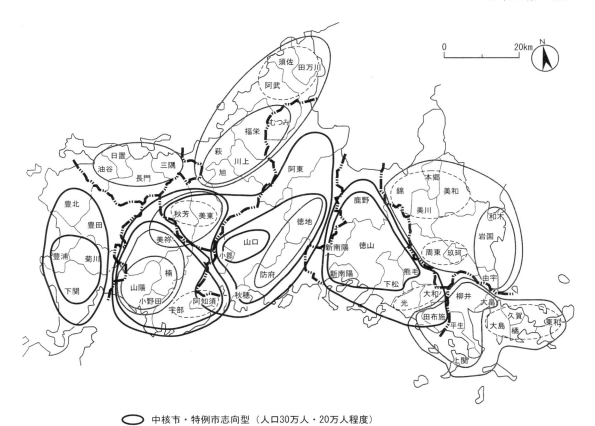

図Ⅷ-7　山口県における合併推進要綱の合併パターンと広域市町村圏
太実線：基本パターン境界，二点鎖線：広域市町村圏境界．
資料：山口県市町村振興協会（2007）p.47，自治省行政振興課編（1983：82）による．

市が「将来の望ましい市町村の姿」と考えられるが，旧合併特例法のもとで合併した宇部市や山陽小野田市までが再度合併することは困難であろう．

(2) 合併の経緯

表Ⅷ-4に示すように，山口県の合併市町村は49（87.5％），協議会解散・離脱は6（10.7％）協議会不参加の市町は和木町（1.8％）だけである．山口県では，合併推進要綱の公表以前からいくつかの地域で市町村合併に対する動きがあったが（山口県市町村振興協会，2007），合併推進要綱の公表以後は，岩手県や愛知県などにみられるように，上記の9地域にそれぞれ地域推進本部を設けて各地域ごとに合併協議が始まった[28]．

以下，合併の経緯を9地域ごとにみていくことにする．①岩国地域の9市町村では，2001年に広域市町村圏協議会で調査研究を始めたが，玖阿町では住民アンケートの結果「合併不必要」が46％を占め，大工場立地の恩恵を受ける和木町（6,732人，0.80）では町議会が合併に反対したので，

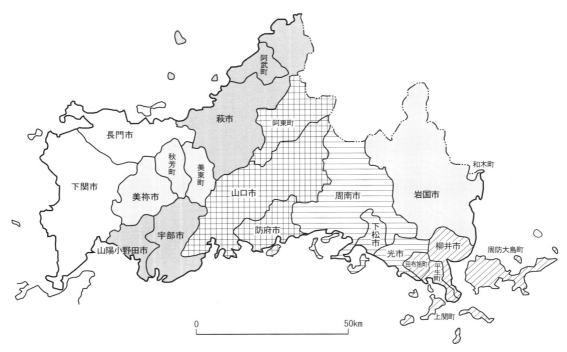

図Ⅷ-8　山口県の合併推進構想における構想対象市町の組み合わせ
＊下関市，長門市を除く．
資料：山口県（2006）：『山口県市町村合併推進構想』，p.20 による．

2002年11月には2町を除く7市町村でもって任意協議会を設置した。しかし，玖阿町は由宇町・周東町との合併が不調に終わったため2004年9月に法定協議会に参加し，和木町を除く8市町村の合併により新・岩国市が誕生した。

②柳井地域（5市町）でも2001年に柳井地域市町村合併調査研究会が設置されたが，原子力発電所の建設計画のある上関町は条件が整い次第加入するとの条件付きで離脱し[29]，2003年6月に4市町でもって法定協議会を設置した。しかし，議員の在任特例や都市計画税・電算システム統合費をめぐって協議が紛糾し，柳井市は大畠町と2市町でもって翌年5月に法定協議を再開して合併し，新・柳井市が誕生した。田布施町（16,217人，0.42）は共同事業や地理的一体性からすれば平生町との関係がより緊密だが，柳井市と合併すれば合併特例債を利用して財政基盤が強化されるため，町議会が平生町との合併希望に対して，町長は柳井市との合併を希望して2004年9月から翌年1月まで柳井市，大畠町の法定協議会に加入した。柳井市と大畠町は合併して新・柳井市となったが，田布施町と平生町（14,580人，0.38）は非合併にとどまった。

③周防大島地域4町では全島民が親近感をもち，かつ深刻な過疎地域であるため，2001年1月に大島郡広域行政研究会を設置し，翌年7月には法定協議会を設置して順調に合併した。新町名は周防大島町とし，町役場の所在地としては久賀町役場がふさわしいが，当分は大島町役場に置かれることになった。

④周南地域では4市4町の合併による中核市づくり構想は1987年ころから芽生えており，徳山青年会議所は周南都市構想委員会を設置した。1990年には3市（徳山市，下松市，光市）が周南都市

合併調査研究会を設置し，1995年には4市4町が地方拠点都市地域に指定されたのを機に，翌年には周南合併推進協議会を設置した。これには徳山市，下松市，新南陽市の3市のほかに鹿野町と熊毛町がオブザーバーとして参加したが，光市，大和町，田布施町は時期尚早として参加しなかった。1998年10月に設置された3市の法定協議会において，下松市は他市の事業経営計画に対する意見の違いのために離脱し（小林，2004：103-105），その後も復帰を求めたが受け入れず，将来周南全域の合併を視野に入れながらも2市2町でもって合併し，周南市（市役所は徳山市役所）が発足した。

下松市に隣接する熊毛町では下松市との合併が妥当なものとみられるが，市会議員の出直し選挙において合併推進派が多数を占め，周南市と合併した。一方，1997年の周南合併推進協議会の時点で参加要請を拒否していた光市と大和町は，2003年3月に法定協議会を設置して短期間の協議によって合併して新・光市となった。その結果，下松市だけが非合併となった。

⑤山口・防府地域では山口市・小郡町間の合併・分離問題は第二次世界大戦中まで遡るが，1983年に山口県は中核都市建設構想を発表し，1993年には2市2町が地方拠点法の地域指定を受け，都市機能の集積に努力してきた。1996年には山口・小郡合併問題検討協議会が発足し，2001年に6市町（山口市，防府市，小郡町，徳地町，秋穂町，阿知須町）による県央部合併調査研究会を設置した。宇部・小野田地域の任意協議会に参加していた阿知須町は，新庁舎問題で山口市・小郡町と防府市とが対立したため態度を保留していたが，阿知須町が加われば30万県都の実現可能性が出てきたのを機に県中部への参加を決意した。

県央部合併推進協議会（任意）は2003年1月に防府市を含む6市町によって設置され，2カ月後には法定協議会に進んだが，本庁舎の位置をめぐって協議が難航し，防府市は離脱し，翌年7月に4市町でもって法定協議会を設置した。それに徳地町も加わって合併して新・山口市が発足したが，人口は19.1万人で特例市には届かなかった。防府市と密接な関係をもつ徳地町では1市3町合併か防府市との合併かで意見が対立したが，町長が態度を翻して山口市と合併したといわれる。山口市の本庁舎は将来JR新山口駅付近が適地とされている。

域外の阿東町（8,422人，0.22）や美東町（6,429人，0.23）も山口市への合併を希望したが，県中部合併推進協議会は2市4町の枠組みを固持して拒絶した。しかし，阿東町は2010年になって合併新法のもとで山口市に編入し，美東町は美祢市と合併した。

⑥宇部・小野田地域でも1969年に3市3町からなる宇部・小野田広域市町村圏振興整備協議会を設置していたが，合併推進要綱の合併パターンにおけるシミュレーションの結果を受けて，2001年には3市5町からなる宇部・小野田地域市町村合併調査研究会が発足し，2002年12月には5市町（宇部市，小野田市，山陽町，楠町，阿知須町）でもって任意協議会を設置した。しかし，し尿処理・ゴミ・広域福祉の共同処理を楠町，山陽町と行い，商工会では美祢市をも加えて広域協議会を設置してきた小野田市は，宇部市への編入合併を拒否した。小野田市の市民意識調査では「宇部市を中核とする3市5町合併」の支持者が53％に対して，「小野田市を中心とした1市2町の合併」は41％であり，苦渋の決断ではなかったかと推測される。楠町では1962年には小野田市，1972年には宇部市との合併話が持ち上がったが，住民アンケートでは広域合併（2市3町）を希望したので，宇部市への合併を申し入れて編入した。

阿知須町は本来宇部・小野田地域に属し，介護保険では秋穂町と連携し，公共下水道，火葬業務，消防，

ゴミ処理などは宇部市に委託してきたが，上述のように，山口市と合併した[30]。小野田市は山陽町と法定協議会を設置して合併し，山陽小野田市（市役所は小野田市役所）が誕生した。一方，2004年1月になって美東町は合併相手を変更して3市町（美祢市，秋芳町，美東町）の法定協議会を設置したが，本庁機能や秋芳町の観光関連の四大事業について美祢市と対立し，合併協議会は一時中止した。しかし，協議会を再開して合併新法のもとで合併して新・美祢市が誕生した。

⑦2001年に広域合併調査研究会を設置していた下関市と豊浦郡4町は，2003年3月に法定協議会を設置し，順調に合併して新・下関市が誕生した。それによって，下関市は2005年10月には中核市となり，新しい市域をもって2008年10月には「合併1市圏域」の先行実施団体として定住自立圏を形成した。

⑧同様に，まちづくり懇談会を通じて合併意識を高めていた長門地域でも，2002年9月に1市3町でもって長門地域合併検討協議会を設置し，2003年1月には法定協議会に移行し，順調合併によって新・長門市が誕生した。

⑨1971年以降，消防，ゴミ処理，火葬業務などの一部事務組合をもって連携してきた萩地域では，2002年7月に8市町村により萩広域市町村合併調査検討協議会（任意）を設置した。萩市の東方約45kmの距離に位置する田万川町は協議会から一度離脱した後協議会に復帰したが，2004年になって阿武町と須佐町が離脱した。須佐町は田万川・阿武両町との合併を検討していたが，田万川町が萩市との合併意向を示したため須佐町も萩市との合併に賛成した。2003年2月には8市町村による法定協議会を設置したが，阿武町は離脱し，7市町村でもって新・萩市が発足した。阿武町（4,555人，0.16）は住民説明会のアンケート調査の結果合併反対が51％，賛成が29％で態度を保留し，非合併となった。

以上のように，山口県では9地域ごとに合併協議会を設置して合併を進めたが，27の合併パターンと整合するかたちで合併が行われたのは周防大島町，下関市，長門市，美祢市の4地域であった。岩国地域でも和木町以外すべて岩国市と合併した。その一方で，柳井地域，周南地域，山口・防府地域，宇部・小野田地域では多くの問題が発生し，複雑な合併協議が行われた。山口市と小郡町との合併問題はよく知られているが，周南地域においても1998年に法定協議会が設置されており，山口県では合併問題は早くから注目されてきた。合併推進構想（2006年）では，上述のように，市町村合併が完了した下関・長門両市を除く20市町を対象として7市への統合が「将来の望ましい市町村の姿」として提示されたが（図Ⅷ-8参照），合併新法のもとで合併が実現したのは新・美祢市の誕生と阿東町の山口市への編入だけであった。

7. 中国地方における市町村合併の特徴

(1) 市町村合併の地理的特徴および合併推進要綱・合併推進構想との関係

中国地方は経済的に比較的恵まれた瀬戸内沿岸部と山陰平野部，過疎地域が広く分布する内陸部の3地域からなる。中国5県の市町村の財政状況は全体的に厳しく，小規模自治体比率（2000年）は全国最高を記録し，市町村合併が待たれる状況にあった。したがって，「平成の大合併」における市町村合併率は愛媛県に次いで全国第2位の広島県の93.0％を筆頭に，各県ともに75％を超えて高率を記録した。2010年の小規模自治体比率も広島県の8.7％から山口県の15.8％まで山陽側3県では大幅

に減少したが，山陰2県では小規模自治体比率がきわめて高かったこともあって合併後も，島根県は42.1％，鳥取県は36.7％となり，全国平均（27.9％）よりも高い状態にとどまった（表Ⅱ-3参照）．

通勤中心地の分布は，図Ⅷ-1に示すように，県ごとに特徴がある．3つの通勤中心地によって支配される鳥取県，大規模中心地を欠く山口県および通勤圏外地域を比較的多く残した島根県がとくに注目される．山口県では中規模中心地を中心とする合併が行われたが，都市同士の合併は敬遠され，防府市や下松市は非合併にとどまり，小野田市も宇部市とは合併しなかった．鳥取県では大規模合併を行った鳥取市以外は小規模な合併が多く，小規模（通勤）中心地の資格をもたない町を中心とする新町が多く誕生した．さらに島根県の邑南町は，通勤圏外地域の3町が合併して誕生した新町として特記される．

全国的にみた場合には，日常生活圏（通勤圏）を無視した市町村合併の事例も少しはあるが（森川，2011d），中国地方5県では飛地合併もないし，2つの通勤圏に跨る市町村合併も少ない．しかし，①鳥取圏の八頭町，米子圏の伯耆町，南部町，津山圏の鏡野町，美咲町，岡山圏の赤磐市などのように，同一の中心都市の通勤圏内にある市町村が合併して新市町（衛星都市）を形成する例や，②通勤圏域を越えて東方に著しく拡大する萩市や③他市の通勤圏まで奪って拡大する東広島市のような事例もみられる．

一部事務組合は，世羅郡の例が示すように，すべての圏域が整合するとは限らない．宇部市との関係を断ち切って山口市と合併した阿知須町の場合には，一部事務組合の多くは山口市内に移行したが，現在でも宇部市に委託中のものもある[31]．世羅町については，上述のように，一部事務組合を新市町に組み替えただけで実質的には変化なく今日に至る．

岡山県についてみると，介護認定審査会は2004年には岡山市や倉敷市，津山市などの都市部以外では一部事務組合を形成していたが，2010年には奈義・勝央，美咲・久米南の両組合以外は西粟倉村から美作市，新庄村から真庭市，吉備中央町から岡山市への委託があるだけで，他はすべて自市町内で認定審査会を設置するようになった．ゴミ処理でも2010年には自市町内処理が増加する傾向にはあるものの，津山市，美咲町，鏡野町，奈義町，勝央町からなる津山圏域資源循環施設組合（2009年設立）や備前市，赤磐市，瀬戸内市，和気町からなる備前広域循環施設組合（2008年）などは広域に跨る組合を形成している．一部事務組合の圏域は業務ごとに異なるために，一部事務組合の圏域が合併条件としてとくに重要視された例は少ないようにみえる．

合併推進要綱における合併パターンの策定においては，通勤圏や通学圏，通院圏，買物圏など日常生活上の結びつきとともに，郡域や一部事務組合など行政上の結びつきが考慮されているが，上述のように，島根県では各市町村の意向をも含めて13の基本パターンを作成したといわれ，合併推進要綱が強いモデル的役割を果たし，基本パターンの圏域と整合する合併が比較的多い．広島県では合併協議の最初の呼びかけを基本パターンの圏域単位に行った場合が多く，基本パターンがとくに重視されたように思われる．

それに対して，山口県では3類型27組み合わせによりまず合併市町村のもつ人口規模を考慮して，合併推進要綱の提示以後9地域に地域推進本部を設けて各地域ごとに合併協議を始めているし，鳥取県の合併推進要綱には，上述のように，パターン例1とパターン例2，さらにはパターン例3の3つのパターンが示されており，パターン例2と例3では広域的な圏域が描かれた．また，基本パターン

の圏域にこだわることなく広い範囲で合併協議を始め，離合集散の多かった岡山県の例も注目される。

表XII-14に示すように，基本パターンにおける小規模自治体数や平均人口，平均面積は県によって異なり，各県の合併推進要綱の策定では同一目標をかかげたとは思えない。山口県を例外として，鳥取県では人口・面積規模ともに小さく，3万人未満の市町村数も多いのが注目される。鳥取県では，島根県の隠岐島前地域（7,194人）のように特別に考慮しなければならない地域はないにもかかわらず，小規模な県域のなかで他県に比べて小規模合併を計画していたものと考えられる。そのなかで，鳥取市の合併だけが3圏域（鳥取市を除く）の基本パターンに跨るものとなった。

合併推進構想は岡山県と山口県において策定されたが，両県の合併推進構想の内容は大きく異なるものであった。すなわち，岡山県では合併協議が進行中の岡山市地区を構想対象市町村の組み合わせとして指定しただけで，「将来の望ましい市町村の姿」は示さなかったのに対して，山口県の場合には，具体的な構想対象市町をも含めて「将来の望ましい市町村の姿」としての9市が示された。このなかには，旧合併特例法のもとで合併した宇部市や山陽小野田市も含まれる。

(2) 合併の経緯に関する一般的特徴

市町村合併における勉強会・研究会の発足は各県によって時期的に異なり，すべての県で合併推進要綱発表直後に一斉に始まったわけではない。広島県では1999年頃に合併勉強会が始まったところがあるが，山口市・小郡町間には合併・分離の長い歴史がある。山口市，小郡町，防府市の3市町合併も1983年の中核都市建設構想発表以後常に目標とされてきた。そのほかにも，地方経済界では市町村合併による中心都市の勢力圏拡大を期待し，早い時期から大規模合併を考えたところもあったが，それらの構想は実現しなかった。

市町村合併に関する勉強会の呼びかけは郡域や広域市町村圏などこれまで行政的に緊密な関係にあった広い圏域で始まったが，実際に行われた市町村合併はそれらの圏域を分割したり，他の圏域に跨るかたちで実施された。種々の経緯を経て合併した市町村は，表VIII-5の9つのタイプにまとめることができる。ただし，これらのタイプには任意協議会以前の勉強会や研究会の段階を含まないので，9つのタイプは合併の実態よりもはるかに単純化されたものといえる。

タイプ1は設置された合併協議会の市町村がそのまま合併する順調合併であり，そのなかでもタイプ1aは何度にも分けて編入合併した場合である。タイプ2とタイプ3は一部の市町村の協議会離脱によって合併市町村が一部変更した場合である。1市町村の離脱によって減少した協議会メンバーでもって合併するのがタイプ2であり，主体的に離散して他の合併協議会に移動したり新たな協議会を設置する市町村はタイプ3である。その際，協議会メンバーが何度も変更した場合をタイプ4とする。合併協議会が解散してそのまま協議会メンバーすべてが単独存続となるのはタイプ7であるが，中国地方でこれに該当するのは島根県の島前地域3町村だけである。タイプ5は合併協議会の設置後に離脱して単独存続となった市町村であり，タイプ6は合併協議会に参加することなく単独存続となった場合である。最後のタイプ8は，合併新法のもとで合併協議会を設置して合併した場合である。

表VIII-5によると，先にみたタイプ7（島根県島前地域）以外の多くはすべての県に存在するが，県による偏りもある。順調合併（タイプ1）が比較的多いのは島根県や広島県である。広島県ではタイプ1aが多いが，合併新法による合併事例は皆無である。大規模合併を行った広島県の呉市，福山市，

表Ⅷ-5 中国地方における市町村合併の特徴

県	合計	1	1a	2	3	4	5	6	7	8
鳥取県	39	14		14	2		5	4		
	19	6		3	1		5	4		
島根県	59	28		24	1		3		3	
	21	10		5			3		3	
岡山県	78	34	1	20	1	10	4	6		2
	27	10	1	3		3	4	6		
広島県	86	39	24	15	2			6		
	23	10	4	3				6		
山口県	56	15		28	2		6	1		4
	19	4		7			6	1		1

1. 合併協議会を設置した市町村とそのまま合併（順調合併）した場合
1a. 都市を中心とした市町村合併において何度にも分けて合併した場合（遅れて合併協議会に参加した場合は含まない）
2. 合併協議会の途中，他市町村の離脱や追加または合併協議会の合体が行われて合併した場合
3. 合併協議会の途中，明らかに自市町村の都合＊で離脱し，同じまたは別の市町村と合併した場合（＊自市町村の都合か他市町村の都合かわからない場合は2に属する例：鹿足4町）
4. 合併協議会のメンバーが何度も大きく変化して合併した場合
5. 合併協議会の途中，自市町村の都合で離脱し単独存続となった場合
6. 合併協議会に参加せず単独存続となった場合（非合併宣言を含む）
7. 合併協議会を解散して非合併となった場合
8. 新合併特例法のもとで合併した場合
上段：合併以前の市町村からみた市町村数
下段：それらの合併形態を経て形成された現市町村数
資料：中国5県の市町村合併資料による．

廿日市市などでは何度にも分けて編入合併を行ったが，鳥取市では2つの合併協議会が合体して同時に合併した．合併協議会の途中で離脱して単独存続となる人口1万人未満の小規模自治体も広島県には存在しない．広島県や島根県で市町村合併が進捗したのは，後述する合併推進交付金にみられるように，市町村合併に対する県の強い指導があったものと推測される．

一方，合併協議会の離合を繰り返すタイプ4は岡山県の津山市，美作市，美咲町に典型的事例をみることができるが，山口県の宇部・小野田地域でも類似の現象がみられる．合併新法のもとで合併するのも岡山県と山口県だけであり，平成の大合併が終了後に合併す活動を行った島根県の2町（東出雲町，斐川町）はこのタイプには含まれない．

表Ⅷ-5に示すように，単独存続を決めた市町村には2つのケースがある．1つは合併協議会の途中で他市町村との意見の相違からやむなく単独存続に至った場合であり，もう1つは合併協議会に参加することなく単独存続を決めた場合である．後者の場合は周辺の市町村よりも富裕な町村に多く，合併すればこれまでの手厚い行政サービスが損なわれるとの理由から，合併を拒否したものである．しかしなかには，上述の日南町のように，「昭和の大合併」の際に大規模な合併をしたので，今回は合併を見送りたいという例もあるし，合併しても周辺部に置かれて寂れるのを嫌ったところもある．それに対して，前者の場合には周辺市町村よりも多少富裕であるとしても，人口規模が十分大きくない場合には将来単独存続を貫くことが困難となり，条件が整えば合併する可能性があるだろう．

しかし，島根県の東出雲町や斐川町のように，今すぐに合併に向けて動いているところは少ない．これまでのように，一部事務組合や共同施設を利用できるし，三位一体改革以後小規模な非合併町村においても職員数の削減や業務委託など行政改革を断行しているからである．隠岐島前や鳥取県日野

表Ⅷ-6　大規模合併（5以上の市町村合併）

	合計	都　市　名
鳥取県	1	鳥取市
島根県	4	松江市，出雲市，浜田市，雲南市＊
岡山県	6	岡山市，津山市，新見市，高梁市，美作市＊，真庭市＊
広島県	8	福山市，呉市，東広島市，尾道市，廿日市市，三次市，庄原市，安芸高田市＊
山口県	3	下関市，岩国市，萩市

＊印は新市を示す．
資料：国勢調査2010年による．

表Ⅷ-7　中国地方における市町村の人口規模別人口（2010年）

県	市町村数 合併前	市町村数 合併後	1万人未満	1～3万人	3～5万人	5～10万人	10～20万人	20～50万人	50万人以上	人口1万人未満町村名
鳥取県	39	19	7	8	1	1	2			若桜町，智頭町，三朝町，日吉津村，日南町，日野町，江府町
島根県	59	21	8	6	3	2	2			飯南町，川本町，美郷町，津和野町，吉賀町，海士町，西ノ島町，知夫村
岡山県	78	27	4	8	8	4	1	1	1	新庄村，奈義町，西粟倉村，久米南町
広島県	86	23	2	9	3	2	4	2	1	安芸太田町，大崎上島町
山口県	56	19	3	4	2	4	5	1		和木町，上関町，阿武町
合計	318	109	24	35	17	13	14	4	2	

資料：国勢調査2010年による．

郡以外にはいくつかの非合併町村が隣接して存在する地域はないし，北海道の一部にみられるように，広域連合など広域連携を積極的に推進しようという話は起っていない．

　5市町村以上の大規模合併についても，表Ⅷ-6に示すように，県による若干の差異がある．人口20万人以上の都市を中心として市域が大きく拡大する場合もあるが（岡山市，福山市，下関市），それよりも小都市の市域拡大や大規模合併による新市誕生の方が多いのは，全国的にみられる現象である（森川，2011d）．小規模自治体が多かった中国地方では，島根県や岡山県，広島県の合併市町村には0.5万人未満の町村が卓越し，財政力指数においても島根県や山口県では0.20未満の町村が多かった（表Ⅷ-4参照）．合併後の市町村については，表Ⅷ-7に示すように，人口1万人未満の町村は山陰2県に多くみられるが，小規模な合併町村は島根県4町（飯南町，美郷町，津和野町，吉賀町）と広島県2町（安芸太田町，大崎上島町）だけであり，1万人未満の町村の多くは非合併町村からなる．

（3）市町村合併に対する評価

　地域住民が市町村合併をどのように評価するかは重要な研究課題であるが，資料が限定されており，どこでも資料が得られるわけではない．

　岡山県では山陽新聞社が6市について合併1年後に住民1,000人を対象として実施したアンケート調査の結果が新聞に掲載されているので，表Ⅷ-8にまとめてみた．その調査によると，調査時点が合併後1年程度のために「よかったかどうか不明」という回答が多いが，「合併してよかった」・「どちらかといえばよかった」という回答よりも「合併してよくなかった」・「どちらかといえばよくなかった」という回答の方が6市ともに多いのが特徴である．

　「合併してよくなかった」理由には，「独自のサービスがなくなり旧町の個性が失われた」，「公共料金が高くなり住民の負担が増大した」，「従来のきめ細かいサービスが受けられない」，「周辺地域が取

表Ⅷ-8　岡山県6市の合併に関する市民の評価

	新聞記事年月日	人口 2005年	良	1	2	3	4	不良	5	6	7	8	不明	9	10	11	12
津山市	2006.8.30	110,569	21.2	17.5			29.2	22.8	30.3		28.8	27.7	54.0				
赤磐市	2006.3.18	43,913	21.4	30.7	20.2	17.7		34.9	47.2	37.0	33.6		43.5	50.6	33.2		31.0
備前市	2006.11.26	40,241	16.7					38.9	36.4		32.9	32.0	44.2				
浅口市	2007.5.12	37,327	22.1	31.6	20.3		19.5	32.4	39.4	30.9	38.0	44.0	54.0	37.5			
新見市	2006.7.4	36,073	21.3	19.2	20.1	21.3		37.4	43.7	35.6	35.8	36.2	40.3	57.3	30.6	35.7	
美作市	2007.9.1	32,479	12.5					65.7	51.1	46.6	44.7	32.7	21.2	50.0	45.2	29.6	15.9

＊各市とも市民1,000人を対象に実施したアンケート調査による．
良：合併してよかった，どちらかといえばよかった（％）
不良：合併してよくなかった，どちらかといえばよくなかった（％）
不明：よかったかどうかわからない（％）
合併してよかった理由（複数回答）；1：地域のイメージアップになる，2：国や県から支援が受けられる，3：合理化で住民負担が軽減される，4：サービスが増加した
合併してよくなかった理由（複数回答）；5：独自のサービスがなくなり旧町の個性が失われた，6：公共料金が高くなり住民の負担が増大した，7：きめ細かいサービスが受けられない，8：周辺地域が取り残されそう
市への期待（複数回答）；9：医療・保険・福祉施設やサービスの充実，10：市民の声を反映し透明性のある政治，11：企業誘致で雇用機会の創出，12：公共交通の充実
資料：岡山県庁市町村課提供の山陽新聞記事による．

り残されそうだ」などがあげられる．一方，「合併してよかった」理由には，「地域のイメージアップになる」，「国や県から支援が受けられる」，「合理化で住民負担が軽減される」，「サービスが増大した」などがある．

「合併してよくなかった」という回答を地域別に示した新見市では，旧新見市内が24％で最も低く，周辺部の大佐町は65％，神郷町は53％，哲多町は67％，哲西町は49％と高率を示す．同様に，津山市でも周辺地域ほど合併に対する不安や不満が多く，周辺地域の合併による衰退を物語るものといえる．なお，新市町に対する期待としては「医療・保険・福祉施設やサービスの充実」と「市民の声を反映し透明性のある政治」について6市とも共通して要望が高く，そのほかには「企業誘致で雇用機会の創出」や「公共交通の充実」をあげたところもある．

同じ頃に企業トップや有識者281人から回答を得た山陽新聞社のアンケート調査[32]によると，「合併は非常によかった」・「どちらかといえばよかった」の合計が57％で，「非常に悪かった」・「どちらかといえば悪かった」の合計6％とは大差が生じ，上記の6市の結果とは反対の結果が得られた．「合併してよかった」理由には，「広域的施策が期待できる」が46％，「規模が大きくなり発展が期待できる」が26％，「財政基盤強化」が22％となり，悪かった理由としては，「職員や議員の削減につながっていない」が34％，「財政基盤が弱まり戦略的な施策の展開ができなくなった」が20％，「以前の市町村よりサービスが低下した」が13％であった．そして，県内の合併状況を「さらに進めるべき」が40％，「慎重にすべきだった」が24％，「現状でちょうどよい」が21％で，当時岡山市在住者の5割には政令指定都市への期待感があり，「さらに進めるべき」と答えている．この調査には政令指定都市を目指した岡山市の企業家の回答が多く，表Ⅷ-8の地域住民とは異なる感覚をもつように思われる．

行政機関の意見やアンケート調査では合併の効果が強調される傾向があるが，新聞社の調査ではそうしたバイアスは少ないものと考えられる．合併後10年近くなった今日の調査ではまた別の結果となるであろうが，貴重な結果として紹介しておく．

（4）合併市町村に対する支援

　各県ともに県の合併に対する支援は実施されたが，表XII-1に示すように，合併特別交付金の算出方式はそれぞれ異なる。鳥取県と岡山県では全国的に一般的な算定式（5億円＋$(n-2)\times 1$億円）が使用され，異なるのは鳥取県では上限を10億円で切り，岡山県は切らないだけである。これに対して，広島県も算定式自体は両県と同一であるが，$(n-2)\times 1$億円のところが2.5億円となる。nは合併関係市町村数。後述の長崎県では2億円であるが，最高額は17億円であるのに対して広島県の三次市の場合には20億円となり，新潟市の70億円には及ばないが，その他の県に比べれば著しく高額といえる。島根県では$n\times 2.5$億円という算定式であり，大規模合併になるほど高額の合併特別交付金を得る仕組みとなり，最高額は三次市と同額の20億円（松江市）となる。

　また，山口県の算定式は関係市町村数nだけでなく，合併後の市町人口や面積を考慮したまったく独自のものである。すなわち，$n\times j\times m$億円で，人口jは合併10万人未満は1.0，10～20万人は1.5，20～30万円は2.0，30万人以上は2.5とし，面積（m）は600km^{2}未満は1.0，600～800km^{2}は1.1，800km^{2}以上は1.2としたものである。合併市町村数は3以上が対象となるが，3市町の合併は現実にはなかったので，人口と面積を1.0とすると最少額は4億円となり，最高額は岩国市の14.4億円であった。なお，山口県では合併新法による合併はあったが，合併新法には適用されなかった。

　中国5県では各県ともに交付金を比較的手厚く交付しており，各県の合併に対する強い熱意は市町村合併率にも影響したものと考えられる。

（謝辞）本研究に当たりご協力いただいた川上裕子氏（鳥取県），田原賢司氏（島根県），城井隆志氏（岡山県），太田克司氏，兼田洋一氏（広島県），三島 元氏（山口県）らのご厚意に感謝します。

（注）

(1) 本章は森川（2011a）を大幅に加筆・修正したものである．
(2) 鳥取県の合併推進要綱は『市町村合併についての考え方』というタイトルで発表された（鳥取県，2006：43-94）．
(3) 日南町広報（2003年5月号）：「重点主義で特色あるまちづくりを－合併問題の結論」による．
(4) 鳥取青年会議所（1990年）や東伯青年会議所（1990年），鳥取県経済同友会中部支部（2000年），米子青年会議所青年部（1999年）がそれに該当する．
(5) 9町村とは川本町，羽須美村，瑞穂町，石見町，匹見村，六日市町，西ノ島町，知夫村，海士町である．
(6) 島根県でも和歌山県や福井県と類似して，合併推進要綱の合併パターンを「基本パターン」と呼ぶが，本書でもこれを基本パターンと考える．
(7) グリグリ「市区町村変遷情報　詳細」による．
(8) 建設費34.8億円（川本町が87％を負担）をかけて郡中心町として求心力を取り戻すべく建設された文化の殿堂は多額の負債を抱えることになり，その負担をめぐって邑智町から攻撃され，川本町は合併協議会から離脱せざるを得なくなったといわれる（山陰中央新聞2004年10月16日）．
(9) 注（7）による．
(10) 広域市町村圏と完全に整合するのは阿新地区だけである．
(11) 合併協議会がきわめて複雑に変化した津山市，美咲町，美作市（岡山県）については図に表現できないので一部省略した．

(12) 岡山県市町村課の説明によると，飛地となり，一体的なまちづくりや効率的な行政運営などの面で課題が予想されるので，合併重点支援地域に指定しなかったといわれる．
(13) 合併しなかったのは村の林業を守るなどの理由ではなく，アンケートによる反対意見が多かったためといわれる．合併時には合併に対する県から強い圧力があったが，今はなにもない．合併した近隣町村をみていると，同じく貧しいのならば合併しない方がよかったと思われる．最近では死亡者が多くなり，高齢化とは逆の現象が起こりつつある．村の中学校には1学年10人くらいの生徒がいるので，統廃合の問題は起こっていない．福祉サービスにおいては村外の公立施設を利用するが，優先順位では不利な扱いを受ける場合がある（西粟倉村役場の説明による）．
(14) 介護や消防などは久米南町なども含めて共通の一部事務組合に属していたが，ゴミ処理では旭町は真庭市地区の一部事務組合，中央町は津山市地区の一部事務組合，柵原町は町独自に業者委託とに分かれており，合併後の今日でも従来通りで分別方式も異なるが，2015年には津山市，鏡野町，美咲町で統合の予定である．火葬場は中央町，柵原町には町営のものがあったが，旭町にはなく近隣町村の施設を利用していた．合併後旧3町は町内の統一料金となった（美咲町役場の説明による）．
(15) 川上村と八束村は1996年9月に法定協議会を設置したが，一時休止の後湯原町や中和村の参加申し入れもあった．2003年12月に2村の法定協議会を解散して真庭市に合併した．
(16) 山手村と清音村は都窪郡に属し，総社市は市制を敷く前は吉備郡に属し，郡の所属を異にするが，ゴミ処理など共通の一部事務組合を形成し緊密な関係にあった．
(17) 注（7）による．
(18) 電源交付金は年500万円程度であるが，ダムや送電線の固定資産税は2億円以上に達し，地方交付税の1/3程度に当たる．将来に対する不安はあるが，「平成の大合併」終了後合併については話題にならないとのことである（新庄村役場の説明による）．
(19) 11地域とは佐伯郡（能美島3町を除く），江田島市，広島市，東広島市，安芸高田市，三次市，庄原市，世羅郡，甲奴郡，神石郡，尾道市を指す．
(20) 世羅郡3町の関係する一部事務組合（2000年）をあげると，世羅中央病院組合（世羅町，甲山町，世羅西町，大和町，久井町），甲世上・下水道企業団組合（甲山町，世羅町），甲世衛生組合（甲山町，世羅町，世羅西町，御調町，久井町）世羅西町大和町環境整備組合（世羅西町，大和町），世羅甲山久井斎場組合（世羅町，甲山町，久井町），広島中部大地土地改良施設管理組合（甲山町，世羅町，世羅西町，久井町，大和町）の6組合があった．現在関係するものは甲世衛生組合（世羅町，尾道市，三原市：し尿処理，ゴミ処理），三原広域市町村圏事務組合（三原市，世羅町：不燃ゴミ・粗大ゴミ，コンピュータ管理），世羅中央病院企業団（三原市，世羅町：公立世羅中央病院の管理運営），世羅三原斎場組合（三原市，世羅町：斎場維持管理），広島中部大地土地改良施設管理組合（三原市，世羅町：国営広島中部台農地開発事業により国から譲渡・管理委託されている土地改良施設の維持管理事務）であり，すべての一部事務組合を新市町が継承している．
(21) 安芸太田町総務課の説明によると，本庁舎の位置が戸河内役場に決定されたわけではなく，加計町の住民運動も起こってないとのことである．
(22) 1965年頃に広島市に合併した隣接地区では合併後の「周辺化」がみられるし，特産品としての筆の産業振興がおろそかになる懸念もあったといわれる（熊野町役場企画課の説明による）．
(23) 15町とは江能4町と熊野，坂，黒瀬，音戸，倉橋，川尻，安浦，下蒲刈，蒲刈，豊浜，豊の11町を指す．1994年には地方拠点法の地域指定によって，合併8町のほかに現江田島市4町との間に呉地方拠点都市地域推進協議会を設立しており，以前から関係の深い地域ではあった．
(24) 広島県市町行財政課の説明による．
(25) 山口県の広域市町村圏は8圏域からなるが，山口・防府地域を二分して9つの市町村合併地域推進本部

(26) 山口県市町村振興協会（2007：48）の表には，阿東町のように3タイプのいずれにも該当しないものもある．
(27) 対象市町の組み合わせは，①山口市，防府市，阿東町，②宇部市，山陽小野田市，③周南市，下松市，光市，④萩市，阿武町，⑤岩国市，和木町，⑥柳井市，田布施町，平生町，上関町，周防大島町，⑦美祢市，美東町，秋芳町である（http://www.pref.yamaguchi.lg.jp/cms/a12300/gappei/suishinkousou.html）．これに下関市と長門市を加えると9地域となる（図XIII-8参照）．
(28) 山口県の市町村合併については山口県市町村振興協会（2007：65-246）と注（7）による．
(29) 上関町では原子力発電所の設置により将来特別収入が入る可能性があると考えられていた．
(30) 山口市阿知須総合支所総務課の説明によると，宇部市への委託は消防や介護保険，火葬業務については山口市への移行によって解消したが，公共下水道では宇部・阿知須公共下水道組合が存続し，ゴミ処理の委託は2017年までの契約である．ただし，このような問題は合併協議にとってそれほど重要問題ではなかったとのことである．
(31) 一部事務組合の施設は設置時期がそれぞれ異なるので，世羅郡にみられるように縦割り行政の広島県では複雑に入り組んでいるが，9つの地方振興局（現在は3つの県民局）に区分されていた岡山県ではその圏域を越えるものは少ない．
(32) 2006年1月31日の山陽新聞「第35回あすの岡山アンケート」による（城井隆志氏提供）．

IX 四国地方の市町村合併

1. はじめに

　四国4県は中国地方と合わせて中国・四国地方と呼ばれることがあるが，国の出先機関も中国四国農政局を除くとほとんど別の区域を形成する。道州制の9州案では中国・四国地方として扱われるが，11州案や13州案では中国と四国は独立の1州をなしている。四国は面積・人口ともに小さく，中枢管理機能が集積しているのは交通の便のよい高松市であるが，都市人口が多いのは松山市であって，広域中心都市の発達も弱い。最近では児島・坂出ルートの開通によって香川県は岡山県と緊密な関係にあり，徳島県は神戸・鳴門ルートによって関西地方との関係が強化された。また，尾道・今治ルートは今治・尾道間の島を縫って結び，愛媛県と広島県の交通も改善された。

　四国では平野の広がる香川県と他の3県との差異が著しく，四国の平均値は実態を示したものとはいえない。四国の過疎市町村比率は，極端に低い香川県（14.0%）を除くと，広い面積を占める山間部の大部分が過疎地域をなしており，高知県の過疎市町村比率は71.7%で（表IX-1参照），大分県（77.3%），島根県（76.3%），北海道（72.6%）に次いで全国第4位である。財政力指数においても，高知県では0.60以上は高知市だけであるが，他の3県では0.60以上の市町は意外に多い（表IX-2参照）。

　「昭和の大合併」では徳島県の市町村減少率59.5%を除くと，残りの3県では全国平均（65.8%）以上の市町村減少率を示した（表II-1参照）。人口1万人未満の小規模自治体比率は，1960年の時点において香川県（36.4%）以外は全国平均（41.2%）よりも高く，2000年においても香川県以外は大きく増加して60%台にあった（表II-2参照）。一方，市町村の平均面積では高知県だけが134.1km^2（全国第9位）と広く，香川県の43.6km^2（第44位）との間には大きな差がある。

　「昭和の大合併」以後の40年間（1960～2000年）における人口増減率（全国では34.5%増）をみると，徳島県（-2.3%），香川県（11.3%），愛媛県（-0.5%），高知県（-4.8%）となり，香川県以外は

表IX-1　四国地方における過疎地域（2001年4月）

県	市町村合計	過疎市町村	みなし過疎	過疎のある市町村	過疎地域合計	%
徳島県	50	29		2	31	62.0
香川県	43	3		3	6	14.0
愛媛県	70	21	15	12	48	68.6
高知県	53	27	3	8	38	71.7
合計	216	80	18	25	123	56.9

資料：総務省自治行政局：『過疎対策の現況』平成15年度版，過疎地域市町村等一覧（平成20年）（http://www.soumu.go.jp/c-gyouei/2001/kaso/h14kasoichi-an.htm）による．

表Ⅸ-2 四国地方における財政力指数 0.6 以上の市町村

県	財政力指数				
	0.6～0.7	0.7～0.8	0.8～0.9	0.9～1.00	1.0 以上
徳島県	鳴門市, 阿南市, 北島町, 藍住町		徳島市, 松茂町		
香川県	観音寺市, 多度津町	丸亀市	高松市, 坂出市, 宇多津町		
愛媛県	今治市, 新居浜市	松山市, 西条市 川之江市	伊予三島市		伊方町
高知県	高知市				

資料：国勢調査 2000 年, 総務省自治財務調査課：平成 12 年度財政指数表による.

表Ⅸ-3 四国地方における 1960～2000 年間の市町村人口規模の変化

県		市町村合計	0.5 万人未満	0.5～1.0 万人	計	%	1～3 万人	%	3～10 万人	10～30 万人	30 万人以上	計	%
徳島県	1960 年	53	6	21	27	50.9	22	41.5	3	1		4	7.5
	2000 年	50	15	16	31	62.0	14	28.0	4	1		5	10.0
						11.1		-13.5					2.5
香川県	1960 年	44		16	16	36.4	23	52.3	4	1		5	11.4
	2000 年	43	5	12	17	39.5	21	48.8	4		1	5	11.6
						3.1		-3.5					0.2
愛媛県	1960 年	76	11	24	35	46.1	31	40.8	7	3		10	13.2
	2000 年	70	28	17	45	64.3	14	20.0	8	2	1	11	15.7
						18.2		-20.8					2.5
高知県	1960 年	56	12	24	36	64.3	12	21.4	7	1		8	14.3
	2000 年	53	29	8	37	69.8	12	22.6	3		1	4	7.5
						5.5		1.2					-6.8

資料：国勢調査 1960 年, 2000 年による.

すべて減少している．したがって，地方別でみた場合には四国（0.8%），九州（4.2%），東北（4.6%），中国（11.3%），北海道（12.8%）の順となり，大規模な広域中心都市を欠く四国が全国で最も人口増減率が低い地方であった．中国地方でも四国でも過疎地域は広く分布するが，中国地方では内陸部の人口が沿岸地域の都市に移動してある程度域内にとどまるのに対して，四国では域外への流出が多いのが特徴といえる．

表Ⅸ-3に示すように，1960～2000年間における市町村の人口規模の変化も県ごとに大きく異なる．0.5万人未満の小規模自治体はすべての県で著しく増加したが，1万人未満および3万人未満の市町村になると愛媛県は顕著な増加を示したのに対して，香川県と高知県の増加率は低い比率にとどまった．ただし，香川県と高知県とは同一の状況にあるのではなく，香川県では40年間に各人口規模の市町村人口の変化が少なかったのに対して，高知県では人口3～10万人クラスの小都市の数が減少しており，高知市を除く都市システム全体の衰退がみられる．高知県の人口減少は愛媛県よりもはるかに深刻な状況にあったといえる．

3万人未満の市町村の就業構造（2000年）についてみると，第2次産業における機械金属工業は発達せず，第3次産業では卸売小売業＋医療・福祉タイプが多く，高齢化や過疎化が著しく進行しており，中央日本や東北地方とは異なり，中国地方と類似した傾向が示される（森川・番匠谷，2012）．

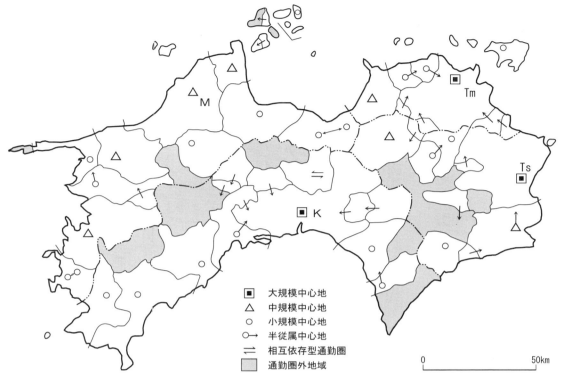

図IX-1　四国地方における通勤圏の分布
K：高知市，M：松山市，Ts：徳島市，Tm：高松市.
資料：国勢調査（2000年）による.

2. 徳島県

(1) 地理的特徴と市町村合併に対する県の対応

　徳島県は神戸・鳴門ルートの開通によって関西地方との距離が急に短縮され，関西地方との関係が緊密化している地域であり，鳥取県とともに関西広域連合に加入している。しかしその他の点では，徳島県は四国4県のうちではそれほど目立った特徴はない。上記のように，徳島県の財政力指数の県平均は0.29で，高知県に次いで低い。県内で財政力指数の最も高いのは徳島市のベッドタウンをなし徳島空港のある松茂町（0.86）で，徳島市（0.81）がそれに次ぐ。県内山間部には0.20未満の町村が多いが，表IX-2に示すように，平野部には0.60以上の市町も意外に多い。

　上述したように，「昭和の大合併」における徳島県の市町村減少率は59.5％で，四国4県では最も低く，全国平均の65.8％よりも低い状況にあり（表II-1参照），「昭和の大合併」がそれほど進捗しなかった県である。したがって，小規模自治体比率は1960年・2000年ともに全国平均よりも高く，「平成の大合併」が待たれる状況にあった（表II-2参照）。

　徳島県の通勤圏は，図IX-1や表XII-11に示すように，徳島市（圏内市町村数は20）が大規模中心地をなして広い面積を占めるほかでは，阿南市（同6）と池田町（同5）が中規模中心地をなし，脇町（同3），貞光町（同2），海南町（同2）が小規模中心地である。ただし，阿南市の就業者の7％は

254　Ⅸ　四国地方の市町村合併

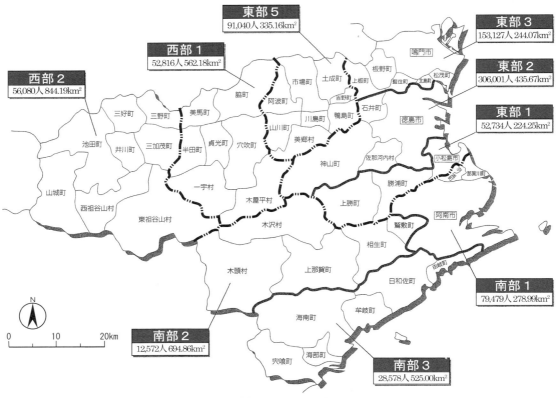

図Ⅸ-2　徳島県における合併推進要綱の基本パターンと広域市町村圏
太実線：基本パターン境界，二点鎖線：広域市町村圏境界．人口は平成7年10月1日現在（国勢調査）．
資料：市町村合併問題研究会編（2001：179），自治省行政振興課編（1983：84）による．

徳島市に通勤しており，徳島市の半従属中心地をなし，貞光町も脇町の半従属中心地である．四国山地にある上勝町，上那賀町，木頭村，木屋平村，東祖谷村の5町村は通勤圏外地域である．

　徳島県の合併推進要綱は，外郭団体「とくしま地域政策研究所」によって1998年10月に実施された市町村合併の必要性に関するアンケートに基づいて，自治省からの通達後4カ月の1999年12月に早くも策定された．1999月3月に提出された同研究所の『徳島県における広域行政・市町村合併に関する調査研究報告書』によれば，行政・議会関係者意識はもちろんのこと住民意識においても，「現市町村では将来の時代に対応した十分なサービスを提供できない」とするものが過半数を占めていた[1]．

　合併推進要綱では，市町村合併の類型を①中核市移行型（人口50万人程度），②地域中心都市発展型（10万人程度），③市制移行型（5万人程度），④地域振興・行政基盤強化型（1〜2万人程度）の4つに区分して，パターンAとBのほかに，県内のいくつかの地域だけを区分した「その他のパターン」が提示された[2]．パターンAは広域性を備えた生活圏を中心に都市形成の観点を重視したものであるのに対して，パターンBは市町村間の親近性を重視したといわれ[3]，パターンAは，図Ⅸ-2に示すように，5圏域からなる広域市町村圏を9地区に細分したもので，パターンBは16地区からなる．パターンBはパターンAの圏域を細分した小規模な地区を含むもので，本書ではパターンAを徳島県の基本パターンとする．

表IX-4 四国地方における合併状況と人口規模, 財政力指数

県		市町村数	%	人口規模（2000年）							財政力指数（2000年度）						
				0.5万人未満	0.5〜1万人	1〜3万人	3〜10万人	10〜30万人	30万人以上	平均人口	0.2未満	0.2〜0.4	0.4〜0.6	0.6〜0.8	0.8〜1.0	1.0以上	平均
徳島県	A	36	72.0	13	13	9	1			8,464	17	17	1	1			0.22
	B	9	18.0	1	2	4	2			16,638	1	4	1	2	1		0.44
	C	5	10.0	1	1	1	1	1		73,935	2		1	1	1		0.45
	計	50	100.0	15	16	14	4	1			20	21	3	4	2		
香川県	A	35	81.4	4	12	16	2		1	23,603	2	14	16	2	1		0.42
	B	2	4.7			2				14,523		1	1				0.44
	C	6	13.9	1		3	2			27,958			3	1	2		0.62
	計	43	100.0	5	12	21	4		1		2	15	20	3	3		
愛媛県	A	68	97.1	27	17	13	8	2	1	21,440	27	22	12	5	1	1	0.30
	B	2	2.9	1		1				17,592	1			1			0.38
	C																
	計	70	100.0	28	17	14	8	2	1		28	22	12	6	1	1	
高知県	A	29	54.7	18	3	6	1		1	18,640	17	7	4	1			0.22
	B	16	30.2	9	3	4				8,655	10	6					0.20
	C	8	15.1	2	2	2	2			16,866	3	4	1				0.25
	計	53	100.0	29	8	12	3		1		30	17	5	1			

A：合併成立の市町村, B：合併協議会解散または離脱の市町村, C：合併協議会不参加の市町村
資料：国勢調査2000年，総務省自治財務調査課：平成12年度財政指数表，および各府県担当課の資料とグリグリ「市区町村変遷情報」による．

基本パターンと通勤圏との関係をみると，徳島市の通勤圏はほぼ4つの圏域に区分されるのに対して，脇町地区と池田町地区は通勤圏を強く考慮したものといえる．それに対して，阿南市の通勤圏は日和佐町地区や那賀郡地区まで広がる．日和佐町地区西部では海南町が独立の通勤圏を形成するが，人口が少ないため独立した基本パターンの圏域を形成するには至らない．

徳島県では合併新法のもとで市町村合併を推進するために合併推進構想が策定され[4]，徳島市を中心とする東部圏域（3パターン）と南部圏域（1パターン）が構想対象地域に指定されたが，合併新法のもとでの合併は皆無であった．「将来の望ましい市町村の姿」は示されなかったが，牟岐町，美波町，海陽町の合併を推進する南部圏域は，すでに合併した町の再度の合併を求めるものであった．

（2）合併の経緯

表IX-4によって徳島県の合併状況をみると，全市町村50のうち合併市町村は36（72.0％），協議会解散または離脱の市町村が9（18.0％），協議会不参加が5（10.0％）[5]となる．小規模自治体の多くは合併したため，合併市町村の平均人口は小さく，財政力指数の平均値も最も低いのに対して，協議会不参加の市町村が最大となり，全国的傾向と一致する．

協議会解散または離脱の市町村はいずれも徳島市周辺にあるが，協議会不参加の市町村には佐那河内村（3,016人，0.14）や神山町（7,798人，0.18）のように，財政力の弱い小規模自治体も含まれる．神山町は「歴史とロマンの町」として町を挙げて文化・芸術への取り組みを進めてきたところで，神山町の名称を残したい思いがあり，徳島市との合併の話はあったが，徳島市も当時中核市構想に消極

的であったこともあって合併協議は進捗しなかった。同様に，佐那河内村は「ももいちご」などの高付加価値農作物の販売にその存在感を高めており，神山町と同様に徳島市の積極的な誘いがなかったことが大きな原因と考えられる[6]。

　市町村の合併状況を基本パターンと比較してみると，基本パターンの圏域を跨いだ協議会の設置は2つだけで，その他すべては圏域内の市町村において合併協議会を設置しており，実際の合併協議においても基本パターンが十分に考慮されているといえる。

　とはいえ，合併地域が基本パターンの圏域と完全に整合するのは，阿南市地区と那賀郡地区だけである。しかも，両圏域はともに一度ずつ合併協議会の解散を経験しており，単純な順調合併によって新・阿南市と那賀町が誕生したわけではない。すなわち，阿南市の場合には，2002年3月に設置された小松島市，那賀川町，羽ノ浦町，勝浦町，上勝町の2圏域に跨がる任意協議会が法定協議会に進んだ後翌年3月に解散し，そのなかの那賀川町と羽ノ浦町の2町が2004年9月に阿南市と法定協議会を設置して編入したものである。

　一方，那賀郡地区では2002年4月に設置された4町村（相生町，上那賀町，木沢村，木頭村）の法定協議会が解散した後，翌年9月に鷲敷町と相生町で設置された任意協議会に3町村が加わり，法定協議会に移行して合併し，結局那賀郡全域の合併によって那賀町が誕生した。町役場は交通に恵まれ，町内では最も財政力指数の高い鷲敷町（3,360人，0.23）に置かれた。最初に設置された合併協議会に鷲敷町が加わるかたちで合併し，基本パターンの圏域に整合する那賀町が誕生したわけである。鷲敷町は下流の財政力豊かな阿南市との合併を希望していたが，「役場を鷲敷町に置く」との意向を受けて合併協議会に加入したといわれる。

　これに対して，吉野川流域の3地区では基本パターンをそれぞれ二分するかたちで市町村合併が行われた。基本パターンの「東部4」地区（図Ⅸ-3参照）では吉野川左岸の町村が参加を拒否したため，2000年4月に麻植郡4町村（鴨島町，川島町，山川町，美郷村）でもって任意協議会を設置し，2002年4月に法定協議会に進み，吉野川市（市役所は鴨島町役場）が誕生した[7]。

　一方，吉野川左岸地域では2000年11月には市場町・阿波町による任意協議会とその東側の7町からなる板野郡合併検討協議会（任意）を設置したが，後者の7町の任意協議会は2002年11月に解散し，吉野町と土成町は両町が所属する前者の阿波郡の協議会に加入して，4町（吉野町，土成町，市場町，阿波町）でもって阿波市（市役所は阿波町役場）が誕生した。吉野川市の鴨島町（25,288人，0.46）も阿波市の阿波町（13,725人，0.34）も新市内では最も人口の多い町ではあるが，阿波町は徳島市からみると最も離れた位置にある。

　上記の板野郡合併検討協議会（任意）の解散後，上板町（12,952人，0.36），板野町（14,637人，0.39），藍住町（30,368人，0.61），北島町（19,823人，0.68），松茂町（14,267人，0.86）の5町はいずれも人口が1万人を超えて富裕な町が多く，協議会解散後は単独存続を貫くこととなった。

　西隣の美馬郡地区では，最初2001年10月に「美馬郡はひとつ」を旗印として基本パターンの圏域と同じ7町村でもって美馬郡合併検討協議会（任意）を設置したが，郡西部3町村が独自の合併を主張したため翌年9月には解散した。その後2003年2月には脇町，美馬町，穴吹町，木屋平村の4町村と半田町，貞光町，一宇村の3町村からなる法定協議会をそれぞれ設置し，美馬市（市役所は穴吹町役場，将来脇町内に新築の予定）とつるぎ町（町役場は貞光町役場）が誕生した。

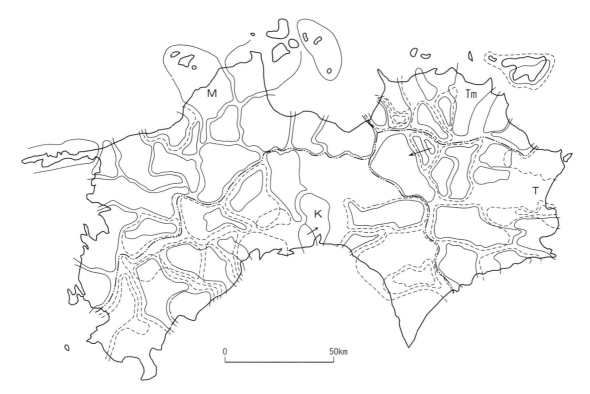

図IX-3　四国地方における市町村の合併状況
K：高知市，M：松山市，T：徳島市，Tm：高松市.
実線：合併した市町村の境界，破線：協議会解散・離脱の市町村の境界，二点鎖線：県境界，
→：合併新法のもとで市域を拡大したもの.
資料：各県の資料およびグリグリ「市町村変遷情報　詳細」による.

　さらにその西側の三好郡地区では，2003年3月に三野町，三好町，井川町，三加茂町の4町からなる法定協議会を設置し，1年遅れて2004年3月には池田町，山城町，東祖谷山村，西祖谷山村の4町村も法定協議会を設置した。しかし，井川町（5,206人，0.17）は「財政格差や公共下水道事業などの問題があり，メリットが少ない」として協議会を離脱し，三野町（5,215人，0.21）もこれに同調した。市制施行を意図する池田町側では井川町と三野町の加入を受け入れて三好市（市役所は池田町役場）が誕生した[8]。

　これによって，「三野町・三好町・井川町・三加茂町合併協議会」では残された三好町と三加茂町でもって東みよし町（町役場は三加茂町役場）が誕生した。三野町は飛地となり，2002年に設置されたみよし広域連合は三好市と東みよし町でもって構成されることとなった。中瀧（2009）によると，国と県の強い指導の下に合併協議が始まり，一部事務組合や広域連合とも不整合なかたちの合併となり，地域間に大きなしこりを残すこととなったという。

　県南部の海岸地域でも基本パターンを考慮して，2000年7月に海部下灘広域行政体制研究協議会（任意）を設置し，法定協議会に移行して海陽町（町役場は海南町役場）が誕生したが，その東部では2001年1月になって海部郡上灘3町合併協議会が設置され，2003年2月に法定協議会に進んだ後

解散した。その後，日常生活圏を異にする牟岐町（5,755人，0.20）を残して2町でもって法定協議会を設置して合併し，美波町（町役場は日和佐町役場）が誕生した。

合併協議会が解散して非合併となった町村には，上記の板野郡地区のほかに小松島市地区の3市町がある。小松島市地区では，上述のように，2002年3月に那賀川町と羽ノ浦町を含めた5市町による法定協議会を設置した後解散し，2004年10月には小松島市と勝浦町で設置した合併協議会も翌年3月には解散した。財政状況の厳しい小松島市（43,078人，0.55）と勝浦町（6,736人，0.21），上勝町（2,124人，0.11）は非合併となった。

以上が徳島県の合併状況である。合併推進要綱を早い時期に策定して県が市町村合併を熱心に推進した割には，市町村合併率はそれほど高くない。図IX-3によると，県内には合併協議会の解散数も比較的多い。徳島県の小規模自治体比率は2000年の62.0％から2010年の25.0％へと大幅に減少したが，全国平均（26.6％）に近い小規模自治体を残しており（表II-3参照），合併効果は愛媛県ほど大きいとはいえない。

県内には飛地が発生したが，基本パターンの圏域を越えた合併は存在しない。しかも，徳島市，小松島市，鳴門市の周辺では非合併町が残されているが，2011年3月には12市町村でもって定住自立圏を設置し，広域連携を深めている。「平成の大合併」当時－特例市でもなく－中核市構想をもたなかった徳島市（264,548人：2010年）は，最近になって40万人規模の中核市構想をかかげ，周辺11市町村に協議参加を呼びかけている。小松島市は参加を表明したが，財政力のある藍住，上板，石井の3町からは不参加の回答（その他の町村は未定）が示された[9]。

3. 香川県

(1) 地理的特徴と市町村合併に対する県の対応

香川県には国の出先機関の多くが集中し，「四国の玄関」といわれる高松市がある。しかも，香川県は四国4県の中では平野に恵まれ，平均財政力指数も上記のように最も高く，兵庫県以西では財政力指数の最も高い県である（表II-4参照）。高松市（0.89），坂出市（0.87），宇多津町（0.81）の財政力指数は0.80を超え，0.60以上の市町が6を数える（表IX-2参照）。2001年当時，過疎市町村もわずかに6町村（14.0％）だけであり，「平成の大合併」直前の時点における人口1万人未満の小規模自治体比率も他の3県がすべて60％を超える高率であったのに対して，香川県だけは40％未満の低い比率にとどまり（表IX-3，表II-2参照），四国のなかで香川県は特異な存在といえる。

香川県の通勤圏では図IX-1や表XII-11に示すように，高松市の通勤圏が格段に大きい大規模中心地で，周辺19市町村がその通勤圏に属する。県西部の観音寺市は周辺8町村から通勤する中規模中心地である。その間に挟まれた坂出市（圏内市町村数は2）は高松市に半従属する小規模中心地に当たり，丸亀市（同2）は坂出市の半従属中心地である。都市から遠い引田町，白鳥町，琴南町，仲南町は隣接町へ通勤するので玉突型通勤がみられる。小豆島では土庄町（同2）が通勤圏をもち，直島町だけが通勤圏外地域に属する。

香川県の合併推進要綱では，パターンAとパターンBのほかに県内の一部の地域についてだけ特別に区分したパターンCがある（市町村合併問題研究会編，2001：183-185）。合併パターンの作成基

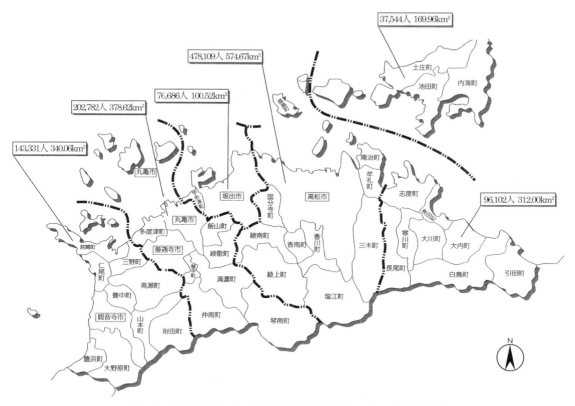

図IX-4 香川県における合併推進要綱の基本パターンと広域市町村圏
太実線：基本パターン境界，二点鎖線：広域市町村圏境界．人口は平成12年3月31日現在．
資料：市町村合併問題研究会編（2001:183），自治省行政振興課編（1983:86）による．

準としては，①歴史的な結びつきと合併の気運，②日常生活圏，③行政の効率化，④その他がとくに考慮された。③行政の効率化は主として人口規模の問題であり，中核的機能充実型（20万人以上），地域拠点都市形成型（10～20万人），都市機能創出型（4～10万人），行財政高度化型（4万人未満）に区分される。④その他として県土の均衡ある発展などが考慮され，「島嶼部や山間地域については，合併についての制約が多い地域であるが，広域行政の状況や住民の意向などを踏まえ，合併の可能性を検討した」といわれ，「合併への制約が大きい地域」に関する配慮がみられる[10]。

6地区に区分されたパターンAは圏域の一体性のさらなる強化と行財政基盤の総合的向上を目指したもので，広域市町村圏とも整合し，11地区からなるパターンBは現在の自主的な市町村合併の動きを考慮したものである。パターンBはより現実的な区分といわれるが，パターンAの圏域を細分しただけで，その区分を無視したものではない。パターンBでは高松市の通勤圏が細分され，小規模な地区が多く含まれるので，図IX-4に示すパターンAが香川県の基本パターンとして適当と考えられる。

合併推進要綱の基本パターンを通勤圏と比較すると，小豆島と観音寺市地区では両者は整合するが，高松市周辺では高松市の通勤圏を分割し，その通勤圏の一部を丸亀市・善通寺市の圏域に加えることになる。

なお，旧合併特例法のもとで市町村合併が進捗した香川県においても，合併推進構想は策定された[11]。構想対象市町村には 2006 年 1 月にすでに合併した高松市・牟礼町が合併支援プランに基づく財政支援を受けるために指定されただけで[12]，実際にはその後の合併協議は皆無であり，合併新法のもとで誕生した市町は高松市と牟礼町の合併のみである。合併推進構想には「将来の望ましい市町村の姿」は提示されなかった。

(2) 合併の経緯

表Ⅸ-4 によって香川県の合併状況をみると，全市町村 43 のうち合併市町村は 35（81.4％），協議会解散または離脱の市町村が 2（4.7％），協議会不参加が 6（13.9％）[13] となる。協議会解散または離脱の市町村は琴平町と土庄町だけであり，市町村合併の目標はほぼ達成されたといえよう。また，2000 年には 17 あった小規模自治体のほとんどが合併し，非合併は直島町だけとなった点でも目標達成度の高い県とみることができる。表Ⅸ-4 において，合併市町村の平均人口が協議会解散・離脱の市町村よりも大きいのは高松市が合併市町村に含まれるためである。しかし，平均財政力指数では合併市町村が最も小さく，協議会不参加の市町村が最大となり，一般的傾向が認められる。

図Ⅸ-3 に示すように，協議会解散は 5 地区にみられるが，解散後再び協議会を設置して合併した場合が多い。協議会不参加の市町村のなかには直島町（3,705 人，0.43）が含まれるが，直島町の財政力指数はとくに低いとはいえず，過疎地域には含まれていない。直島町は銅精錬と観光の島で，通勤比率は 5％に達しないが，日常生活では玉野市（岡山県）を指向する。そのほかの非合併市町はすべて 1 万人以上で，三木町（28,769 人，0.47）以外は財政力指数がすべて 0.50 を超える。

大川郡では 2000 年 4 月にすでに法定協議会を設置し，早くから合併協議が行われた。大川郡 8 町は 1999 年に住民発議によって合併協議に取り組み，一旦は否決されたが，それを契機として各町長の主導のもとに 2 つの法定協議会が設置され，さぬき市（市役所は志度町役場）と東かがわ市（市役所は白鳥町役場）が誕生した[14]。

基本パターンとの関係から市町村合併の実態をみると，その圏域境界を跨いだ協議会の設置や合併はまったくない代わりに，圏域と完全に整合する合併も皆無である[15]。合併推進要綱の合併パターンを二分した合併も県東部と県西部の 2 つに限られる。県東部では上述の 2 市が誕生したのに対して，県西部でも 2 つの合併協議会が設置された。2002 年 10 月に設置された観音寺市を含む 6 市町の法定協議会は新市名をめぐって協議が難航し，2004 年 3 月に解散した。しかしその 1 カ月後には，観音寺市，豊浜町，大野原町の 3 市町でもって法定協議会を設置して合併し，新・観音寺市が誕生した。

2003 年 10 月に設置されたもう一方の三豊北部 4 町合併協議会においても新市名をめぐって協議が難航し，2004 年 12 月に解散した。これより先 2004 年 5 月には山本町，豊中町，財田町の 3 町でもって法定協議会を設置したが，その後休止状態になっていた。2005 年 2 月にはこれら 7 町でもって三豊合併協議会を設置して合併し，三豊市（市役所は高瀬町役場）が誕生した。したがって，県西部地区では観音寺市の通勤圏に属する圏域が 2 市に分裂して合併したわけで，観音寺市の経済的発展にとってプラスにはならないだろう。

小豆島地区では 2001 年 4 月に小豆郡 3 町合併協議会（任意）が設置されたが，本庁舎の位置をめぐって難航し，活動休止の後 2005 年 3 月には解散した。これより先 2004 年 8 月に池田町と内海町の 2 町

でもって法定協議会をたちあげ，小豆島町（町役場は池田町役場）が誕生した。土庄町（17,711人，0.37）は非合併にとどまり，小豆島市の誕生は幻に終わった[16]。

中讃広域行政事務組合のもとで多くの業務を処理してきた中讃地域では，2002年の「中讃まちづくりネットワーク」による住民発議に対して，3市8町の議会のうち丸亀市と宇多津町の議会は同意したが，その他の議会が否決したので合併協議会の設置には至らなかった。丸亀市は2005年の期間内での大規模合併は無理と判断して，2003年4月に綾歌町，飯山町と法定協議会を設置して合併した。残された6市町のうち琴平町，満濃町，琴南町，仲南町は同時期に法定協議会を設置したが，新市の名称や建設計画などで意見が集約できずに解散し，琴平町を除く3町で翌年8月に法定協議会を設置して合併し，まんのう町（町役場は満濃町役場）が誕生した。善通寺市や多度津町は2市7町での合併について検討していたものの，丸亀市の離脱などにより合併には至らなかった。宇多津町の場合には，アンケートの結果さぬき浜街道で結びつきの強い丸亀市，坂出市，多度津町との合併を望む声が強かったといわれる[17]。

周辺市町に先駆けて行政改革を実施してきた善通寺市においても，市民サービスのメリットや由緒ある市名の維持などを考えており，合併範囲としては2市7町が適当とみていた。しかし，丸亀市の離脱や仲多度南部（琴平町，満濃町，琴南町，仲南町）での合併の動きがあって善通寺市は取り残されたかたちとなり，合併協議会には参加しなかった[18]。坂出市では市長が合併に消極的だったのは，造船や化学工業が盛んな番の州臨海工業団地をもち，財政的に豊かなためである。

高松市地区では塩江町は2003年6月に，香川町は2003年9月に，国分寺町は同年12月に，香南町と牟礼町は2004年2月に，そして庵治町は同年6月に，それぞれ高松市との間に法定協議会を設置して編入した。このうち，国分寺町は2003年8月に設置された綾歌郡の綾南町，綾上町との法定協議会に加入していたが，国分寺町に水道事業の負債があることを理由に協議会を解散した。その後国分寺町は高松市に編入したが，綾南町と綾上町は2町で法定協議会を設置して合併し，綾川町（町役場は綾南町役場）となった。香川町と香南町は住民発議によって法定協議会を設置したが，一度も開催することなく，高松市との間にそれぞれ法定協議会を設置して合併した。直島町などとともに協議会不参加に終わった三木町は，庵治町，牟礼町とともに喜多郡3町の合併を希望していたが，2町が高松市に合併したため相手を失って単独存続となった[19]。

以上が香川県の合併状況である。基本パターンの丸亀市地区には2つの市が含まれ，しかもその圏域の一部は丸亀市の通勤圏とは別に高松市の通勤圏もあるところから1市にまとまることは困難と予想されたが，新・丸亀市とまんのう町と非合併2市町とに3分されることとなった。そのほかでも，やや複雑な動きをしたものに豊中町，山本町，財田町がある。これら3町は観音寺市の通勤圏に属しながらも，観音寺市との合併を避けて三豊市を形成した。

4．愛媛県

(1) 地理的特徴と市町村合併に対する県の対応

愛媛県は，広島県や長崎県などとともに「平成の大合併」が最も進捗した県として知られる。2000〜10年における市町村減少率では71.4％で，長崎県（73.4％），広島県（73.3％），新潟県（73.2％）

に次いで第4位であるが，2町を残してすべて合併したため，市町村合併率は97.1％で第1位となる（表Ⅱ-3参照）。愛媛県の市町合併では，すべての市町村が合併協議会に参加し，協議会の解散は2町にとどまり，県下全域にわたって小規模な合併が多数行われたところに特徴がある。

上述のように，愛媛県の財政力指数の平均は0.30で高知県（0.22）や徳島県（0.29）よりは高いが（表Ⅱ-4参照），0.20未満の町村が28（40.0％）を数え，財政の豊かな県とはいえない。財政力指数は原子力発電所のある伊方町の1.36が最高で，伊予三島市0.83，松山市0.75と川之江市0.71の3市がそれに続く（表Ⅸ-2参照）。また，1万人未満の小規模自治体比率（2000年）は64.3％で全国第7位であり，過疎市町村比率は68.6％で全国第8位であって，四国では高知県（ともに全国第4位）に次いで小規模自治体も過疎市町村も多い県である（表Ⅸ-1参照）。したがって，1985（昭和60）年代以降，従来の市町村長や議会など行政の側からの取り組みだけでなく，住民をはじめ青年会議所や商工会議所，農協など地域の経済団体からも積極的な合併推進の取り組みがみられるようになり（愛媛県，2006：17），「平成の大合併」に対する期待は高かった。

通勤圏をみると，図Ⅸ-1や表Ⅻ-11に示すように，松山市の通勤圏に属するのは9市町村しかなく，松山市も大規模中心地の資格をうることができない。そのほか中規模中心地に属するものに今治市（圏内市町村数は7），宇和島市（同6），大洲市（同5）があり，小規模中心地には八幡浜市（同4），伊予三島市（同3），川之江市（同2），西条市（同2），久万町（同2），宇和町（同2），御荘町（同3），城辺町（同2）があり，中小規模の通勤中心地の多い県である。ただし，伊予三島市と川之江市はそれぞれ通勤圏をもちながら両市間には相互に通勤者がある共同通勤圏を形成しており，西条市と新居浜市や御荘町と城辺町の間にも類似した相互依存関係がみられる。さらに，宇和町は八幡浜市の半従属中心地をなしており，弓削町，生名村，岩城村は因島市（広島県）の通勤圏に属する。通勤圏外地域には離島の魚島村，関前村，中島町をはじめ，小田町，柳谷村，三崎町が含まれる。

1999年1月に就任した加戸守之知事は市町村合併の推進と道州制の導入にきわめて積極的で（愛媛県，2006：44），1999年12月には一般県民，市町村長，議会議員，市町村職員にアンケート調査（回収数2,104名）を実施し，市町村合併の重要性を周知させたが（同：51），後述するように，合併特別交付金はまったく交付されなかった。それにもかかわらず，合併が著しく進捗したのは県と市町村との信頼関係が良好なため県の計画が十分に周知され，知事が合併の必要性を訴え続けたことにある（愛媛県，2006：871）。

愛媛県は6つの広域市町村圏に区分され，1980・81年に設置された5つの地方局（西条，今治，松山，八幡浜，宇和島）は現在では東予，中予，南予の3地方圏に統合されているが，愛媛県の合併推進要綱では，11地区からなる「基本パターン」[20]のほかに，一部の市町村を残して15地区の参考パターンが示された（愛媛県，2006：82-83）。図Ⅸ-5に示す11地区の作成にあたっては，①十分な住民サービスができて行財政能力の向上が期待できるように人口1万人を上回る組み合わせ，さらには，②交通や広域行政，歴史的経緯，県民，市町村長，議員などに対して行った意識調査や意見や，③県土の均衡ある発展に資する地域の中核的な都市の育成を考慮したといわれる。

基本パターンの各地区は県都機能充実型，中核都市圏形成型，地域中心機能拡大型，都市周辺地域自立型，地域振興・基盤強化型に類型化され，人口規模的にも比較的小さいものが多く，久万町地区（1.6万人）と愛南町地区（2.9万人）は3万人未満の圏域であった。しかし，平均人口は香川県に次

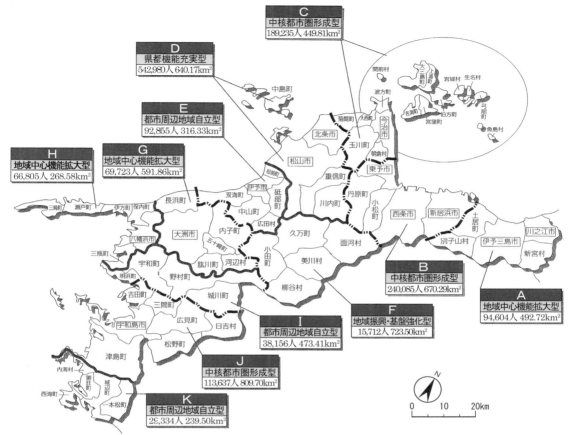

図IX-5 愛媛県における合併推進要綱の基本パターンと広域市町村圏
太実線：基本パターン境界，二点鎖線：広域市町村圏境界．人口は平成12年10月1日現在（国勢調査速報値）．
資料：市町村合併問題研究会編（2001:186），自治省行政振興課編（1983：88）による．

いで大きく，平均面積も高知県に次いで大きい方であった（表XII-14参照）。

県内には合併新法による市町村合併は皆無であるが，当時鬼北町と松野町との合併協議が進行していたので，合併推進構想も策定された。ただし，構想対象市町村として両町の合併が取り上げられただけで，県内全市町村に関する「将来の望ましい市町村の姿」は示されなかった[21]。

11の基本パターンの圏域は広域市町村圏の6圏域を細分したもので，通勤圏とも整合するものが多い。都市周辺地域自立型に当たる伊予市地区は松山市の通勤圏の一部をなし，松山市の衛星都市を形成するものと考えられる。通勤圏と基本パターンの圏域境界が整合しないのは西条市地区に加入した東予市だけである。上述のように，愛媛県では多くの中小の通勤中心地が発達するため，そうした通勤圏の状況が基本パターンの上にも強く活かされているようにみえる。

(2) 合併の経緯

表IX-4によって愛媛県の合併状況をみると，全市町村70のうち合併市町村は68（97.1％）で，協議会解散または離脱の市町村は松野町と松前町の2町（2.9％）しかなく，協議会不参加の市町村は

ゼロである。すなわち，県内の全市町村が合併協議会に参加し，そのうち上記2町だけが離脱して単独存続にとどまっている全国的にも珍しい県である。ただし，松野町は0.5万人未満で，そのほかに合併によってできた人口0.5〜1万人の町が2つ（上島町，久万高原町）あり，計3町が1万人未満である。

　市町村合併のほとんどは合併協議会を設置してそのまま順調合併したが，基本パターンと比較すると，その圏域と完全に整合するのは南宇和郡地区だけである[22]。ここでは2001年7月に郡内5町村によって南宇和合併推進協議会（任意）が設置され，法定協議会に進み，そのまま合併して愛南町（町役場は城辺町役場）が誕生した。

　これに対して，基本パターンの圏域を二分して合併したのは今治市，松山市，伊予市，八幡浜市，宇和島市の5地区である。①今治市地区の基本パターンでは，島嶼部10町村を含めて16市町村の合併が示されていた。この圏域では，2002年8月に今治市と越智郡11町村でもって任意協議会を設置し，同年11月には菊間町を除く11市町村でもって法定協議会を立ち上げ，それに菊間町も加入したため，12市町村の新設合併によって新・今治市が誕生した。一方，越智郡東部4町村は2002年4月に上島合併推進協議会（任意）を設置し，法定協議会を経て上島町（町役場は弓削町役場）となった。この地区の3町村は，上述のように因島市（広島県）の通勤圏に属し，因島市との関係が強い地域で，生名村の住民投票（1956年）では因島市への編入合併の希望者が圧倒的に多く，生名村議会は因島市への編入合併を議決したが，県の反対にあって越県合併は実現しなかったという経緯がある。しかし，「平成の大合併」においては越県合併の話は表には出なかった（愛媛県，2006：288）。

　②松山市地区では，2003年6月に松山市と北条市（28,547人，0.39）でもって任意協議会を設置し，さらに同年10月には松山市は中島町と任意協議会を設置した後，両協議会を統合した法定協議会を設置して，北条市と中島町を編入した。これに対して，松山市のベッドタウンとして発展してきた重信町（23,658人，0.47）は2002年7月にこれまで一部事務組合を共にしてきた川内町（11,043人，0.52）と任意協議会を設置し，翌年3月に法定協議会に移行して合併して東温市（市役所は重信町役場）となった。

　③伊予市地区では，砥部町と広田村を除く4市町でもって2003年1月に任意協議会を設置したが，翌年3月になって協議会は解散し，松前町を除く3市町でもって任意協議会・法定協議会を設置して新・伊予市が誕生した。その結果，松前町は単独存続となった。松前町（30,277人，0.62）と伊予市（30,547人，0.48）とは人口的には拮抗しており，松山市近郊にあって化学工業が立地しベッドタウンとして発展してきた松前町の方が財政力指数も高い。一方，砥部町（20,961人，0.43）は合併パターンの提示を受けてこれまでのつながりの深かった「伊予市・伊予郡」の範囲で事務協議を始めたが，合併方針の違いのために解散し，広田村（1,114人，0.11）との合併を模索した。しかし，砥部町の住民アンケートでは松山市への編入が35.2％，広田村との合併が21.4％で，広田村との合併は白紙となった。その後町長・議会を一新して両町村でアンケート調査を実施した結果，両町村の合併に対して過半数の賛成票が得られたので，両町村は2003年5月に任意協議会を設置し，法定協議会に進んで新・砥部町となった（愛媛県，2006：447）。

　④八幡浜市地区では2002年9月に2つの任意協議会が設置された。八幡浜市と保内町はその翌月には法定協議会に移行し，合併によって新・八幡浜市が誕生した。一方，伊方町と瀬戸町でも同年9

月に任意協議会を設置したが，翌年法定協議会に移行した後に八幡浜市との飛地合併を希望していた三崎町[23]も法定協議会に加入して，3町でもって新・伊方町が誕生した。伊方町は四国では唯一の原子力発電所の立地する町であるが，単独存続とはならなかった。

⑤宇和島市地区では2002年5月に宇和島市，吉田町，三間町，津島町でもって任意協議会を設置し，宇和島市が協議会離脱を声明して2004年4月には一時休止したが，再開して法定協議会を経て合併し，新・宇和島市となった。一方，合併推進要綱の参考パターンに基づいて三間町を含めた4町村で検討会を設置していた北宇和郡3町村は，三間町が宇和島市の合併協議に参加して検討会を離脱したので，2002年6月には3町村（広見町，松野町，日吉村）でもって任意協議会を設置した。しかし，法定協議会に進んだ後本庁舎の建設位置をめぐって協議が難航し，協議会を休止した。その後2004年1月になって広見町と日吉村で法定協議会を設置し，鬼北町（町役場は広見町役場）が誕生した。松野町は新町長のもとで広見町，日吉村との3町村による合併を検討したが協議は進まず，合併新法下の2008年4月になって鬼北町・松野町合併協議会（法定）を設置した。しかし，人権業務の取扱いをめぐって協議が難航して[24]，2009年7月には松野町が鬼北町に協議会の休止を申し入れ，合併を断念した。松野町（4,906人，0.14）は非合併にとどまり，愛媛県では唯一の小規模自治体となった。

その他の地区では基本パターンの圏域境界を越えた合併がみられる。①別子銅山とともに栄え，新居浜市と文化的・歴史的背景を共有する別子山村（277人，0.07）は，基本パターンの圏域境界を越えて新居浜市に編入したので，残りの伊予三島市，川之江市，土居町，新宮村は2001年4月に宇摩合併協議会（任意）を設置し，法定協議会を経て四国中央市となった。

製紙・紙加工業を基幹産業とする伊予三島市（36,832人，0.83）と川之江市（38,126人，0.72）の合併は，1958年以後何度か合併協議が行われてきたもので，ほぼ同一規模の人口をもち財政力豊かな2市が合併した珍しい例である。市役所は新庁舎建設までの間伊予三島市役所が利用されるが，本庁舎は国道11号バイパス付近に適地を求めて建設が予定されている。合併直後の総合支所方式から分庁併用方式に移行しており，10年後には本庁支所方式に移る予定である。一方，新居浜市の西側に位置する西条市では2002年7月に東予市，小松町，丹原町と任意協議会を設置し，2カ月後には法定協議会に移行して合併し，新・西条市となった。

②上浮穴郡3町村のうちでは小田町が離脱した後，過疎地域に属して財政力指数（0.08〜0.30）も低い4町村（久万町，面川村，美川村，柳谷村）が2002年4月に任意協議会を設置し，法定協議会に移行して久万高原町（町役場は久万町役場）が誕生した。一方，③喜多郡の内子町と五十崎町は基本パターンにおいては大洲市地区に含められ，久万町地区に属していた上記の小田町（3,831人，0.13）は近年道路網の整備により同一の経済圏として一体性を強めてきた。ここでは，2002年9月には2町でもって設置された法定協議会に，住民投票の結果内子町，五十崎町との合併が最多得票となった小田町が加わって3町で合併し，新・内子町が誕生した。その際，観光地として有名になった内子町の町名は新町名に継がれたが，町役場は比較的近距離にある五十崎町役場に置かれた。

④上記のように，内子町と五十崎町が2002年6月に2町合併の意思を示したため，圏域内のその他の4市町村（大洲市，長浜町，肱川町，河辺村）は2002年10月に大洲喜多合併推進協議会（任意）を設置し，法定協議会に移行して新・大洲市となった。⑤東宇和郡は1つの基本パターンを形成したが，2002年1月に設置された東宇和合併推進協議会（任意）には西宇和郡の三瓶町（9,061人，0.21）

も加入した。三瓶町は八幡浜市（33,285人，0.33）に隣接するが，住民アンケートの結果明浜町との一部事務組合などのつながりを重視して東宇和合併推進協議会に加入し，法定協議会を経て西予市（市役所は宇和町役場）が誕生した。

　以上が愛媛県の市町村合併の状況である。後述するように，愛媛県では市町村合併移行円滑化資金（合併後人口3万人以上の規準積算額1.5億円）は支給されたが，合併特別交付金は交付されなかった。県知事は市町村合併の必要性を熱心に説き，各合併市町村に対する職員派遣の他に，合併協議会には委員や顧問として各地方局長が参加した。基本パターンと整合した合併は南愛町だけであるが，図IX-3に示すように，最初に設置された合併協議会のほとんどが解散することなく順調合併した点でも特徴ある県といえる。

5. 高 知 県

(1) 地理的特徴と市町村合併に対する県の対応

　高知県の人口は県中央部に集中しており，県内には小規模自治体が多く，不利な条件をもった市町村が多い。大野　晃氏の限界集落論発祥の地でもある。1960～2000年間の人口増減率は-4.8%で，四国4県のうちでは最も低く，全国で最も低い島根県（-14.3%）から数えて7番目に位置する。上述したように，県内には過疎地域が広がり，過疎市町村比率は全国第4位である。県内で1960～2000年間に人口が増加したのは高知市（64.7%），南国市（19.5%），野市町（82.5%），伊野町（12.7%）だけで，大川村（-86.2%）のように著しく減少した町村もある。人口の県外流出超過も顕著であり，高知市とその周辺以外の地域はすべて空洞化し，衰退に向かっているようにみえる（表IX-3参照）。

　県下には原子力発電所もなく，財政力指数が最も高いのは高知市（0.63）で，0.60以上は高知市だけである（表IX-2参照）。これに対して，0.20未満の市町村は30（56.6%）を占めており，上述したように，県の平均財政力指数（2000年）は0.22で全国最低である（表II-4参照）。「昭和の大合併」では市町村減少率は67.1%を示し，全国平均的な合併が行われたが，合併後も人口1万人未満の小規模自治体比率は64.3%と高く，2000年でも69.8%を示し，高い比率を維持する（表II-2参照）。

　高知県では通勤圏が著しく発達した今日においてさえ，通勤圏外の地域には室戸市，東洋町，馬路村，大川村，本川村，仁淀村，東津野村，檮原町，十和村，西土佐村の10市町村（18.9%）を数える。通勤圏においては，高知市（圏内市町村数は16）が大規模中心地をなし，小規模中心地には中村市（同4），安芸市（同2），宿毛市（同2），須崎市（同2），窪川町（同2），奈半利町（同2）があるが，中規模中心地は欠如する（図IX-1，表XII-11参照）。ただし，須崎市の就業者の5.7%が高知市に通勤するので，須崎市は高知市の半従属中心地とみることができ，奈半利町も安芸市の半従属中心地に当たる。さらに，高知市の通勤圏の周辺部には玉突型通勤圏が多くみられ，中村市と宿毛市は相互に通勤者が5%を超え，共同通勤圏を形成している。嶺北の土佐町と本山町も相互依存型通勤圏をなしている。

　高知県の合併推進要綱では「基本的な合併パターン①，②」と「立地特性や地域資源等を重視した合併パターン」，「その他の合併パターン」が作成された[25]。「基本的な合併パターン②」は広域市町村圏と同じ4圏域からなり，「基本的な合併パターン①」はその圏域を細分したものであるが，「基本

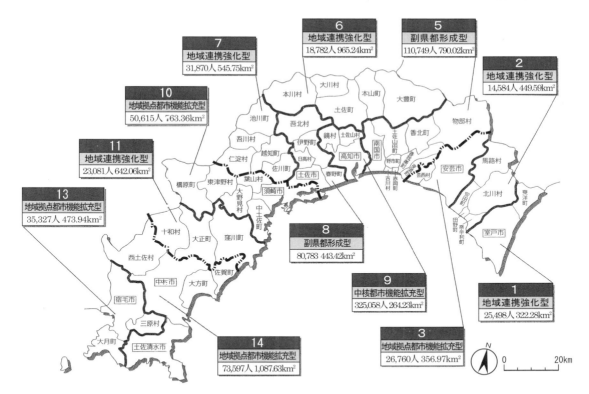

図IX-6　高知県における合併推進要綱の基本パターンと広域市町村圏
太実線：基本パターン境界，二点鎖線：広域市町村圏境界．人口は平成7年10月1日現在．
資料：市町村合併問題研究会編（2001:188），自治省行政振興課編（1983：90）による．

的な合併パターン②」は各圏域が広すぎて実態に合わないので，「基本的な合併パターン①」を基本パターンとみなすことにする．図IX-6は12地区からなるが，地区番号①，②，③を合計した安芸郡を④地区（66,842人，1,128.8km²），⑩と⑪を加えた高幡地域を⑫地区（73,696人，1,405.4km²），⑬と⑭を加えた幡多地域を⑮地区（108,924人，1,561.6km²）として，広域の3地区を追加すると15地区となる．これら3地区の市町が成立したとすれば，人口はともかく，面積は広大なものとなる．

なお，住民の日常生活圏や市町村の広域行政を中心に区分された基本パターンの圏域の目標としては，①中核都市機能拡充型，②副県都形成型，③地域拠点都市機能拡充型，④地域連携強化型，⑤広域行政発展型に類型化される．⑤広域行政発展型は上記の3つの広域地区の目標として考えられたものである．この基本パターンの圏域の平均人口は15地区に区分した場合には四国では最も小さく，面積は最も大きくなる（表XII-14参照）．

一方「立地特性や地域資源等を重視した合併パターン」の場合には，①流域一体型[26]，②海洋性資源活用型，③産業集積型，④山間部一体型[27]に類型化されるが，市町村の厳密な区分は示されていない．「その他の合併パターン」では，①高次都市機能集積型，②市制移行型を目標とする地区をあげているが，市町村区分は示されていない．本県では通勤圏外地域が広く存在するにもかかわらず，「合併への制約が大きい地域」は考慮されていない．

合併新法による合併推進のために策定された合併推進構想では広域合併の必要性を説き，長期的な

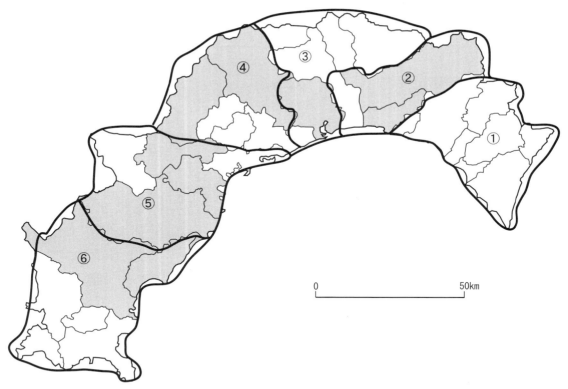

図IX-7 高知県の合併推進構想における「望ましい市町村の組み合わせ」
アミの部分は旧合併特例法のもとで合併した自治体.
資料：高知県（2006）：『高知県市町村合併推進構想』，p.22 による．

視点からの「将来の望ましい市町村の姿」を示し，合併新法の期限内の対応が求められた[28]。「将来の望ましい市町村の姿」は，図IX-7に示すように県内を6地区に区分したもので，市町村合併の一部が基本パターンの圏域を越えて行われており，そのほとんどは合併推進要綱の圏域を統合したものである。すなわち，安芸広域，物部川流域，高幡広域，幡多広域は合併推進要綱の基本パターンや広域化した圏域であり，その他の高知・嶺北，仁淀川流域も本川村が地区境界を越えていの町と合併したことによる変更だけで，高知・嶺北は基本パターンの⑥と⑨地区，仁淀川流域は⑦と⑧地区に当たる。県内を4地区に区分した広域市町村圏とも対応しており，安芸広域市町村圏は基本パターンの①，②，③，高知中央広域市町村圏は⑤と⑨，高幡広域市町村圏は⑩と⑪，幡多広域市町村圏は⑬，⑭を統合したものである[29]。

高知市以外では通勤圏の発達が不十分な状況下にあって，通勤圏と合併推進要綱との関係を検討するにはかなりの無理がある。西部の窪川町地区，中村市地区，宿毛市地区や東部の安芸市地区などについては通勤圏がある程度考慮されているようにみえるが，中央部では，高知市の通勤圏は郡や広域行政区域，産業構造，河川流域などを考慮して細分されている。

(2) 合併の経緯

表IX-4に示すように，合併市町村は29（54.7%），協議会解散や離脱による単独存続が16（30.2%），

協議会不参加は 8（15.1%）[30] で，本県は四国 4 県のなかでは市町村合併率が最も低く，協議会解散や離脱が多く，市町村の組み合わせを変えて何度も協議会を設置した市町村が多い点に特徴がある。県北の嶺北地域では 4 町村がすべて協議会不参加町村であるが，これらの町村も合併研究会の段階では協議に参加しており，合併協議に無関心であったわけではない。嶺北 4 町村はかつては林業の発達した地域で，広域行政では共通の圏域を形成してはいるが，2 郡に跨がり，交通的にもまとまりはなく，本山町では域外の伊野町との交通がある。

基本パターンの 12 圏域のうちでは 3 万人未満が 6（50.0%）を数え，4 つの広域市町村圏を分割した比較的小規模なものが多いが，基本パターンの圏域と整合するかたちで市町村合併が行われたのは四万十町だけである。しかも，四万十町の合併も順調合併からはほど遠い。すなわち，2002 年 4 月に大野見村，窪川町，大正町，十和村の 4 町村からなる高幡西部合併協議会（任意）と西土佐村，大正町，十和村の 3 町村からなる北幡地区合併検討協議会（任意）とがほぼ同時に設置され，大正町と十和村は両方の任意協議会に属していたが，翌年 1 月にはともに解散した。さらに 2002 年 10 月には，窪川町と大野見村は任意協議会・法定協議会を設置したが，2005 年 3 月に解散した。それより先 2004 年 1 月には，大正町，窪川町，十和村は法定協議会を設置しており，四万十町（町役場は窪川町役場）が誕生したのは旧合併特例法失効の直前であった。

2003 年 1 月に法定協議会を設置して高知市に編入合併した鏡村，土佐山村も基本パターンの圏域と整合するが，高知市の合併はこのままでは終わらなかった。2002 年 6 月に単独町制を表明して合併を拒否していた春野町では住民投票の結果合併賛成が多数を占めたため，2003 年 12 月になって協議会加入を申し入れた。しかし，高知市は他の 2 村との合併準備のため旧合併特例法の期限内における課題事項の整理や住民への説明に時間がかかり，2005 年 10 月になって高知市・春野町の法定協議会を設置して，合併新法のもとで編入が成立した。したがって，現在の高知市の市域は基本パターンの圏域を越えて広がることになる。

県内において順調合併が行われたのは，いの町（町役場は伊野町役場）だけである。いの町は 2002 年 10 月に伊野町，吾北村，本川村でもって任意協議会を設置し，法定協議会に移行して合併した。仁淀川水系の伊野町と吾北村は基本パターンにおいて土佐市，春野町と同一の圏域に含まれるが，その圏域を越えて吉野川水系に属する本川村までが合併に加入した。

基本パターンの圏域を二分したり，圏域の一部だけが合併した場合もある。土佐清水市を除いて中村市，大方町，佐賀町，西土佐村の 4 市町村は 2002 年 5 月に任意協議会を設置して法定協議会に移行した後 2004 年 6 月になって解散し，その 2 カ月後に中村市と西土佐村が法定協議会を立ち上げて合併し，四万十市（市役所は中村市役所）が誕生した。一方，大方町と佐賀町は 2005 年 1 月になって法定協議会を設置して合併し，黒潮町（町役場は大方町役場）が誕生した。

越知町地区では，基本パターンの圏域 5 町村が 2002 年 10 月に高吾北地域合併協議会（法定）を設置したが，翌年 12 月には解散し，2004 年 4 月に池川町，吾川村，仁淀村の 3 町村でもって法定協議会を設置して仁淀川町（町役場は吾川村役場）が誕生した。一方，佐川町は圏域外の日高村と 2004 年 7 月に法定協議会を設置し，合併協定調印式を済ませたが，住民投票の結果佐川町では合併反対が多く，2005 年 4 月になって合併不成立となり，佐川町（14,777 人，0.26），日高村（5,968 人，0.23），越知町（7,411 人，0.19）は非合併となった。

地域拠点都市機能拡充型を目指した須崎市地区の合併も複雑である。ここでは，基本パターンの圏域を統一した合併協議会を設置することなく，北部では2002年5月に梼原町，東津野村，葉山村でもって任意協議会を設置し法定協議会に進んだが，本庁舎の位置問題で協議が難航し，2003年9月に解散した。その後梼原町を除く2村で法定協議会を設置し，合併して津野町（町役場は葉山村役場）となった。一方，須崎市と中土佐町は2002年7月に任意協議会を設置して法定協議会に進んだが，2004年12月に解散した。中土佐町は須崎市との法定協議会が解散する以前の2004年4月に大野見村と法定協議会を設置しており，合併して新・中土佐町となった。上述のように，大野見村は窪川町との合併協議をしていたところである。その結果，須崎市（27,569人，0.39）と梼原町（4,860人，0.11）は単独存続となった。

南国市を中心として副県都形成型の合併を目指した県東部においては，2002年2月に芸西村を含めた6町村でもって香南・芸西合併任意協議会を設置したが，法定協議会に移行後2004年6月に解散した。しかしその後2005年2月には，芸西村（4,366人，0.23）を除く5町村が法定協議会を設置して旧合併特例法のもとで合併し，香南市（市役所は野市町役場）が誕生した。その一方では，2002年10月に土佐山田町，香北町，物部村の3町村が任意協議会を設置し法定協議会に進んだが，2004年8月には解散した。その後2005年3月に住民発議によってもう一度同じ3町村からなる法定協議会を設置し，合併して香美市（市役所は土佐山田町役場）が誕生した。南国市は協議会不参加となった。

その他の基本パターンの圏域では市町村合併が成立しないままに終わった。①安芸市地区では2002年8月には芸西村から東洋町まで8市町村からなる任意協議会を設置したが，2002年12月には芸西村が離脱し，さらに2003年1月には馬路村議会が「自立の村づくり宣言」を可決して離脱し，協議会は解散した。②2003年2月には4町村（安田町，田野町，奈半利町，北川村）による任意協議，法定協議会を設置したが，2004年7月には解散し，2005年2月には田野町を除く3町村で法定協議会を設置し，合併協定調印式を済ませた後2005年3月に北川村で合併議案が否決され，合併は不成立となった。この地区では1998年10月に介護や消防など多くの機能をもった県下初の中芸広域連合（5町村）が設置された[31]。広域連合の設置は合併への第1歩と考えられたが，かえって合併を阻止する結果になったものと考えられている。

③県西部の宿毛市地区でも2002年7月に宿毛市，大月町，三原村の3市町村でもって任意協議会を設置したが，同年9月には土佐清水市の参加申し入れを拒否した。2003年7月には3市町による法定協議会を設置したが，翌年9月には解散した。その後2005年3月には宿毛市と大月町でもって法定協議会を設置し，合併協定調印式を済ませたが，大月町議会が合併議案を否決して合併は不成立となった。一方，④地域連携強化型を目指した本川村，大川村，土佐町，本山町，大豊町からなる嶺北地域では，上記の本川村がいの町に合併した以外は協議会を設置することなく合併期間が終了した[32]。

以上が高知県における市町村合併の状況である。順調合併が多い愛媛県に比べると本県では協議会解散が多く，対照的である。とくに合併協定調印式を済ませた後合併が不成立に終わったケースが3件もある。人口規模が小さく財政力が脆弱な市町村がとくに多い本県において，市町村合併がそれほど進捗しなかった理由は明らかでないが，地理的条件やこれまでの市町村合併の経緯などにおいて－市町村特例事務支援制度は導入されなかったとしても[33]－長野県と類似した点があるように思われる。

6. 四国地方における市町村合併の特徴

(1) 市町村合併の地理的特徴および合併推進要綱・合併推進構想との関係

　上述したように，西南日本では過疎地域や小規模自治体が多く，「平成の大合併」における市町村減少率が高いといわれるが，広い平野が分布し財政的にも富裕な香川県と交通条件がわるく財政のきわめて脆弱な高知県とを含む四国4県は，等質的な地域とはいい難い。「平成の大合併」における市町村減少率も全国第4位（市町村合併率は第1位）の愛媛県から第35位の高知県まで県間には大きな差異があり，市町村合併の進捗率は中国地方に比べると相対的に低い。

　2010年における1万人未満の小規模自治体比率は香川県の11.8%から徳島県の29.2%まで大きく低下したが，高知県（55.9%）だけは低下することなく，北海道に次いで高い比率にとどまった（表Ⅱ-3参照）。したがって，高知県は北海道や福島県，長野県，奈良県，沖縄県などと同様に，地方圏のうちでも市町村減少率の低い特異なグループに属するものと考えられる[34]。高知県は北海道のように市町村面積が広くはないが，交通の発達が悪いという点ではむしろ長野県や福島県と類似する。

　通勤中心地の分布も県によって異なり，大規模中心地を欠く愛媛県と中規模中心地を欠く高知県とは対照的である（表Ⅻ-11参照）。愛媛県では中小規模の通勤中心地を中心とする日常生活圏のまとまりがよく，日常生活圏を単位とした今回の市町村合併には適していたといえるかもしれない。高知県では，通勤圏外にある嶺北地域においては合併協議会さえ設置することなく，「平成の大合併」が終了したのが注目される。合併協議会の設置・解散が激しく行われた県東南部や窪川町・須崎市地区は，通勤者比率が比較的低い地域であった。また，徳島県では徳島市周辺に非合併地域が広がること，三野町が三好市に飛地合併したことが注目される（図Ⅸ-3参照）。香川県の基本パターンには丸亀市・善通寺市の2市が含まれ，南部に高松市の通勤圏を含む丸亀市地区において圏域を一体とした合併が成立しなかったのは予想通りのことといえる。

　表Ⅻ-14に示すように，基本パターンにおける小規模自治体数や平均人口，平均面積も県によって異なる。香川県では面積的には狭いが平均人口は大きく，6圏域に区分したのに対して，高知県では面積は広いが人口的には小さく，12圏域（重複する3圏を含めると15圏域）に区分される。高知県の1圏域当たりの平均人口は6.7万人と小さいが，鳥取県（4.2万人）や島根県（5.9万人）ほどではない。四国4県では基本パターンと整合する市町村合併は少ないが，その圏域を越えて合併した町村も少なく，本川村（高知県）と別子山村，小田町，三瓶町（愛媛県）だけである。基本パターンは通常，広域市町村圏の圏域を細分するかたちで設定されるが，香川県では広域市町村圏の圏域と基本パターンとは完全に整合する[35]。

　合併推進構想は4県ともに策定された。しかし，合併対象市町村の他に「将来の望ましい市町村の姿」を提示したのは高知県だけであった（図Ⅸ-7参照）。高知県では合併推進要綱の12の圏域が6市の圏域に統合され，上記の本川村だけが基本パターンの圏域とは異なるものとなった。なお，合併新法のもとで合併したのは春野町の高知市編入だけであり，鬼北町（愛媛県）と松野町の合併協議は難航して合併には至らなかった。

(2) 合併の経緯に関する一般的特徴

徳島県の合併推進要綱は，自治省通達の4カ月後には早くも策定された。市町村合併における勉強会（研究会）の発足も各県によって時期的に異なり，すべての県で合併推進要綱発表直後に一斉に始まったわけではない。合併協議がとくに早く始まったのはさぬき市（香川県）で，2000年4月に法定協議会を設置して2002年4月には合併した。海陽町（徳島県）でも任意協議会を設置したのは2000年7月であり，2001年7月には愛南町（愛媛県）でも任意協議会を設置して合併しているが，高知県で任意協議会が設置されたのはすべてが2002年以後のことである。

表Ⅸ-4に示すように，愛媛県ではすべての市町村が合併協議に参加し，協議会不参加の市町村はゼロであった。徳島県と香川県では協議会不参加の市町村が若干あるが，協議会解散・離脱による非合併市町村は比較的少なく，市町村合併率は高い方であった。それに対して，高知県だけが協議会解散・離脱による非合併市町村率が30%を超えており，市町村合併率は54.7%と低いのが特徴といえる。

表Ⅸ-4の3タイプ（A～C）の平均人口は県庁都市が合併するか否かによって大きく影響を受けることになるが，平均財政力指数は市町村の財政状況と合併との関係をある程度示すことになる。平均財政力指数でみると，徳島県，香川県，愛媛県では平均財政力指数が最も低いのは合併市町村（A）であり，協議会不参加の市町村（C）が最も高い傾向にあるが，高知県では最も低いのが－僅差ではあるが－協議会解散・離脱による非合併市町村（B）となる。高知県の場合には協議会不参加の非合併市町村（C）でも平均財政力指数は0.25ときわめて低い状況にあり，財政力指数の逆転現象から判断すれば，非合併の原因に財政的な富裕度は無関係であったといえる。表によると，合併した市町村の人口規模においても財政力指数においても香川県だけが飛び抜けて大きいことがわかる。

図Ⅸ-3に示すように，愛媛県では順調合併が多いのに対して，協議会解散・離脱による非合併市町村の多いのは高知県である。徳島県や香川県でも協議会の解散・離脱は比較的多い。合併協議会が解散して広い範囲で非合併市町村が存続するのは高知県西部と東部や徳島県中部であるが，最近になって合併協議を起こそうとするのは中核市を目指す徳島市だけである。なお，高知市（1998年），高松市（1999年），松山市（2000年）はいずれも「平成の大合併」開始以前に中核市に昇格しており，合併によって中核市や特例市になった都市はない。

(3) 合併市町村に対する支援

表Ⅻ-1に示すように，合併特別交付金の算出方式はそれぞれ異なる。徳島県と香川県では5億円＋$(n-2) \times 1$億円，上限は10億円という一般的な算出方式が適用された。nは合併関係市町村数。ただし，香川県においてこの式が適用されるのは「合併後市になる場合」であり，「合併後市にならない場合」には5億円×（合併後人口／3万人）が適用されたので，香川県は新市の形成を積極的に支援したことになる。高知県では（1億円×n）＋面積等加算額＋公債費負担格差加算額（各加算額の上限は2億円，交付額の下限は2億円）という独特な算出方式により，旧合併特例法のもとでは香南市の8.5億円が最高額となり，合併新法の交付額（4.7億円）を加算すると高知市は6.2＋4.7＝10.9億円となる。その場合の交付額の下限は2億円であった。

これに対して，上述したように，愛媛県の合併特別交付金は北海道や群馬県，京都府，兵庫県と同じくゼロであった。愛媛県では市町村合併がきわめて積極的に推進されたにもかかわらず，交付金が

ゼロというのは意外に思える．逆にいえば，交付金がないにもかかわらず市町村合併がこれだけ進捗したのは驚きである．愛媛県では合併の必要性を熱心に説明したし，市町村の側でも現状をよく理解しており，市町村合併への気運が高まったものと推測される．市町村合併には特別な出費が必要であるが，すべての市町村が合併の必要性を認め合併に向けて努力するなかでは，合併特別交付金は不要と考えたのかもしれない．愛媛県以外にも，特別交付金が中国地方の広島県や島根県のように多額の交付金を交付した県はない．

（謝辞）本研究に当たりご協力いただいた中山貴晶氏，井口貴弘氏（徳島県），小瀧賢士氏，永瀬守俊氏，柳敏樹氏（香川県），長田和也氏，石丸隆雄氏（愛媛県），川村佳文氏，寺村禎人氏（高知県）らのご厚意に感謝します．

（注）

(1) 徳島県（1999）：『徳島県市町村合併推進要綱』p.1 によると，住民意識でも「将来の時代に対応できない」が 24.6%，「どちらかといえばできない」が 38.6% であった．
(2) 『徳島県市町村合併推進要綱』，pp.11-31 では合併パターン A, B が「基本パターン」と呼ばれるが，本書の「基本パターン」とは異なるので「パターン」と呼ぶことにする．
(3) 注（1），p.11 による．
(4) 徳島県（2007）：『徳島県における「自主的な市町村の合併の推進に関する構想」』による．
(5) 佐那河内村，神山町，石井町（26,023 人，0.48），鳴門市（64,620 人，0.66），徳島市の 5 市町村である．
(6) 徳島県医療政策課（元合併担当者）の説明による．
(7) 「麻植郡合併協議会設置にいたる経過報告」（http://www.tcu.or.jp/oe-gappei/home/ pdf/gaiyou/keika.pdf）によると，4 町村は古くから緊密な結びつきを有しており，2001 年に合併検討協議会が麻植郡 4 町村の約 1.6 万世帯を対象にアンケートを行った際にも，回答者の 7 割以上が合併に賛同していたという．
(8) 三好西部合併協議会事務局：三好西部合併協議会（2006 年 2 月 28 日 pdf）による．
(9) 徳島新聞 2013 年 4 月 24 日による．
(10) 香川県（2000）：『香川県市町村合併促進要綱』，pp.10-12 による．
(11) 香川県（2007）：『自主的な市町の合併の推進に関する構想（第 1 次分）』による．
(12) 香川県自治振興課の説明によると，国の新市町村合併支援プランに基づく財政支援を受けるために，先行した合併の事後処理となったものである．
(13) 6 市町は直島町（3,705 人，0.43），宇多津町（15,978 人，0.81），多度津町（23,657 人，0.61），三木町（28,769 人，0.47），善通寺市（36,413 人，0.51），坂出市（59,228 人，0.87）である．
(14) 香川県自治振興課の説明による．
(15) ただし，東部地区のさぬき市と東かがわ市は B パターンの圏域と整合する．
(16) ただし，広域的処理業務においては緊密な結びつきがみられる．し尿処理では土庄町と池田町が衛生組合をつくり，内海町は単独で処理する．消防や一般廃棄物処理は 3 町で処理し，火葬場は土庄町と新・小豆島町に分かれている（香川県，2013：『香川県市町行財政要覧 2013 年版』）．
(17) 香川県自治振興課の説明による．

(18) 香川県自治振興課および善通寺市企画課の説明による．
(19) 香川県自治振興課の説明による．
(20) 愛媛県の合併推進要綱でも「基本パターン」と呼ばれる合併パターンが示されているが，基本的な合併パターンをなすため，本書でもそのまま基本パターンとして採用する．
(21) 愛媛県においては旧合併特例法のもとで市町村合併が大きく進展したが，市町を取り巻く環境，国の基本方針などを踏まえて，松野町を対象とした合併推進構想が策定された（愛媛県市町村課の説明による）．
(22) 「参考パターン」の圏域と整合するものには新居浜市，上島町，東温市がある．
(23) 伊方町に八幡浜市との合併の意思がなかったために，三崎町は飛地合併を希望していたが，伊方町は半島地域との結びつきが強く，3町での合併となった．伊方町は今日では地方交付税の不交付団体ではない（伊方町役場の説明による）．
(24) 松野町は1992年に「人権尊重の町」を宣言し，2000年には「松野町差別撤廃・人権擁護に関する条例」を制定している．
(25) 高知県（2000）：『市町村合併に関する要綱』，p.10による．
(26) 四万十川流域，仁淀川流域，物部川流域をあげて流域の自然環境の一体的な保全を図ることを目的とする．
(27) 中芸地域，仁淀川中上流地域，嶺北地域，高幡地域の山間部で，農林業の一体的な振興などを目標とする．
(28) 高知県（2007）：『高知県市町村合併推進構想』，p.2による．
(29) 広域市町村圏は最初は4地区に区分されたが，1990年と1995年に相次いで修正が行われて7つに区分された．
(30) 8市町村は大川村（569人，0.09），本山町（4,657人，0.14），土佐町（5,035人，0.23），大豊町（6,378人，0.14），室戸市（19,472人，0.23），土佐清水市（18,512人，0.27），土佐市（30,338人，0.36），南国市（49,965人，0.53）からなる．
(31) 高知県（2012）：『高知県市町村便覧2012年度』，p.82による．
(32) ただし，2003年3月に土佐町，大川村の議会で法定協議会設置議案が否決されたことがあったし，2003年7月の住民投票では大川村は合併賛成が多く，土佐町では反対が多かった．
(33) 高知県では広域連合が県下全域には設置されなかったが，中芸広域連合が合併阻止の方向に働いたのも長野県の広域連合と類似する．
(34) 図XIII-1のYグループには含まれないが，後述の都道府県における市町村合併率と市町村の人口推移および小規模自治体比率による類型との関係を示した表XIII-2においても，高知県は特異なグループに属する．
(35) 高知県でも「基本的な合併パターン②」は広域市町村圏の圏域と完全に整合する．

X 九州地方の市町村合併

1. はじめに

九州[1]は福岡市を中心とする地理的一体性の強い地域ではあるが，九州7県にはそれぞれ地理的特徴があり，まったく等質的な地域とはいえない。熊本市には福岡市に対するライバル意識もあり，道州制においても9州案と11州案の州都は福岡市が妥当であるが，13州案において北九州と南九州とを区分したときには南九州の州都は熊本市に置くのが妥当と考えられている。

県単位でみた場合には，第2次・第3次産業の就業者構成においては大差があるとはいえないが，福岡県では都市密度やDID人口比率[2]が高く（表Ⅱ-3参照），将来の人口増減率（2010～40年）においても人口増減率（-13.7%）は九州では最も高く，全国でも高い方から7番目と推測される。それに対して，鹿児島県は-23.0%（第31位），長崎県は-26.5%（第38位）である。

1人当たり県民所得（2000年度）が最も高いのは大分県の276.5万円で[3]，福岡県（266.0万円）は熊本県の264.6万円よりもやや高い第2位であるが，表Ⅱ-4に示すように，県平均財政力指数では福岡県は0.40で，佐賀県の0.39よりもやや高く，九州7県では最も高い。表X-1によって過疎市町村をみると福岡県（19.6%）と佐賀（24.5%）では著しく低いし，「平成の大合併」では非合併市町村率は宮崎県（43.2%），福岡県（43.3%）が高く，合併による市町村減少率も低い（表Ⅱ-3参照）。このようにして，福岡県だけでなく佐賀や宮崎県でも，その他4県とは異なった特徴がみられる。

九州各県は「昭和の大合併」でも違った特徴を示す。市町村減少率では鹿児島県（19.0%），宮崎県（39.5%），長崎県（47.5%）は著しく低く，全国でも低い方から第2位～第4位に位置づけられる（表

表X-1 九州・沖縄県における過疎地域（2001年4月）

県	市町村合計	過疎市町村	みなし過疎	過疎のある市町村	過疎地域合計	%
福岡県	111	15	7	4	26	23.4
佐賀県	49	3		9	12	24.5
長崎県	84	33	15	10	58	69.0
熊本県	104	37	14	2	53	51.0
大分県	66	22	21	8	51	77.3
宮崎県	52	14	4	3	21	40.4
鹿児島	98	47	9	16	72	73.5
九州合計	564	171	70	52	293	52.0
沖縄県	63	19	3	1	23	36.5

資料：総務省自治行政局：『過疎対策の現況』平成15年度版，過疎地域市町村等一覧（平成20年）(http://www.soumu.go.jp/c-gyousei/2001/kaso/h14kasoichiran.htm）による．

表X-2　九州・沖縄県における1960～2000年間の市町村人口規模の変化

県		市町村合計	0.5万人未満	0.5～1.0万人	計	%	1～3万人	%	3～10万人	10～30万人	30万人以上	計	%
福岡県	1960年	111	7	19	26	23.4	58	52.3	19	6	2	27	24.3
	2000年	97	9	15	24	24.8	43	44.3	25	3	2	30	30.9
						1.4		-8.0					6.6
佐賀県	1960年	49	5	14	19	38.8	23	46.9	6	1		7	14.3
	2000年	49	4	22	26	53.1	17	34.7	5	1		6	12.2
						14.3		-12.2					-2.1
長崎県	1960年	84	1	31	32	38.1	44	52.4	6	1	1	8	9.5
	2000年	79	24	32	56	70.9	17	21.5	4	1	1	6	7.6
						32.8		-30.9					-1.9
熊本県	1960年	104	9	44	53	51.0	40	38.5	9	1	1	11	10.5
	2000年	94	21	37	58	61.7	25	26.6	9	1	1	11	11.7
						10.7		-11.9					1.2
大分県	1960年	66	7	24	31	47.0	27	40.9	6	2		8	12.1
	2000年	58	23	15	38	65.5	13	22.4	5	1	1	7	12.1
						18.5		-18.5					0
宮崎県	1960年	52	1	17	18	34.6	26	50	6	2		8	15.4
	2000年	44	10	9	19	43.2	17	38.6	5	2	1	8	18.2
						8.6		-11.4					2.8
鹿児島県	1960年	98	5	22	27	27.6	56	57.1	14	1		15	15.3
	2000年	96	23	35	58	60.4	29	30.2	8	1		9	9.4
						32.8		-26.9					-5.9
沖縄県	1960年	63	14	26	40	63.5	19	30.2	3	1		4	6.3
	2000年	53	17	9	26	49.1	14	26.4	10	2	1	13	24.5
						-14.4		-3.8					18.2

資料：国勢調査1960年, 2000年による.

Ⅱ-1参照）。鹿児島県では藩政村が異常に大きかった薩摩藩の影響がみられ[4], 宮崎県では戦後相次いで合併が行われ, 8,000人未満の町村数は減少していたためといわれるが（林, 1961：117), 長崎県の市町村減少率が低かった理由は明らかでない。なお, 市町村当たりの平均面積（2000年）では宮崎県が全国第4位（175.8km²）と高く, 第43位（49.8km²）の佐賀県との間には大差があった（表Ⅱ-1参照）。

　1960～2000年においては, 表X-2に示すように, 福岡県と佐賀県以外の各県では人口0.5万人未満の小規模自治体が著しく増加しており, とくに大分県では全市町村の23（39.7%）に当たる。1万人未満の小規模自治体比率は福岡県と宮崎県では増加率は10ポイント以下にとどまるのに対して, 1～3万人クラスの市町はすべての県で減少し, 3万人以上の市町数は鹿児島県と佐賀県, 長崎県以外は増加している。

　宮崎県の1960年における小規模自治体比率（34.6%）は福岡県（23.4%), 鹿児島県（27.6%）に次いで低い。鹿児島県はこの40年間に小規模自治体が急速に増加したのに対して宮崎県ではそれほど増加せず, 2000年には福岡県（24.8%）に次いで第2位であった。福岡県では都市化によって人口増加した小規模自治体が多かったのに対して, 宮崎県で小規模自治体がそれほど増加しなかったのは意外に思われる[5]。

　図X-1によって通勤圏の分布を示すと, 各県とも県庁都市が通勤圏を広げる。佐賀市を除く県庁都市の通勤圏には半従属中心地が付属し, 重層的構造をもつものが多い。その一方で, 中心都市から

1. はじめに 277

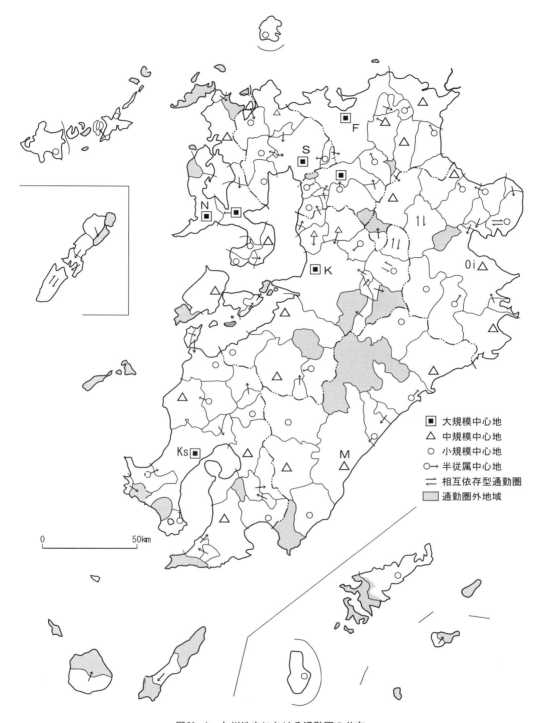

図Ⅹ-1 九州地方における通勤圏の分布
F：福岡市，K：熊本市，Ks：鹿児島市，M：宮崎市，N：長崎市，Oi：大分市，S：佐賀市．
資料：国勢調査（2000年）による．

表X-3　九州・沖縄県における財政力指数 0.6 以上の市町村

県	財政力指数				
	0.6～0.7	0.7～0.8	0.8～0.9	0.9～1.00	1.0 以上
福岡県	北九州市, 甘木市, 筑紫野市, 大野城市, 古賀市, 志免町, 宮田町	福岡市, 久留米市, 新宮町, 糟屋町			苅田町
佐賀県	佐賀市	鳥栖市			玄海町
長崎県	諫早市	松浦市, 香焼町			
熊本県	熊本市	大津町, 苓北町			
大分県	湯布院町		大分市		
宮崎県	宮崎市, 清武町				
鹿児島県	鹿児島市, 川内市				
沖縄県	那覇市, 浦添市				

資料：国勢調査 2000 年，総務省自治財務調査課：平成 12 年度財政指数表による．

離れるにつれて小規模な通勤圏や玉突型通勤圏や相互依存型通勤圏が発生し，山間部や離島では通勤圏外地域が現れるのは一般的傾向といえる．

　通勤条件は農村部における住民生活に強く関係する．通勤条件が住民の所得に影響を与え，市町村の税収に反映されるので，財政にも影響する．財政力指数の分布を示した図X-2 によると，隣接する市町村でも—通勤者比率とは異なって—財政力指数は大きく変動する場合もなくはないが，九州地方における市町村の通勤者比率と財政力指数との間には $r = 0.512$（$n = 517$）の相関がみられ，通勤条件の良好な市町村ほど財政的に豊かになる傾向が認められる．

　県庁都市の財政力指数が 0.60 未満の都市は長崎市（0.58）だけであり，0.60 以上の市町村をあげると，表X-3 のようになる．県庁都市や北九州市，久留米市以外で財政力指数が高いのはエネルギー産業の町（玄海町，川内市，松浦市，苓北町）や近代工業都市（苅田町，大津町，香焼町，新宮町，甘木市，宮田町），ベッドタウン（粕屋町，筑紫野市，志免町，大野城市，清武町），流通拠点（鳥栖市），観光地（湯布院町）などである．近代工業都市の多くは県庁都市の近くにあって，ベッドタウンの特性を兼ね備える市町である[6]．

　財政力指数 0.60 以上のベッドタウンをもつのは福岡市だけといってよいが，0.40 以上の市町村は福岡市，久留米市，佐賀市，北九州市にかけて広い面積を占める．その他の県庁都市周辺の通勤圏でも 0.40 以上の市町村がみられるが，面積的にはそれほど広くない．その一方で，山間部や離島では 0.20 未満の財政的に貧しい町村が多く，広い面積を占める．九州山地に当たる熊本県南部から宮崎県中北部，大分県の山間部に広がるが，福岡県田川市周辺にまで広がるのは旧産炭地との関係によるものと思われる．

2. 福岡県

(1) 地理的特徴と市町村合併に対する県の対応

　上述のように，福岡県は九州のうちでは最も都市化した地域である．「昭和の大合併」の市町村減少率は 61.1％で全国平均よりもやや低率にとどまったが（表Ⅱ-1 参照），1960 年においても 2000 年においても，小規模自治体比率は九州では最も低く，全国平均よりも低率であった．県平均の財政力指数は九州では最も高いが，最高は苅田町の 1.09 で，それに次ぐのが福岡市と新宮町の 0.74 である（表

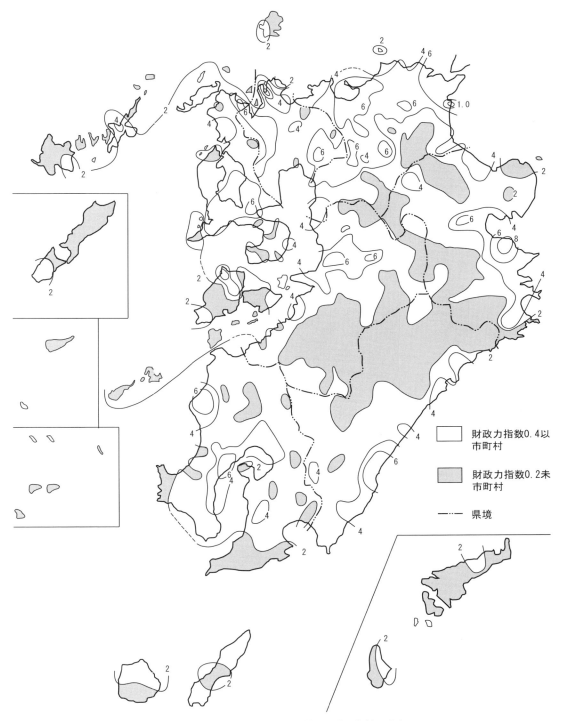

図X-2 九州地方における市町村の財政力指数の分布
＊等値線の数字は小数点以下の指数を示す（例：6は0.6）．
資料：総務省自治財務調査課：平成12年度財務指数表による．

X-3参照)。一方，0.20未満の市町村は全体の15.5%で，それほど多いとはいえない。

表XII-11によると，福岡県では大規模中心地には福岡市（圏内市町村数は26）と久留米市（同12），中規模中心地には北九州市（同9），飯塚市（同9），田川市（同8）があり，小規模中心地には八女市（同4），行橋市（同4），大牟田市（同3），甘木市（同3），柳川市（同3），直方市（同2）がある。このうち久留米市，飯塚市，甘木市は福岡市の半従属中心地であり，八女市と柳川市は久留米市の半従属中心地に当たる。行橋市と直方市は北九州の半従属中心地である。したがって，福岡県中北部は他の大都市圏地域と類似した通勤圏構造をもつ地域といえる。

佐賀県の基山町や鳥栖市は福岡市の通勤圏に入り，北茂安町，三根町は久留米圏に属し，熊本県の荒尾市や南関町は大牟田市の通勤圏に含まれるが，大分県との境界付近では中津市や日田市の通勤圏に属する町村もある。通勤圏外地域は大島村と矢部村，小石原村，大川市である。

福岡県の合併推進要綱は，各市町村長の意見を聴取し，国が提示した「市町村の合併の推進のための指針」（1999年8月）と福岡県広域行政研究会の作成による「福岡県における市町村の自主的合併等の推進方策に関する調査報告書」（2000年5月）を基礎資料として2000年12月に策定したもので，AとBの2つの合併パターンが提示された。基本パターンとしてのパターンAは旧郡や広域市町村圏を基本的単位として，社会生活指標や行政サービス指標を中心にクラスター分析を行い，一定規模の都市が形成されるように人口のバランスをも考慮して，「県土全体の均衡ある都市づくり」を重視する。17の圏域は10の広域行政圏を細分したものである。一方，パターンBは一部の地域について一部事務組合などによる現在の広域連携の延長線上にある合併が現実的な場合もあることを考慮して，もう1つの案を示したものといわれる[7]。

図X-3に示すように，17圏域の合併から除去された福岡，北九州，久留米の3市を加えると20の圏域からなるので，その通りに合併したならば，市町村数は97から20へと減少し，減少率は79.4%となる。上記の3市を除く17の圏域のうち，飯塚，田川，甘木，八女，大牟田，行橋など6市の圏域は通勤圏とほぼ一致するが，福岡市の通勤圏は広く，5つの圏域に区分される。

なお，基本パターンの人口は旧浮羽郡3町の56,650人から旧筑紫郡5市町の393,882人まで幅があり，大規模な市町村合併を目標としたものであった。表XII-14に示すように，基本パターンの平均面積は佐賀県に次いで小さいが，平均人口は宮崎県に次いで大きく，3万人未満の町村を欠くことになる。

旧合併特例法のもとで市町村合併が進捗した県のなかでは，大分県のように合併推進構想を策定しなかったところもあるが，福岡県では2006年3月末までの市町村合併は69市町村にとどまり（減少率28.9%），合併の進捗率に地域差もみられたため，合併推進構想も策定された。その際には，合併推進構想は総務省の「自主的な市町村の合併を推進するための基本的な指針」（2005年5月）や「市町村の現況，生活圏域に関する調査」（2006年3月）が基礎資料として利用され[8]，図X-4に示すように，「構想対象市町村」と「合併推進が望まれる地域」とを区別して示された。対象市町村は6地区からなり，4地区（みやま市，糸島市，八女市は2回合併）の合併は合併新法のもとで成立した。一方，「合併推進が望まれる地域」のなかには飯塚市や宮若市，嘉麻市，朝倉市，築上町，みやこ町など旧合併特例法のもとで合併した市町が含まれるが，福岡市とその周辺，北九州市，新・久留米市などは除外された。

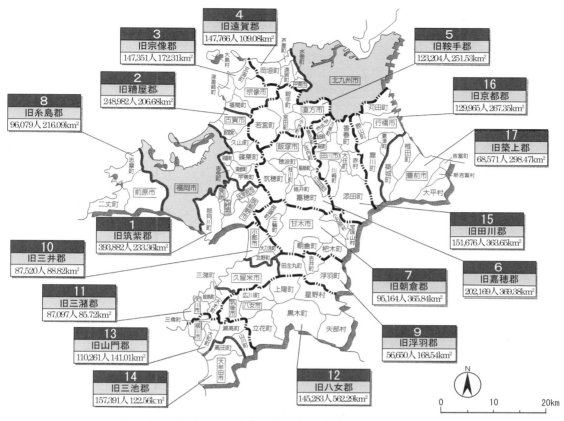

図X-3 福岡県における合併推進要綱の基本パターンと広域市町村圏
太実線：基本パターン境界，二点鎖線：広域市町村圏境界．人口は平成12年3月31日現在．
資料：市町村合併問題研究会編（2001：191），自治省行政振興課編（1983：92）による．

（2）合併の経緯

表X-4に示すように，福岡県では合併前97あった市町村のうち55（56.7％）が合併し，29（29.9％）が合併協議会を解散・離脱した後非合併となり，13[(9)]（13.4％）は合併協議会に一度も参加しなかった．合併協議会不参加の13市町村はそのほとんどが福岡通勤圏内にあり，ほかには北九州通勤圏に属する苅田町（35,604人，1.09）と大牟田市があるだけである．しかも，不参加市町のうち人口1万人未満は久山町（7,640人，0.48）だけで，1～3万人クラスのものも篠栗町（29,359人，0.49）と新宮町（22,431人，0.74）の2町であり，他のすべてが3万人を超え，財政的にも豊かな自治体である．表X-4からも明らかなように，合併した市町村には人口が小規模で財政的に貧しいものが多く，協議会解散，協議会不参加の順に人口が大きく，財政的にも豊かなものが多くなる通常の傾向が認められる．

市町村合併の研究会（勉強会）は，広域的な行政範囲をなす4地域（福岡，北九州，筑豊，筑後）に分かれて行われたが，任意・法定協議会に進むにつれて分裂して小規模なものとなった．合併協議会の設置の多くは2002年に始まるが，合併成立へと順調に進行したものだけでなく，設置と解散を繰り返す場合もあった．

282　X　九州地方の市町村合併

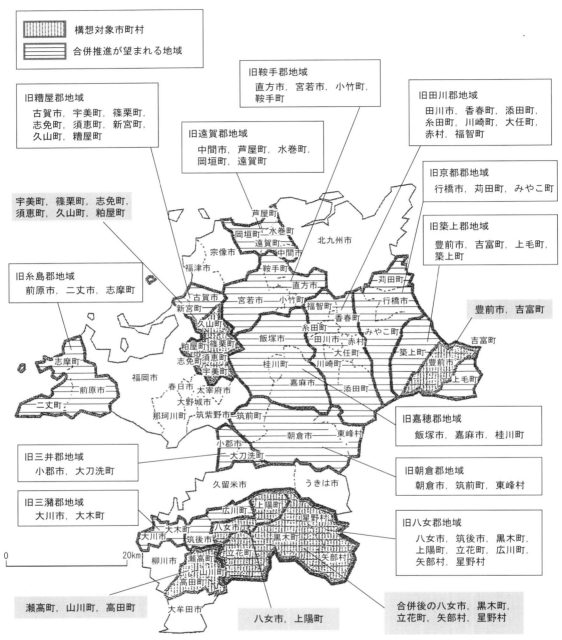

図X-4　福岡県の合併推進構想における構想対象市町村と「合併推進が望まれる地域」
出典：福岡県（2006）：『福岡県市町村合併推進構想』，p.28 による．

　上記のように，福岡県では市町村合併は4地域に分かれて進行したので，この地域単位にみていくことにする．まず福岡地域においては，①宗像市と玄海町は2000年4月に早くも法定協議会を設置して新設合併した後，大島村を編入した．②福間町と津屋崎町は2002年12月に住民発議による法定協議会を設置してそのまま合併して福津市（市役所は福間町役場，ただし分庁方式）となった[10]．

表X-4 九州・沖縄県における合併状況と人口規模，財政力指数

県		市町村数	%	人口規模（2000年）							財政力指数（2000年度）						
				0.5万人未満	0.5～1万人	1～3万人	3～10万人	10～30万人	30万人以上	平均人口	0.2未満	0.2～0.4	0.4～0.6	0.6～0.8	0.8～1.0	1.0以上	平均財政力指数
福岡県	A	55	56.7	8	11	28	7		1	21,309	12	26	14	3			0.330
	B	29	29.9	1	3	13	11	1		61,343	3	8	16	2			0.410
	C	13	13.4		1	2	7	2	1	155,829			6	6	1		0.637
	計	97	100.0	9	15	43	25	3	2		15	34	36	11	1		
佐賀県	A	39	79.6	4	18	14	2	1		16,296	7	20	11	1			0.333
	B	9	18.4		4	2	3			24,127		4	3	1		1	0.652
	C	1	2.0			1				23,949			1				0.350
	計	49	100.0	4	22	17	5	1			7	24	15	2		1	
長崎県	A	71	89.9	23	32	12	2	1	1	18,391	34	29	5	3			0.237
	B	7	8.9	1	5	1				18,048	1	4	2				0.344
	C	1	1.2				1			84,414			1				0.510
	計	79	100.0	24	37	13	3	1	1		35	33	8	3			
熊本県	A	66	70.2	16	27	17	4	1	1	21,828	29	29	7	1			0.246
	B	22	23.4	5	6	8	3			13,805	8	7	5	2			0.318
	C	6	6.4			4	2			19,161	1	4	1				0.305
	計	94	100.0	21	33	29	9	1	1		38	40	13	3			
大分県	A	52	89.7	22	15	9	5		1	19,461	28	17	5	1	1		0.241
	B	5	8.6	1		4				16,524	1	2	2				0.346
	C	1	1.7						1	126,523			1				0.580
	計	58	100.0	23	15	13	5		2		29	19	8	1	1		
宮崎県	A	25	56.8	7	5	6	4	2	1	35,599	9	9	5	2			0.296
	B	18	40.9	3	3	11	1			15,135	5	12	1				0.258
	C	1	2.3		1					7,596		1					0.210
	計	44	100.0	10	9	17	5	2	1		14	22	6	2			
鹿児島県	A	75	78.1	19	25	22	8		1	20,968	28	35	10	2			0.254
	B	18	18.7	2	10	6				10,338	11	6	1				0.193
	C	3	3.2	2		1				9,175	2	1					0.127
	計	96	100.0	23	35	29	8		1		41	42	11	2			
沖縄県	A	17	32.1	3	5	7	2			13,962	7	9	1				0.236
	B	19	35.8	10		3	4	1	1	34,669	10	4	3	2			0.262
	C	17	32.1	4	4	4	4	1		24,832	5	7	5				0.282
	計	53	100.0	17	9	14	10	2	1		22	20	9	2			

A：合併成立の市町村，B：合併協議会解散または離脱の市町村，C：合併協議会不参加の市町村．
資料：国勢調査2000年，総務省自治財務調査課：平成12年度財政指数表，および各府県担当課の資料とグリグリ「市区町村変遷情報」による

③前原市，二丈町，志摩町も2002年11月に法定協議会を設置した後一旦解散したが，2008年1月に合併新法のもとで同一の3市町と合併して糸島市（市役所は前原市役所）となった。

④甘木・朝倉地区では7市町村からなる任意協議会を2002年8月に設置したが，そのうちの5市町村でもって翌年4月に設置した法定協議会も相次いで解散した。残された三輪・夜須両町は2003年8月に法定協議会を設置して合併し，筑前町（町役場は夜須町役場）が誕生した。解散した5市町村のうち小石原村，宝珠山村も合併して東峰村（村役場は宝珠山村役場）となり，残りの3市町（甘木市，杷木町，朝倉町）も2004年10月に合併して朝倉市（市役所は甘木市役所）が誕生した。結局，最初の甘木・朝倉市町村合併協議会は3分してそれぞれ合併したことになる。新設の東峰村の人口はわずかに2,948人（2000年）で，全国的にも珍しい例である。東峰村では地方交付税も10年間は増加しており，合併特別交付金や合併特例債を受け取り，財政的利益を得ることができ，当面朝倉市との合併は考えていないとのことである[11]。

⑤志免町，宇美町，須恵町は2003年7月に任意協議会を設置したが翌年3月には解散し，2006年10月には合併推進構想の指定を受けて3町（糟屋町，篠栗町，久山町）を加えて糟屋郡6町合併研究会を立ち上げたが，糟屋町と久山町の町議会が否決したため，協議はそれ以上進展しなかった。財政的に豊かな糟屋町（34,811人，0.70）は自立できるし，人口の少ない久山町は合併すると周辺部に位置づけられることを恐れたといわれる。

北九州地域では，2002・03年に4つの合併協議会が設置された。①京築1市5町合併法定協議会（行橋市，犀川町，勝山町，豊津町，椎田町，築城町）は設置の9カ月後の2003年12月に解散したが，6市町のうち犀川町，勝山町，豊津町の3町は合併してみやこ町（町役場は勝山町役場）が誕生した。②築上東部3町（吉富町，新吉富町，大平村）は2002年7月に任意協議会，翌年6月に法定協議会を設置したが，役場の位置をめぐって対立し，協議会を解散した。しかしその後2004年11月に新吉富町・大平村の2町村が法定協議会を設置して合併し，上毛町（町役場は新吉富町役場）が誕生した。

③豊前市，椎田町，築城町も2004年10月に法定協議会を設置したが，半年足らずで解散した。そのうち，椎田町と築城町は2005年3月に法定協議会を設置して合併し，築上町（町役場は椎田町役場）が誕生した。豊前市は2007年に合併推進構想の指定を受けて上記の吉富町と法定協議会を設置したが（図Ⅹ-4参照），休止状態のまま「平成の大合併」が終了した。④そのほか，2003年7月に設置された芦屋町，水巻町，岡垣町，遠賀町の法定協議会や2004年1月に設置された北九州市と中間市の法定協議会はいずれも解散した。

筑豊地域では，①2003年4月に5市町からなる直鞍合併協議会（法定）（直方市，小竹町，鞍手町，宮田町，宮若町）を設置したが解散し，直方市，小竹町，鞍手町は2004年6月に法定協議会を設置したが再び解散した。このうち，宮田町と宮若町が合併して宮若市（市役所は宮田町役場）が誕生した。②田川市（54,627人，0.38）を中心とした地域では，2002年1月に田川市・川崎町の間に法定協議会が設置されたが，翌年解散した。2003年9月に設置された8市町村（田川市，香春町，添田町，金田町，糸田町，川崎町，大任町，赤村）からなる任意協議会も翌年2月には解散し，金田町を除く7市町村は非合併にとどまった[12]。田川市などと勉強会をともにしてきた金田町，赤池町，方城町の3町は2004年4月に法定協議会を設置して合併して福智町（町役場は金田町役場）が誕生した[13]。

これに対して，③飯塚市を中心とした地域では，2002年8月に嘉飯山2市8町合併任意協議会が

設置されたが，翌年には解散した。しかし2004年12月にはそのうちの5市町（飯塚市，筑穂町，穂波町，庄内町，頴田町）でもって法定協議会を設置し，合併して新・飯塚市となり，残りの山田市，稲筑町，碓井町，嘉穂町でもって嘉麻市（市役所は碓井町役場）が誕生した。その結果，桂川町（14,760人，0.31）だけがとり残されて単独存続となった。桂川町では合併を懇願していた町民の意思に反したとして，町長は町民のリコール選挙により失脚した。

　筑後地域では，2002年に6つの合併協議会が設置されたが，八女市や北野町，三潴町のように，同時に2つの合併協議会に加入したものもあった。①小郡市，北野町，太刀洗町の3町でもって2002年4月に設置された任意協議会は翌年1月に解散し，2003年5月に小郡市（54,583人，0.52）と太刀洗町（15,227人，0.40）は法定協議会を設置したが，解散して合併には至らなかった。②2002年7月に吉井町，田主丸町，浮羽町でもって設置された浮羽郡三町任意合併協議会のうち，吉井町と浮羽町は翌年4月に法定協議会を設置して合併し，うきは市（市役所は吉井町役場）となった。③8市町（久留米市，八女市，田主丸町，北野町，城島町，三潴町，上陽町，広川町）でもって2002年7月に設置された久留米広域合併任意協議会は同年12月には解散し，翌年1月にはそのうちの5市町でもって法定協議会を設置し，4町（田主丸町，北野町，城島町，三潴町）を編入して新・久留米市が誕生した。

　④2002年9月に設置された三潴郡3町合併協議会（城島町，大木町，三潴町）は翌年2月には解散した。その後，大川市と大木町は2004年4月に法定協議会を設置したが，本庁舎の位置をめぐって協議が難航し，翌年には解散した。三潴町が上記の久留米市の合併協議会に加入し合併したのはその後のことである。2008年に久留米市は中核市に昇格した。⑤2002年8月に設置された八女市・筑後市・八女郡任意合併協議会（8市町村）も翌年には解散し，2004年7月に新たに設置された八女市，筑後市，広川町の任意協議会もその年のうちに解散した。しかし，2005年8月になって八女市と上陽町は合併協議会を設置し，上陽町は合併新法のもとで八女市に編入した。さらに，筑後市と広川町を除く4町村（立花町，黒木町，星野村，矢部村）も，2010年に合併新法のもとで八女市に編入した。

　⑥2002年11月に設置された柳川山門三池任意合併協議会（6市町）のうちでは，柳川市，大和町，三橋町は2003年10月に法定協議会を設置して合併し，新・柳川市となった。残りの瀬高町，山川町，高田町はこれよりもやや先に法定協議会を設置していたが一旦解散し，その後合併推進構想の指定を受けて2005年10月に同一3町でもって法定協議会を設置して合併し，みやま市（市役所は瀬高町役場）が誕生した。

　以上が福岡県における「平成の大合併」の状況である。福岡県では，協議会不参加の13以外の市町村は合併協議会を設置していたが，順調合併が成立したのは宗像市，福間町，福智町などわずかにとどまる[14]。それよりも，協議会を解散してより小規模な合併を行うかそのまま単独存続となる場合が多く，久留米市周辺のように，一部の構成市町村を変えながら何度も協議会の設置と解散を繰り替えすのは希であった（図X-5参照）。先の合併協議会に不満をもって解散・離脱したものの，単独存続には財政的に自信がなく，改めて協議会を設置して合併した場合が多いものと推測される。

　久留米市周辺では，協議会構成市町村を交替しながら協議会の設置・解散を繰り返す例がみられたが，田川市を中心とする7市町村は協議会解散によって非合併にとどまった。図X-5に示すように，福岡市と北九州市の周辺には非合併地域が広がるのは，人口が多く富裕な市町が多く，市町村合併に

286　X　九州地方の市町村合併

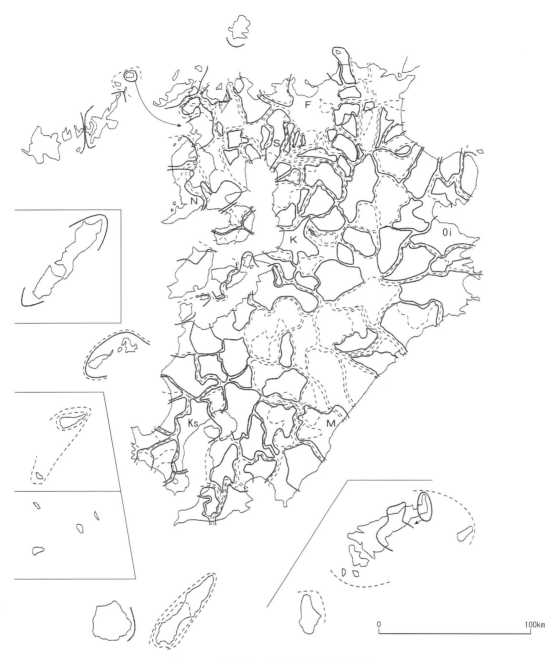

図X-5　九州地方における市町村の合併状況
F：福岡市, K：熊本市, Ks：鹿児島市, M：宮崎市, N：長崎市, Oi：大分市, S：佐賀市.
実線：合併した市町村の境界, 破線：協議会解散・離脱の市町村の境界.
＊合併協議会を一旦離脱した市町村が再び復帰して合併した場合には図が複雑になるので，一時離脱は図に表現しない
　ことにする．
＊解散した合併協議会に含まれる市町村よりも合併市町村が広い場合は，合併新法のもとで追加合併したためである．
＊2度・3度に分かれて合併した場合には最終的な合併地域だけを示す．佐世保市のように，周辺市町村と別々合併協
　議会を設置したものはまとめて示す．
＊糸島市・姶良市は合併協議会を一旦休止した後合併新法により合併したので，解散と合併地域とが重複する．
＊上峰町の合併協議会は複雑で，一部省略する．
資料：各県の資料およびグリグリ「市町村変遷情報　詳細」による．

対する意欲が低い現れと考えられる。上述のように，合併推進要綱のAパターンと整合する合併は糸島市だけであるが，通勤圏の形状とほぼ整合する合併市町村には飯塚市，朝倉市，久留米市，柳川市などがある。

3. 佐 賀 県

(1) 地理的特徴と市町村合併に対する県の対応

　佐賀県は平野に恵まれ，過疎地域が少なく，平均財政力指数も九州では比較的高い。財政力指数の最高額は原子力発電所の立地する玄海町の2.14で，0.60以上には鳥栖市（0.75）と佐賀市（0.68）がある（表X-3参照）。0.20未満の市町村は7町村（14.3%）で九州では最も少ない。「昭和の大合併」では市町村減少率は全国平均よりも低いにもかかわらず，1960年の小規模自治体比率は全国平均よりもやや低かったが，2000年には全国平均をやや上回っていた（表II-1，表II-2参照）。

　表XII-11や図X-1に示すように，佐賀県では佐賀市（圏内の市町村は19）が大規模中心地，唐津市が中規模中心地（同8）に属し，小規模中心地には武雄市（同4），伊万里市（同3），鹿島市（同3），三田川町（同2）が含まれる。三田川町は佐賀市の半従属中心地である。多久市の就業者の12.0%は佐賀市に通勤しており，厳木町の12.5%が多久市に通勤するので，ここでは玉突型通勤圏が形成される。大町町では佐賀市と武雄市への通勤者比率がいずれも10.4%である。佐賀県には鳥栖市と基山町が福岡市の通勤圏に属し，北茂安町と三根町が久留米市の通勤圏に加わる一方，福島町（長崎県）は伊万里市の通勤圏に属する。平野が広く分布し交通的障害の少ない佐賀県では，通勤圏外地域に属する町村は皆無である。

　佐賀県の合併推進要綱（2000年7月）は委託調査「市町村の自主的合併等に関する調査報告書」を踏まえて策定され，ゾーニングの名で呼ばれるパターンA，B，Cが提示された[15]。人口規模によって類型化した合併パターンの名称も広域行政発展型（唐津市，武雄市，鹿島市）のほかに，県際交流促進型（鳥栖市）や地場産業集積型（有田町，白石町），地域共通課題解決型（大町町，江北町，神埼市），県都機能集積型（佐賀市，小城市）などがあり，通常使用される市制移行型，中核市発展型などとは別の目標が示された。

　図X-6のように，パターンAでは11の圏域に区分されており，広域市町村圏を細分したところはあるが，圏域を跨ぐ合併パターンはみられない。パターンBとパターンCは，その圏域の一部に別の区分を加えた修正案であり，鳥栖市，唐津市，鹿島市の3地域については3パターンとも同一である。パターンAを基本パターンと考えると，広い面積をもつ伊万里市と多久市は非合併のままにとどめおくとして，3万人未満の合併は4圏域を数える。パターンBでも3万人未満の圏域は2つあるが，パターンCでは皆無となり，とくにパターンCでは広域合併がみられる。小圏域に区分したパターンAを基本パターンとしたこともあって，表XII-14に示す基本パターンの平均面積は九州7県のうちでは最小となる。

　なお，佐賀県では旧合併特例法の終了した段階で13市町（26.5%）が未合併であったので，2006年11月に合併推進構想が策定された。しかしそのなかで，構想対象市町村として取り上げられたのは佐賀市南部3町だけであり，県内全市町村に関する「将来の望ましい市町村の姿」は示されなかった[16]。

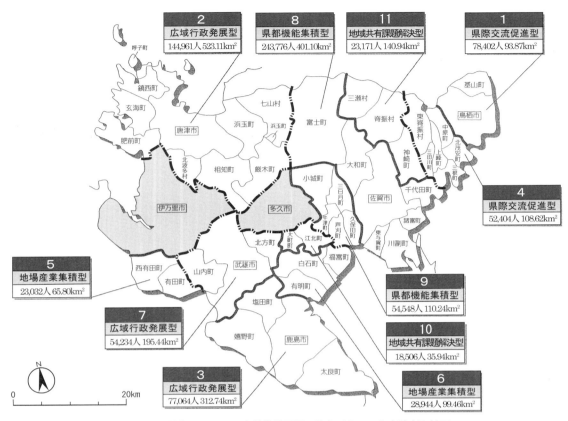

図X-6 佐賀県における合併推進要綱の基本パターンと広域市町村圏
太実線：基本パターン境界，二点鎖線：広域市町村圏境界．人口は平成12年3月31日現在．
資料：市町村合併問題研究会編（2001：193），自治省行政振興課編（1983：94）による．

(2) 合併の経緯

　表X-4によると，佐賀県の市町村では39（79.6％）が合併し，9（18.4％）が合併協議会の解散・離脱によって単独存続となり，合併協議会不参加は多久市だけである[17]。多久市も合併の意思がなかったわけではなく，小城郡との合併研究会には加入したが，多久市を除いて小城市を形成することになり，厳木町との協議は十分には盛り上がらず，任意協議会まで到達しなかった。現在市町村合併の動きはないとしても，将来の合併については拒否しないだろうといわれる[18]。

　佐賀県では，最初の合併協議会を形成した市町村がそのまま合併したのは小城市だけである。小城郡4町（小城町，三日月町，牛津町，芦刈町）では2001年3月に小城郡町村合併研究協議会を設置し，翌年4月には小城郡合併協議準備会（任意協議会）に移行した。その後，先に触れたように，多久市からも参加の申し入れがあり，多久市を含めた合併も検討されたが，佐賀広域圏の統合を目指して多久市とは将来的な合併に委ねるとして，2005年には4町によって小城市（市役所は牛津町役場）が誕生した。この4町ではいずれも佐賀市に対して20％以上の通勤者を送出するので，佐賀市の衛星都市が形成されたことになる。

　小城市の場合と類似して比較的順調な経緯をたどったのは，唐津市の合併である。唐津市では，

1999年11月という早い時期に合併推進要綱の基本パターンと同一範囲の10市町村でもって唐津・東松浦任意合併協議会が設置され[19]，2002年7月には法定協議会に移行したが，玄海町（6,986人）の住民アンケートでは「合併の必要ない」が18.4％，「今は必要ない」が40.9％の回答を得て，2003年8月に協議会を離脱した。原子力発電所の立地する玄海町では，表X-3に示すように，財政力指数が異常に高く，合併を拒否したのも無理からぬことと思われる。2004年2月には9市町村でもって合併協定調印式を行ったが，七山村議会が合併関連議案を否決し，七山村（2,698人，0.17）が協議会を離脱したので，2005年に七山村を除く8市町村でもって新設合併を行った。七山村は翌年になって唐津市に編入した[20]。

　佐賀県の合併推進要綱によると，伊万里市は多久市とともに，パターンAでは合併不参加都市として扱われているが（図X-6参照），2002年7月に伊万里市と西有田町，有田町との間で伊万里・西松浦地区任意協議会を設置した。それとともに，福島町（長崎県）との合併も検討されたが，協議は進展しなかった。2004年には西有田町が合併協議会から離脱し，伊万里市と有田町の飛地合併も検討されたが，有田町も離脱して協議会は解散した。その後同年9月には有田町（12,964人，0.42）と西有田町（9,350人，0.27）との間で合併協議が成立し，2町の合併によって新・有田町（町役場は西有田町役場）が誕生し，伊万里市は非合併となった。新・有田町は合併推進要綱のパターンAとも整合する圏域である。

　佐賀県においても，合併研究会の最初の取り組みの多くは広域でもって行われた。2000年9月に設置された佐賀中部地域市町村合併研究会は18市町村からなっていたし，2001年12月には武雄市は鹿島市や藤津郡，杵島郡の12市町に対して合併協議を提案した。しかし，そのまま大規模合併が実現した例はなく，合併協議会を解散してその一部でもって市町村合併が成立した場合が多い。①佐賀市[21]と佐賀郡6町村は2002年8月に法定協議会を設置したが，翌年になって大和町，富士町，久保田町，川副町が相次いで離脱し，法定協議会は解散した。その後2004年9月には神埼郡の三瀬村を加えて5市町村（佐賀市，諸富町，大和町，富士町，三瀬村[22]）でもって法定協議会を設置し，新設合併によって新・佐賀市が誕生した。構想対象市町村に指定された川副町，東与賀町，久保田町は，合併新法のもとで新・佐賀市に編入した。佐賀市の人口は237,506人（2010年）となり，2014年4月に特例市に昇格した。

　②武雄市の場合にも，上記の広域合併の提案は受け入れられなかった。2002年4月には北方町，大町町，江北町，白石町，福富町，有明町の6町でもって杵東地区任意協議会を設置し，法定協議会に進んだが，本庁舎の位置をめぐって協議が難航し，翌年9月に解散した。これと平行するかたちで2002年7月には6市町（武雄市，山内町，鹿島市，嬉野町，塩田町，太良町）による杵藤西部地区任意協議会が設置されたが，翌年には解散した。2003年4月には杵藤西部地区任意協議会に属していた4市町（武雄市，山内町，嬉野町，塩田町）でもって任意協議会を立ち上げ，法定協議会に進んだが，新市名を「湯陶里市（ゆとり）」とすることに武雄市が反対して住民運動を起こし，協議会は解散した。2004年4月には北方町，大町町，江北町が任意協議会を設置したが，3カ月後には解散した。その後2004年12月に武雄市と山内町に北方町が加わって法定協議会を設置し，合併して新・武雄市となった。また同年11月に塩田町，嬉野町が合併を検討し，嬉野市（市役所は塩田町役場）が誕生した。

　一方，③白石町，有明町，福留町の3町は2003年11月に法定協議会を設置して合併し，新・白石

町が誕生した。大町町（8,503人，0.33）と江北町（9,584人，0.39）は住民アンケートでは合併賛成がいずれも過半数を占めながらも，非合併にとどまった。新・白石町の合併は合併推進要綱のパターンAと整合するが，上記のように最初からこの圏域の合併を目指したものではなかった。④鹿島市と太良町（11,140人，0.24）は2003年4月に任意協議会を設置し，法定協議会，合併協定調印式を済ませた後太良町が住民投票により合併を拒否し，ともに単独存続となった。

県東部の市町村合併では，2002年6月に鳥栖市を中心に6市町でもって鳥栖三養基地区任意協議会を設置した。さらに，同年12月には，鳥栖市，中原町，三根町，北茂安町の4市町でもって佐賀東部合併協議会（法定）を設置し，旧合併特例法の期限内にまず4市町が先行合併した後，基山町や上峰町とも合併する予定であった。しかし，上峰町（8,672人，0.58）は上記の法定協議会を離脱して神埼郡の三田川町，東脊振村に3町村での合併協議を申し入れた。また基山町議会は「強制的な市町村合併に反対し，地方自治の確立を求める意見書」を可決し，鳥栖市も2003年11月には佐賀東部合併協議会から離脱したので，6市町による合併は断念され，合併協議会は解散した。その後2005年になって中原町，三根町，北茂安町の3町が合併してみやき町（町役場は北茂安町役場）が誕生し，鳥栖市（60,726人，0.75）と基山町（19,176人，0.59）は将来的には合併を検討するとして単独存続にとどまった。

上記のように，上峰町は2004年8月になって三田川町，東脊振村との3町村で任意協議会を設置したが，東脊振村が三田川町との2町村合併を希望して吉野ヶ里町（町役場は三田川町役場，分庁方式）が誕生した。2004年12月に上峰町と上峰町議会は総務省に「3町村での合併」を陳情し，その後も上峰町は吉野ヶ里町との合併協議の再開を申し入れたが，現時点での合併協議は困難との回答を得た。したがって，上峰町は以前合併の誘いのあったみやき町との合併を希望し，2町で合併勉強会を設置したが，合併直後のみやき町は現時点での任意協議会設置は時期尚早として上峰町の申し入れを延期したので，上峰町は非合併となった。上峰町には合併に対する強い要望があり，吉野ヶ里町にしてもみやき町にしても，上峰町と合併すれば市制施行ができるにもかかわらず，合併できなかったことに対して残念に思う住民もあったであろう[23]。

一方，神埼郡では上記の佐賀中部地域町村合併研究会の設置後，2002年6月に6町村からなる神埼地区任意合併協議会を設置し，法定協議会へと進んだ。しかし，三田川町と東脊振村が協議会から離脱を表明し，三瀬村も佐賀市への合併を申し入れて協議会を離脱し千代田町も離脱したため，6町村の合併を断念し，協議会を解散した。2005年4月には6町村での合併協議再開の可能性を検討したこともあったが成功せず，三田川町と東脊振村による吉野ヶ里町と神埼町，千代田町，脊振村による神埼市とに分割するかたちでそれぞれ誕生した。

以上が佐賀県における合併の概要である。表Ⅹ-4に示すように，佐賀県では九州の平均に比べて財政力指数においては比較的富裕な市町村が多いが，市町村の合併率は低い方ではない。武雄市や有田町，白石町では合併推進要綱の基本パターンと整合する合併がみられたが，図Ⅹ-5に示すように，設置と解散，分裂を経験した合併協議会が多く，最初の合併協議会のまま順調に合併したのは小城市だけである。玄海町と厳木町を除くと唐津市の合併区域は通勤圏と整合するが，完全な整合は皆無であった。玄海町をはじめ，鳥栖市や基山町，伊万里市などでは市町村合併を急がないが，上峰町や大町町，江北町などでは合併への希望が強いことが窺える。

4. 長崎県

(1) 地理的特徴と市町村合併に対する県の対応

　離島を多くかかえ過疎地域も多い長崎県では県平均の財政力指数も0.25で，九州では鹿児島県に次いで低く，経済的に貧しい県の1つに数えられる。財政力指数の高い市町は香焼町（0.77），松浦市（0.76），諫早市（0.60）で，長崎市（0.58）は0.60にも届かない（表Ⅹ-3参照）。一方，0.20未満の町村比率は44.3％に達し，大分県の50.0％に次いで高い。「昭和の大合併」における市町村減少率は47.5％で，低い方から4番目であったにもかかわらず（表Ⅱ-1参照），1960年における小規模自治体比率は38.1％で，全国平均よりも低い状態にあった。しかし，2000年の小規模自治体比率は急に伸びて70.9％と九州では最高比率（全国第3位）となり（表Ⅱ-2参照），「平成の大合併」が待たれる状況にあった。

　表Ⅻ-11や図Ⅹ-1に示すように，長崎県の通勤圏では長崎市（圏内市町村数は10）と諫早市（同10）が大規模中心地であるが，諫早市は長崎市への通勤者が多く，長崎市の半従属中心地に当たる。中規模中心地には佐世保市（同9）と島原市（同5）が含まれ，小規模中心地には福江市（同4），上五島町（同3），郷ノ浦町（同3），口之津町（同2），小浜町（同2）がある。小浜町は諫早市の半従属中心地に当たる。五島では福江市と上五島町，壱岐では郷ノ浦町がそれぞれ小規模中心地をなしているが，対馬は玉突型通勤圏に近い状態にあり，島原半島の先端部でも明瞭な通勤中心地を欠く地域がある。島嶼部のほかでは大瀬戸町が通勤圏外地域となる。松浦市も田平町だけを含む準通勤圏を形成する。

　人口減少も過疎化も激しい長崎県では，当時の金子原二郎知事は小規模自治体が将来財政破綻することを恐れ，1999年4月には全国に先駆けて合併推進室を設置したし[24]，後述するように，多額の合併特別付金を交付するなどして，市町村合併をきわめて積極的に推進してきた。10指標のクラスター分析によって策定された合併推進要綱の「基本パターン」[25]では，合併を免除された大村市を含めると12地区に分割された。それらは広域市町村圏とは異なる圏域で，図Ⅹ-7に示すように，各圏域の人口規模は上五島地域（5町）の28,391人以外はいずれも3万人を超えるものであった。なお，こうした基本パターンのほかに，市町村長の意見を考慮してもう1つの合併パターンが示された地区もあった。

　基本パターン作成に用いた10の指標の中には通勤圏が含まれるにもかかわらず，島嶼部を除くと基本パターンの圏域と通勤圏とが整合する地域はない。諫早市の通勤圏が北高地域（北高来郡）に伸びる点では整合するが，島原半島では小浜町（通勤者比率5％）まで達する諫早市の通勤圏や広域市町村圏の境界は無視され，島原半島地域にまとめられた。島原半島は二分された広域市町村圏を合併推進要綱では統合して島原半島地域として扱われるが，島原市は16市町すべてを統括する中心都市とは考えにくい。長崎市の通勤圏では，島嶼部や半島部の町は長崎・西彼南部地域として基本パターンに含められたが，長崎市のベッドタウンとして発展を遂げた長与町や時津町は独立の西彼中部地域を形成し，非合併にとどまる。佐世保市の通勤圏も切断され，北部は平戸・松浦・北松浦地域に，西部は西彼北部地域に，南部は東彼地域にそれぞれ含められた。

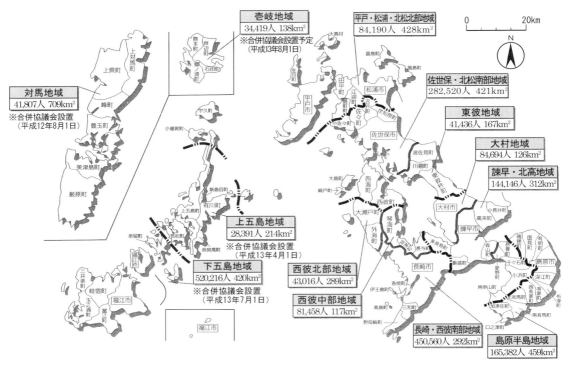

図Ⅹ-7　長崎県における合併推進要綱の基本パターンと広域市町村圏
　太実線：基本パターン境界，二点鎖線：広域市町村圏境界．人口は平成12年3月31日現在．
　資料：市町村合併問題研究会編（2001：196），自治省行政振興課編（1983：96）による．

　長崎県では，旧合併特例法のもとで2006年3月末までに13の新市・新町の誕生によって市町村数は23（減少率70.9%）に減少していたが，合併推進構想（2007年）も策定された[26]。具体的な構想対象地域として県が指定したのは，小値賀町，江迎町，鹿町町，佐々町の佐世保市への合併と東彼杵町，川棚町，波佐見町3町の合併であった。その他大村市と長与町(40,356人，0.51)，時津町(28,065人，0.54)については各市町の人口が十分大きく，財政力指数などの各種財政指標が比較的安定しているため現時点では対象外とするが，他県でもみられるように，今後の状況変化などにより地域に合併の機運が醸成されるなど合併の推進が必要と認められる場合には，新たに合併対象地域に加えることとした。

　このうち，小値賀町（3,765人，0.10）については消防・救急業務を佐世保市に委託しているし，人口が1万人未満の小規模自治体で2020年には高齢化率が約50%に達する予測や財政力指数が0.10で今後も厳しい財政状況が予想されること，本土と結ぶ公共交通機関が佐世保市への日帰り圏内にあること，隣接の宇久町がすでに佐世保市に編入したことをあげて合併を勧めた[27]。一方，東彼杵地域については東彼杵町の人口が2005年の国勢調査では1万人未満となったこと，3町で一部事務組合（ゴミ処理，し尿処理，火葬場，養護老人ホーム，介護認定審査会の設置など）を設立して運営しており，消防・救急業務を佐世保市に委託していることなど，住民サービスが同じ内容・水準にあることをあげている。このように，合併推進構想では合併推進要綱のとき以上に細かく指示されたが，「将来の望ましい市町村の姿」は示されなかった。

(2) 合併の経緯

　表Ⅱ-3に示すように，長崎県の市町村は79から21へと減少したので，市町村減少率（73.4％）は全国第1位である。県内には8つの非合併市町を含むにもかかわらず市町村減少率が高いのは，雲仙市や南島原市のように大規模合併による新市が誕生したためである。79の市町村の合併状況をみると，表Ⅹ-4に示すように，合併したのは71（89.9％）であり，7市町村（8.9％）は協議会解散や離脱によって未合併となり，大村市（1.2％）だけが協議会不参加であった。合併市町村率が89.9％という数値は大分県の89.7％をわずかに超えて，愛媛県の97.1％，広島県の93.0％に次ぐものである。

　合併推進要綱では，上記のように基本パターンは12地区に区分されたが，合併研究会の設置は必ずしも12地区にこだわることなく，より広い範囲でもって行われた。しかも，市町村合併の過程は，図Ⅹ-5に示すように，最初の合併協議会でもって順調に進み早期に完了した島嶼部と，きわめて複雑な合併経過をたどる長崎・佐世保両市周辺地域や島原半島とが対照的である。

　長崎市の周辺地域では，15町村でもって西彼杵郡市町村合併調査研究会による最初の合併協議が行われ，2002年1月には12市町村からなる長崎地域任意協議会を設置したが，同じころ設置された西彼中部地域任意合併協議会には4町（多良見町，長与町，時津町，琴海町）が重複して加入し，外海町も同年2月に設置された6町（外海町，西彼町，西海町，大島町，崎戸町，大瀬戸町）からなる西彼北部地域任意合併協議会に加入していた。これらの任意協議会はいずれも解散したが，2002年10月に設置された法定協議会に加入して長崎市に編入したのは，西彼北部地域任意合併協議会から離脱した外海町を含む6町（香焼町，伊王島町，高島町，野母崎町，三和町，外海町）であった。西彼中部地域任意合併協議会から多良見町（17,056人，0.47）が離脱した後3町で法定協議会を設置していたが，旧合併特例法失効直前の2006年1月になって琴海町が長崎市に編入した。残された長与町と時津町は協議会を解散して単独存続の道を選んだ。長崎市は人口増加がみられる富裕な長与町と時津町との合併を希望し，長与町や多良見町の側でも分村合併の動きがみられたが合併は実現せず，実際に編入したのは長崎市の臨海工業地区をなす香焼町（4,512人，0.77）を除くと財政的に貧しい町であった。

　西彼北部地域合併協議会（任意）を設置していた西彼杵半島では，外海町が離脱した後2002年5月に残りの5町でもって法定協議会を設置し合併して西海市（市役所は大瀬戸町役場）が誕生した。

　諫早市地区では2001年4月に6市町（諫早市，森山町，飯盛町，高来町，小長井町，多良見町）で任意協議会を設置したが，2002年4月には西彼中部地域任意合併協議会に加入した多良見町を除く5市町でもって法定協議会を設置した。その後，西彼中部地域任意合併協議会を離脱した多良見町が加入して新・諫早市が誕生し，島嶼地域（下五島，上五島，壱岐，対馬）以外で合併推進要綱の基本パターンと整合する唯一の圏域となった。ただしこの間には，小長井町が一時離脱して再加入する事件があった。

　これに対して，島原半島地域の市町村合併はきわめて複雑な経緯をたどることとなった。島原半島西岸地域は，前述のように通勤圏では諫早市に属し，広域市町村圏でも諫早市を中心とする県央地域に属していた地域である。合併推進要綱の基礎パターンに含まれる17の全市町でもって島原半島市町村合併調査検討委員会が1999年7月に発足したが，2002年5月までに分裂して，① 2001年9月に設置された3町（吾妻町，愛野町，千々石町）からなる南高西北部合併推進協議会（任意），②

2001年10月に設置された4町（加津佐町，北有馬町，小浜町，南串山町）からなる南高南西部合併推進協議会（任意），③ 2002年2月に設置された5町（加津佐町，口之津町，南有馬町，北有馬町，西有家町）からなる南高南部合併推進協議会（任意），④ 2002年3月には4市町（島原市，深江町，布津町，有津町）からなる島原地域任意合併協議会，⑤ 2002年5月には3町（国見町，瑞穂町，有明町）からなる南高北東部合併推進協議会（任意）がそれぞれ設置された。このなかには，加津佐町や北有馬町，国見町のように2つの合併協議会に同時に加入する町もあった。

その後これらの協議会はすべて解散し，合併協議会は離合・集散を繰り返して，最終的にはすべての市町がいずれかの市域に含まれるかたちで島原市（1町を編入），雲仙市（7町の合併），南島原市（同8町）が形成された。雲仙市への合併に向けた法定協議会では，瑞穂町は住民投票の反対が多かったために離脱し，瑞穂町を除く6町でもって新雲仙合併協議会（2004年11月〜2005年3月）が設置されたが，瑞穂町も単独存続の厳しさを認識してか合併協議会に復帰し，7町の合併によって雲仙市が誕生した。

南島原市と合併した加津佐町や北有家町は一時雲仙市側の協議会にも参加したり，深江町，布津町，有家町は通勤中心地をなす島原市の協議会に加入したこともあった。したがって，島原半島における市町村合併は広い範囲に設置された協議会が分裂していくつかの新市町が誕生する通常の合併方式とは異なり，協議の途中では細かく分裂していた協議会が最終的には島原市，雲仙市，南島原市に統合して3市が形成されたことになる。島原市を中心とする大規模合併が実現せず，その他の地区が大きく合併したのは島原市（39,605人，0.47）の力不足によるものと推測される。南島原市や雲仙市には明確な中心町がなく，南島原市の本庁舎は地理的中心に近い西有家町（分庁方式）に置かれ，雲仙市の本庁舎は交通の便利な愛野町が選ばれたが，現市庁舎は吾妻町にある。

大村・東彼杵地域では大村市（84,414人，0.51）が協議会不参加のため，その他3町は2002年11月に法定協議会を設置した。上記のように，この3町は合併推進構想でも合併対象地域にも指定されて2009年3月に法定協議会を設置したが休止状態となり，合併には至らなかった。東彼杵町（10,026人，0.22），川棚町（15,325人，0.36），波佐見町（15,462人，0.36）の財政状況は厳しいが，いずれも1万人を超えること，東彼杵町だけが大村市の通勤圏に属し，他の2町は佐世保市の圏内にあって日常生活圏の一体性が乏しいことも合併不調の要因となったものと推測される。

佐世保・北松南部地域の合併も複雑な経緯をたどった。ここでは，1999年10月に平戸・松浦・北松北部地域をも含めた16市町村でもって，北松地域地方分権・市町村合併等調査研究会を設置した後，佐世保市と吉井町，佐世保市と世知原町の間でそれぞれ任意協議会を設置して法定協議会に移行し，2005年4月にそろって佐世保市に編入した。2002年5月に設置された佐世保市，宇久町，小値賀町の任意協議会では小値賀町の離脱後，佐世保市と宇久町は法定協議会を設置して旧合併特例法失効直前の2006年3月末日に編入合併し，同様に佐世保市と小佐々町も2005年2月に設置した2市町間の法定協議会でもって編入合併が成立した。

小値賀町（3,765人，0.10）と宇久町（4,010人，0.11）は地理的に近接するだけでなく，人口規模や財政力指数においても類似の状況にあるが，「平成の大合併」に対する反応は異なるものとなった。本土から約60km離れて高速船で2時間25分を要する宇久町が佐世保市と合併したのは，鹿児島県の甑島4町村が薩摩川内市と合併したのと類似する。それに対して，小値賀町は住民投票（2004年）

において合併反対が1,297票,賛成が1,243票（投票率85.42%）の僅差でもって合併反対が多数を占め，2008年1月と4月に佐世保市長が小値賀町を訪問して合併協議を申し入れた際にも，町長は合併を拒否した。小値賀町は漁業を中心とする島で，体験型ツーリズムが盛んであり，宇久町とは対照的に活気がある島といわれる[28]。

なお，2002年8月に佐々町，小佐々町，吉井町，世知原町で設置された佐々谷4町任意協議会は2カ月後には解散し，佐々町，小佐々町と佐々町，小佐々町，吉井町においてそれぞれ法定協議会を設置したこともあったが，佐々町を除く3町は佐世保市と合併した。佐々町の人口（13,335人，0.32）は佐世保市のベッドタウンとして人口増加もみられ，3度にわたる合併の誘いを断って単独存続を貫いている。

2001年7月に3市町でもって発足し，江迎町と鹿島町が加わった北松浦1市5町合併協議会（任意）が2004年3月に解散して以後，江迎町と鹿町町は合併新法のもとで2008年7月に法定協議会を設置して佐世保市に編入した。佐世保周辺の町は佐世保市への編入か自立したベッドタウンを形成するかで迷ったものと推測される。

平戸・松浦・北松北部地域では北松地域地方分権・市町村合併等調査研究会の後，2001年3月に7町村によって設置された県北地域任意合併協議会が同年10月には解散した。この間2001年7月には3市町でもって発足し，江迎町と鹿島町が加わった北松浦1市5町合併協議会（任意）が設置されるとともに，2002年12月には小値賀町と宇久町を除く平戸市，大島村，生月町による任意協議会が設置された。北松浦1市5町合併協議会は解散して江迎町と鹿島町が佐世保市と合併したため，火力発電所の立地によって財政力指数が高い松浦市は福島町・鷹島町と合併して新・松浦市となった。一方，平戸市を中心とする任意協議会には田平町が加わって4市町村で合併し，新・平戸市が誕生した。

このほかの島嶼部は，上述のように，すべて順調に任意協議会から法定協議会へと進み，いずれも2000年か2001年の早い時期に法定協議会を設置してそのまま合併した。本庁舎は五島市では福江市役所，新上五島町では上五島町役場，対馬市では厳原町役場，壱岐市では郷ノ浦町に置かれたが，対馬市と壱岐市では分庁方式が採用された。

以上が長崎県における市町村合併の概要である。表Ⅹ-4によって長崎県と福岡県とを比較すると，長崎県では人口が小規模で財政力指数も低い市町村が多かったことが市町村合併を強く推進したようにみえる。島嶼部（五島列島，対馬，壱岐）以外の地域では，実際の合併市町村域が合併推進要綱の基本パターンと整合するのは諫早市だけであり，通勤圏と整合するものはない。上記のように，島嶼部以外の地域では最初に設置された合併協議会の市町村をもってそのまま順調合併したケースは皆無である。最初の合併研究会や協議会の段階では多数の市町村からなる大規模な合併を計画したこともあって，島原半島や県北部地域のように複雑な経緯をたどったところもある。なお，長崎県に設置されていた西彼杵広域連合と北松南部広域連合はいずれも構成自治体が分割して合併し，広域連合は解消した。

5. 熊 本 県

(1) 地理的特徴と市町村合併に対する県の対応

熊本県では合併以前に94あった市町村が「平成の大合併」によって45（旧合併特例法48，合併新法3）

に減少しており，減少率は52.1%で全国平均(46.5%)よりもやや高い程度である(表Ⅱ-3参照)。「昭和の大合併」では全国平均をやや上回る市町村減少率を示したが，2000年の小規模自治体比率(61.7%)も高い比率を維持してきた(表Ⅱ-2参照)。表Ⅹ-2に示すように，1960～2000年間に人口1～3万人の市町比率が低下し，1万人未満の小規模自治体比率が上昇する点では九州の他県と類似する。

県平均の財政力指数は0.27で，九州では第4位である(表Ⅱ-4参照)。財政力指数の最高は大津町の0.78で，苓北町の0.77，熊本市の0.63がそれに続く(表Ⅹ-3参照)。一方，0.20未満の市町村は38(40.4%)で九州山地や天草諸島に広く分布する。

表Ⅻ-11や図Ⅹ-1によって通勤圏をみると，熊本市(圏内市町村数は24)がとくに大きい大規模中心地であるのに対して，中規模中心地には八代市(同8)や本渡市(同8)，人吉市(同7)，玉名市(同5)，山鹿市(同5)があり，小規模中心地には水俣市(同2)，菊池市(同2)，多良木町(同4)，一の宮町(同3)が含まれる。ただし，玉名市や山鹿市，菊池市は熊本市の半従属中心地であり，多良木町は人吉市の半従属中心地に当たる。一の宮町は波野村(8.8%)，産山村(5.9%)，阿蘇町(9.3%)からそれぞれ第1位通勤先であるが，阿蘇町(18,667人)の方が人口が大きいこともあって，一の宮町(10,054人)から阿蘇町に対しては13.8%が通勤しており，阿蘇町・一の宮町は小樽市・余市町にみられるような特異な圏域を形成する。小国町と南小国町とは相互に通勤し合う相互依存型通勤圏を形成しており，両町は緊密な関係にある。荒尾市や南関町からは大牟田市に対する通勤者が多く，荒尾市は県境を越えて大牟田市との合併を模索してきた[29]。九州山地の高森町，蘇陽町，矢部町，五木村や島嶼部の龍ケ丘町，御所浦町，牛深市は通勤圏外地域である。

熊本県では徳島県に次いで2番目に早く総合マニアル策定の手引きを策定し，上述したように，研究会の設置など全国でも最も早くから市町村合併の準備をしてきた。1994年11月には第24次地方制度調査会の「市町村の自主的な合併の推進に関する答申」が発表され，熊本県では合併特例法改正(1995年)以前から合併構想を検討してきたことになる。とくに1994年4月から2年にわたって，15地区52市町村を選定して委託調査「市町村合併基礎調査及び研究」を実施し，1996年3月には住民の意識調査や市町村長などの意向把握につとめた「市町村の自主的合併に関する調査研究報告書」をまとめ，地域政策課題としての市町村合併の必要性を説き，合併構想の研究を深めてきた。こうした背景には，全国平均の10年先を行くといわれる高齢化や地方財政の深刻化などを受け，市町村や経済団体，住民などの間に自主的合併推進の動きがあったことがあげられる[30]。

かくして，熊本県の市町村合併推進要綱は上記の「第1次調査」の結果と1998年に実施した基礎調査，さらには1999年8月に示された国の指針を踏まえて策定された[31]。「第1次調査」では，合併の目標類型を①行財政効率化型，②市制移行型，③地方中核都市形成型の3類型に区分したなかで，「行財政効率化型」のモデル地域として中球磨5カ町村を選定して，合併した場合の影響予測や他地域への適用可能性などについて検討した。これ以降，協議を重ねるとともに県の支援や指導もあって1999年には早くも中球磨地域5町村において法定協議会が設置された。この5町村は通勤においては人吉市や多良木町を指向するが[32]，「昭和の大合併」の際に合併の動きがあったところで中球磨地域として強い意識をもつため，「平成の大合併」のモデル地区に指定された[33]。同様に，「地方中核都市形成型」のモデル地区として本渡市周辺地域(5市町)が指定され，1999年には天草地域市町合併研究会も設置された。

熊本県の合併推進要綱においては，パターンA，Bの2つの合併パターンが示された。図X-8に示すパターンAは郡市区域を越えないことを基本として区分された19圏域からなり，パターンBは市町村間の一体性を重視した18圏域からなる。パターンAよりもBにおいて圏域数が1つ減少するのは，玉名地区の南関町，三加和村，菊水町が3分割されて消滅したためであり，その他の違いは蘇陽町，西原村，田浦町の所属が異なるだけである。パターンAは広域市町村圏の圏域を細分したものであるが，パターンBでは圏域を跨ぐところもある。パターンAの合併モデルが実現すれば，94市町村はおおむね1/4に再編されることになるが，人口規模では3万人未満のものが5圏域を数え，最も小さい矢部町・清和村の合併では15,665人（2000年）となる。

パターンA，Bではともに熊本市は非合併の地域に指定される。合併推進要綱には，熊本市と一体性が認められる周辺町を含めた1市6町（熊本市，植木町，菊陽町，合志町，西合志町，嘉島町，益城町）が合併した場合に人口79.3万人，面積505.2km^{2}となることが「参考」欄に記されてはいるが[34]，熊本市は周辺地域との合併の気運もなく，合併による市域拡大よりも市内部の行政の充実を優先したため，合併推進要綱の中では熊本市は非合併都市として扱われた。しかしその後，2001年8月に決定した国の「市町村合併支援プラン」に「政令指定都市の指定弾力化」が盛り込まれ，全国で政令指定都市移行を目指す市町村合併の動きが加速したのをうけて，同年9月定例市議会では市長が「政令指定都市への移行を視野に入れ，市町村合併に向けた準備組織を設置する」と表明し，翌2002年には熊本市役所に合併推進班が設置され，本格的な検討が始まった。

旧合併特例法による市町村合併が終了した2006年3月末の時点では，熊本県の市町村は48（51.1％）への減少にとどまっていたため，合併新法での積極的な合併に向けて合併推進構想も策定された。合併推進構想では人口1万人未満の15の小規模自治体[35]と将来1万人未満になる可能性のある南関町や甲佐町などの合併を促しているが，「具体的な市町村の組み合わせ」としてあげたのは熊本市周辺の3町（植木町，益城町，城南町）だけであり，県全域を含めた「将来の望ましい市町村の姿」は示されなかった。

（2）合併の経緯

表X-4に示すように，94のうち合併したのは66（70.2％），協議会から離脱または解散して非合併にとどまるものは22（23.4％），合併協議会に参加しなかったものは荒尾市，高森町，西原村，嘉島町，水俣市，津奈木町の6市町村（6.4％）である。しかし，これら6市町も合併に対してまったく無関心であったわけではない。

西原村（5,728人，0.34）は阿蘇郡に属するが，郡内の他町村とは日常生活圏を異にし，大津町（28,021人，0.78）や益城町（32,160人，0.48）との合併を模索したが，いずれも不調となった。大津町は西原村と合併すれば合志市の場合のように市制を敷くことはできたが，とくに強い希望はなかったといわれる[36]。津奈木町では水俣市との合併の動きはあったが，住民投票では58.6％が反対し，町長が非合併を決断した。ただし嘉島町（8,145人，0.37）の場合には，サントリー工場の立地によって財政的に恵まれ，町長は「企業進出も期待でき，税収も伸びる見通しがあり，町単独も1つの選択肢」と述べており，市町村合併にそれほど積極的ではなかった。

熊本開発研究センターが調査した『県内各地域における市町村合併の経緯等』（2005年）によると，

298　Ⅹ　九州地方の市町村合併

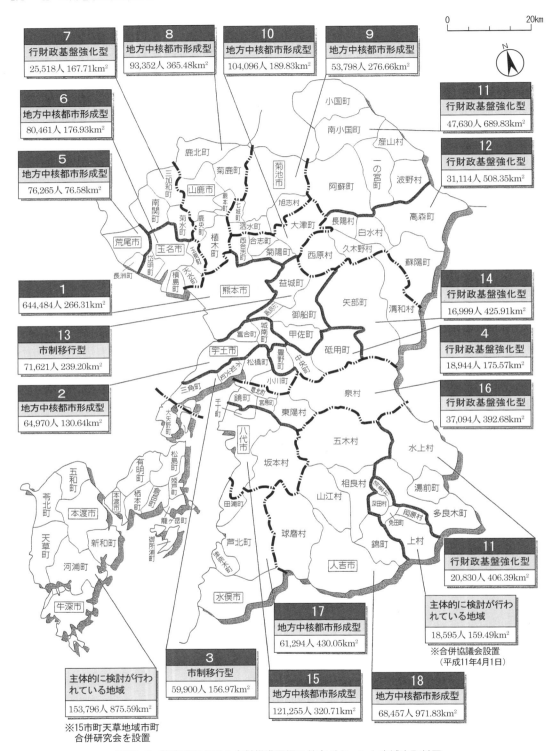

図Ⅹ-8　熊本県における合併推進要綱の基本パターンと広域市町村圏
太実線：基本パターン境界，二点鎖線：広域市町村圏境界．人口は平成11年3月31日現在．
資料：市町村合併問題研究会編（2001：197），自治省行政振興課編（1983：98）による．

各地域振興局の全市町村で合併問題検討会が開催された場合が多いが，実際の合併協議会の段階になると，日常生活圏を考慮してより小範囲で検討された。合併地域がパターンAの圏域と整合するのは，2003年に最も早く合併が成立したあさぎり町のほかには菊池市だけで，パターンBの圏域と整合するのも山都町だけである。

①あさぎり町（町役場は免田町役場）の合併においては，1998年4月に中球磨地域5ヶ町村合併問題協議会（任意）を設置し，先にも触れたように，1999年4月には法定協議会に移行してそのまま合併しており，このような早期の合併は全国的にも珍しいものといえる。あさぎり町の場合には一体性の強い人吉盆地が日常生活圏の単位となるので，人吉盆地内部での通勤者比率はそれほど問題にならないといわれる。②菊池市地区では2003年8月に旧菊池郡の4市町村（菊池市，七城町，旭志村，泗水町）でもって任意協議会を設置し，法定協議会に移行して合併し，新・菊池市が誕生した。

③パターンBの圏域と整合する山都町は，2003年8月に阿蘇郡の蘇陽町と上益城郡の矢部町，清和村でもって任意協議会を立ち上げて法定協議会を経て合併したもので，町役場は矢部町に置かれた。山都町3町村の合併では一体的な観光振興が強調され，ゴミ処理や消防・二次医療圏の圏域は調整された。蘇陽町の住民アンケート（2002年）では，「矢部町・清和村」との合併が44％，「高森町」との合併が43％であったため，矢部町，清和村，高森町に対し合同検討会の開催を申し入れたが，高森町は参加しなかった。

そのほかにも，最初に設置した合併協議会の範囲をもってそのまま順調合併したものには山鹿市，宇城市，南阿蘇村，美里町，芦北町，上天草市があり，他県に比べると順調合併は多い方である。①山鹿市地区では2002年8月に山鹿市を含む旧山鹿郡の5市町でもって任意協議会・法定協議会を設置して合併し，新・山鹿市が誕生した。図Ⅹ-1に示すように，このなかには熊本市の通勤圏に属する町もあり，旧郡域の一体性は薄れた地域である。②宇城市地区では熊本市の通勤圏に属する宇土郡の三角町，不知火町と下益城郡の松橋町，小川町，豊野町の5町が2002年1月に任意協議会を設置し，法定協議会に移行して合併し，宇城市（市役所は松橋町役場）が誕生した。③南阿蘇地区では2002年10月に南阿蘇3村でもって任意協議会を設置し法定協議会に進んで合併し，南阿蘇村（村役場は久木野村役場，分庁方式）となった。

④美里町地区では2002年2月に下益城郡の中央町と砥用町が任意協議会・法定協議会を設置して合併し，美里町が誕生した。ここでは分庁方式で，しかも町役場は2年輪番制で移動する。⑤芦北町地区では田浦町と芦北町が2002年7月に任意協議会・法定協議会を設置して合併し，新・芦北町となった。2町は葦北郡に属するが，田浦町は八代市の通勤圏に含まれ，芦北町は水俣市を指向し，日常生活圏を異にする。⑥上天草市地区は合併パターンA，Bともに天草地域に含められるが，天草下島とは別に2001年4月に天草上島4町合併推進協議会（任意）を設置し，法定協議会に移行して合併し，上天草市（市役所は大矢野町役場）が誕生した。

そのほかの合併では，合併協議会を2分割したり，1・2の町村が離脱した場合が多い。①玉名地域では2005年3月に8市町（その後長洲町も加入）でもって任意協議会を設置したが，最終的には玉名市は4市町で合併し，菊水町と三加和町によって和水町（町役場は菊水町役場）が誕生した。残された玉東町，長洲町，南関町は非合併となった。和水町を形成した2町はともに玉名郡に属するが，通勤圏では山鹿市を指向する三加和町と玉名市を指向する菊水町とに分かれる。2004年12月に開か

れた2町の議会では法定協議会案はいずれも1票差で可決して法定協議会を設置し，合併したといわれる。

②阿蘇地域では2002年8月に任意協議会を設置したが，産山村（1,824人，0.15）が離脱して残りの3町村でもって阿蘇市（市役所は一の宮町役場）が誕生した。産山村の村民アンケート調査では「合併が必要」が45％，「必要ない」が35％の結果をもって合併協議を進めてきたが，1年間の協議後には4町村合併よりも単独存続をも含めたそれ以外を選択する住民の声が多くなり，阿蘇中部4町村の枠組みから離脱した方がよいとの結論に達した[37]。③菊池郡南部では2002年6月に3町による任意協議会を設置した後，大津町を加えた4町で法定協議会を設置したが，大津町が離脱し，菊陽町にも合併反対が多く，合志・西合志2町だけの合併によって合志市（市役所は合志町役場，分庁方式）が誕生した。

④八代地域では2001年12月に8市町村で設置した八代地域市町村合併任意協議会は法定協議会に進んだが，竜北町と宮原町が離脱して氷川町（町役場は竜北町役場）となり，残りの6市町村でもって新・八代市が誕生した。⑤天草下島の場合には，2001年4月に任意協議会を設置し法定協議会に進んだが，苓北町が「住民サービス低下の穴埋め措置として，苓北発電所に係わる税収の一部を合併後も苓北地域に何らかの形で交付していただきたい」との要求をもち出して受け入れられず，苓北町を除く10市町でもって天草市（市役所は本渡市役所）が誕生した。天草市の大部分は本渡市の通勤圏に属するが，上記の苓北町が離脱し，通勤圏外地域の牛深市と御所浦町が加わる。なお，1999年に2市13町で発足した天草広域連合は現在は天草市，上天草市，苓北町の2市1町で運営されている。

合併協議会が解散して単独存続となった地域には，宇土市・富合町，御船町・甲佐町，小国町・南小国町のほかに，広い面積をもった人吉下球磨地域（6市町村）と奥球磨地域（3町村）がある。このうち，宇土市・富合町と御船町・甲佐町は熊本市の通勤圏内にあり，財政的には比較的豊かな市町村である。①宇土市と富合町との合併では，2003年12月に副知事臨席の下で合併協定調印式を済ませた後富合町議会が否決し，白紙に戻った。その後富合町は熊本市の政令市昇格を視野に合併を検討し，2006年5月に熊本市と任意協議会を設置し，法定協議会に移行して熊本市に編入し，宇土市だけが非合併にとどまった。②御船町と甲佐町は2002年12月に任意協議会を設置し法定協議会に進んだが，御船町住民の反対が多く，解散して2町ともに単独存続となった。

③小国町と南小国町とは上記のように相互依存型通勤圏を形成し，本来一体性は強い地域である。しかし，2003年2月に任意協議会を設置して法定協議会に移行したが，南小国町の住民アンケート調査（2003年）や住民投票（2004年）で反対が過半数を占め，合併には至らなかった。

④人吉下球磨地域では2002年10月に人吉市と相良村が設置した任意協議会に錦町，五木村，山江村，球磨村が加わって協議会を拡大したが，人吉市・相良村で法定協議会を設置した後相良村から電算システムの取り扱いをめぐって不信が生じ，協議会が解散に追い込まれた。⑤多良木町，湯前町，水上村も2002年12月に任意協議会を設置したが，解散して合併には至らなかった。

以上のような合併経緯のなかで最も注目されるのは，熊本市の合併である。熊本市は1991年に周辺4町（北部町，河内町，飽田町，天明町）を編入して市域と人口を拡大したが，上記のように，合併推進要綱ではパターンA，Bともに熊本市は単独のままに定められ，旧合併特例法のもとでは財政力豊かな周辺町すべてから反対され，合併協議は進捗しなかった。しかし，2002年4月に熊本市議

会は「政令市を目指す合併対象として6町を視野に入れること」を明言し，2003年には政令市問題を考えるシンポジウムを開催し，2007年2月には熊本市とその周辺15市町村による「熊本都市圏及び政令指定都市についての研究会」による都市圏ビジョンが策定された。それは，熊本市が中心となって策定したもので，旧合併特例法の期限までに合併が成立しなかった周辺町に対して，将来九州中央部の拠点として政令指定都市の建設を目指して「熊本都市圏ビジョン」を再構築したものであった。

その前年の2006年5月に策定された第1次構想の中でも，県は「熊本市の政令市移行は地方分権や拠点性向上の観点から必要」という認識を示して支援してきたが，「熊本市の発展は県全体の発展を促進する」として積極的に支援し，政令指定都市移行に向けた取り組みを加速したのは，「くまもとの夢4カ年戦略」[38]を発表した蒲島郁夫知事の就任(2008年)以後である。その結果，合併新法のもとで4町と個別に合併協議を行い，益城町(32,160人，0.48)との合併は不成立となったが，富合町(7,892人，0.43)と植木町(31,235人，0.43)，城南町(19,677人，0.38)の3町を編入し，2010年には熊本市の人口は73万人に増加し，2012年4月に第20番目の政令指定都市となった。

以上のように，熊本県では任意協議会・法定協議会の設置や解散をみる限り比較的順調で，何度も合併協議会設置と解散を繰り返した地域は少ないようにみえる。もちろん，それぞれの合併協議会では問題もあり，八代地域のように合併協議会が一時休止するところまで進んだり，和水町にようにわずか1票差の議員投票で合併が実現したり，合併市町村の間でも合併意欲が異なるなどの問題はあったが，合併協議会が構成メンバーを変えながら何度も設置・解散を繰り返すようなことはなかった。

熊本県の市町村合併でとくに注目されるのは，あさぎり町のように，県の構想では「行財政効率型のモデル地区」として早期に始まった町村合併がみられることである[39]。合併推進要綱の発表よりも先に法定協議会が設置されたのは，大都市近郊以外の地域においては珍しいものといえる。このようにして熊本県の市町村合併は早期に始まったが，市町村合併が最も進捗した県にはならなかった。

6. 大分県

(1) 地理的特徴と市町村合併に対する県の対応

「昭和の大合併」における大分県の市町村減少率69.6%は富山県の81.2%には及ばなかったが，九州では最高であった(表Ⅱ-Ⅰ参照)。それにもかかわらず，小規模自治体比率(2000年)は65.5%で九州では長崎県の70.9%に次いで高い状態にあった。人口1人当たりの県民所得は276.5万円で九州では最高を記録したが，県内には過疎市町村が広く分布し，過疎市町村比率77.3%は全国第1位であり，県平均の財政力指数も0.26で高いとはいえない。

財政力指数の最高は大分市(0.83)で湯布院町(0.60)，別府市(0.58)がそれに続くが，0.20未満の町村比率は50.0%に達し，九州でも財政の厳しい町村が最も多い県であり，長崎県や熊本県と同様に，「平成の大合併」に対する期待が高かったとみることができる。1999年に実施された県民意識調査(県民回答者2,402人，有識者207人)においても，県民の回答の59.4%，有識者の85.5%は市町村合併が必要と答えており[40]，合併の気運が高まっていた。

表Ⅻ-11や図Ⅹ-1に示すように，大分県では大規模中心地はなく，中規模中心地には大分市(圏内市町村数は9)，中津市(同8)，佐伯市(同7)，日田市(同6)があり，宇佐市(同3)，豊後高田

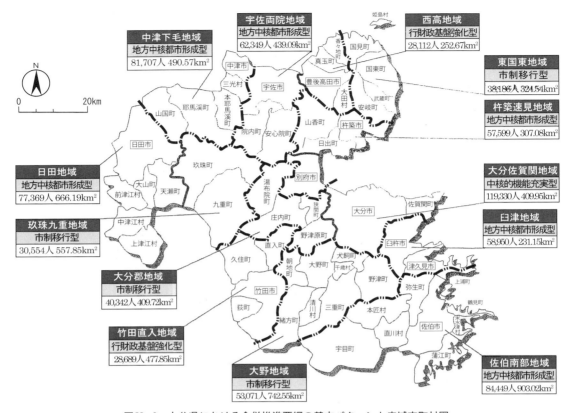

図X-9　大分県における合併推進要綱の基本パターンと広域市町村圏
太実線：基本パターン境界，二点鎖線：広域市町村圏境界．人口数は2000年国勢調査に修正．
資料：市町村合併問題研究会編（2001：199），自治省行政振興課編（1983：100）による．

市（同3），竹田市（同2），三重町（同4），安岐町（同2）は小規模中心地に当たる．中津市の通勤圏には福岡県の豊前市などが含まれ，日田市の通勤圏には宝珠山村が含まれる．宇佐市は中津市，豊後高田市は宇佐市のそれぞれ半従属中心地であり，三重町は大分市の半従属中心地である．そのほかでは，玖珠町と九重町は相互依存型通勤圏を形成し，国東半島では国東町と武蔵町から安岐町に通勤者が多く，安岐町と杵築市とは相互依存関係にある．ただし杵築市の人口は安岐町よりも大きいので，先にみた一宮町と阿蘇町との関係に類似した関係がみられる．津久見市の就業者の8.1％は臼杵市に通勤するので，津久見市，臼杵市，大分市の間にも玉突型通勤圏が成り立つ．同様な関係は山香町，日出町，別府市，大分市の間にもみられる．通勤圏外地域にあるのは姫島村と湯布院町であり，中津江村は上津江村だけを通勤圏とする．

大分県では1999～2000年に委託調査「市町村の自主的合併などに関する調査」によって生活圏調査（通勤，通学，買物，通院）を実施し，九州経済調査協会（2000年）に委託してクラスター分析を用いて市町村間の緊密度を計測している．さらに，県民にアンケート調査を実施し，各市町村長の意見も聴取して，2000年12月に合併推進要綱を策定した．合併推進要綱の合併パターンとして提示されたのは図X-9のみであるが，同図の備考欄には一部別の合併パターンも示されている．

基本パターンによると，非合併のままにとどまる別府市を含めて14市への統合が目標とされ，そ

のうちの6圏域（中津下毛，東国東，竹田直入，大野，臼杵，佐伯）は広域市町村圏と整合する。その他の基本パターンも広域市町村圏を分割したもので，広域市町村圏とは異なる境界線を設定した圏域はない。

　別府市を除く13の基本パターンは人口規模によって中核的機能充実型（人口30万人以上），地方中核都市型（人口5〜10万人程度），市制移行型（人口3〜5万人程度），行政基盤強化型（人口3万人程度）に区分された。このうち，行政基盤強化型に属するのは豊後高田市（28,112人）と竹田市（28,689人）だけで（図Ⅹ-9，表Ⅻ-14参照），いずれも1万人台にまで減少していた市制都市の人口回復を意図したものである。

　この13の圏域を通勤圏と比較すると，中津市では山国町が日田市の通勤圏に属し，竹田市ではその通勤圏に属する大野郡の朝地町と緒方町を除く代わりに，大分市の通勤圏に属する直入町（直入郡）を取り込んでおり，通勤圏や日常生活圏よりも郡域との関係が重視される。そのほか，大分市の通勤圏に属する野津原町（大分郡），犬飼町，野津町（大野郡）のうち，大分市に合併した野津原町，大野市に加わった犬飼町はそれぞれの郡域に統合されたが，臼杵市と合併した野津町は歴史的に緊密な関係を維持するものとなった。ただし，大分市の通勤圏にある臼杵市は津久見市と2市でもって基本パターンを形成する。国東半島には強力な通勤中心地はなく玉突型通勤圏を形成しており，合併推進要綱の基本パターンの圏域と完全には一致しないのに対して，宇佐市，豊後高田市や佐伯市では通勤圏と基本パターンとの整合が認められる。

　大分県では旧合併特例法のもとでの市町村合併率が高いこともあって，合併新法による市町村合併の強化を目的とする合併推進構想は策定されなかった。

(2) 合併の経緯

　合併前58を数えた市町村は「平成の大合併」によって18（62.0%）に減少し，新しく3市（豊後大野市，国東市，由布市）が誕生した。非合併は別府市，津久見市，日出町，九重町，玖珠町，姫島村の6市町村（10.3%）であり（表Ⅹ-4参照），そのうち協議会不参加は別府市だけである。別府市は合併推進要綱においても，人口規模や温泉観光都市としての特殊性を考慮して合併は不要とみなされた。

　大分県では2001年6月に市町村合併支援本部が設置され，合併推進要綱の基本パターンに基づいて2001年に研究会が発足したところが多かった。したがって，図Ⅹ-5にみられるように，広い面積をもって設置された最初の研究会の構成市町村が分割合併したところはなく，協議会の解散・離脱によって組み替えした市町村も少なく，全体的にみて，市町村合併は順調に進展したといえる。順調合併には，日田市，宇佐市，豊後高田市，由布市，竹田市，大分市，佐伯市の7市がある。

　①日田市地区では，2002年1月に日田市と日田郡の6市町村によって任意協議会を設置し，2003年1月には法定協議会に移行して日田市に編入合併した。②宇佐市地区では2002年3月に3市町（宇佐市，院内町，安心院町）で任意協議会を設置し，法定協議会に移行して合併し，新・宇佐市が誕生した。③豊後高田市の場合には，基本パターンには含まれていた大田村を除く3市町（豊後高田市，真玉町，香々地町）でもって2002年3月に任意協議会を設置し，法定協議会を経て合併した。④由布市の場合には，合併推進要綱の基本パターンとは違って，野津原町を除く大分郡3町（挾間町，庄内町，湯布院町）でもって2003年1月に任意協議会を設置し，年内に法定協議会へ移行して由布市

が誕生した。ただし，挾間町は1978年に国立大分医科大学（現大分大学医学部）の建設以来大分市のベッドタウンとして発展し，庄内町は一般的な農村であり，湯布院町は有名な温泉観光地として知られるという具合にそれぞれ性格を異にしており，庄内町役場を本庁舎としながらも，分庁方式＋総合支所を採用している。

⑤竹田市でも2002年3月に竹田市と直入郡3町によって任意協議会を設置し，法定協議会を経て合併した。したがって，4市町によって設置された竹田直入広域連合は解消した。⑥佐伯市地区では，2000年12月に佐伯市と南海部郡8町村で任意協議会を設置し，法定協議会を経て新設合併した。面積903km^{2}は九州最大で，各町役場は地域振興局として引き続き業務を行っている。

これら順調合併の多くが比較的多数の市町村からなり，協議会の解散もなく合併したのは注目すべきことといえる。しかし，協議の過程においてなんら問題がなかったわけではない。由布市の場合には，市名を由布市と定めたのを契機として湯布院町内の旧由布院町や由布院温泉観光協会を中心として合併反対の機運が高まった。湯布院町の名称は「昭和の大合併」による旧由布院町と旧湯平村の合併の際につけられたもので，湯布院町内でも由布院温泉に含まれない湯平地区では，「由布市」の名称に対する受け止め方は由布院地区とは異なっていた。湯布院町の合併反対派住民は合併推進派の町長を辞職に追い込んだが，出直し町長選挙の結果前町長が再選されたため由布市は当初の予定通り誕生した。

大分市の場合には，2003年に大分市・野津原町および大分市・佐賀関町の任意協議会が設置された。大分市は水源ダムをもつ野津原町の希望をかなえて編入合併したが，大分市への通勤者比率が27.4％と高く，合併を強く希望していた犬飼町は，下水道整備に問題があるとの理由で任意協議会設置以前の段階で合併を拒否されたため，大野郡内の町村とともに豊後大野市に加入した。一方，佐賀関町の場合には，佐賀関町立病院の運営が問題となった。市立病院や市立図書館をもたない大分市は佐賀関町立病院の民営化を要求して協議は一時中断したが，佐賀関町は大分市の要求を受け入れて編入合併し，町立病院は勤務医らが経営する民間病院に移行した。

その他の市町村合併においても比較的順調に進行したものが多い。中津市の場合には，2001年12月に下毛郡4町村でもって任意協議会を設置し，2003年1月には中津市も加わって法定協議会を設置したが，2004年になって耶馬溪町（5,459人，0.18）が協議を凍結したため，耶馬溪町を除く4市町村でもって法定協議会を再開した。その後耶馬溪町の住民アンケートにおいて賛成が51.9％を占めたため合併を推進することになり，2005年には耶馬溪町を含めて中津市に編入した。

しかし，合併協議会の設置以後1・2町村が離脱して合併が成立した場合もある。①国東半島では2002年3月に5町村でもって東国東地域町村任意協議会を設置し，翌年法定協議会に進んだが，2005年になって姫島村が離脱し，残りの4町でもって国東市が誕生した。本庁舎は国道213号沿線に建設されるまで国東町役場に置かれる。就業の場が乏しい姫島村では行政ワークシェアリングによって村役場には低い給与で多数の職員が勤務しており，他町との給与額の調整が困難なためやむなく協議会を離脱したといわれる[41]。市町村合併によって東国東広域連合が解消したので，姫島村ではこれまでの広域行政を国東市に委託することになった。

②杵築市地区では，2002年1月に杵築市，日出町，山香町，大田村の4市町村でもって任意協議会を設置し法定協議会に進んだが，ベッドタウンとして発展して比較的富裕で，しかも人口が杵築

市 (22,746 人, 0.36) よりも多い日出町 (26,142 人, 0.54) が「新市の名称は郡名をとって速見市とし, 市庁舎を日出町に設置する」ことを主張して譲らず, 日出町臨時議会では離脱案を 12：9 で可決し, 2004 年に日出町が離脱した。したがって, 日出町は単独存続となり, 残りの 3 市町で合併して新・杵築市が発足した。

③豊後大野市は東国東広域連合や竹田直入広域連合と同様に, 広域連合を解消して合併し, 新市を形成したケースである。2002 年 4 月に大野郡 8 町村でもって任意協議会が発足したが, 翌年野津町では住民アンケートの結果臼杵市との合併希望が 56％ もあって離脱したため 7 町村による法定協議会を設置した。犬飼町が大分市への合併を希望していたのは上述の通りである。三重町も郡内町村の混乱や財政状況の情報公開が進まないことを理由に法定協議会からの離脱を表明したが, その後離脱を撤回した。三重町は病院問題でも紛糾したが, 合併関連議案を可決して 2005 年に豊後大野市が誕生した。市役所は大野郡の中心町・三重町 (当面は町役場) に置かれ, その他の町役場は支所となった。大野郡の各町村は, 財政状況からみて「市町村合併やむなし」との結論に達しており, 合併せずに従来の広域連合を継続するとの発想はなかったといわれる[42]。

そのほか, 合併協議会が解散または休止して未合併のままにとどまるものには, 臼杵市・津久見市と玖珠町・九重町がある。①津久見市は以前セメント製造の工業都市として活気があり, 職員数も公共施設も多く, 市の財政負担が大きく―今日では行政改革に熱心であるが―財政改革が遅れていたため, 津久見市と臼杵市の合併は 2007 年 7 月に任意協議会を設置したまま休止して今日に至る。一方, ②玖珠町・九重町の合併では 2002 年 5 月に任意協議会を設置して法定協議会に進んだが, 観光地のある九重町は湯布院町や久住町を視野に入れた合併案を検討したこともあり, 協議会は休止したままである。

以上のように, 大分県は長崎県などとともに市町村合併の進捗率の高い県であり, 2010 年の小規模自治体は姫島村を残すのみとなった。大分県は合併推進構想を策定せず, 合併新法のもとでの市町村合併がなかった九州唯一の県である。通勤圏と完全に整合する合併地域は見当たらないが, 通勤圏から大きく外れた市町村合併もない。合併推進要綱の基本パターンと整合するものには, 中津市, 日田市, 宇佐市, 佐伯市, 竹田市があり, 姫島村が離脱したのを除くと国東市もほぼ整合するものといえる。別府市以外の市はすべて市域を拡大しており, 新町の形成は皆無である。しかも上述したように, 合併協議会を最初に設置したままで合併した順調合併が多いのも本県の特徴といえる。

7. 宮崎県

(1) 地理的特徴と市町村合併に対する県の対応

宮崎県では「昭和の大合併」における市町村減少率が 39.5％ で, 北海道 (18.4％), 鹿児島県 (19.0％) に次いで低かったにもかかわらず (表Ⅱ-1 参照), 1 万人未満の小規模自治体比率は 1960 年には 34.6％, 2000 年には 43.2％ と比較的低く (表Ⅹ-2, 表Ⅱ-2 参照), 小規模自治体は少なかった。先にも指摘したように, 1960～2000 年間に小規模自治体が 27.6％ から 60.4％ へと急増した鹿児島県とは対照的である。

県平均の財政力指数は 0.28, 過疎市町村比率は 40.4％ であり, 九州ではともに福岡県, 佐賀県に

次いで第 3 位である（表Ⅱ-4, 表Ⅹ-1 参照）。財政力指数の最高は宮崎市の 0.64 で, 清武町（0.60）, 延岡市（0.55）がそれに続くが（表Ⅹ-3 参照）, 0.20 未満の町村比率は 31.8% を占める。

表Ⅻ-11 に示すように, 宮崎県の通勤圏では大分県と同様に大規模中心地はなく, 中規模中心地には宮崎市（圏内市町村数は 9）, 都城市（同 7）, 延岡市（同 5）が含まれ, 小規模中心地には日向市（同 3）, 小林市（同 4）, 日南市（同 2）, 高鍋町（同 2）, 高千穂町（同 2）がある。都城市の通勤圏には鹿児島県の財部町と末吉町が含まれる。高鍋町からは宮崎市へ就業者の 8.7% が通勤するので, 高鍋町は宮崎市の半従属中心地であり, 日向市は延岡市の半従属中心地である。宮崎県では串間市をはじめ, 諸塚村, 北郷村, 椎葉村, 南郷村, 西米良村など通勤圏外地域が広い面積を占める。

宮崎県では 1999 年度に広域行政意識調査[43]を実施し, 医療圏, 通勤圏, 通学圏, 商圏などを調査して日常生活圏の一体性を把握するとともに, 行政サービスの一体性, 各種計画などの一体性, 経済面の一体性など 32 の指標を用いてクラスター分析を行い, 2000 年 12 月に合併推進要綱を策定した。合併パターンは広域連携発展型, 地域拠点充実型, 市制移行型, 行財政基盤強化型に区分される[44]。図Ⅹ-10 に示す広域連携発展型は県全域を 8 圏域に区分した基本パターンに当たるもので, それぞれの圏域の一部をいかに細分するかによって地域拠点充実型, 市制移行型, 行財政基盤強化型などの名称が付される。

例えば, 日向市など 8 市町村からなる圏域は, 地域拠点充実型の合併を考えれば, 日向市, 門川町, 東郷町の合併もあり得るし, 日向市と門川町との合併も考えられる。同様に, 西都市を中心とした 7 市町村の圏域は地域拠点充実型の合併を考えると, 佐土原町を取り込んだ西都市, 佐土原町, 新富町, 西米良村の圏域（人口 8.8 万人）や新富町を含めた高鍋町, 川南町, 都農町, 木城町の圏域（7.7 万人）, さらには西都市, 西米良村（3.7 万人）や新富町・佐土原町（5.2 万人）の合併も考えられている。宮崎市を中心とする 7 市町の圏域では, 宮崎市, 清武町, 田野町, 佐土原町の圏域（人口 37.9 万人）と綾町, 国富町, 高岡町の圏域（4.3 万人）に分かれるし, 清武町・田野町（4.1 万人）による市制移行型を考えることもできるという。さらに, 小林市と日南市の圏域では, えびの市や串間市を除いた合併もあり得るとする。行財政基盤強化型は市制移行型に人口が達しない場合で, 行財政基盤強化型を目標とする合併パターンは高千穂町など少数となる。

したがって, 広域連携発展型の 8 圏域を基本パターンと考えると, 図Ⅹ-10[45]や表Ⅻ-14 に示すように, 市町村面積が著しく広く, 人口規模も他県に比べて大きく「昭和の大合併」における小規模自治体の形成が少なかった上に,「平成の大合併」においても大規模合併を目標としたことになる。基本パターンは宮崎市を含む 42.2 万人から高千穂町地域の 2.6 万人まで 8 圏域からなり, 地域振興局, 土木, 農林, 県税などの県の出先機関の圏域とほぼ一致し, 広域市町村圏の 6 圏域の境界線とも対応したものである。

基本パターン以外の合併パターンをも含めて通勤圏と比較した場合には, 延岡市, 高千穂町, 高鍋町, 都城市, 小林市, 日南市などの通勤圏との整合がみられるし, 宮崎圏の場合にもほぼ整合したものといえる。しかし, 実際の市町村合併が合併推進要綱に示す基本パターン（広域連携発展型）と整合する例は意外に少なく, 延岡市と日南市だけである。

宮崎県では合併前の市町村の人口規模が相対的に大きかったため, 表Ⅹ-4 に示すように,「平成の大合併」以前 44 あった市町村が 25（56.8%）に減少しただけで, 市町村減少率は九州では福岡県に

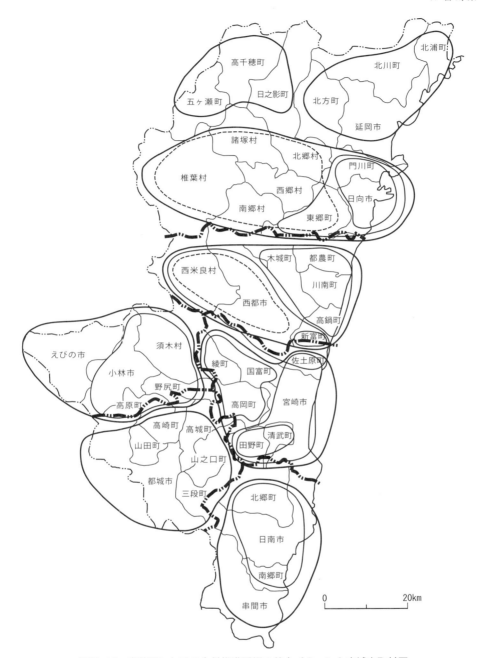

図X-10 宮崎県における合併推進要綱の基本パターンと広域市町村圏
太実線：基本パターン境界，その他細目区分を示す，二点鎖線：広域市町村圏境界．
資料：宮崎県（2001）:『宮崎県市町村合併推進要綱』，p.90，自治省行政振興課編（1983：102）による．

次いで低い状態にとどまった。しかも，旧合併特例法が失効した時点では合併の進捗状況は遅れがちであったので，合併推進構想が策定された。合併推進構想では国からの市町村合併に対する圧力が増大し，合併協議会の設置勧告や合併協議会推進の勧告などの県知事の権限が強化された[46]。

「将来の望ましい市町村の姿」は，①住民に身近な事務を自ら行うことができる市町村，②地方分

権の進展及び高度化する行政事務に的確に対応できる市町村，③自立性の高い市町村，④住民との協働によるまちづくりを進める市町村を目標とする。そのための組み合わせの基本的な考え方として重視されたのは，①生活圏・経済圏との一体性，②広域行政・広域計画等の状況，③歴史的・文化的な結びつき，④都市部と農山漁村地域との連携であった[47]。その結果，「将来の望ましい市町村の姿」としてあげられたのは合併推進要綱の延岡地域と高千穂町地域を統合した合計7地区であるが，合併新法の期限内に合併を推進する必要から，①生活圏域を踏まえた行政区域の形成を図ることが望ましい市町村（9地区），②さらに充実した行政権能等を有する政令指定都市，中核市，特例市等を目指す市町村，③おおむね人口1万人未満を目安とする小規模な市町村（2025年の推計人口により14町村）を対象として図X-11に示す10地区が構想対象市町村として提示された。

　構想対象市町村は，合併推進要綱における広域連携発展型のパターンのうちの西都市地区と宮崎市地区をそれぞれ二分する。上記の小規模自治体は県下全域に分布するが，小規模自治体のない地域（例：宮崎市地区）や旧合併特例法のもとですでに合併した市町をも含めて構想対象地域とされた。このように，県下全域が構想対象地域に指定されるのは珍しい例である。合併新法のもとでは，合併協議会の継続中の地区を推進するのは当然であるが，選挙で推進派の首長が当選したために合併新法のもとで合併が進行したところもあった。なかには，美郷町のようにすでに合併した町でも人口1万人未満のために再合併を要求されたものもある。

　かくして，旧合併特例法のもとで6市町が誕生したのに対して，合併新法のもとで4地域が合併し，宮崎県では合併新法下での合併比率が高いものとなった。しかし，4地域のうちでは延岡市や宮崎市のように，旧合併特例法で合併した市町域の上に合併新法のもとでさらに追加されたところもあるため，合計10の合併市町が成立したわけではなく，合併によって7市町が新たに形成されただけである。

(2) 合併の経緯

　表X-4に示すように，44市町村のうち25（56.8%）で合併が成立し，協議会の離脱や解散による非合併の市町村は18（40.9%），協議会不参加は綾町の1町だけである。この数値からみると，九州のなかでは協議会解散による非合併の市町村が最も多いことになる。そのなかには，人口規模からすると単独でも運営できる人口1～3万人の町村が11（61.1%）を数える。

　宮崎県では，最初に設置された合併協議会でもって順調合併が成立したケースはなく，比較的複雑な経緯をたどるところが多い。その中には，合併の最初において広い範囲で研究会を立ち上げて合併協議会を設置し，その一部をもって合併する場合が多い。日向市地区では，2001年に東郷町を除く7市町村で合併研究会を立ち上げ，2003年1月には3市町（日向市，門川町，東郷町）でもって任意協議会を設置したが，門川町が単独存続を表明して協議会を離脱したので，日向市と東郷町でもって同年12月に法定協議会を設置した。東郷町の住民アンケートでは合併賛成（賛成59.6%，反対40.4%）が多く，日向市への編入が成立した。

　一方，2002年10月に任意協議会を設置した山間部5村（南郷村，西郷村，北郷村，諸塚村，椎葉村）は，沿岸部3市町との合併検討の申し入れを拒否された後，椎葉村が任意協議会を離脱し，2003年12月に4村でもって法定協議会を設置したが，翌年11月には諸塚村（2,402人，0.13）も協議会を離脱した。諸塚村の住民説明会や住民との意見交換会における住民の意見では，(a) 今後の自治公民館組織

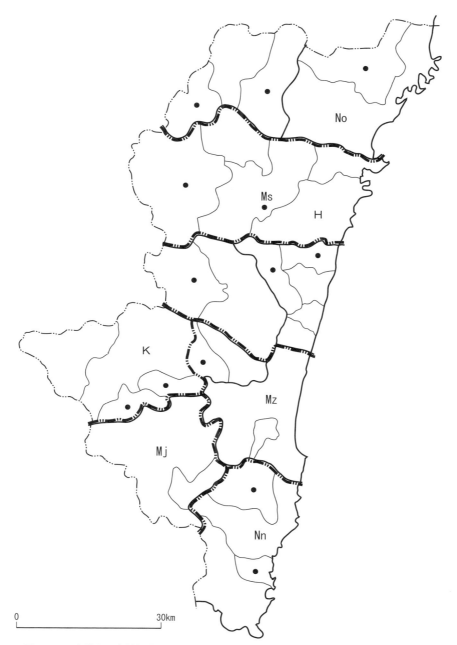

図X-11　宮崎県の合併推進構想における構想対象市町村と「将来望ましい市町村の姿」
H：日向市，K：小林市，Mj：都城市，Ms：美郷町，Mz：宮崎市，Nn：日南市，No：延岡市．
実線：市町村境界（2000年），太実線：構想対象市町村の境界，二点鎖線：「将来望ましい市町村の姿」の境界，
●：人口1万人未満の小規模町村．ローマ字記号はすでに合併した市町村．
資料：宮崎県（2006）：『宮崎県市町村合併推進構想』，p.28, p.31による．

の行方，（b）林業振興施策の方向性，（c）行政サービスの低下などの懸念を含めて，自立を選択すべきとの意見が大多数を占めたといわれる[48]。そのため，残りの3村（南郷村，西郷村，北郷村）でもって合併して美郷町が誕生し，中央に位置する西郷村に町役場が置かれた。谷間を横断するかたちで合

併した3町村間の交通は良好とはいえない。したがって，最初の研究会の範囲からいえば圏域を二分して設置された合併協議会のうち，それぞれその一部でもって合併が成立したことになる。

類似の例は日南市や都城市，小林市にもみられる。①日南市地区では2002年2月に合併推進要綱の基本パターンに示す4市町でもって任意協議会を設置したが，翌年には串間市と北郷町が相次いで協議会を離脱した。串間市の議会議事録によると，合併は，(a) 住民の「暮らしの組織」である自治体に悪影響を与える，(b) 合併すれば市域面積は現在の2.8倍となり，共同意識が成り立つのか自治が機能するかどうかに疑問が生ずる。(c) 合併の目的は国の地方への支出削減であり，合併しても国の財政危機の影響は避けられない，(d) 地域の投資主体をなくするので地域経済は衰退する，(e) 「昭和の大合併」後の地域の諸問題に関する行政不信の経験からして住民の理解と合意が必要である，などの理由から合併に反対したといわれる[49]。したがって，2004年8月には残りの日南市，北郷町，南郷町でもって法定協議会を設置したが，合併協定調印式後になって北郷町が離脱した。しかし，北郷町長が辞職し次の選挙では合併推進派の町長が当選したので，2007年9月になって3市町で再び法定協議会を設置し，合併新法のもとで合併して新・日南市が誕生した。

②北諸県郡の5町（山之口町，高城町，山田町，高崎町，三股町）は，2003年1月に任意協議会を設置した後都城市との合併を検討したが，都城市のベッドタウンとして人口増加の傾向にある三股町（24,056人，0.34）が協議会を離脱し[50]，オブザーバーとして参加していた都城市と残りの4町でもって2004年2月に法定協議会を設置して合併して新・都城市が誕生した。

③小林市周辺では2003年1月に5市町村でもって任意協議会を設置したが，えびの市は合併の利益が少ないとみて離脱したので，協議会が解散した。えびの市では，(a) 住民アンケート（全世帯対象），(b) 財政シミュレーションと地域将来構想，(c) 住民説明会の3つの判断材料をもとに検討し，市長が法定協議会不参加を決定した。住民アンケートでは合併賛成は32.7％，反対は32.5％，「どちらともいえない」は31.6％であり，賛成理由では，「国，地方の財政状況からやむを得ない」が60.6％あり，反対理由では「合併しなくても市として運営できるのではないか」が45.6％，「えびの市が寂れる」が31.5％などが主なものであった。また同市の財政シミュレーションによると，投資的経費は将来大幅に減少するものの，単独でも十分に運営できることが判明し，他市町村よりも行政基盤の整備が進んでいること，本庁舎の位置とその建設費にも問題があるとした[51]。

続いて高原町も単独存続の意思を示した後，2004年2月になって3市町村（小林市，野尻町，須木村）が法定協議会を設置した。これには高原町も遅れて参加したが，野尻町では電算システム関連議案の否決をめぐり協議が難航して協議会を離脱した。その後の3市町の合併協議のなかでも高原町が離脱したため，同年12月に小林市と須木村で法定協議会を設置し，2006年に合併が成立した。合併協議会を離脱した野尻・高原両町は2005年1月に法定協議会を設置したが，高原町の一部に小林市との合併を求める動きがあり，2町による協議会を解散した。その後2008年4月になって合併新法のもとで小林市，野尻町，高原町の間に法定協議会が設置されたが，小林市が高原町立病院の公設民営化（運営の民営委託）を要求して対立した。その後同年12月に小林市と野尻町でもって法定協議会を設置し，野尻町は2010年に合併新法のもとで小林市に編入し，高原町（11,254人，0.22）は非合併にとどまった。

延岡市の合併も類似した経過をたどる。2001年6月に合併推進要綱の基本パターンに沿って4市町で合併検討をはじめ，2003年1月に任意協議会を設置した。翌年1月に延岡市，北方町，北浦町

の3市町でもって法定協議会を設置した後に北川町も遅れて参加したが，北川町議会が反対して協議会を離脱した。そのため，2005年1月には3市町で法定協議会を設置して編入合併が成立した。この前年7月には，北川町の町長がリコールによって辞職し，次の選挙では合併賛成派の人が当選したので，2005年11月に延岡市に合併を申し入れたが，3市町との同時合併は困難との理由で北川町の合併は遅れ，2006年8月になって合併協議会を設置して延岡市に編入した。

宮崎市地区では2001年6月に8市町村でもって研究会を立ち上げた後，分裂して合併協議会を設置し，めまぐるしく変化した。2003年1月に西都市，新富町，佐土原町，西米良村の4市町村でもって任意協議会を設置したが，西米良村（1,480人，0.10）の住民アンケートでは78.3％が合併反対の意思を示し，同年12月に協議会は解散した。西米良村の住民の多くは合併により独自の村づくりや政策の継続が困難になることを懸念し，「昭和の大合併」による隣村の疲弊した現実をみてきたこともあって，合併反対の意思を強固なものにし，法定協議会への進行は膨大な時間と費用の浪費となると考えた。また，自主財源に乏しい西米良村では地方交付税の削減傾向などを踏まえて，従前から自主的に財源健全化に取り組んできたことも住民・職員間の結束意識を高め，単独指向を強めてきたといわれる[52]。

2003年2月には田野町と清武町が任意協議会を設置し[53]，高岡町と国富町も宮崎市からの合併申し入れを拒否して，同年7月に両町で任意協議会を設置した。しかし，同年11月に宮崎市と高岡町とでもって法定協議会を設置し，2004年には宮崎市と佐土原町，宮崎市と清武町の間でもそれぞれ法定協議会を設置し，田野町も遅れて加入した。その後高岡町に続いて清武町も法定協議会を離脱したが，2004年12月には佐土原町が宮崎市に編入し，2005年には田野町と高岡町も宮崎市に編入した。2007年12月には清武町でも合併推進派の町長が当選したので，編入合併した。したがって，宮崎市は周辺の町を次々と編入して町同士の合併による衛星都市の形成を阻止することとなったが，国富町（22,367人，0.35）は非合併にとどまった。

そのほかでは，高千穂町や高鍋町の周辺地域において合併協議会が設置された。①高千穂町，五ヶ瀬町，日之影町は2003年2月に任意協議会を設置したが，五ヶ瀬町と日之影町の町議会が法定協議会設置を否決したため合併には至らなかった。②2002年4月に高鍋町，川南町，木城町の3町によって設置した東児湯任意協議会には都農町も参加して4町による法定協議会を設置したが，本庁舎問題で対立して解散し，その後の協議も結実しなかった。とくに地理的位置にも恵まれ，古い歴史とある程度の中心性をもつ高鍋町が市制施行の機会を逸したことには，残念に思う町民も多いであろう。

協議会不参加の市町村は宮崎県では綾町（7,596人，0.21）だけである。綾町は2001年7月に設置された宮崎東諸県合併研究会（7市町）と2002年5月の東諸県合併研究会（3町）には参加したが，翌年6月には単独町制の継続を表明し，任意協議会には参加しなかった。綾町は町長の強い指導の下で有機農業において特色ある町づくりを行っており，県外からのIターンもある町である。森林面積が約90％で照葉樹林が存続しており，「自然と共存できるまちづくり」を目標とする。そのため，合併すれば地域ブランドが消滅するし，面積の拡大による住民サービスの低下を恐れたといわれる[54]。

以上が宮崎県における市町村合併の概要である。宮崎県は九州では福岡県に次いで市町村合併が進捗しなかった県であるが，福岡県とは違って「昭和の大合併」以前から広い面積をもつ大規模な町村が形成されており，小規模自治体が少なかったことがその理由としてあげられよう。そのため，市町

村合併の必要度に対する認識が相対的に低く，上述したように合併への取りかかりも遅く，合併推進構想により合併新法のもとで行われた合併が多かったし，協議会の離脱や解散による非合併の市町村も多かった。合併推進構想において県下全域を構想対象地域に指定した点でも特徴がある。

合併推進要綱の基本パターンにおいては大規模な合併が示されたが，その基本パターンや通勤圏と整合する合併を行ったのは延岡市と日向市だけである。合併の経緯においては，最初に設置された合併協議会でもってそのまま合併したケースは皆無であり，最初広い範囲で研究会を立ち上げ，合併協議会が設置された後分裂して比較的複雑な経緯をたどり，その一部をもって合併が成立したケースが多い。合併推進要綱の基本パターンと整合する合併を実施したのも延岡市だけである。

8. 鹿児島県

(1) 地理的特徴と市町村合併に対する県の対応

薩摩藩の村は人口規模が大きかったため[55]，「明治の大合併」に次ぐ「昭和の大合併」においても市町村減少率が19.0%と低く，人口1万人未満の小規模自治体も26.5%と低かった。しかし，その後の激しい人口流出によって小規模自治体が増加し，2000年には60.4%になった。県平均の財政力指数は0.24で九州では最低であり，全国でも高知県（0.22），北海道（0.23）に次いで低い県であった（表Ⅱ-4参照）。県内には過疎地域も広く分布し，財政力指数が最も高いのは鹿児島市（0.64）と原子力発電所のある川内市（0.64）で（表Ⅹ-3参照），0.20未満の町村は42.7%を占める。

表XII-11や図Ⅹ-1に示すように，鹿児島県の通勤圏では鹿児島市（圏内市町村数は15）が大規模中心地，鹿屋市（同7），川内市（同5），国分市（同5）が中規模中心地に属し，名瀬市（同4），出水市（同3），加世田市（同3），指宿市（同2），宮之城町（同3），志布志町（同2），栗野町（同2），徳之島町（同2）は小規模中心地である。このうち，加世田市，指宿市は鹿児島市の半従属中心地をなし，宮之城町は川内市の半従属中心地に当たる。

そのほか，準通勤圏をもつものに枕崎市，大口市，上屋久町，南種子町，和泊町がある。上述のように，財部町と末吉町は都城市（宮崎県）の通勤圏に属するが，大隅町から末吉町への通勤者比率は5.3%であり，松山町から大隅町への通勤者比率は25.8%となる。吉松町，栗野町，横川町，国分市間や田代町，根占町，大根占町，鹿屋市の間にも玉突型通勤圏がみられる。このように準通勤圏や玉突型通勤圏が多いのも本県の特徴といえる。通勤圏外地域には，島嶼部の十島村，三島村，喜界町をはじめ西之表市，宇検村，瀬戸内町のほか，九州本土でも頴娃町，輝北町，佐多町がある。

2000年12月に策定された市町村合併推進要綱では，日常的な市町村間のつながりをクラスター分析を用いて分析した結果をもとに，市郡の区域や広域市町村圏を加味してA〜Eの5つの合併パターンが提示された。Aパターンは図Ⅹ-12に示す日常生活圏の結びつきが一定以上の強さをもつ27の基礎的な圏域であり，Bパターンはそれを基本として郡市の区分や各種の政策的圏域の状況を勘案した同じく27の基礎的な組み合わせである。C・Dパターンはこれらを基礎とした広域的組み合わせであり，Eパターンをそれら以外の組み合わせを考慮したものである[56]。このうちでは，図Ⅹ-12に示すAパターンが基本パターンとして適当と考えられる。

Aパターン27地区は人口規模によって地域振興型（1〜3万人前後），都市機能創出・充実型（3

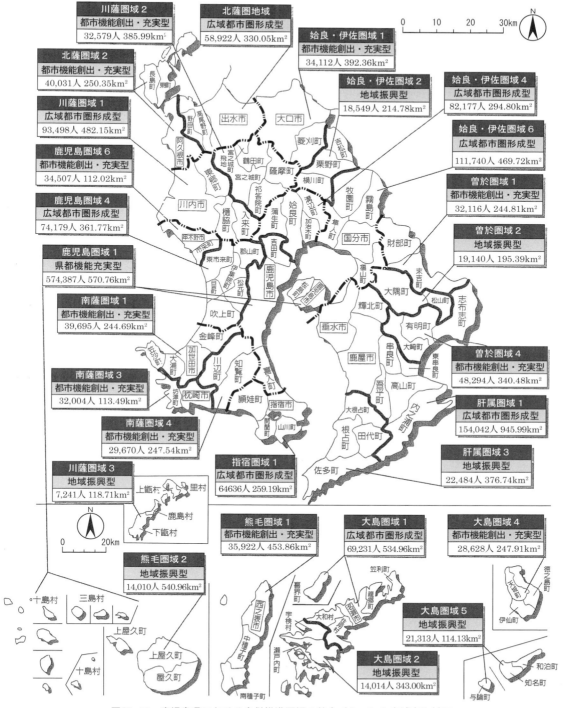

図X-12 鹿児島県における合併推進要綱の基本パターンと広域市町村圏
太実線：基本パターン境界，二点鎖線：広域市町村圏境界．人口は平成12年3月31日現在．
資料：市町村合併問題研究会編（2001：203），自治省行政振興課編（1983：104）による．

〜6万人前後），広域都市圏形成型（6〜10万人前後），県都機能充実型に区分され，甑島4村は7,241人でもって地域振興型に属し，合併後も1万人未満の町の誕生が考えられていた（表XII-14参照）。なお，基本パターンは9つの広域市町村圏の圏域を細分したものである（図X-12参照）。実際の市町村合併に当たってはこれらの合併パターンが考慮されたが，A・Bパターンと完全に整合するのは出水市，伊佐市，いちき串木野市の3市だけであり，より広域的なC〜Eパターンと整合するものは皆無である。

2006年3月には市町村数は96から49（51.0％）にまで減少したが，合併推進構想も策定された。合併推進構想では，①旧合併特例法の下で合併した市町村の一体性の確立を優先し，②奄美・離島地域については当面1島1自治体を目指す，③今後，地域の状況変化に応じ段階的に構想対象市町村の追加・変更を行うとして7つの地区が対象とされたが，「将来の望ましい市町村の姿」は提示されなかった。構想対象市町村のうち合併新法のもとで合併したのは，屋久島町，南九州市，伊佐市，姶良市の4市町であり，種子島，徳之島，沖永良部島では合併は不成立に終わった。

(2) 合併の経緯

鹿児島県では96市町村のうち「平成の大合併」によって75（78.1％）が合併し，非合併は21であるが，このうち，合併協議会不参加は阿久根市，三島村，十島村の3市村（3.2％）だけである（表X-4参照）。これら3市村も合併研究会には参加しており，市町村合併に対してまったく無関心であったわけではない。

市・郡境界や広域市町村圏の圏域などを考慮して区分された県内10の基礎圏域[57]のうち市町村数が多いところでは，鹿児島地区（2地区），南薩地区（同2），姶良・伊佐地区（同3），大隅地区（同3），大島地区（同2）のように，複数の研究会を立ち上げ，合計17の合併研究会が設置された。しかし，その数は基本パターンの27地区に比べると少ないので，基本パターンよりも面積の広い研究会も設置された。各地域における合併の経緯は次のようになる。

鹿児島地区では，2001年5月に立ち上げた合併研究会の段階では8市町村が関係していたが，2003年1月には三島村と十島村を除く6市町でもって法定協議会を設置し，一時喜入町の離脱問題はあったが納まり，5町（吉田町，桜島町，喜入町，松元町，郡山町）が鹿児島市に編入した。もちろん，鹿児島市の通勤圏はこの圏域よりも広く，周辺には姶良市や日置市などが衛星都市として誕生した。

基礎圏域としての鹿児島地域には鹿児島地区のほかに日置地区がある。日置地区は最初2001年1月の研究会の段階では9市町からなっていたが，串木野市は川薩地区へ加入し，松元町と郡山町も鹿児島地区に含まれ，2002年10月には6町でもって任意協議会を設置した。翌年1月には法定協議会に移行したが，市来町と金峰町が離脱した後2004年10月に残りの4町（東市来町，伊集院町，日吉町，吹上町）でもって合併協議会を設置して合併し，日置市（市役所は伊集院町役場）が誕生した。離脱した金峰町は，後述するように，2004年に加世田市を中心とする川辺地区（南薩地域）の合併協議会に加わり，南さつま市と合併した。金峰町は鹿児島市の通勤圏に属するが，日置市よりもやや近距離にある南さつま市を選んだのは順当な選択といえよう。なお，串木野市は2003年12月に市来町と法定協議会を設置して合併し，いちき串木野市（市役所は串木野市役場）となった。

北薩地域では2001年12月に6市町をもって研究会を立ち上げ，2003年11月には3市町（出水市，

野田町，高尾野町）によって法定協議会を設置して合併し，新・出水市が発足した．2004年7月には長島町と東町で法定協議会を設定して合併し，新・長島町（町役場は東町役場，分庁方式）となった．一方，阿久根市（26,270人，0.29）は出水地区行財政問題研究会には参加していたが，合併協議会には参加せず非合併となった．

　10市町村からなる川薩地域では，2002年3月に合併問題勉強会を設置した後，同年10月に市来町を除く9市町村で任意協議会を設置し，下甑村を除く市町村でもって法定協議会に進んだ後解散した．翌年7月には串木野市も離脱したが，下甑村が加入して再び法定協議会を設置して合併し，薩摩川内市（市役所は新庁舎建設まで川内市役所）が誕生した．

　串木野新港から約38kmの距離にある甑島4村が薩摩川内市と合併したのは佐世保市に合併した宇久町の場合と類似するが，合併事情は異なる．上述のように，基本パターンでは甑島4村は独立の圏域を形成していたのが薩摩川内市と合併したのは，九州新幹線の開通によって観光地としての発展が期待されたからである．川内市側でもその期待は大きいが，今後の道州制の動向も見据えて地域中核都市として「10万都市」の実現を目指すという意図もあったといわれる[58]．総合計画下期基本計画の策定時に実施された市民向けアンケート調査をみると，市町村合併については「よかったかどうかわからない」との回答が過半数を占めた．

　南薩地域では指宿市郡5市町と南薩地区8市町に分かれて研究会を設置した．指宿地区では2002年4月に5市町が任意協議会を設置したが，喜入町が鹿児島市との合併のために離脱し，2003年1月に設置された法定協議会から頴娃町も離脱して残りの3市町で合併して新・指宿市が誕生した．2002年4月には5市町（枕崎市，坊津町，川辺町，知覧町，頴娃町）が南薩中央地区の任意協議会を設置したが，頴娃町が離脱して解散した．2004年4月には枕崎市と知覧町で法定協議会を設置した後協議会を解散した．川辺町も南さつま市の合併協議会から解散前に離脱した．

　したがって，この地区では枕崎市のほかに川辺町（15,456人，0.25），知覧町（13,886人，0.28），頴娃町（14,795人，0.26）も未合併のままであった．財政状況が厳しいこれら3町は，財政改革の推進のために連携して頴娃町・知覧町・川辺町行政改革検討会を設置し，電算システムの統合に成功した．その後，合併による効率的な行政運営の認識を深め，2005年12月には3町でもって法定協議会を設置した．2006年には枕崎市からの参加要求を断って合併新法のもとで合併し，南九州市（市役所は知覧町役場）が誕生した．

　残されたもの同士で合併した南九州市に合併した3町は，ゴミ処理の一部事務組合においても，単独実施の川辺町と枕崎市・坊津町の一部事務組合に加入していた知覧町，指宿広域市町村圏組合に加入していた頴娃町とに分かれており，現在でも知覧・川辺両町と頴娃町は別の衛生組合に属する．通勤圏においては川辺町は加世田市に8.3%，鹿児島市に7.8%通勤する競合地域であり，知覧町は5.6%が鹿児島市に通勤しており，頴娃町は通勤圏外の地域である．したがって，3町ともに通勤者比率が低く，通勤圏外町村が合併した邑南町（島根県）と類似する．このように取り残されたもの同士が行政の効率化を考えて合併するのはきわめて異例のことである．南九州市との合併を拒否された枕崎市（26,317人，0.34）は非合併にとどまる．

　南薩西部地域では4市町（加世田市，笠沙町，大浦町，金峰町）でもって2002年11月に任意協議会を設置したが，金峰町が離脱して解散した．その翌年8月には5市町（加世田市，笠沙町，大浦町，

坊津町，川辺町）でもって法定協議会を設置し，金峰町が復帰し川辺町が離脱した後に合併し，南さつま市（市役所は加世田市役所）が誕生した。

加世田市は鹿児島市に対して5.2％の通勤者があるが，笠沙町と大浦町を準通勤圏とする半従属中心地であり，南さつま市はその圏域に金峰町と坊津町を加えて誕生したことになる。坊津町は枕崎市の通勤圏に属し，枕崎市とともに南薩中央地区任意協議会に属したこともあったが，枕崎市との緊密な関係を考慮することなく南さつま市と合併した。したがって，日置市ではその通勤圏から市来町と金峰町が離脱したのに対して，南さつま市は金峰町と坊津町を含めて合併し，日常生活圏や経済圏を広げることとなった。

姶良・伊佐地域では中薩地域（3町）と姶良・伊佐圏域（14市町）に分かれて研究会を設置したが，任意協議会はさらに分割されて4つ設置された。①大口市と菱刈町は2003年2月に任意協議会を設置したが，法定協議会に移行後解散し，2006年8月に合併新法の下で再び法定協議会を設置して合併し，伊佐市（市役所は大口市役所）が発足した。②吉松町と栗野町は2003年2月に任意協議会を設置し法定協議会を経て合併し，湧水町が誕生した。湧水町は上記の玉突型通勤圏の一部であり，町役場は栗野町にあるが，一部の業務は吉松町で行う分庁方式である。

③姶良西部では2003年2月に3町で任意協議会を設置し法定協議会に進んだが，休止や解散を繰り返して2009年3月に法定協議会を設置して合併し，姶良市（市役所は姶良町役場）が誕生した。④姶良中央地区7市町（国分市，溝辺町，横川町，牧園町，霧島町，隼人町，福山町）では，合併研究会として設置された地域が2003年4月に法定協議会に移行して－途中協議会を休止したことはあったが－そのまま順調に合併して霧島市（市役所は国分市役所）が誕生した。その圏域は中心都市・国分市の通勤圏とも完全に整合する。

大隅地域では3つの研究会が設置された。①大根占町，根占町，田代町，佐多町の4町からなる南隅地域では，2003年1月に任意協議会を設置し法定協議会に進んだ段階で，大根占町が離脱した。そして，2004年になって2つに分れて法定協議会を設置し，錦江町（町役場は大根占町役場）と南大隅町（町役場は根占町役場）が誕生した。②上記の南隅地域4町を含む12市町からなる肝属地域では，2003年7月に鹿屋市，垂水市，吾平町の3市町でもって法定協議会を設置したが，垂水市が離脱し，輝北町と串良町が加入した後解散し，2004年7月に改めて鹿屋市，吾平町，輝北町，串良町の4市町でもって法定協議会を設置して合併し，新・鹿屋市が発足した。鹿屋市の通勤圏は広い面積を占め，東串良町や肝付町（高山町，内之浦町），大根占町まで広がるが，輝北町は通勤圏外地域であり，合併圏域とは整合しない。

中心的な都市を欠く肝属東部では，2003年2月に串良町，東串良町，内之浦町，高山町の4町によって任意協議会を設置して同年4月に法定協議会に移行したが，休止の後翌年3月に内之浦町・高山町で法定協議会を設置して合併し，肝付町（町役場は高山町役場）となった。串良町は鹿屋市と合併し，東串良町は大崎町とともに非合併のままである。2003年1月に任意協議会を設置して法定協議会まで進んだ南隅地域合併協議会4町では，上記のように錦江町（大根占町，田代町）と南大隅町（根占町，佐多町）に分かれて合併した。

③曽於地域8町の研究会では，2003年1月に大隅町・末吉町の2町で曽於地域北部任意協議会を設置し，財部町が加入して法定協議会を設置して合併し，曽於市（市役所は末吉町役場）が誕生し

た。ただし，松山町は大隅町への通勤者比率（25.8％）が高いので曽於市に加入するのが順当であるが，松山町の重要産業である畜産業は志布志町との関係が強く，財政状況も志布志町の方が良好なため，曽於市への合併を断念したといわれる[59]。曽於南部法定協議会では2003年1月に県内初の住民発議による協議会（志布志町，有明町，大崎町）が設置され，松山町も加わったが，大崎町（16,018人，0.28）が離脱したため[60]残りの3町でもって再び法定協議会を設置し，志布志市（市役所は有明町役場）が誕生した。

　島嶼部の市町村合併も単純ではない。熊毛地域の屋久島では合併新法のもとで2町の合併によって屋久島町（町役場は尾久島町クリーンセンター内）が誕生したが，種子島では2002年10月に1市2町の任意協議会が本庁舎の位置をめぐって対立して協議会を解散し，翌2004年には中種子・南種子の2町が法定協議会を設置したが，合併には至らなかった。

　大島地域の奄美大島地区では，2002年11月に奄美大島7市町村に喜界町を加えて任意協議会が設置されたが，名瀬市，住用村と飛地の笠利町をもって奄美市（市役所は名瀬市役所）が誕生し，瀬戸内町，宇検村，大和村，龍郷町は非合併となった。徳之島3町（徳之島町，天城町，伊仙町）と沖永良部3町（和泊町，知名町，与論町）はともに最初それぞれ3町で，その後は2町でもって法定協議会を設置したが，本庁舎の位置をめぐって協議が難航し，いずれも合併には至らなかった。

　以上が鹿児島県における市町村合併の状況である。最初の合併協議会の市町村がそのまま合併したのは，霧島市をはじめ長島町，出水市，伊佐市，湧水町，さつま町である。通勤圏と整合するのは霧島市だけであるが，合併推進要綱の基本パターンと整合する合併には伊佐市，いちき串木野市，屋久島町がある。基本パターンの圏域とは不整合な合併も多く，横川町が霧島市に，松元町と郡山町が鹿児島市に，祁答院町が薩摩川内市に，松山町が志布志市にそれぞれ加入するなど，これまでの緊密な日常生活圏や基礎圏域よりも経済的に豊かな近隣市町との合併を求めた場合が多い。合併新法のもとで合併したのは，屋久島町，南九州市，伊佐市と姶良市である。

　表Ⅹ-4に示すように，鹿児島県においては財政力指数が著しく低いにもかかわらず未合併の小規模自治体が多いのは，離島が多いためである。市町村合併が行われた長崎県の島嶼部とは違って，本県の離島には人口が1万人未満の町村が14を数え，財政力も乏しいにもかかわらず（財政力指数0.20未満が13），未合併のものが多い。

9．九州における市町村合併の特徴

(1) 市町村合併の地理的特徴および合併推進要綱・合併推進構想との関係

　九州は福岡市を中心として主要都市間の連結関係が強く，先にも触れたように，全国的にみれば一体性の強い地方であるが（森川，2010c），人口増減率は市町村によって異なるし，過疎市町村の分布にも地域差がある。市町村の財政状況においても，エネルギー産業や近代工業をもつ市町村，観光地，一部のベッドタウンなどを除くと良好なのは県庁都市とその周辺地域であり，九州山地や離島の町村では財政力は低く，過疎地域も広く分布する（表Ⅹ-1，図Ⅹ-2参照）。県別にみると，広域中心都市をもち都市化が発達した福岡県，過疎地域の少ない福岡県と佐賀県，小規模自治体の少ない福岡県と宮崎県というような地域的特徴があり，福岡県は九州の中心地域といえる。

九州の市町村減少率は全体では52.0％で，中国地方の61.3％に次いで高い。とりわけ，長崎県は第1位，大分県は第5位，佐賀県は第12位，鹿児島県は第17位であるが，宮崎県（第31位）と福岡県（第34位）は低い位置にある。

表XII-11や図X-1に示すように，県庁都市の多くは広い通勤圏をもち，その周辺には小規模な通勤圏が分布するが，詳細にみると，大規模中心地や中規模中心地が発達した福岡県や熊本県，鹿児島県に対して，大規模中心地を欠く大分県，宮崎県のように県によって特徴がある。玉突型通勤圏や相互依存型通勤圏のような通勤圏の未発達な地域はあるが，通勤圏外地域は離島を除くと比較的少ない。

通勤圏にはさまざまな規模のものが存在するため，合併市町村域が通勤圏と整合する例は少ない。とくに県庁都市の広い通勤圏全域をその市域に合併することは不可能であり，県庁都市の周辺には衛星都市が形成される。福岡市周辺では非合併のベッドタウンが広く分布し，周辺部には宗像市，糸島市に加えて新たに福津市が誕生したが，佐賀県では小城市や神埼市が現れ，熊本県でも熊本市周辺には宇城市などの衛星都市が新たに形成された。熊本市自身は，基本パターンにおいては非合併にとどまっていたが，その後政令指定都市を目指して周辺市町との合併を積極的に進め，73万人（2010年）の人口を得て政令指定都市となった。大分市の通勤圏から豊後大野市や由布市が形成されたし，佐賀市周辺でも小城市が形成され，鹿児島市周辺においても日置市や姶良市が誕生した。これに対して，長崎市周辺では時津町や長与町が非合併のままとどまり，宮崎県では宮崎市が市域拡大に努めた結果合併による衛星都市の誕生はみられなかった。

各県の合併推進要綱では日常生活圏や広域市町村圏[61]などを考慮しながら，クラスター分析を用いて策定されたので，合併推進要綱は市町村合併の指針として大きな影響を与えたものと推測される。

基本パターンの作成においては，福岡市や北九州市，久留米市，伊万里市，多久市，大村市，熊本市，別府市が非合併地域として除去された以外は，県庁都市でも合併対象に組み入れられた。各圏域は人口規模によって通常中核的機能充実型（人口30万人以上），地方中核都市型（人口5〜10万人程度），市制移行型（人口3〜5万人程度），行政基盤強化型（人口3万人程度）に区分され[62]，圏域の多くは3万人以上からなり，大規模な合併を予定したものが多かった。とりわけ宮崎県の場合には，表XII-14に示すように，基本パターンの平均人口が大きいものとなった。

しかし，九州各県ではクラスター分析などを駆使して市町村間の緊密度を客観的に考慮して基本パターンを作成したにもかかわらず，基本パターンと整合する市町村合併が成立したのはきわめて少数であり，多くは小規模な合併にとどまった。市町村のなかには合併を拒否するものや何らかの理由で合併協議会が解散した場合もあったし，従来からの市町村間の緊密な関係よりも将来性を考えて合併相手を選択した場合もあった。表面には現れにくいが，財政状況の厳しい市町村との合併は敬遠される傾向もみられる。

旧合併特例法の失効後，合併新法のもとで市町村合併を促進するために，大分県を除くすべての県において合併推進構想が策定された。その際には，未合併市町村を対象として直接的な「構想対象市町村」が指定されたほか，福岡県と宮崎県では「将来の望ましい市町村の姿」が提示された。とくに宮崎県では県全域が構想対象市町村に指定され，旧合併特例法のもとで6つの新市町が成立したのに対して，合併新法のもとで4市町が形成されたのは特異なケースといえる。

市町村合併においては，表X-4に示すように，財政力の低い小規模自治体の方が協議会解散や離

脱によって単独存続を続ける市町村よりも多く合併したのは，一般的に認められる現象である。協議会不参加の市町村の場合には，財政力が豊かな大規模市町が多い。しかし，鹿児島県では政力指数 0.20 未満の町村 41（42.7％）のうち合併町村は 28（37.3％）に対して，非合併町村は 11（61.1％）となり，財政力が低い小規模自治体に非合併町村が－島嶼部の町村を中心として－多く含まれる。

表Ⅹ-4 に示すもう 1 つの特徴は，県によって合併市町村の人口規模や財政力指数が異なることである。福岡県で合併市町村が卓越するのは人口 1〜3 万人であるが，佐賀県や長崎県でも熊本県，鹿児島県でも 0.5〜1 万人であり，大分県と宮崎県では 0.5 万人未満の町村である。財政力指数においても，福岡，佐賀，熊本，宮崎，鹿児島の各県では－熊本県と宮崎県は 0.20〜0.40 と 0.20 未満の町村が同数であるが－ 0.20〜0.40 が最も多く，長崎県や大分県では 0.20 未満の町村が多い。

（2）合併の経緯に関する一般的特徴

市町村合併への着手も県によって差異がある。1999 年には熊本県では早くも合併協議会が設置され，長崎県では全国に先駆けて合併推進室を設置したし，佐賀県でも唐津市は早く合併協議会を設置したのに対して，宮崎県では「昭和の大合併」において大規模な市町村が形成されたこともあってか進行は緩慢であった。

最初に設置された合併協議会でもってそのまま合併が成立する順調合併が多いのは大分県や熊本県などであり，合併協議会が分裂した例はあっても，それほど複雑な経緯をたどる場合は少なかった（図Ⅹ-5 参照）。それに対して，長崎県では島嶼部を除くと合併協議会の設置と解散の複雑な経緯をたどるものが多く，福岡県でも久留米市周辺において複雑な動きがみられた。

なかには，合併協議会から一旦離脱した市町村が再び加入して合併したケースもある。瑞穂町（長崎県）や北浦町，清武町（宮崎県）のように住民投票や住民アンケートにおいて僅差でもって変更した場合や，七山村（佐賀県）や北郷町，北川町（宮崎県）のように，首長選挙の結果首長が交代してその意向が変化した場合もある。上峰町（佐賀県）のように，みやき町地域からの合併要請を断って吉野ヶ里町地域との合併を目指したが不調に終わり，元に返ってみやき町地域との合併を要求したときには，合併直後との理由もあって，みやき町からも断られたというケースもある。

図Ⅹ-5 によると，田川市周辺（福岡県），熊本市東南部，人吉盆地（熊本県），西都市周辺（宮崎県）などにおいて協議会解散による非合併地域が比較的広く分布する。このうち，田川市は定住自立圏における中心市の資格をもつが，その設定はなされていないし，西都市には人口規模の点で中心市宣言する資格がない。人吉市は 2012 年に多自然居住拠点都市[63]に指定されて中心市の資格を得たので，今後の設定が期待される。九州でも 1012 年 10 月現在すでに 14 市が定住自立圏を形成しているが，上記の非合併地域で定住自立圏を設置して地域連携を図っている地域は今のところ皆無である。

時間的制約の中で行われた市町村合併では多くの偶然的要素が含まれ，すべてが「納得のゆく合併」として終了したとは思えないが，「平成の大合併」終了後における新たな合併の動きは今のところみられない。

表Ⅹ-5 に示すように，各県によって合併後の市町村の人口規模には大きな差異が認められる。人口 1 万人未満の小規模自治体が多いのは熊本県と鹿児島県であるが，その多くは非合併の町村である。両県では合併によって人口 1〜3 万人の町が誕生したケースも多い。その一方では，長崎県のように，

表X-5　九州各県における合併後の市町村規模（2010年）

県	市町村合計	A	0.5万人未満	A	0.5〜1.0万人	A	1〜3万人	A	3〜10万人	A	10〜30万人	A	30〜50万人	A	50万人以上	A
福岡県	60	18	2	1	6	1	17	4	28	10	4	1	1	1	2	
佐賀県	20	10			5		7	5	6	3	2	2				
長崎県	21	13	1		1		6	3	10	7	2	2	1	1		
熊本県	45	17	8		7		16	9	12	6	1	1			1	1
大分県	18	12	1				6	2	9	9	1		1	1		
宮崎県	26	7	5		3	1	11		4	3	2	2	1	1		
鹿児島県	43	22	4		13	2	12	6	11		2	2			1	1
合計	233	99	21	1	35	4	75	29	80	49	14	10	4	4	4	2

A：合併によって形成された市町村を示す．
資料：国勢調査2010年による．

　かつて多かった小規模自治体が合併によってほぼ消滅した県もある．人口10万人以上の非合併都市（福岡市，北九州市，大牟田市，別府市）は福岡県と大分県にみられるだけで，その他の県では県庁都市もすべて合併して市域を拡大した．熊本市では政令指定都市を目指して積極的な合併がみられたが，鹿児島市ではそのような動きはなかったといわれる[64]．

　当然のことながら，市町村合併は市町村にとっては最重要課題であっただけに，合併の意思のない一部の市町村を除けば，どこでも真剣に検討されてきた．上記のように，合併問題をめぐって首長が交替したり，議会が解散した例も少なくない．上述のえびの市や串間市の例のように，住民や議員による十分な検討や財政シミュレーションなどを通じて将来を決定した例もある．合併問題がすべて市町村の財政事情や合併後の周辺部衰退とか役場への距離の遠隔化だけでなく，大規模合併を行った場合，従来の共同意識の崩壊や地域の投資主体を失った結果生ずる地域経済の活力低下などを論議して，協議会離脱を考えた市町村もある．

　このほかに特記すべきものの1つとして，広域連合の存廃がある．一部事務組合よりも強い権限をもつものとして1994年に設置され，介護保険などを中心として機能してきた広域連合は，竹田直入，屋久島のように，広域連合の圏域でもってそのまま合併したケースや，西彼杵，北松南部，大野，日置の広域連合のように，複数の市町に分割合併して広域連合が消滅した例がある．東国東広域連合のように，姫島村を除く4町でもって国東市が誕生して広域連合は廃止され，非合併の姫島村ではこれまでの広域行政を国東市に委託し，国東市に負担金を支払っている例もある．そのほか，佐賀中部，宇城，菊池，上益城，天草，臼杵，日向東臼杵，徳之島愛ランドの広域連合のように，構成市町村の一部が合併しただけで今日でも存続しているものもあるが[65]，長野県におけるように，広域連合が積極的に利用され，市町村合併を抑制する方向に作用した例はみられない（森川，2010b）．

　職員のワークシェアリングを維持するために姫島村の合併が不調に終わったのは特異な例であるが，そのほかにも特記すべきいくつかの事例がある．合併を拒否した例として綾町（宮崎県）がある．町村運営にとくに力を注いできたところでは，市町村合併によってこれまでの独自なまちづくり・むらづくりの努力が失われる危険性がある．綾町は有機農業の発展に努力している町であり，合併によるブランド名の消滅や住民サービスの低下を恐れたといわれる．

　財政的理由から合併を拒んだ例もある．火力発電所が立地する苓北町（熊本県）は，表X-3に示すように，周辺町村に比べると著しく富裕であり，周辺市町との合併協議は法定協議会まで進んだが，

新市成立以後においても発電所交付金の地元活用を要求したため，苓北町は協議会を離脱して単独存続となった。天草広域連合は天草市，上天草市，苓北町の間で今も存続しており，介護認定や電算処理，消防，ゴミ処理などは従来どおり行われている。そのほかにも富裕な町が非合併にとどまった例としては，合併協議会にも参加しなかった苅田町や協議会の途中で離脱した玄海町がある。

市町村合併において新しい市町村名や役場の選定が問題になることは多いが，そのほかにも，電算システムや自治体病院の取り扱いも問題になった。大分市は市民病院をもたない方針のため佐賀関町との合併において佐賀関町立病院の民営化が要求され，合併後は勤務医らの経営による民間病院に移行している。一方，高原町（宮崎県）では町立病院の公設民営化を拒否したため小林市との合併は成立しなかった。同じく人吉市・相良村との合併協議では電算システムの問題により協議会が解散した。

そのほかにも，特異な合併事例としていくつかあげることができる。上述のように，南九州市（鹿児島県）は合併協議会を離脱してとり残された3町が，厳しい財政状況の財政改革を推進するために連携して行政改革検討会を設置し，その検討会の中で合併の効率的な行政運営に気づき，合併新法のもとで合併に至ったものである。湯布院，庄内，狭間の3町の合併によって誕生した由布市は，3町の性格が著しく異なる特異な例である。湯布院町は通勤圏外地域にある有名な観光地であり，庄内町と狭間町は大分市の通勤圏内にあって庄内町は一般農村，狭間町は大分市のベッドタウンである。小石原村と宝珠山村（福岡県）の合併によって誕生した東峰村（2,948人）は，神流町（群馬県）や豊根村（愛知県）などとともに人口が少ない点で全国的にも珍しいケースである。

和水町（熊本県）や新・芦北町（同）のように，日常生活圏や通勤圏を異にする2町が合併した例もある。ただし，いずれも同郡（玉名郡，芦北郡）の2町の合併であり，同一の広域市町村圏や一部事務組合に属し，通勤圏の違いはそれほど問題にならないように思われる。

（3）合併市町村に対する支援

市町村合併のために交付される合併特別交付金は府県によって異なり，まったく交付しない県もあるが，九州では合併特別交付金交付要綱に従ってすべての県で交付された。その算定式は表XII-1に示すように，旧合併特例法のもとでの合併は $a + (n-2) \times b$ 式で計算される。n は合併関係市町村数。a は基本金額で通常5億円となるが，b は長崎県では $b = 2$ 億円，その他の県は $b = 1$ 億円となる。長崎県の場合には，さらに1島1町村を合併した場合（例：宇久町，平戸市，鷹島町）には1町村につき1億円が加算され，合計20億円が上限額とされたが，実際の市町村合併においては南島原市（8市町村の合併）の17億円が最高であった。

佐賀県，大分県，鹿児島県では5億円 + $(n-2) \times 1$ 億円の算定式を用いて，10億円を上限とする点で共通する。熊本県と宮崎県では上記の算定式を用いて上限額を規定しないため，最高額は天草市（13億円）と都城市（8億円）となった。福岡県ではこの算定式に加えて，増加人口（合併後の人口と合併前の市町村の最大人口との差）が考慮され，合併によってその人口が1〜3万人増加したときには1億円，5〜10万人増加したときには3億円を限度として加算された。

合併新法においては，熊本県と宮崎県では $n \times 1$ 億円としたため，宮崎市は旧合併特例法の7億円と新法の2億円を加えて9億円が交付された。佐賀県では交付なしと定められ，大分県では新法の合併が実現しなかったため交付金はゼロであった。福岡県の場合には上記の算定式の基本金額 $a = 5$ 億

円のところが $a=1$ 億円に改訂され，合併年度[66]による交付金の縮減も加えられた．ただし，1万人未満の小規模自治体の合併促進を目的として1億円×小規模自治体数からなる小規模団体合併支援額が新たに設けている．鹿児島県では $a=5$ 億円を $a=2.5$ 億円とし，$b=1$ 億円を $b=0.5$ 億円に改め，上限総額も半分の5億円とされた．

合併特別交付金の目的は合併に伴い緊急に発生する財政負担を軽減することにあるが，交付金対象事業に関する表現が県によって異なるので，その内容も異なるものと推測される．たとえば宮崎県では，①合併により一時的・臨時的に必要となる事業，②市町村建設計画に基づいて実施する事業，③その他合併後の一体的なまちづくりのために知事が必要と認めたものであるが，福岡県では，①庁舎改修事業，②電算システムの統合事業，③看板などの名称書き換え事業，④合併市町村基本計画に基づく事業，⑤その他合併により必要な事業など，具体的な説明がある．一方，佐賀県では，①地域コミュニティ活動の推進事業，②合併関係市町村の交流や連携を円滑に促進する事業，③住民の一体感を醸成する事業，④行政サービス・住民負担水準の均等を図る事業，⑤行政の一体化推進の事業，⑥その他知事がとくに必要とする事業，とされており，福岡県が行政サイドの事業に重点を置くのに対して，佐賀県では住民サイドの事業への使用が中心をなしている．

なお，大分県の対象事業は，①合併推進の調査研究・啓発などの事業，②市町村建設計画の策定事業，③合併協議会の運営，④合併市町村が行う保健・福祉など行政サービスの格差是正，⑤合併市町村・合併協議会が行う電算システムの広域サービスシステムの整備や庁舎改修，⑥市町村建設計画による各種施設整備があげられ，合併に関連して幅広く使用することが規定されている[67]．合併特別交付金は「合併協議会の運営」にも使用されるので，合併協議会が解散し合併が成立しなかった市町村にも給付される．その他の県では合併特別交付金とは別に合併協議会運営費等補助金が合併協議会参加費として支給されており，合併協議会に対する支援額も県によって異なる．

さらに，市町村合併に対する県の支援は合併特別交付金の交付のほかにも人的支援がある．長崎県では長崎・佐世保両市を除く法定協議会に12名の県職員が参事の立場で事務局に派遣されたし，熊本県でも合併協議会に22人の県職員が派遣され，大分県でも大分市を除く12の法定協議会に対して各1名の県職員が派遣されたといわれる．

(謝辞) 本研究に当たりご協力いただいた稲富靖治氏（福岡県），古賀健太郎氏（佐賀県），下釜則光氏（長崎県），小牧裕明氏（熊本県），小野賢治氏，岩戸孝仁氏（大分県），佐藤彰宣氏，西野修司氏（宮崎県），本多公明氏（鹿児島県）をはじめ多くの方々のご厚意に感謝します．

(注)
(1) 本章は森川（2012b）を大幅に加筆・修正したものである．
(2) 都市密度は県の都市数/面積，DID人口比率は県のDID総人口/県の総人口である．
(3) 大分県の県民所得が異常に高いのは企業からの固定資産税収入によるものと思われる．
(4) 鹿児島県の市町村の（平均）人口規模（1953年）は11,667人で，全国最大であった（林，1961：118）．
(5) 1960年においても宮崎県は鹿児島県に次いで小規模自治体比率が低かったが，40年間に鹿児島県におけるほど小規模自治体が増加しなかった．宮崎県には離島もなく，平均財政力指数は鹿児島県よりも少し高かったが，確たる要因をあげることはできない．
(6) 北海道・東北地方（表Ⅲ-3）や中国地方（表Ⅷ-3）と比較した場合に，広域中心都市（札幌市，仙台市，

(7) 福岡県（2000）:『福岡県市町村合併推進要綱』や福岡県市町村支援課の資料による．
(8) 福岡県市町村支援課が著者の質問に答えて作成してくださった資料による．
(9) 福岡市，古賀市，新宮町，粕屋町，篠栗町，久山町，春日市，大野城市，那珂川町，太宰府市，筑紫野市，苅田町，大牟田市の13町村を指す．
(10) 福津市誕生後に未合併の古賀市から合併を誘われたことはあったが，合併数年後のため辞退した．分庁方式は解消の動きはあるが，今日まで実現してはいない．救急医療や消防のほかに，最近水道事業でも宗像市と共同事業を始めた．大阪府や神奈川県のものと同種のものかどうかは別として（森川，2011c），共同事業によって行政の効率化を図る方向は福岡県でもみられるようである（福津市企画課の説明による）．
(11) 東峰村役場の説明による．
(12) 田川市総合政策課の説明によると，合併協議は庁舎の方式，合併期日，新市の名称などすべての項目について合意に達しなかったし，定住自立圏の話も同市では検討されたこともあるが，過疎債以上のメリットはないとの結論に達し，たち切れになったという．田川市の財政が厳しいことにも問題があるものと推測される．
(13) 調印式後金田町長選で合併反対派の町長が当選し，合併作業の停止を知事に要請したが，地裁から訴えは却下され，金田町も合併を容認したという経緯がある（グリグリ「市区町村変遷情報　詳細」による）．
(14) 糸島市は法定協議会を一旦解散した後合併新法のもとで合併したもので，合併が順調に進行したとはいえず，この類型には属さない．
(15) 佐賀県（2000）:『佐賀県市町村合併推進要綱　概要版』による．
(16) 佐賀県（2006）:『佐賀県市町村合併推進構想』，p.21による．
(17) 佐賀の市町村合併やその過程にみられる住民アンケートの結果については，主にグリグリ「市区町村変遷情報　詳細データ」による．
(18) 多久市企画課の説明による．
(19) この10市町村は広域市町村圏を形成して連携が強く，1994年に首長・議長による合併懇話会が設置された．広域合併に対する住民の意見は多かったが，青年会議所が主導したわけではない（唐津市企画政策課の説明による）．
(20) 七山村では当時第三セクターの経営する温泉や農産物直売所がある程度活気をもっており，自立の道を選ぼうとしたが，その後村議会は解散し，全集落での合併説明会も開催され，村長もリコールによって合併賛成派と交替したため，唐津市と合併した（唐津市役所七山支所の説明による）．
(21) 2003年11月に実施された佐賀市の合併に関する住民アンケート（住民約5,000人対象）では，「諸富町，大和町，富士町との4市町以内の合併」41.8％，「諸富町，川副町，東与賀町，久保田町，大和町，富士町」18％，「合併しない」17.6％，「わからない」17.9％であり，大規模合併を希望していたわけではない．
(22) 合併時に三瀬村住民から「三瀬村」名を残して欲しいとの要望があり，通常「佐賀市三瀬村」と呼ぶが，市と合併した場合には市内に町か字に区切るという自治法規則のため，正式には「三瀬村三瀬」を字とする．このように市に合併後に村名を残した例は「日田市中津江村」にもみられる（佐賀市役所の説明による）．
(23) みやき町役場企画課の説明によると，上峰町の合併はタイミングが悪かったといわれるが，多額の公債費の影響もあったことと思われる．
(24) 市町村合併問題研究会編（2001：215-232）によると，2001年7月の時点で「合併に関する研究会などが設置されていた市町村」の比率は，熊本県の87市町村（92.6％）が最高で，長崎県の62市町村（78.5％）は第2位，第3位が滋賀県の74.0％であり，宮崎県は九州では唯一の0％の県であった．長崎県の早い取り組みは三重県の資料（三重県2006：12）においても確認されている．

(25) 長崎県（2000）:『長崎県市町村合併推進要綱』（http://www.pref.nagasaki.jp/ gappei/1.1.4.pattern.html）による．合併推進要綱で提示された「基本パターン」をそのまま本書の基本パターンとする．
(26) 長崎県（2007）:『長崎県市町村合併推進構想』，p.34 による．
(27) 佐世保市が小値賀町との合併を希望したのは，佐世保市が中核市への昇格を意図し，人口増加を求めていたためといわれる（佐世保市企画課の説明による）．
(28) 長崎県地域振興課の説明による．
(29) 2002年9月には大牟田市長が熊本県3市町（荒尾市，長洲町，南関町）に合併研究会を呼びかけたことがあった（熊本開発研究センター（2005）:『資料編Ⅳ　県内各地域における市町村合併の経緯等』，p.25 による）．
(30) 熊本県市町村行政課の説明による．
(31) 熊本県（2000）:『熊本県市町村合併推進要綱』，p.10 による．
(32) 通勤においては，人吉市を指向しても多良木町を指向しても人吉盆地の中であり，日常生活（通勤）圏の違いはそれほど影響しない．消防では5町村すべてが上球磨消防組合に属する．
(33) あさぎり町企画課の説明による．
(34) 熊本県（2000）:『熊本県市町村合併推進要綱』，p.22 による．
(35) 15の小規模自治体は，西原村，嘉島町，玉東町，南小国町，小国町，産山村，高森町，津奈木町，湯前町，水上村，相良村，五木村，山江村，球磨村，苓北町からなる．
(36) 大津町企画課の説明による．
(37) 「合併すれば周辺化される」や「村の結束が失われる」などが反対理由であるが，合併賛成も40%以上あったといわれる．しかし，今日では合併希望はなく，学校は小中各1校に統合され，福祉サービスにおいてもとくに問題はないとのことである（産山村総務課の説明による）．
(38) 熊本市の政令市移行は，九州の中央に位置する地理的優位性を生かして都市基盤や交通ネットワークなどの充実により，経済・文化などの交流拠点としてさらなる成長が期待されるため，県は熊本市の政令市実現を支援するという内容である．県にとって熊本市の政令指定都市への昇格は，人口，面積はもちろん税源を喪失することにはならない．県は熊本市への事務移譲によりそれだけ事務負担の「持ち出し」は多くなるが，大都市行政の負担からは一部解放されることになる．
(39) しかし，町の周辺部の寂れようは目を見張るばかりといわれ，合併してよかったとはいえないとの報告もある（大森，2008）．
(40) 大分県（2000）:『大分県市町村合併推進要綱』，p.19 による．
(41) 大分県市町村振興課の説明による．
(42) 同上．
(43) 県内2,405人を対象として「合併の組み合わせ」島嶼部の町村などに関するアンケート調査を実施したもので，住民の帰属意識，連帯意識など主観的な要素を示した（宮崎県（2000）:『宮崎県市町村合併推進要綱』，p.86 による）．
(44) 宮崎県（2006）:『宮崎県市町村合併推進構想』，p.26 による．
(45) 図Ⅹ-10は宮崎県（2000）:『宮崎県市町村合併推進要綱』，p.90の図と一致するもので，市町村合併問題研究会編（2001：201, 202）の宮崎②，③の図の表現は適当とはいえない．
(46) 宮崎県（2006）:『宮崎県市町村合併推進構想』，p.4 による．
(47) 同上，p.26 による．
(48) 著者の質問について調査してくださった宮崎県市町村課の説明による．
(49) 同上．

(50) 三股町では財政シミュレーションの結果，単独存続にも大きな支障はないと判断されるのに対して，都城市と合併すれば，町の自立性を喪失する危険性があると考えられた．ただし，住民アンケートの結果では合併賛成（39.7%）が反対（34.4%）をやや上回っていた．
(51) 注（48）による．
(52) 注（48）による．
(53) 2004年11月の清武町の住民投票，田野町の住民アンケートでは，清武町は「合併しない」が48.5%，「宮崎市・田野町との合併」が41.3%，田野町は「宮崎市・清武町との合併」が58%，「清武町との合併」が23.6%であった．2009年2月の清武町の住民投票でも「宮崎市との合併賛成」が51.5%，「反対」が48.5%という僅差であった．
(54) 注（48）による．
(55) 町村規模が大きいことは石橋五郎氏（京都大学教授，1929年）によって指摘されたが，山澄（1982：57）は島津藩領における辺境性が外城制によって強化され，特色ある村落組織を形成したと説明する．1878（明治11）年に設置された戸長役場においても行政区域の大部分が郷を単位としたもので，「明治の大合併」後もほぼそのまま村として引き継がれた．
(56) 鹿児島県（2000）：『鹿児島県市町村合併推進要綱』，pp.4-5による．
(57) 10圏域は出水，川薩，鹿児島，南薩，指宿，姶良・伊佐，曽於，肝属，熊毛，大島からなる．一部重複して加入する市町がある（同上，pp.4-8）．
(58) 薩摩川内市行政改革推進課の説明による．
(59) 志布志市企画課の説明による．
(60) 大崎町では2004年に大崎町議会が協議会離脱の陳情を採択し，合併の是非を問う住民投票を実施した結果，単独存続を支持する票が上回ったが，2006年に合併の枠組みに関する住民アンケートの結果志布志市との合併を望む意見が多数を占めた．2008年には合併協議再開を申し入れを行ったが，2009年に大崎町長が合併新法下での合併断念を表明した（鹿児島県市町村課の説明による）．
(61) 広域市町村圏の圏域を跨ぐ形の合併パターンが提示されたのは，長崎県の西彼杵郡と島原半島においてみられるだけであった．
(62) 目標とする型の名称は県によって異なる．
(63) 人口4万人未満の都市でも，多自然地域を後背地にもつ居住拠点都市は一定の都市機能を担い，固有の地域資源をもつ後背地を支えており，圏域全体に対する振興策が必要と考えられた（総務省，2012）．
(64) 鹿児島県市町村課の説明による．
(65) 広域連合にはこのほかにも，全県全市町村を対象とした後期高齢者医療広域連合や福岡県介護保険広域連合のように広域の市町村を対象としたものがある．
(66) 2007・8年度の合併では交付金額の縮減率が0.8となり，2009年度の合併では0.6となる（福岡県市町村合併推進特例交付金交付要綱による）．
(67) 注（40），pp.38-39による．

XI 沖縄県の市町村合併

1. 地理的特徴と市町村合併に対する県の対応

　沖縄県は市町村の歴史においても，北海道と類似して本州の都府県とは大きな差異がある。沖縄県において沖縄県及島嶼町村制が実施され，間切や島が町村に改められたのは1908（明治41）年であり，市町村が本土府県なみの自治権を獲得し，一般市町村制が実施されたのは1920（大正9）年のことであった（宮内，2012：554-558）。沖縄本島は第二次世界大戦ではわが国で唯一地上戦が行われた地域であり，1972年に本土復帰した後も今日まで不幸な歴史が続いている。

　今日でも米軍専用施設面積の約75％が沖縄県に集中しており，沖縄県の面積の約10％が米軍の軍用地として利用されるため，集落構造も大きな変化を遂げてきた。1951年頃に始まる米軍の恒久的な軍事基地建設に伴って多くの人々が沖縄本島に集中し，基地の町が形成された。中部のうるま市，読谷村から南部の糸満市まで沖縄コナーベーションと呼ばれるDIDの連担地域を形成することとなった（堂前，2012：574-581）。

　沖縄県は「昭和の大合併」のころは米軍の占領下にあり，沖縄県の市町村は「昭和の大合併」を実施しないままに「平成の大合併」を迎えることとなった。「昭和の大合併」に当たる1950～60年には市町村数は66から63へとわずかに減少しただけで，市町村当たり平均面積は42.9km^{2}と狭く，全国46位（最下位は41.3km^{2}の埼玉県）であり（表II-1参照），1960年には石川市，コザ市，那覇市，平良市，石垣市の5市が存在した。

　沖縄県には離島が多いので人口1万人未満の小規模自治体が多い。1960年には63の市町村のうち小規模自治体は40（63.5％）であったが，2000年には53の市町村のうち26（49.1％）が小規模自治体からなり，その比率は14.4ポイントも減少した。さらに1～3万人の市町も減少し，3万人以上の都市が増加しており，地方圏にあっては特異な現象を呈した（表X-2参照）。この間には，離島の人口は大幅に減少したが，沖縄本島のとくに中央部においては都市も農村も人口が増加した。しかも後述するように，将来人口（2010～40年）についても人口増減率が-1.3％で最も高いものと予測されている県である。

　市町村の財政力指数の県平均は0.27で，全国最低ではないが（表II-4参照），0.20未満が23（43.4％）に達する。最も高いのは浦添市（0.63）であり，那覇市（0.61），宜野湾市（0.51）がそれに続き，財政的に恵まれた都市は少ない（表X-3参照）。ただし，米軍基地所在市町村においては基地交付金が交付されており，財政指数には含まれていない[(1)]。

　図XI-1に示すように，沖縄県の離島では通勤現象がみられるのは宮古島と久米島だけであるが，集

328　XI　沖縄県の市町村合併

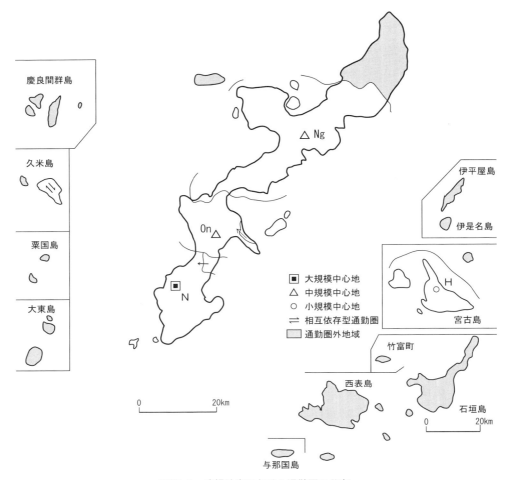

図XI-1　沖縄地方における通勤圏の分布
H：平良市，N：那覇市，Ng：名護市，On：沖縄市．
資料：国勢調査（2000年）による．

　落が密集して分布する沖縄本島では通勤圏はよく発達している。沖縄本島は大規模中心地の那覇市（圏内市町村数は13）と中規模中心地の沖縄市（同7），名護市（同7）の通勤圏からなり，宮古島には小規模中心地の平良市（同4）がある（表XII-11参照）。沖縄本島では那覇市，沖縄市，名護市の3市が広い通勤圏を形成しており，具志川市と宜野湾市は準通勤圏をもち，通勤圏外地域に属するのは国頭村だけである。上述のように，宮古島では平良市が小規模中心地に当たるが，久米島では具志川村と仲里村が相互に通勤者を交換し，相互依存型通勤圏を形成する。この2地区を除くと離島の12市町村はすべて通勤圏外地域に属する。
　沖縄県の合併推進要綱（2001年）では，県内のすべての市町村を含めて合併パターンが作成された。合併パターンの作成には生活圏，行政サービス，産業などの各種客観データに基づいてクラスター分析を行い，市町村間の関連性や一体性を把握し，さらに広域的な地域振興策との関連や市町村長，議会議長，県民アンケート調査の結果を踏まえ，地域の歴史や文化なども考慮された[2]。

1. 地理的特徴と市町村合併に対する県の対応　329

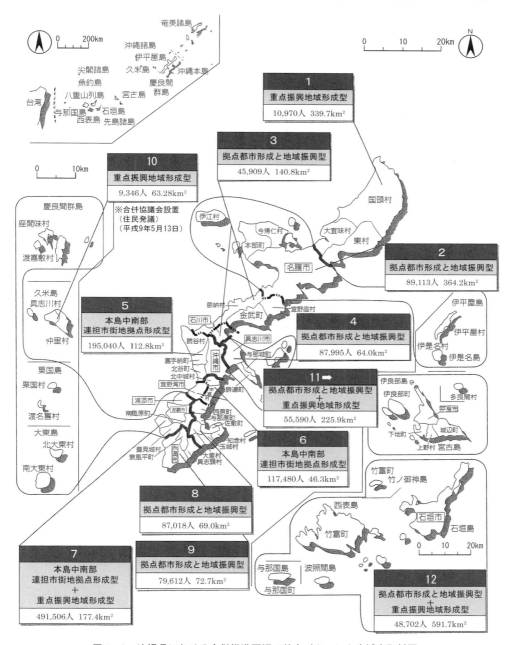

図XI-2　沖縄県における合併推進要綱の基本パターンと広域市町村圏
　太実線：基本パターン境界，二点鎖線：広域市町村圏境界．人口は平成12年10月1日現在（国勢調査速報値）．
　資料：市町村合併問題研究会編（2001：208），自治省行政振興課編（1983：106）による．

　沖縄県では「基本パターン」のほかに試案A（16区分）とB（7区分）が発表された。上記の試案Aは実現性を重視し，試案Bは財政基盤の強化や県土の均衡発展を目指したものといわれる（市町村合併問題研究会編，2001：208-210）。本書でも12の圏域からなる「基本パターン」をそのまま基本パターンとして採用する。「基本パターン」は5圏域からなる広域市町村圏を細分したもので（図XI-2参照），

それには各圏域の合併後の人口規模，地域の一体性・動向，合併後の効果や課題，合併特例債の試算などが示された。

基本パターンの目標としては市制移行型とか行財政基盤強化型などに類型化される場合が多いが，沖縄県の合併の基本類型では，①本島中南部連単市街地拠点形成型，②拠点都市形成と地域振興型，③重点振興地域形成型に区分された。重点振興地域形成型は自然保護施策や個性あるコミュニティの形成を目標とするが，自治省の指示した「合併への制約が大きい地域」に関する説明はなく，沖縄県ではすべての市町村が合併可能と考え[3]，合併の困難な市町村について広域連合など別の措置を考えることはなかった。

図XI-2に示すように，基本パターンでは久米島（9,346人）や宮古島（55,590人），八重山列島（48,702人）は独立の圏域を形成するが，伊平屋島・伊是名島は名護市の圏域に加わり，慶良間群島や粟国島，大東島[4]は那覇市の圏域に含まれる。久米島の圏域（9,346人）は1万人未満であるが，そのほかの圏域の人口規模はとくに小さいとはいえない（図XI-2，表XII-14参照）。

これらの圏域を通勤圏と比較した場合には，沖縄本島の日常生活圏が交通条件の発展に伴う変化や集落構造の変化によるためか，基本パターンの圏域は中部（沖縄市圏）と南部（那覇市圏）の境界線とは整合しない。

沖縄県では旧合併特例法のもとでは53市町村が41（22.6％）に減少しただけで合併進捗率が低かったため，合併推進構想（2006年）が策定された。構想対象市町村にはすでに合併した地域を除く9地域が指定された[5]。沖縄県では構想対象地域とは別に「将来の望ましい市町村の姿」は示していないが，県全域の大半を含むこの9地域がその代用と考えられる。

市町村合併に当たっては，基地所在市町村には基地問題と基地関係収入が存在するためそれ以外の市町村との合併は合意形成が難しくなることから，基地所在市町村同士の合併の図ることも検討された。すなわち，行政区域の多くを米軍基地に占用されている市町村では可住地域がきわめて狭いなど土地利用上の制約が大きいので，基地所在市町村については地域の類似性に配慮して，合併による土地利用の拡大など広域的発展を目指した組み合わせが考慮された[6]。

構想対象地域においては，未合併の場合には合併推進要綱の基本パターンの圏域がそのまま指定された。ただし孤立型離島は対象外とされており，合併推進構想においては－合併推進要綱の場合とは異なって－「合併への制約が大きい地域」が考慮されたのではないかとみられる。孤立型離島にはタイプⅠ（粟国村，渡名喜村，久米島町，多良間村）と孤立性の強いタイプⅡ（北大東村，南大東村，与那国町）があり，タイプⅠでは市町村長の意向などを踏まえて構想対象市町村とすることができた。

孤立型離島については，国と市町村の意向を踏まえて対応することが必要である。離島は経済水域や海洋資源の確保などわが国の国土保全に重要な役割を果たしているので，国の特別の措置が必要といわれるが，1島1町村として自立した基礎自治体となるための支援方向を検討するとともに，中核的な市町との連携を図りながら地域の意向を踏まえて行政体制を構築していく方針が示されただけで[7]，特別な方策が具体的に提示されたわけではない。そのほかにも，単独市町村を希望する伊江村や豊見城市や基地所在市町村であって財政的な課題がない恩納村も構想対象外とされた。

しかし，これら指定された9地区のうち合併新法のもとで合併したものは皆無であった。

2. 合併の経緯

　表Ⅹ-4に示すように，沖縄県では53の市町村のうち合併市町村は17（32.1％），協議会解散や離脱による単独存続は19（35.8％），協議会不参加は17（32.1％）[8]であり，合併市町村が少ないのが特徴といえる。協議会不参加の市町村のなかには人口が少なく財政力が乏しいものが多く含まれるが，このタイプに属するのは沖縄本島以外では伊江村だけであり，離島の多くが合併協議会に参加したのが注目される。人口1万人未満の小規模自治体は，2000年の26（49.1％）から2010年の18（43.9％）へと減少しただけで，「平成の大合併」による小規模自治体比率の差はわずか5.2ポイント減にとどまった（表Ⅱ-3参照）。小規模自治体のうち「平成の大合併」によって合併した8町村に対して，今日まで存続する小規模自治体18のうち12は離島の町村であり[9]，その多くは合併困難な町村である。

　沖縄県では本島中北部においては多くの米軍基地があるため，上述したように，基地所在市町村とその他の市町村との間において合併への合意形成が困難な場合が多く，合併協議会を設置できなかった地域が広く分布する。市町村合併が成立したのは県全体で5地区（久米島町，うるま市，宮古島市，八重瀬町，南城市）に過ぎない。しかも，合併推進要綱の基本パターンにおいてもその他2つの試案においても，その圏域と実際の合併市町村と整合するのは皆無である。

　合併の経緯については，市町村合併が成立した5地域からみていくことにする（図ⅩⅠ-3参照）。①久米島の具志川村と仲里村との法定協議会が設置されたのは本土復帰の1972年であったが，1976年に協議会を一旦解散した後，1997年5月に再び法定協議会を設置して2001年に合併協定調印式を迎え，久米島町（町役場は仲里村役場）が誕生した。したがって，この合併は「平成の大合併」以前から計画されていたものであり，「平成の大合併」によるといえるかどうか疑問である。

　②2001年12月に設置された具志川市，与那城町，勝連町の3市町からなる任意協議会は2003年2月に法定協議会に移行し，さらに同年7月には石川市も加入して合併し，うるま市（市役所は具志川市役所）が誕生した。この協議会には石川市が遅れて加入しただけで協議会の解散はなく，順調合併とみることができる。3市町の合併は基本パターンの圏域と整合するが，石川市は別の基本パターン圏域に属するものであった。なお，具志川市（61,061人，0.38）も石川市（21,992人，0.43）も沖縄市の通勤圏に属するもので，都市同士の合併は珍しいが，石川市の人口は3万人にも達せず，実態を備えた市制都市とはいえない。

　③玉城村，知念村，佐敷町，与那原町の4町村は2003年2月に任意協議会を立ち上げ，同年12月には法定協議会を設置したが，1年後の2004年12月には与那原町が本庁舎の位置に難色を示して協議会を解散した。その後2005年1月には玉城村，知念村，佐敷町，大里村の4町村でもって任意協議会を設置し，法定協議会に移行して合併し，南城市（市役所は玉城村役場）となった。新たな協議会に加入しなかった与那原町（15,109人，0.34）は非合併にとどまる。

　④2003年1月に南風原町，東風平町，大里村，具志頭村でもって任意協議会を設置し，同年11月には法定協議会に進んだが，翌年9月に解散した。その2カ月後には東風平町（16,879人，0.30）と具志頭村（7,747人，0.23）が法定協議会を設置して合併し，八重瀬町（町役場は具志頭村役場）が誕生した。南風原町（32,099人，0.43）は非合併となったが，大里村（11,455人，0.27）は上記のよ

332　XI　沖縄県の市町村合併

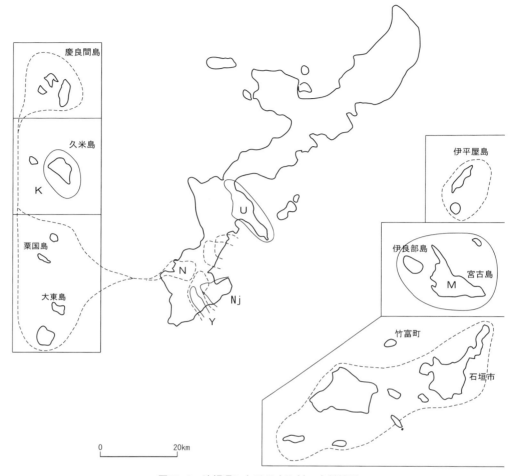

図XI-3　沖縄県における市町村の合併状況
　　K：久米島町，M：宮古島市，N：那覇市，Nj：南城市，U：うるま市，Y：八重瀬町．
　　実線：合併した市町村の境界，破線：協議会解散・離脱の市町村の境界．
　　資料：沖縄県の資料およびグリグリ「市町村変遷情報　詳細」による．

うに南城市と合併した．

　⑤離島の宮古島では，2002年4月に多良間村を含めて6市町村でもって宮古地区市町村合併協議会を設置したが，2004年4月には活動を休止し，同年9月には平良市，城辺町，伊良部町の3市町でもって法定協議会を設置した．それに下地町と上野村が遅れて加入し，5市町村でもって合併し，宮古島市が誕生した．市名を宮古島市と改名し，市役所は宮古市役所におかれた．なお合併協定の調印後，伊良部町議会が合併関連議案を一旦否決した後可決して合併が成立した．宮古島から離れた位置にある多良間村（1,338人，0.10）は非合併にとどまる．

　この5地区のほかには，協議会の解散や離脱によって合併が不成立となった19市町村がある．①2003年2月には那覇市を中心に8市町村でもって那覇市・南風原町・南部離島村合併任意協議会を設置したが，同年11月には解散した．解散の数日前に設置された4町村（南風原町，東風平町，大里村，具志頭村）の法定協議会もやがて合併を断念した．8市町村の合併協議会に含まれる南部離島

の6村は，慶良間群島の座間味村，渡嘉敷村，粟国島の粟国村，渡名喜島の渡名喜村，大東諸島の北大東村，南大東村からなる。もしこの合併が実現すれば，那覇市から東に約400km，西には約60kmにわたる広大な空間をもつ都市となるが，離島6村はいずれも合併に慎重な態度を示し，合併には至らなかった。那覇市にとってこのような合併は経済的な利益があるとは考えられないが，那覇市が中核市に移行するには合併が必要であった。当時は市の面積として100km^{2}以上が必要であり，那覇市(約39km^2)は面積要件を満たしていなかったからである[10]。

② 2003年1月に宜野湾市，中城村，西原町でもって設置された任意協議会も，同年10月には解散して非合併となった。③ 中城村(14,987人，0.32)と北中城村(15,745人，0.39)は2003年11月に任意協議会を設置して法定協議会に進んだが，北中城村に合併反対派の村長が当選して協議会は解散した。

④ 八重山地域では2002年12月に石垣市と与那国町でもって任意協議会を設置し，翌年7月には竹富町を加えた3市町でもって八重山地域市町村合併協議会(法定)を設置したが，与那国町が合併協議から離脱を表明して2004年10月には法定協議会を休止し，同年12月に解散した。2004年11月には遠隔の与那国町を除く2市町でもって任意協議会を設置し，2005年3月に法定協議会に進んだが，合併協定調印式後竹富町が合併関連議案を否決して特例法期限内での合併を断念し，協議会を休止したまま「平成の大合併」が終了した。そのほかにも離島地域では，⑤ 伊平屋村と伊是名村も2003年6月に法定協議会を設置したが，2005年3月には解散した。

3. むすび

以上が沖縄県の市町村合併の概要である。沖縄県では離島の多いにもかかわらず，合併推進要綱の基本パターンは離島を含めたすべての市町村でもって作成され，「合併への制約が大きい地域」は考慮されなかった。離島のうちでも久米島，八重山列島や宮古島では合併が成立したが，那覇市と合併協議を進めた南部離島6村は法定協議会まで進むことなく協議会を解散した。合併推進構想においても9地区が合併対象地域に指定されたが，合併新法のもとで合併した市町村は皆無であった。

合併が進まなかったのは離島ばかりではなく，沖縄本島でも米軍基地が多く立地する中北部では近隣市町村間の合併協議が難航し，協議会不参加の市町村が多く存在する。したがって，表Ⅹ-4に示すように，沖縄県では協議会不参加や協議会解散・離脱による非合併の市町村が多く，後述の図XIII-1ではYグループに属する。

沖縄県では渡名喜村(523人)，北大東村(671人)，渡嘉敷村(730人)，粟国村(960人)など人口が極端に少ない外洋離島がある。これらの島に居住者が存在するのは国防上必要であり，その住民生活を維持し向上を図ることは国土の保全においてもきわめて重要である[11]。これらの島々の住民には生活向上を図るべく手厚い支援が必要である。

なお，沖縄県では長崎県を除く九州各県で用いられた5億円+$(n-2)$×1億円の算定式に従って，旧合併特例法の合併市町村には特別交付金が交付された。nは合併関係市町村数。ただし，沖縄本島，宮古島，石垣島を除く離島の合併では町村数1につき1億円が加算されたので，宮古島市の場合には宮古島3市町村に離島の伊良部町を加えて7億円が支給された(表XII-1参照)。

（謝辞）本研究に当たりご協力いただいた金城奈穂子氏，斉藤祐一氏（沖縄県市町村課）のご厚意に感謝します．

（注）

(1) 沖縄県市町村課の説明による．
(2) 沖縄県（2001）：『沖縄県市町村合併推進要綱』p.13 による．
(3) 注（1）による．
(4) 人口（2000 年）は南大東村 1,445 人，北大東村 671 人で，航路や空路の状況からみて沖縄本島への日帰りは不可能な地域である．
(5) 9 地区は①国頭村，大宜味村，東村，②名護市，本部町，今帰仁村，③伊平屋村，伊是名村，④金武町，宜野座村，⑤北谷村，嘉手納町，読谷村，⑥宜野湾市，中城村，北中城村，⑦浦添市，西原町，⑧那覇市，南風原町，与那原町，渡嘉敷村，座間味村，粟国村，渡名喜村，⑨石垣市，竹富町からなる（沖縄県，2006）：『沖縄県市町村合併推進構想』，p.11 による）．
(6) 注（1）による．
(7) 沖縄県（2006）：『沖縄県市町村合併推進構想』，p.8 による．
(8) 協議会不参加の市町村をその人口および財政力指数を示すと，沖縄市（119,686 人，0.44），浦添市（102,734 人，0.63），名護市（56,606 人，0.40），糸満市（54,974 人，0.36），豊見城村（50,198 人，0.40，2002 年以後豊見城市），読谷村（36,115 人，0.38），北谷村（25,554 人，0.41），本部町（14,522 人，0.22），嘉手納町（13,661 人，0.34），金武町（10,106 人，0.20），今帰仁村（9,749 人，0.17），恩納村（9,064 人，0.52），国頭村（5,825 人，0.22），伊江村（5,112 人，0.14），宜野座村（4,749 人，0.23），大宜味村（3,281 人，0.12），東村（1,867 人，0.15）となる．
(9) 渡名喜村（523 人），北大東村（671 人），渡嘉敷村（730 人），粟国村（960 人），座間味村（1,026 人），南大東村（1,445 人），伊平屋村（1,530 人），与那国村（1,852 人），伊是名村（1,897 人），竹富町（3,551 人），伊江村（5,112 人），多良間村（1,338 人）の 12 町村である．このうち，協議会不参加は伊江村と多良間村だけで，他は協議会解散・離脱の町村である．
(10) 中核市の条件として 1999 年には人口 30 万人，面積 100km^2 以上とされ，2002 年の改正によっても人口 50 万人未満では面積 50km^2 の条件が生きていたが，2006 年には人口 30 万人以上だけに条件が緩和された．那覇市は 2013 年 4 月に中核市に指定された（沖縄県市町村課の説明による）．
(11) 国土交通省（2014）：『新たな「国土のグランドデザイン」（骨子）』では離島定住者を「現代の防人」と位置づける．

XII 「平成の大合併」の一般的特徴 −市町村合併に至るまで−

1. はじめに

　I章では，本書の研究目標は地域によってさまざまな様相を呈する「平成の大合併」の実態を究明することにあると述べたが，予想したとおり，さまざまな実態が明らかとなった。II章では「平成の大合併」に至る経緯と本書で用いる調査方法について説明した。調査方法の中では日常生活圏の代表として通勤圏を取り上げ，都道府県の合併構想を示すものとして合併推進要綱や合併推進構想の圏域について説明し，合併に至る経緯について考察した。III〜XI章では，上記の調査方法に基づいて全国各都道府県の市町村合併の実態をできるだけ克明に記述することに努めた。そのなかでは，市町村合併をめぐってさまざまな現象がみられたが，頻繁に現れる現象はいくつか少数のものに限定されるので，本章では市町村合併のなかにみられる一般的特徴について整理することにする。

　II章でも触れたように，今井（2008：97）の説明とは異なって，都道府県の合併に対する熱意の差異は大きいものと考えられる。たしかに，各県の合併推進要綱に提示された基本パターン通りに市町村合併が実施された例は少ないし，最終的に判断を下したのは市町村であったが，都道府県が合併に対して強く指導したところもあり[1]，都道府県の態度には著しい差異がみられるので，その役割を過小評価すべきではないであろう。その証拠として次の3点をあげることができる。

　①合併推進要綱の提示にに都道府県間に差異がある。市町村合併に対する知事の対応はすべて同じく協力的であったとはいえない（小西，2005）。詳細については本章4節（2）で述べることにする。

　②広域連合などの市町村合併に対する対応も県によって異なる。県下全域にわたって広域連合を設置した長野県では，2003年には市町村特例事務支援制度を設けて小規模自治体の自立を支援する措置を採用したため，小規模自治体の市町村合併に対する熱意を低下させるものとなった。その他の市町村でも自主的な合併に任せたので広域連合が市町村合併に抵抗するものとなり[2]，長野県の市町村合併はそれほど進捗しなかった。

　③各都道府県は市町村合併に対して県職員を派遣して合併を支援しただけでなく，国の合併市町村に対する支援[3]とは別に，表XII-1に示す合併特別交付金を交付した。その金額は本章5節で述べるように，ゼロから70億円（新潟市）までさまざまであった。

　さらには，宮城県や熊本県，長崎県などのように，市町村合併に早くから着手したのも熱意の表れといえよう。これらの事実から，地域差を重視する人文地理学の視点に立つ著者は，都道府県の政策や熱意に大きな差異があったものと考え，本章においては各都道府県の合併推進要綱や合併推進構想を含めて考察することにする。

表XII-1 合併特別交付金の算定方法

都道府県	旧合併特例法の算定方法
北海道	旧合併特例法：0，合併新法：0.9億円×n
青森	5億円+(n-2)×1億円（2005年3月までの合併），億円+(n-2)×1億円（2006年3月までの合併）
岩手	5億円+(n-2)×1億円
宮城	一律5億円
秋田	2億円×n（2×8=16億円が最高額）
山形	0.5億円×n，合併新法：0.3億円×n
福島	1億円×n
茨城	2.5億円×n
栃木	2億円+(n-2)×1億円（上限：10億円），合併新法：0.75億円+(n-2)×0.25億円
群馬	0
埼玉	0.8億円+(n-2)×0.2億円，合併新法も同一
千葉	5億円+(n-2)×1億円（上限：10億円），合併新法：2.5億円+(n-2)×0.5億円
東京	西東京市=7.48億円
神奈川	相模原市=15億円
新潟	5億円+(n-1)×1億円（最高額：15市町村合併の新潟市=70億円）
富山	1億円×n（最高額：南砺市=8億円）
石川	一律 2.5億円
福井	5億円+(n-2)×1億円（最高額（4市町合併）=7億円）
山梨	1億円+(n-2)×1億円，合併新法：1億円×(n-1)
長野	5億円+(n-2)×1億円（上限：10億円），合併新法：2億円+(n-2)×1億円（上限：5億円）
岐阜	5億円+(n-2)×1億円（上限：10億円）
静岡	2.5億円×2，n>4のとき10億円+(n-4)×1億円（浜松市=18億円），合併新法：1.5億円×n，n>4のとき6億円+(n-4)×1.25億円
愛知	5億円+(n-2)×1億円（単年度上限額は交付総額の1/2），合併新法：4億円+(n-2)×0.5億円（単年度上限額は交付総額の1/3）（2010年の合併では4億円が3億円に減額）
三重	5億円+(n-2)×1億円（最高額：津市=13億円）
滋賀	5億円+(n-5)×0.5億円（合併後の人口が10万人を超えるときの最低額は5億円，町制のときは最低額3億円）合併新法：0.5億円×(n-2)
京都	0
大阪	不明
兵庫	0
奈良	1億円×n
和歌山	1億円×n
鳥取	5億円+(n-2)×1億円（上限：10億円）
島根	2.5億円×n（最高額：松江市=20億円）
岡山	5億円+(n-2)×1億円，合併新法：1億円+(n=2)×1億円
広島	5億円+(n-2)×2.5億円
山口	n×j×m　人口jは合併10万人未満は1，10～20万人は1.5，20～30万円は2.0，30万人以上は2.5，面積mは600km²未満が1，600～800km²が1.1，800km²以上が1.2（最高額：岩国市=14.4億円，n>3以上が対象，最低額=4億円），合併新法：0
徳島	5億円+(n-2)×1億内（上限：10億円）
香川	合併後市になる場合：5億円+(n-2)×1億円（上限：10億円），合併後市にならない場合：5億円×（合併後人口/3万人）
愛媛	0
高知	(1億円×n)+面積等加算額+公債費負担差加算額（各加算額の上限は2億円，交付額の下限は2億円）（旧合併特例法の最高額：香南市=8.5億円，高知市=6.2+4.7=10.9億円（4.7億円は合併新法）
福岡	5億円+(n-2)×1億円　これ以上の財政需要があると認められれば「合併による増加人口」により1～3万人未満は1億円，3～5万人は2億円，5～10万人は3億円，10人以上は5億円を限度として加算
佐賀	5億円+(n-2)×1億円（上限：10億円），合併新法：0
長崎	5億円+(n-2)×2億円　1島1町村は1億円ずつ加算（最高額：南島原市=17億円）
熊本	5億円+(n-2)×1億円（最高額：天草市=13億円），合併新法：1億円×n
大分	5億円+(n-2)×1億円（上限：10億円）
宮崎	5億円+(n-2)×1億円（最高額：都城市=8億円），合併新法：1億円×n（宮崎市=7+2=9億円）
鹿児島	5億円+(n-2)×1億円（上限：10億円）合併新法：2.5億円+(n-2)×0.5億円（上限：5億円）
沖縄	5億円+(n-2)×1億円（離島（沖縄本島，宮古島，石垣島を除く）町村数1につき1億円加算，宮古市：3+3+1=7億円）

資料：各都道府県の資料による．旧合併特例法については北海道の「旧合併特例法の下における市町村合併の進展」（http://www.pref.hokaido.lg.jp/file.jsp?id=56066）が利用できる．

2.「昭和の大合併」とそれ以後の変化

Ⅱ章において述べたように,「明治の大合併」では国の町村合併標準を各地方長官に示すことによって全国一律に町村合併が実施されたが,各府県独自の計画と判断に委ねるかたちが採用され,地域の事情を考慮した合併が行われたといわれる(山崎,2000)。しかし,町村数は約1年にして1888(明治21)年の71,314町村から15,859市町村へと約1/5に減少しており－500戸以上の町村を除くかたちで－,短期間に合併が進捗したのは強引な政策に基づくものであったと考えられる。

それに対して,「昭和の大合併」は1953年に始まり新市町村建設促進法が終了する1961年まで8年をかけて実施され,各都道府県が合併促進審議会を設置して策定した合併計画を,市町村が協議して決定する方法が採用された。その点では,「昭和の大合併」は「明治の大合併」よりも「平成の大合併」と類似の方式によるものであったといえる。

しかし,「昭和の大合併」では「地方自治の本旨」に基づく自主合併を建前としながらも,自治庁,知事主導の強制的な推進体制のもとで府県合併審議会を設置し,知事勧告によって強行された[4]。「平成の大合併」において住民アンケートや住民投票などが採用されたが,「昭和の大合併」では地域公益は国益に従属するかたちで扱われ,国益重視の画一的合併計画の強制が正当化され,政府官僚や支配政党,経済界の要求が合併計画を支配し,市町村の立場は反映しにくいものとなった(山田,2003)。

1例として広島県における「昭和の大合併」を簡単に紹介しよう。広島県では1952年10月に最初に策定された町村合併計画では,県下の町村数1/2の減少を見込んだものであった(広島県総務部地方課,1961:165)[5]。しかし,町村合併促進法の公布(1953年10月)とともに政府によって示された合併計画では,町村数を約1/3に減少させることが要求され,最初の合併計画は再検討された。その後,1954年2月には16人の委員と17人の臨時委員からなる広島県町村合併推進審議会が発足し,町村数323のうち合併困難と考えられた20を除く303について改めて町村合併促進基本計画を策定し,1956年度末には町村数を約1/3の94に減少することが計画された。合併町村の規模については標準規模8,000人を超えるように努めるとともに,町村相互の対等合併においても郡の中心町を中心とする町村を想定して合併計画が立案され,将来新町村の一体性を確保しうるように配慮された。

当時の市制都市(広島市,呉市,福山市,尾道市,三原市,因島市)に続く最高次(c.5クラス)の中心性をもつ6つの中心地(府中,三次,庄原,竹原,広,松永)があった。そのうちでは,広が呉市に編入し,松永が市制施行後に福山市に編入した以外はすべて新市となって今日に至る。その下のクラス(ic.5)の中心地では大竹市と因島市が誕生し,廿日市市や東広島市(西条・寺西)は遅れて市制を敷き,可部と五日市は広島市に編入した。このクラスの中心地のうち「町」のままとどまったのは甲山・東大田(甲山町と世羅東町)だけである(森川,1959)。

1954年5月に策定された広島県の町村合併計画では,町村数を174(64%)に減少することが目標とされたが(広島県総務部地方課,1961:168),『広島県市町村合併誌』に記載された合併計画のなかには人口8,000人に充たない町村もあったし,宮島町と大野町の合併計画にみられるように,県の計画通りには合併が成立しなかった町村も数多く含まれる。当時の合併においても,国益重視の合併

計画とはいえ，計画通りに進捗したとはいえないようである[6]。

いずれにせよ，「昭和の大合併」は交通条件や日常生活圏などを考慮して都道府県が立案し，合併推進審議会にかけて町村合併計画を作成したものであった。上述したように，交通が未発達であった当時の日常生活圏は今日に比べると著しく狭小で，日常生活圏との不整合は深刻な問題であった。日常生活圏との整合をはかるために多くの分村合併[7]が行われたのは，「平成の大合併」とは大きく異なる特徴である。また広島県では，「合併困難と考えられる20町村」を除いて合併が計画されたのも注目すべきことといえる。自治省通達の『市町村の合併の推進についての指針』(1999年)には「合併への制約の多い地域」が取り上げられたにもかかわらず，山梨県，静岡県，香川県のほかにはなんら考慮されなかったのとは大きな違いである。

「昭和の大合併」が「平成の大合併」と異なるもう1つの特徴は，表Ⅱ-1に示すように，大都市圏地域でも市町村合併が実施されたことである。1950～60年における市町村数を比較すると，全国平均の市町村減少率は65.8%[8]であり，北海道(18.4%)や鹿児島県(19.0%)とは違って東京都(50.6%)や神奈川県(66.7%)，大阪府(66.4%)でも全国平均に近い市町村減少率を示した。その一方で，市町村あたりの平均面積においては北海道の394km^{2}から埼玉県の41km^{2}まで大きな差異がみられた。

「昭和の大合併」の終了時には高度経済成長期が始まっており，その進行とともにわが国の人口分布は大きく変化した。その変化は向都離村型の人口移動によるものであり，各都道府県における1万人未満の小規模自治体比率は1960年と2000年の間に$r = 0.717$ ($n = 46$, 沖縄県を除く)の高い相関がみられた。相関係数がもっと高くならなかったのは，大都市圏地域においては1960～2000年間の人口増加によって町村の人口が増加し，小規模自治体比率が低下したためである。その他の地域の多くは小規模自治体が増加し，鳥取県のように，小規模自治体が全市町村の80%に近づいたところもあった(表Ⅱ-2参照)。1960～2000年間に人口減少によって小規模自治体比率が大きく増加したのは，北海道(29.5ポイント)，秋田県(同29.0)，山形県(同30.3)，長崎県(同32.8)，鹿児島県(同33.9)であった。

このような過程を経て生じた2000年における市町村の人口規模が，「平成の大合併」に対して影響したことはいうまでもない。繰り返し述べるように，小規模自治体が少ない県や減少してきた県では，市町村財政もそれほど逼迫していないため，合併に対する熱意も低いものとなった。九州においては，都市化の発達した福岡県では福岡市周辺の市町村合併率が低いが，宮崎県でも比較的低いのは市町村面積が広く，小規模自治体比率が低かったことによって説明される。東北地方においても，市町村合併率の高い秋田県と低い山形県の対照性は小規模自治体比率と関係するものと考えられる。もちろん，北海道や福島県，長野県，高知県，沖縄県など小規模自治体比率が高かったにもかかわらず，市町村合併率が低いままに終わった道県もあり，小規模自治体比率の差異でもってすべてが説明されるわけではない。

小規模自治体比率の差異は西南日本と東北地方においても，ある程度認めることができる。2000年の時点において小規模自治体比率が50%を超えて高い県は西南日本に多かったが[9]，東北地方と比較すれば，表Ⅱ-3に示すように，高度経済成長期以後人口流出の激しかった西南日本の方が2000年における小規模自治体比率が高く，西南日本において市町村合併率が高い傾向が認められる。東北地方の市町村平均面積が広いことも，市町村合併率に対して影響したものと考えられる。

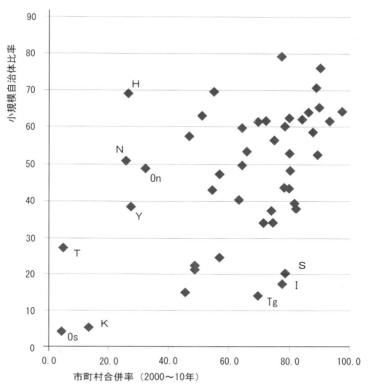

図XII-1　各都道府県における市町村合併率と小規模自治体比率（2000年）との関係
H：北海道, I：茨城県, K：神奈川県, N：奈良県, Os：大阪府, On：沖縄県,
S：静岡県, T：東京都, Tg：栃木県, Y：山形県.
資料：国勢調査（2000年，2010年）による．

しかしながら，図XII-1に示すように，都道府県における市町村減少率（2000～10年）と小規模自治体比率（2000年）の相関係数を求めると $r=0.484$（$n=47$）となり，それほど高いとはいえない。上述のように，北海道や高知県など小規模自治体が多くても市町村合併率が低い道県がある一方で，茨城県，栃木県，静岡県などのように，小規模自治体比率が低くても市町村合併率が高い県があるからである。ともかく，「平成の大合併」の考察にとって各都道府県がもつ過去の状況を無視することはできない。

3. 通勤圏や市町村人口との関係

（1）通勤圏の拡大と市町村合併

　市町村合併にとって重要なのは，①市町村の財政状況や②人口規模であるが，③日常生活圏も無関係ではない。市町村の日常生活圏への対応は「平成の大合併」の目的の1つとしてあげられたが，日常生活圏は「昭和の大合併」以後交通の発展に伴って著しく変化してきた。
　わが国で最初の高速道路（名神高速栗東～尼崎）が開通したのは1963年のことであり，東海道新幹線（東京～新大阪）が開通したのは東京オリンピックの開催された1964年であった。それに対して，

1955年ころの通勤圏はきわめて狭い範囲に限定され，通勤圏外地域が広い面積を占め，「昭和の大合併」における日常生活圏の状況は「平成の大合併」当時とは大きく異なっていた。日常生活圏の代表として通勤圏をみた場合には，大都市圏だけでなく地方圏においても，県庁都市やそれに次ぐ地方都市の通勤圏は大きく拡大した。今日でも中心都市から離れた山間部では小規模中心地の通勤圏や相互依存型通勤圏，準通勤圏，玉突型通勤圏がみられるが，通勤圏外の地域は－北海道や離島を除くと－ごく限られたものとなった。

したがって，「昭和の大合併」の当時通勤圏をもたなかった郡の中心町など地方町のなかにも，その後通勤圏を広げ，通勤圏に対応するかたちで大規模合併を行い，新市を形成したところもある。宮城県の栗原市（中心町は築館町）や登米市（同迫町），新潟県の魚沼市（同小出町），岐阜県の郡上市（同八幡町），滋賀県の甲賀市（同水口町），京都府の京丹後市（同峰山町）などがその例である。これらの町のなかでは，1955年には周辺町村から5.0%以上の通勤者の流入はなく，1965年においても水口町や峰山町では周辺2町村から5～9%程度の通勤者を受け入れる程度であった[10]。これらの町が通勤圏を大きく拡大したのは高度経済成長期以後のことである。

「昭和の大合併」において郡の中心町と周辺農村とが合併して新市を形成した例は「平成の大合併」以上に多かったが，上記の町が市制を敷かなかったのは日常生活圏が狭く，市制を敷くには人口も不足していたためである。都市が稠密に分布し都市の通勤圏が拡大した今日，基本パターンの各圏域には1つ以上の都市が存在するなかにあって，かつての郡の中心町が通勤圏を大きく拡大して新市を形成するのはむしろ希なケースといえる。

また「昭和の大合併」のときには，通勤圏外にあって同一郡に所属する純農村同士が8,000人の人口を得るために合併する場合は多かったが，「平成の大合併」においては通勤圏外の町村同士が合併するのはきわめて希である。市町村の面積が広い北海道においてさえ通勤圏外の町村同士が合併するのは，新・八雲町（八雲町と熊石町の合併）と新・日高町（日高町と門別町の飛地合併）だけであり，その他の地域でこれに該当するのは邑南町（島根県）だけである。その一方で，「昭和の大合併」のときには狭い日常生活圏に対応するために分村合併した場合が多く，なかには住民間の争いを招いたところもあったが，日常生活圏の制約が減少した「平成の大合併」において分村合併したのは上九一色村（山梨県）だけであった。

一方，大都市圏の広い通勤圏の中では近隣市町村はいずれも同一の大都市の通勤圏に属するため，市町村合併における通勤圏への配慮は不要となり[11]，近隣市町間で種々の組み合わせによる合併協議が行われ，財政力の豊かさも加わって，協議会の解散・離脱のケースを増加させたと考えられる。

また，埼玉県や千葉県のような東京大都市圏においては，人口増加によって「平成の大合併」以前に，単独または合併によって多くの新市が誕生したており（表Ⅴ-3参照），市制施行予備軍ともいえる1～3万人の人口をもった町村は限られていた。それに対して，東京大都市圏の外縁部にあって都市化の進展が少し遅れた茨城県では，人口1～3万人の町村が多く存在しており（表Ⅴ-4参照），2・3の近隣の町村の合併によって11の新市が誕生したのが注目される。

ただし，茨城県における多くの新市誕生は意図的に行われた観もある[12]。兵庫県（8市），岐阜県（7市），愛知県（6市），山梨県（6市）においても多くの新市が誕生したが，この中には農村部の数多くの町村が合併する場合もあり，すべてが茨城県と同一条件のもとで誕生したものとはいえない。

養父市（兵庫県）などのように，合併後すぐに人口が3万人未満に減少した新市も含まれる。

「平成の大合併」によって市町村面積は大きく拡大することとなったが，市制基準が緩和された割には，市制施行のために面積を拡大し，無理して合併を強行した例は少ないように思われる。表Ⅻ-2に示すように，「平成の大合併」において誕生した新市町村（2010年）は市域の拡大を含めると586となり，1,727市町村の33.9％に当たる。そのうち新市は133で7.7％に過ぎず，新町村数162（9.4％）よりも少ない。

133の新市は「昭和の大合併」において誕生した270の約半数に当たる[13]。新市の誕生が少なかった要因として考えられるのは，「昭和の大合併」の際には郡の中心町とその周辺町村との合併による新市誕生が多かったのに対して，上述のように，「平成の大合併」の際には既存の都市が多く，その通勤圏を拡大していて，合併推進要綱の基本パターンに従う合併においては既成都市の市域拡大が多くなり，登米市や京丹後市などのように，自己の通勤圏をもつ郡の中心町が残されていたケースがきわめて少なかったからである。市域を拡大した都市は291（16.9％）で，新市（133）と新町村（162）を加えた数に匹敵する。市域拡大

表Ⅻ-2「平成の大合併」における合併状況（新町村，新市の誕生と市域拡大）と「昭和の大合併」における新市誕生の比較

都道府県	新町村	新市	市域の拡大					「昭和の大合併」の新市
			5万人未満	5～10万人	10～20万人	20～30万人	30万人以上	
北海道	13	1	3	2	2	1		11
青森	9	2		3	1	2		5
岩手	2	1	4	1	3	1		7
宮城	3	3		1	2			3
秋田	3	4	1	6			1	4
山形	1				2			7
福島	2	3		5	1	1		9
茨城	1	11	1	5	5	2		12
栃木	1	3		3	4		1	6
群馬	4	1		5	1	2	2	6
埼玉	3			4	5	2	1	15
千葉	1	4	2	3	2			8
東京					1			5
神奈川							1	6
新潟	1	4	2	6	2	2	1	13
富山		1	2	1	1		1	3
石川	4	2	1	2	1			4
福井	5	2	1	1		1		3
山梨	5	6	2		1			5
長野	6	2	2	3	3	1	1	11
岐阜	1	7		5	3		1	6
静岡	2	5		2	6	2	2	6
愛知	2	6	1		2		3	10
三重	6	2	1	2	3	1		5
滋賀	1	5	0	1	2		1	3
京都	2	3	0	1			1	2
大阪							1	9
兵庫	5	8	2	2				6
奈良		2	1				1	6
和歌山	7	1	1	3				3
鳥取	7			1	2			2
島根	7	1	3	2	2			4
岡山	4	5	4	1	1		2	3
広島	5	2	2	1	4	1	2	6
山口			1	3	3	4	1	3
徳島	5	4		1				1
香川	3	3						2
愛媛	7	2	3	2	3		1	5
高知	6	2	1				1	7
福岡	5	4		5			1	8
佐賀	4	3		1		1		5
長崎	1	5	4		1	1	1	3
熊本	7	4		4			1	6
大分		3	4	4			1	4
宮崎	1		1	2	2		1	2
鹿児島	7	5	5	2	2		1	9
沖縄	2	1		1	1			―
合計	162	133	58	98	79	22	34	270

資料：国勢調査2010年，林（1961：75）による．

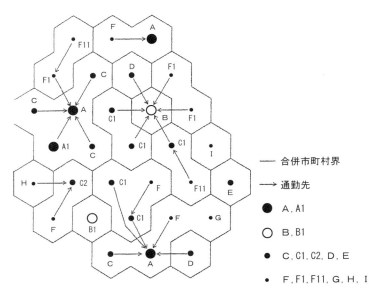

図XII-2 市町村類型と通勤圏の概念
市町村類型は表XII-3に対応.

型の市には人口5〜10万人規模の都市が多い。

　日常生活圏が狭い範囲に限られていた「昭和の大合併」においては，先にも触れたように，せいぜい郡内の中心町を中心とする新市・新町の形成や地方都市の市域拡大など中心地システム（中心地の勢力圏）に対応した合併であり，なかには，町村の規準人口に到達するために中心地システムとは無関係に－神戸勧告に基づいて－農村同士が合併したケースも多くみられた。それに対して，「平成の大合併」では新町の形成はあったが，農村同士の合併はほぼ皆無であり，中心地システムよりも国土集落システム（国家的都市システム）との関係が緊密なものとなった（森川，2011d）。「昭和の大合併」では，大都市周辺における非合併地域や衛星都市（同一の通勤圏内の市町村の合併）が形成されることはなく，大都市や県庁都市の近郊と遠郊にみられるように，国土集落システムにおける位置に関係して合併形態が異なることも少なくなかった。

(2) 国土集落システムに対応した市町村合併

　国土集落システムにおける市町村の位置関係によって市域の拡大や新市・新町の形成などの合併形態が異なるのが，「平成の大合併」の大きな特徴である。したがって，次には国土集落システムに対応した通勤圏と市町村合併との関係を統計的に検討することにする（森川，2011d）。

　市町村合併において日常生活圏（通勤圏）がいかに関係しているかをみていく場合に，市町村の人口規模が問題となる。「平成の大合併」では1万人未満の小規模自治体の消滅が重要な目標とされており，市町村合併によって人口が3万人以上になりさえすれば市制を敷くことができるように市制施行規準が改正された。したがって，これらの人口規模を考慮すると市町村は3つの類型に区分される[14]。

　まず，各市町村に関する人口規模とともに通勤圏との関係－ひいては国土集落システム内部での位置づけ－を考慮しながら，それぞれの合併形態を考えて合併市町村を類型化すると表XII-3のようになり，概念図は図XII-2にまとめられる。

表XII-3 人口規模と通勤圏，市町村合併に基づく市町村の分類基準

① 3万人以上の自治体
    A   通勤圏をもって合併の中心となる自治体
    A1 通勤圏を欠き，他市の通勤圏に属して合併した自治体（衛星都市）
    B   通勤圏をもちながら非合併の自治体
    B1 通勤圏を欠き，非合併の自治体

② 1～3万人の自治体
    C   通勤先の中心地（市町）と合併した自治体
    C1 通勤先以外の中心地と合併した自治体
    C2 通勤圏をもち合併の中心となる自治体
    D   通勤圏内にありながら合併しない自治体
    E   通勤圏外にあって自立する自治体

③ 1万人未満の自治体
    F   自らと同等程度以上の自治体を含めて通勤先の中心地と合併した自治体*
    F1 自らと同等程度以上の自治体を含めて通勤先以外の中心地と合併した自治体
    F11 合併の主要中心地以外の通勤圏に属する自治体に「玉突き通勤」をする自治体
    G   通勤圏外にあるにもかかわらず合併した自治体
    H   通勤圏内にありながら合併しない自治体
    I   通勤圏外にあって自立する自治体

*隣接する同等程度の人口をもつ二つの自治体が相互に5％以上の通勤率をもち，合併する場合もあり得る．

　人口3万人以上の市町は合併・非合併によってA・B両タイプに区分される．Aタイプは合併した中心都市であり，A1タイプは人口3万人以上の都市ではあるが，合併の中心地ではなく，より大規模な都市の通勤圏に所属するものである．BとB1タイプはともに非合併の自治体であるが，Bタイプは自己の通勤圏をもちながらも合併しないものであり，B1タイプは自己の通勤圏をもたない都市である．

　人口1～3万人の市町はC～Eタイプに分類される．C，C1，C2タイプは，A，A1タイプと同様に，他の自治体と合併した市町村である．ただし，A・Bタイプの自治体では他中心地への通勤者比率は不問としたが[15]，Cタイプは通勤先の中心地と合併するものであり，C1タイプは自己の通勤先以外の中心地と合併した場合である．それに対して，C2は自己の通勤圏にある市町に対して中心地として合併する場合である．ただし，C1タイプには，①X市の通勤圏に属しながらもY市と合併する場合だけでなく，②X市の通勤圏に含まれる数個の市町村（人口1～3万人）が対等合併して1つの市町を新設するものも含まれる．そのほかにも，③X市の通勤圏に属する市町（半従属中心地）が自己の通勤圏内の町村と合併して新しい市町を形成する場合もある．

　DタイプとEタイプはともに非合併市町村である．Dタイプは他市町村の通勤圏に属するものであり，Eタイプは人口が1万人を超えながらも第1位対地の通勤者比率が5％にも達せず，他の通勤圏に属さない市町である（例：軽井沢町）．

　人口1万人未満の町村はF～Iに区分される．FとF1タイプの関係はCとC1タイプの関係と類似しており，Fタイプは通勤先の市町と合併したケースであり，F1タイプは通勤先とは別の市町と合併したものである．F11タイプは合併したY町が合併市町の中心都市でなく，別の市町の通勤圏に属する場合である．HタイプはDタイプに相当し，非合併の市町村である．GとIタイプはともに通勤圏外にある市町村で，他の市町村と合併すればGタイプ，合併しなければIタイプとする．

表XII-4 合併分類に基づく各タイプの市町村数

	全国合計	％
市町村数	3,229	100.0
合併	2,079	64.4
非合併	1,150	35.6
3万人以上	715	22.2
A	261	8.1
A1	63	2.0
B	114	3.5
B1	277	8.6
1～3万人	958	29.6
C	276	8.5
C1	307	9.5
C2	38	1.2
D	297	9.2
E	40	1.2
1万人未満	1,556	48.2
F	608	18.8
F1	390	12.1
F11	38	1.2
G	98	3.0
H	296	9.2
I	126	3.9
新市設立	132	4.1

＊記号（A～I）の説明は表XII-3による．
資料：国勢調査2000年，総務省：平成11年4月1日以降の都道府県別合併実績（http://www.soumu.oj/aeihlliko.htm1）による．

表XII-5 通勤圏とは不整合に合併した人口3万人未満の市町村の内訳

	計	通勤圏と不整合合併 衛星都市（町）などの形成				
		a	b	c	d	e
C1	307	29	44	178	52	4
	100.0	9.4	14.3	58.0	16.9	1.4
F1	382	60	78	214	21	9
	100.0	15.7	20.4	56.0	5.5	2.4
合計	689	89	122	392	73	13
	100.0	12.9	17.7	56.9	10.6	1.9

a：通勤圏をもつ別の中心地と合併，b：別の通勤圏に含まれる市町村と合併，c：同一通勤圏内の市町村と衛星都市（町）を形成，d：自市町村を通勤先とする町村と合併して衛星都市を形成，e：衛星都市形成の市町村を通勤先とする町村．
資料：表XII-4による．

表XII-4によって通勤圏を考慮した合併率をみると，1万人未満の市町村ではFとF1・F11タイプの関係は18.8％：13.3％で，通勤圏に属する市町村との合併が多い。通勤圏外にありながら合併したGタイプの町村を加えると通勤圏に適合した合併はさらに多くなる。これに対して，人口1～3万の市町村ではC・C2とC1タイプの比は9.7％：9.5％となり，両比率はほぼ拮抗する。これは一見，比較的規模の大きな市町村では通勤圏や日常生活圏を無視した合併が多いようにみえるが，表XII-5によってより詳しく検討すると[16]，C1やF1クラスの市町村のなかには中心都市の日常生活圏（通勤圏）内において近隣町村との合併によって衛星都市（町）を形成する場合（c，dタイプ）が67.5％に達し，通勤圏を無視した合併が多いわけではない。

また通勤圏とは不整合の合併の場合にも，新たに形成された日常生活圏よりも郡域など古くからの連携関係を重視した場合が多く，地理的条件をまったく無視した合併とはいえない。一方，3万人以上の市町村においてはA・A1対B・B1の比は10.0％：12.1％となり，非合併市町の方がやや多くなる。都市規模の拡大とともに非合併の都市が多くなることを示すものである。

表XII-6においても，都市規模が大きくなるほど非合併の都市が多くなり，表XII-7によって通勤圏との関係からみれば，大都市圏では市域拡大型や衛星都市形成型の合併が減少する傾向が確認される。すなわち，全国3,229市町村（2000年，東京特別区を除く）のうち合併市町村は64.4％であるが，小規模な市町村ほど合併比率が高くなる。2000年には全市町村の約半数（49.2％）は人口1万人未満であり，そのうちの72.8％が合併したのに対して，1～3万人クラスの市町では64.8％が合併し，3万人以上では45.3％が合併しただけで，半数以上が非合併のままにとどまる（表XII-6参照）。表XII-8は，後述するように，個々の都市について具体的に示したものである。

大都市の周辺市町村のなかには自立できる規模の人口をもつものが多いし，人口の少ない町村にとっても，大規模な中心都市と合併してその周辺に位置づけられるよりも，周辺町村が衛星都市を形

表XII-6　人口規模別にみた全国と大都市圏の合併状況

人口規模	全　国						大都市圏					
	市町村数		合　併		非合併		市町村数		合　併		非合併	
3万人以上	716	(22.2)	324	(45.3)	392	(54.7)	224	(58.8)	45	(20.1)	179	(79.9)
1～3万人	923	(28.6)	597	(64.7)	326	(35.3)	91	(23.9)	48	(52.7)	43	(47.3)
1万人未満	1,590	(49.2)	1,158	(72.8)	432	(27.2)	66	(17.3)	41	(62.1)	25	(37.9)
合計	3,229	(100.0)	2,079	(64.4)	1,150	(35.6)	381	(100.0)	134	(35.2)	247	(64.8)

＊（カッコ）内の数値は％．
＊大都市圏とは南関東4都県と愛知県，大阪府を指す．
資料：表XIIと同じ．

表XII-7　人口20万人以上（それ未満の県庁都市を含む）における都市の合併パターン

都市規模	合　計	市域拡大型	衛星都市形成型	非合併型	非中心都市型
100万人以上	13	2	2	8	1
50～100万人	12	8		2	2
30～50万人	42	21	2	6	13
20～30万人	29	16		5	8
20万人未満の県庁都市	6	6			
合計	102	53	4	21	24

＊衛星都市形成型は都市域の周辺に形成された新市の数．100万人以上の都市では名古屋市と福岡市が該当．非中心都市型とは中心都市として通勤圏をもたない都市．100万人以上では川崎市，50～100万人クラスでは船橋市，東大阪市が該当．
資料：表XIIと同じ．

成して主体的な活動を希望するものが多い[17]．人口1万人未満の小規模自治体（F，F1）では通勤先市町との合併が圧倒的に多いけれども，中心市人口1～3万人の市町村（C・C1）で通勤圏の中心地と合併するのは276に対して，近隣町村との合併によって衛星都市を形成するのが178+52=230（C2の38を加えると268）となり，別の通勤圏をもつ中心地との合併が多いわけではない（表XII-4，表XII-5参照）．中心都市に編入されれば市民税が上昇することが多く，市の都市計画を強制され，迷惑施設の立地を引き受けざるを得ない場合もあるのに対して，新市や新町として自立すれば独自の都市計画を実施できるし，フリーライダーとして中心都市の施設を利用しうる利点がある．人口50～100万人の都市でも，これまで未合併にとどまっていた2・3の周辺町村を編入合併するものはあるが[18]，豊田市のように，中心都市のもつ広い通勤圏に含まれる大部分の町村を合併して市域の拡大をはかるのは希である．

これに対して，中心都市が小規模になるにつれて周辺町村と合併して市域を拡大する傾向にある．地方圏の県庁都市などの周辺には多くの小規模自治体が存在するので，中心都市自体が市域を拡大する機会が多くなる．上述のように，人口10万人規模の都市では市域を拡大したものがとくに多い．なかには中核市や特例市を目指して市域を拡大する場合もある．当然のことながら，中心都市の通勤圏が狭くなるにつれて，同一の中心都市の通勤圏に属する町村（C1・F1タイプ）が合併して衛星都市を形成する機会は減少する．一方，農村部の町村では，衛星都市を形成する町村（C1・F1タイプ）や中心都市と合併する場合（C・Fタイプ）が多いが，山間部では通勤圏の発達がわるく，間接的通勤圏を伴う場合（F・F11タイプ）や通勤圏外の町村を含めた合併（F・Gタイプ）なども現れる．

表XII-8 県庁都市を含めて人口30万人の都市（2000年）をその通勤圏との関係からみた合併状況

人口規模		K	KM	L	LM	N	計
100万人以上	大	仙台＊，京都＊	東京特別区＊，名古屋＊，大阪＊，広島＊，福岡＊				7
	中	横浜＊，神戸＊，北九州＊	札幌＊				4
	小						0
	非					川崎	1
50〜100万人	大				新潟，岡山，熊本＊，鹿児島		4
	中	千葉＊			浜松		2
	小	八王子		相模原			2
	非					船橋，堺	2
30〜50万人	大		金沢＊，岐阜＊，那覇＊	富山＊，長崎	秋田，宇都宮＊，長野＊，姫路＊，高松，高知＊		11
	中	旭川＊	郡山＊，和歌山	豊田，奈良＊，福山，宮崎＊	函館，倉敷，松山，大分		11
	小	豊橋，岡崎			静岡		3
	非					川越，川口，浦和，大宮，所沢，市川，松戸，町田，横須賀，藤沢，豊中，吹田，高槻，枚方，尼崎，西宮	16
30万人未満	大		水戸＊，甲府＊，徳島＊	松江	福井，津，鳥取＊，佐賀		8
	中	盛岡＊，山形＊	青森，福島＊	前橋，山口			6
	小	大津					1
	非						0
計		13	16	10	20	19	78

K：まったく合併しないか1以下の合併の場合（非合併型），
L：通勤圏内の二つ以上の市町村と合併した場合（市域拡大型），
M：通勤圏内の市町村が合併によって新市町を形成した場合，または既存の衛星都市が市域を拡大した場合（衛星都市形成型），
N：通勤圏を欠く都市の場合（非中心都市型）．
大：大規模中心地（通勤圏に含まれる市町村10以上），中：中規模中心地（5〜9市町村），小：小規模中心地（2〜4市町村），非：中心地．
＊印は通勤圏内に3つ以上の非合併市町村を含むもの．
なお，表の分類では，合併地域には通勤圏外地域も含まれる浜松市などや特異な通勤圏をもつ八王子市や奈良市などについては，細かい例外を無視している．
Mの都市に属する新設または既存の市町の名称：
札幌：石狩市，函館：北斗市，青森：外ヶ浜町，秋田：潟上市，男鹿市，福島：伊達市，水戸：那珂市，笠間市，鉾田市，城里町，宇都宮：さくら市，那須烏山市，新潟：阿賀野市，金沢：かほく市，白山市，福井：坂井市，あわら市，永平寺町，甲府：笛吹市，中央市，甲斐市，甲州市，南アルプス市，市川三郷町，長野：中野市，千曲市，飯綱町，岐阜：山県市，瑞穂市，本巣市，各務原市，静岡：藤枝市，浜松：磐田市，津：松阪市，京都：南丹市，姫路：神河町，和歌山：紀の川市，鳥取：八頭町，岡山：赤磐市，瀬戸内市，和気町，吉備中央町，倉敷：浅口市，広島：廿日市市，山口：美祢市，徳島：吉野川市，阿波市，高松：さぬき市，綾川町，松山：東温市，伊予市，砥部町，高知：香南市，福岡：宗像市，糸島市，佐賀：小城市，神埼市，白石町，熊本：合志市，宇城市，美里町，大分：由布市，鹿児島：日置市，姶良市，那覇：南城市，八重瀬町．
資料：国勢調査（2000年），総務省の市町村合併資料による．

このようにして，中心都市との位置関係においてどのような合併が行われたかをみると，多くの例外はあるが，表XII-9に示すように，巨視的には，国土集落システムに基づく圏構造的な法則性を認めることができる．すなわち，各市町村は県内の都市との位置関係によって，①中心都市へ編入（市域拡大）するか，②通勤圏内町村同士で独自の新市や新町を形成するか，③単独存続にとどまるか，の意思決定に迫られる．市町村にとって人口が比較的多く財政力もあるならば単独存続を希望するであろうが，合併する場合には－財政状況にもよるが－中心都市への編入よりも近隣町村とともに新市・

表XII-9 中心都市の人口規模と合併の圏構造の整理

国土集落システムの位置	合併形態
大都市	非合併（B）
大都市周辺	新市（衛星都市）形成（C1・F1）または合併拒否（B，B1）
地方の大都市とその周辺	少数の町村との合併（A・C・F），新市・新町形成（C1・F1）
地方の中小都市とその周辺	市域の大幅な拡大（A・C・F），新市・新町形成（C1・F1）
農村地域	新市・新町の形成（C1・F1，C1・F，C2・F，F・F，F・F11，F・Gタイプなど），市域拡大（A・F）
山間僻地	新市町への編入か合併拒否

著者作成による．

新町を形成する方が好まれるであろう．

　全国的にみた場合には，大都市圏か地方圏かという国土の位置づけによって，市町村合併率は強い影響を受けることになる．大都市圏内では，大都市からの距離が遠くになるにつれて市町村の財政力も低下する．東京都や神奈川県，大阪府などの市町村合併率が著しく低いのに対して，地方圏では県庁都市の周辺では－県庁都市が大きいならば－大都市圏と類似した構造が現れるが，県庁都市から離れた町村では財政的にも窮乏度が高く，合併を希望する町村が多く現れる．地方圏においても県庁都市との位置関係が重要である．

　もちろん，それぞれの市町村合併には近隣市町村の産業構造や財政力など地理的・歴史的関係も影響するし，地域住民やその意思を体した首長，さらには都道府県の合併に対する熱意などの政治的条件も重要である．しかし，こうした基本的な環境条件が強く影響するので，表XII-9に示すように，市町村合併にはある程度の一般性が認められる．

　このような国土集落システムに基づく市町村合併は大都市圏の成長や地方の県庁都市の通勤圏の拡大によって生じたものであり，「昭和の大合併」の際にはみられなかった現象である．「昭和の大合併」でも都市の通勤圏を考慮した市域の拡大合併が行われたが，通勤圏が狭い範囲に限定されていたため，大都市を中心とする圏構造（中心・周辺原理）を踏まえた地域構造に対応した合併形態の特徴は認められなかった．都道府県による指導の差異や首長・住民の意思決定の違い，さらには都市の昇格を目指した特異な合併があるにせよ，基本的には，「平成の大合併」ではこれまで形成されてきた国土集落システムに適合するかたちで市町村合併が実施したとみることができるであろう．

(3) 市町村の人口規模や通勤圏の構造との関係

　市町村合併が国土集落システムに対してある程度対応したものであるとする発想は，表XII-8による人口30万人以上の都市と小規模な県庁都市を含めた78市の合併状況について検討した場合にも認められる．Kタイプは通勤圏内の市町村との合併が1以下の都市，Lタイプは2つ以上の市町村と合併した都市，Mは通勤圏内に独立の市町（衛星都市）を形成している都市とし[19]，Nタイプは他市の通勤圏に属し，自己の通勤圏をもたない都市とする．

　このような分類によると，人口100万人以上の大都市の多くは比較的大規模な周辺市町によって囲

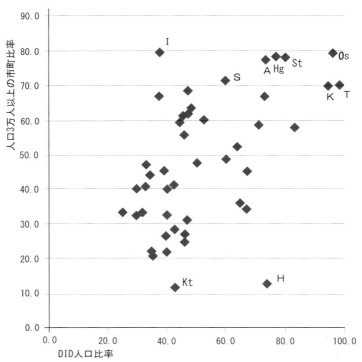

図XII-3　各都道府県における人口3万人以上の市町村比率とDID人口比率との関係（2010年）
A：愛知県，C：千葉県，H：北海道，Hg：兵庫県，I：茨城県，K：神奈川県，Kt：高知県，N：奈良県，Os：大阪府，On：沖縄県，S：静岡県，T：東京都，Tg：栃木県，Y：山形県．
資料：国勢調査（2010年）による．

まれているため，直接合併する周辺町村が少ないのに対して，50万人未満の都市では通勤圏内の周辺市町に向かって市域を拡大するLタイプが多い．それらの都市では，通勤圏内の市町村と合併したり，衛星都市として独立の都市を形成する．なかには，新潟市や浜松市のように，政令指定都市を目指して人口増加を図るため，他市の通勤圏の一部までとり込む形で合併したLM（混合）タイプの都市もある．

ただし，市町村合併は完全に国土集落システムに対応しているわけではない．各都道府県のDID人口比率と人口3万人以上の市町村比率（2010年）との関係をみると，相関係数は $r = 0.506$（$n = 47$）で，それほど密接な相関があるとはいえない．茨城県などではDID人口比率に対して3万人以上の市町村が多く，積極的に合併して多くの新市が誕生したのに対して，北海道や高知県では合併が進捗せず，都市数は少ないままにとどまるためである（図XII-3参照）．

一方，人口1万人未満の小規模自治体比率（2000年）と合併後の人口5万人未満の市町村比率（2010年）との間には $r = 0.743$ の高い相関があって，小規模自治体が多かった都道県では合併後も小規模な市町村が多い傾向は認められる．ただし先にも触れたように，小規模自治体比率が高い道府県のすべての市町村合併率が著しく高いというわけではない．表XII-10に示すように，都道府県別にみた両者の相関は $r = 0.484$ で，それほど高いとはいえない．小規模自治体比率が低い大阪府や神奈川県などで市町村合併率が低いのは当然であるが，上述したように，小規模自治体比率が高い北海道や奈良

表XII-10 市町村減少率と人口増加率，人口1万人未満の小規模自治体比率，平均財政力指数および人口5万人未満の基本パターン圏域比率の都道府県間における相関関係

	項　目	A	B	C	D	E
A	市町村減少率（2000～10年）	—	-0.415	0.484	-0.424	0.363
B	人口増加率（2000～10年）		—	-0.654	0.750	-0.224
C	人口1万人未満の小規模町村比率（2000年）			—	-0.854	0.637
D	平均財政力指数（2000年度）				—	-0.486
E	人口5万人未満の基本パターン圏域比率					—

＊Eの基本パターン圏域比率は著者の判断によって決めたもので，Eとの相関では長野県と兵庫県を除く。
資料：国勢調査2000年，2010年および総務省自治財務調査課：平成12年度財政指数表，各都道府県合併推進要綱による。

県などでも市町村合併率は比較的低いし，茨城県や愛知県，栃木県のように小規模自治体比率が低いにもかかわらず，市町村合併率が高い場合があるからである（図XII-1参照）。

このように，市町村の人口規模と市町村合併率との関係を低下させる要因には，市町村の人口規模によって説明されない部分がある。図XII-4に示す各都道府県全体の市町村合併率の分布と図XII-5に示す小規模自治体の町村減少率の分布とを比較すると，人口3万人以上の市町村が多い大都市圏内の都道府県においては市町村合併率が低い。人口1～3万人市町村比率と1万人未満の市町村減少率との間にも $r = 0.707$（$n = 47$）の高い相関があり，1万人未満の小規模自治体の合併率を示した図XII-5は図XII-4とはやや異なった分布形態を示す。小規模自治体減少率が市町村合併率に比べて10ポイント以上高い比率を示すのは宮城，山形，茨城，埼玉，千葉，愛知，兵庫，福岡の各県であり，大都市圏や広域中心都市の立地する地域に多い[20]。これらの県においては全体の市町村合併率が相対的に低いものの，小規模自治体のなかには合併した町村が多く，小規模自治体までもが合併に消極的であったというわけではないといえる。

しかしながら，表XII-6において3万人以上の都市比率が異常に高い大都市圏6都府県[21]についてみると，いずれの人口規模においても合併率が著しく低いのが注目される。すなわち，大都市圏地域においては3万人未満の市町村の合併率はそれ以上の人口をもつ都市の合併率に比べれば高いけれども，地方圏の市町村の合併率に比べれば低く，大都市圏地域における豊かな財政事情の影響が認められる。市町村全体の市町村合併率が低いのは東京大都市圏だけでなく，大阪・名古屋大都市圏さらには福岡都市圏などにおいてもみられる現象である。東京大都市圏の周辺地域では埼玉県や千葉県のように，協議会解散や離脱による非合併の市町村が多く，さらにその外側には，茨城県のように新市の誕生の多い地域もみられる。

したがって，同一規模の小規模自治体であっても，国土の中核地域の小規模自治体は縁辺地域よりも活力があり，人口の増加傾向がみられるのに対して（森川・番匠谷，2012），地方圏では通常県庁都市だけが発展を遂げ，中小都市やその圏域にある農村地域は過疎地域に指定された場合が多い（表III-2，表VIII-2，表IX-1，表X-1参照；森川，2009）。そのため，地方圏においては市町村合併が進捗し，大都市圏内に非合併市町が多くとどめることは，小面積の大都市圏域の市町村と広い面積をもつ地方圏の市町村との対照性を一層顕在化することとなった。地方圏の市町村では合併によって行政の合理化が進められ，行政能力は大都市圏の市町に近づいたかもしれないが，住民に対する行政サービスの

350 XII 「平成の大合併」の一般的特徴－市町村合併に至るまで－

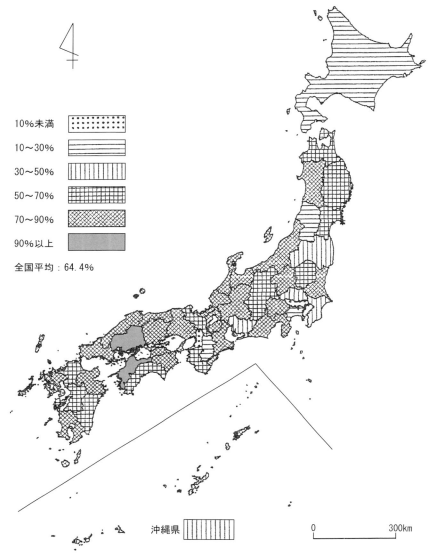

図XII-4　各都道府県の「平成の大合併」における市町村合併率（2010年3月）
資料：総務省による．

低下を助長することとなった．
　もちろん，地方圏のなかでも県庁都市周辺部と山間部では地域的な格差がみられる．大都市圏地域と地方圏，さらには地方圏の県庁都市周辺部と山間部との間にも市町村合併の条件は異なるのである．
　さらに，通勤中心地の分布や通勤圏の地域構造にもさまざまな違いがある．表XII-11に示すように，地方圏においても通勤圏がよく発達した県では1つの大規模中心地と数個の中規模中心地，より多くの小規模中心地からなるが，大規模中心地を欠く北海道，岩手，山形県，群馬県，埼玉県，神奈川県，静岡県，滋賀県，奈良県，和歌山県，山口県，愛媛県，大分県，宮崎県などの道県には，多数の中規模中心地をもつ場合が多い．大都市圏地域や静岡県などのように，大規模中心地だけでなく中規

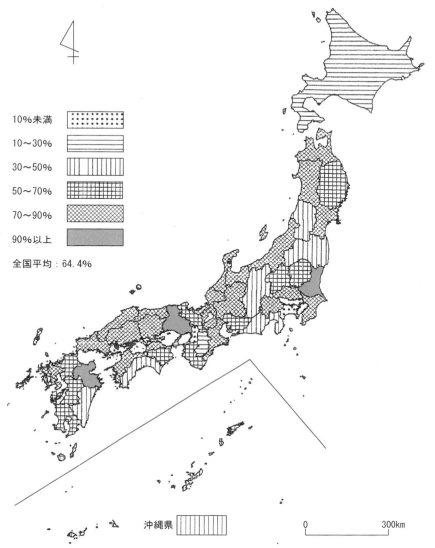

図XII-5 各都道府県の「平成の大合併」における人口1万人未満の小規模自治体の減少率（2010年3月）
資料：総務省による．

模中心地も少ない県もあるし，鳥取県のように，小規模中心地を欠く県もある．

表XII-11に示す通勤中心地は通勤圏に含まれる市町村数だけを用いて分類しており，通勤圏の人口規模を不問とするため，通勤中心地の規模が市町村合併に適切に反映されないこともありうる．そのほかにも，例えば浜松市や新潟市のように，政令指定都市への昇格を目指して広大な農山村地域を含めて大規模合併を行ったケースなど政治的理由も考えられる[22]．したがって，通勤圏の地域構造の差異は市町村合併に影響を与えるはずであるが，例外も多く，明確な一般法則を求めることは困難である．

（4）大規模合併における通勤圏や郡域などとの関係

それでは，大規模合併において通勤圏の形状はどの程度考慮されているであろうか．先にみたよう

表XII-11　各都道府県における通勤中心地

都県	大規模中心地	中規模中心地	小規模中心地
北海道		札幌市(9),旭川市(7),函館市(6),帯広市(6),苫小牧市(5)	北見市(4),釧路市(4),岩見沢市(4)*,室蘭市(2),滝川市(4),留萌市(2),名寄市(2),士別市(2),富良野市(2),網走市(3),深川市(3),江差町(3),岩内町(3),千歳市(2),倶知安町(2),浦河町(2),遠軽町(2),伊達市(2)*,砂川市(2)*,余市町(2)*
青森	弘前市(11)	八戸市(9),五所川原市(7)	青森市(4),十和田市(4),むつ市(3),三沢市(2),大間町(2),六ヶ所村(2),五戸町(2)*,三戸町(2)*
岩手		盛岡市(8),一関市(6)	久慈市(3),宮古市(3),北上市(3),二戸市(3),花巻市(3)*,水沢市(2),大船渡市(2),千厩町(2)*
宮城	仙台市(22)	石巻市(8),迫町(6),築館町(5),古川市(5)*	気仙沼市(3),白石市(2)*,中新田町(3)*
秋田	秋田市(11)	大曲市(8),横手市(6),能代市(5),本荘市(5)	湯沢市(4),大館市(3),角館町(3),鷹巣町(2)*,仁賀保町(2)*,森吉町(2)*
山形		山形市(7),鶴岡市(7),新庄市(7),酒田市(5)	米沢市(3),長井市(3),寒河江市(3)*
福島	会津若松市(10)	福島市(9),郡山市(8),白河市(8),喜多方市(5)*	原町市(4),須賀川市(3)*,二本松町(3)*,棚倉町(3)*,船引町(2)*,本宮町(2)*,会津坂下町(2)*
茨城	水戸市(16)	下館市(5),石岡市(5)*,つくば市(5),土浦市(5),日立市(5)	鹿嶋市(3)*,水海道市(2)*,下妻市(2),竜ヶ崎市(2),常陸太田市(2)*,大宮町(3)*,総和町(2),神栖町(3)*
栃木	宇都宮市(17)		小山市(3),佐野市(4),栃木市(3)*,大田原市(2),今市市(2),真岡市(2)*
群馬		前橋市(9),高崎市(9),沼田市(8),桐生市(5),渋川市(5)*	太田市(4),藤岡市(3)*,伊勢崎市(3)*,富岡市(3)*,館林市(2),草津町(2),中之条町(2)
埼玉		秩父市(7),熊谷市(9)*,東松山市(5)*	本庄市(4)
千葉	成田市(10)*	千葉市(8)*,館山市(8),茂原市(9)*	東金市(2)*,旭市(3),佐原市(2)*,八日市場市(2)
東京	東京特別区(115)		八王子市(3)*,青梅市(3)*,あきる野市(2)*
神奈川		小田原市(8),横浜市(5)*	相模原市(2)*,厚木市(4)*,平塚市(2)*
新潟	新潟市(14),長岡市(10),上越市(12)	新発田市(5)*	村上市(4),三条市(4),柏崎市(4),十日町市(4),新井市(3),糸魚川市(2),五泉町(2)*,燕市(3),白根市(2)*,中条町(2),水原町(2)*,津川町(2),小出町(4),六日町(2),佐和田町(4),羽茂町(2)
富山	富山市(12)	高岡市(7)*	砺波市(4),魚津市=黒部市
石川	金沢市(16)	七尾市(7)	小松市(3),羽咋市(2)*
福井	福井市(15)	武生市(7)	小浜市(3),敦賀市(2)
山梨	甲府市(29)	富士吉田市(5)	韮崎市(4),都留市(2)*,身延町(3),長坂町(3),河口湖町(2)
長野	長野市(14),松本市(20),飯田市(13)	佐久市(5),上田市(5),伊那市(5),木曽福島町(6)	大町市(3),飯山市(3)*,中野市(2)*,駒ヶ根市(3)*,須坂市(2),茅野市(2),丸子町(3)*,小海町(2)*
岐阜	岐阜市(22),大垣市(12)*	高山市(9),中津川市(6)	可児市(4)*,美濃加茂市(4)*,関市(3)*,八幡町(4),下呂町(3),多治見市(2)*,恵那市(2),瑞浪市(2),美濃市(2)*明智町(2)*,萩原町(2)*,揖斐川町(2)*
静岡		浜松市(9)	静岡市(3),沼津市(4),三島市(4)*,磐田市(2),袋井市(4)*,掛川市(3)*,島田市(3)*,藤枝市(3),富士市(3),御殿場市(2),湖西市(2)*,修善寺町(2)*,西伊豆町(2)
愛知	名古屋市(41)	豊田市(6)	豊橋市(3),岡崎市(2),一宮市(2)*,豊川市(3),半田市(3)*,刈谷市(2)*,新城市(2),安城市(2),西尾市(2),田原町(2)*
三重	津市(11)	四日市市(6),上野市(5),伊勢市(8)*,松坂市(7)*,桑名市(6)*	名張市(4),尾鷲市(2),熊野市(3),阿児町(3),大台町(2)*,紀伊長島町(2)*

表XII-11（2）　各都道府県における通勤中心地

都県	大規模中心地	中規模中心地	小規模中心地
滋賀		彦根市(8), 長浜市(8), 八日市市(5)*, 水口町(6)	大津市(2)*, 草津市(3)*, 近江八幡市(3), 高月町(3), 安曇川町(3)
京都	京都市(15)	福知山市(5)	綾部市(2)*, 舞鶴市(2), 宮津市(3)*, 峰山町(4)
大阪	大阪市(77)		
兵庫	姫路市(18)	神戸市(6)*, 豊岡市(5)	洲本市(4), 加古川市(2)*, 西脇市(3), 三田市(2)*, 佐用町(3), 社町(3)*, 山崎町(3)*, 八鹿町(4)*, 和田山町(4), 氷上町(3), 津名町(3)*, 三原町(2)*
奈良		奈良市(5)*	橿原市(3)*, 大淀町(2)*
和歌山		和歌山市(9), 田辺市(8), 御坊市(6), 新宮市(5)	橋本市(3)*, 海南市(2)*, 吉備町(2)*, 串本町(2)
鳥取	鳥取市(14), 米子市(12)	倉吉市(8)	
島根	松江市(10)	出雲市(6), 浜田市(5)	益田市(4), 安来市(2)*, 大田市(2), 江津市(2)*, 水次町(2), 三刀屋町(2), 西郷町(3)
岡山	岡山市(20), 津山市(14)	倉敷市(8)*	備前市(2)*, 井原市(2)*, 高梁市(3), 新見市(3), 久世町(3), 落合町(2), 勝山町(3), 美作町(3)*, 大原町(2)*, 八束村(2)
広島	広島市(21), 三次市(10)	福山市(8), 呉市(8)*	東広島市(4)*, 三原市(3), 因島市(4), 庄原市(4)*, 府中市(2)*, 加計町(2)*, 吉田町(2)*, 世羅町(2), 東城町(2), 大崎町(2)
山口		岩国市(7), 柳井市(6), 山口市(5), 萩市(5)	徳山市(4), 下関市(4), 宇部市(3), 長門市(3), 防府市(2)*
徳島	徳島市(20)	阿南市(6)*, 池田町(5)	脇町(3), 海南町(2), 貞光町(2)*
香川		高松市(19), 観音寺市(8)	坂出市(2)*, 丸亀市(2)*, 土庄町(2)
愛媛		松山市(9), 今治市(7), 宇和島市(6), 大洲市(5)	八幡浜市(4), 伊予三島市(3), 川之江市(2), 西条市(2)*, 久万町(2), 宇和町(2)*, 御荘町(3), 城辺町(2)
高知	高知市(16)		中村市(4), 宿毛市(2), 安芸市(2), 須崎市(2)*, 窪川町(2), 奈半利町(2)*
福岡	福岡市(26), 久留米市(12)*	北九州市(9), 飯塚市(9)*, 田川市(8)	八女市(4)*, 行橋市(4)*, 大牟田市(3), 甘木市(3)*, 柳川市(2)*, 直方市(2)*
佐賀		佐賀市(19), 唐津市(8)	武雄市(4), 伊万里市(3), 鹿島市(3), 三田川町(2)*
長崎	長崎市(10), 諫早市(10)*	佐世保市(9), 島原市(5)	福江市(4), 上五島町(3), 郷ノ浦町(3), 口之津町(2), 小浜町(2)*
熊本	熊本市(24)	八代市(8), 本渡市(8), 人吉市(7), 玉名市(5)*, 山鹿市(5)*	水俣市(2), 菊池市(2)*, 多良水町(4)*, 一の宮町(3)
大分		大分市(9), 中津市(8), 佐伯市(7), 日田市(6)	宇佐市(3)*, 豊後高田市(3)*, 竹田市(2), 三重町(4)*, 安岐町(2)*
宮崎		宮崎市(9), 都城市(7), 延岡市(5)	日向市(3)*, 小林市(4), 日南市(2), 高鍋町(2)*, 高千穂町(2)
鹿児島	鹿児島市(15)	鹿屋市(7), 川内市(5), 国分市(5)	名瀬市(4), 出水市(3), 加世田市(3)*, 指宿市(2)*, 志布志町(2), 宮之城町(3)*, 栗野町(2), 徳之島町(2)
沖縄	那覇市(13)	沖縄市(7), 名護市(7)	平良市(4)

カッコ内の数値は通勤圏内に含まれる市町村数.
＊印は半従属中心地を示す.
資料：国勢調査2000年による.

表XII-12 大規模合併の状況

人口規模 (2010年)	合併市町村数		
	5～6	7～9	10以上
50万以上	姫路市, 岡山市*, 鹿児島市* 　　3		新潟市, 浜松市 　　2
30～50万人	高崎市, **前橋市**○*, 福山市, 高松市*, 久留米市* 　　5	富山市*, 長野市*, 豊田市, **長崎市*** 　　4	
10～30万人	函館市○, 奥州市, 鶴岡市*, 松本市*, **磐田市**, 伊賀市, 松阪市, 東近江市, **出雲市**, 東広島市, 廿日市市, 下関市○*, **飯塚市***, 諫早市○*, **八代市***, 都城市* 　　16	石巻市, 大崎市, 一関市, 白山市, 鳥取市*, **松江市**○, 呉市○, **岩国市***, 唐津市, 佐賀市*, 霧島市 　　11	上越市, 長岡市, 津市, 今治市 　　4
5～10万人	**伊達市***, **喜多方市***, 日光市○, 渋川市, 十日町市, **射水市**○, 安曇野市*, **恵那市**○, 関市, **志摩市**○, **甲賀市**○, 高島市○, 京丹後市○, **丹波市**○, 豊岡市*, 田辺市, 紀の川市, 浜田市*, 津山市*, さぬき市*, 宇城市*, **山鹿市***, 中津市○, 日田市○, 宮古島市○* 　　25	登米市○, 由利本荘市, 大仙市, 横手市, 南砺市, 笛吹市*, **三豊市**, 中津川市, 三次市, 萩市, 南島原市, 佐伯市○, 薩摩川内市 　　13	栗原市, 佐渡市○, 高山市, 天草市 　　4
3～5万人	つがる市, 田村市, 常陸大宮市, 魚沼市○, 下呂市○, 淡路市, 雲南市, 高梁市, 新見市○, 美作市, 安芸高田市○, 西予市, 香南市*, 対馬市○, 五島市○, 西海市, 南さつま市 　　17	南房総市*, 北杜市, 郡上市○, 真庭市, 庄原市, 雲仙市, 豊後大野市 　　7	
1～3万人	揖斐川町, 三好市, 愛南町○, 新上五島町○, あさぎり町○ 　　5		
1万人未満	那賀町○ 　　1		
	72	35	10

太字：中心市の他には単一の郡内での合併を示す．○印：合併推進要綱の基本パターンと整合する合併を示す．＊印：同一の通勤圏（他市の通勤圏も含む）による合併を示す．
資料：総務省合併資料，市町村合併問題研究会編（2001），国勢調査（2000年，2010年）による．

に，市町村合併においては通勤圏との整合関係が常に考慮されているわけではない．政令指定都市への昇格を目指した浜松市のように，通勤圏の圏域にあまりとらわれことなく合併した場合もある．

　ここで，5以上の市町村が合併した場合を大規模合併として，通勤圏との整合，同一郡での合併，合併推進要綱の基本パターンとの関係などについてみると，表XII-12のようになる．全国で117の大規模合併のうちでは人口規模5～10万人規模のものが42（35.9％）を占めるが，新潟市や浜松市などのように，政令市昇格を目指して人口50万人以上の都市が大規模合併した例もある．最も大規模な合併は15市町村で合併した新潟市である．地域的にみると，大規模合併が少ないのは市町村面積の広い北海道や都市同士の合併を避ける大都市圏である．

　大規模合併のうち合併市町村のすべてが同一都市の通勤圏に属するのは36（30.8％）だけである．このなかには，伊達市（福島市の通勤圏）や安曇野市（同松本市），笛吹市（同甲府市），紀の川市（同和歌山市），さぬき市（同高松市），三豊市（同観音寺市），香南市（同高知市），宇城市（同熊本市）などのように，同一中心都市の通勤圏に属する5以上の町村が新市（衛星都市）を形成するものもある．廿日市市の場合にも，通勤圏外にある吉和村以外はすべて広島市の通勤圏に属する．南房総市のように，館山市の通勤圏に属する8町村が，館山市と鋸南町を除いて合併した場合もある．

　しかし，その他の場合でも通勤圏がまったく無視されているわけではない．合併町村のなかに中心

都市への5％の通勤者比率に達しない通勤圏外地域の一部が含まれたり（例：稲武町は豊田市への通勤者比率4.8％），間接的通勤圏が含まれる場合がある。また豊岡市（兵庫県）の通勤圏に属する久美浜町が京丹後市に加わるなど，県境近くでは他県の通勤圏に属する町村を含めて合併した場合もある。

　もちろん，他市の通勤圏に属する1・2の市町村が合併に参加する場合もある（例：常陸大宮市の御前山村は水戸市の通勤圏），中心都市の通勤圏に属する市町村が半数以下の場合もある。南砺市，射水市＊，下呂市＊，恵那市＊，揖斐川町＊，関市，磐田市＊，松阪市，淡路市，雲南市，真庭市，美作市＊，安芸高田市＊，那賀町＊，三好市＊，西予市，対馬市，西海市＊，南島原市＊，あさぎり町＊，豊後大野市＊（＊印は同一郡の合併）など21（18.0％）がこのタイプに属する。これらを通勤圏を無視した大規模合併とみなしたとしても，通勤圏を考慮した大規模合併は82.0％を占める。

　一方，同一郡内の町村でもって合併したものは64（54.7％）となる。先にも述べたように，有力な中心都市の通勤圏は最近拡大してきたものが多いのに対して，同一郡内の町村との連携は明治以来継続して古い地域アイデンティティを維持し，一部事務組合や広域市町村圏を形成して緊密な関係にあり，公共料金統一の必要もない。周辺のいくつかの郡の町村と合併する大都市を除くと，同一郡に属するいくつかの町村がまとまって新市を形成する場合が多い。上記の21市町のうちでは，同一郡に属する13は通勤圏よりも同一郡のまとまりを重視したものである。例えば射水市の場合には，富山市と高岡市の通勤圏に分割されているが，古くから射水郡や広域市町村圏としてのまとまりがあり，合併推進要綱の基本パターンにも取りあげられている。磐田市（静岡県）の場合には3町村（竜洋町，豊田町，豊岡村）は浜松市の通勤圏に属するが，－しかも浜松市は人口拡大のため水窪町まで合併したにもかかわらず－，磐田郡に属する町村は磐田市との合併を選択した。

　これに対して，表XII-12に示す大規模合併の合併市町村のうち，合併推進要綱で提示された基本パターンと整合する合併は28（24.6％）[23]だけで，先にも述べたように，意外と少ない。基本パターンと整合かつ通勤圏とも整合するのは，前橋市，下関市，諫早市，宮古島市だけである。

　これらの考察から，大規模合併においても通勤圏が最も重視され，同一郡域はそれに次ぐものといえる。5未満の市町村が合併した小規模合併においても，通勤圏は当然考慮されているであろう。

（5）通勤圏との整合関係からみた市町村合併

　II章1節で紹介したように，自治省は「平成の大合併」の4つの目的の1つに「日常生活圏（通勤，通学，買物など）の拡大に応じた市町村の拡大が必要がある」とする。市町村区域は日常生活圏に近いtruly-bounded（整合合併）[24]のかたちで設定するのが適当と考え，合併推進要綱において行政区域を「日常生活圏に近づけていくことが必要」と説明している県もある。しかし，今日では大都市の通勤圏は著しく拡大しており，買物圏なども通勤圏に近づく傾向があり[25]，市町村域と通勤圏の間には大幅な乖離が認められる。行財政の合理化のために通勤圏と整合した市町村域にするには，市町村域の大幅な拡大が必要となる。

　しかし，広大な面積をもつ大都市の通勤圏では単一の自治体に統合するのは不可能であり，大都市の広い通勤圏に属するベッドタウン同士が合併して衛星都市を形成のが望ましいが，豊かな財政力と大きな人口をもつ市町のなかには合併を拒むものも多い。地方の中心都市がその通勤圏に対して市域を拡大する場合にも，中心都市と合併するのは財政力の弱い小規模自治体であり，活力のある町村は

衛星都市を形成したり合併を拒否する結果となった。例えば，松本市の通勤圏では有力な町村は合併して安曇野市を形成し，松本市に編入されたのはその他の過疎町村である。長崎市や呉市，田辺市などでも類似の現象を認めることができる。都市と合併する周辺町村の側からみると，「自立」を捨てて「従属」に移行するには何らかのメリットが欲しい。中心都市の呼びかけに対して周辺町村が拒否するのは，中心都市の財政力が弱く，周辺町村にとって合併のメリットが乏しいと判断するためである。

一方，都市にとっては人口増加や面積の拡大が重要である。たとえ周辺の貧しい町村ばかりの合併であってもその地域経済を掌握し，広い面積には利用価値があるし，都市の人口増加はその都市のステータスを上昇させると考えられるし，周辺に衛星都市が誕生すると中心都市の経済圏が分断され発展を阻害されることにもなりかねないので，都市側から合併を拒否する例は少ない。とくに政令指定都市や中核市，特例市などの資格を得ようとする場合には，人口増加は必要条件となる。新潟市や浜松市は多数の周辺市町村と合併して広大な面積となったし，佐世保市では離島の小値賀町まで，そして那覇市では南大東村まで合併して－面積を拡大して－中核市の資格を得ようとした。しかし，浜松市と合併した水窪町の例にみられるように（藤田編，2011：297-323），合併地域に対して旧市内に対すると同様の行政サービスを供給し，合併地域住民の満足が得られるかどうかは疑問である。その点では，後述するように，豊田市の合併地域は例外的に良好な状況といえるであろう（森川，2013b）。

今日では，交通が発達して日常生活圏の制約が緩和されたこともあって－それだけの理由ではないとしても－，「平成の大合併」では「昭和の大合併」にはみられなかった飛地合併がいくつか現れた[26]。とくに津軽半島では協議会の分裂によって五所川原市，外ヶ浜町，中泊町の3つの飛地が発生した。飛地地区も主要道路によって連絡できるし，消防業務は広域的に統合されているので住民生活にそれほど支障はないといわれるが，それでも，交通時間のロスは否定できないであろう。とくに北海道の新・日高町（日高町，門別町）や釧路市（音別町）では距離問題は深刻なものと推測される。倉淵村（群馬県）の高崎市への編入合併のように，中間に位置する町村が編入することによって飛地を解消したところもあるが，2010年3月に長岡市に編入した川口町を含めて2013年現在全国では14の飛地がある。

同様に，離島が本土の都市と合併したのも「昭和の大合併」とは異なる点である。30km以上離れた甑島4村は川内市（鹿児島県）と合併し，宇久町は佐世保市に編入した。合併には至らなかったが，北海道の礼文島と稚内市や沖縄県の南大東島・北大東島と那覇市も任意協議会を設置したことがあった。これらの現象がみられたのは「昭和の大合併」当時に比べて交通条件が大きく改善したためである。

今日では山間部においてさえ，交通条件の改善によって通勤圏外地域は著しく減少してきた。地方都市の通勤圏の周辺地域では玉突型通勤圏や相互依存型通勤圏が現れるが，辺鄙なA村，中間のB町，中心をなすC市からなる玉突型通勤圏の場合には，中間にあるB町はC市との合併を希望することが多く，A村もB町とともにC市と合併し，C市の間接的通勤圏となる。しかし，B町が合併の意思を示さない場合にはA村は合併相手を得ることができず，合併できないことになる。日野町（鳥取県）では住民投票によって江府町から拒否されたため，日南町は日野町を飛び越えて江府町と合併することもできず，単独存続となった。

「昭和の大合併」のときには非合併にとどまるか通勤圏外地域の小規模自治体同士で合併していた山間部の町村の多くが，「平成の大合併」においては通勤圏内の町村や都市と合併することができた（美谷，2011）。檜枝岐村（福島県）や野迫川村（奈良県）のように，通勤圏外地域で非合併のままと

どまるのはわずかな町村となった。しかし，群馬県の上野村長が述べたように，「基礎社会である自治体が大きくなればなるほど自治から放棄される住民が多くなるので，合併には消極的になることにも一理あり（群馬県，2011：171）」，非合併を選択することもありうる。そのため，協議会不参加の市町村に財政力指数が低いものが含まれることとなった。

　山間盆地にみられる相互依存型通勤圏は本来地理的まとまりがよく，両市町村が合併するのが適当と考えられるが，鹿角市と小坂町（秋田県）や小国町と南小国町（熊本県），和伯町と知名町（鹿児島県）などにみられるように，非合併にとどまる場合もある。これらの町の合併では本庁舎の位置をめぐる協議が難航して協議会を解散した。相互依存型通勤圏を形成する2つの町村では集落規模に大差がなく，ライバル意識も強く，本庁舎の奪い合いが起こる可能性が高く，かえって合併の阻止要因となることも多い。

　上述したように，通勤圏とは不整合の市町村合併は比較的多い。その多くは通勤者比率がやや低いため第1位対地とはならないが，同一郡に属し，古くから強固な地域アイデンティティが形成されているとか，一部事務組合など広域行政サービスの連携関係がみられる場合である。最近中心都市の発展によって通勤圏が拡大し，郡内の一部の町村を通勤圏内に取り込むようになった例は多い。姫路市の通勤圏が拡大してその圏内に含まれるようになった安富町は，宍粟郡を離れて姫路市と合併したが，姫路市と作用町の通勤圏の境界地域にある三日月町の場合には，同一郡内の作用町との合併を選んだ。同様に，口和町（広島県）では三次市に通勤する三次市に近い地区の住民が庄原市への通勤者よりもやや多いため，口和町全体としては三次市の通勤圏に属することになるが，口和町は比婆郡に属して庄原市との関係が緊密なため，庄原市と合併した。

　これらの例は日常生活圏との関係をまったく無視した合併とはいえないが，例外的な事例もある。三方町と上中町との合併によって形成された若狭町（福井県）の場合には，通勤圏（表XII-5ではbタイプ）だけでなく所属の郡も別であり，一部事務組合も異なり，合併推進要綱の基本パターンにおいても別の圏域に属するものであった（図VI-11参照）。その両町は原子力発電所の立地する周辺市町との関係もあって，やむをえず合併した。役場は分庁方式で，一部事務組合は以前のまま存続しており，住民にとってはゴミ処理の方法や料金まで異なり，合併の効果がみられないように思われる。横芝光町（千葉県）の場合にも，横芝町は任意協議会の解散後設置された協議会の他の2町が成田市との合併を希望して協議が進行しなかったため，通勤圏も異なる他郡の光町と合併した（表XII-5ではbタイプ）。新しい横芝光町は山武郡に所属し，新町役場は光町役場に置かれ，横芝町役場は廃止された。

　なお，日常生活圏との整合性に固執すれば県域を越えた市町村合併が問題となる[27]。越県合併はいくつかの地域で検討されたが，実現したのは長野県から中津川市（岐阜県）に編入した山口村だけである。五霞町（茨城県）では幸手市（埼玉県）と法定協議会まで設置したが，合併には至らなかった。愛媛県生名村などの広島県因島市との合併や岩手県種市町の八戸市との合併などは協議会設置前に中止となった。県を跨いで広域市町村圏が設定されていた伊万里・北松地域では，伊万里市からの申し入れを福島町（長崎県）が拒否したため合併協議は進まなかった。

4. 合併推進要綱・合併推進構想と市町村合併

(1) 全国市町村の合併目標と合併推進要綱の基本パターン

Ⅱ章1節でも述べたように，2000年12月に閣議決定された行政改革大綱では「市町村合併後の自治体数を1,000を目標とする」という方針を踏まえて，自主的な市町村合併を積極的に推進し，行財政基盤を強化する」と説明するが[28]，市町村合併後の市町村数をなぜ1,000にすべきか，その場合には合併によって形成される新市町の最小人口をいくらぐらいになるのかについては説明していない。

都市の適正規模について吉村 (1999) は人口30万人程度としたが，行政効率は業務によっても異なり，別の数値をもって適正規模とするものもある (森川，2008：280)。北海道では専門的職種の配置や運営の安定が実現できる規模としておおむね3万人程度，行財政の効率化ではおよそ5万人程度で条件を満たすことができると考えているが[29]，都市の面積規模によっても異なる。後述する町田 (2006：49) のように，適正規模は中心都市の人口密度が大きく変わらないことを条件としてだけ考えるべきだとする人もあるし，岩崎 (2000：280) は，「基礎自治体に適正規模があるとすれば，それぞれの地理的属性や経済社会状況により大別された地域における適正規模であろう。さらに公共サービス供給を自治体自身で行うことを前提とするか，当該自治体以外のアクターの参加を前提にするかをはっきりさせておくべき」と述べている。広域市町村圏の設定の際には約10万人以上が基準とされた[30]が，そのときの人口目標についても十分な説明はない。

市制施行規準を改正して人口3万人以上だけを条件としたのと同様に，集落の実態を考えることなく人口30万人以上の都市を形成することはできるが，その人口規模にさえ到達すれば合理的な行政を営めるとは限らない。都市システムの原則からみて種々の階層の都市が必要であり，たとえ都市人口の適正規模があるとしてもすべての都市を適正規模に近づけることは不可能であり，無意味なことである[31]。

ところで，全国の市町村数を1,000とする場合には，「平成の大合併」においてどの程度の人口規模の合併が適当なのかは合併推進要綱の基本パターンの作成において重要な問題であろう。「平成の大合併」では町村の最小規模は人口1万人が目安といわれており，「合併後の人口規模等に着目した市町村合併の類型」では表Ⅱ-5に示すように，人口規模によって5類型に分類し，それぞれの特徴や目標について説明しただけであった。

本書では1,000の市町村数と合併にふさわしい市町村の人口規模を計算によって求めてみた。神戸勧告方式を用いて，すでに基準人口に到達している都市の人口を除き，残りの人口数についてどの程度の人口規模ならばいくつの都市が必要かが計算される。ただし，すでに基準人口に到達している都市でも周辺の小規模自治体の合併にとって必要なときには合併が行われるので，それらの都市が合併と完全に無関係というわけではない。ここでは，各都市は合併によって市域を拡大する場合に1万人の人口が増加すると仮定する[32]。

この方法によると，表Ⅻ-13に示すように，合併によって人口5万人以上の都市が形成されると1,000の都市 (基礎自治体) に近づくことが判明した。基準人口を6万人とした場合には，人口6万人以上の383市と「残りの人口」3,515.8万人のうち383.0万人が既存の6万人以上の都市と合併すると仮定して，残りの3,132.8万人がそれぞれ6万人の都市を形成するとすれば，そのときには522市が必要

表XII-13　基準人口を定めた場合の合併都市数と平均人口の推計　（単位：1,000人）

基準	基準以上の市町数	その人口	残りの人口	必要都市数1	都市合計	各都市が1万人収容	必要都市数2	都市合計	残りの都市数	平均人口	1万人平均人口
10万人以上	229	77,003	49,916	499	728	47,626	476	705	771	64.7	61.8
6万人以上	383	91,761	35,158	586	969	31,328	522	905	617	57.0	50.8
5万人以上	453	92,465	34,454	689	1,142	29,924	598	1,051	547	63.0	54.7
3万人以上	708	102,164	24,755	825	1,533	17,675	589	1,297	292	84.8	60.5

基準人口以上の都市数：基準以上の人口をもつ都市数．人口10万人以上の都市が229市あることを示す．その人口：基準以上の都市のもつ人口の合計．残りの人口：全国総人口126,919千人から基準以上の都市のもつ人口の合計を減じた残りの人口（126,919－77,003＝49,916）．必要都市数1：「残りの人口」を基準人口で除した場合の都市数（49,916／100＝499）．都市合計：基準以上の都市数と必要都市数との合計（229＋499＝728）．各都市が1万人収容：基準以上の人口をもつ都市数も周辺の市町村と合併するとみられるが，その人口数を各都市ごとに1万人吸収すると仮定したときの「残りの人口」（49,916－2,290＝47,626）．必要都市数2：その人口が基準人口で合併した場合の都市数（47,626／100＝476）．残りの都市数：目標の都市数1,000から基準以上の都市数を差し引いた残りの都市数（1,000－229＝771）．平均人口：「残りの人口」を「残りの都市数」で除し，合併によって形成される都市の平均人口を求めたもの（49,916／771＝64.7）．1万人平均人口：「各都市が1万人収容」の場合の人口数を「残りの都市数」で除した場合の平均人口（47,626／771＝61.8）．
＊市とは別に集計された3万人以上の町村のなかから，5万人以上の7町村（355千人）を取り出して調整した．
資料：日本統計年鑑　平成14年版による．

となるので，383＋522＝905市で足りることになる．基準人口を5万人として同様の計算をすると1,051の都市が必要となるので，基準人口6万人の場合よりも目標とする1,000市に近づくことになると考える．

　また，目標の都市数を1,000と定めておいて基準人口以上の都市を差し引いて残りの都市で「残りの人口」を除すと，目標達成のために合併すべき都市の平均人口が得られる．この場合にも，既存の各都市が周辺地域1万人の人口を合併して市域を拡大すると仮定して計算すると，基準人口との乖離が小さいのは5万人程度の都市となり，いずれにしても人口5万人くらいが適当ということになる．

　II章1節でも触れたように，広域市町村圏は圏域人口10万人を基準として設定されているので（自治省行政局振興課編，1983），合併後の自治体数1,000を目標としたときの各自治体人口を5万人程度とすると，基本パターンは広域市町村圏をほぼ二分した規模となる．各都道府県の合併推薦要綱の基本パターンの図においてこれまでみてきたように，基本パターンは広域市町村圏の圏域を分割するかたちで設定した場合が多い．しかしなかには群馬県，富山県，三重県，奈良県，香川県のように，広域市町村圏の圏域と完全に整合する県もある．合併推進要綱の基本パターンはクラスター分析などにより改めて設定したにもかかわらずその多くが広域市町村圏の圏域と整合するのは，広域市町村圏が地域の一体性を踏まえて合理的に設定されていたことを物語る．16の都道府県[33]については圏域の一部が変更されたが，その多くは最近都市化した地域にみられるものであった．

　それでは，各都道府県の合併推進要綱に提示された基本パターンの人口規模は5万人以上とされているだろうか．人口5万人未満や10万人未満の基本パターン圏域の比率を計算すると表XII-14のようになる．大都市圏周辺では人口5万人未満の基本パターン圏域の比率が低いのは当然であるが，地方圏においても差異がある．東北地方における基本パターンは，西南日本に比べると人口規模の大きい圏域が多い．

表XII-14 合併推進要綱における基本パターンの人口規模比率と面積および「平成の大合併」後（2010年）の5万人未満の新市町比率

	合計	1万人未満	1～3万人	3～5万人	5～10万人	10～30万人	30万人以上	5万人未満%	10万人未満%	平均人口	100km²未満	100～500	500～1000	1000～2000	2000km²以上	平均面積	新市町合計	5万人未満の新市町	%
北海道	95		42	27	2	19	5	72.6	74.7								22	17	77.3
青森	11		2	2	3	1	3	36.4	63.6	136,760		3	5	3		873	17	11	64.7
岩手	13			1	8	3	1	7.7	69.2	110,289			6	5	2	1,206	12	7	58.3
宮城*	15		2	1	8	4		20.0	73.3	90,083	1	8	6			415	9	4	44.4
秋田	11			3	2	5	1	27.3	45.5	110,387			6	5		1,054	15	8	53.3
山形	8				3	4	1	0.0	37.5	155,619			4	4		1,165	3	1	33.3
福島	23	1	6	5	6	2	3	52.2	78.3	92,885		11	7	5		599	13	5	38.5
茨城	17			7	8	2		0.0	41.2	176,722		13	4			347	26	9	34.6
栃木	15			1	6	7	1	6.7	46.7	133,366		11	3	1		427	12	3	25.0
群馬	10				3	4	3	0.0	30.0	202,482		5	3	2		636	15	4	26.7
埼玉*	24		2		6	10	6	8.3	33.3	225,613	8	15	1			149	15	3	20.0
千葉*	12			1	8	3		0.0	8.3	265,208		10	2			361	12	5	41.7
東京	6			1	1	4		0.0	16.7	650,199	2	4				193	1	0	0.0
神奈川*	7				1	6		0.0	0.0	513,763		6	1			256			
新潟	21		3	5	7	5	1	38.1	71.4	117,906		8	12	1		599	18	6	33.3
富山	5				1	3	1	0.0	20.0	225,204		1	3	1		849	6	2	33.3
石川*	9		6	2	1			88.8	100.0	63,962	2	6	1			277	10	7	70.0
福井	7				4	3		0.0	57.1	118,313			2	4	1	598	10	7	70.0
山梨	10		1	2	5	2		30.0	80.0	97,180		6	4			447	14	10	71.4
長野	—																18	9	50.0
岐阜*	12			3	2	4	3	25.0	41.7	164,366		3	6	2	1	877	17	7	41.2
静岡	16		1	1	4	6	4	12.5	37.5	234,968	1	9	5	1		482	19	7	36.8
愛知	21			1	4	10	6	4.8	23.8	234,887	6	13	2			234	31	11	35.5
三重	10		1	2		5	2	30.0	30.0	184,136		4	6			577	16	7	43.8
滋賀	7		1	5	1			0.0	4.2	189,374		3	4			478	10	3	30.0
京都*	12		4	1	3	3	1	41.7	66.7	98,052	3	4	5			333	7	3	42.9
大阪*	14				8	6		0.0	0.0	321,486	8	6				97	1	0	0.0
兵庫	—																18	13	72.2
奈良*	6			1	5			0.0	16.7	144,933	2	3			1	564	4	3	75.0
和歌山*	8		1		4	3		12.0	62.5	87,113		4	3	1		602	12	8	66.7
鳥取*	11		8	1	1	1		81.8	90.9	42,072	1	8	2			292	10	7	70.0
島根	13	1	5	3	2	2		69.2	84.6	58,577		7	6			516	15	11	73.3
岡山	19		4	7	5	1	2	57.9	84.2	102,666	1	13	4	1		374	17	13	76.5
広島	17		5	3	3	4	2	47.1	64.7	169,350		9	7	1		505	17	9	52.9
山口	8			1	2	3	2	12.5	37.5	199,180		2	5	1		804	12	4	33.3
徳島	9		2		5	1	1	22.2	77.8	92,492		5	4			460	10	9	90.0
香川	6		1		2	2	1	16.7	50.0	172,426		5	1			313	9	4	44.4
愛媛	11		2	1	4	3	1	27.3	63.6	135,738		6	5			516	18	12	66.7
高知	12			1	3	1		58.3	83.3	67,225			6	5		592	10	9	90.0
福岡*	17				6	10	1	0.0	35.3	144,059	2	14	1			237	18	10	55.6
佐賀*	11		4		5	2		36.4	81.8	72,640	4	6	1			190	10	7	70.0
長崎	13		1	4	4	3	1	38.5	69.2	117,864		12				315	13	9	69.2
熊本	21		5	3	9	3	1	38.1	81.0	89,070	1	16	4			353	17	9	52.9
大分	13		1	4	7	1		38.5	92.3	84,850		9	4			478	12	7	58.3
宮崎	8			1	3	3	1	12.5	50.0	146,252		6	2			967	7	2	28.6
鹿児島	27	1	8	9	6	2	1	66.7	88.9	66,190		23	4			340	22	15	68.2
沖縄	12	1	1	2	5	2	1	33.3	75.0	109,857	5	6	1			180	5	3	60.0
全国	653	4	126	101	165	177	80	35.5	56.5		48	298	160	38	4		606	320	52.8

*長野県、兵庫県では基本パターンに該当する資料が得られないので空欄とした．そのほかの広域県単位に合併パターンが示された府県（北海道，岩手県，山梨県，愛知県，京都府，山口県）では，府県全域をカバーするように区分されたできるだけ小区分したものを基本パターンとみなして掲載した．福島県ではクラスター分析全指標②を基本パターンとみなすことにした．
*印の府県は一部の都市を除いて合併パターンを提示したものである．
* 1995年の人口を示した道府県は2000年（国勢調査）の人口に修正したが，2000年の国勢調査以外の資料を用いたものはそのままにした．
資料：各都道府県の合併推進要綱や市町村合併問題研究会編（2001）および国勢調査2010年による．

各都道府県における人口5万人未満の基本パターンの圏域比率と合併後の人口5万人未満の新市町比率との相関を求めると $r=0.496$（$n=45$）となり，人口10万人未満の基本パターン圏域比率との間の相関を求めると $r=0.593$（同）となる。したがって，基本パターンの人口規模がその後の合併によって形成された新市町の人口規模の上にある程度反映されるとみることができる。ただし上述したように，人口1万人未満の小規模自治体比率（2000年）と5万人未満の合併新市町比率（2010年）との間にはより密接な相関（$r=0.743$, $n=47$）があるし，小規模自治体比率と基本パターン5万人未満の圏域比率との間にも $r=0.637$（$n=45$）の高い相関があるので（表XII-10参照），小規模自治体比率の高い県では小規模自治体の合併を考慮して合併推進要綱の基本パターンにおいても小規模な圏域を多く提示し，それを反映して，現実の合併新市町の人口規模においても小規模なものが多くなったと考えることができる（表XII-2参照）。

表XII-14に示すように，2000年の時点において小規模自治体の比率が高かった西南日本では，合併推進要綱の基本パターンにおいても5万人未満の基本パターンの圏域比率が高く，市町村合併が著しく進捗したといえる。「平成の大合併」における西高東低の傾向は，人口流出によって生じた合併前の市町村の人口規模にみられるものであった。

（2）合併推進要綱の一般的特徴

各都道府県の市町村合併に対する姿勢は，まず合併推進要綱や合併推進構想の策定に現れる。自治省の要請に基づいて策定された合併推進要綱は，一定の様式に沿って市町村の現状や合併の必要性，期待される効果，懸念される事項への対処，合併推進に向けた県の取り組みについて説明し，合併の参考・目安に使用される合併パターンを示すものであった（自治省行政局，1999）。しかしなかには，市町村合併は市町村の意向に任せるべきだとして基本パターンを提示しなかった都県もある。福島県や神奈川県，長野県では，通勤圏や医療圏，一部事務組合の設置状況など市町村間の緊密性を示す種々の資料を提供しており，兵庫県では「中山間地域についてのケーススタディー」だけを示した（市町村合併問題研究会編，2001：158）。

合併パターンを提示した道府県においては，通常，基本パターン以外に2・3のパターンを「その他の事例」として示す場合が多かったが，青森県や宮城県，群馬県，新潟県，長崎県，大分県のように，単一の基本パターンだけを提示した県もあった。これらの県では，基本パターンは単なる「参考・目安」以上の重みがある存在ではなかったかと推測される。しかし群馬県のように，市町村の自主的な合併に任せるために－県は独自に分析をしていたが－広域市町村圏の圏域を基本パターンとして示したというところもある。

また，北海道や岩手県，山梨県，愛知県，京都府，山口県などでは都道府県内の行政地域（地域振興局）単位に，その域内のパターンをいくつか提示した場合もあった（市町村合併問題研究会編，2001）。これらの道府県では，行政地域の枠組みを越えた市町村合併が不可能ではなかったが，その枠組みは強い意味をもつことになった。

もう1つ特徴的なのは東京都と石川県の場合である。東京都では広域ゾーニングや人口20万人を目安とする細分化ゾーニング基本型などを提示しており，都市間の合併を意図するよりも広域連携の指針を示したものであった。一方，石川県の合併推進要綱では「昭和の大合併」における神戸勧告方

式に従って小規模自治体の解消だけを目標として，人口が1万人や3万人以上ある市町は－これらの市町村の合併と関係する場合を除いて－合併対象外とされた。したがって，金沢市は合併の対象から外れ，政令指定都市を目指した金沢市の構想は無視されることとなった。

合併推進要綱に提示された合併パターンは，通常人口1万人以上の圏域である。Ⅱ章1節でも触れたように，合併パターンでは人口規模によって，①中核市発展型（50万人前後），②都市発展型（5～10万人），③市制移行型基本パターン（5万人前後），④体制整備型（1～3万人前後）のように分類され，合併の人口的な目標が定められた。ただし，このような名称は県によっても異なるし，異なる目標が示された。たとえば高知県では，中核都市機能拡充型，副県都形成型，地域拠点都市機能拡充型，地域連携強化型に分類された。なお，山梨県や静岡県，香川県では合併推進要綱のマニュアルに従って「合併への制約が多い地域」[34]について配慮され，そこでは広域連合の導入や県による補完（過疎代行，地理的制約の克服，政策課題への支援）が提案された。北海道のように，合併推進構想において合併以外の広域連携の方法を示したところはあるが，合併推進要綱の段階において広域連携への道を開かれていたのは注目すべきことといえる。

合併推進要綱の合併パターンが都道府県によっていかに異なるかをみるために，各都道府県の基本パターンについて比較すると，表Ⅻ-14のようになる[35]。この表によると，基本パターン数には，北海道を除くと，富山県の5圏域から鹿児島県の27圏域まで幅がある。人口規模的には人口5万人未満の圏域よりも5～10万人に区分したものが多く，新市の誕生を目指した合併よりも市域の拡大を目指した中小都市の合併の方が多かった。しかも，茨城県，埼玉県，千葉県，静岡県，愛知県，奈良県，福岡県など大都市府県やその周辺部では人口5～10万人の圏域よりも10～30万人の圏域が多いことが知られる。そのことは基本パターンの平均人口にも反映されるので，大都市圏地域では基本パターン圏域の平均人口が大きい傾向がある。逆に平均人口が小規模なのは鳥取県，島根県，鹿児島県，高知県，石川県，佐賀県などである。石川県では地方都市の多くが合併対象とならなかったので，平均人口が小さいのは当然のことといえる。

一方，基本パターンの面積においても100km²未満の小規模なものから2,000km²を越える大規模なものまでさまざまである。大都市圏地域には小面積の圏域が多いが，「昭和の大合併」が実施されなかった沖縄県でも現状に配慮して100km²未満の圏域が多い。500km²未満の圏域とそれ以上の圏域とを比較すれば500km²未満の圏域の方が多いが，500km²以上の圏域は東北地方や新潟県，岐阜県などに多く，西南日本でこれに該当するのは「昭和の大合併」のときから－市町村減少率は低かったが－面積の広い市町村が多かった宮崎県だけである。西南日本では人口だけでなく，面積も小規模な圏域が多く設定されたといえる。

北海道を例外としても，岩手県，岐阜県，奈良県では2,000km²を越える市町が基本パターンにおいて構想されたのは注目すべきである。これらの県では，香川県（1,876.5km²）や大阪府（1,896.8km²）の面積を越える市町域を計画したもので，その際にも「市民にとって身近な政治（Bürgernähe）民主主義」が維持されると考えたのであろうか。このうち，実際にその合併が実現したのは岐阜県（高山市）だけであるが，これらの圏域は中心都市の通勤圏や日常生活圏の範囲をはるかに越えたものであった。このような圏域設定の要因には，財政事情の優先と地域の中心となるべき町村の欠如という事情があった。

合併推進要綱の基本パターンと市町村合併の実態とを比較すると，基本パターンの圏域と合併した町村とが完全に整合するケースは比較的少ない。最も整合度が高いのは13圏域中6市（豊後高田市，宇佐市，中津市，日田市，竹田市，佐伯市）の合併が基本パターンと一致した大分県である。大分県に次ぐのは21圏域中6市町（阿賀野市，五泉市，阿賀町，魚沼市，糸魚川市，佐渡市）で整合した新潟県であり，岐阜県（4圏域）や長崎県（同4）などがこれに続く。それに対して，約20の都道府県では両者の整合圏域はまったくなく，全国における両者の整合度は30％程度と推測される。上述したように，5市町村以上の大規模合併の場合では両者が完全に整合するのはわずか24.6％だけであった。

基本パターンは実際の市町村合併にとって参考・目安として使用されたものとはいえ，日常生活圏や広域行政圏域を考慮し，なかには市町村長らの意見を聴取した上に，クラスター分析まで駆使して作成されたものであった。その点からすると，基本パターンと実際の合併市町村との整合率が意外に低いのに驚かされる。その理由として考えられるのは，①実際の合併においては非合併市町村が点在しており，②市町村合併には政治的偶然性が強く関係することもあるが，それ以外にも，①とも関連するが，③大都市や富裕な市町村の合併意欲が低く，合併協議に参加しなかったこと，④合併推進要綱における基本パターンの人口規模が概して大きく－圏域内に多くの市町村数が含まれ－，小規模合併でも合併特例債は受けられるし，大規模合併の場合には自己の存在感が低下するため圏域を二分・三分して新市や新町を形成する合併が多かったこと，⑤活力ある町村では都市との合併よりも町村同士の合併による新市や新町の形成を望む傾向があるので圏域が細分されがちなこと，⑥市町村間－とくに都市間－のライバル性が考慮されなかったこと，などがあげられる。

大都市やその周辺の富裕なベッドタウンの合併意欲が低いことを考慮して，仙台市や名古屋市，福岡市などは基本パターンの対象から除かれたし，千葉県でも千葉・東葛飾地域は広く対象外とされていたが，その他の多くの地域では全市町村が基本パターンに組み入れられた[36]。沖縄県のように，南大東島や北大東島までも那覇市の圏域に加えたところもあった[37]。

なお，クラスター分析を使用したとしても区分の基準となる情報損失量については厳格な基準がないので，各圏域の人口が大きな数値になったことも考えられる。基本パターンの圏域人口では市制移行型（人口3～5万人程度）や行政基盤強化型（3万人程度）などに区分され，基本パターンとして人口3万人未満の合併圏域を提示するのは稀であったが，上述したように，実際の合併では新町（人口3万人未満）の形成も多かった。

表XII-14に示すように，基本パターンの圏域人口は都市化の進展と関係するので，大規模な都市の多い県では人口10～30万人の圏域が多いのに対して，小規模な都市が多い県では人口5～10万人の圏域が中心をなす。それに対して，実際の合併では大規模合併には困難を伴う場合が多く，基本パターンの圏域でもって協議したが，途中で二分・三分して合併したものも多かった。また町村間の合併では，人口3万人をもって新市を形成することを目標とした場合も多かった。

もう1つ問題になるのは，都市のライバル関係の考慮である。中心集落を欠く町村合併では本庁舎の位置をめぐって協議が難航した例が多いが，同一圏内に複数の中心（都市）をもつ場合にも問題が生ずる。もちろん，都市人口が大きく異なる場合にはライバル関係とはいえないが，それでも大規模都市に編入して市域の一部を構成するよりも単独存続を希望する場合がある。

表XII-15 合併推進要綱の基本パターンの同一圏域に含まれる2つ以上の都市

県	都市名
北海道	恵庭市・千歳市，千歳市・苫小牧市，伊達市・室蘭市・登別市，室蘭市・登別市，登別市・苫小牧市
青森	
岩手	花巻市・北上市，水沢市・江刺市
宮城	
秋田	
山形	山形市・天童市
福島	
茨城	日立市・高萩市・北茨城市，水戸市・ひたちなか市，下館市・結城市，つくば市・土浦市，水海道市・取手市
栃木	
群馬	高崎市・安中市，太田市・館林市
埼玉	羽生市・行田市，久喜市・幸手市，春日部市・岩槻市，越谷市・吉川市・三郷市・八潮市・草加市・川口市・蕨市・戸田市・鳩ヶ谷，朝霞市・新座市・和光市，狭山市・所沢市・入間市，桶川市・川越市・上福岡市・鶴ヶ島市・坂戸市，鴻巣市・北本市，飯能市・日高市
千葉	成田市・八街市，旭市・銚子市・八日市場市，袖ヶ浦市・木更津市・君津市・富津市，館山市・鴨川市
東京	(省略)
神奈川	厚木市・海老名市・座間市・綾瀬市，伊勢原市・秦野市，茅ヶ崎市・藤沢市・鎌倉市，逗子市・横須賀市・三浦市
新潟	燕市・三条市・加茂市，新潟市・豊栄市・白根市・新津市，長岡市・見附市
富山	高岡市・氷見市・小矢部市，黒部市・魚津市，富山市・滑川市
石川	
福井	
山梨	大月市・都留市
長野	長野市・中野市・須坂市・更埴市，松本市・塩尻市・伊那市・駒ヶ根市，茅野市・岡谷市・諏訪市
岐阜	恵那市・中津川市，瑞浪市・可児市・多治見市・土岐市，岐阜市・羽島市
静岡	沼津市・三島市・裾野市，熱海市・伊東市，静岡市・清水市，富士宮市・富士市，藤枝市・焼津市，磐田市・袋井市，浜松市・湖西市・浜北市
愛知	一宮市・尾西市・稲沢市，犬山市・江南市，小牧市・春日井市，瀬戸市・尾張旭市，日進市・豊明市，半田市・常滑市・大府市・知多市・東海市，岡崎市・蒲郡市，知立市・刈谷市・高浜市・碧南市・安城市，豊川市・蒲郡市
三重	亀山市・鈴鹿市，上野市・名張市，津市・久居市
滋賀	近江八幡市・八日市市，守山市・草津市
京都	舞鶴市・綾部市，宇治市・城陽市・京田辺市・八幡市
大阪	(省略)
兵庫	(省略)
奈良	大和高田市・御所市・香芝市
和歌山	
鳥取	米子市・境港市
島根	
岡山	
広島	福山市・府中市，廿日市市・大竹市
山口	山口市・防府市，徳山市・下松市・光市・新南陽市，宇部市・小野田市
徳島	
香川	丸亀市・善通寺市
愛媛	川之江市・伊予三島市，西条市・新居浜市・東予市
高知	
福岡	太宰府市・筑紫野市・大野城市・春日市，八女市・筑後市
長崎	
熊本	
大分	
宮崎	
鹿児島	
沖縄	那覇市・浦添市

＊人口が3万人未満の都市は省略．
＊岩手県や山梨県，愛知県，山口県などはすべての合併パターンで現れた2以上の都市を取り上げた．
資料：市町村合併問題研究会編（2001）による．

表XII-15は合併推進要綱の基本パターンに現れた同一圏域に2つ以上の都市（人口3万人未満を除く）を含む場合をあげたものである。そのようなケースが大都市圏地域において多いのはいうまでもない⁽³⁸⁾。しかし，その中で都市同士の合併が成立したのは，水沢市・江刺市，今市市・日光市，新潟市・豊栄市・白根市・新津市，静岡市・清水市，津市・久居市，川之江市・伊予三島市，松山市・北条市などである。浜松市・湖西市・浜北市の場合には浜北市が浜松市に編入し，西条市・新居浜市・東予市では西条市と東予市だけが合併している。これらの事例のうちで人口の差異が少なく真にライバル関係にある2市が合併したのは，川之江市・伊予三島市（四国中央市）の場合だけといえる。

新潟市に編入合併した3市は新潟市の通勤圏に含まれる小都市で，ライバル都市とはいえないし，新潟市の政令市昇格を目指した特別な意図によるものであった。静岡市・清水市はライバル関係にあるかもしれないが，さいたま市の場合と同様に，政令指定都市の資格を得るためには両市の協力が必要であった。山口県の宇部市と小野田市の場合には，両市の合併を避けてそれぞれ別に合併したし，防府市も本庁舎の位置を理由に山口市との合併を拒否した。製紙業の盛んな川之江市と伊予三島市では「平成の大合併」より以前から合併協議がなされており，合併して四国中央市となったが，新庁舎の位置についてはきわめて慎重で，将来両市の中間地点に建設される予定である。クラスター分析⁽³⁹⁾では市町村の類似性を求めることはできるが，都市間のライバル関係まで考慮することは困難である。

以上のように，都道府県によって示された基本パターンの圏域がそのまま市町村合併する例は少なかった。しかし，上述したように，基本パターンの圏域は合併による新市町の形成や市域の拡大にとって目安としての役目を果たしたものと考えられる。

(3) 合併推進構想

旧合併特例法の期限であった2005年3月末までの合併協議において市町村合併が決定していた際には，2006年3月末までの合併が許された。その時点で市町村数は1,411減少して1,821になっていたので，合併新法のもとで2010年3月末の終了までに合併して減少したのは94市町村ということになる。

合併新法のもとでは合併特例債の廃止や合併算定替の期間短縮など優遇措置が削減されたが，総務省は各道府県に対して合併推進構想の策定を要請し，国や県の合併に関する積極的関与を新たに設けた。道府県は合併推進のための合併推進構想を策定し，知事の合併協議会設置勧告，合併協議に関する調停，斡旋，合併協議推進にかかわる勧告権限をもつことが規定された。したがって，市町村合併の基本スタンスを維持しながらも，推進手法は財政上のものから国や県の関与へと変質したといえる（新田，2010）。合併特例区の制度も設置された。ただし，旧合併特例法のもとで市町村合併が著しく進捗し，未合併市町村がほとんど残されていない－または残された市町村には合併の意思がまったくない－13の都府県⁽⁴⁰⁾では，合併推進構想は策定されなかった。

合併推進構想においては，目下合併協議が進行中のものや合併への気配が感じられる市町村が「合併対象地域」に指定され，合併の推進策が適用された。その結果，愛知県や宮崎県では合併新法のもとで比較的多くの合併が成立したが，まったく効果なく終わった県も多い。合併対象地域とは別に，「将来の望ましい市町村の姿」を示した県もある⁽⁴¹⁾。その圏域は合併推進要綱の基本パターンとは別に再区分したものであり，基本パターンの圏域を若干統合して圏域をより拡大した県が多い。なかには宮崎県のように，「合併対象地域」と「将来の望ましい市町村の姿」とを同一の図に示したものもあ

る（図Ⅹ-11参照）。

　一方，「将来の望ましい市町村の姿」を提示しなかった県では，新潟県のように，基本パターンを理想的な合併パターンと考え，別に提示する必要なしと考えたものと推測される。奈良県のように，旧合併特例法のもとでの市町村合併によって基本パターンの部分的修正が必要となった場合にはやむ終えないが（図Ⅶ-7参照），山口県などのように，旧合併特例法のもとでそれぞれ合併した宇部市と小野田市を再び合併するのが望ましいとしても，その実現は困難であろう。手厚い優遇措置のあった旧合併特例法のもとで協議を尽くしても不成立に終わった市町村合併を，優遇措置の減少した合併新法の下で合併に誘導することは不可能と考えられるからである。

　各県において「将来の望ましい市町村の姿」を提示した意図について，総務省の要請文書には触れていないが，北海道では「道州制の先行実施」について述べた[42]ほか，青森県や岩手県などでも道州制に関する記述があるし，愛知県（2011：38）の合併推進構想でも次のような説明がある。「基礎自治体にふさわしい規模と能力を備え，地域の実情に応じてさまざまな施策を実施することにより，個性豊かで活力ある地域社会を形成する市町村を「市町村の望ましい姿」を考える。（中略）中長期的には，道州制の導入など広域的な考え方が浸透していくなかで，現時点では単独の行政運営に必ずしも課題があるとはいえない一定の規模をもつ市町村に対しても，県として，望ましい市町村の姿を描いて市町村の規模，能力のさらなる充実を図るという取り組みも必要である。そのため，本構想は，まず人口1万未満の市町村を対象として構想対象市町村を定め，以後，段階的に検討していくのが合併推進の基本的な考え方である」と述べている。したがって，道州制の導入を考えて市町村の理想的な姿を努力目標として提示したものと推測される[43]。

　「将来の望ましい市町村の姿」と道州制との関係についてはⅩⅣ章5節でも触れることにする。

5. 各都道府県の市町村合併に対する支援

　先にも触れたように，各都道府県の市町村合併に対する熱意やスタンスには差異がみられる。合併協議に対する県職員の長期的派遣による人的支援はどの県でも実施されたが，合併特別交付金についてはさまざまで，なかには「合併は市町村の自治に関することで県が関与すべきではない」とするところもあった。

　実際には市町村合併に伴い，例えば電算システムの変更や新庁舎の確保のように，組織換えのために特別な経済的負担が必要であった。したがって，国からの支援[44]のほかに，各都道府県でも市町村合併に対する財政的支援を行っているが，その金額はさまざまである。北海道[45]や群馬県，京都府，兵庫県，愛媛県などのように合併特別交付金を支給しないところがある一方では，手厚い交付金を支給したところもあった。合併特別交付金要綱による特別交付金の算定基準を示すと表Ⅻ-1のようになり，1合併市町に対する交付額の最高は新潟市の70億円であった。

　表によると，算定式にはいくつかの類型がある。最も一般的なのは$a+(n-2)\times b$の形態である。aは5億円とか1億円などの基本額であり，nは合併関係市町村の数，bも定額で，通常は1億円である。この算定式ではaの値が5億円の府県が多いが，5億円の代わりに2.5億円とか0.8億円などの場合もある。埼玉県では2004年度から合併準備支援事業交付金として0.8億円$+(n-2)\times 0.2$億円が適用

されたので、他の多くの県に比べればかなり少額なものとなる[46]。

　b 値は 1 億円の場合が多いが、広島県では $5+(n-2)×2.5$ 億円の算定式が適用され、合併市町数が多かった三次市では $5+(8-2)×2.5=20$ 億円となる。長崎県の南島原市では $5+(8-2)×2=17$ 億円であったが、8 以上の大規模な合併が行われた場合には上限を 20 億円とすることが規定されていた。他の県でも、関係市町村数が多くて 10 億円を越えるときには 10 億円を上限とするものが多い。

　第 2 の類型は基本部分 a がなく、$b×(n-1)$ で算定される県である。茨城県や島根県では b の値が 2.5 億円、秋田県では 2 億円、福島県、富山県、奈良県では 1 億円、山形県では 0.5 億円であった。このグループは関係市町村数が多くても基本部分 a がないため、交付金額は 5 億円よりも少ない場合もあるが、新潟県では 5 億円 $×(15-1)$ で計算されるため、新潟市は総額 70 億円を何度かに分割して交付されることになった。松江市でも 2.5 億円 $×n$ によって計算されるので 20 億円となった。

　もう 1 つは関係市町村数に関係なく一定金額を交付するもので、宮城県では 1 市町につき 5 億円、石川県では 2.5 億円が支給された。さらに特殊なものとして、人口や面積を考慮するものがある。山口県では $n×j×m$ 億円の算定式が適用された。人口 j については合併人口が 10 万人未満は 1.0、10～20 万人は 1.5、20～30 万円は 2.0、30 万以上は 2.5 となり、面積 m は 600km^2 未満が 1.0、600～800km^2 が 1.1、800km^2 以上が 1.2 となり、最高額は岩国市の 14.4 億円であった。福岡県でも「合併による増加人口」が考慮される場合があり、長崎県では、上記の算定式に加えて 1 島 1 町村と合併すれば 1 億円が加算された。沖縄県は 3 億円 $+(n-2)×1$ 億円でもって計算されるが、離島（沖縄本島、宮古島、石垣島を除く）町村数 1 につき 1 億円が加算されるので、伊良部町を合併した宮古島市の場合には $6+1=7$ 億円が交付された。

　また高知県では、（1 億円 $×n$）＋面積等加算額＋公債費負担格差加算額（各加算額の上限は 2 億円、交付額の下限は 2 億円）という独特な算出方式により、旧合併特例法のもとでは香南市の 8.5 億円が最高額となり、合併新法の交付額（4.7 億円）を加算すると高知市は $6.2+4.7=10.9$ 億円となった。香川県では表XII-1 に示すように、5 億円 $+(n-2)×1$ 億円、上限は 10 億円という一般的な算出方式が適用されたが、この式が適用されるのは「合併後市になる場合」であり、「合併後市にならない場合」には 5 億円 $×$（合併後人口／3 万人）の算出式が用いられた。

　これらは旧合併特例法のもとでの市町村合併に対する特別交付金であり、合併新法のもとでの合併に対する－通常、金額は減少するが－交付金もある。例えば岡山県では旧合併特例法では 5 億円 $+(n-2)×1$ 億円であるが、合併新法では 1 億円 $+(n-2)×1$ 億円となる。山形県では $0.5×n$ 億円のところが $0.3×n$ 億円に減額された。

　このようにして、旧合併特例法の合併特別交付金はゼロから 70 億円（新潟市）までさまざまであり、都道府県の合併に対する熱意やスタンスの違いともいえるが、愛媛県や兵庫県などのように、合併特別交付金はなくても市町村合併率の高い県もあり、交付金額が市町村合併率に厳しく反映されたとは必ずしもいえない。愛媛県では県内市町村に対して一般県民、市町村長、議会議員、市町村職員にアンケート調査（回収数 2,104 名）を実施して市町村合併の重要性を周知させ、県の熱意が市町村に十分に伝達されており、市町村合併率に影響したように思われる。

　合併特別交付金の目的は、X 章 9 節（3）においても述べたように、合併に伴い緊急に発生する市町村の財政需要を軽減することにあるが、交付金対象事業に関する表現は県によって若干異なる。し

かも，行政側の需要に多く使用する場合と住民生活にウェイトをおく場合など県による差異もあるが（森川，2012b），合併市町村はすべての県で交付限度枠まで交付を受けている．

そのほか，合併に伴う費用とは別に「合併協議会の運営」に対する合併協議会参加費も必要であり，合併の成否に関係なく支給されるべきである．この費用は合併特別交付金に比べると少額であり，500万円くらいが限度をされる場合が多い[47]．

なお，東京都では1980年から実施されている市町村総合交付金（都道府県支出金の一部）が大阪府や神奈川県に比べても著しく高額なのが注目される．ちなみに，都道府県支出金（2002年度）によると，市町村当たり平均は67.8億円となる．このような東京都の財政支援は市町村合併の抑制要因として強く作用したものと考えられる．

（注）
(1) 上述したように，基山町（佐賀県）では「強制的な市町村合併に反対し，地方自治の確立を求める意見書」を議会が可決したと記されており，「県の指導」は相当に強いものであったと考えられる．
(2) Ⅸ章5節で述べたように，高知県の中芸広域連合でも市町村合併に抵抗するものとなった．
(3) 国の市町村合併推進体制整備費補助金は，合併市町村の人口数によって5,000人未満は0.6億円，5001〜1万人は0.9億円，1〜5万人は1.5億円，5〜10万人は2.1億円，10万人以上は3億円となる．これらの人口をもつ市町村の合併により加算する方式により，人口5,000人未満の町村と5〜10万人の市とが2市町で合併すれば0.6億円＋2.1億円＝2.7億円となる．ただし，この補助金は旧合併特例法にのみ適用され，合併新法の合併では廃止された（総務省市町村体制整備課の説明による）．
(4) Ⅱ章注(1)参照．政府は合併を推進するためのPRを精力的に展開したが，その内容は必ずしも真実ではなく，合併によるマイナス面も多かった．しかも，政府の狙いは府県無用論のもとに道州制を目指す広域行政の布石であったといわれる（都丸，1968）．佐藤(2006)も「昭和の大合併」の手法の特徴として，①地元の意向を無視して都道府県による合併案が作成されたこと，②各省が提示した65項目の合併支援策はすべて空手形に終わったこと，③住民投票が行われなかったことをあげ，「平成の大合併」との差異を強調する．しかし，当時においても深刻な財政窮迫に悩む多くの町村は先を争って合併した．
(5) この最初の合併計画は，人口8,000人未満の町村の合併のみを計画した神戸勧告方式によって作成されたものと推測される．
(6) 林(1961：77-128)の「昭和の大合併」に関する政治地誌においても，都道府県の勧告通りには合併が進捗しなかったという記述が随所にみられる．
(7) Ⅱ章注(32)による．
(8) 沖縄県を除く市町村減少率は66.3%であった．
(9) 人口5,000人未満の小規模自治体の地方別比率もⅣ章の冒頭で述べたようになる．
(10) 1960年の国勢調査では通勤者と通学者を合わせた統計しかないので，1955年と65年の通勤者比率を計算した．
(11) 西川(2009)は都市部の車両の旅行速度が平地・山間部の半分に過ぎないところから，それが生活圏に影響し，大都市圏の市町村合併の進捗率の低い原因の1つと考えている．しかし，大都市圏では公共交通機関がよく発達していて通勤圏が広いところから，大都市住民の日常生活圏が狭い範囲に限定されているとは思えない．
(12) 真の都市化率を示すDID人口比率と比べると，茨城県の2010年における3万人以上の都市比率は異常に高いものとなる（図Ⅻ-3参照）．

(13) ただし，山梨県，岐阜県，滋賀県，京都府，兵庫県，岡山県，徳島県，香川県，長崎県のように，「昭和の大合併」のときよりも「平成の大合併」による新市誕生の方がわずかに多い県がある．
(14) 3万人以上の都市のなかでも人口50万人以上になると非合併都市がとくに増加するが，都市数が少ないので，ここでは区分を省略する．
(15) 人口3万人以上の都市にとっては，第1位通勤先5％以上の通勤者比率は自市よりも小規模な市町村に対する場合が多く，通勤先は不問とする．
(16) 表の内訳区分は厳密には分類困難な場合もある．通勤先以外の中心地と合併したaタイプの中には他の中心地が通勤先の中心地に半従属する場合があるし，多数の市町村の合併によって形成された衛星都市（町）の場合にはすべてが同一通勤圏の市町村からなるとはいえない．その場合には，多数派の市町村を衛星都市（cタイプ），少数派をbタイプに分類した．dタイプは自市町を中心として衛星都市を形成する場合であり，その市町から5％以上の通勤者が他市町に流出する点でC2タイプとは異なる．
(17) ただし例外的な場合もある．Ⅵ章2節で述べたように，名古屋市周辺の市町では台風災害のときに名古屋市の復旧工事がめざましかった記憶から名古屋市への編入を希望するものが多かったが，実現しなかった．
(18) 京都市や広島市では，編入した町は区（右京区，佐伯区）の一部として編入された．
(19) 通勤圏内にある既存の市町（ベッドタウン）が同一通勤圏域にある近隣市町と合併して市町域を拡大した場合にも，その合併地域のうち半分以上が自己の属する30万都市の通勤圏に属するときには，新設の市町と同様にMタイプに属するものとする．
(20) 逆に1万人未満の小規模自治体の合併率の方が10ポイント以上低いのは－合併困難な小規模自治体が含まれるため－栃木，神奈川，新潟，静岡，鳥取，愛媛，高知，長崎，鹿児島の各県である．市町村合併率の全国平均は全市町村64.4％に対して，1万人未満町村の合併比率は表Ⅱ-3から計算すると68.0％となり，大差はない．ただし，このなかには合併困難な町村が多く含まれており，それらを除くと合併比率は高くなるものと推測される．
(21) 東京都，神奈川県，埼玉県，千葉県，大阪府，愛知県の6都府県を指す．
(22) 政令指定都市を目指した都市や地域はほかにも多い．不調に終わったところとしては湘南3市3町（神奈川県），千葉・東葛飾地域（千葉県），静岡県東部，岐阜市，金沢市，姫路市などがある．
(23) 長野県では基本パターンが示されないので，長野県の3市を除いて計算した．
(24) truly-bounded や under-bounded，over-bounded は本来集落と行政区域との関係を示すものであるが，日常生活圏との関係について適用することもできよう．
(25) Ⅴ章2節でみた東京都内における39市町村長のアンケート調査の回答による．
(26) 「昭和の大合併」の際にも飛地合併はあったが，交通的な制約のために距離的にも面積的にも小さいものであった．新南陽市（山口県）における飛地（旧和田村）はかなり大規模なものであったが，「平成の大合併」によって形成された町村単位の飛地（例：日高町の約60km）に比べると小規模なものであった．
(27) なお，「昭和の大合併」以後のことではあるが，十和田市・三沢市，上田市，鳥取市，松江市・米子市，備前市，中津市，都城市の7圏域では2県に跨がる定住自立圏が設定されている（http://www.soumu.go.jp/main_sosiki/kenkyu/teizyu/）．
(28) 行政改革大綱（http://www.gyoukaku.go.jp/about/taiko.html.）による．
(29) 北海道（2006）：『北海道市町村合併推進構想 本編』, p.51 による．その数値が偶然かどうかは明らかでないが，表Ⅻ-12に示した人口数に対応するものである．
(30) 広域市町村圏振興整備措置要綱（1970年4月10日自治振第53号，関係道府県知事にあて自治事務次官通知）による．
(31) 2003年に日本経団連が「活力と魅力あふれる日本を目指して」道州制の導入を提案したなかでは，基礎

(32) 大都市になるほど周辺市町村との合併が少なくなる傾向はあるが，一律に周辺地域1万人の人口と合併するものと仮定する．

(33) 大都市周辺地域広域行政圏を設置しなかった東京都，神奈川県（一部設置）と基本パターンを提示しなかった長野県と兵庫県を除く．圏域が不整合なのは北海道，岩手県，宮城県，秋田県，茨城県，埼玉県，千葉県，新潟県，山梨県，静岡県，愛知県，島根県，岡山県，広島県，山口県，長崎県の16道県であるが，1市町村の所属が異なる程度のわずかな不整合の場合が多く，本質的に異なる圏域が設定されたわけではない．

(34) すべての都道府県を調査したわけではないが，目下のところ他の都道府県ではこの地域について合併推進要綱で取りあげている都道府県は見当たらない．なお，上記の広島県の例でみると，「昭和の大合併」においても「合併困難と認められた20町村」を除くことが考えられていた．

(35) 各都道府県で通常全域をカバーする「詳細区分」をもって基本パターンとみなした．そのほかにも，表XII-14の注に示すように解釈して，できるだけ多くの都道府県をとりあげることにした．

(36) 東京都以外のすべての道府県でほぼ全市町村を対象とした基本パターンが設定されたのは，合併推進要綱策定の段階では大都市周辺の人口規模の大きい富裕な市町村の合併拒否傾向については十分予知されていなかったのか，強引に合併を推進したのか明らかでない．

(37) ただし，XI章において述べたように，那覇市はできるだけ広く合併して面積を拡大して中核市への移行をめざそうとする別の目的もあった．

(38) 浦和市，大宮市，与野市の合併によってさいたま市が誕生したのは2011年5月であるが，基本パターン作成以前から合併協議が行われていたので，基本パターンにはあげなかった（図V-6参照）．表XII-14においてもさいたま市の例は除く．千葉・東葛飾地域にも多くの都市が存在するが，基本パターンの指定地域から除いた．この地域は「さらなるステップが望まれる地域」として政令指定都市への移行が期待されたが，実現しなかった．

(39) クラスター分析において比率尺度と名目尺度（例：一部事務組合への加入）の指標を一緒に入力したとすると，統計学的に問題はないだろうか．さらに，ここで使用するクラスター分析は市町村が相互に隣接するという条件つきのものである．

(40) 合併推進構想を策定しなかった13都府県は，秋田，東京都，富山県，石川県，福井県，岐阜県，三重県，京都府，兵庫県，鳥取県，島根県，広島県，大分県である．

(41) 「将来の望ましい市町村の姿」を提示したのは，北海道，青森県，岩手県，山形県，埼玉県，千葉県，山梨県，静岡県，奈良県，和歌山県，山口県，高知県，宮崎県であり，宮城県も図形モデルを示した．

(42) 北海道（2006）：『北海道市町村合併推進構想』，p.36による．

(43) この点については総務省にも尋ねてみたが，回答は得られなかった．

(44) 注（3）による．

(45) 北海道の場合には，III章で述べたように，合併新法のもとで2009年度から北海道市町村合併緊急支援交付金という制度を設け，0.9億円×関係市町村数の算定式が採用された（表XII-1参照）．

(46) 埼玉県ではそれ以前に合併したさいたま市に対しては交付金はなかったといわれており，一挙に高額の交付金を交付することが躊躇されたのかと推測される．

(47) 沖縄県では1つの合併協議会当たり4,000万円を限度（ただし単年度の交付上限額は1,000万円）としたといわれる．

XIII 「平成の大合併」の一般的特徴 －合併の実施状況とその結果－

1. 市町村合併の状況

(1) 合併協議の過程

　大都市圏地域では，高度経済成長期以後の急速な人口増加によって－多くは単独での市制施行によるが－新市が続々と誕生し，人口1万人未満の小規模自治体が減少してきたのに対して（表Ⅴ-3参照），地方圏では市町村の人口は減少し，税収も減少してきたものが多い。小規模自治体比率（2000年）は「昭和の大合併」終了直前（1960年）の状況を超えて高くなり，「昭和の大合併」の効果を失ったとみられる市町村も多かった（表Ⅱ-2参照）。しかも，Ⅱ章1節で述べたように，ゴミ処理場の建設や介護保険の導入など市町村行政の任務は増大の一途をたどってきたので，市町村－とくに小規模自治体－の財政は当時よりもはるかに緊迫度を増し，行政運営はきわめて厳しい状況にあった。加えて国家財政の窮乏が深刻化する中で，政府は「活力あるグローバル国家」の構築を目指して「平成の大合併」に踏み切ったとみることができる。

　それは，「昭和の大合併」以来根強く残っていた合併アレルギーに配慮して広域行政圏を設置し，1994年に広域連合を導入してきたこれまでの広域行政の方針とは異なるものであった。しかし，広域連合には重要任務を託することはできないと当初から考えられていたので，それは政府方針の大転換というほどのことではなかった。後述するように，ドイツでは市町村連合（Gemeindeverbände）が重要な役割を担い，各州ともに単一自治体（Einheitsgemeinde）への合併を阻止することになったが，わが国の広域連合では意思決定が遅いとか責任の所在が不明瞭などの点が嫌われ（表XIII-1参照），長野県や高知県の広域連合を例外とすれば，市町村合併を阻止する防波堤にはならなかった。

　Ⅱ章1節において述べたように，政府は1995年ころにはすでに市町村合併の方針を固めたので，都道府県においてもその対応が考えられるようになった。なお1995年には，合併特例法の改正によって住民発議制度が採用され，これまで行政主導で行われてきた市町村合併が地元住民や地元企業家によっても進められ，合併協議会の設置が有権者の50分の1以上の署名をもって市町村長に請求できるようになった。日本青年会議所は1997年に「日本再編絵巻」として全国の3,225市町村を約10分の1に減少することを提唱し，全国的な広がりでもって合併協議会設置の住民運動を行ったといわれる（栃木県佐野市，2006：12）。佐野市のように，1998年に青年会議所の主導によって住民運動が展開し，法定協議会が設置されたところもある。

　したがって，1999年8月に自治省から合併推進要綱策定が要請される以前から市町村合併について考えていたところも多い。愛媛県では昭和60（1985）年代から従来の市町村長や議会など行政の

表XIII-1　一部事務組合と広域連合の特徴

	一 部 事 務 組 合	広 域 連 合
利点	①単独では困難な事務事業の実施が可能 ②スケールメリットの発揮による事務の効率化 ③より高度な行政サービスの提供が可能（地域中核病院の設置など）	一部事務組合の利点に加えて ①独自の意思形成に伴う事務処理が可能 ②国などから権限や事務の直接委任が可能 ③規約変更を構成団体に要請可能 ④広域計画の実施に必要な措置をとるよう構成団体に勧告が可能 ⑤処理事務の広域計画を策定し公表が可能 ⑥議員および長の選出方法は直接選挙または間接選挙によることが可能 ⑦住民に直接請求権がある（条例制定改廃，議会の解散など）
欠点	①住民が直接関与できない ②所掌事務を含む規約の変更に自らのイニシヤティブが発揮できず，時代に対応した自己改革が困難 ③小規模組合の多立による弊害など	①責任の明確性の欠如 ②意思決定の迅速性に欠ける ③人材確保に問題 ④総合行政ではない

資料：福岡県（2000）：『福岡県市町村合併推進要綱』，p.7 による．

側からの取り組みだけでなく，住民をはじめとして青年会議所や商工会議所，農協など地域の経済団体から積極的な合併推進の取り組みがみられたし（愛媛県，2006：17），熊本県でも1995年より以前から合併構想を検討していた。宮城，秋田，茨城，山梨，静岡，広島，愛媛，佐賀，長崎，大分などの県では，自治省からの合併推進要綱策定の要請前後に合併推進室（長崎県）や市町村合併推進委員会（茨城県），広域行政推進研究会（静岡県）を設置し，県民意識調査（秋田県，愛媛県，大分県，宮崎県[1]）を実施していた。佐賀県では唐津・東松浦任意合併協議会が早くも1999年11月に設置されたし，宮城県では1999年に作成された「みやぎ新しいまち・未来づくり構想」の市町村合併の組み合わせに基づいて合併推進要綱が策定された。1999年4月に合併した篠山市（兵庫県）や2001年4月に合併した潮来市（茨城県）などは「平成の大合併」より以前から協議されてきたもので，合併時期が「平成の大合併」と重なることとなった。

しかし，その他多くの県で合併協議に着手したのは合併推進要綱の策定以後であり，合併協議会の設置には県によって1・2年の差が生じた。小泉内閣の「三位一体の改革」により地方への税源移譲が不十分なまま地方交付税が削減されることになり[2]，西尾私案の空砲効果も働いて，財政基盤の弱い多くの市町村は財政上の優遇措置を利用するために合併の検討を始めたので，合併協議はにわかに活気づき，旧合併特例法の失効前に駆け込み合併も多く現れた。2005年4月から6年4月までの1年間には575の市町村が減少した。

市町村の合併協議では，各県が提示した合併推進要綱の基本パターンを参考・目安にしながら，郡とか広域市町村圏などこれまで行政的連携のあった広い範囲の市町村でもってまず研究会（懇談会，勉強会）が開催された。その後，合併への気運が高まると任意協議会・法定協議会を組織して合併協議を行い，順調に進めば合併協定調印式をすませてから関係市町村で合併議案の議決を行い，県議会で了承されて官報告示により合併完了するという経過をたどった[3]。

研究会の後には任意協議会を設置して協議が進行した段階で法定協議会に移行するのが一般的であるが，なかには研究会で協議が十分に尽くされたとして研究会からいきなり法定協議会を設置する場合もあった。法定協議会に比べると任意協議会の位置づけは曖昧なものであり[4]，大阪府のように

法定協議会以外の協議をすべて任意協議会に含める場合もあるし，協議会とは別の名称で呼ばれることもあったため，法定協議会だけを合併協議会として取り上げた研究もある。合併協議の過程をできるだけ詳しく検討するためには，最初の研究会の段階から検討すべきであるが，あまりに煩雑になるので，特別な場合を除くと，本書では任意協議会と法定協議会の設置状況を考察することにした。任意協議会でも法定協議会でも合併協議の段階では，1つの市町村が同時に複数の協議会に加入することも可能であった。

任意協議会や法定協議会では行政項目に関する市町村間の調整がなされ，新市町村計画が作成された。議員定数，新市町名，庁舎の方式（本庁支所方式，分庁方式，総合支所方式）や本庁舎の位置，合併の形式（新設・編入）など基本的な事項の決定が必要であった[5]。また，合併によって公共料金や市町村税の負担額を統一するための調整も行われた。検討項目が多いので単純に判断することができず[6]，場合によっては，短い協議期間中にすべての項目について十分に協議することなく合併に踏み切ったところもあった。兵庫県では行政サービスの料金統一ができていない場合も多かったといわれる[7]。

関係市町村の合意のもとで設置された合併協議会（任意・法定）は，常に順調に進行するとは限らない。県の強い指導や住民アンケートや住民投票の結果，さらには首長の交代などによって協議会を離脱することも多く，加入と離脱を繰り返すケースもあった。

例えば，東城町（広島県）は2001年10月に庄原市への法定協議会加入表明以来何度も態度を変更して2005年3月にやっと合併が成立した（森川，2008：89）。東吉野村（奈良県）は，Ⅶ章5節で詳しく述べたように前後して5つの合併協議会に加入したが，いずれも解散または離脱して単独存続となった。西方町（栃木県），上峰町（佐賀県）などの場合にも合併協議会に加入・離脱を繰り返した点では，東吉野村の場合と類似する。

これらは単一の町村が参加や離脱を行った例であるが，合併協議会が関係市町村を入れ替えながら設置・解散を繰り返す例もある。岡山県の津山市，美作市，美咲町や長崎県の島原半島（島原市，南島原市，雲仙市）などがその典型的な事例といえる。複雑な協議会の設置・解散事例が生ずるのは日常生活圏や通勤圏の周辺部の町村に多く，地方都市の日常生活圏への所属が明確な場合には発生しにくいように思える。しかし佐世保市北郊の町村のように，同一通勤圏内の市町村がその中心都市と合併するか通勤圏内の町村同士で合併して衛星都市を形成するかで迷うこともあった。

合併協議会が解散して関係市町村のすべてが非合併となった場合もある。北海道では滝川市地区をはじめ多くの地区で市町村が非合併のままに残されており，新庄市（山形県）や茂原市（千葉県），美濃賀茂市（岐阜県），彦根市（滋賀県），安芸市（高知県），田川市（福岡県）など各地方では中心都市をもちながら非合併のままにとどまった。そのなかには定住自立圏を設置するなど，新しい地域連携を行ったところもある[8]。

合併協定調印式を済ませた後の市町村議会における合併案件が，議会で否決されて合併協議が解消した例もそれほど珍しくはない。浪岡町（青森県）や歌津町（宮城県），古川市（同），婦中町（富山県），蒲原町（静岡県），志賀町（滋賀県），五色町（兵庫県），七山村（佐賀県）などでは，議会での異議が収まって元通りの合併が成立したが，柴田町（宮城県）や森町（静岡県），新温泉町（兵庫県），佐川町（高知県），北川村（同），大月町（同），富合町（熊本県），竹富町（沖縄県）などの場合には

そのままでは進行せず，合併中止や条件変更がなされた。さらに，松井田町（群馬県）や安土町（滋賀県）のように，官報告示以後に選出された反対派の町長が合併取り消しを総務省まで要求した例もある。蒲原町（静岡県）や浪岡町（青森県）でも県知事に合併取り消しを要求して最終的には分町を要求したが，成立しなかった。

都道府県によって，合併協議会の設置や解散状況にはかなりの差異がある。順調合併が比較的多い県には岩手県，秋田県，茨城県，山梨県，新潟県，岐阜県，石川県，島根県，広島県，愛媛県，熊本県，大分県などをあげることができる。それは市町村合併に対する県の熱意と関係するように思われるが，長崎県などでは協議会の設置や解散が複雑に行われ，県の熱意だけとはいえない。

そのほかには，上九一色村のような分村合併や上述した飛地合併もある。さらに神流町（2,352人：2010年，群馬県），豊根村（1,336人，愛知県），東峰村（2,432人，福岡県）のように，2村の合併による異常に小規模な町村の形成も特異な例といえる。このうち，神流町は最初から2村の合併を計画したが，豊根村と東峰村はそれぞれ合併協議会が分裂して2村で合併したものである。

合併協議は政治的な協議の場であり，その場の勢いによって文脈的偶有性が強く働き，客観情勢から予想される方向には進まなかった例も多い。反対派の町村長の辞任後賛成派の新町村長の選出によって，これまでの合併反対を止めて合併した場合もあったし，住民投票や住民アンケートの結果をめぐって市町村長と議会とが対立し，町村長のリコールや町村長による議会の解散など政治的ルールに基づく措置が講じられた場合もある。協議会の解散には怒号が渦巻くこともあり，地域間の感情的対立も生じた。「昭和の大合併」のときのしこりや不快感を今にとどめる場合もあるし，「昭和の大合併」の結果周辺部に位置づけられた旧町村の多くが著しく衰退したことは住民たちに長く記憶されてきた。しかし，合併過程のシナリオはせいぜい少数の選択肢に限定されており，無限のケースが生じてドラマの筋書きがまったく予想もできない展開になるわけではない。

（2）市町村合併の特徴

「平成の大合併」については市町村を合併と非合併に区分するだけでなく，合併協議会の状況を分析すると，その特徴を一層詳細に検討することができる。したがって，本研究では各都道府県ごとに合併市町村（A），協議会解散・離脱による非合併市町村（B），協議会不参加による非合併市町村（C）の比率を表示して，合併の状況を検討してきた（表Ⅲ-4，表Ⅴ-2，表Ⅵ-2，表Ⅶ-1，表Ⅷ-4，表Ⅸ-4，表Ⅹ-4参照）。

その際にA～Cの平均財政力指数を求めると[9]，合併市町村（A）の平均が最も低く，協議会解散・離脱による非合併市町村（B），協議会不参加による非合併市町村（C）に向かって上昇する県が多い。それは，市町村の財政状況が良好な－その多くは人口規模も大きい－ほど市町村合併の必要度が低下するという一般原則によって説明される。それに対して，合併市町村（A）の平均財政力指数の方がBやCよりも高い場合があるのは，財政状況に基づく一般原理とは異なる「合併への制約の大きい小規模自治体」がBやCに多く含まれるためである。Bの平均財政力指数が最も低い都道府県が12，Cの平均財政力指数が最も低い都道府県が5を数える。これらのなかには東京都や大阪府のように合併市町村数が著しく少ないものも含まれるが，多くは北海道や秋田県，島根県，高知県，鹿児島県などのように条件不利地域が多く，平均財政力指数が低い道県である。

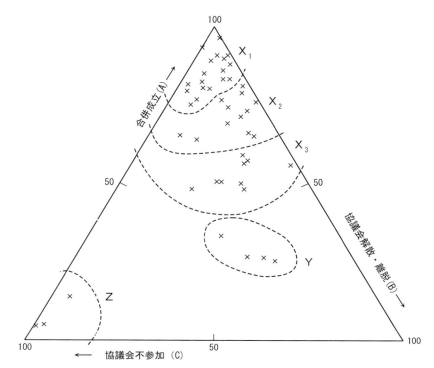

図XIII-1 各都道府県における合併成立，協議会解散・離脱，協議会不参加の市町村比率
資料：各府県担当課の資料とグリグリ「市区町村変遷情報」による．

さらに合併市町村（2000年）についてみると，関東や東海・北陸では1〜3万人クラスの市町村の合併が卓越するのに対して，東北地方では0.5〜1万人の市町村の合併が多く，北海道，山梨，長野，岐阜，奈良，和歌山，島根，広島，愛媛，高知，大分，宮崎の各県では0.5万人未満の町村の合併が卓越する．財政力指数においても県や地方によって異なる．大都市圏と地方圏では市町村合併率（市町村減少率）に差異があるだけでなく，合併した市町村の人口規模や財政力についても差異が認められるのである．

各都道府県におけるA〜Cの市町村比率を三角図表にまとめると，図XIII-1に示すように，X，Y，Zの3グループに大きく区分される．Zグループは協議会不参加の多いもので，東京都，大阪府，神奈川県の3都府県が含まれ，協議会解散・離脱が多いYグループには北海道，山形，奈良県，沖縄県が含まれる．これらの道県がYグループに所属する理由は一様とはいえない．北海道や奈良県南部の広い面積をもつ市町村では，合併による合併効果が期待できないために協議会を解散したと考えられるが，奈良県北部では歴史的地名や本庁舎の位置決定が合併を阻止した可能性がある[10]．山形県は宮崎県とともに「昭和の大合併」により大規模な人口や面積をもつ町村が多く誕生しており，合併意欲が比較的低かったのかもしれない．沖縄県の場合には米軍基地（基地交付金）の存在をめぐる特殊な要因と考えられる．

そのほかの府県はすべてXグループに属するが，合併市町村が最も多いX1，やや多いX2，Yグループに近いX3に細分することができる．X1は地方圏の県に多くみられるが，大都市圏周辺地域でも茨城県，静岡県，兵庫県などがこれに含まれる．上述のように，埼玉県や千葉県よりも都市化の進展

が遅い茨城県では市制施行予備軍ともいえる人口1～3万人クラスの町村が多かったために，近隣の2・3の町村同士で合併して－DID人口比率に比べても－異常に多くの新市を形成した。一方，X3に含まれるのは協議会解散・離脱による非合併市町村が比較的多い福島県，埼玉県，千葉県，長野県，愛知県，京都府，高知県，福岡県，宮崎県などである。このグループには，埼玉県，千葉県，愛知県，福岡県のように，財政が豊かで合併意欲が低い上に広い通勤圏のなかで合併の選択肢が多い県と福島県，長野県，高知県など合併が進まなかった県とが含まれる。宮崎県は上述の山形県と同様に考えることができる。

　合併状況にも地域的特徴がある。北海道のように市町村面積が広くて大規模合併が困難な場合や，都市密度が高く都市同士の合併を敬遠して都市がその周辺町村と合併する場合には，大規模合併は成立しにくい。それに対して，とくに大規模合併がみられるのは合併の核となる中心集落が少ない地域と，政令指定都市や中核市への昇格を目的として人口増加を求める場合である。2,000km^{2}を越える大規模合併が行われた高山市（岐阜県）では，高山市以外に合併の核となる町がないため10市町村による大規模合併が行われた。今治市（愛媛県）でも島嶼部と含めて11町村が合併した。

　政令指定都市を目指した大規模合併には新潟市や浜松市があるが，長岡市や上越市でも中核市や特例市を目指して大規模合併が行われた。上述のように，新潟県では多額の合併特別交付金が交付されたことも大規模合併を助長したかもしれない。そのほか，佐世保市や那覇市でも人口増加を目的として大規模合併を試みたのは上述の通りである。市制規準や昇格規準が緩和されたため，これまでとは性格を異にする－都市の実態をもたない－都市が加わったのも「平成の大合併」の1つの特徴といえる。

　しかし，市制施行基準の緩和のため大規模合併による新市の形成はそれほど多くない。新市の誕生数は133で，「昭和の大合併」の270よりも少ない（表XII-2参照）。広大な面積をもって誕生した新市の中には市街地を欠き，本庁舎をどこに置くかが問題となる場合もある。南島原市（8市町合併）や雲仙市（同7）では核となる町がなく，合併成立までに種々の町村による合併協議が繰り返された。

　「平成の大合併」では財政の窮乏や日常生活圏の拡大のため，農村地域においても－通勤圏内にある－町村同士の合併が行われ，新市よりも多い162の新町が形成された。ただし，新町の形成には地域差が大きく，富山県や大分県のように新町の形成が皆無の県もあったが，北海道（新町数13）や青森県（同9）では多く，鳥取県（同7）のように新市の誕生がなく新町だけが形成された県もある。2010年現在38（23.5％）を数える人口1万人未満の新町村の多くは，中小都市の通勤圏や小規模な通勤圏に含まれる町村によって形成されたものである。

　先にも触れたように，合併推進要綱の基本パターンと整合するかたちで合併する場合には，圏域に含まれる都市が市域を拡張するため新市や新町の誕生は困難であり，基本パターンに基づく大規模合併を拒否することによって初めて新市・新町の誕生が可能となる場合もあった。

（3）小規模自治体の動向

　行政効率が劣る小規模自治体にとって合併はとくに重要である。小規模自治体の数は全市町村（2000年）の47％，人口は7％を占め，地方交付税は全体のわずか15％に過ぎないが，面積は国土の48％を占める（岡田，2003：255）。これまでの各都道府県の合併状況の分析からも明らかなように，多くの県では小規模自治体で財政力指数が低いほど合併比率が高い傾向にあるが，各都道府県の市町村合

表XIII-2　各都道府県の市町村合併率と市町村の人口推移および小規模自治体比率による類型との関係

市町村 合併率	人口推移と小規模自治体比率による類型				
	A	B1	B2	C	D
80%以上	島根，山口，愛媛 長崎，大分	秋田，新潟，岡山 広島	香川	**福井**，三重，滋賀	
60〜79%	鳥取，鹿児島	青森，山梨，和歌山 徳島，佐賀，熊本	岩手，宮城，**栃木** 富山，兵庫	**茨城**，群馬，**石川** 岐阜，**静岡**	
40〜59%		福島，**長野**，高知	京都，福岡，宮崎	千葉，**愛知** 奈良，**沖縄**	埼玉
20〜39%	北海道，山形				
19%以下			東京		神奈川，大阪

A：人口1万人未満町村数の1960〜2000年における増加率15.0%以上，B：同じく増加率0〜15.0%，（B1：そのうち小規模自治体比率が50%以上，B2：50%未満），C：同じく増加率-0〜-15.0%，D：同じく増加率-15.0%以下.
太字：3万人未満の市町村が減少し，3万人以上が増加した都道府県.
資料：国勢調査1960年，2000年および総務省の市町村合併資料による.

併率と1万人未満の小規模自治体比率（2000年）との間には $r = 0.459$ （$n = 47$）の相関[11]しかなく，両者の関係はそれほど緊密とはいえない．1960〜2000年における人口減少が深刻だった県の多くは市町村合併に強い熱意を示したにもかかわらず小規模自治体の合併率が意外に低いのは，先にも指摘したように，小規模自治体の多くは「合併への制約の大きい地域」にあり，さらに北海道や福島県，長野県，奈良県，高知県，沖縄県（2010年の小規模自治体比率はいずれも40%以上）などのように，小規模自治体の比率が高くても市町村合併率が低い道県があるからである．

市町村の1960〜2000年における人口変化を各都道府県単位にみると，上述したように，地方圏では40年間には小規模自治体数が増加し，それより上位の中規模の市町数が減少し，少数の大規模な都市—とくに県庁都市—だけが人口を増加する県が多かった．なかには，高知県のように，高知市を除く県内市町村のほとんどの人口が減少したことによって3万人以上の都市比率まで低下したところもある（表IX-2参照）．これに対して大都市圏では，県内市町村のすべてが人口を増加するため3万人以上の都市数が増加し，1万人未満だけでなく3万人未満の市町村数が減少した場合もみられた（表V-4参照）．

したがって，人口1万人未満の小規模自治体比率が1960〜2000年間に15.0ポイント以上増加した都道府県をA，同じく0〜15.0ポイントの増加をB，-0.0〜-15.0ポイントをC，-15.0ポイント以下をDに4区分して市町村合併率と対応させると，表XIII-2のようになる．小規模自治体比率が大きく増加するAタイプの都道府県では，小規模自治体比率（2000年）はほとんどが50%以上（例外は山形県だけ）であるが，BタイプになるとB小規模自治体比率が50%以上の県と以下の県があるので，B1とB2に区別する．

各都道府県をこのように類型化して市町村合併率とを組み合わせてみると，市町村合併率が高い都道府県にはAタイプやB1タイプが多く，市町村合併率の低い県はCやDタイプに多いことになる（表XIII-2参照）．その中間には小規模自治体が増加しなかったにもかかわらず市町村合併が盛んに行われた県（例えば滋賀県，静岡県など）や，それとは逆に小規模自治体比率は増加しながらも市町村合併が進捗しなかった道県（例えば北海道，山形県，福島県，長野県，高知県）が現れる．

こうした類型化は適当な数値でもって恣意的に区分したものではあるが，市町村合併率は財政状況

や国土集落システムにおける位置関係だけでなく，小規模自治体を中心とする市町村の人口増減とも関係した地域構造を形成していることがわかる。長崎県や秋田県，愛媛県などでは人口減少に恐怖を覚えた市町村の多くが合併を急いだとみることができる。そのなかにあって，北海道や山形県，福島県，長野県，高知県などでは財政の乏しく小規模自治体が多いにもかかわらず，合併がそれほど進捗しなかった例外的な道県である。そしてその逆には，沖縄県を例外として，小規模自治体率があまり増加しなかった大都市圏の都府県があることも明確となる。

各都道府県の国土集落システムにおける位置と市町村の人口増減とはまったく無関係とはいえないので，表XIII-2は表XII-9に示す現象を少し別の視角から捉えたものとみることもできる。

2. 合併に影響を与えた要因

(1) 一般的要因

住民投票や住民アンケートの結果は合併協議に直接影響するが，それから具体的な要因を特定するのは困難な場合が多い。そうした中でも，いくつかの要因が指摘できる。

日常生活圏は合併推進の前提条件の1つではあるが，今日では「昭和の大合併」のときのように日常生活圏が厳しい合併条件となることは少なく，日常生活圏の差異が設置された合併協議会の進行を阻止する大きな理由にはならなかった。飛地合併でもそれほど深刻な問題とはならない。

それに対して，市町村の財政状況は最も主要な要因と考えられる[12]。とはいえ，近隣市町村の財政状況は以前からある程度知られているので，合併協議会への参加を拒否したり遠慮することはあるが，協議会の設置以後において解散や離脱の理由となることは少なかった。白石市・蔵王町や亘理町・山元町（宮城県）において財政力格差が問題になったことを記録しているのは希な例である[13]。工業団地が売れ残り公債残高が多かった泉崎村（福島県）では合併協議への参加を自ら遠慮したし，川本町（島根県）の場合には多額の公債が合併協議を不成立にしたし，滝川市（北海道）の法定協議会でも他町における特別な財政問題（負債）が協議会解散の要因になったといわれるが，これらは通常の財政とは違った会計上の問題であった。市川町（兵庫県）のように，インフラ整備が遅れているため将来多額の出費が予想され，近隣市町から敬遠された例もある。

上述したように，名古屋市西郊の町村は名古屋市への編入を希望したが叶えられず，衛星都市を形成したり，非合併の町として残されたが，よくあるケースは，周辺町村からの拒否反応によって中心となるべき中小都市が非合併にとどまる場合である。周辺町村にとっては合併して地域の発展が約束されるならば，豊田市の合併にみられるように，合併町村は周辺部に置かれようとも編入を希望するが[14]，中心となるべき都市に経済的魅力が乏しい場合には周辺町村から合併を拒否されることになる。新庄市（山形県），羽咋市（石川県），笠岡市（岡山県），竹原市（広島県），枕崎市（鹿児島県）などがその例である[15]。これらの都市は非合併にとどまり，その通勤圏に属する町村は別の市町と合併したり非合併のままとなった。

財政を除くその他の要因でとくに問題になるのは，先にあげた本庁舎の位置や新市町名，新設・編入合併の決定，庁舎の方式などである。新自治体557（2006年3月末）の庁舎の方式に関する西原（2007）の調査によると，本庁支所方式，総合支所方式，分庁方式がそれぞれ約1/3を占めており，総合支所

方式と分庁方式が意外に多い。旧役場集落の衰退が最も激しいのは職員数が大きく減少する本庁支所方式であり，その逆は美里町（熊本県）にみられる2年輪番制の分庁方式である。都道府県別にみると，本庁支所方式が多いのにわが国の中央部にあり，総合支所は東北日本や西南日本の辺地に多いのに対して，分庁方式の多い県は散在しており，明確な地域的特徴はないといわれる[16]。

合併協議会の解散理由として最もよくあげられるのは本庁舎の位置をめぐる問題である。中心的な市街地がなく大規模合併して市制を敷いた場合には本庁舎の位置がとくに問題になる。市町村の面積が広い北海道では本庁舎をどこに置くかがとくに重要問題であり，Ⅲ章でも触れたように，任意協議会においてこの問題が解決した場合にだけ法定協議会に進むことができたといわれるほどである。佐渡市（新潟県）の場合には市役所は佐和田町と両津市の中間にある金井町に置かれたし，鹿児島県の種子島や徳之島，沖永良部島の町村合併が成立しなかったのはすべて本庁舎の位置の問題であった。角館町（秋田県）ではこの問題で難航したため角館町は協議会を離脱したが，新協議会において角館町に本庁舎を置くことになって仙北市が誕生した。

本庁舎の位置をめぐる争いは交通条件の変化とも関係する。Ⅷ章5節でも述べたように，神石高原町（広島県）の場合にはかつて郡役所所在地であった油木町は神石郡の中心には位置するが，福山市との交通的位置を考えて交通的に有利な三和町に町役場を設置することになり，油木町長はそれを不満として辞任した。

住民にとって本庁舎は近いほど便利であるが，それだけの問題ではない。選ばれた役場集落の発展と支所となる旧役場集落の衰退が目に見えているし，本庁舎に選ばれなかった旧町村の全域が「周辺部」に位置づけられ，活力を失ってその町村の全域が衰退するからである。地域の発展を推進してきた－とりわけ公共事業を担当してきた－行政主体の消滅が問題であり，地域自治区や合併特例区を設置すればすべて解決できるという問題ではない。それとは逆に，本庁舎に選ばれた町村が新たな中心としてこれまで以上の発展が約束されることは「昭和の大合併」において経験したところである。

新市町名をめぐって協議が難航した例も多い。市町名は住民が日々使用する市町村のシンボルであるし，経済的利益にも関係するだけに，合併協議において重要な議題となる。旧市町名を新市町名として採用することは，新設（対等）合併であってもその市町の主導的位置を容認したことになるため，周辺町村と対立することが多い。大崎市（宮城県）の合併においては古川市は市名変更に反対したが，大崎市（新設合併）の名称変更は認められなかった。南房総市（千葉県）と館山市とは新市名をめぐって対立し，協議が決裂して館山市は南房総市に囲まれるかたちで非合併にとどまった。南房総市にとっては中心都市を欠くし，館山市の側では郊外地域を一体とした地域計画において発展を阻止される可能性がある[17]。温泉町（兵庫県）と浜坂町の合併では合併協定調印式以後になって新町名を温泉町から新温泉町に変更した。

由緒ある歴史をもつ市町や名の通った観光地などでは，市町名にとくに固執する。由布市（大分県）でも問題になったが，平泉町（岩手県）の場合には新市町名をめぐる問題が難航して非合併となった。新市町名として由緒ある地名を存続させる代わりに，本庁舎を別の市町村におくことによって妥協した例も多い。嬉野市（佐賀県）や津和野町（島根県）などがそれである。同様に，永平寺町（福井県）でも町役場は松岡町に置かれ，内子町（愛媛県）でも町役場は五十崎町に置かれた。

新設市町が誕生する場合の名称には，その地域を包括する郡名や地方名がよく使用される。郡の全

域または大部分をもって新市を形成し，郡名を付した新市は多い⁽¹⁸⁾。また，南相馬市（合併前の市名は原町市），匝瑳市（八日市場市），香取市（佐原市），射水市（新湊市），朝倉市（甘木市），糸島市（前島市），天草市（本渡市，牛深市），伊佐市（大口市）などのように，大きく（旧）郡域で合併したため，新市名に（旧）郡名を付した場合もある。ただし，氷上郡6町の合併によって形成された丹波市（兵庫県）の場合には，氷見郡氷見町がすでに存在していてそれに対抗勢力もあるため，郡名の採用は回避された（山本，2010）。かすみがうら市や伊賀市（合併前の市名は上野市），四万十市（中村市），五島市（福江市），霧島市（国分市），奄美市（名瀬市），宮古島市（平良市）などのように，新市名として地域を象徴する地方や自然の名称をつけて市名を変更したところもある。

　しかし，適当な地方名が発見できないときには，奥州市，甲斐市，中央市，瀬戸内市，阿波市，さぬき市，四国中央市，南九州市などのように，より広い範囲を示す地名を採用したり，小美玉市（茨城県）や福津市（福岡県）のように，合併町村名を1字ずつ組み合わせたものもある。由利本荘市（秋田県）や宇城市（熊本県）も元の地名を組み合わせたものといえる。さらには地域の特性とは無関係に，みどり市（群馬県）や美里町（宮城県，熊本県），美郷町（秋田県，島根県，宮崎県）などの新市町名が採用されたところもある。

　合併方式では編入合併（吸収合併）と新設合併（対等合併）の問題もある。中小都市とその周辺町村との合併では新設合併の方式が採用されるが，中心都市の規模が拡大してその地位が高まるにつれて編入合併が一般的となる。しかし，周辺町村は新設合併を希望するのに対して，中心都市は編入合併に収めようとするので対立が起こることもある。酒田市を含む7市町でもって設置された任意協議会では合併方式をめぐって協議が難航し，協議が一時休止したが，その後5市町による法定協議会では遊佐町を除く4市町でもって新設合併し，新・酒田市が誕生した。土浦市地区の場合には4市町村でもって任意協議会を設置したが，合併方式をめぐって解散し，翌年2町が法定協議会を設置してかすみがうら市が誕生し，残された新治村は土浦市に編入した。周辺町村の合併希望が多かった成田市の場合には，編入合併の条件を受け入れた2町だけを合併した。一方，中核市への昇格を目指した下関市の場合には新設合併が採用された⁽¹⁹⁾。編入合併と新設合併の比率は都道府県によっても差異がある。小規模な2・3町村間の合併では，対等の関係を維持するために新設合併で，分庁方式が採用される場合が多い（西原，2007）。

(2) その他の要因

　そのほか，公共施設の経営や公共料金の差が市町村合併に関係する。公立図書館の統廃合をめぐる話は聞かないが，自治体病院の経営も問題となる。合併の際に経営状況のわるい自治体病院をもつ市町村が合併の枠組みから外されたり，逆に，病院の縮小や廃止を危惧する住民が合併に反対し，合併構想が壊れることもあり，自治体病院は市町村合併において最も大きな問題の一つになる場合がある（伊関，2008）。

　佐賀関町（大分県）や高原町（宮崎県）では市町村合併に当たって町立病院の民営化が問題になり，佐賀関町の町立病院は勤務医が経営する民営病院への移行によって大分市との合併は解決したが，高原町では町立病院の公設民営化を拒否したため小林市との合併が成立しなかった。西城町（広島県）の町立病院は西城町の庄原市との合併によって市民病院となったが，地理的な関係から合併後もほと

んど旧西城町民の利用に限られる。しかも，赤字を全市民が負担するという問題が起こったが，合併協議を難航させる原因にはならなかった。

同様に，介護保険料の統一に関する協議も問題になった。鹿児島県の大隅南部4町は2003年1月に任意協議会を設置して法定協議会に進んだが，介護保険料をめぐる大根占町の不満から協議会を解散し，保険料の低い大根占町と田代町が合併して錦江町となり，介護保険料が高かった根占町と佐多町が合併して南大隅町が生まれた（有馬，2005）。

さらに，エネルギー産業の立地や特産地形成に力を入れてきた市町村の場合にも，市町村合併に影響した。原子力発電所や火力発電所の立地する市町村はへき地海岸に立地することが多く，人口増加は望めないが[20]，その交付金によっては財政力が周辺町村に比べて著しく豊かで，その特典を維持しようとして周辺市町村との合併を拒否する場合が多い。女川町（宮城県）などは任意協議会に参加せず，玄海町（佐賀県）は法定協議会を離脱して単独存続にとどまる。火力発電所の立地する苓北町（熊本県）のように，合併後も特典の一部存続を主張して合併が成立しなかった例もあるが，志賀町（石川県）や大飯町（福井県），浜岡町（静岡県），伊方町（愛媛県），松浦市（長崎県），川内市（鹿児島県）などのように周辺町村と合併したところもある。川内市や松浦市のような都市では合併によって経済圏を拡大することが都市の発展にもなるであろう。

市町村合併ではいくつかの市町村を1つに統合するので，その政策は平均化され，従来の市町村のきめ細かい政策はできなくなり，個性的行政の継続が困難となる。これまで特産地形成に努力してきた町村では，その努力が報われなくなり，体制維持が困難になることを恐れて合併を拒否することになった。大潟村（秋田県）は戦後八郎潟の大規模開拓によって誕生した米作の村であり，特異な歴史に対する村民の強い思いがある。池田町（福井県）や綾町（宮崎県）でもこれまで町民が協力して力を注いできた有機農業が崩壊する危険性があるとして非合併にとどまった。豪雪地域の山間地域特有の気候・風土を活かし，高齢者を対象とした村独自の事業を展開してきた栄村（長野県）でも非合併にとどまった（岡田・京都自治体問題研究所編，2003：249）。白川村（岐阜県）や明日香村（奈良県）の非合併も，すぐれた文化遺産政策を維持するために特別な努力をしてきたという点では共通する。

さらに，軽井沢町や伊東市，熱海市，別府市など有名な観光地も非合併のままである。大分県の基本パターンでは，別府市だけは合併対象地域から外されており，合併協議会に参加しなかった。温泉観光地の湯河原町と漁業と採石業を中心とする真鶴町（神奈川県）の合併も法定協議会まで進んだが，合併は実現しなかった。下呂市（岐阜県）やあわら市（福井県），白浜町（和歌山県），嬉野市（佐賀県）などのように，従来の地名を保持したままで合併したところもあるが，上述した湯布院町（大分県）では地名の変更に強い抵抗がみられた。

財政の豊かな企業城下町や大都市近郊の町村が合併を拒否した例もある。ファナック社の本社がおかれ財政的に豊かな山梨県の忍野村（8,367人，1.15）も非合併宣言をした。大工場の立地する飛島村（愛知県）や日吉津村（鳥取県），和木町（山口県）などでも合併を拒否した。マツダの本社のある府中町（広島県）は，広島市と市街地が連担しており，これまでたびたび広島市と合併話があったが，「平成の大合併」においても合併協議は不調に終わった。都市計画から離脱して都市近郊の住宅地として発展してきた舟橋村（富山県）では，合併により都市近郊のメリット喪失を恐れたものであった。

そのほかにも，矢祭町（福島県）のように2001年10月に「合併しない宣言」をした市町村もある。

矢祭町の根本良一町長は，「昭和の大合併」の苦い経験に基づき，「市町村の規模拡大は中心地以外のほとんどの地域が衰退し，生活環境も自然環境も劣化する。小規模の方が自分たちの地域を支えようという愛着心が強い」というのが持論であった。「合併しない宣言」をした市町村は多くないが，研究会（勉強会）の過程で非合併を決意し，合併協議会に参加しなかった市町村がある。山間部の小規模自治体では，合併しても周辺部に押しやられて不利益を被るので，合併に消極的であった例は多い。日南町（鳥取県）では「昭和の大合併」の際に大規模に合併したので見合わすことにしたし，西粟倉村（岡山県）のように，合併しても貧しい地区にとどまるよりは非合併のままの方がよかったとする意見もある[21]。

3. 広域行政との関係

これまで活動してきた一部事務組合や広域連合は，上述したように，長野県や高知県の広域連合を除くとそれほど強い合併阻止要因とはならなかった。地域民主主義や地域アイデンティティとサービス供給の能力・効率を両立させる方法として，北海道では市町村合併よりも広域連合の形成を強く要望したが（神原，2003，2012，2013），国の強引な合併推進策によって「平成の大合併」が進められ，異論はすべて抑え込まれた。

広域連合の制度は 1994 年に導入され，広域行政はある程度強化されたが，全国各地に広く普及するまでには至らなかった。佐藤（2011）によると，介護保険制度の運用や要介護認定を含む高齢者福祉の分野を中心として広域連合は 1999 年前後に多く設置され，一部事務組合に替わる制度とはなったが，当時期待されたほど進展しなかったという。

また表XIII-1 に示す経営の限界とは別に，広域連合の運営面における問題点として次の点が挙げられる。①現状では個別の分野を対象としたものにとどまり，広域市町村計画や地域開発にまでは及ばない。②市町村の主導ではなく，介護保険制度の導入において広域連合の設置を国が推奨するかたちで半ば強制的に結成された場合が多かった。③導入される地域がきわめて限定的で，小規模自治体の多い地方圏が中心であり，三大都市圏や大都市周辺には設置されなかった。④市町村の費用・職員負担においては自主財源が認められているが，市町村の分担金により，一部事務組合の場合と同様に，市町村の財政状況に大きく影響されることになった。議員や長も公選されることなく，市町村からの派遣が大半を占める[22]。こうした状況の下で，サービス供給に対する市町村間の調整を継続的に実施しなければならず，広域的な課題を調整する際には，分野を横断した対応が難しい。市町村の規模や財政の格差も問題になる。

表XIII-3 に示すように，2000 年 7 月の広域連合の数は 66 で，その中には「彩の国さいたま人づくり広域連合」（93 市町村加入）や「福岡県介護保険広域連合」（同 72）のように大規模なものも含まれていた。県によっては広域連合が皆無のところもあったが，長野県と三重県ではそれぞれ県内に 10 の広域連合が設置された。長野県では県全域を 10 区分した広域市町村圏がそのまま広域連合となり，市町村合併に対して阻止要因として例外的に作用したが，三重県の 10 区の広域連合は県全域に設置されたものではなく，ゴミ処理と介護保険の 2 つの広域連合に重複して加入する市町村もあり[23]，長野県とは性格を異にするものであった。

表XIII-3　各都道府県における広域連合の推移（2000〜2011年）

県	2000年	2011年	備考
北海道	3	11	函館圏公立大学広域連合，空知中部広域連合，西いぶり廃棄物処理広域連合はすべて存続，8は新設，2007年以後新設は後志と富良野だけ
青森	2	2	津軽広域連合，つがる西北五広域連合はいずれも存続
岩手	2	2	一関地方広域連合（一関市，花泉町，平泉町）は解消，久慈広域連合（1市1町2村）を2000年9月新設
宮城			
秋田			
山形		1	最上地区広域連合（2市2町）　2006年新設
福島			
茨城			
栃木			
群馬			
埼玉	1	1	「彩の国さいたま人づくり広域連合」（92市町村）は存続（職員の人材開発や交流）
千葉			
東京			
神奈川			
新潟			
富山	1		南砺広域連合（2町3村）を解消（城端，平，上平，福光と岐阜県白川村）
石川	1		白山ろく広域連合（5村）白山市に合併してその一部を形成
福井	1	1	坂井郡介護保険広域連合　存続
山梨	1	1	山梨県東部広域連合　存続
長野	10	11	長野県地方税滞納整理機構（全県）を新設
岐阜	7	4	益田広域連合（5町村）は下呂市を形成，吉城広域連合（6町村）は飛騨市と高山市に合併，高山・大野広域連合（9市町村）は高山市に合併，白川村は単独存続，郡上広域連合（7町村）は郡上市を形成．羽島郡広域連合（未合併2町岐南，笠松は2002年に新設）
静岡		1	静岡地方税滞納整理機構（全県）を新設
愛知	1	2	知多北部広域連合は存続，衣浦東部広域連合（5市，消防）を2003年に新設
三重	10	6	伊賀介護保険広域連合（6市町村）は伊賀市を形成，一志地区広域連合（6町村）は津市と松阪市に分かれて合併，鳥羽志摩広域連合（8市町）は鳥羽市，志摩市，南伊勢町となり解消，松阪地方介護広域連合（8市町村）は松阪市，多気町，大台町に分かれて合併，香肌奥伊勢資源化広域連合（8町村）は松阪市，大台町，大紀町に分かれたが存続，紀南介護保険広域連合は熊野市，紀宝町，御浜町（未合併）に分かれて存続，紀北広域連合（3市町）は尾鷲市，紀北町に分かれて存続．度会広域連合（6市村）は度会町（未合併），南伊勢町，大紀町に分かれて存続．鈴鹿亀山地区広域連合（3市町）は関町が亀山町に合併して存続，桑名いなべ広域連合（9市町）は桑名市，いなべ市と木曽岬町，東員町で構成
滋賀	1	0	湖西広域連合（6町村）は高島市を形成
京都		2	相楽東部広域連合（2008年3町村）を形成．京都地方税機構（2009年，全県）
大阪	1	1	くすのき広域連合（3市）は存続
兵庫			
奈良	2	1	桜井宇陀広域連合（7市町村）は桜井市，宇陀市と未合併2村，南和広域連合（14市町村）は解消
和歌山			
鳥取	2	2	鳥取中部ふるさと広域連合（10市町村），南部箕蚊屋広域連合（4村村）は存続
島根	2	2	雲南広域連合（13町村），隠岐広域連合（8県市）は存続
岡山	1		邑久広域連合（3町）は瀬戸内市を形成
広島	1		安芸たかた広域連合（6町）は安芸高田市を形成
山口			
徳島	1	2	徳島中央広域連合（8町村）は阿波市と吉野川市を形成．みよし広域連合（2002年4月）は三好市，東みよし町で構成
香川			
愛媛			
高知	1	2	中芸広域連合（5町村）は未合併のまま存続，こうち人づくり広域連合（2002年全県）
福岡	1	1	福岡県介護保険広域連合（72市町村）は5市26町2村で存続
佐賀	1	1	佐賀中部広域連合（18市町村）は存続
長崎	2	0	西彼杵広域連合（9町）は長崎市，西海市と未合併長与町，時津町に分かれ解消，北松浦南部広域連合（6町）は佐世保市，平戸市，未合併に分かれ解消
熊本	4	4	菊池広域連合（4市町），上益城広域連合（6町村），天草広域連合（14市町）は存続，宇城広域連合（10市町）は宇城市，美里町，熊本市（富合町，城南町）と未合併の宇土市に分かれて存続
大分	4	1	大野広域連合（7市村），東国東広域連合（5町村），竹田直入広域連合（4市町）は合併により解消．臼津広域連合（2市）は存続
宮崎		1	日向東臼杵南部広域連合（5市町）2001年設置
鹿児島	2	1	日置広域連合（7町）はいちき串木野市，日置市，鹿児島市に分かれて合併，屋久島広域連合（2町）は合併，徳之島愛ランド広域連合（3町）は2001年設置
沖縄		1	沖縄県介護保険広域連合（28市町村）2002年設置
合計	66	65	

＊調査時点は2000年7月1日と2011年4月1日である．
＊各都道府県の全市町村を対象として設置された後期高齢者医療広域連合は除く．
資料：総務省による．

「平成の大合併」終了後の2011年4月には広域連合は114に増加したが[24]，このなかには2007年に各都道府県に県単位で設置された後期高齢者医療広域連合が含まれるので，これを除くと，「彩の国さいたま人づくり広域連合」と「福岡県介護保険広域連合」のような広域のものも含めて65となる。解消した広域連合のなかには下呂市，郡上市（岐阜県），伊賀市（三重県），高島市（滋賀県），瀬戸内市（岡山県），安芸高田市（広島県），新・竹田市（大分県），屋久島町（鹿児島県）などのように，構成市町村全域が合併して不要となった場合だけでなく，一志地区広域連合（三重県）や西彼杵広域連合，北松南部広域連合（長崎県）のように，分割して合併したために広域連合を解消したものもある。構成市町村の分割合併後も広域連合は存続するものもあるし[25]，白川村（岐阜県）や姫島村（大分県）のように，広域連合の構成市町村が合併して広域連合が消滅したなかで非合併にとどまったため，広域連合が担当していた業務を新市（高山市，国東市）に委託した場合もある。長野県では10の広域連合がすべて存続するが，市町村合併によって区域が一部変更したところもある。

このような状況で，2000～11年の間に広域連合の数が増加したのは北海道だけである。ただし，北海道で6つの広域連合が新設されたのは2000～03年にかけてであり，市町村合併に対抗する措置として設置されたものとは思えない。Ⅲ章で述べたように，富良野広域連合（2008年設立）は市町村合併よりも広域連合を選んだものといえようが，後志広域連合（2007年設立）は合併の不調を補う手段として設立されたものであった。相楽東部広域連合（2008年設立）も合併の不成立を補う組織として設立されたもので，統合後の中学校経営も担当する。

そのほか市町村合併に伴う新たな動きは，現在までのところ神奈川県や大阪府など大都市圏以外にはみられない。

4.「平成の大合併」の結果

(1)「平成の大合併」の結果と小規模自治体の問題

先にも述べたように，市町村の合併状況は市町村減少率のほかにも市町村合併率，市町村数に占める新市町村率によっても捉えることができる。市町村合併率の順位を地方別平均（北海道，沖縄県を除く）でみると，中国地方8.2位，四国17.8位，北陸18.0位，九州18.9位，甲信越19.0位，東海21.5位，北関東23.7位，東北29.5位，関西30.7位，南関東42.5位の順となる。南関東や関西の市町村合併率が低いのは当然であるが，その他の地方間比較において西南日本で市町村合併率が高いのが注目される。西南日本と東北地方における人口3万人未満の市町村の就業構造的な対照性は高度経済成長期以後においてもみられるが（森川・番匠谷，2012），その特徴は市町村合併にも反映されることが確認された。中国地方で市町村合併率の順位が高いのは，大部分が過疎地域からなる－そのために第3次産業では卸売小売業＋医療・福祉タイプの就業者が多い－小規模自治体が合併によって大幅に減少したためであり，小規模自治体が比較的少なかった東北地方では市町村合併率が低く，「平成の大合併」終了後も小規模自治体比率は比較的低い状況にある。

合併した市町村においては財政力指数の上昇がみられる。2000～10年間における各都道府県の市町村減少率と平均財政力指数の増加率との関係をみると，図XIII-2に示すように$r = 0.740$（$n = 47$）の高い相関があり，合併が進捗した県ほど財政力指数が上昇したことになる（森川，2012d）。ただし，

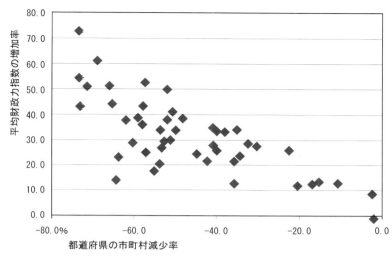

図XIII-2　2000〜10年における各都道府県の市町村減少率と財政力指数の平均増加率との関係
資料：国勢調査（2000年，2010年）および総務省自治財務課：平成23年度財務指数表による．

　市町村減少率は同一であっても合併市町村の支出の削減効果（財政効果）は合併の仕方にも関係する。西川（2009）によると，大規模な都市に小規模な市町村が編入する場合よりも，多くの小規模自治体が合併した方が支出削減の効果が大きく，大規模合併が多くみられた長崎県の支出削減率（財政効果）が最も高いという。

　ともかく，市町村合併はある程度の財政力効果を示したことになる。合併すれば行政効率が高まり基準財政需要額が低下するので財政力指数は上昇し，地方交付税の総額は合併以前より減少するが，合併直後は合併算定替によって新市町の財政はある程度潤っていた。しかし，合併算定替の措置はやがて終了し，合併特例債の償還も生ずると新市町の財政は厳しくなる[26]。最近，段階補正の削減措置がやや緩和されているが，合併によって人口増加した市町村にはその恩恵も少ない。また，過疎地域の措置については，市町村合併による変更はない[27]。過疎市町村は合併によって新市町村のなかに「過疎のある地区」として存続しており，場合によっては新市町が「みなし過疎」に認定されることになった。このような状況下において，市町村合併によって市町村の財政状況が一挙に改善されたとは考えにくい。

　今後とくに問題になるのは，非合併のまま―「平成の大合併」によってできたものも少数含まれるが―取り残された小規模自治体である。「平成の大合併」は地方分権の推進の受け皿として基礎自治体の行財政基盤の強化を目的として進められたので，小規模自治体の消滅は最重要目標であった。兵庫県のように，2000年には36（37.5％）あった小規模自治体が合併によってゼロとなったところもある。しかし，小規模自治体の多くが合併によって規模を拡大したなかにあって，全国には481（27.9％，2010年国勢調査）の小規模自治体がなお残存する。歌志内市を含めた481市町村の人口は245.9万人で，全国人口のわずか1.9％であり，財政的に手厚い支援をしたとしてもそれほど大きな負担にはならないであろう。この点については次章3・4節でも考察する。

　「平成の大合併」の結果他の市町村人口が増大したなかにあって小規模自治体が存続することは，市町村間の人口規模の差を拡大したことになる。いまや市町村は政令指定都市や中核市，特例市，一

般市，町村のように格付けされ，権限移譲による機能的差異が容認されているが，町村のなかでは人口1万人以上と1万人未満の小規模に区別して考えるべきだろう[28]。

　地方分権が進むにつれて各市町村には自らの判断と責任において，高度化・専門化する事務を適切かつ効率的に処理していくことが要求されるので，小規模自治体はますます不利な立場に立たされ，市町村間には機能的格差が拡大する。大規模化した市町村では独自財源が増えるので，市町村格差－さらには地域格差－はますます拡大の方向に向かうことになる。小規模自治体の多くは財政的にきわめて劣悪な状況にあるので，その行政運営は地方交付税への依存度を強めることになる。しかも，わが国の人口減少や高齢化，国債残高の増加のもとで国の財政は逼迫の方向にあり，今後さらに窮乏すれば，地方交付税や国庫支出金が将来減額される可能性もある。

　小規模自治体のなかには離島や山間部にあって「合併への制約の大きい地域」に該当するものも多いが，合併の意思をもちながらも合併協議が不調に終わったものもある。なかには富山市近郊にある舟橋村（2,153人，0.30）のように，比較的豊かで，どことも合併の意思を示さなかった村もある。このように，小規模自治体が非合併にとどまる理由はさまざまである。檜枝岐村（福島県）や野迫川村（奈良県），西粟倉村（岡山県）などでは今のところそれほど問題を感じないといわれるが，行財政がきわめて厳しい状況にあり，職員は多くの任務を掛け持ちしながら行政サービスの低下をいかに防ぐかが今後大きな課題になるであろう（新井，2001；山崎，2004・05；小西，2008）。この問題については次章で取り上げることにする。

(2)「平成の大合併」におけるプラスとマイナスの効果

　第29次地方制度調査会の答申（2009年6月）によれば，「市町村合併の本来の効果が発言するためには，市町村建設計画等で一般的に決められている10年程度の期間が必要」とされているが，すでにいくつかの調査報告があり，研究者の評価も発表されている。

　町田（2006：vi，53）は，三位一体改革は財務省の財政再建路線と「競争的」分権主義が一体となって進めている政府間財政関係の再編であり，その帰結は地方財政のスリム化の強制と地域格差の拡大，東京一極集中の強化であると述べ，地方交付税の削減を主要な手段とした「半強制的」市町村合併は分権の受け皿づくりに逆行したものであったと批判する。また小西（2005）や岡田・京都自治体問題研究所編（2003：104）は国がつくった財政難のために地方圏だけが犠牲になったと考える。X章7節でも述べたように，それは非合併にとどまった串間市の議会議事録でも指摘されているところである。

　町田（2006：49-51）は前章4節で指摘したように，人口1人当たりの行政コストの低下が規模の経済を発揮するのは，中心都市の人口密度があまり変化しないという条件においてであり，「平成の大合併」のように市町村の面積が大きく拡大した場合には，市町村合併が効果を発揮するケースは少ないとみる。人口密度の大幅な低下を伴って中心都市の市域が拡大した場合には，人口規模の拡大から想定される行政効率の向上は期待できず，行政効率は却って低下するので，行政水準を維持するためには合併町村の多くの集落が切り捨てられ，神原（2003）が北海道について指摘したように，過疎化を加速する危険性が高い。

　「平成の大合併」においては中心都市の市域拡大だけでなく，中心都市を欠く町村合併も多くみら

れた（表Ⅻ-2参照）。その1つは小さな通勤圏に含まれる町村を統合した町村合併であり，もう1つは大規模な通勤圏内に含まれる市町村を統合した衛星都市の形成である。これらの合併では市町の人口規模も小さいし，行政効率の向上も期待できないであろう。財政基盤が弱い自治体同士が合併しても，基盤強化にはならないとも考えられる（大森，2008）。辻山（2008）のように，市町村は「分権型社会の創造」について議論するいとまもなく，自治省事務次官の県知事への通知（1999年8月）によって浮き足立ってしまい，合併を急いだ結果，「平成の大合併」を「前よりもよくなった」と評価するものは皆無であるとみる人もある。

　森（2009）は，2004年度の地方交付税2.9兆円削減が効いたため市町村合併が急増したが，地域社会の将来を見据えて慎重に合併を選んだケースだけでなく，合併特例債を目当てに合併を選択したものや財政危機から逃れようとして安易に合併を選んだ市町村など，さまざまなケースがあったという。しかも，合併によっても市町の財政状況は改善されず，むしろ合併特例債に依存するかたちで集中的に公共事業を行った場合（例：篠山市）には，「自立」を選択した場合よりも財政悪化を招く合併市町が多いだろうと述べている。

　同様に，広域合併によって，①各自治体が有していた個性差が縮小され，各自治体の独自政策も合併協議を経て標準化されてしまう。②大きい自治体では縦割り行政がより強化され，地域単位で産業施策と生活関連施策とを有効に結合することが難しくなる。③議員数の減少により各地域の個性を反映した政策要求が議会で受け入れられなくなる上，人口が増え面積も広がるため，直接請求やリコールなどの成立が困難なものとなり，地域住民主権が後退するともいわれる（岡田・京都自治体問題研究所編，2003：252）。

　合併により各市町村が有していた個性差が縮小されると，周辺部の農水・商工などの地域産業政策がこれまでの水準を維持できなくなる危険性がある。岡橋（2004）は山村からみた市町村合併の問題点として，合併後の自律性の喪失や政治的権限の縮小，地域の独自性の喪失などいわゆる周辺化の問題とともに，合併した地方都市が合併後の山村を支える力をもちうるか，市の政策の中に山村問題を十分に位置づけて対応できるかどうかについて懸念する。同様に，「過疎地区」として合併市町のなかに位置づけられた過疎地域が，独自の首長と町村議会を欠く中にあって，以前と同様に政策的に対応できるかどうか疑問であるとも述べている[29]。

　京丹後市（京都府）の誕生前にその合併結果について予測した武田（2003）は，①各町村はそれぞれに地域経済・社会的な特性をもち，またそれぞれに地域政策上の課題をもち対処してきたので，合併によってこうした多様性が捨象されるならば，新たな自治体の中に生ずる中心と周辺との対立を深めることになるだろう。②「市」になるとともに求められる行財政上の機能変化が，はたして丹後地域の社会経済上の特性に適合するだろうか。この地域で重視してきた農水・商工などの地域産業政策がこれまでの水準を維持できるかどうかは疑問である。③合併は自治体が抱える財政問題の万能薬ではなく，短期的には国の財政措置によって財政が好転するかにみえるが，特例期間が過ぎれば「合併バブル」の崩壊とともに厳しい財政運営を強いられるはずだと述べている。

　今井（2009）も「合併してよかった」という声はほとんど聞こえず，むしろ，「住民と行政との距離が遠くなり，周辺部が寂れ，地域間格差が拡大したというのがこれまでの合併の実情ではないか。総務省の研究会がまとめた報告書（総務省，2008）は，こうした合併に対する怨嗟の声に耳をふさぎ，

表XIII-4　全国町村会と総務省による市町村合併の効果

プラスの効果	マイナスの効果または問題点
全国町村会（2008年） ①財政支出の削減 ②重複投資の解消 ③合併特例債等を活用した基盤整備 ④職員の意識の変化・専門性の向上 ⑤住民サービスの高度化・多様化 ⑥広域行政 ⑦住民の一体感の醸成 ⑧地域のイメージアップ	①厳しい財政状況（財政計画との乖離，財政規律の低下） ②行政と住民との距離感の拡大 ③住民サービスの低下 ④行政サービスの画一化，旧自治体の独自施策の廃止・縮小 ⑤住民自治機能の低下（行政と住民との信頼関係の薄れ，住民自治活動の衰退など） ⑥周辺部の衰退・地域格差の発生 ⑦地域の個性（歴史，文化，伝統）の喪失 ⑧旧自治体間の住民負担の格差
総務省（2010年） ①専門職員の配置など住民サービス提供体制の充実強化 ②少子高齢化への対応 ③広域的なまちづくり ④適正な職員の配置や公共施設の統廃合などの行財政の効率化	①周辺部の旧市町村の活力喪失 ②住民の声が届きにくくなっている ③住民サービスの低下 ④旧市町村地域の伝統・文化，歴史的な地名などの喪失

出典：全国町村会（2008：20-30），総務省（2010：2）による．

合併のメリットだけを強調している」と鋭く批判する．

　以上のように，これまでみた報告では合併の効果を否定するものばかりである．そうしたなかで総務省（2010）と全国町村会（2008）があげた評価を示すと，表XIII-4のようになる．両者のなかでは全国町村会の方が多くの項目を掲げており，プラス効果では②重複投資の解消や⑦住民の一体感の醸成をあげ，マイナス効果では，⑤住民自治機能の低下，⑧旧自治体間の住民負担の格差をあげているのが注目される．問題になるのは総務省のプラスの効果④である．適正な職員の配置といっても広大な市域の本庁舎や支所に転勤して通勤が困難になったり，旧市町村の給与ベースがそのまま使用され，職員の給与差別が起こる場合もある[30]．公共施設の統廃合は経営の合理化を意図したものであって，住民の利用価値を高めたものとはいえず，プラスの効果とはいえない．そのなかにあって，コミュニティバスが合併市町内を運行するようになった場合にはプラス効果といえよう．

　また，リゾート開発に代表されるような複数市町村に跨がる大型開発も許認可に係わる諸手続きの煩雑さや，住民の反対運動に伴う計画中止・変更のリスクを回避するためには広域の市町村合併が有利である．大規模な単一自治体に合併すると開発コストも削減でき，事業活動が合理的になしうると考えられるので，企業サイドの合併構想では広域合併が好まれる（岡田・京都自治体問題研究所編，2003：27）．神谷（2012）が紹介する韓国における自治体の大規模化は，企業サイドに適したものと推測される．

　総務省が課題の①としてあげたのは，新市町の「周辺部」が寂れることである．「周辺部」の住民にとって利便性の低下や地域の活力喪失は大きな問題である．豊田市のように，編入合併町村に対する予算支出割合が多い（森川，2013b）のは例外であって，中心部重視の予算執行が多い．三好市（徳島県）においては中心偏重の事業計画が実施され，地方債発行額割合においても池田町の比率が大きく増大したといわれる（中瀧，2009）．合併による役場の喪失が地域衰退を招き，人材育成にも影響するし，人口減少を加速させることになる（葉山，2009）．

　支所では戸籍や住民票の異動などの窓口業務は維持されているが，農林部門や土木部門，下水道部門の機能は縮小されているので，本庁舎を訪ねなければならない．道路の補修など行政に対する要望

表XIII-5 兵庫県の合併5市町における旧市町別の商業集積地区の変化

	2004年		2007年		増減率（％）	
	A	B	A	B	A	B
宍粟市	232	20,564	209	18,622	-9.9	-9.4
旧山崎町○	165	17,962	153	16,205	-7.3	-9.8
旧一宮町	28	1,489	22	1,405	-21.4	-5.6
旧千種町	39	1,113	34	1,012	-12.8	-9.1
佐用町	93	3,561	79	3,105	-15.1	-12.8
旧佐用町○	73	3,003	63	2,663	-13.7	-11.3
旧南光町	20	558	16	442	-20.0	-20.8
朝来市	124	9,876	105	9,319	-15.3	-5.6
旧和田山町○	63	7,216	59	6,889	-6.3	-4.5
旧山東町	30	1,332	22	1,174	-26.7	-11.9
旧朝来町	31	1,328	24	1,256	-22.6	-5.4
香美町	105	2,749	102	2,783	-2.9	1.2
旧香住町○	63	2,007	63	2,140	0.0	6.6
旧村岡町	42	742	39	643	-7.1	-13.5
新温泉町	111	4,145	98	3,146	-11.7	-24.1
旧浜坂町○	77	3,028	65	2,257	-15.6	-25.5
旧温泉町	34	1,117	33	889	-2.9	-20.4

A：事業所数，B：年間商品販売額（100万円）
＊商業統計で新市町域の商業集積地区が一つの旧町域に限られる市町，新市役所の本庁舎が従前の旧町役場から離れた地域に立地している市は省く．ただし，朝来市と作用町は分庁方式を採用する．
○印は市町合併後の市役所・町役場が所在する旧市町域を示す．
出典：兵庫県市町合併の効果・課題に関する研究会（2010）：「兵庫県における平成の市町合併の効果と課題について」p.40による．

や複雑な事案の相談は支所の権限でない場合が多く，支所では即決できず，時間を要することにも住民の不満がある．しかも，時間の経過とともに支所の職員数も減少傾向にある．その場合にとくに重要なことは，支所によってサービス水準の維持することはできるとしても，それは住民を「サービスの受け手」としていたもので，地域の福祉，医療，教育，交通などのサービスや施設のあり方を決める主権者として意思決定に参加する住民を，まったく想定していないことである（保母，2002：20）．

旧町村単位のイベントに対する支援態勢が縮小して地元負担が増加した場合も多い．従来役場が担っていた老人会や婦人会などの事務局機能が喪失したし，旧役場であった支所周辺の商店の売上げは減少し，「周辺部」では賑わいが失われて淋しく感ずるとの意見が多い．表XIII-5に示すように，年間商品販売額の減少率は5市町ともに「周辺部」の方が高い．

全国町村会（2008）によれば，市町村規模と行政能力とが比例すると考えるのは誤解であり[31]，広域連合などの広域行政を否定するのも誤りであり，国と県は，地域共同社会の取り組みの重要性を無視して強引な合併を誘導してきたとみる．同様な指摘は神原（2003）や加茂（2009）にもみられる．加茂は，「平成の大合併」の改革推進の手法は国の強引な推進策であり，異論を抑え込み，財政的手段で市町村を合併に追い込む方法をとり，全国町村会などが提示した連合方式の対案は問答無用として退けたと述べている．

さらに兵庫県の研究会[32]では，アンケート調査に基づいて「平成の大合併」の一般的な効果と課題を表XIII-6のようにまとめている．効果の①は，－やや疑問に思われるが－将来の財政に関する心配が減少したことである．そうしたなかでは，財政力の乏しかった旧町域では規模拡大によって大規模事業が可能となり，何年もかかっていた学校の建替工事などが短期間で終了したところもある．合

表XIII-6　兵庫県において一般的に指摘されている市町村合併の効果や課題

効果	①行財政の基盤強化・効率化を図ることができる
	②行政の専門性が向上する
	③住民サービスの維持・向上を図ることができる
	④地域コミュニティの振興など，住民参加による自主的なまちづくりの推進を図ることができる
	⑤広域的な視点に立った地域のイメージアップや活性化が可能となる
課題	①周辺部では，市町合併後の市役所などが遠く不便になり，寂れてしまう
	②旧市町間の行政サービスの格差が調整されることにより，負担増になることがある
	③地域の文化や伝統が失われたり，連帯感が薄れたりする
	④きめ細かなサービスの提供ができにくくなるという懸念がある

出典：表XIII-5の出典 p.4による．

併後，標準財政規模や財政力指数が向上し，兵庫県では財政力 0.40 未満の市町は 34（2000 年度）から 7 市町（2010 年度）に減少したという．図XIII-2 に示すように，合併による財政力の上昇は一般的現象であるが，やがて期間が終了すれば新新町財政の苦しい時代が来るであろう．

　効果の①～③は，行政サービスの専門化・高度化により高度な行政サービスが受けられるようになり，行政サービスが向上したことである[33]．大規模な市と合併した場合には合併前にはなかったサービスを受けられるようになったところもある．たしかに，以前よりも広域の計画がスムーズに作成・実施される点は行政や企業からみると改善されたといえよう．④については，市町広報が広い範囲で行われ，地域イベントなどの集客効果が向上した場合もある反面，スポーツ大会や夏祭りのイベントの統合が進められ，旧町村単位のきめ細かい施策を残して欲しいとの声もあり，合併はプラス面だけではない．⑤地域のイメージアップという点では，地域資源の有効活用によって，戦略商品の創出や広域的な観光行政が可能になった場合もある．

　合併協議においては新市町建設計画が策定され，合併後はその計画に基づいて事業が行われるが，新市町建設計画には定量的な記載が乏しい例が多かった．なかには，「もっと大きな事業や夢が実現するよう期待していた」という失望の声もある[34]．「昭和の大合併」における新市町建設計画では将来人口についてどこでも過大評価しており，新市町建設計画は実現不可能であったが，今回の合併でも過大評価したところもあったようである．

　しかし，住民の声の中には[35]，①小学校区単位で自主的なまちづくりに取り組むことによって地域住民らが地域を盛り上げ，地域を維持していく姿勢が芽生えてきた．②現時点では試行錯誤の段階ではあるが，地域審議会と自治会で役割分担や人的連携を図っている．③地域審議会が単なる不満表明や市町長の諮問への答申にとどまり，自治体との連携が不十分だなど，さまざまな声がある．④住民負担の変化は上下水道料金，保育料，ゴミの収集などに多くみられたが，合併前から郡単位での交流のあった地域や合併協議に時間をかけて十分な調整を行った地域では，不満は比較的少ないといわれる．その一方で，合併前に十分な協議を行えなかった市町では，行政サービスの料金統一ができてない場合が多い．料金統一はできても住民負担の低い方に設定したため財政が厳しくなり，2・3 年後に値上げせざるを得なくなった場合もある[36]．

　自治省の「市町村の合併の推進についての指針」（1999 年）にも示すように，特別職の人件費の減少も合併効果と考えられている．兵庫県では，合併市町の三役（市町長，助役・副市町長，収入役）は 1998 年の 202 人から 2008 年の 46 人へと 77.2％減少し，条例定数上の議員数も 60.6％減少した．

さらに，兵庫県の合併市町の市町総職員数も 17,344 人から 10,666 人へと 17.4％減少した。合併市町では，一部事務組合の解散により職員を市町職員として採用したため若干の増加がみられる。人件費の減少のうち一般職員の減少は効率化によるものと考えられるが，三役人件費－議員給与が高すぎる点はあるとしても，議員をも含めて－の減少を合併効果とみるのは不適切というほかはない。もしそれが合併効果だとすれば，これまで旧町村の首長や議員は何をしていたのかということになる。

合併前の市町村行政のなかで「地域の自立した発展と活性化」を主体的に計画し実践してきたのは上記の三役職員や議員であった。合併により町村を支える事業主体の消滅は地域民主主義の衰退とともに地域の活力低下となり，大きな損失の 1 つと考えられる[37]。地域の将来に関する意思決定が自力でできなくなったことは地域にとって重大な問題といえるであろう。合併後は市町行政への関心が低下し，選挙の投票率が低下する傾向も認められる（堀内, 2009）。市町村合併は行政体制の整備だけでなく，同時に市町村の政治体制を弱体化させ，合併後の権力闘争や政治構造によって「周辺化」が進む。合併市町村では合併によって身近な議員がいなくなり，周辺部の無力感が投票率を低下させることになる。

地域民主主義の実現には適切な地域単位があり，町村規模の問題が重要である。町村の規模が大きくなるほどコミュニティの認識が希薄となり，自治への参加の程度は逓減することになる[38]。青木（2010）によれば，基礎自治体は首長の声が聞こえる 1 万人程度が適当だが，現実的には人口減少や過疎，高齢化，それに地域医療の衰退が追い打ちを掛けて財政面で立ちゆかなくなる。わが国では民主主義よりも行政効率を重視する政策がとられてきたが，自治体の規模と民主主義の維持とのバランスをとることが重要であろう（土岐ほか, 2009：9）。

5.「平成の大合併」の影響

（1）市町村人口に対する影響

市町村合併の影響はさまざまな分野に及ぶが，最終的には市町村人口にも反映されるはずである。北海道では合併によって旧役場集落が寂れ，過疎化を加速すると考えられている（神原, 2003）。表XIII-7 は，新市町村（2010 年）をその合併市町村の中心となる主要市町村，周辺市町村[39]および非合併市町村に区分して人口増減率（2005 ～ 10 年）を人口規模別にみたものである。なお，主要（中心）市町村と複数の周辺市町村の人口増減率（平均）の比較は合併した同一市町村内でみる必要があると考え，同一市町村の主要市町村の人口増減率が最大の場合（B）とそれ以外の市町村が最大になる場合（C）についても考察した。

表によると，人口増減率は市町村の人口規模によって異なり，大都市ほど人口増減率が高い。わが国の人口増減率は，高度経済成長期には大都市郊外におけるベッドタウンの成長によって人口が急増した都市のために，人口 100 万人以上の大都市よりも小規模な都市の人口増減率がとくに高い時期があったが（森川, 1990c：47, 1998：55），日本経済が停滞した 1990 年以後において大都市ほど高い状況へと変化してきた[40]。それは大都市郊外の人口増加が終息したため，以前から続いてきた地方の中小都市の衰退が顕在化したためである。

ところで，合併市町村と非合併市町村とを比べた場合には，いずれの人口規模においても非合併市

表XIII-7　人口規模別にみた市町村の人口増加率（2005～10年）

市町村規模	合計		合併市町村		主要市町村		周辺市町村						非合併市町村	
		A		A		A		A	B		C			A
50万人以上	29	2.0	14	0.9	10	1.3			10	(71.4)	4	(28.6)	15	3.0
30～50万人	43	0.9	21	0.7	22	0.7			12	(57.1)	9	(42.9)	22	1.1
10～30万人	196	0.0	101	-1.4	64	-0.6	1	3.1	60	(59.4)	41	(48.6)	95	1.5
5～10万人	271	-0.8	138	-2.7	82	-0.9	6	4.5	93	(67.4)	45	(32.6)	133	1.2
3～5万人	244	-2.2	122	-4.1	99	-2.1	26	1.2	76	(62.3)	46	(37.7)	122	-0.3
1～3万人	462	-4.3	152	-6.2	204	-3.9	372	-2.4	105	(69.1)	47	(30.9)	310	-3.3
0.5～1万人	244	-6.0	36	-9.0	81	-6.3	490	-6.0	23	(63.9)	13	(36.1)	208	-5.5
0.5万人未満	238	-8.5	3	-12.7	25	-8.9	608	-10.0*	2	(66.7)	1	(33.3)	235	-8.5
合計	1,727	-3.5	587	-3.9	587	-3.1	1,503	-6.5	381	(64.9)	206	(35.1)	1,140	-3.4

A：人口増加率（2005～10年），B：新しい同一市町村内で人口最大市町村の人口増加率が最大となる場合，
C：同じく人口最大市町村の人口増加率が最大とならない場合．（　）はBとCの構成比率．
＊印：10人から1,181人に増加した山古志村（新潟県）と2,978人から4,888人に急増した旭町（島根県）を除いて計算した．
資料：国勢調査（2010年）による．

町村の方が人口増減率が高いのが注目される．これまでみてきたように，非合併市町村は－「合併への制約の大きい小規模自治体」を除くと－合併市町村に比べて財政力指数が高く，比較的豊かな市町村であるが，合併市町村の経済状況が合併後とくに悪化したとは考えにくい．1万人未満の小規模自治体においても，原子力発電所などの立地した豊かな町村[41]があり，合併市町ほどには人口減少はみられない．

合併市町村の中心となす主要市町村と周辺市町村との関係では，同一規模の市町村を比べると周辺市町村の方が人口増減率が低いが，通常，主要市町村の人口規模は大きく，上位のクラスに属する場合が多いので，厳密な比較はできない．同一市町村における主要市町村と周辺市町村をみると，主要市町村の合計の人口増減率は-3.1％で，周辺市町村の-6.5％よりも高く，周辺市町村よりも主要市町村が発展する傾向が認められる．また，同一市町村内で主要市町村の人口増加率が最高の場合（B）と周辺周辺市町村のなかに最高が現れる場合（C）とを比較すると，381（64.9％）は前者であり，主要市町村の方が人口増加率が高い傾向にある．ただし，いずれの人口規模においても，主要市町村の方が常に人口増加の傾向にあるとはいえない．大都市では今日でも合併した郊外市町村の人口が急増する場合もあるので，都市規模が大きいほど主要市町村の人口増減率が高いというわけではない．

このようにして，市町村合併によって周辺部に置かれた市町村の不利な状況が，人口増減率に直接反映しているかどうかは厳密には明らかとはいえない．たとえ周辺部の市町村の人口増減率が低いとしても，それらは本来経済的に厳しい市町村であり，しかも合併後の時間も短く，人口増減率が低いことが合併の影響かどうかは明らかではないからである．しかし，今後合併市町村における「周辺化」が顕在化するにつれて，その地域からの人口流出が増加し，新市町内の域内格差が増大する傾向が加わることは否定できないであろう．このことについては次章1節で触れることにする．

（2）「平成の大合併」のもたらすさまざまな分野への影響

市町村合併により市町村の政治体制が大きく変化するのはいうまでもない．旧市町村の三役が退き，議員数の減少も大きな変化である．合併後当分は旧市町村の議員数を受け継いでいたところでもやがて新たな枠組みによる選挙が実施され，議員数は大幅に減少した．新議員は新しい市町の発展を図る

ために選出された議員であるとはいえ，旧市町村からの要望は議員を通して議論の場に取り上げられるであろう。大規模合併によって形成された市町では旧市町村から1名の議員も選出されない場合が起こる可能性もあるが，管見のかぎりそのような例は見当たらない。しかし，大規模合併の場合には周辺部選出の議員は議会に出席するのも容易ではない。

市町村合併による県防災通信ネットワークの変化も重要である。静岡県では合併前には県と各市町村がそれぞれ通信ネットワークで結ばれていたが，合併後浜松市のような政令指定都市では県－区－旧市町村のように，県と旧市町村との間に区が加わり，緊急連絡の際に時間がかかり，とくに下から上に向かっての連絡に支障があるといわれる。7市町が合併した石巻市では，牡鹿半島の大震災情報の本庁への伝達が遅れた（西原・土村，2013）。庁舎間の情報連絡においては本庁支所方式よりも分庁方式の方がより複雑であり，そのために伊豆市では台風時に混乱したといわれる（西原，2007）。

合併を契機として政策決定や実施に関する市町村のスタンスは変化した。それに連動して，行政と住民の協働あるいはパートナー型のまちづくりが多くの新市町村で発生してきたのも変化の1つといえる（杉本，2010）。地域自治区（特例制度）や合併特例区などの地域自治組織の設置も行政と住民の協働という点ではこれに合まれる。ただし，新市町にとっては一体性を高めることが重要であるので，地域審議会や地域自治組織は不用であるとするところが多いし，設置された場合でも期間が限定され，それを過ぎれば解消されるところが多く，その本来の機能を十分に発揮しているところは少ない[42]。

例外的な事例に属する上越市では永続的な地域自治区が全国で初めて採用され，区長は選挙で選ばれたものの中から市長が選任する準公選制が導入された（宮入，2005b；沼田，2008）。また，鳥取市に編入した鹿野町のように，従来町が主導して進めてきたまちづくり事業が非営利組織に移行して運営される場合（佐藤，2012）や，郡上市に合併した明宝村（岐阜県）のように，旧市町村のアイデンティティを維持するために有限責任法人を設立した例もある（矢作，2009）。しかし，大多数の新市町村のなかでは旧市町村単位の組織は消滅し，その地域アイデンティティは薄れていく方向にある。

このように，市町村自体に政治体制の変化が生じるのはいうまでもないが，市町村合併は種々の分野に影響を与える。市町村合併により道府県が支援する町村数が減少したため，県の業務は減少する[43]。神奈川県では人口の大部分が政令指定都市・中核市・特例市で占められているし，富山県のように，今回の合併によって市町村数が15にまで減少したところもある。山梨県では従来の地域振興局制度を廃止して各部局が業務に応じて柔軟に対応する個別出先制度に再編されたが（久井，2013），こうした変化は山梨県に限ったことではないであろう。

市町村合併は一部事務組合や広域連合に直接影響を及ぼすが，その対応や調整はそれほど問題にはならない。消防は2006年の消防組織法改正により広域化推進計画を独自に実施しており，統合された総務部門の圏域は二次医療圏に近づきつつある[44]。ただし，ゴミ処理や火葬場などの一部事務組合ではその施設が老朽化するまで使用されるので，合併と同時には一部事務組合の再編ができない場合が多い。また，これらの施設は大型化していて多くの利用人口を必要とするので，将来においても新市や新町単位に再編されるとは限らない。

上述したように，広域連合は構成市町村の合併によって消滅した場合が多いが，姫島村（大分県）や白川村（岐阜県）のように非合併にとどまる村では，広域連合が消滅したため国東市や高山

市に一部の業務を委託する例もある。長野県のすべての広域連合は合併後も存続するが，上述のように，合併市町村と非合併市町村に対する役割が変化し，依存度や負担額にも変化が現れている（堀内，2012）。「平成の大合併」後に広域機能を補足するために設置された広域連合は北海道の2つだけであるが，2008年に導入された定住自立圏とは役割を異にする[45]。したがって，富良野市地区（北海道）では広域連合と同一の市町村でもって定住自立圏を設置している。

市町村合併において影響を受けるのは一部事務組合や広域連合だけではない。公共交通や介護保険，市町村立病院，小中学校などの組織や公立施設はもちろんのこと，産業面や文化面，情報面でも大きな影響を受けることになる。しかも，今後時を経るにつれて大きな影響が現れるものもあるだろう。ここでは以下のいくつかの問題について研究成果を紹介することにする。

①バス路線の変更　市町村合併に伴って生活空間や行政機能が広域化するので，移動ニーズの広域化が起こり，適切な広域的交通手段を提供することが必要となるし，バス路線の新設は新市町の一体感形成の手段ともなる。

雲南市（島根県）では，住民の交通手段を確保するためのバス交通システムに関する計画策定が合併1カ月前の2004年10月に行われ，これまで運行していなかった6地域の中心地（役場集落）を結ぶ広域路線バスの運行が開始された（熱田，2008）。一方，旧町村内のみを運行する地域バス（コミュニティバス）の大部分は，民間バス路線の廃止を契機として1999年以降すでに運行を開始しており，掛合町では2002年からデマンド型乗合タクシーを運行してきた[46]。これらのコミュニティバスやデマンド型乗合タクシーの運行には多額の財政負担を要するので，毎年度運行の改正を行っている。

2004年に5市町で合併した高梁市（岡山市）では，生活福祉バスは合併以前からの運行形態では域内市町間で格差があったため，2010年に地域公共交通総合連携計画を策定して路線バスとそれを補完する生活福祉バスのあり方を見直し，サービス水準を統一した。一定の人口集積がみられる地域では定時定路線型の公共交通サービスを行い，人口密度の低い地域ではデマンド型乗合タクシーが運行することとなった（橋本，2010）。

高梁市の北側に位置する新見市でも，類似した変化がみられる。合併前の新見市では民間事業者によるバスが運行していたが，その他4町では民営路線の廃止後定額制や距離制の運賃体系，高齢者などへの割引制度，運行回数や運航日など，それぞれ異なる町営バス（コミュニティバス）が運行しており，サービス・レベルには地域格差があった。2005年3月の合併以前の2004年1月に－合併を目指して－新見市バス問題検討委員会を設置して利用実態調査を行い，利用者の少ない路線を廃止し，統一した運賃体系の導入と中心部へのアクセス向上などが実施された（松中，2008）。コミュニティバスへの接続が良好な大佐町以外の地域では，福祉用のデマンド型乗合バスが週1回運行する[47]。

類似した例は群馬県でも報告されている（大島，2008）。2004年1月に高崎市に編入した新町，群馬町，倉渕町，箕郷町へは同年12月より1日2回運賃無料の交流バス（コミュニティバス）が運行するようになり，途中ほとんど無停車で合併町村民には高崎市中心部と連絡していたが，2006年には経路などを微修正して旧市内交流バスに編入し，現在では地域内交流の市営バスが運行する。遅れて合併した榛名町でも，現在は市営バスは地域内を運行し，高崎・榛名間は民営バスが運行している[48]。

2004年12月に前橋市と合併した3町村では，従来廃止代替バス（乗合タクシー）が運行していたが，利用者が減少し，2006年から200のバス停を設置したデマンドバス（従来の乗合タクシー車両）

が試験導入され，翌年から1利用200円で本格運行している。

これらは，市町村合併に伴うバス路線の変化である。こうした変化は合併市町村に関係した日常生活圏の整備であり，多くの地域でみられる市町村合併の成果の1つといえよう。ただし，コミュニティバスの運行は必ずしも市町村合併によるものではない。非合併にとどまる館林市の場合には，1986年以後廃止代替バスも運行せず，全国唯一「バスなし市」といわれたが，運行事業者と協定してコミュニティバスが運行するようになった。現在では館林市を中心に周辺4町へ延びて8路線のコミュニティバスは200円均一である[49]。

②**介護保険**　介護保険は2000年に導入された新たな福祉サービスであるが，サービス施設や事業所は制度導入以前から各市町村がそれぞれ独自の判断や計画に基づいて設置してきたものである。とりわけ，民間事業所の新規立地の少ない農山村地域では社会福祉協議会の施設立地に依存する傾向があり，サービス施設の充実度は町村によって大きく異なっていた。介護保険の運営は市町村に求められたが，単独運営が困難な市町村も多く，国の推奨によって一部事務組合や広域連合などの広域保険者が全国に多く組織された（杉浦，2007）[50]。もちろん，遠方にある都市のサービス施設を利用することもできたが，距離的な不利が問題であった。

しかし間もなくして「平成の大合併」が始まったので，介護保険の運営は市町村合併によって大きく変化した。介護保険はサービス給付と保険料負担が関係住民に直接係わるだけに，先にみた錦江町と南大隅町（鹿児島県）の分離合併のように，合併にとっては重要問題である。市町村合併は介護保険の運営を広域化することになるが，市町村の広域化は必ずしも運営の効率化にはならなかった（坂本，2006）。合併により保険料が新市町内で統一され，給付が低いレベルにとどまっていた市町村では，サービス利用機会が改善されないまま負担料だけが高くなり，負担と給付の不均衡が新市町内に発生し，低福祉高負担の状態を固定化させる可能性があるからである。

ここでは，介護保険事業状況報告を用いて全国的動向を統計的に分析した杉浦（2009）の研究を紹介する。それぞれの新市町のなかでの各（旧）市町村の給付費や認定率，施設の特化係数（給付費指数，認定率指数，施設系指数と呼ぶ）[51]を求めると，認定率指数が高い市町村では給付費指数も平均して高く，合併後の保険料負担は相対的に低下するのに対して，認定率指数が低い市町村では新市町になって負担水準が上昇する。しかし合併以前には認定申請が少なく，認定率が相対的に低かった町村においては，合併後も認定率指数は急速には上昇しない。給付費指数が標準（特化係数1.0）から著しく乖離した市町村を含む新市町（E階層）には小規模自治体が多く，人口密度の低い農山村や島嶼部にあって，人口・面積が大きい新市町を形成する場合が多い。一方，合併地域内の中心的な市町は周辺町村よりも高齢者人口が多いだけでなく，高齢者の所得水準の面でも相対的に優位にある。

さらに，2006年には地元施設を利用する地域密着型サービスも導入されたが，農山村地域では事業者参入が少ないため，その一部しか供給されない場合が多い。したがって，給付費指数の著しく低かった市町村では，合併により保険料の統一後もサービス利用機会が改善されないまま，負担と給付の不均衡が新市町内で発生し，低福祉高負担の状態が次第に固定化すれば地域的公正が破壊されることになると結論づけている。

広島県では市町村合併との関係を明かにすることはできないが，合併後の23市町については第1号被保険者（高齢者）率と認定率[52]との間の相関は$r = 0.645$（$n = 23$）となる。認定率の県平均は

表XIII-8 広島県における介護保険指標間の相関（2012年4月利用分）

		A	B	C	D	E
A	認定者率	—	0.480	-0.145	0.067	-0.342
B	保険料基準額（円）		—	-0.145	0.196	-0.068
C	地域密着型サービス利用率			—	-0.535	0.321
D	施設サービス利用率				—	-0.702
E	居宅サービス利用率					—

＊要介護1から要介護5までの総数による．利用率はすべて認定者数に対する比率．
資料：広島県介護保険課（2012）：介護保険制度の実施状況による．

20.0％で，最高の三次市（26.0％）から最低の海田町（13.4％）の間にはかなりの差異がある．さらに，各市町の保険料基準額，地域密着型サービス利用率，施設サービス利用率，居宅サービス利用率の間の相関係数を求めると，表XIII-8に示すように，施設サービス利用率と居宅サービス利用率との間には当然のことながら負の高い相関（$r=-0.702$, $n=23$）がある．居宅サービスの利用率は広島市は70.1％と異常に高く，県平均の65.1％を超えるのは尾道市（65.7％）[53]と福山市（65.2％）だけである．施設サービス利用率の県平均は15.3％であり，杉浦（2009）が指摘するように，農村部で高い傾向がある．居宅サービスと類似して，地域密着型サービスの利用率が低い農村部では施設サービス利用率が高くなり，負の傾向（$r=-0.535$, $n=23$）が認められる．居宅サービスや地域密着型サービスを利用しにくい農村部では，いきおい施設サービスに頼ることが多くなるのである．

この資料では新市町内に発生する低福祉高負担の問題を直接確認することはできないが，保険料とサービス利用率における新市町間の差が大きいので，合併によって生ずる低福祉高負担の存在が推測される．なお，広島県の市町村合併の際には介護保険料の統一は3年間不統一料金の制度が適用されたため，合併協議に重要な影響を及ぼすことはなかったといわれる[54]．

③**市町村立病院**　これに対して，市町村合併の市町村立病院への影響はやや異なる[55]．地域医療については，自治体病院財政と医師不足の2つの問題がある（伊関，2008）．医師不足については2004年4月に導入された新しい臨床研修制度の影響が大きい．医師不足対策としては医療機能の再編・集約化が提案され，医師・看護師を中核病院に集め[56]，残りは19病床以下の診療所に格下げする計画である．病院の統廃合によって医療施設が適正配置されるならば医師不足や医療崩壊は解消するはずであるが，現実は大きく異なる（葉上，2008）．

こうしたなかで市町村合併が行われ，大規模合併の場合には病院の再編がなされ，一部の病院を重点化し，他は診療所へ降格された．対馬市（長崎県）では，市町村合併によって市内に複数の自治体病院が発生し，再編によって降格された診療所の利用住民にとってはサービス低下となるので，反対運動が起こった[57]．高松市でも香川町の香川病院が診療所に，塩江町の国民健康保険塩江病院は高松市民病院塩江分院にそれぞれ格下げされたが，高松市民病院もやや南部に移築されたため，住民の理解が得られたという[58]．市町村立病院が多い宮城県でも大規模合併を行った登米市や栗原市，大崎市では同じような問題が発生したので，診療所に格下げされた地域では説明会を開いて地域住民の説得に当たらねばならなかった[59]．

病院の移転が市町村合併と絡んだケースもある．下田市（静岡県）では合併が不成立に終わったために，南伊豆町の湊病院（組合立）の下田市への移転が計画通りに進まず，下田メディカルセンター

（下田市）と伊豆今井浜病院（河津町）とに分かれて移転した[60]。ただし，自治体病院の統合は学校統合の場合にみられるように，市町村合併とは無関係に起こる場合もありうる。2011年に起こった串本町（和歌山県）の串本病院と古座川町の古座川病院の統合移転は医師不足による連携強化のためである[61]。今後は市町村の財政難の中で自治体病院への支援は減少し，自治体病院の経営はますます深刻化するものと考えられている（清水，2009）。

那賀町（徳島県）の医師派遣問題も重要である。那賀町では合併前周辺4町村の診療所に定期的に医師を派遣し，診療所の医師不足を補ってきたが，合併後は那賀町内の診療所となったために，これまで得られていた国からの補助金は同一事業所内の業務のために中止され，新町の負担によって医師派遣を続けることになった。那賀町では上那賀病院（鷲敷町）から木頭，木沢，日野谷（相生町），北川（木頭村）の4診療所への医師派遣を続けている[62]。こうした例は人口30万人以上の都市と合併した町村の企業が事業所税を課されるようになった場合[63]や過疎代行の変化[64]などと類似して，市町村合併に伴って生ずる問題といえる。

④小中学校　今日少子高齢化のもとで旧市町村域を越えた小中学校の統廃合は一般的にみられるが，小中学校は地域の代表的施設であり，地域住民にとって統合による小中学校の廃校は重大な問題である。ただし，地域住民の中でも地元の学校を卒業した中高年住民は小中学校の廃校に極力反対するが，児童生徒をもつ父兄にとってはわが子の学力向上になるため学校統合に賛成する場合もある[65]。町村合併の際には学校統廃合の問題が顕在化するのは好ましくなく，学校統廃合を先送りにした場合もある（市川，2003）。

しかし，現状では学校統廃合は避けて通れない問題である。Ⅳ章4節で述べたように，栗原市（宮城県）では，合併後の2012年になって花山村と一迫町の中学校の統合（栗原西中学校）が行われた。和歌山県ではかつらぎ町と合併した花園村の花園中学校が2010年にかつらぎ町（笠田中学校）に統合され，一時閉鎖の後2012年に廃止となった。また合併していないが，2011年には串本町の田原中学校が古座川町の古座中学校に統合された[66]。群馬県東吾妻町でも中学校を1校に統合する話があり，地元民の反対がある[67]。

本章3節で述べたように，京都府南東部では合併が不成立に終わり，2008年に広域連合（相楽東部広域連合）を設置して中学校を統合した例もある。したがって今後，人口減少のさらなる進展のもとでは，同一（旧）市町村の内外を問わず，小中学校の統合は多くの地域で発生するものと思われる。

⑤地域メディア　市町村合併において役場間の電算システムの統合は重要な問題となったが，日刊地域紙，ケーブルテレビ，コミュニティ放送などのような地域メディアにも多大の影響を与えることになった。山田（2012）によると次のようなケースがある。

市町村合併以前から市域を越えて広い活動領域をもっていた松本市の『市民タイムス』や函館市の『函館新聞』などの有力な日刊地域紙は，市町村合併によってその活動領域を広げ，文化的勢力圏を拡大し，活動基盤をより強固なものにした。旧来の行政区画に活動領域を制限されていたケーブルテレビやコミュニティ放送も市町村合併を契機に活動領域を拡大し，新市域全域か大部分をカバーする地域メディアとして成長してきた。ただし，域内に複数の施設が存在したケーブルテレビの場合には，その調整に難しい局面が現れる場合もある。

佐伯市（大分県）では1993年開局の第三セクター方式のケーブルテレビ佐伯（CTS）があり，市

直営のケーブルテレビもサービスを提供しており，合併に参加したすべての町村にもそれぞれ独自の公営ケーブルテレビが普及していたので，合併によりすべての公営ケーブルテレビが新・佐伯市の管轄下に統合された。しかし，サービス内容や料金が異なるだけでなく，機器の規格やインターネット接続サービスの内容も異なっており，統合は容易でなく，現在もなお進行中とのことである。

そのほかにも，市町村合併の影響はさまざまな分野に現れているが，本書ではこれ以上取り上げることはできない。今後の研究に期待したい。

（3）行政サイドと住民サイド

市町村合併の効果や影響を論ずる際に重要なことは，行政自治と住民自治の間には差異があり，行政サイドと住民サイドで立場が異なることである。表XIII-4 に示したプラス・マイナス効果のなかでも行政サイドや住民サイドに偏って関係するものがあり，行政サイドでみれば効果にみえても住民サイドでは違ってみえる場合もある。例えば，合併によって広域的な迅速な意思決定ができるようになったし，広域的な観点から計画が実行されるようになったことは，住民生活にとって常にプラスであるとは限らない。組織の合理化のために住民サービスが低下するように，住民生活の犠牲の上に行政サイドの合理化が成立している場合が多い。表XIII-6 に示した兵庫県における合併効果の多くは行政サイドの効果である。もちろん，行政サイドの効果がやがて将来住民サイドにとっても効果となるものもあるが，すべてではないし，すぐには期待できない。さらに青年会議所などを中心とした企業サイドの見方もあるが，住民サイドとは対立する場合が多い。

一般的にみると，「平成の大合併」の効果は住民サイドよりも行政サイド－あるいは企業サイド－の方がはるかに大きい。図XIII-3 の長崎県における「現時点での市町村合併に対する評価」に関する意識調査は住民，委員，職員に区分した評価であり，住民サイドと行政サイドとを示したものといえる[68]。職員（評価すると評価しないの割合は 55.3：35.0）の市町村合併に対する評価が最も高く，委員（同 35.3：50.0）と住民（同 30.8：47.9）は「（あまり）評価していない」人が多い。合併協議会に関与した委員の意識は両者とは大きく異なる傾向がある。

岡山県においてもみたように，市町村合併は住民生活の向上に効果があったようにはみられない（表VIII-8 参照）。市町村合併を幻想であるとして鋭く批判する岡田・京都自治体問題研究所編（2003：104）のほかにも，市町村合併のマイナス面を強調する人は多い。藤田（2011：19，322）は上述のように，編入合併によって村のリーダーを失った山村の活力は一気に低下し，無気力感をもたらしたと述べ，水窪町（浜松市）の調査においても広域合併は市域の周辺部に最も大きなマイナスの影響が出やすいと結論づけている。今井（2008：251）も，阿賀野市と阿賀町（新潟県）の住民への行政サービスの変化に関するアンケート調査では「よくなった」よりも「低下した」が上回ったといわれ，総務省のアンケートや行政当局の評価では合併の効果が謳われているが，住民サイドからみるとネガティブな評価が多いと述べている。

行政当局で行われる効果の測定では合併効果を強調する傾向があるし，現実の市町村は合併後の道を歩んでいるので，その路線の上に立って合併の効果を高めようとする傾向も否定できない。合併の効果を考える上でなによりも重要なことは，富裕な大都市周辺の市町村が合併を拒否したことである。合併の効果をいくら強調したとしても，それは市町村合併を必要とした市町村のグループ内での話に

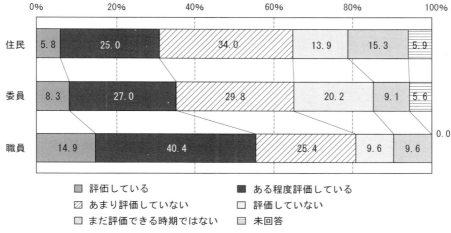

図XIII-3　長崎県における合併に対する意識調査（2009年8月）
＊地域住民は合併関係都市ごとに20歳以上の住民50人を無作為に抽出，合計3,450人を対象として郵便配布調査．その他合併協議会委員423人，元合併協議会事務局職員151人，合計4,024人を対象として実施した．
出典：長崎県合併効果等研究会（2010）：『「長崎県合併効果等研究会」報告書』，p.41 による．

過ぎない．市町村合併がそれほど有効であるならば，－合併による規模の利益がとくに期待できる－大都市圏地域の市町がこぞって合併したはずである．その地域において合併が行われなかったのは，住民サイドからみて，非合併のままで現状を維持した方がきめ細かいサービスを享受することができ，利益が大きいと考えられたからである．つまり，大都市圏地域を除く地方圏において市町村合併が最善の道[69]と考えられただけである．岡田・京都自治体問題研究所編（2003：104）や小西（2005）は，国がつくった財政難のために地方圏とその住民だけが犠牲になったと述べているが，著者も同感である．

（4）周辺化の問題

「昭和の大合併」においてすでに経験したように，「平成の大合併」の大きな影響として合併町村の周辺化（周辺部の寂れ）の問題がある．上述したように，それは旧町村役場が支所となり，住民にとって本庁舎までの距離が遠くなったというだけではない．旧町村の役場集落が衰退するとともに自立した地域としての発展に努力してきた組織が消滅し，地域のイベントも減少して地域アイデンティティを衰退させ，新しい自治体内の地域内格差を拡大することにもなる．合併市町村には地域自治組織（地域自治区，合併特例区）設置の制度はあるが[70]，地域自治組織を導入したのは新市町村の45％程度にとどまる（宮入・佐藤，2011）．新市町村としての地域の一体性形成が重要な課題であり，地域自治組織を設置することには消極的なところが多い．

「昭和の大合併」のときとは違って日常生活圏が拡大したとはいえ，「見渡せる範囲の政治（Übersichtbarkeit）」を無視した広域合併においては，地域の一体性形成は困難なものと考えられる．新自治体としてのまとまりは必要なことではあるが，従来の市町村域を中心とした地域アイデンティティが廃れてもよいとは思えない．少なくとも上越市にみられるように，地域自治区は永続する組織としてその長は公選または準公選によって選出され，地域自治区にはある程度の予算分配がなされるべきと考えられる[71]．

表XIII-9 合併市町村の人口規模と合併市町村数および合併形式

市町村人口 (2010年)	市町村数	編入合併	%	合併市町村数					
				2・3	4・5	6・7	8・9	10以上	平均
50万人以上	13	12	92.3	6	4	1		2	5.15
30～50万人	21	20	95.2	10	5	5	1		4.38
20～30万人	23	14	60.9	10	6	2	2	3	4.87
10～20万人	79	27	34.2	34	27	11	6	1	4.25
5～10万人	138	33	23.9	72	38	14	10	4	4.06
3～5万人	122	12	9.8	75	34	11	2		3.44
1～3万人	151	7	4.6	128	21	2			2.68
1万人未満	39	2	5.1	36	3				2.41
合　計	586	127	21.7	371	138	46	21	10	(3.58)

資料：国勢調査2010年および総務省の市町村合併資料による．

ところで，どのような条件のもとで「周辺化」が強く現れるであろうか．この問題を客観的に捉えることは困難であるが，合併形式や合併市町村数について検討することは可能である．それは，対等の関係で合併する新設合併よりも中心都市へ吸収される編入合併の方が周辺化が強く起こるのか，合併市町村数が多い大規模合併の場合には物理的に本庁舎から遠い地区ができるので，周辺化が発生しやすくならないかについての検討である．その結果は，都市規模と合併形式，平均合併市町村数を示した表XIII-9と，平均市町村数を都道府県単位にみた表II-3に示される．

新設合併を選ぶか編入合併を選択するかは合併市町村の力関係によるものと考えられ，愛知県の豊根村（1,336人，2010年）のように小規模な村でも編入合併が選ばれたが，一般的には，合併に係わる都市人口が大きくなるほど編入合併が増加する傾向にある．ただし，富山市や下関市，山口市のような比較的大規模な都市の合併でも新設合併が採用されており，合併時の種々の条件が絡んでいるものと推測される．編入合併の場合には編入される市町村は弱い立場にあり，本所支所方式が採用され，周辺化される可能性が高いであろう．

平均合併市町村数については，全国平均は3.6であるが，地域的にみると，先にも触れたように，北海道や大都市圏地域（埼玉県，茨城県）では3市町村未満の小規模合併が多い．北海道では市町村面積が広いため，そして都市密度の高い大都市圏地域では都市同士の合併を避けて合併する場合に，周辺の町村数が少ないためである．その一方で，新潟県（5.6），長崎県（5.4），宮城県（5.0）は平均5市町村を超える大規模合併である．どの県でも小規模合併が多いが，これらの県では10市町村を超えるような大規模合併が含まれるためである．宮城県の栗原市（10市町村），登米市（同9），大崎市（同7）の大規模合併がどのような理由から行われたかは明らかでないが，新潟県と長崎県は合併特別交付金が多い県であり，新潟県は政令指定都市などを目指して大規模合併が行われた県である．

このように，平均合併市町村数においては地域的な差異があることは明らかとなったが，これらの条件が周辺化にどの程度関係しているかをみるには詳細な検討が必要である．

(5) 地域格差に対する影響

以上のような評価のもとで，「平成の大合併」は国内の地域格差の是正に貢献したとはいえない．II章1節で触れたように，第24次地方制度調査会答申（1994年11月）においては東京一極集中を解消して「国土の均衡ある発展」を図る必要性が高まっているとしたが，「平成の大合併」は国がつくっ

た財政難のために行われた政治主導の合併であり，その結果は地域格差の是正に貢献したとみることはできない。

臨時行政改革推進審議会（第3次行革審）・第1次答申（1991年）においても，バブル期に拡大した地域間格差を解消するために広域的な行政需要に対応しうる自立的な地方行政体制の確立が提言されており，行政地域改革においても地域格差是正の意思が認められる。合併推進要綱の中に地域格差是正のために市町村合併を実施すると明記した県もある（例：青森県，滋賀県，香川県，愛媛県，福岡県など）。それは，少なくとも行政サイドにおける地域格差の是正を意図したものであったが，全国全地域にわたって等しく市町村合併が実施されたわけでもなく，その意図が十分達成できなかったことは明らかである。

その一方で，住民サービスにおいては市町村合併の悪影響は明確に現れている。合併市町内の周辺部が寂れるかたちで不利益を被った地域が拡大したし，市町村合併は主として地方圏の市町村において実施されたので，地方圏の住民だけに犠牲が強いられ，非合併にとどまった大都市圏地域との間には地域格差は拡大したとみることができる[72]。今後大都市の高齢化が急速に進むとしても，地方圏との格差が縮小することにはならないことは次章1節で述べる将来人口からみて容易に推測されるところである。

地方圏の市町村における急速な高齢化と人口減少のもとでは行政改革は必要であったが，広域連携の道を閉ざしてまで市町村合併を実施する必要があったであろうか。繰り返し述べるように，小規模自治体が合併によって新市町の周辺部に位置づけられた場合には住民の生活条件が改善されることにはならないし，町村同士が合併して行政の効率化がはかられるとしても「市民にとって身近な政治」は損なわれ，行政サービスが改善されるとは思えない。岡山県においてみたように，市町村合併は住民生活の向上に効果があったとはいえないであろう（表Ⅷ-8参照）。結局，「平成の大合併」は大都市圏と地方圏のもつ問題点をそれぞれの地域の実情に応じて解決したもので，国土全体の均衡発展や地域格差の是正を目標とした政策とはならなかった。

「平成の大合併」の結果地域格差が拡大したことを指摘した人には町田（2006：vi），小西（2005），岡田・京都自治体問題研究所編（2003：104）らがある。著者は地域格差の是正による「同等の生活条件（gleichwertige Lebensverhältnisse）」の確立を主張するが，それは地域の個性ある発展を完全に否定するものではない。西尾（2007：263）は，全国画一の基準設定は地域の独自文化などの個性差まで駆逐することになるとして，ナショナル・ミニマム（国家的必要最低行政水準）[73]の縮小が行政サービスの創意工夫を強化するものと考えるが，ナショナル・ミニマムの土台の上に地域の個性を生かした産業や文化の発展がみられるし，個性ある行政サービスが実施されるべきである[74]。ナショナル・ミニマムの規準が縮小すれば生活条件の地域格差はますます拡大して，人口移動による東京一極集中をますます推進するであろう。地域の個性だけを強調するならば優れた条件をもつ国土の一部だけが効率的に利用されることになり，国土や資源の効率的な利用にはならないであろう。この問題は次章でも取り上げることにする。

もちろん，「平成の大合併」に代わる別の道が選ばれたときに地域格差の改善を進めることができたかどうかは疑問である。今後顕在化してくる合併の影響については，行政の財政的効果，住民の日常生活面での効果，産業振興における効果，人口増減に関する効果など種々の面からの精緻な分析が

必要であろう．

(注)
(1) 上記のように，宮崎県では1999年に広域行政意識調査は行われたが，市町村の合併への着手は遅い方であった．
(2) 2004～06年度には地方交付税は5.1兆円，国庫支出金は4.7兆円が削減されたのに対して，税源移譲は3.0兆円にとどまり，地方財政支出は6.8兆円削減したことになる．市町村の歳出削減総額は小規模自治体ほど大きく，6,000人未満の町村では地方交付税，国庫支出金の1/4が削減された（岡田，2008a：80-81）．もちろん，税源移譲が十分に行われたとすれば，地方交付税が減少するため財政力の弱い小規模自治体はより悲惨な状態に置かれたであろう．
(3) 後述するように，合併協定調印式以後に選出された合併反対派の首長が最終議会において合併を拒否し，問題が起った例もかなりある．
(4) II章注（46）を参照．
(5) II章注（47）を参照．
(6) 例えば単純な編入合併による豊田市の場合にも，2,081項目が専門部会で調整されたといわれる（森川，2013b）．
(7) 市町合併の効果・課題に関する研究会（2010）：『兵庫県における平成の市町合併の効果と課題について』（仮綴），p.29による．
(8) 新庄市地区では8市町村による最上地域政策研究所が設置されてソフトな連携が始まりつつあり，美濃加茂市や彦根市では中心市宣言をして定住自立圏が設置されたが，大都市圏の政令指定都市・千葉市への通勤率が高く昼夜間人口比率が1.0に充たない茂原市では，中心市の資格をうることができない状態にある．
(9) A～Cタイプの平均人口規模については，人口の多い県庁都市の合併に大きく左右されるので，比較の意味が乏しい．
(10) ただし，奈良県市町村振興課の説明ではとくにその点には触れられなかった．
(11) 市町村合併率の代わりに市町村減少率との相関を求めると，上記のように$r = 0.484$となる（表XII-10参照）．
(12) 総務省（2010：5）によると，合併した理由の筆頭は財政状況（74.5％，複数回答）で，地方分権の推進（61.3％），少子・高齢化（46.6％），住民ニーズへの対応（36.8％）がそれに続く．
(13) 宮城県（2008）：『宮城県市町村合併推進構想』，pp.80-82による．
(14) 豊田市の合併協議においては，三好町が合併協議から離脱したその日に残りの6町村は合併推進を豊田市に改めて要望したといわれるし，2005～09年の（旧）市町村単位にみた予算支出を人口比率でみると，（旧）豊田市と（旧）藤岡町の使用比率が低く，遅れた旧町村の方が優遇されている（森川，2013b）．
(15) 新庄市以外は人口も3万人未満であり，中心都市といえないかもしれないが，いずれも周辺町村から合併協議を拒否された都市である．
(16) 総合支所方式は合併直後に多く，次第に本庁支所方式や分庁方式に移行している．合併市町村の勢力が拮抗して本庁を設定することができない新設合併の場合や庁舎が狭くて統合が物理的に困難な場合には分庁方式が採用されるが，合併後時を経るにつれて本庁支所方式に移行する傾向がある（西原，2007）．
(17) シュレスヴィヒ・ホルシュタイン州（ドイツ）のアムト（Amt，共同役場の意）には，人口・

面積規模は異なるけれども，形態的に類似した襟巻状自治体（Kragenverwaltung）がある．行政能力がある中心の町を除いて市町村連合が形成されるからである．その際には，それほど問題がないかもしれないが，郡域から小面積で区切られた特別市（kreisfreie Stadt）にとっては発展の障害となるという話はよく聞かれる（森川，2007）．

(18) 登米市，栗原市，仙北市，北秋田市，田村市，伊達市，稲敷市，行方市，いすみ市，山武市，南魚沼市，坂井市，山県市，郡上市，海津市，いなべ市，志摩市，甲賀市，高島市，養父市，朝来市，宍粟市，加東市，宇陀市，赤磐市，真庭市，浅口市，安芸高田市，美馬市，三好市，三豊市，香美市，小城市，神埼市，豊後大野市，国東市，日置市，曽於市などがこれに当たる．登米市や真庭市の合併にはそれぞれ別郡の1町村が含まれる．

(19) 下関市企画課の説明による．

(20) 2005〜10年の人口推移をみると，人口が増加した市町村は皆無である．

(21) 西粟倉村役場の説明による．

(22) 表XIII-1には一部事務組合との差異が表示されているが，実態はすべてこの通りとはいえない．

(23) 三重県では介護保険の広域化に当たって，広域連合の1構成市町村当たり0.5億円の県補助金の給付のほかに，県職員の派遣や県施設の提供が行われ，県は広域連合の設置に積極的であった（杉浦，2007）．

(24) このほかに府県を構成員とする関西広域連合（2010年12月設立）がある．

(25) 例えば，宇城広域連合では宇城市，美里町の他に熊本市と合併した町（富合町，城南町）があり，熊本市を含めた2市1町が構成員となる．財産分与が解決する2014年以後，熊本市と合併した2町地域は離脱の予定である（宇城広域連合の説明による）．

(26) 総務省の資料によると，地方交付税は2002年度の普通交付税大綱では7兆7327億円（交付団体3,114，不交付団体105）から2010年度は7兆3975億円（交付団体1,653，不交付団体74）へと変化しており，合併により市町村数は減少したが，総額ではほぼ同額の普通交付税を得ている．しかし，やがて合併算定替が始まり，合併市町村の受け取る地方交付税は減少することになる．

(27) 過疎地域の認定基準は年とともに変化しているが，高齢社会の到来とともに認定市町村数は年々増加の方向にある．

(28) ただし，著者は西尾（2007：137）が考える一般町村と特例町村の分類に同調するわけではない．

(29) 合併後の過疎地区の過疎対策は新市や新町村のなかで決定されることになるが，通常2010〜15年間は合併時に策定された新市建設計画によって実施される．下関市のように，支所の地域政策課が担当し，過疎計画を作成し，独自の予算を執行するところもある．過疎地域自立促進特別措置法は2010年の失効後6年間延長され，東日本大震災の発生後の2012年の法改正により2021年まで延長されたが，その後どうなるかは不明である．

(30) 例えば豊田市では，合併以前に就職した職員には旧市町の給与水準が適用される．同じ仕事をしても給与に差があり，しかも配置換えによって遠方の職場に移動することが多くなり，旧町村出身の職員の労働条件は改善されたとはいえない．

(31) 片山善博氏（元鳥取県知事，元総務大臣）のように，合併の本質は市町村の権能に対して組織が小さすぎることにあるとして，人口規模との直接的な関係を否定する人もある（小西，2005）．

(32) 市町合併の効果・課題に関する研究会（2010）：『兵庫県における平成の市町合併の効果と課題について』による．

(33) たしかに合併以前に比べて行政は「専門化された」といえるが，「仕事が細分化されただけだ」という意見もあり，組織が大きくなって専門化するのは当然だとの見方もある．また，職員が専門

性だけで分業化されると逆に住民の暮らしがみえにくくなり，行政効率を低下させる．県レベルの支援やいくつかの町村で職員を使い回すことで確保することも十分可能である（例：ニセコ町）．したがって，杉浦（2003）は住民の暮らしを総体としてつかむことのできる小規模自治体の方が優れていると主張する．

(34) 注（32）p.27 による．

(35) 注（32）p.55 による．

(36) 広島県介護保険課の説明によると，広島県では介護保険料の調整は暫定方式を採用したといわれ，市町村合併を推進するために介護保険料の調整を後回しにして合併したものと思われる．

(37) 藤田（2011：19）や岡橋（2011）はこの点に注目しているが，考慮しない人が多い．静岡県合併市町村連絡会（2009）においても，合併後の市町の課題として，① 住民サービスの見直し，② 市町の業務拡大による専門性を有する人材の確保，③ 旧役場庁舎の活用，④ 一部事務組合の整理統合をあげているが，地域アイデンティティの喪失に伴う地域の活力低下などに関する記述はない．

(38) ドイツでもこれに対応する概念として「見渡せる範囲の政治」という術語があるが，その限界人口が 1 万人よりも少ないものと考えられる．

(39) 主要市町村と周辺市町村の区分は人口規模によるもので，わずかの人口差で区分した場合もある．本庁舎の位置を考慮したとしても，新たな場所に本庁舎を建設したり，分庁方式の問題もあり，より適切な区分とはいえないだろう．

(40) ただし，表XIII-7 は合併後の 1,727 市町村の人口増減率をみたものであり，都市域内に農村人口を多く抱えることが人口増減率に影響を及ぼした可能性もある．

(41) ただし，原子力発電所の立地する市町村は辺鄙な地域が多く，市町村財政は豊かでも人口が増加するところはない．

(42) 地域自治区や地域自治組織など市域内の分権・自治制度の設置は合併推進のために導入されたものであるが，建設業と公務を最大の「就労の場」とする安塚町（上越市）にとっては，地域自治組織による業務の受託や新設は生産基盤対策，就労の場の確保という特別な意味をもっていたという（宮入，2005b）．

(43) 先にみたように，「昭和の大合併」においても市町村数が減少するので，府県無用論＝道州制移行論が話題となった（都丸，1968）．

(44) 消防庁は人口 10 万人以下の市町村消防は広域化し 1 本部 30 万人以上を目標とすること，都道府県は広域化推進計画を策定して広域化対象市町村の組み合わせ案を示すことを求めた（加茂ほか，2009：112）．広島県でも人材育成と対象能力の向上を求めて二次医療圏と整合した 5 本部体制への統合を計画しているが，十分には進捗していない状況にある（広島県消防保安課の説明による）．

(45) 広域連合と定住自立圏の大きな違いは，定住自立圏では国からの財政措置があり，中心市が周辺町村に対して強い権限をもつことにある．

(46) 2011 年度に「雲南市民バス再編計画」を策定し，その中で交通空白地域（10 地区）においてデマンド型乗合タクシーを順次導入することにしており，住民ニーズなど十分勘案した上で実施し，地域間の公平に心掛けている（雲南市地域振興課の説明による）．

(47) 新見市生活交通係の説明によると，大佐町ではすべての地区でコミュニティバスが利用できるので，デマンド型乗合バスの運行は不用であり，住民の不公平感はないとのことである．

(48) 高崎市地域交通課の説明による．

(49) 館林市担当課の説明による．

(50) なかには，広域化して負担と給付に関する公平性を損なう場合もあり，杉浦（2007）はスケール・

(51) 居宅系サービスは民間事業者の参入が多いため，農山村では施設系サービスへの依存度が高い．
(52) 第1号被保険者数に対する要支援1・要支援2から要介護1〜5の認定者数合計の比率である．
(53) 尾道市の比率が高いのは尾道市と合併した御調町が以前から居宅系サービスの先進地であったことによるものと思われる（杉浦真一郎准教授の説明による）．
(54) 広島県介護保険課の説明による．
(55) 公立病院のうちでも，市町村合併は県立病院とは直接関係しない．県立病院の多い岩手県と自治体病院の多い宮城県では病院の統廃合の状況が異なる（宮城県医療整備課の説明による）．
(56) 大きな病院では医師や看護師の勤務負担も軽減されるし，若い医師にとって研修にも役立つので，医師が集まりやすいといわれる．
(57) 長崎県医療政策課の説明による．
(58) 香川県医務国保課の説明による．
(59) 宮城県医療整備課の説明による．
(60) 静岡県地域医療課説明による．
(61) 和歌山県医務課の説明による．
(62) 徳島県医療政策課の説明による．ただし，同一設置者の場合には補助金が支給されなくなるのは一般的な現象で，広島県では三次市中央病院の甲奴診療所への医師派遣がそれに該当する．
(63) 人口30万人以上の市では企業の「追い出し税」とも呼ばれる事業所税が課される（朝日新聞2014年1月4日付け）．福山市に編入した沼隈町，新市町，神辺町では多くの企業が事業所税の対象となり，悲鳴をあげることとなった．
(64) V章注（65）に示したように，公共下水道の過疎代行は合併市町村の人口規模や財政力によって異なることになる．
(65) 市川（2003）によると，学校規模は「生徒数100人を上回らない規模」がよいという．規模が大きくなれば秩序を維持するために規則と規則でもって子どもに接する場面が増え，人間的な関係が損なわれ，教育効果の達成が阻まれる．ノルウェーやスイスでは複式学級が多く，学校規模は国によって異なるようである．
(66) 和歌山県教育庁の説明による．
(67) 群馬県教育庁の説明による．
(68) 長崎県合併効果等研究会（2010）：『「長崎県合併効果等研究会」報告書』による．
(69) ただし上述したように，北海道では市町村合併の他に広域連合による解決を希望したが，総務省の賛同を得られなかった（神原，2003，2013）．したがって，「最善の道」といえるかどうかも疑問である．
(70) 宮入（2005a）は地域自治組織の問題点と改善点について述べ，改善点には，①準公選制にして地域住民の意思決定の場にする，②首長，議会，地域協議会の対立関係の中では地域協議会の意見を最大限尊重する，③行政と住民との協働・連帯の機能をもつので住民協議組織として運営と強化に努める，④財源と予算権限を付与することをあげる．その点では，わが国の地域自治組織はヨーロッパの地域自治区とは似て非なるものと考えられる（青木，2010）．
(71) 山口市では各地域づくり協議会（旧市域16，合併地区5，計21地区）に対して年1,000万円（平均）の自治振興交付金の交付制度を2010年から実施し，運営費（職員給与，地域活性化の事業など）に使用している．地域づくり協議会役員の選出方法はさまざまである．山口市では交付金の額が各地区の世帯数と面積によって決められているが，申請事業に対して交付金を与える制度を採用した

ところもあるといわれる（山口市協働推進課の説明による）．

(72) 著者は広域市町村圏や二次医療圏の導入の際には「国土の均衡ある発展」に貢献する施策と考えたが（森川，1989，1990b），それは共同施設や共同組織をつくって農村部の生活を都市並みに向上させるものと考えたからであった．今回の「平成の大合併」では住民の生活条件を犠牲にした行政運営の効率化を主とする地域改革であり，国民の基本的人権を保障する「同等の生活条件」の確立の方向に向かっているとは思えない（森川，2012a：25）．

(73) 「同等の生活条件」はナショナル・ミニマムとまったく同義ではない．前者の目標は相対的な平均値であり，後者は絶対的な最低限界値である．

(74) 重森（2003）や岡田（2008b）らもナショナル・ミニマムを重視すべきことを強調する．

XIV 市町村の将来に向けて

　本章の各節では，これまでにみてきた「平成の大合併」から考えて，わが国の市町村の将来に関係すると考えられるいくつかの問題点について検討することにする。

1. 市町村人口の将来

　わが国の市町村の将来を考える際に，将来の人口減少のもとでわが国の市町村はどのように変化するかについてみておく必要がある。その際にとくに注目されるのは，①合併市町村と非合併市町村との間において将来の人口推移に差異があるだろうか。先に考察したように，合併市町村においては周辺部に位置づけられた市町村の発展が抑制され，人口的に顕著な衰退がみられるだろうか。②人口1万人未満の小規模自治体はどのような地域において，どの程度増加するだろうか。③市町村の人口推移からみて，市町村間の地域格差は将来是正の方向に進むだろうか。すなわち，表XIII-7でみた大規模な都市ほど人口増減率が高い傾向は解消の方向に向かうであろうか，などの点である。

　国立社会保障・人口問題研究所（2013）は，原子力発電所の事故によって重大な影響を受けた福島県の市町村を除く各市町村の2040年までの将来推計人口を公表した[1]。これはコーホート要因法（場合分け純移動率モデル）によるもので，5歳以上の人口は，期首年の男女・年齢別人口を基準として将来の生存率，出生率，純移動率の各仮定値を当てはめて推計し，2010～40年間における各市町村の人口推移を検討したものである（鈴木ほか，2013）[2]。

　人口推計は今日の状況（2010年国勢調査）に基づいて推計されるので，今日の傾向に比べて構造的に著しく変化することは少ない。埼玉県のように，純移動率が高い地域では推計値と実測値との誤差が大きくなる可能性があるが，単調な人口推移をたどる地方圏では両者間の乖離は比較的小さいものと考えられている。とはいえ，純移動率モデルでは若年層に関する将来予測の誤差が大きいので，これまでの都道府県単位の人口推計に比べると，人口規模の小さい市町村単位の人口推計においては誤差が増大する傾向は否定できない（小池，2008）。しかし，年間7万人程度の外国人の流入超過も考慮されており，精度はかなり高いものといえる（江崎ほか，2013）。

　2040年の人口分布をみると，人口減少率の低い地域や75歳以上の後期高齢化率の高い市町村は東京大都市圏を中心に海岸部に立地する都市に多いが，生産年齢人口比率の高い地域は地方の大都市に集中するかたちで全国に点在することが予測される（国立社会保障・人口問題研究所，2013：159-163）。なお，年齢別人口では小規模自治体の高齢化率（65歳以上，75歳以上）は2040年においても依然として高い傾向にあるが，高齢者の増加率をみると大都市では2倍を超える増加が多い。これに

対して，小規模自治体では人口減少につれて高齢者数は減少するところが多くなり，対照的である。

この資料を用いて2010年と2040年の市町村数を比較すると，人口増減率は大都市ではそれほど低くなく，小規模自治体ほど低くなる。したがって，2010年には多かった3万人以上の都市も2040年には3万人未満となるものが多く，0.5万人未満の町村はとくに増加する。2040年には全国人口は17.1％減少して1億0728万人となり，1970年頃の人口に近づくが，最も減少率の高い秋田県の人口は1890（明治23）年頃の人口にまで減少すると考えられる。しかもその人口は少子高齢化したもので，県内では都市化によって秋田市の人口は当時よりも多いが，農村部の人口は当時よりもはるかに減少しており，単純に近代化以前の状態に復帰するわけではない。

表には示していないが，1,000人未満に減少する町村が35を数え，2010年現在すでに1,000人未満であった25の町村を加えると60（3.6％）の町村が人口1,000人未満となる。最少は2010年現在201人で，2040年には158人への減少が予測される青ヶ島村（東京都）である。人口減少率の最高は2,423人から702人へと71.0％減少する群馬県南牧村であり，1,643人から527人へと67.9％減少する奈良県川上村がそれに続く。その一方で，この30年間に人口が増加する市町村はわずかながら存在する。自然増加率が高い沖縄県－とくに沖縄本島－では，豊見城市（23.7％増）や南風原町（12.7％増）のように人口増加が予測される市町村がある。

人口規模別に合併市町村と非合併市町村とを比較した表XIV-1によると，2010年には合併市町村は人口1万人から30万人までに集中しており，人口5万人以上の都市では合併によって形成された都市と非合併のままの都市がほぼ同数であるが，3万人未満では非合併の市町村の方が圧倒的に多い。

この人口推計においては合併前の旧市町村単位の人口増減をみることができないので，合併によって周辺部に置かれた市町村の衰退がとくに著しいかどうかは明らかでない。しかし，表XIV-1によって合併市町村と非合併市町村とを比較した場合には，表XIII-7で示したのと同様に，各人口階級ともに合併市町村の人口増減率は非合併市町村よりも低いものとなる。これまでみてきたように，財政的に豊かな市町村が非合併にとどまる傾向があるので，非合併市町村の人口増減率が相対的に高いことは予測されるところである。

一方，合併市町村のなかでは主要（中心）市町村の人口増減率（2005～10年）が周辺市町村よりも高い場合が多いことを考慮すると（表XIII-7参照），人口増減率の低い合併市町村のなかでも周辺市町村の人口増減率はさらに低い傾向にあるものと推測され，周辺市町村の衰退傾向は否定できない。ただし，それらの市町村の多くは劣悪な地理的条件のもとにあるので，非合併にとどまれば衰退を緩和することができたかどうかは明らかでなく，その原因をすべて合併の影響に帰することはできない。

ところで，人口1万人未満の小規模自治体の増減は注目を要する。福島県を除くと，2010年には小規模自治体は451（27.1％）であったが，2040年には596（35.9％）へと増加する。同様に，3万人未満の市町村も891（53.6％）から1,033（62.2％）へと増加することが予測される。

このような変化は1960～2000年における変化と類似する。1960～2000年の間には小規模自治体数が増加し，「昭和の大合併」による人口的効果を喪失した地域が多かった。表II-2によると，全国の小規模自治体比率は1960年の41.2％に対して2000年には46.6％へと増加しており，比率の上では2040年の35.9％よりも高いようにみえるが，合併後40年と30年の時間差を考慮すると，40年後の2050年には同率以上に上昇する可能性がある。そのときにはどのような市町村運営がなされるだろうか。

表Ⅺ-1 市町村規模別人口増加率（2010～40年推計）

| | 2010年現在を対象 | | | | | | 2040年推計値を対象 | | | | | |
| | 合併 | | 非合併 | | 合計 | | 合併 | | 非合併 | | 合計 | |
	A	B	A	B	A	B	A	B	A	B	A	B
50万人以上	14	-12.6	15	-8.6	29	-10.5	11	-12.2	14	-7.5	25	-9.6
30～50万人	21	-14.3	20	-12.9	41	-13.6	18	-12.5	16	-13.0	34	-12.7
10～30万人	100	-20.7	94	-12.8	194	-16.9	72	-19.3	77	-11.0	149	-15.0
5～10万人	132	-24.7	133	-14.0	265	-19.6	101	-21.0	114	-10.5	216	-15.4
3～5万人	120	-30.0	121	-17.2	241	-23.6	103	-26.6	102	-15.7	205	-21.1
1～3万人	148	-36.1	292	-28.4	440	-31.0	182	-33.8	255	-24.0	437	-28.1
0.5～1万人	36	-46.5	189	-34.5	225	-36.4	55	-40.7	171	-32.4	226	-34.7
0.5万人未満	3	-50.1	223	-40.8	226	-40.9	32	-49.5	338	-40.9	370	-41.6
合計	574	-29.0	1,087	-27.0	1,661	-27.7	574	-29.0	1,087	-27.0	1,661	-27.7

＊福島県の市町村を除く．「平成の大合併」以後に合併したものも合併市町村とみなす．
A：市町村数（2010年の人口規模別市町村数と2040年の推計による人口規模別市町村数を示す），B：2010～40年の推計人口増加率平均．
資料：国立社会保障・人口問題研究所（2013）：日本の地域別将来推計人口（都道府県・市区町村）
（http://www.ipss.go.jp/syoushika/tohkei/Mainmenu.asp）による．

注意すべきは，小規模自治体が多く存在するのは2000年において小規模自治体が多かった都道府県であり，2000年と2040年の小規模自治体比率の間には $r = 0.937$（$n = 46$）の著しく高い相関がある[3]。2040年に小規模自治体が多くなると予測されるのは，福島県[4]を含めて北海道133（全市町村の74.3％），長野県49（63.6％），高知県24（70.6％）など「平成の大合併」の進捗率の低かった道県や青森県24（60.0％），熊本県24（53.3％），鹿児島県22（51.2％）などに多く，人口減少が大きいと予測される都道府県のすべてにおいて小規模自治体が多くなるわけではない。2010～40年間における小規模自治体増加率（ポイント）が高いのは，青森県（27.5ポイント），岡山県（同22.2），和歌山県（同20.0），熊本県（同20.0）などであり，小規模自治体が多い道県と急速な増加が予測される道県とは必ずしも一致しない。

ところで，このように小規模自治体数の変化だけでなく，すべて市町村の人口増減率をみた場合にも地域差がある。2010～40年間の全国の人口増減率は-17.2％と予測されるが，各市町村の全国平均（x）は-27.7％となり，標準偏差（s）は15.7となる。したがって，$x + s = -12.0$％以上が人口増減率の高い市町村，$x - s = -43.4$％をとくに低い市町村とみることができる。$x + s = -12.0$％の市町村が全体の20％以上を占める都道府県をあげると，愛知県（63.0％），東京都（50.0％），沖縄県（46.3％），滋賀県（47.4％），栃木県（30.8％），神奈川県（30.3％），埼玉県（30.2％），福岡県（28.3％），宮城県（22.9％）となる。これらの都県の多くは国土の中核地域に位置するが，自然増加率の高い沖縄県のほかにも，活力に富む広域中心都市をもった福岡県と宮城県が含まれる。

人口増減率がプラスの市町村67についてみると，人口100万以上の大都市は川崎市（3.5％増）だけで，人口10万人台の6市（戸田市，成田市，草津市，東村山市，安城市，三鷹市）が含まれる。愛知県と沖縄県ではそれぞれ11市町村が含まれる。小規模自治体のなかには御蔵島村（348人：2010年，東京都）や舟橋村（2,967人，富山県），日吉津村（3,339人，鳥取県）など地域の特殊な事情によって人口増加が期待される。大都市圏では東京特別区や名古屋市周辺には人口増減率の高い市町村が多いのに対して，大阪市周辺ではきわめて少ないのが注目される。

一方，$x - s = -43.4$％よりも低い人口増減率の市町村が多く含まれる道県には，徳島県（41.7％），

高知県（41.2%），秋田県（40.0%），北海道（39.1%），青森県（35.0%），奈良県（33.3%），岩手県（30.3%），和歌山県（30.0%）がある。これらの県の多くは国土の縁辺部に位置するが，そのすべてがこのグループに属するわけではない。

以上の傾向からして，人口分布は国土の中核地域では人口増減率がそれほど低くなく，わが国における人口分布の地域差は2040年には一層拡大し，是正される方向にはないことが理解される。このような人口推移の傾向からみて，地域の発展を支える都市システムがいかに変化するかが注目される。明確にいえることは，将来著しい人口減少によって小規模な低次中心地の活力が一層低下することである。大都市以上に中小都市の人口が減少することは農村地域に都市的サービスと職場を提供する低次中心地の衰退が激しいことを意味する。地方圏の人口減少が著しいことは地方圏の農村地域の衰退が激しいことであり，「同等の生活条件」の確立とは逆行する可能性が強いことを意味する[5]。地域的にみても，これまでと同様に国土の中核地域よりも縁辺部の方が人口減少が激しく，過疎地域の限界集落のなかには消滅集落に移行するものも現れよう[6]。これまでの傾向は構造的変化を伴うことなく継続するものと考えられる。

2. ドイツとの比較においてみた「平成の大合併」の特徴

次には，「平成の大合併」の特徴をドイツとの比較においてみておきたい。「平成の大合併」の特徴や問題点は，欧米先進国の状況と対比することによって一層鮮明なものとなる。しかも最近，片木（2012）がわが国とドイツの自治体とを比較した興味深い研究を発表したので，その紹介を中心に考察することにする。

ドイツは連邦国家であり，市町村制度には単一自治体だけの州と単一自治体と市町村連合からなる州があり，種々なケースを幅広く比較することができる点では比較に適した国である（森川，2012a，21-48）。

わが国の市町村は，欧米先進国に比べるとかなり特異なものといえる[7]。わが国では市町村に次々と新たな義務的事務が付加され，大市町村主義を採用して行財政能力の向上を目指してきた[8]。各市町村はフルセット型（総合行政）の機能[9]をもつ市町村制度のもとで，行政サービスの増大のために財政基盤の強化が必要となった。しかも，市町村の人口減少や国の財源不足のために財政状況は深刻な状況となったので，－拡大した日常生活圏を利用して－市町村合併による行政の効率化によって解決しようとしたのが「平成の大合併」であった。換言すれば，市町村がフルセット型の業務をもつ必要がなく，小規模自治体では担当困難な業務を上位の広域行政に委ねることができるとすれば，ゴミ処理や介護保険などのように次々に現れる重要な業務を広域行政に任せることによって解決することもできたはずである（佐藤，2008；小西，2008）。

政府は市町村合併の推進のために「アメとムチ」を用意し，さらに西尾試案の空砲効果も強く作用して財政的に厳しい市町村を合併に駆り立てたわけで，市町村の自由意思に任せていたら，深刻な財政事情の下でも「平成の大合併」はこれほど進捗しなかったであろうし，広域連合などを採用する市町村も現れたであろうと思われる。

ヨーロッパにおいては，フランスやイタリアのような小規模自治体主義の国と，イギリスやスウェー

表XIV-2 ドイツにおける市町村規模別人口増減率 （人口：万人）

	ドイツ（全州）			BW州			MV州		
	2003年	2008年	人口増加率	1985年	2005年	人口増加率	2005年	2010年	人口増加率
50万人以上	1,188.8	1,313.8	10.5						
20～50万人	752.8	654.1	-13.1	112.5**	118.3**	5.2		20.3	2.0
10～20万人	589.5	577.9	-2.0	53.1*	83.0*	56.3	19.9		
5～10万人	733.1	717.9	-2.1	90.9	89.8	-1.3	27.1	27.1	-2.2
2～5万人	1,517.0	1,522.8	0.4	177.1	240.0	35.6			
1～2万人	1,213.4	1,195.2	-1.5	159.5	202.8	27.1	32.4*	29.1*	-10.1
0.5～1.0万人	910.3	914.2	0.4	167.2	185.1	10.7	17.5	19.0	8.7
0.3～0.5万人	501.8	485.9	-3.2	88.6	92.6	4.5	15.2	18.0	-1.5
0.2～0.3万人	284.1	281.5	-0.9	46.5	40.4	-12.9	10.4	9.2	-11.9
0.1～0.2万人	315.9	301.7	-4.5	25.0	16.6	-33.8	16.9	15.2	-10.1
0.1万人未満	246.5	235.3	-4.5	4.8	4.5	-6.9	30.7	29.4	-5.2
合計	8,253.2	8,200.2	-0.6	925.3	1,073.1	16.0	170.7	164.2	-3.8

BW州：バーデン・ヴュルテンベルク州，MV州：メクレンブルク・フォアポメルン州．
＊BW州では人口規模10～25万人，MV州では1～5万人，
＊＊BW州では25万人以上．
資料：Statistisches Bundesamt : Statistisches Jahrbuch 2005 und 2010, Brachat-Schwarz(2011) および，http://sisonline.statistk.m-v.de/sachgebiete/A117305K/beschreibung/Bevoelkerung nach Gemeindegroessenklassen und_Kreisen_am_3112 による．

デンなどのように大規模な自治体をもつ国があるが（森川，2008：225-266），大規模な自治体の中には域内自治区が存在することが多い[10]。そのなかにあって，ドイツには州によって単一自治体とさまざまな市町村連合をもつ州がある（森川，2005，2008）。

わが国との比較において注意すべきは，表XIV-2からもわかるように，ドイツでは人口1万人未満の町村に27.1％，1～10万人の市町に41.9％，10万人以上の都市に31.0％（2008年）の人口がそれぞれ居住し，大都市の居住者比率が著しく低いことである。ドイツ人の多くは中小都市や農村部の居住者とみることができる。

最も富裕な州の1つとされるバーデン・ヴュルテンベルク州についてみると，農村部の小規模自治体では①外国人比率が低く，②選挙における保守党（CDU）支持率が高く，③就業地は都市に多いが，通勤が可能であり，④地価が安いために戸建て住宅が多く，住宅面積が広く，⑤住民の学歴が低いなどの特徴があるが，これらの特徴はわが国でもみられるものといえる。ただし，小規模自治体住民の平均年齢が大都市よりも低い点ではわが国と大きく異なる（Brachat-Schwarz，2006）[11]。

そうしたなかで，「平成の大合併」における促進要因・抑制要因をドイツと比較考察した片木（2012）の結論を要約すると，市町村合併の促進要因には，①地方分権改革，②人口の減少・高齢化，③自治体の財政危機があり，抑制要因には①市民にとって身近な政治（Bürgernähe）の定着，②議員の名誉職原理[12]，③強い地域アイデンティティ，④郡（Kreis），アムトなどの補完機能の存在などがあるとする。氏はそれぞれの項目について考察を進め，わが国では促進要因が強く作用して「平成の大合併」が実施されたのに対して，ドイツでは抑制要因がより強く働き，合併の阻止に作用したと結論づける。

もう少し補足すると，ドイツの市町村は一般的に小規模であり，地方分権改革が「根本的なパラダイム転換を意味することなく」推進されてきたのに対し，わが国では「真正な地方分権改革」を目指して，従来の国と地方の上下・主従の関係を新しい対等・協力の関係に変革し，地方自治体を「地域

表XIV-3　日本とドイツの人口推移と年齢構成（％）の推移

年	日本				ドイツ			
	人口増加率	20歳未満	20〜60歳	60歳以上	人口増加率	20歳未満	20〜60歳	60歳以上
1960	100.0	40.1	51.0	8.9	100.0	28.4	54.2	17.4
1970	111.0	32.8	56.6	10.6	106.8	30.0	50.0	20.0
1980	124.1	30.6	56.5	12.9	107.3	26.8	53.9	19.4
1990	131.1	26.4	56.1	17.6	109.2	21.7	57.9	20.4
2000	134.6	20.5	56.0	23.5	112.6	21.1	55.3	23.6
2010	135.8	18.0	51.1	30.9	111.9	18.4	55.3	26.3

資料：国勢調査（時系列データ），Bevölkerungsentwicklung und Altersstruktur/bpb（http://www.bpb.de/nachschlagen/zahlen-und-fakten/soziale-situation-indeutschland/6）による．

政府」として確立しようとした．わが国の市町村は幅広い事務分野を担当してきたが，地方分権改革によってこれをさらに拡大することとなった．

　さらに続けて，わが国では過疎地域における慢性的な将来に対する不安や限界集落の問題認識はあったものの，急激な人口減少に対する全体的な危機意識は薄かった，あるいは見て見ぬふりをしており，ドイツにみられるようにシュリンキング・シティ（shrinking city）問題に対する認識は薄いものであった（片木，2012：184-185）．人口減少に対する政策をとらなかったわが国では[13]，かえって将来に対する漠然とした不安が生じ，市町村合併の促進に対するベクトルが強く働いたと説明する．財政危機については，わが国では市町村合併による合併算定替や合併特例債でもってしても市町村の財政赤字を払拭できなかったが，ドイツでは財政支援措置の制度改革に重点をおいてきた．

　一方，抑止要因として重要な，市民に近い民主主義政治[14]の思想はわが国ではまだ十分発達しているとはいえず，自治を重視する自治基本条例も全国的には浸透しておらず，新市町内に設置される地域自治区はどこでも採用されているわけではない．ドイツでは教会を中心とした地域社会[15]とともに地区（Ortschaft）や都市内部には都市ベチルク（Stadtbezirk）が存在するので，身近な意見を吸い上げて政治に反映することができる．また，州以外の議員（郡，自治体）はすべて名誉職であり，大規模な合併は夜間の議会出席が困難との理由で中止されたメクレンブルク・フォアポメルン州の郡の合併にみられたように[16]，政治参加に関する理由から合併に反対するベクトルが強い．また，ドイツでは住民の地域アイデンティティも教会を中心としてわが国より強いといわれる．さらに，郡や市町村連合などの補完機能が充実しているため，市町村合併へのベクトルが抑制されるものと考える．

　そして最後には，「わが国では市町村合併に直接的な関係のないことまで市町村合併に期待しているのではないか．論理的に結びつかないことまで情緒的に結びつけている．それに対してドイツでは，地方分権，人口の減少・高齢化，財政危機などの問題にそれぞれ最適解をまず求め，それを実行することにより，それぞれ現実的な解決を図ろうとする」と述べている（片木，2012：187）．

　氏の説明は明解であり，同感する部分が多い．しかしそのなかで若干疑問に思われるのは，人口減少・高齢化の問題である．わが国とドイツの人口減少や高齢化は，表XIV-3に示すように現時点では類似した状況にあるが，わが国では少子化や高齢化は著しく急速に進行しており，近い将来その差は大きく開くものと考えられる．わが国ではシュリンキング・シティ問題が強く認識されていないとしても，ドイツにおいてシュリンキング・シティ政策[17]がそれほど効力を発揮したとは思えない．むしろドイツの地域政策が有効に働いたのは1960年代半ば以降長年にわたる空間整備政策

（Raumordnungspolitik）であった。「同等の生活条件」の確立を目標として中心地システムの整備が農村部における過疎化の進展阻止に貢献したと考えられ，以前とは若干異なる意味をもちながらも，その政策は今日まで重視されている（Priebs, 2013：262-266）。

人口流出による顕著な人口減少がみられる旧東ドイツ（新連邦州）地域では郊外化現象が十分発達しなかったのに対して，旧西ドイツの農村部（ländliche Räume）では空間整備政策のもとでその生活条件は比較的良好な状態にあり，工業化も早期に行われたため戦後における大都市に向けての人口移動はわが国ほど活発ではなく，その代わりに多くの外人労働者が大都市に流入した。したがって，外国人問題はあるが，わが国のように人口流出によって生じた過疎地域の問題は少なく（森川，2005：249），旧連邦州では過疎地域があるとしてもきわめて限定された地域に過ぎない。

わが国の人口問題でとくに注目されるのは，表Ⅱ-2に示したように，多くの県では2000年の時点における1万人未満の小規模自治体比率が1960年のそれを上回る状況になったことである。つまり，大規模な市町村合併によって小規模自治体が大きく減少した「昭和の大合併」の状況が2000年には維持できなくなったのである。「昭和の大合併」によって面積が拡大した市町村において当時の人口を維持できなくなり，「昭和の大合併」の人口的効果は消滅したのに対し，フルセット型行政のため小規模自治体の行政運営は「昭和の大合併」当時よりもはるかに多くの業務を強いられ，地方交付税制度は確立されたが，窮乏度を強めることとなった。農村部における人口減少はドイツよりもより深刻な状況にあり，過疎地域対策などによって対処してきた。それはシュリンキング・シティ政策を採用すれば緩和できるという問題ではなく，将来に対する人口不安は大きかったと考えられる。

片木（2012：114）が指摘するように，わが国では都道府県単位にみた2000～2010年の市町村減少率と人口増減率との間にはある程度の相関がある[18]。市町村合併率と小規模自治体比率（2000年）との関係についてはすでに述べたが，表Ⅻ-10に示すように，都道府県の市町村減少率（2000～10年）は人口増減率と $r = -0.415$（$n = 47$）の弱い負の相関があり[19]，財政力指数（2000年度）とも同様に $r = -0.424$ の負の相関がある。1万人未満の小規模自治体比率（2000年）との間にも $r = 0.484$ の相関がある。市町村合併は人口増減率や財政力指数とはある程度関係があり，人口が減少し財政の逼迫した地方圏において合併が進捗したことを示すものである。

「平成の大合併」では大都市圏と地方圏の間に大きな差異があることは周知の事実であるが，財政力の弱い農村地域では過疎化や人口減少について強い危機感があり，人口減少や高齢化が市町村合併を積極的に推進させることになった。表Ⅻ-10に示すように，人口増減率と小規模自治体比率，財政力指数の間に相関をみても明らかである。これらの指標と市町村減少率との相関が比較的低いのは劣悪な地理的状況のなかにあっても，表Ⅻ-2の説明でも触れたように，市町村合併が進捗しなかった道県があるからである。

もう1つ気になるのは，ドイツの自治体ではわが国と違って基準交付金（Schlüsselzuweisungen）は需要額の全額が支給されないし，シュレスヴィヒ・ホルシュタイン州やメクレンブルク・フォアポメルン州，テューリンゲン州のように，州によっては中心地に対して段階補正がみられる点である（Priebs, 2013：124）。中心地が補正の対象となるのは，都市の公的施設は周辺農村の住民にも利用され，その運営費は都市が負担しなければならないからである。わが国ではフルセット型の行政が要求されるので，都市に依存すべき公的サービスまで各町村が供給するために小規模自治体の財政を圧迫

する一方，中小都市－とくに農村地域にある低次中心地－にとってはその中心機能（central function）を奪われることになり，その衰退を助長することになった。わが国とドイツとの比較において中小都市の活力の著しい差異の一部はそのことに起因するのではないかと推測される[20]。

わが国の市町村に補完性の原理を導入して，市町村のフルセット型の行政制度を廃止して小規模自治体の業務をより基本的機能に限定したとすれば，小規模自治体の財政窮乏を緩和することはできなかったであろうか。片木（2012）が指摘するように，ドイツでは郡や市町村連合などがわが国の都道府県よりも基礎自治体に近い位置にあって，小規模自治体の機能補完に貢献しているとみるのは著者も同感である。

ドイツは地域民主主義が発達した国であり，地域アイデンティティや地域のまとまりが強いといえるかもしれない。旧西ドイツの行政地域改革のときには，市町村連合は単一自治体へ移行するまでの一時的な漸移形態と考えられていたが，今日までずっと存続するのは合併によって地域アイデンティティの衰退を恐れたためである。わが国では，合併推進要綱においては香川県の面積よりも広い2,000km^{2}を越える基本パターンを臆面もなく提示した道県が4つ[21]もあり，実際に新・高山市（2,177.7km^2）が誕生したのは地域民主主義の未発達を証明するものといえる。もっとも，300自治体を最終的な目標とし[22]，この目標に達するまで市町村合併を継続・推進すべきだとする人たちにとっては，広い面積の合併問題などは眼中にないであろう。

わが国では地域民主主義の歴史が浅く，「平成の大合併」後の地域自治区の制度も十分には機能しない点など[23]からみても，市町村における「市民にとって身近な政治」とか「見渡せる範囲の政治」の原理に対する配慮は乏しい。わが国の町内会に匹敵する隣組制度はドイツには存在しないが，近隣住民とのつながりがないわけではない。片木（2012：165）が述べているように，この問題の厳密な比較にはさらなる科学的調査が必要であろう。

以上のように，わが国では市町村合併に対するベクトルがドイツに比べると強力に働き，地域民主主義や地域アイデンティティは市町村合併によって犠牲にされた。従来から続いてきた地域（旧市町村）の祭やイベントの補助金が，合併後減少して開催しにくくなったという話はよく聞くところである。

もう1つドイツとわが国との違いは，先にも触れたように，中小都市の活力の差である。これは市町村合併とは直接的には無関係のようにみえるが，中小都市の活力が地域を活性化させ，地域の活力が中小都市を活性化させ，町村の経済力を強め，小規模自治体の財政力を上昇させることにもなる。2008年に導入された定住自立圏構想もそれを意図したものと考えられる。

わが国の市町村の規模別人口増減率をみると，表XIII-7に示すように，最近では高度経済成長期にみられたようなベッドタウンの急激な人口増加は陰を潜め（森川，1990c：39），大規模な都市ほど人口増加の方向にある。表XIV-1にみられるように，2010～40年の人口推計においても同様な傾向が続くものと考えられている。すなわち，わが国の中小都市は活力を欠くため地域の活性化に貢献しないし，また地域の活力不足が中小都市は活力を低下させている。それに対して，ドイツでは小規模自治体の人口増減率は低く，大都市の人口増減率が高い傾向にはあるが，中小都市の人口増減率が人口規模に応じて低くなるとはいえない（表XIV-2参照）。調査期間が異なるので[24]わが国とは厳密には比較できないが，人口0.5～5万人クラスの中小都市や農村部の人口増減率はそれほど低くない。

この資料にみるように，ドイツでは中小都市の人口が著しく減少しているわけではなく，農村部の

なかにあって，郡役所都市（Kreisstadt）などは活力ある中心地として存続する。ドイツの農村部には農業就業者はわずかしか居住せず，地価が安いために種々の事業所が立地する。先に述べたように，小規模自治体住民の平均年齢が大都市よりも低く，若者が大都市に向かって流出した後に高齢者が残されているわが国の農村部とは大きく異なる。資料を持ち合わせているわけではないが，ドイツの国土はわが国に比べて地形的制約が少なく，交通条件もよく，都市の通勤圏が広く伸びている[25]。ドイツの都市は農村住民に多くの就業の場を提供しており，過疎地域の発達を阻止しているようにみえる。このような農村部の活力がすべてドイツの空間整備政策の効果によるとはいえないとしても，その貢献を否定できないであろう。

わが国では中小都市の活力が乏しく，過疎地域が広く分布し，財政力指数の低い町村が多い。最近では通勤圏外の町村は減少したとはいえ，北海道や高知県や奈良県など通勤圏外地域を多く抱える道県もある。先にも触れたように，わが国の小都市を衰退させた原因の1つは，郡制の廃止による郡役所都市の衰退に加えて，「昭和の大合併」によって形成された農村部の町村が従来小都市がもってきた機能の多くを奪取し，農村部住民が小都市の機能を利用しなくなったことにあると考えられる。さらには，ドイツの空間整備とは異なり（Priebs, 2013：206），大型店の出店規制が緩やかで，中小都市の商業活動を支援する姿勢が乏しいことも影響するように思われる。

「平成の大合併」では中小都市が周辺町村に合併を呼びかけても合併を拒否されたところも多いが，その多くは中小都市の財政力が弱く，将来の発展にとって魅力が乏しい場合である。ドイツでは人口1～5万人程度の中位中心地（Mittelzentrum）に活力があり，公共交通の結節点として農村地域を支える原動力となっている。ドイツには東京大都市圏のような圧倒的な中心点が欠如することも中小都市の発展を助けている。中小都市の多くは郡役所都市として農村部の小規模自治体の行政サービスを補完する役目を果たし，農村部の行財政の健全化に貢献している。ドイツでは都市・農村連携（Stadt-Land-Partnerschaften）のもとで依然として地域格差の是正や「同等の生活条件」の確立に努めており，市町村合併については考えられていない[26]。

3．小規模自治体と大都市圏地域の問題点

(1) 小規模自治体のかかえる問題

協議会解散や離脱した市町村のなかには，合併効果が乏しいことに失望して納得の上で単独存続の道を選択した市町村も多い。合併しても新市町村の周辺部に位置づけられ「周辺部の寂れ」を免れず，発展が期待されないと考えて合併に積極的でなかった小規模自治体がある一方，何とか合併したいという意思をもちながらも合併できなかった市町村もある。なかには，多額の公債やインフラ整備の遅れのために周辺市町村から敬遠された場合や「時の勢い」によって合併が不成立に終わった場合もある[27]。したがって，非合併市町村のなかには「平成の大合併」が完了したといえないものもある。いずれにせよ，政府は人口1万人未満の小規模自治体の消滅を重要目標としていたなかにあって，481（27.8％）もの小規模自治体が存続するのは注目すべきことである。

「平成の大合併」の終了後に合併した若干市町もあるが[28]，合併協議に疲れた市町村の多くが今すぐに合併協議を再開するとは考えられない。とくに非合併の小規模自治体の多くは「合併への制約が

大きい地域」[29] にあり，それらの合併は今後も困難であろう。本来，市町村の合併は市町村自治の問題であり，合併推進構想の「将来の望ましい市町村の姿」にみられるように，「平成の大合併」で合併した市町を理想的な姿に向けてさらにもう一度合併を要請すべきではないし，したとしても合併協議が再開されるとは思えない。

小規模自治体の行政では専門職の導入は不可能であるが，専門職が導入されたとしても，十分に機能を発揮して住民サービスを向上させることにも疑問の声もある。合併すれば周辺化の問題も起こるし，やがて合併算定替の優遇措置は終了し，合併特例債の償還も始まり，今後厳しい状況に対処しなければならなくなるときがくるであろう。

先にも触れたように，第29次地方制度調査会答申（2009年6月）では共同処理方式による周辺市町村間での広域連携も選択肢の1つとされており，北海道の後志地区や富良野地区のように2007・8年になって広域連合を設置したところもあるし，美濃加茂市地区や彦根市地区のように，協議会が解散に終わった関係全市町が結束して定住自立圏を設置し，その発展に期待するところもあるが[30]，茂原市地区（千葉県）のように資格を得られなかったところもある。

西尾私案については後述するが，2008年5月には定住自立圏構想が発表された。定住自立圏構想と西尾私案との関係について岡田（加茂ほか，2009：106）はおよそ次のように述べている。「西尾氏を中心とする地方分権改革推進委員会第1次勧告においては，「町村は県の行政権限を移譲されても負担になるだけだ」として県からの権限移譲が少なかったといわれるが，それと時を同じくして発表されたのが定住自立圏構想であった。したがって，この2つの出来事は西尾私案における小規模自治体の「特例団体」化とも関連しており，定住自立圏構想によって西尾氏が提案したような小規模自治体の「特例団体」化が進行する可能性がありうるし，小規模自治体の方から「自主的に」中心市との合併を決断しなければならなくなる恐れもある」と。

しかし，著者には定住自立圏構想がそのような意図をもって登場したものとは思えない。そのような意図があるならば，その設定には多くの不備な点がありすぎるし[31]，下関市のような合併1市圏域型の定住自立圏は明らかに該当しないからである。定住自立圏構想推進要綱（2008年12月）によると，定住自立圏構想の目的は地方圏から三大都市圏に向けての人口流出を食い止めることにあり，小規模自治体の措置についてはなんら触れていない。

さらに，2009年6月提出の第29次地方制度調査会答申（基礎自治体関係）[32]をみると，「市町村合併による行財政基盤の強化の他に，共同処理方式による周辺市町村間での広域連携や都道府県による補完などの多様な選択肢を用意した上で，それぞれの市町村がこれらのなかから最も適した仕組みを選択できるようにすべきである」としており，「定住自立圏構想をはじめとする地域活性化策を積極的に活用することで，それぞれの市町村が基礎自治体としての役割を適切に果たすこと」を求めている。さらに，小規模自治体の事務執行については，「関係者と十分な意見調整を図りつつ，法令上義務づけられた事務の一部を都道府県が代わって処理することも考えられる」としており，西尾私案に近いものなのか，下記に示す西尾私案の代替案を意味するのか十分明らかではないが，地方制度調査会は「平成の大合併」の終了後における新たな対応を考えている。

それでは，小規模自治体の業務補充にはどのような方策があるだろうか。それは「平成の大合併」の初期から論議されてきた問題である。

西尾私案は，事務配分特例方式と内部団体移行方式（包括的団体移行方式）からなる。人口○未満の町村は一定期日までに他の市町村との合併か事務配分特例団体や内部団体への移行が強いられ，後者は小規模自治体が他の基礎的自治体に編入され，その内部団体に移行するという案である。一方，事務配分特例団体に移行すると小規模自治体の助役をなくし，議員を無給とし[33]，自治体としての権限を縮小してこれまでと同様に単独町村であり続けることができないとするものである。これは，町村権限の制限に対して町村を半人前扱いに貶めるものとして非難されたし，地域をほとんど知らないものが小規模自治体区域の行政サービスを住民ニーズに基づきながら実施するのは「住民ニーズの適合性」からみて不適切であり，財政効率の面からみてきわめて効率が悪い制度といわれる（森，2003）。

一方，山崎（2004・05）に，西尾私案は古くから漠然と議論されたきた「垂直補完」の方式を具体的に論じたものとして意義があると考える。そして，人口減少のもとで事務配分特例方式の採用はやむを得ないものとして認めるが，地域自治組織（とくに合併特例区）とかなり近いものとなる可能性があり，府県の対応能力には問題があると述べている。

このような西尾私案に対しては，いくつかの代替案が提示された。加茂（2003）によると，①全国町村会の「市町村連合」案，②全国町村議会議長会の「新たな広域制度」案，③北海道町村会・町村議会議長会の「連合自治体」案，④長野県泰阜村の「広域連合充実＋県の広域連合参加＋県の自律代行支援制度」案の4つにまとめられる。これらはいずれも西尾私案のような強制移行とは違って，町村が自主的な選択によって自己決定するものである。北海道では合併が行政の充実や効率化になりえず，サービスの低下や周辺部の衰退ともたらす恐れが強いとして，現行の広域連合を改良して事務の共同化を強化した「連合自治体」の制度を提案し，「平成の大合併」において合併に準じた扱いを要求したが，他の案と同様に，まったく受け入れられなかった[34]。

これらの代替案はいずれも広域連携の採用を意図したものであるが[35]，それとともに問題になるのは，上述したように，すべての市町村がフルセット型機能をもつことである。もしも市町村がフルセット型の機能をもつ必要がなく，小規模自治体では担当困難な業務を上位の広域行政に委ねることができるとすれば，ゴミ処理や介護保険など次々に現れる重要な業務を広域行政に任せる方法によって解決することもできる。佐藤（2008）や小西（2008）のように，わが国ではフルセット型機能をもつ必要のために，「平成の大合併」の実施が必要になったとみる人もある。

著者は，政令指定都市や中核市，特例市の制度が登場した段階で総合行政体制は崩壊したと考える。これらは市町村が本来もつべきフルセット型機能の上に追加機能を取得した都市であるが，大都市が追加機能をもつ限りこれまでのフルセット型機能をもつ体制は崩れているので，それとは逆に，フルセット型の機能を欠く小規模自治体が出現するのは当然のことと考える。

フルセット型の行政について富野暉一郎氏（三重シンポジウム2003）は，①市町村の規模に強烈な差があり，地域格差が拡大し，②生活空間と行政空間の区域が完全にずれてしまい，いまや破壊していると述べている。こうした現状では，小規模自治体は自らの意思で自分のサービスの範囲，権限の範囲を選択し，それ以外の事務を県に返上したり，広域連携で処理する「選択的自治」を制度化すべきである。その場合には，都道府県が最低限行政を担保するかたちで，合衆国にみられるカウンティ（county）型の地方自治[36]が適当と考えている。

上記の第29次地方制度調査会答申では小規模自治体に対するフルセット型業務の廃止については触れていないが，小規模自治体の事務執行に当たっては都道府県を加えた広域連合の設置が有力となる。それは実質的には都道府県による垂直的な機能補完となるであろう。ただし，一部事務組合や広域連合については運営の実態が自治的な様相を呈しているとはいえず，先にも触れたように，内部での意思決定過程が不透明であり，責任の所在が曖昧で，住民による情報入手が困難なことなどが指摘されている。とくに広域連合については，縦割りの補助金や公共事業が地方に浸透しているなかで広域連合による事務の総合化・効率化は困難であり，財政的基盤が弱いという問題もある（加茂，2003）。したがって，広域連合の機能を強化し改善して都道府県も加入した「改良型広域連合（市町村連合）＋府県によるサポート」が実現すれば，合併を希望しない小規模自治体も都道府県と協同して地域振興を目指す運用も期待できるはずである（加茂，2003；大野，2003）。

　しかし山崎（2004・05）や佐藤（2008）は，現在の県では県自身が直接執行する事務は限定されており，市町村とは性格を異にするので，かつての郡のように直接執行型の団体に改造する必要があるという。また神原（2012：34）は，財政危機で破綻寸前の北海道には小規模自治体を世話する能力はまったくないし，近隣に業務を代替してくれそうな自治体は普遍的には存在しないという。佐藤（2008）はこの問題を道州制との関連させて考える場合にも，小規模自治体に垂直的補完は行わない方がよいし，近隣市町の内部団体化するのも不適当であると考える。結局，佐藤（2008）は，特定の行政サービス提供機能に特化した何らかの広域行政体の設置が模索されるべきとしており，アメリカ合衆国の特別区（special district）のような組織[37]によって小規模自治体の行政サービスを補完することを考えているようにみえる。

　一方，山崎（2004・05）はフランスのようなフルセット型機能を欠くシステムへの転換を考え，最小規模の町村が処理できる事務を標準としてそれ以外の事務は県が直接処理すべきであるという。加茂（2003）らも小規模自治体の措置としてフランスの市町村共同体（communauté de communes）の採用を考えている。フランス型の市町村共同体は首長，議会，課税権をもつ普通地方公共団体であり[38]，特別地方公共団体に当たる広域連合とは異なる組織であり，広域連合を改良して市町村共同体に近づけるのが適当と考える。

　フランスの市町村共同体制度に比べると，ドイツの市町村連合にはいくつかの種類があり，それぞれの組織の差異を細かく検討することができる。ドイツではシュレスヴィヒ・ホルシュタイン州のアムト（Amt）やバイエルン州，バーデン・ヴュルテンベルク州の行政共同体（Verwaltungsgemeinschaft）のように，首長がなく，決定権は構成自治体がもつ市町村連合がある[39]。これらは事務部門の一部または全部の執行だけを共同で行うものであり，アムトはわが国にかつて存在した組合村と類似したものと考えられる。アムトでも行政共同体でも，事務の共同作業に行う限り他の構成町村と妥協しなければならない場合もあろうが，あくまでも事務の委託という点では町村の決定権は維持され，地域自治組織のレベルまで「落ちぶれた」ものではない。

　その他にも，ニーダーザクセン州の統合市町村（Samtgemeinde）やラインラント・プファルツ州の連合市町村（Verbandsgemeinde）のように二重構造の自治体もあるし，小規模自治体の事務を引き受ける業務担当自治体（erfüllende Gemeinde）もある。フランスの市町村共同体に限定されることなく，広域連携のあり方を十分に検討することが必要であろう。

それと並んで問題になるのは，本章1節でみたように，小規模自治体は将来においても各道府県に同一割合でもって存在するのではなく，特定の道府県に集中することである。つまり，事務受託業務はある道府県では必要であるが，その他の道府県にはほとんど不要なものとなる。しかも，小規模自治体は県内に散在するので，隣接町村同士が同一の条件下にあることは少ない。その場合には，小規模自治体の業務を県庁で－ナショナル・ミニマムを達成するためには－一括処理するよりも，県内中小都市にある地域振興局などの出先機関で数カ町村ずつまとめて処理する方が適当であろう[40]。

(2) 大都市圏地域のかかえる問題

　大都市圏地域についても問題がないわけではない。大都市圏地域の市町村合併は計画外に置かれたわけではないが，進捗率が低く，今日でも面積が小さな市町村が数多く存続する。そこでは，行政サービスの受益と負担の範囲が一致せず，公共施設の円滑な利活用や一体性のある広域的なまちづくりの観点からすると，合併や広域連携などを含めて，行政運営の単位のあり方が問われる。市町村の「横並び」意識により，また景気対策としての補助事業のために，わが国の市町村では実際の必要以上に箱物建設を進めてきた弊害もある。今日では余剰施設の存在と施設の老朽化も問題になっている。したがって，フルセット型の業務を止めれば，合併しなくても中心都市に設置して周辺町村すべてが利用することもできるはずである。すでに大阪府や神奈川県では都市間の広域連携が進みつつある。これらの動きは将来に向けた力強い潮流といえるかどうかは明らかでないが，施設利用の合理化を考えて種々の動きがある。

　上記の第29次地方制度調査会答申（基礎自治体関係）では，「大都市圏の市町村は他の地域に比して人口密度が高く，市街地も連担しており，市町村合併や広域連携による高い効率化が期待でき，広域連携の推進に加え，自らの判断による合併の可能性も視野に入れて将来の都市像を描いていくことも考えられる」と述べる。そしてその際には，住民自治の充実を図る観点から，旧市町村単位でのまとまりを維持する仕組みを検討するのが適当であるが，広域行政について具体的には触れていない。

　大都市圏では今後地方圏に比べて急速な高齢化が進行することが予想される。昭和30（1955）年代から40（1965）年代にかけての人口急増期に集中的に整備した公共施設が一斉に更新時期を迎えるため，これに伴う財政負担の急増が大きな課題となっており（総務省 2010：31），市町の広域連携の必要が迫られている。

4. 人口減少社会における市町村運営

　前節でみたように，今後は急速に人口減少社会を迎える。そうした状況下において地域整備をいかに行うべきかは，大都市圏，地方圏を問わず国土計画上の重要課題であり，市町村運営にとっても大きな問題である。2008年7月に閣議決定された国土形成計画（全国計画）[41]においては，前世紀の国土計画において常に目標とされてきた「国土の均衡ある発展」の看板は下ろされ，地域再生の政策を進めることとなった（高山，2009）。

　グローバル化による「国家の相対化」と移動の障害となる各種規制が緩和した今日では，1国内での「国土の均衡ある発展」を維持することは難しくなってきたし，財政的にも窮乏したわが国では地

域格差の縮小に努めることは困難といわれる。グローバル化の進展のもとでは，大都市の国際競争力強化が重要な課題である。とくに世界都市となった東京がわが国のグローバル化への対応を担う最重要の拠点とすれば，ある程度の一極集中はやむを得ないことであり，地域格差をなくして「国土の均衡ある発展」を望むのは無意味なことと考える人もある。

　山崎（2009）も，地方開発にとっての最大の障害は人口減少のため費用対効果の数値低下であり，人口密度の低いエリアの社会資本の更新は放棄せざるを得なくなるので[42]，その地域の企業や住民は生活，生産維持のためにより広域的な移動が必要となり，地域格差の拡大も否定できないものとみている。

　こうした状況下において，居住の自由と移動の自由が保障されている限り，地方の過疎市町村などについて国によるナショナル・ミニマムの保障は不必要だとする議論が最近現れてきた。山崎（2004・05）の紹介によれば，過疎地域などに住み続けることを決意した人は自己の経済的合理性を踏まえて自由意思で決断しているのであるから，その人の生活条件を補うような財源移転をする必要はないし[43]，国にそのような財政的余裕もないというのがその論拠である。

　こうした発想のもとでは，行政サービスの提供はその団体（市町村）の受益と負担の関係によって決定されることとし，どのような受益と負担の水準が望ましいかを個人が合理的に判断して，居住場所を決定すればよいということになる。これは「国土の均衡ある発展」の考え方に対するアンチテーゼとして，東京を中心とした都市居住者の潜在的な意見を代弁するものである。

　井堀（2001：77-156）は，世界有数の経済大国になった今日ナショナル・ミニマムを高水準に維持する必要はなく，基準財政需要の量的水準を大幅に削減して，最終的には－10～20年のうちには－地方交付税制度そのものを廃止すべきであると主張する。氏は，地方交付税制度に関する不備を指摘しており，地方財政調整制度をスリム化した場合にも人々が自由に居住地を選択できるとすれば，個人間での格差はあり得ても，地域間での格差は考えられないとする。集積メリットの高い大都市圏へ一極集中すること[44]が，わが国全体の資源配分からみて効率的であるならば，あえて過疎の地方に人口をとり戻すような地方振興政策を実施する必要はないと考える。

　さらに，行政サービスの供給にとっては費用対効果の厳格な評価こそが大前提であり，過疎地域でも地域の中核都市に集積して居住することでもって規模の利益を享受できるはずだと説く。また，30万人以下の市町村では行政サービスを供給する際には規模の利益が失われるので，市町村合併においては人口30万人を目標とすべきであるとしており，道州制の導入にも賛成する。

　同様に，原田・鈴木（2005：183）はこれからの人口減少社会においては，「人の住むところに社会インフラを整備するのではなく，社会インフラのあるところに人が動いて社会インフラを有効に使うという発想」が重要と考える。これまで実施してきたように，居住地域における機会均等の原則を維持するために，きわめて不利な条件の居住地域をも含めて居住インフラの整備を持続することは将来困難となるので，経費節減のためにも，これまで整備されてきた良好なインフラのある地域を十分に利用するために居住者が移住すべきであると考える。

　今後の人口減少社会を考えると上記の主張には一理あるが，いくつかの疑問もある。人が動いてインフラを有効に利用するという「足による投票」に任せてよいであろうか。「足による投票」に任せたとしても，社会的なしがらみや地域への愛着を断ち切って移動するのは容易なことではなく，それ

ほど大量の人口移動は起こらないであろう。米軍基地問題で悩まされる沖縄においてさえ，所得格差が本土並みになるまで人口流出によって人口が減少することもなく，失業率は依然として最高水準を維持しているし，ドイツでも統一から四半世紀を経た今日まで旧東西ドイツ地域間の所得格差や失業率の格差は解消されていない。

しかし，もしも所得格差が解消されるほど人口移動が起こるとすれば，インフラの整備された良好な生活条件をもつ大都市とその周辺地域に人口がますます集中するので，東京大都市圏にはさらに大きな人口集中が起こるであろう。高所得を求めて移動するのは若く有能な人たちであり，高度経済成長期にみられたように選択的人口移動（selected migration）によって地域格差の拡大を促進する可能性がある[45]。先にみたように，大都市圏の人口は今後 2040 年までそれほど減少しないと予測される上に，このような生活条件の変化によってさらに人口が集中するとすれば，それが国土の持続可能性（sustainability）に適合した状態とはならないであろう。

地域再生政策は地域の自助努力により一定の経済発展を促すことを目標としているが，人口分布を問題にするならば，これ以上東京大都市圏への人口や都市機能の集積は避けるべきであろう。東京一極集中はある程度容認されるとしても，どれだけ集中してもかまわないわけではなく，それには限度があり，今日すでにその限度を超えているとみるべきであろう。

国土の適度な利用という点では，狭い国土のすべての空間と資源を有効に利用することが大切である。東京大都市圏への人口集中は「災害王国」のわが国にとっては避けるべきである。国民の中には生活条件が劣っていても先祖が生活してきた居住地に愛着をもつ人もいるだろうし，年齢によっても居住地選好は異なり，豊かな自然の中でのんびりした生活を好む高齢者もいる。その場合に，費用対効果論[46]を持ち出して採算の合わない山間部への公共投資を廃止して必要な居住環境を整えないのは，国民の生存権，生活権を保障した憲法（第 25 条）の精神にも背くであろう。さらには，住民が逃げ出して無住の「荒れ地」を形成するのが国土の適切な利用といえるだろうか。地方圏の生活条件の低下を無視して，東京の国際競争力を高めることがとるべき地域政策といえるだろうか[47]。グローバル化のもとでは国の力は制限されるとしても，グローバル化にすべてを任せたままでよいだろうか。

重森（2003）は，地球の持続可能性という視点から考えても，農村は安全な食料の供給，水資源の涵養，温暖化ガス・CO_2，治山治水，人間の健康回復，伝統的文化の継承など，きわめて重要な役割を果たすが，それはそこに人々が居住し生活を維持してはじめて果たせるものである。農山村社会が維持され，適正な財政負担がなされることは，都市住民生活の持続可能性にとっても重要であり，地方振興策の不要を説く井堀（2001）の主張に反対する。

平岡（2003）も，小規模自治体によって農山村における定住・生活条件を整備することは規模の経済などからいってコストがかかるのは事実だが，農山村の定住による国土や水・森林の保全，食糧自給などへの多面的効果を考慮すれば，むしろ効率的であることは，森林・水田などの多面的機能の経済評価に関する各種の研究からも窺えるという。岡田（2003）も，「農林業における地域内再投資は，単なる生産行為だけでなく，国土や自然の保全管理を同時に行っていることになる。農林業に対する投資が不足し，再生産が縮小すると，耕地や山林の荒廃を引き起こし，ひいては水害などによって大都市住民の安全を脅かす」と述べている。また，人口減少に伴う耕作放棄を深刻な問題と考える生源寺（2005）は，中山間地域の集落（コミュニティ）のすべてを維持することは現実には不可能として，

先にみたように，2040年には人口1,000人未満の町村も確実に増加するが，大きな変化が予想される福島県を除くと，特別異常な変化はみられない。山間部や離島には限界集落が多くなり，近い将来無住地に帰する地域に投資しても効果がまったく期待できない場合もたしかにありうるだろう。したがって，将来放棄せざるを得ない地域が現れるのはある程度やむをえないとしても，少なくとも，これまで独立の町村としてインフラ整備を続けてきた旧町村の役場集落までインフラ施設の補修を放棄しても構わないだろうか。これまで蓄積され管理されてきたこれらの地域のインフラを放棄して，インフラがより整備されている地域に集中的に居住すれば資源の損失も大きいだろう[48]。農村部の人口は減少しても，観光や二地域居住などによる人口交流は活発に行われるし，国土の保全も必要なので道路管理などのインフラ整備や補修はできるだけ継続して行うことが必要と考えられる。

前世紀の国土計画において常に掲げてきた「国土の均衡ある発展」概念には，成長社会のなかで－その多くは工業誘致型の地域開発ではあったが－地方の地域開発による地域格差の是正が含まれていた[49]。今後これまでの政策の継続は困難であるとしても，減少する地方交付税を全国に相応に分割して使用し，「同等の生活条件」の確立を考えるべきではなかろうか。それは憲法に謳われた基本的人権にかかわる問題であり，廃止するわけに行かない。ただし，現行の地方交付税には種々の問題があり，制度改革は必要不可欠であろう。

林（2006：107）によると，基準財政需要額は1960年度を100として2003年度には都道府県分が41.8倍，市町村分が72.9倍に増加し，GDPの30.1倍を大きく上回っており，ナショナル・ミニマムを基準に財源保障を行う本来の姿から大きく乖離してきたので改革が必要であるという。中央政府から地方政府への資金の移転は英独仏に比べて異常に大きいが（吉田，1998：166），国税・地方税の徴収にも差異がある。重森（2003）は地方交付税の問題点として，①国による財政統制の手段としての性格が強く，②建前としては使途が限定されない一般財源だが，特定財源としての性格をもち，③県の人口1人当たり一般財源でみる限り，都市部と農村部の間の逆格差が発生しており，④地方交付税の法的財源と地方交付税との間の長期にわたる構造的ギャップが生じ，地方交付税制度そのものが破綻に近い状況にあるという。

最も問題になるのは，地方債を発行して事業を行い，その償還財源を地方交付税で充当することであり（奥野，2008：49），空港建設のような大規模公共事業まで基準財政需要に含まれ（高木，2006），ムダな箱物まで建設し（小西，2003：68），都市部と農村部の間に逆格差が発生することである。梶田（2003）は段階補正について詳しく説明し，池宮城（2007）は，小規模自治体の公共サービスはきわめて非効率であり，歳出・歳入面で他の自治体以上に努力を要するという。地方の市町村には徴税努力をおろそかにして地方交付税に頼ろうとする中央依存体質が身についてしまい，将来は地方交付税を廃止すべきだという意見さえみられる（吉田，1998：119；井堀，2001：134）。

これに対して，平岡（2003）は地方交付税の逆格差（逆転現象）が起こるのは条件不利地域の1人当たりの財政需要が大きいためであり，高知県（2001年度）の例でみると経常的経費において段階補正，高齢化，教育費の多さが基準財政需要額を多くしており，事業費補正を含めた投資的経費や公債費については国の経済対策に対応して1990年代に実施してきた補助事業や単独事業の増大を反映したものと考える。しかし，条件不利地域における定住を保障するには農山村自治体に対する財源保

障が重要であり，逆格差といわれるほどの地方交付税による財政調整を行っても地域格差は解消されてはいない。地方交付税の見直しが農山村の衰退をさらに促進するものであってはならないと主張する。

このようにして，地方交付税の抜本的改革は必要であるとしながらも，①ナショナル・ミニマムを維持し，②日本社会の持続可能性の観点から，地方交付税の財源保障・財政調整機能は存続させるべきと考えられる。先に述べたドイツの空間整備政策においてはナショナル・ミニマムよりも「同等の生活条件」が重視され[50]，今日なお「同等の生活条件」の確立から各地域の個性を活かした地域づくりへの転換は考えられていない[51]。

5. 道州制の導入と市町村

道州制の導入については戦前から提唱され，戦後は第4次地方制度調査会答申（1957年）においてすでに議論されていたが，道州制推進議員連盟を結成した自民党が「道州制に向けた提言」を公表したのは2000年であった。さらに2003年には，日本経団連が発表したビジョン「活力と魅力溢れる日本を目指して」のなかで道州制の導入を提案し，基礎自治体は政府目標の1,000をさらに再編して300に集約することを要求したのを受けて（岡田，2008a：32）自民党は道州制調査会を設置し，「市町村合併の次は道州制」の雰囲気が充満していた。したがって，道州制の導入は市町村と無関係ではない（加茂ほか，2009：24）[52]。

市町村合併に連動して道州制を実施する理由としては，①「平成の大合併」による市町村数の減少により道府県の機能低下，②政令指定都市，中核市，特例市の数が増えたことによる県の事務権限の空洞化，③県の権限を自発的に市町村に大幅移譲する県の出現可能性，があげられる（西尾，2007：148）。また，斎藤（2009）は道州制のメリットとして，①地方分権の推進，地方自治の充実強化（国から道州への大幅な権限移譲）。②自立的で活力ある圏域の実現につながり，東京一極集中の是正となる。③国・地方を通じた効率的な行政システムの構築がはかれる，などの点をあげている。道州制はグローバル化に伴って起こるローカル化に適合した措置ともみることもできる。

「平成の大合併」の期間中に提出された第27次地方制度調査会答申（2003年11月）[53]では，「現行憲法の下で広域自治体・基礎自治体の二層制を前提としたもので，現在の都道府県を廃止し，より自主性，自立性の高い広域自治体として（道州を）設置する」とし，国の地方支分部局がもつ権限は例外的なものを除き道州に移管するとした。道州の区域については，法律により全国を区分して定める考え方と都道府県側のイニシアティブを重視する考え方とがあり，全国一斉に道州に移行する方法と一定の道州の要件に合致した場合に順次道州に移行する方法とがあるとした。

さらに，2006年2月の第28次地方制度調査会答申[54]でも道州制について論じた。その背景には，①先に挙げた市町村合併の進展などによる影響，②都道府県の区域を越える広域行政課題の増大，③地方分権改革のため権限移譲の確かな担い手の必要性，があるという。道州制の導入については自主的な都道府県合併などの活用が考えられるとしており，第27次地方制度調査会答申で述べた方法の中では「都道府県側のイニシアティブ重視」の考え方に傾いているようにみえる。ただし，道州への移行は必要な経過期間を設けた上で－先行は許されるが－全国において同時に行うものとしている。また，事務配分の再編において国が道州の担う事務に関する法律を定める場合には大綱的な最小限の

内容に限ることとし，具体的な事項はできる限り道州の自治立法に委ねるべきとする．

地域区分としては9州案，11州案，13州案からなる3つの区域例をあげている．北海道[55]と沖縄県についてはその地理的特性，歴史的事情などに鑑み，1つの道県でもって道州を設置することも考えられる．また東京圏の区分については，東京都の区域または特別区の区域のみでもって道州またはそれに相当する何らかの自治体とすることも考えている．そして，補完性の原理および近接性の原理に基づいて，国，広域自治体（道州），基礎自治体の財政基盤の充実を図り，住民に身近な行政については基礎自治体が総合的に担うようにするとあり，各道州や市町村における税源と財政需要に応じて，適切な財政調整を行うための制度を検討すると述べている．ただし，小規模自治体の問題には触れていない．

これまで，北東北3県では1997年から知事サミットを行い，北海道，岐阜県，静岡県，大阪府，岡山県でも道府県の在り方に関する研究会を設置してきたし（佐藤俊，2006：336），上述のように，2010年に関西広域連合も発足した．ただし，関西広域連合には鳥取県や徳島県が参加するのに対して奈良県は不参加であり，特徴的な政治的地域連携がみられる．さらに，岩手県や宮城県，神奈川県，愛知県などでは合併推進構想に掲載された「将来の望ましい市町村の姿」の説明でも，上述したように，道州制との関係について説明している．香川県構想（2007年）には，全国的な市町村合併の進展などにより道州制導入の議論がなされ，国，県，市町村の役割分担について抜本的な見直しを検討すべき時期を迎えていると明記している[56]．このようにして，都道府県の側でもある程度の動きがみられる[57]．

しかし，道州制導入の主眼は経済のグローバル展開に対応した「産業インフラの整備」にあるだけに，多くの問題がある（岡田，2008a：94-99）．①東京一極集中を抑制し地方の成長力を回復するには，地方分権が必要で道州しかないというが，東京一極集中は海外現地法人および国内の子会社，分工場，支店からの所得の移転の結果生じたものである，②一部の大企業の経済主義的な発想に引きずられ，国民生活や地方自治の視点が欠落している，③道州制導入→巨大インフラ（国際空港，港湾，高速道路整備など）の整備→企業誘致成功→地域活性化という論理は不適切であるし，州都となる都市（例えば福岡市）は東京資本の支店経済によって成り立っているので，法人所得の多くが東京本社に移転され，域内のあらゆる地域の住民に再配分される保障はない．

さらに具体的に問題になるのは，①州に対して国の権限をどれだけ移譲し，どのような特性を備えた道州が誕生するのか，②二層性（州，市町村）が適当であって三層性（州，県，市町村）を考える必要ないのか[58]，③どのような地域に区分し，各道州の州都をどこにおくのか，④道州間の地域格差をいかに調整するのか，⑤十分な財政基盤をもった基礎自治体を必要とするために市町村合併をもう一度行うのか，小規模自治体にどのように対応するのか，などである．

著者は以前，道州制に適合する財政基盤の強い基礎自治体として20万都市を想定し，中国地方を例として日常生活圏（通勤圏）に根ざした市域の設定を試み（森川，2008：121-130），各道州の区分や州都の位置について考察した（森川，2010c）．その結果，自治体の規模が人口20万人や10万人となると，日常生活圏を無視した市域に統合されることになり，そのなかには競合的地位にある2・3の中小都市が含まれ，効率的な行政運営は行えないだろうと結論した．したがって，30万人都市の形成を要求する300自治体構想[59]は適切な自治体規模とはいえない．また，道州制のもとで各州が

表XIV-4 州都候補都市のDID人口と高次都市機能（人，従業者数）

都市	DID人口（万人）	情報通信業(H)	金融保険業(K)	専門サービス業(Q80)	学術開発研究機関(Q81)	広告業(Q89)	高次都市機能（合計）	東京特別区を1とする DID人口	東京特別区を1とする 高次都市機能
札幌市	181.2	32,262	23,518	23,115	2,258	2,699	83,852	0.213	0.058
盛岡市	23.0	5,739	5,739	3,316	1,079	503	16,399	0.027	0.011
仙台市	90.5	19,503	16,521	14,895	3,044	1,977	55,940	0.107	0.039
高崎市	17.6	3,488	4,183	3,443	827	400	12,341	0.021	0.009
さいたま市	103.2	14,133	15,886	10,211	1,100	1,126	42,456	0.122	0.030
東京特別区	849.0	713,153	323,736	305,325	27,989	63,234	1,433,437	1.000	1.000
横浜市	348.8	49,985	28,756	37,987	10,306	3,419	130,453	0.411	0.091
新潟市	56.7	8,575	10,430	7,886	591	696	28,178	0.067	0.020
金沢市	36.7	8,947	8,538	6,757	653	604	25,499	0.043	0.018
名古屋市	215.9	56,800	41,267	47,791	2,001	8,241	156,100	0.254	0.109
大阪市	262.8	78,900	77,188	84,338	3,250	15,962	259,638	0.310	0.181
岡山市	45.5	10,793	10,629	7,123	757	883	30,185	0.054	0.021
広島市	100.5	17,492	17,492	17,155	993	2,136	55,268	0.118	0.039
高松市	21.4	6,508	8,154	5,067	638	661	21,028	0.025	0.015
松山市	41.9	5,607	7,647	4,834	351	404	18,843	0.049	0.013
福岡市	134.4	43,466	30,044	25,414	607	4,123	103,654	0.158	0.072
熊本市	55.6	7,288	10,177	7,790	490	929	26,674	0.065	0.019
那覇市	30.8	8,284	6,634	5,130	98	723	20,869	0.036	0.015

＊市外まで伸びる連担したDID地区は考慮していない．
資料：国勢調査（2005年），事業所・企業統計調査（2006年）による．出典：森川（2010c）．

自主的にその活動を活発化することができたとしても，今日以上に顕在化する道州間の地域格差をいかに調整するかが問題になるだろうと考えた[60]。

本章1節で述べたように，2040年には小規模自治体が再び増加するが，再度の大規模合併は困難と考えられるので，小規模自治体の行政運営に対する支援が必要であり，本章3節で論じたように，道府県には小規模自治体を支援する役割を残す必要があると考える。ただし，本章1節でみたように，小規模自治体はすべての都道府県に同じ比率でもって増加するのではなく，特定の道府県に集中的に現れる可能性が高い。また小規模自治体の特性も一様とはいえない。したがって，小規模自治体支援の役割は道府県によって大きく異なることになるであろう。

第28次地方制度調査会答申で提出された3案のなかでは，9州案にせよ，11州案・13州案にせよ，州域の人口規模も経済状況も異なるし，州都の機能にも大差がみられる（表XIV-4参照）。東京都を南関東州に含めるか独立させるかどうかを問わず，活力のあるのは南関東州，関西州，東海・北陸州などであり，北海道や沖縄州との間には著しい地域格差が発生するはずである。したがって，地域格差を是正するためには，ドイツにみられるように州間財政調整（Länderfinanzausgleich）が必要であろう[61]。

ドイツの州間財政調整は富裕な州が貧しい州に資金を供与する制度である。各州の財政レベルを全国一律に平均化するのではなく，豊かな州では平均からある程度の資金を残して，それを超える部分を貧困州に拠出するものである。ニーダーザクセン州やラインラント・プファルツ州では長年にわたって常に資金を受け取る側にあり，拠出する州からの不満は強い。財政調整を受けながら地域の活力をいかに引き出すかは重要な課題である。

ところで，東京都は不交付税団体であり，先にも触れたように，これまで巨額の市町村総合交付金

を都内市町村に支給している．多くの企業は東京に本社を置くため多額の法人事業税や法人県民税を得ることができる．経済中心として本社が集中するのは当然のことかもしれないが，地域格差是正のために－ドイツの州間財政調整にように－水平的な財政調整はできないものであろうか．

　道州制の導入において重要な問題は国の権限の道州への移譲による道州の設置である．道州が広域自治体とすれば都道府県の同意を得て時間をかけて設置することになるであろう．多くの論者が指摘するように，フランスにおけるレジオン（région）の導入がモデルと考えられる．その場合にレジオンを導入してもデパルトマン（département）を廃止しなかったように，二層性よりも府県にある程度の機能をもたせた三層性の方が望ましい．都道府県は暮らしや雇用，地域経済全般に積極的にイニシアティブを発揮すべきであるし（加茂ほか，2009：132），小規模自治体が必要とする機能補完を担当することも重要な任務であるが，県庁都市の衰退をできるだけ阻止する必要があると考えられる．二層性にすると州都の発展によって東京一極集中をある程度阻止することはできるかもしれないが，州都に選ばれなかった県庁都市の衰退が懸念される[62]．わが国の国土集落システムにおける地方の中心都市として－山口市のような例外もあるが－重要な役割を果たしてきたそれらの県庁都市は，機能を奪われて衰退することになるであろう．それは県庁都市の衰退にとどまらず，県庁都市を頂点とする都市システムのすべての都市や地域を衰退させる恐れがある．

　地方圏においてはおおむね県庁都市だけが活気ある存在であるので，道州制に移行すれば東京を除く8や12の州都だけが繁栄し，フランスにおける「均衡のメトロポール（metropole d'équilibre）」になる可能性がある[63]．三層制にして県に小規模自治体の運営を支援する役割などを与えれば－それによってすべての問題が解決されるわけではないが－，二層制の弊害がいくらかでも緩和することはできるであろう[64]．

　表XIV-4にみるように，予想される州都と東京特別区との間には高次都市機能に著しい差異があるが，三層制の道州制の導入によって道州の各州都が高次都市機能を拡大することになれば，各道州内において州都の機能や施設をより身近に利用できるようになり，地域の活性化につながる面もあり，適当に分散した中心地に集積する，集落構造からなる分散的集積（dezentrale Konzentration）によって，全国土のより有効な利用を高めることにもなると考えられる．

　著者はそのなかで，州域の一体性と州都の選定を考慮して9州案が適当としたが（森川，2012a：190-209），州都の位置付けを低くして県庁都市との距離を縮小するためには13州案も無意味ではないように思われる．

(注)

(1) この資料（国立社会保障・人口問題研究所：日本の地域別将来推計人口）はインターネットにも掲載されているが，旧市町村単位の集計はなされていない．

(2) 純移動率モデルにおける純移動率は，移動の確率（当該市町村の人口に対する転入者比率）を示す指標ではないといわれ，地域別転出率を用いたロジャース・モデルに代表される多地域モデルに比べると，若年層に対する推計誤差が大きい．場合分け純移動率モデルは純移動率がプラスの場合とマイナスの場合とを区別して計算する方式で，純移動率モデルのなかでは多地域モデルに近く，実測値との誤差が少ないといわれる（小池，2008）．少ない資料を用いて推計できるため，このモデルはよく利用されている（小池司

朗室長の説明による).
(3) 人口推計に用いた基本資料が2010年の統計値に限定されており，市町村人口の推移による構造的変化を十分考慮していないことが影響しているのかもしれない．
(4) 福島県には2010年現在29（50.0%）の小規模自治体があったので，2040年には大幅な増加が予想される．
(5) 2003年に発表した日本経団連のビジョン「活力と魅力あふれる日本を目指して」には，行政改革を進めることによって「個人の能力や個性にあった教育，働き方，医療，最期の迎え方が選べる」社会にすべきことを提案し，「最期の迎え方」においても個人の支払い能力によってより高度なサービスが受けられる制度を考えている（岡田，2008a：32）．高度なサービスは寿命にも影響するので「同等の生活条件」を真っ向から否定したものとなる．
(6) 農村の過疎地域だけではなく，大都市部の郊外に高度成長期に乱開発で生まれた鉄道駅から遠い住宅地においても老朽化が進み，空屋率が徐々に高まっている．
(7) 地方税の課税や地方債の起債に厳格な財源統制するのは世界的には希であり，市町村に標準税率で「歳入の自治」がないのもわが国の特徴といわれる（西尾，2007：254）．さらに，投資的経費が市町村の支出の半分近くを占め，公共事業費は国際的にも突出したものといわれる（平岡，2003）．
(8) 合併後の新市町の中には地域審議会や地域自治区，合併特例区の設置が認められ，地元の意見を自治体行政に反映する手段が設けうれてはいるが，通常は期限付きの組織であり，首長の公選は行われていない（上越市の準公選制は例外）．ドイツの地域自治区では公選制の首長がいて，市町村長や議会と対立することがあるほど強力な権限をもつといわれる．
(9) 人口500人に充たない離島の村と300万人を越える横浜市の人口規模は大きく異なるので，小規模自治体が大都市と同様の行政機能をもつことはできない．1912年には郡制が廃止され，戦後には政令指定都市や中核市，特例市などの資格による行政機能の差異が発生したが，小規模自治体でも所定のフルセット型の行政機能をもたねばならない．その場合に，一部事務組合や広域連合は一部の業務に対する代行措置であり，公共下水道等に関する過疎代行は県が小規模な過疎地域市町村に代わって実施する制度で，フルセット型の行政機能を破壊する例外的な措置といえる．わが国では通常，自町村でできない部分を上位の行政組織に代行してもらう制度はなく，補完性原理（Subsidiaritätsprinzip）が発達しているとはいえない．
(10) ただし，2007年に市町村合併が行われたデンマークのように，ローカルな自発的な団体はあるが，地域自治区が存在しない場合もある．
(11) プリープス（Priebs, A.）教授の説明によると，ドイツでも便利な買物やインフラを求めて大都市や小都市に移住する高齢者がいるが，支配的な傾向とまではいえない．人口流出地域では高齢者が残留し，有能な若者は経済活動の活発な地域に移動するので，小都市や農村で高齢化が進行しているが，西ドイツから東ドイツに帰還する人もいるとのことで，それほど顕著な現象とはいえないようである．
(12) ドイツでは議員収入だけでは生活できない．市町村議会は通常就業後の夜間に行われるので，合併して居住地からの距離があまり遠くなることは許されない．
(13) わが国ではシュリンキング・シティ政策を直接取り上げてはこなかったかもしれないが，過疎地域対策は1970年から採用され，人口減少の防止対策が欠如するとはいえない．たしかに，ドイツではOswalt ed.（2006）などにおいてシュリンキング・シティは論じられている．しかし，2011年の空間整備白書（Raumordnungsbericht）では地域発展政策の主要問題（BBSR, 2012：9-10）のなかにも，「小都市・町村の広域連携とネットワーク」の都市振興計画や都鄙連携の空間整備モデル計画の推進による機能空間の強化が謳われているが，シュリンキング・シティに対する対策は見当たらない．また，連邦政府の『人口戦略（Demografiestrategie）』（BMVBS, 2012）の目次においても，シュリンキング・シティに当たる術語は使用されていないし，Priebs（2013）にも「人口縮小」が一般的な意味で使用されているが，schrumpfende Stadt

なる術語は見当たらない．将来人口の減少や高齢化についてシュリンキング・シティ政策がそれほど有効かどうか疑問に思われる．

(14) 「市民にとって身近な政治」には2つの意味がある．通常はこれまで近い位置にあった機能の維持や喪失を対象として使われるが，地方分権の推進によってこれまでなかった上位機能を身近に取得する場合にも使用される．政府はナショナル・ミニマムの行政サービスの担い手として，合併した市町村が権限移譲によって上位のサービスを身近なところで効果的に処理するようになった利点を強調するが（青木，2010），住民にとってより重要なのは前者の意味（合併により喪失する身近な機能）である．それとともに重視されるのが「見渡せる範囲の政治」である．

(15) 地域的に差があり，大都市の一部の地域ではキリスト教徒が少数派のところもあるが，ドイツの教会（エバンゲリッシュとカトリック）は市町村住民の生活にとって重要である．教会は教会税を財源とするが，離脱者が多く，合併したり財産を売却する教会もある．教会は多くの社会施設の運営者であるため国からも資金を得ているが，通常その資金は十分ではなく，教会は大きな支出を伴う計画を切り詰め職員を減らすなどの対策を講じている（プリーブス教授の説明による）．

(16) 森川（2007）では制度裁判所の判決が下って計画が中止される以前に，メクレンブルク・フォアポメルン州における郡の合併計画を報告した．

(17) シュリンキング・シティは中心都市における経済衰退や人口喪失などのフィジカルな側面と社会的な生活の質の問題として理解され，前者（狭義）は多くの先進国でみられる顕著な現象であるが，後者（広義）は消費量よりも生活の質に注目するもので，成長パラダイムに代わる概念とみられている（Pacione，2013）．とすると，シュリンキング・シティは幅広く解釈されねばならないが，シュリンキング・シティ政策として問題になるのは中心都市の縮小した都心部の活性化を促す政策と考えられている．新連邦州のライプチヒ市の政策などが有名である（坂本，2005）．

(18) 片木（2012：114）によると両者の相関係数は $r = 0.377$ である．

(19) 都道府県別にみた場合に高い相関を示さないのは，北海道，福島県，長野県，奈良県，高知県などのように小規模自治体比率が高く，顕著な人口減少がみられるにもかかわらず，市町村減少率の低い地域が含まれるためと考えられる．

(20) 例えば広島県では，XII章2節でみたように，新市に発展できなかった甲山・東大田（ic.5クラス）やその下のクラスの上下，東城，加計（c.4クラス）などの中心地は，今日では一般農村とほとんど差がないところまで相対的に衰退している．

(21) 北海道の8つの他にも岩手県に2，岐阜県と奈良県に各1がある（表XII-13参照）．最大面積の高山市では $4,179km^2$ や $3,328km^2$ の合併パターンが示された（市町村合併問題研究会編，2001：126-127）．

(22) 三全総の目標は200〜300の圏域の設定であった．原（2007）は300の目標には触れていないが，今後も必要とあらば市町村は随時合併すべきではないかと述べている．原（2007）以外にも，今日なお300の自治体目標を支持する人がある．

(23) 前章5節で述べたように，上越市において準公選制の地域自治区が導入されたのは珍しいケースである（沼田，2008）．

(24) バーデン・ヴュルテンベルク州では10〜20万人クラスや2〜5万人クラスの都市の人口増減率が異常に高いのは調査期間が20年にわたり，その間にベッドタウンの成長がみられるためである．これに対して，人口減少の続く新連邦州のメクレンブルク・フォアポメルン州では最近5年間の人口が減少する市町村が多いが，それでも小規模な町村ほど人口増減率が低いとはいえない．2005年には10〜20万人クラスが19.9万人，2010年には20.3万人と記されているのはロストク市の人口であり，5年間には2.0%増加したためである．

(25) ドイツでは通勤圏を示す資料がないので厳密な比較はできないが，交通路が整備され，比較的長距離の通勤が発達している．

(26) プリープス教授の私信によると，今のところは市町村合併への統一的な試みはないという．新連邦州では多くの市町村合併が行われたが，近い将来また「上からの」合併は考えられない．市町村規模がきわめて小さい州では郡や市町村の合併が必要とは考えているが，政治的費用が高くつくし効果はすぐには期待できないので，旧連邦州の州政府や州議会は合併に消極的である．

(27) 総務省（2010：30）によると，非合併市町村が合併しなかった理由として，①内部で意見集約できなかった（33.7％），②単独で運営していこうと考えた（30.8％），③合併を希望したが相手が否定的（26.4％）となり，将来的な合併の必要性を認識しながら，さまざまな理由や背景によって合併を実現できなかった市町村も多い．また，合併市町村についても，当初とは異なる枠組みで合併したものもあり，飛地を生じた地域もある．

(28) 「平成の大合併」終了後に合併したものには2013年10月現在，藤沢町（岩手県），西方町，岩舟町（栃木県），鳩ヶ谷市（埼玉県），西尾市（愛知県），東出雲町，斐川町(島根県)などがある．

(29) 自治省の通達では「合併への制約の大きい地域」が考慮されているが，合併推進要綱においてその町村を指定した都道府県はない．

(30) 富良野市では広域連合と同一の5市町村でもって定住自立圏の設置を進めている．広域連合と定住自立圏の圏域が完全に重複するところは他にもあるが，両者は組織を異にし業務内容を異にするので，両圏域の重複は効率を高めるであろう．

(31) 中心市にとって必要なのは周辺地域に対して中心機能をもつことであり，昼夜間人口率1.0以上という規準は不適切であるし，中心市の人口が実質4万人以上とした場合には全国広い範囲における小規模自治体を定住自立圏に含めることはできない（森川，2012d，2014）．

(32) http://www.soumu.go.jp/main_content/000222407.pdf による．

(33) 矢祭町（福島県）では2008年3月末より日額制導入により議員収入を年額340万円から約90万円に制限しており，議員を無給とする西尾私案に近い措置が導入されたのが注目される．矢祭町のホームページによると，町会議員の多くは他に職業をもつ人たちであり，条例改正に反対はなかったという．

(34) Ⅲ章注（26）による．

(35) 岩崎（2000：288）も農山村地域の小規模自治体では広域連合をつくり，自治体間の協力・連携を積極的に進めることが肝要と説く．広域化ができないところでは都道府県や国からの補完という垂直軸を考えるべきとしており，国土保全の視点から補完の必要性を認めている．

(36) ただし厳密に考えると，合衆国のカウンティのなかには自治体がなく直接カウンティの圏域に属する地域があり，一部の行政部門だけを保有する小規模自治体が含まれない点ではやや異なる．

(37) アメリカ合衆国では学校とか保険など特定の業務に限定した特別区を市民が自分たちの利益のために設置しているが，わが国にそのままでは適用できにくいと考える．

(38) フランスの基礎自治体では首長と議会を中心として規則や計画づくりと土地利用の規制などをおもな仕事にしており，行政サービスの多くは広域政府や市町村連合から受ける．基礎自治体は住民の自治組織で，それが地域共同体に根ざして強固であればよいと考えているので，簡単には合併しない（加茂，2001：24）．ただし，わが国の伝統に適合するモデルと考えられているのはスウェーデンである．スウェーデンでは8,000人とした強制的大合併が行われたが，人口要件を満たさずに残った約20％のコミューンは事務の一部を縮小・免除され，わが国の県に当たるランスティング（landsting）によって補完されることになったが，基礎自治体としての資格を制限されることはなかった（加茂，2003）．

(39) なお，バーデン・ヴュルテンベルク州の行政共同体には，協定による行政共同体（vereinbarte

Verwaltungsgemeinschaft）と市町村行政体連合（Gemeindeverwaltungsverband）の2種類がある（森川，2005：90）．

(40) 新田（2010）によると，小規模自治体の問題について，当時の原口総務大臣（2010年）は小規模自治体の行政基盤の強化は必要だが，今後は合併だけでなく多様な選択が重要であり，組織や職員の配置などの事務処理体制や財政基盤が不十分な小規模自治体にとっては，広域連携の活用や広域自治体による補完等により支えていくと述べた．渡邉副大臣は人口1万未満といった基準を設けて，合併に関して何らかの対応をとることは考えていないと述べたという．

(41) 全国計画と広域地方計画からなり，広域地方計画は8ブロックと北海道，沖縄県を加えた10区域からなる．

(42) 前章で述べた西尾（2007：263）のナショナル・ミニマムの縮小に関する主張も，この路線に含まれるものと解釈される．吉田（1998：32，156）もナショナル・ミニマムはすでに達成されたとするが，道路などのインフラ整備についてだけ考え，教育分野などを除いているものと推測される．

(43) これに対して著者は，憲法第25条の精神には「同等の生活条件」の確立が含まれているとみて，地方交付税の交付は生活保護や災害復旧に国費を支出するのと同様に必要なものと考える．

(44) 日本の人口が減り始めたのは2008年頃であるが，以前から人口減少を続ける離島や過疎地域の多くは，費用対効果が低い状況のもとで施設維持の限界値を下回りながらインフラ施設の更新を続けてきた．したがって，将来人口減少したら更新できないという問題ではないように思われる．

(45) 人口移動は高度経済成長期時代において「所得の均衡化運動である」とした舘（1961）の発想が成り立つとは思えない．中山間地域は過疎化の一途をたどっており，1960年以降GDPの増加に対して県民所得のジニ係数の減少が人口移動による均衡化作用かどうかは疑問である．

(46) 「国土の均衡ある発展」に代わるものとして費用対効果論をもちだし，財政支出の優先順位を決定するのは不適切と思われる．そもそも，費用対効果をどのようにして計算するのか疑問に思える．費用は簡単に計算できるが，効果は教育分野のように金額で計算できないものもあり，効果が表れるとしても津波防潮堤の効果のように数百年を要するものもあるからである．

(47) 同じく経済地理学学会2009年度大会「地域政策の分岐点－21世紀の地域政策のあり方をめぐって－」で報告した伊藤（2009）は，山崎（2009）とは逆に，将来は地域間競争の時代から地域の均衡発展の時代への移行が予想され，地域システムの合理化・適正化が中心課題であると述べている．

(48) たとえ移住するとしても，これまでにもみられたように，町村の旧役場集落など近隣の主要集落に移住して自分の土地を管理する人が多く，現住地から遠く離れた都市への移住を推進すべきではないであろう．

(49) 「国土の均衡ある発展」は全総の基本理念であり，産業の振興による地域格差の是正に重点が置かれ，教育や医療，買物などの住民生活における「同等の生活条件」とは大きく異なる．しかも「国土の均衡ある発展」は時代とともにその内容が変化してきた．地方圏の整備が進み，所得と生活水準が上昇してくると，「各地域の個性や特色を活かした社会資本整備を行うことが国土の均衡ある発展の意味であり，どの地域も同じように均等に整備することではない」という解釈も現れ，1980年代半ばから1990年代初頭には窮乏する地域の当面の雇用と所得を維持するために使用された．政策的にはなにを意味するのか不明な状況にあった（奥野，2008：78）．

(50) しかし最近では，東西ドイツ地域間の格差是正について国家がすべての面で調整義務をもつべきとする考えは否定され，空間的不平等の是正には地域的な自己努力が求められている．それとともに，ナショナル・ミニマムに関する論議が浮上してきた（Priebs，2013：263，266）．

(51) ドイツでは1977年には旧西ドイツ政府からの依頼を受けて，これまで最も重視されてきた均衡ある機能空間（ausgeglichene Funktionsräume）論を放棄して，機能空間的分業（funktionsräumliche Arbeitsteilung）を重視する対立的な空間計画を進めるべきではないかという論議がなされたことがあった．機能空間的分

業は後進地域の人口流出による「負の再開発（passive Sanierung）」を意図したものであり（Priebs, 2013：39），上述の「社会インフラのあるところに人が移動して社会インフラを有効利用すべき」という発想と類似する．しかしドイツでは，人口減少に向かいつつある今日に至るまでこれまでの路線を変更することはなかった（森川，1995：116）．このことは重要な決定と思われる．

(52) 大前（2006）のように，「道州制は市町村合併とはまったく異なる次元の話であり，市町村合併の延長ではない．道州制の本当のメリットは繁栄を世界からもってくることだ」と説く人もあるが（大前研一〈2006〉：「本来のメリットは長期衰退の日本を救うこと」〈http://www.nikkeibp.co.jp/sj/2/column/a/55/index3.html〉），そのようにはみえない．

(53) 資料6「今後の地方自治制度のあり方に関する答申」関係資料（iken/kenkyu/pdf/bunken_01_s0600.pdf）による．

(54) 「道州制のあり方に関する答申」（http://www.soumu.go.jp/main_sosiki/jichi_gyousei/c.../dousyusei/）による．

(55) 2006年12月には道州制特区推進法が成立して北海道が道州制特区に指定され，これまでいくつかの権限移譲がなされてきた．

(56) 香川県（2007）：『香川県構想』，p.1による．

(57) 加茂ほか（2009：48-53）によれば，全国知事会は賛否両論，全国市長会は70％が導入必要，全国町村会は導入に批判的であるという．

(58) 岡田（加茂ほか，2009：23）は「イタリア，フランス，スペインなどで広域の地方政府を設置したが，県は廃止されていない．人口1,000万人の州をつくろうという国は他にないし，やがては道州の下に現在の府県大の区域ごとの行政単位を置かねばならないのではないか」と述べている．西尾（2007：156）は，漸移的移行方式により道州制と県制の残存状態を許容すべきとしたが，第28次地方制度調査会の賛同をえられなかったという．

(59) 著者は表XII-13に示す方法によって，全国を300の自治体に区分するときの人口規模について計算してみた．それによると，人口30万人程度以上の都市域に区分することになる．

(60) グローバル化の進む中で地域間の経済格差の拡大はきわめて深刻であり，財政調整制度は今まで以上に重要な役割を果たすべきであるが，道州制導入への提言の多くは垂直的財政調整にきわめて消極的または否定的といわれる．水平的調整を大幅に採用している国はドイツ，デンマークなど一部だけである（加茂ほか，2009：77，82）．

(61) 林（2009）においても，州間の水平的財政調整は必要なものとしている．

(62) ドイツでは行政官庁の設置による都市の衰退を防止する調整措置が講じられている．例えば，ノルトライン・ヴェストファーレン州では州都はデュッセルドルフであるが，裁判所はヴェストファーレンの中心都市ミュンスターに置かれ，同様に，バーデン・ヴュルテンベルク州では首都機能はシュトゥットガルトにあり，カールスルーエに連邦裁判所がある．

(63) パリ一極集中を是正するために設置された8つの「均衡のメトロポール」と呼ばれる地方中心都市は各地域において発展を遂げ，「小パリ」と化した．今日，フランスのヨーロッパ領土は22のレジオン（région）に区分され，その下に100のデパルトマンが存在するので，各レジオンは2～8のデパルトマンに区分されている．レジオンの数が多いので，レジオンの中心都市は日本の州都よりも稠密に分布する．

(64) 三層制になれば公務員数は増加し「小さな政府」方針に逆行することになるが，わが国の公務員数は国際的にみると少ない方なので，突出して増加することにはならないであろう．

XV　むすび

　「平成の大合併」[1]は10年以上の歳月と膨大なエネルギーを費やして2010年3月に終了した，わが国3番目の市町村の大改革である。本書では各都道府県単位に実施された市町村合併の実態を細かく調査し，その特徴と問題点を明らかにすることに努めた。その際にとくに注目したのは各都道府県における，①市町村と通勤圏（日常生活圏）との関係，②市町村の財政力指数，③「昭和の大合併」の状況とその後における小規模自治体比率の変化，④合併推進要綱における合併パターンの提示や⑤合併推進構想における構想対象市町村，「将来の望ましい市町村の姿」の提示，⑥都道府県の合併特別交付金の交付状況などである。これらの項目を踏まえて，各市町村が合併協議を経て合併が成立したり，合併協議が不調に終わり非合併にとどまる場合などの経緯について考察し，その結果や影響さらには将来の問題点などについてまとめた。

　こうした地誌学的な比較研究の結果，市町村合併という共通の地域政策に対する市町村や都道府県の反応は，全国一律ではなく，都道府県や地域によって異なるさまざまな姿が明らかとなった。これまでの考察はⅫ～ⅩⅣ章にまとめたが，さらに要点を箇条書にまとめると次のようになる。

1.「平成の大合併」への準備

　①政府がそれまでの「市町村合併を円滑化する政策」から「自主的な市町村の合併の推進」へと目標を転換したのは，1995年3月の合併特例法の期限切れを控えた1994年11月の第24次地方調査会答申であった（岩崎，2000：39-40）。しかし，1994年に導入された広域連合は市町村合併に対抗する強力な制度とは考えられていなかったので（佐藤俊，2006：306）[2]，この間の変化は，長野県のような例外はあるが，国の基本的な政策転換とみるべきではないであろう。

　第24次地方調査会答申では広域連合など広域行政度の活用に対して市町村の自主的な合併をやや強く位置づけたものであったが，第25次地方制度調査会答申（1998年4月）では，1997年に市町村と都道府県の首長に対して実施されたアンケート調査の結果をも踏まえて，合併の必要性を真正面から強調するものとなった。

　②政府が市町村合併を強行に推進するに至った最大の要因はわが国の財政悪化であったとみられる。市町村合併が必要という論理は，政府の進めてきた経済のグローバル化と経済構造改革の遂行という政府自身の政策の誤りを覆い隠し，地域経済の発展の責任を市町村に転嫁させるものであり，国の政策転換こそ必要であると批判する人もあるし（岡田・京都自治体問題研究所編，2003：104），串間市のようにそのことを十分認識して対応した自治体もある。また北海道のように，合併とは違った広域

行政の道を目指したところもあったが－合併推進構想（2006年）のなかではある程度容認されているようにみえるが，少なくとも合併の初期には－，市町村合併以外の選択は許されなかった。

③「平成の大合併」では3,232の市町村を1,000程度に統合することが目安とされたが，目標人口は設定されなかった。ただし，人口1万人未満の小規模自治体の消滅が1つの目標とされた。2000年の国勢調査における小規模自治体比率は，地方圏の多くでは「昭和の大合併」終了直前の1960年よりも高くなり，「昭和の大合併」の合併効果は薄れ（表Ⅱ-2参照），ゴミ処理や介護保険など市町村の行政サービス負担の増大に多額の公共事業費が必要となり，地方交付税の恩恵を受けることはできたが，財政的に窮乏度をより強めた町村が多かったとみることができる。

④「平成の大合併」の目的としては，(a) 広がる日常生活圏への対応，(b) 少子・高齢社会到来への対応，(c) 地方分権による市町村の役割への対応，(d) 厳しい財政状況への対応の4つが掲げられたが，財政状況への対応が最重要課題であり，政府は「アメとムチ」を用いて強引に市町村合併を実施した。2002年11月の地方制度調査会専門小委員会において発表された西尾私案は空砲ではあったが，市町村合併に拍車をかけることとなった。その結果，地方圏では一部の道県を除いて市町村合併が強力に推進されたが，人口が多く，財政力の豊かな大都市圏の市町村では合併を拒否するものが多かった[3]。しかも，市町村合併が進行した割には，県から市町村への事務権限の移譲による体力強化は進まなかった。

⑤上記のように，大都市圏地域に多くの非合併市町村を残す点では「昭和の大合併」とは大きく異なるものであったし，日常生活圏との関係においても顕著な差異があった。「昭和の大合併」においては，狭い日常生活圏と整合した市町村域の形成が目標とされ，不整合の調整のために分村合併まで行われ，地区住民の感情的対立を起こすこともあった。それに対して，「平成の大合併」では拡大した日常生活圏との関係はそれほど深刻なものではなく，分村合併は上九一色村（山梨県）だけで，大規模な飛地合併や離島との合併も現れた。

⑥1999年8月に自治（現総務）省から要請された，合併推進要綱の策定に対する各都道府県の対応はさまざまであった。通常，基本パターンのほかに1・2の合併パターンを提示し，市町村合併の参考・目安とされたが，基本パターンを提示せずできるだけ市町村の意思に任せるべきだとする県（福島県，東京都，長野県，兵庫県）がある一方，唯一の基本パターンだけを提示した県（青森県，宮城県，群馬県，新潟県，長崎県，大分県）もあった。自治省の通達では「合併への制約が大きい地域」が考慮されていたが，合併推進要綱においてその町村を指定した都道府県は皆無であった。基本パターンの人口規模では5～10万人が多かったが（表Ⅻ-12参照），小規模な鳥取県では市町村数の激減を嫌ったためか，基本パターンの平均人口は42,072人と小さいものであった。なお，石川県では神戸勧告方式を採用して，一定規模の人口に達しない市町村だけが合併の対象とされた。

⑦各都道府県は関係する多数の資料に基づいてクラスター分析を駆使して，合併推進要綱の基本パターンを作成したが，その多くは広域行政圏の圏域を二分・三分するものとなった。なかには群馬県や富山県，三重県，香川県などのように，合併推進要綱の基本パターンが広域市町村圏の圏域とまったく整合するものもあった。その点では，広域市町村圏や二次医療圏などは県内の地域設定として適切な圏域であると考えられる。

⑧上述のように，自治省は合併によって市町村数を約1,000に減少することを目標としたが，各都

道府県に対して合併パターンの適正規模人口をいくらにすべきかは通達しなかった。神戸勧告方式を用いた著者の計算によると，合併推進要綱の基本パターンではすでに大きな人口をもつ圏域を除いて，人口約 5 万人程度の圏域を提示するのが適当とみられる。したがって，基本パターンの平均規模は自治省の意図にほぼ適合したものであったといえる。

⑨合併新法のもとでは合併特例債の廃止や合併算定替の期間短縮など優遇措置が減少し，合併条件は不利なものとなった。合併推進構想を策定したのは，すでに合併が著しく進捗して新たな合併協議の市町村を残していなかった 13 県を除く 34 の県であったが，市町村合併はそれほど進捗しなかった。合併推進構想においては構想対象地域を指定するとともに，県全域にわたって「将来の望ましい市町村の姿」を示した県もあった。このなかには，旧合併特例法の下で合併した市町村も含まれており，一度合併した市町村を再度合併させようとする意図は明らかでないが，道州制の導入計画と無関係ではないように思われる。

⑩各都道府県は合併市町村に対して職員を派遣して人的支援を行うとともに，合併協議会に対する補助金を与えた。さらに，旧合併特例法のもとでは，国の市町村合併推進体制整備費補助金のほかに合併特別交付金を交付した都道府県が多かった。しかし，その算定基準は県によって異なり，最高 70 億円（新潟市）からまったく交付しない道県（北海道[4]，群馬県，京都府，兵庫県，愛媛県）までさまざまであった。すべての市町村が合併協議に参加した愛媛県では，合併特別交付金は交付されなかったが，市町村合併率は著しく高いものとなった。その点では，合併特別交付金の交付額が市町村合併率に完全に対応するとはいえない。合併新法の下での合併にも交付金を支援した県があるが，旧合併特例法のもとでの交付額に比べると少額であった。なお，東京都では合併特別交付金とは別に，毎年多額の市町村総合交付金が交付されているのが注目される。

2.「平成の大合併」の実施状況

①市町村合併が本格的に始まるのは，通常合併推進要綱の策定後であるが，愛媛県，熊本県などのように，それよりも早い時期から合併への活動を始めた県もあった。また「平成の大合併」では住民発議の合併協議会設置（1995 年）が許されたので，青年会議所などの活動によって早い時期に協議会を設置したところもあった（例：佐野市）。それとは逆に，合併協議会の設置が遅い場合には－地方交付税の減額という厳しい措置の開始によって－旧合併特例法の期間内に急いで合併協議を進めた県もあり，協議内容を先送りして合併にこぎつけたところもあった。しかし，合併新法のもとでの合併が多いのは宮崎県と愛知県くらいで，進捗しない場合が多かった。

②市町村合併において合併協議会の設置から合併に至る過程をみると，都道府県によりまた地域により，順調に進行したところと協議会の解散や関係市町村の離脱を伴って複雑な協議過程を経た地域とが存在する。市町村合併に熱心な都道府県では順調合併が多い傾向はあるが，長崎県のような例外もある。なお，合併市町村の選択肢が少なく，財政が緊迫して合併の必要度が高い山間部では－例外もあるが－順調合併が多いのに対して，財政力に恵まれ，合併への圧力が弱く，合併の選択肢が多い大都市圏地域では順調合併は少ないものとなった。また，美作市や美咲町（岡山県）などでは，合併協議会の構成市町村を変更しながら協議会の設置と解散を繰り返してやっと合併したので，市町の形

成には文脈的偶有性も強く働き，日常生活圏を異にする町村が含まれるところもある[5]。新庄市（山形県）や東吉野村（奈良県）などのように何度も協議会を設置したが，合併に至らなかった例もある。

③各都道府県の市町村を合併市町村（A），協議会解散・離脱による非合併市町村（B），協議会不参加の非合併市町村（C）に区分すると，大部分は合併市町村の多い県（Xグループ）に含まれる。しかし図XIII-1に示すように，協議会解散・離脱の市町村が多い県（Yグループ），協議会不参加の市町村が多い県（Zグループ）もある。Yグループには北海道，山形県，奈良県，沖縄県が属し，Zグループには東京都，神奈川県，大阪府が含まれる。Yグループ形成の原因は一様ではなく，北海道や奈良県中南部では市町村の面積が広く，合併の効果が期待されないために合併が不成立に終わったとみられるが，奈良県北部では市町村の由緒ある歴史や本庁舎の位置決定が合併を阻止したのではないかと推測される。沖縄県の市町村合併では米軍基地をめぐって条件の差が大きく，「昭和の大合併」が最も進捗した山形県では「昭和の大合併」との関係があるようにみえる。そのほか，Yグループには属さないが，埼玉県や千葉県で協議会解散の市町村比率が高いのは，合併の必要度が低いのに加えて，合併相手の選択肢が多くてまとまらなかったためと解釈される。

④A，B，C各タイプの平均財政力指数をみると，一般的には協議会不参加の非合併市町村が最も高く，合併市町村が最も低い。したがって，財政力が低く窮乏している市町村ほど合併を希望し，富裕な市町村は合併の必要を感じないからだと解釈されるが，山間部の町村では合併しても周辺部に位置づけられ，利益が少ないとの理由で協議会に参加しなかったものもある。なお，合併市町村の人口規模や財政力については地方や県による差異が認められる。北海道や中国，四国の合併市町村には0.5万未満の小規模自治体が多く，東北では0.5～1万人が多いのに対して，関東，東海・北陸などでは1万人以上の町村の合併が多い。

⑤合併推進要綱に示された基本パターンとの関係をみると，その圏域の人口規模が大きいため分割して合併する場合が多く，その圏域と完全に整合した合併は少数にとどまる。基本パターンの圏域には1つ以上の市制都市が含まれ，同一通勤圏に属する町村のなかには中心都市から独立して新市・新町村を形成しようとするものもあり，市域の拡大を希望する既存の都市との対立を招くこととなった。

合併推進要綱の基本パターンでは都市同士の合併を指示することもあるが，実際の合併ではライバル関係にある都市同士の合併は敬遠された。産業構造の類似した四国中央市は例外であるが，それでも，市庁舎の位置の選定はきわめて慎重に行われた。人口的に同格でなくても，小都市が大都市との合併を拒否して独立しようとする。都市密度の高い埼玉県や静岡県では，政令指定都市への昇格を目指した都市同士の例外的な合併を除くと，各都市は1・2の周辺町村とだけ合併する傾向がみられる。

⑥「昭和の大合併」では日常生活圏も通勤圏も狭い範囲の中で，郡の中心町が周辺町村と合併して新市を形成したり，通勤圏に属さない町村同士が人口目標の達成のために合併した場合が多かったが，中心都市の通勤圏が大きく拡大したなかで行われた「平成の大合併」においては，栗原市や登米市，魚沼市，郡上市，甲賀市，京丹後市などのように，自己の通勤圏を拡大した郡内の中心町が中心となって新市を形成する事例は希であった。また，邑南町（島根県）や八雲町，日高町（北海道）のように通勤圏外の町村同士の合併もきわめて希である。

なお，市制施行条件の緩和にもかかわらず，新市の誕生は133（合併により形成された市町村数586のうちの22.7％）で，人口10万人未満の市域拡大156（同26.6％）や新町村誕生162（同

27.6％）よりもやや少なく，「昭和の大合併」における新市数270よりも少ない数にとどまった（表XII-2参照）。通勤圏を無視して2つ以上の通勤圏に跨がる町村の合併によって新市が誕生する例はきわめて少ない。

⑦日常生活圏を通勤圏によって代表すると，通勤圏が大きく広がる大都市をはじめさまざまな規模の通勤圏がみられるようになり，通勤圏と市町村域との整合は不可能であった。交通条件が著しく改善された今日では，最近になって拡大した通勤圏もあり，通勤圏への整合よりも以前からの広域行政圏や郡域との関係を重視した合併もあった。そのなかにあって通勤圏も郡域も無視した若狭町（福井県）や横芝光町（千葉県）の合併はまったく特異なものであり，合併効果が薄いようにみえる。そのほかにも，歪なかたちで市域を拡大した沼田市（群馬県）や，通勤圏外地域を含めて広く合併した浜松市や高山市（岐阜県）などが注目される。

⑧通勤圏が拡大した「平成の大合併」における市町村合併は，国土集落システムと密接に関係しており，市町村が国土集落システムのどのような位置にあるかによってある程度合併形態が決まることになる。大都市圏周辺では市町村の人口が大きく財政的に豊かなこともあって市町村合併は少ないのに対して，地方圏では広い通勤圏をもつ中心都市が市域を拡大するか通勤圏内の町村同士で衛星都市を形成する場合が多く[6]，さらに農村部では小さな通勤圏の中で町村同士が合併して新町を形成することになる。山間部や離島などでは非合併町村が存続する場合もある。

⑨町村の立場からすると，できるだけ合併によるメリットが欲しい。編入合併にせよ新設合併にせよ，周辺部に置かれて「周辺部の寂れ」が免れないとすれば，財政的メリットがある都市との合併を希望し（例：名古屋市，豊田市，成田市など），貧しい都市との合併は敬遠された。財政力の豊かな町村は非合併を望むが，合併するとすれば同一通勤圏に属する町村同士で中心都市から独立して新市・新町村を形成しようとするので，市域の拡大を希望する既存の都市では財政力の弱い町村とだけ合併し（例：松本市，呉市，長崎市），財政力の弱い中小都市の場合には非合併のままとどまる傾向がある。

⑩協議会の設置や解散の意思決定は住民アンケートや住民投票によってなされる場合が多く，合併不成立には複数の理由が絡んでいることもあり，－合併協議の議事録を調べない限り－理由が特定できない場合が多い。合併においては市町村財政は重要であるが，関係市町村の財政状況はお互いに知られているので，公債関係（駆け込み借金を含む）を除くと，合併協議会において改めて問題にすることは少ない。それよりも，合併協議において重要な問題になるのは本庁舎の位置や新市町名などである。本庁舎をどこに選定するかは，単に本庁舎訪問における距離問題だけでなく，周辺部に置かれた旧市町村の経済発展を左右する重要問題となる。新市町名も合併にとって重要である。新設合併のもとで主要市町村の名称を新市町名として使用するときには，その他の市町村からの抵抗がある。新市町名として採用されるために，その引き替えとして，本庁舎の位置を他町村に譲る場合もあった。市町村名を重視する歴史ある町村にとっては町村名の消滅には強い抵抗がみられた。

⑪合併すれば地域間の個性差が縮小されるので，これまで個性的な行政を実施してきた市町村にとっては合併後の将来に対して強い不安がある。有名な観光地とか産業の発展や伝統文化の維持にとくに力を尽くしてきた町村（例：軽井沢町，大潟村，綾町，白川村，明日香村）などで合併を拒否した場合が多い。原子力発電所などの立地によって周辺町村よりも財政力がはるかに豊かな町村でも，合併を敬遠する場合が多い。

3.「平成の大合併」の影響と評価

①「平成の大合併」では合併特例法のもとで，政令指定都市や中核市，市制の昇格条件が緩和された。人口が70万人あれば政令指定都市に昇格できるようになったし，中核市や市制規準についても人口だけで，他の付帯条件が削除された。したがって，広大な面積をもち広い農村部を含んだ政令指定都市が形成されたし，市街地や中心性を欠く新市が誕生した。したがって，合併によって形成された新市がある程度の市街地を形成し機能を発揮するようになると，都市システム（国土集落システム）を変化させる要因ともなるであろう。

②「平成の大合併」は合併市町村に対してさまざまな影響を与える。旧市町村の住民の意見が市町村政治に反映されにくくなるのはいうまでもないが，小中学校や自治体病院，介護保険，コミュニティバス，地域メディアなどの統合や調整にも影響し，地域産業や文化事業にも多大な影響を与える。コミュニティバスの運行では合併地域の一体化に貢献した場合がみられるが，小中学校や自治体病院の統廃合は地域住民にとってプラスとはならなかった。行政サイドではスケールメリットによる合併の効果が強調されるが，面積の拡大を伴った人口拡大ではメリットは少ないであろう。

③第24次地方制度調査会答申（1994年）においては「この30年間においては東京一極集中が進行し，「国土の均衡ある発展」を図る必要性がますます高まってきており，住民の日常生活圏を国土形成の基礎的な単位としてとらえた広域的な地域の復興整備を推進していくことが重要」とあり，市町村合併による地域格差の是正を意図していた。しかし，財政的に豊かな大都市圏内の市町村の合併が少なく，貧しい地方圏の市町村を中心に「平成の大合併」が行われたことを考えると，全国の地域格差はむしろ拡大したとみることができる。地域格差の拡大は大都市圏と地方圏との間にみられるとともに，合併市町村の中心部と周辺部の間にもみられる。政府は，国がつくった財政難を地方圏の犠牲の上に解消するために―他の広域行政への道を閉ざして―政治主導で市町村合併を行ったわけで（岡田・京都自治体問題研究所編，2003：104；小西，2005），その結果，地域格差の一層の拡大を招き，国民の生活権・生存権をさらに侵害してきたとはいえないだろうか。2005年10月に施行された国土形成計画法のもとでは「国土の均衡ある発展」の看板が取り下げられたが，「同等の生活条件」の確立を無視するものであるとすればゆゆしきことである。

④「平成の大合併」に対する評価は総務省と全国町村会などで分かれるだけでなく，研究者の間でも分かれる。行政サイドでは規模の経済による合併効果や観光面での広域化の効果を強調するが，合併によって市町村の面積は大きく拡大したし，貧しい市町村同士の合併では効果が乏しいし，合併による財政状況の好転は一時的なものに過ぎない。住民サイドでは合併のデメリットだけが多く報告されている。

「昭和の大合併」では各省が提示した合併支援策は空手形だったといわれるが（佐藤ほか，2006），それでも中学校の運営はできたし，交通も発達して日常生活圏は拡大し，右上がりの経済成長に適合してある程度の合併効果は得られたが，それに比べると，今回の「平成の大合併」の場合にはこれまで醸成されてきた地域アイデンティティは破壊され，（旧）市町村にとってメリットは少ないようにみえる。市町村合併による行財政の改善は保障できないし，市町村合併よりも地方交付税制度の改革の

方が先ではなかったかと思われる。

4. 今後の問題点

　そのほかの細かい知見を逐一取り上げることは省略し，今後の重要な問題点について若干触れておく。
　①最も重要な問題は，合併旧町村の周辺化を防止することである。人口推移（2005〜10年）においても国立社会保障・人口問題研究所の人口予測（2010〜40年）においても，合併の影響だけが原因であるとはいえないが，新市町村に含まれる中核市町村は周辺町村よりも人口増減率が高い傾向にある。
　周辺化を防止する抜本的な対策はないが，せめて地域自治組織（地域自治区，合併特例区）を設置し，ドイツの地区（Ortschaft）や都市ベチルク（Stadtbezirk）のように，地域自治区長を公選にして地域（旧市町村域住民）の要望を本庁に要求するとともに，地域自治区に対してある程度の予算配分が必要であろう（森川，2005：51）[7]。上述のように，2004年になって導入された地域自治組織を設置したところも少なく（宮入・佐藤，2011）[8]，地域自治組織の設置は新市町の一体性形成の阻害要因と考えられている場合もある。地域自治区の意向が本庁と対立することはあっても，地域のことを真剣に考える姿勢は新市町村の活性化にとって有効なものと考えられる。
　②「平成の大合併」にとっては人口1万人未満の小規模自治体の消滅は重要な目標であったが，合併完了直後の1,727市町村のうち1/4を超える481市町村が小規模自治体として存続する。合併によって他の市町村が大規模化し，行財政能力が――時的であるにせよ－少しは改善されたり，合併特例債の恩典を受けることができたとすれば，非合併の小規模自治体の受ける不利益は相対的に増幅されたことになる。なかには舟橋村（富山県）や苓北町（熊本県）のように自己利益を守るために非合併のまま存続するものもあり，すべてが厳しい状態にあるわけではないが，非合併の小規模自治体の多くは「合併への制約の大きい地域」にあり，行財政能力の低い町村である。
　人口1万人未満の小規模自治体の総人口は246.8万人で，全国人口の1.9％（2010年）に過ぎないが，その面積は48％を占め，国土の半分近くを管理することになる。山間部の小規模自治体に住民が居住することは，安全な食料の供給，水資源の涵養，温暖化ガス・CO_2の緩和，治山治水，人間の健康回復，伝統的文化の継承など，きわめて重要な役割を果たす。農山村社会が維持され，適正な財政負担がなされることは，都市住民生活の持続可能性にとっても重要である（重森，2003）。今後，都市・農村間の人口交流は増大するであろう。荒廃した土地は外国人に買い占められる可能性もあるし，外洋離島の場合には国土の保全にも関係する。その点からすれば，目先の費用対効果論にこだわることなく，手厚い保護のもとにこれらの地域住民の生存権が十分に守られるべきである。
　③行政的には，こうした不利な条件下にある小規模自治体を将来どのように扱うかが問題である。2009年6月提出の第29次地方制度調査会答申（基礎自治体関係）にもみられるように，周辺市町村との広域連携や都道府県による業務補完などの多様な選択肢を用意した上で，それぞれの市町村がこれらの中から最も適した仕組みを選択できるようにすべきである。自由選択は西尾私案とは異なる措置といえる。
　ただし，小規模自治体が多く存続するのは特定の道県であり，しかも点在して分布する。そうした

状況は 2040 年にはますます顕在化するものと推測される[9]。したがって，近隣市町村との連携には限度があるので都道府県による機能補完が必要となるが，県にはそのような業務経験が乏しいなどの問題がある。点在する小規模自治体が基本的権限を所有したまま，フルセット型業務（総合行政）を廃してドイツのアムト（Amt）や行政共同体（Verwaltungsgemeinschaft），統合自治体（Samtgemeinde）などの採用を検討してみることはできないか。小規模自治体は道府県との広域連合を形成し，道府県の支援をあおぐことはできないであろうか。

④上述したように，国土形成計画法のもとでは「国土の均衡ある発展」の看板が取り下げられ，地域再生の政策を進めることとなった。それとともに，わが国ではすでにナショナル・ミニマムは達成されたとして，「ナショナル・ミニマムを高度に維持する必要はない」，「地方振興策は不要だ」（井堀，2001：134，138）とか，これからの人口減少社会においては費用対効果を重視して，「人の住むところに社会インフラを整備するよりも社会インフラのあるところに人が動いて社会インフラを有効に使用すべきだ」（原田・鈴木，2005：183）との主張もみられるようになった。移動の自由が保障されている今日，各自の価値観に応じて，好ましいインフラ条件を求めて移動すればよいわけで，生活権問題にも抵触しないという考えである。

しかし，この発想には問題がある。若い有能な人々の選択的人口移動によって地域格差が増大させたことは高度経済成長期において実証されたことであり（森川，2012：8），「足による投票」に任せても地域格差の解消にはならない。大都市へのこれ以上の人口集積も不安であるし，狭い国土の有効利用にもならない。限界集落の廃村への移行を完全に阻止することはできないとしても，減少する財源を地方交付税[10]として地方に分配して地方圏の市町村を守ることが必要であろう。

⑤「平成の大合併」の次の段階として，道州制の導入はあり得ることと考える。道州制においては市町村の能力向上が必要としても，さらなる大規模な合併は不可能であろう。全国 300 の自治体に統合するために人口 10 万人・20 万人の都市を形成したとすれば，日常生活圏域との不整合や周辺化の問題が深刻になるし（森川，2008：123），広い面積をもつ自治体の中ではスケールメリットが有効に作用するとは考えられない。自治体内に含まれる都市間の対立も問題になる。

道州制が導入されれば，諸外国の例でもみられるように（森川，2012a：17-19），道州間の地域格差は一層拡大するので，垂直的財政調整だけでなく道州間の水平的財政調整が必要であろう。ドイツのように水平的財政調整を実施している国は少数ながら存在する。その際には，資金の贈与州と受領州との対立が克服されねばならない。

さらに，道州制では道府県に小規模自治体の補完機能などを残した三層制の方が適当であろう。道州制の導入によって東京一極集中はある程度緩和されるであろうが，州都に選ばれなかった県庁都市は衰退を免れないであろうし，県庁都市の衰退は県庁都市が統括するそれ以下の中小都市すべてを衰退させる可能性が高い。都市システムの衰退は地方圏経済の衰退を助長し，地方圏市町村の財政を一層悪化させることになるであろう。

（注）
(1) 本章は森川（2013c）を加筆修正したものである．
(2) 広域連合を市町村合併への準備段階として捉え，その導入を敬遠した府県もあった．

（3）自治省は大都市圏地域では都市間の広域連携について考えていたが，大都市圏地域の市町村には合併拒否が多いことについて予想していたかどうかは明らかでない．
（4）北海道では，表XII-1 に示すように，合併新法のもとでは若干交付された．
（5）美咲町となった 3 町はいずれも津山市の通勤圏に属するが，津山市の半従属中心地をなす美作町の通勤圏でもって形成された美作市では，勝田町だけが勝田郡に属して津山市の通勤圏に属する．拡大した日常生活圏のなかでは，一部の例外を除くと，日常生活圏の差異はそれほど深刻な問題にならなかったように思われる．
（6）町村にとって衛星都市を形成して自町村内に本庁舎が置かれるのが最も有利であり，本庁舎が他町村に置かれる場合には，中心都市への編入合併を選ぶこともあり得る．
（7）XIII章注（71）で示したように，山口市では自治振興交付金の交付制度が採用されている．宮入（2005a）のように，地域自治組織における財源の必要を説く人もある（XIII章注（70）参照）．
（8）地域自治区の制度はもっと早く，「平成の大合併」の開始と同時に導入されるべきであった．宮入（2005a）も地域内分権と住民自治の重要性に対する認識が軽視されていたため，国の制度整備が遅れたと述べている．地域自治区の設定状況は「地域自治区の一覧」（http://ja.wikipedia.org/wiki/ 地域自治区）にみられる．
（9）小規模自治体比率（2040 年）が高いのは，上述したように，福島県以外には北海道（74.3％），高知県（70.6％），長野県（63.6％），青森県（60.0％）の順となり，全国平均は 34.6％（$n=46$）である．
（10）地方交付税の問題点については井堀（2001：128-131）や重森（2003）の指摘がある．地方交付税には改革が必要なことは著者も理解している．

あとがき

　本研究は西原　純教授（静岡大学）を代表とする科学研究費補助金（B）「平成の大合併政策終了後の合併・非合併市町村の現状・行政課題の解明と合併政策の総括」（2010〜13年）の調査報告である。本科研はちょうど「平成の大合併」が終了した2010年4月に採択され，著者もその科研メンバーに加えていただいたので，そのころから本格的調査を始めたものである。最初から全国都道府県の比較研究を意図したものではなく，これより先に広島県下の庄原市を調査していたので，それとの比較のために特徴ある市町村合併がみられた福島県や北海道，長野県を調査したのが最初であった。福島県では県庁市町村課と合併協議に不参加だった泉崎村を調査し，北海道では道庁地域主権局での調査だけでなく，合併協議会が解散した滝川市と協議会が設置されなかった富良野市を調査した。長野県では長野県市町村課とともに長野県地方自治研究センターを訪ねた。

　これら広島県以外の3道県の調査によって各都道府県にはそれぞれ特徴ある市町村合併がみられることが明らかとなり，各都道府県の比較研究に興味をもつようになった。その後は中国地方5県や九州7県の比較研究を行った。それとともに，大都市圏やその周辺地域の特徴ある市町村合併の調査に興味をもち，東京都，神奈川県，大阪府の都府県庁を訪ね，さらには大都市圏周辺地域として埼玉県，千葉県，茨城県，京都府，兵庫県，奈良県の府県庁を訪ねて調査した。

　こうした調査の過程では1つの都道府県を調査するたびに，小さいけれども新たな発見があったので，調査は単調な作業とは思われず，全国調査に対する関心を次第に高めることができた。2011・12年には阿部和俊教授（愛知教育大名誉教授）のお世話で『豊田市史』の市町村合併の部分を担当し，各市町村の合併に対する意向，合併後の組織変化と住民の料金負担の変化，新建設計画による事業費使用状況などについて詳細に考察する機会をいただき，研究を深めることができた。

　「平成の大合併」の実態についてはすでに多くの研究成果が報告されているが，全国の都道府県を単位とした調査研究は少ないし，その実態を克明に記述しておくことは無意味ではないと思われる。地域の大きな変化をそれぞれの地域の実情に即して記述し説明するのは人文地理学の任務である。市町村合併の計画段階や実施の初期段階では法学や行政学，財政学などの発言が多かったが，「平成の大合併」終了後において市町村合併の実施状況や問題点を総括して報告する段階では，人文地理学も参加し発言できる。「平成の大合併」がいかなる要因のもとでいかにしてなされたのか，どのような問題が発生し，いかに対処すべきかについては多くの研究があるが，いかなる地域的条件のもとでどのように実施されたのかについて，実態に即して考察できるからである。

　市町村合併は地方政治家の活動により「時の勢い」によって実施され，地理的条件や空間的法則に逆らうかたちで成立した場合もみられるが，いかなるかたちにせよ，形成された新たな市町村は地域

住民の生活や地域の産業発展など空間形成に深く係わるだけに，その変化の実態を知ることは必要なものといえる．

　本書では市町村合併を通勤圏や市町村の人口規模，財政状況および都道府県の合併推進要綱，合併推進構想，合併特別交付金などとの関連において捉えることにしたが，これらの項目は著者の調査の過程において次第に整理したものである．その一方では，最初の調査項目に含まれていたが，あまり利用できなかったものもある．一部事務組合や地域自治組織の資料については，十分利用するまでには至らなかった．各都道府県の市町村立病院の担当課を訪ねて資料収集に努めたが，使用したのは一部にとどまった．介護福祉の担当課を訪ねたこともあったが，求める調査結果をうることができず，ほとんど論究できなかった．

　本書はこれまでに発表した論文の大部分を引用したものであるが，内容的にかなり変化したところもある．研究の過程で研究内容が変化するのは当然のことであるが，これまで発表した論文には，著者の計算違いや聞き取り調査の不注意により表の数値が異なったり，記述に誤りがあった．それはきわめて遺憾なことであり，本書でできるだけ注意して訂正することに努めた．

　多くの市町村合併が成立した旧合併特例法の終了時から10年近くが過ぎた．その間には合併の効果や問題点が次第に鮮明となってきたが，それとは逆に，「平成の大合併」に関係した市町村長・議員や職員（県・市町村）もその任務から離れ，その当時の状況は次第に忘れ去られようとしている．そうした状況の中で合併の記録を書きとどめておくことが必要であるが，その場合には，合併が成立した新市町だけでなく，研究会や勉強会へ参加しただけの市町村や協議会の解散・離脱によって非合併にとどまった市町村をも含めて当時の状況を記述しておくことが大切である．それは単に過去の記録というだけでなく，将来の市町村制度を考える上でも役立つ貴重な資料となるからである．

　この調査のために，著者は全国のほとんどの都道府県庁を訪問して資料収集を行った．その際には，すべての都道府県において著者の質問項目に対して多くの資料をわざわざ用意して下さった．各章の末尾に謝辞を述べさせていただいたが，その他にも多数の方々からご協力をいただいた．プリープス（Priebs, Axel）教授（レギオン・ハノーファー第1ラート）をも含めて，ご協力いただいた皆様に改めてお礼申しあげる次第である．なお，2010年度から4年間科学研究費グループに加えていただき，本研究を全面的に支えて下さった静岡大学西原　純教授のご厚意に厚くお礼を申しあげます．また，グリグリ氏の作成された合併資料は著者の研究に大きく役立った．記して謝意を表したい．

　なお，本書の出版に当たっては平成26年度科学研究費補助金（研究成果公開促進費・学術図書，課題番号265131）の助成をいただき感謝している．申請書の作成から出版に至るまで全面的にご協力いただいた古今書院橋本寿資社長と編集部の長田信男氏に心からお礼申しあげます．最後に，亡き両親（森川正男・薫）の霊に本書を捧げる．

　　2015年1月 80歳の誕生日を迎えて　　　　　　　　　　　　　　　　　　　　　　　　著　者

引　用　文　献

愛知県（2011）:『愛知県における市町村合併』愛知県.
青木宗明（2006）:「平成大合併」から学ぶべきこと－求められる「地方の意向」の反映－. 町田俊彦編著:『「平成大合併」の財政学』公人社, pp.1-21.
青木康容（2010）: 分権改革と地方ガバナンス. 青木康容・田村雅夫編:『闘う地域社会－平成の大合併と小規模自治体』ナカニシヤ出版, pp.3-25.
青森県（2010）:『青森県における平成の合併のとりまとめ』青森県.
秋田県（2008）:『秋田県における市町村合併の記録』秋田県.
熱田勇二（2008）: 雲南市におけるコミュニティバスとデマンド型乗合タクシーの現状と課題. 運輸と経済, 68-2, pp.42-47.
新井祥穂（2001）: 小規模自治体における広域行政の意義－長野県下の2村を事例に－. 地理学評論, 74A, pp.35-52.
有馬晋作（2005）: 介護サービス受給権と地方の保険財政. 山田　誠編:『介護保険と21世紀型地域福祉－地方から築く介護の経済学』ミネルヴァ書房, pp.45-84.
池宮城秀正（2007）: 弱小町村の財政を保障する交付税改革を. 都市問題, 98-2, pp.67-75.
伊関友伸（2008）: 市町村合併と自治体医療政策. 地方自治職員研究臨時増刊号88:『合併自治体の生きる道』公職研, pp.207-222.
市川　哲（2003）: 市町村合併と学校統合. 岡田知弘・京都自治体問題研究所編:『市町村合併の幻想』自治体研究社, pp.155-174.
伊藤喜栄（2009）: 現代日本の地域政策試（私）論. 経済地理学年報, 55, pp.327-337.
茨城県（2008）:『茨城県市町村合併史』茨城県.
井堀利宏（2001）:『財政再建は先送りできない』岩波書店.
今井　照（2004）:「地域自治組織」と自治体の政治－地域ガバナンスと「地域自治区」等の法制化に関する論点－. 日本地方自治学会編:『分権型社会の政治と自治』敬文堂, pp.69-93.
今井　照（2008）:『「平成大合併」の政治学』公人社.
今井　照（2009）: 市町村合併検証研究の論点. 自治総研, 373, pp.1-59.
岩崎美紀子編著（2000）:『市町村の規模と能力』ぎょうせい.
牛山久仁彦（2009）: 地方分権改革下での大規模自治体再編と自治の行方. 現代社会思想・分析研究所:『現代社会の構想と分析（7）』桐書房.
江崎雄治, 西岡八郎, 鈴木　透, 小池司朗, 山内昌和, 菅　桂太, 貴志匡博（2013）: 地域の将来像を人口から考える－社人研『地域別将来推計人口』の結果から－. *E-journal GEO*, 8, pp.255-267.
愛媛県（2006）:『愛媛県市町村合併誌』愛媛県.
大島登志彦（2008）: 近年の群馬県内のコミュニティバスの動向と諸問題の考察－主に伊勢崎市の再編に関す

る検討を踏まえて−．運輸と経済，68-5，pp.51-62.
大野純生（2003）：地方分権と広域連合．村松岐夫・稲継裕昭編著：『包括的地方自治ガバナンス改革』東洋経済新報社，pp.96-117.
大森　彌（2008）：「平成の大合併」と基礎自治体の行方．地方自治職員研究臨時増刊号88：前掲，pp.1-19.
岡田知弘（2003）：農山村自立の経済学−市町村の自立と地域産業政策のあり方．加茂利男編著：『「構造改革」と自治体再編−平成の大合併・地方自治のゆくえ』自治体研究社，pp.219-250.
岡田知弘・京都自治体問題研究所編（2003）：『市町村合併の幻想』自治体研究社．
岡田知弘（2008a）：『道州制で日本の未来はひらけるか−グローバル化時代の地域再生・地方自治−』自治体研究社．
岡田知弘（2008b）：「地域格差」と自治体再生．日本地方自治学会編：『格差是正と地方自治』敬文堂，pp.49-70.
岡橋秀典（2004）：21世紀の日本の山村空間．地学雑誌，113-2，pp.235-250.
岡橋秀典（2011）：山村の経済問題と政策課題．藤田佳久編著：『山村政策の展開と山村の変容』原書房，pp.351-372.
岡山県（2007）：『岡山県市町村合併誌』岡山県．
奥野信宏（2008）：『地域は「自立」できるか』岩波書店．
小原隆治・長野県地方自治研究センター編（2007）：『平成大合併と広域連合−長野県広域行政の実証分析』公人社．
梶田　真（2003）：地方交付税の配分構造からみた戦後地方行政の特質：小人口自治体に焦点を当てて．地理学評論，76，pp.645-667.
梶田　真（2008）：小人口町村に対する地方交付税削減策の展開とその解釈−市町村合併政策との関係を中心に．地理学評論，81，pp.60-75.
梶田　真（2012）：地域間の財政力格差と財政トランスファー．神谷浩夫・梶田　真・佐藤正志・栗島英明・美谷　薫編著：『地方行財政の地域的文脈』古今書院，pp.20-38.
片木　淳（2012）：『日独比較研究　市町村合併−平成の大合併はなぜ進展したか？−』早稲田大学出版部．
加藤幸治（2011）：サービス消費機会の地域的格差．経済地理学年報，57，pp.277-294.
神奈川県（2010）：『神奈川県における平成の合併記録』神奈川県．
神谷浩夫（2012）：韓国地方自治体の規模と効率．神谷浩夫・梶田　真・佐藤正志・栗島英明・美谷　薫編著：前掲，pp.213-227.
加茂利男（2001）：『市町村合併と地方自治の未来−「構造改革」の時代のなかで−』自治体研究社．
加茂利男（2003）：平成地方制度改革の軌跡と展望．加茂利男編著：『「構造改革」と自治体再編−平成の大合併・地方自治のゆくえ』自治体研究社，pp.11-42.
加茂利男（2009）：「平成の合併」10年：混迷する「国のかたち」．地域開発，2009.6，pp.2-8.
加茂利男・岡田知弘・鶴田広巳・角田英明編著（2009）：『幻想の道州制　道州制は地方分権改革か』自治体研究社．
菅野峰明（2009）：県の性格．菅野峰明・佐野　充・谷口　達編：『首都圏Ⅰ（日本の地誌5）』朝倉書店，pp.402-411.
神原　勝（2003）：なぜ北海道で合併が進まないか．北海道自治研究，410，p.17.
神原　勝（2007）：合併から連合自治の模索へ．地域政策−三重から2007・春季号，pp.98-102.
神原　勝（2012）：『小規模自治体の生きる道−連合自治の構築を目指して』公人の友社．
神原　勝（2013）：北海道の基礎自治体を考える−自律自治体への実践課題．北海道自治研究，528，pp.2-16.
神原　勝，北　良治，山崎幹根，佐藤克広（2005）：合併第2ステージと基礎自治体．北海道自治研究，443，

pp.2-22.

群馬県（2011）:『群馬県市町村合併の記録』群馬県.

小池司朗（2008）：地域別将来人口推計における人口移動モデルの比較研究．人口問題研究，4-3，pp.87-111.

国立社会保障・人口問題研究所（2013）:『日本の地域別将来推計人口（都道府県・市区町村）』（http://www.ipss.go.jp/syoushika/tohkei/Mainmenu.asp）．

越田崇夫（2003）：地方制度調査会の「西尾私案」－基礎的自治体の在り方と市町村合併をめぐる議論について－．調査と情報，417，pp.1-15（http://www.ndl.go.jp/jp/data/ publication/issue/0417.pdf）．

小西砂千夫（2003）:『市町村合併の決断』ぎょうせい．

小西砂千夫（2005）：市町村は自律しているか－単純な合併推進・反対論議を超えて．都市問題，96-3，pp.56-68.

小西砂千夫（2008）：合併市町村における財政運営のあり方．地方自治職員研究臨時増刊号88：前掲，pp.97-109.

小林正典（2004）:『広域合併VS狭域のまちづくり』今井書店．

埼玉県市町村合併研究会（2007）:『実例から見た市町村合併（埼玉県市町村合併研究会報告書および資料編）』埼玉県．

斎藤友之（2009）：市町村合併と道州制．土岐　寛・平石正美・斎藤友之・石見　豊:『現代日本の地方自治』北樹出版, pp. 94-103.

坂本忠次（2006）：介護保険制度における経済と財政を考える．坂本忠次・住居広士編:『介護保険の経済と財政－新時代の介護保険のあり方』勁草書房，pp.1-27.

坂本英之（2005）：創造的縮小都市政策－シュリンキングするドイツの都市．地域開発，487，pp.12-18.

迫町（1981）:『迫町史』迫町．

佐藤克廣（2008）：都道府県・広域連合・市町村－公共サービス供給の視点から．地方自治職員研究臨時増刊号88：前掲，pp.223-237.

佐藤俊一（2006）:『日本広域行政の研究』成文堂．

佐藤　竺（2006）：「昭和の大合併」．都市問題，97-7，pp.98-110.

佐藤正志（2011）：行政事務の外部化－自治体のサービス供給と効率化の方法－．神谷浩夫・梶田　真・佐藤正志・栗島英明・美谷　薫編著：前掲，pp.39-60.

佐藤正志（2012）：市町村合併下での非営利組織によるまちづくり事業の継承－鳥取県旧鹿野町の事例－．経済地理学年報，58，pp.198-218.

重森　暁（2003）：都市・農村共生型財政システムをめざして，日本地方自治学会編:『自治制度の再編戦略－市町村合併の先にみえてくるもの』敬文堂，pp.103-117.

静岡県合併市町村連絡会（2009）:『市町村合併の効果と課題』静岡県．

自治省行政局振興課編（1983）:『広域市町村圏要覧　昭和58年版』自治省行政局．

自治省行政局（1999）:『市町村の合併の推進についての指針』（http://www.soumu.go.jp/gapei/gshishin.html）．

市町村合併問題研究会編（2001）:『全国市町村合併地図』ぎょうせい．

島田恵司（2006a）：行政の区域－「平成の大合併」以前の市町村の沿革－．今村都南雄編著：『現代日本の地方自治』敬文堂，pp.20-53.

島田恵司（2006b）：広域連合の担う事務－平成の大合併と広域事務長野県広域連合プロジェクト調査から．北海道自治研究，448，pp.2-16.

島根県（2006）:『平成の市町村合併の記録』島根県．

清水浩和（2009）：人口減少地域における医療崩壊と財政危機．牧瀬　稔・中西規之編著:『人口減少時代に

おける地域政策のヒント』東京法令出版，pp.14-32.
生源寺真一（2005）：農業問題と地域資源．森地　茂編著：『日本の未来－アジアの時代における国土整備プラン－』日本経済新聞社，pp.159-203.
杉浦喜代一（2003）：市町村合併と自治体職員．岡田知弘・京都自治体問題研究所編：前掲，pp.229-245.
杉浦真一郎（2007）：介護保険の広域的運営による給付と負担に関する構成市町村間の不均衡．経済地理学年報，53，pp.237-264.
杉浦真一郎（2009）：合併地域における介護保険の事業特性に関する旧市町村間の差異－「介護保険事業状況報告」による保険者別データの比較から－．地理学評論，82-3，pp.188-211.
杉本久未子（2010）：地域の人的資源を考える－パートナーシップの可能性．青木康容・田村雅夫編：前掲，pp.66-85.
鈴木　透・小池司朗・山内昌和・菅　桂太・貴志匡博（2013）：2040年までの都道府県別将来人口の見通し－社人研の地域別将来推計人口（平成25（2013）年3月推計）より－．地域開発，2013-6，pp.42-47.
全国町村会（2008）：『「平成の合併」をめぐる実態と評価』（http://www.zck.or.jp/gappei-ma.pdf）．
総務省（2008）：『平成の大合併の評価・検証・分析』（http://www.soumu.go.jp/gapei/pdf/080625_2.pdf）．
総務省（2010）：『平成の合併」について』（http://www.soumu.go.jp/main_content/000056852.pdf）．
総務省（2012）：『多自然地域を後背地とする居住拠点都市の振興について』（http://www.soumu.go.jp/main_content/000166198.pdf）．
高木健二（2006）：「三位一体改革」と交付税．今村都南雄編著：前掲，pp.221-240.
高山正樹（2009）：均衡発展政策から地域再生の地域政策への課題．経済地理学年報，55，pp.283-299.
武田公子（2003）：合併と自治体財政．岡田知弘・京都自治体問題研究所編：前掲，pp.75-100.
舘　稔（1961）：『日本の人口移動』古今書院．
千葉県（2010）：『千葉県市町村合併史－平成の市町村合併の記録－』（第2版）千葉県．
辻道雅宣（2006）：市町村は合併にどう取り組んだか－全道市町村合併調査から．北海道自治研究，452，pp.26-47
辻山幸宣（2008）：合併自治体の議会のこれから．地方自治職員研究臨時増刊号88：前掲，pp.34-50.
堂前亮平（2012）：都市とその機能．野沢秀樹・堂前亮平・手塚　章編：『九州・沖縄（日本の地誌10）』朝倉書店，pp.574-581.
土岐　寛（2009）：現代地域問題と地方自治の課題と展望．松野　弘・土岐　寛・徳田賢二編著：『現代地域問題の研究－対立的位相から協働的位相へ－』ミネルヴァ書房，pp.307-324.
土岐　寛・平石正美・斉藤友之・石見　豊（2009）：『現代日本の地方自治』北樹出版．
栃木県（1955）：『栃木県町村合併史1』栃木県．
栃木県佐野市（2006）：『新「佐野市」誕生　佐野市・田沼町・葛生町合併の記録』佐野市．
鳥取県（2006）：『平成の市町村合併の記録』鳥取県．
戸所　隆（2004）：『地域主権への市町村合併－大都市化・分都市化時代の国土戦略』古今書院．
都丸泰助（1968）：地方制度の改革と町村合併．島　恭彦・宮本憲一編：『日本の地方自治と地方財政』有斐閣，pp.115-136.
中瀧清文（2009）：期待はずれの合併優遇策と周辺部衰退の心配－合併前後の財政問題と財源分配の分析から，地域開発，2009-6，pp.20-24.
永野孝一（2002）：市町村合併に関する新たな視点－北海道市町村合併推進要綱を素材とした試論．北海道自治研究，402，pp.11-25.
新潟県市町村課（2011）：『新潟県における平成の市町村合併誌』新潟県．

西尾　勝（2007）:『地方分権改革（行政学叢書5）』東京出版会.
西岡久雄（1966）:『地域間所得較差の研究』古今書院.
西川雅史（2009）:市町村合併が与える財政的影響　規模の効果．林　宜嗣＋21世紀政策研究所監修:『地域再生戦略と道州制』日本評論社，pp.161-189.
西東京市（2001）:『田無市・保谷市合併の記録』西東京市.
西野寿章（2010）:平成の大合併と山村の再編成－中央日本を事例として－．高崎経済大学付属産業研究所紀要，46-1, pp.50-66.
西野寿章（2011）:平成の大合併と山村の再編成．藤田佳久編著:前掲，pp.325-350.
西原　純（2007）:平成の市町村大合併と行政の実情・地域内システムの再編－3つの庁舎の方式に注目して－．長谷川典夫先生喜寿記念事業実行委員会編『地域のシステムと都市のシステム－長谷川典夫先生喜寿記念論文集－』古今書院，pp.113-130.
西原　純（2013）:ある自治体の合併とその地域的枠組みの意志決定過程－静岡県竜洋町の場合－．愛知大学経済論集，190, pp.217-252.
西原　純・土村有希乃（2013）:合併自治体における自然災害時の合併の影響と防災対策－新聞記事分析から－．西原科研第4回研究集会（口頭発表資料）.
新田一郎（2010）:合併推進から合併円滑化へ－「平成の合併」は一区切り－．地方自治，751, pp.16-44.
沼田　良（2008）:大合併による「民主主義の赤字」を解消できるか．地方自治職員研究臨時増刊号88:前掲，pp.51-65.
久井情存（2013）:県出先機関の再編に見る都道府県・市町村間関係の変化－山梨県を事例として－．日本地理学会発表要旨集，No.83, p.98.
葉上太郎（2008）:カネに始まり，カネに終わるのか－「まちづくり」なき合併の実相－．地方自治職員研究臨時増刊号88:前掲，pp.66-80.
葉上太郎（2009）:市町村合併が地域を周辺から滅ぼす．月刊自治研，2009年1月号，pp.34-40.
橋本成仁（2010）:高梁市の公共交通確保に向けた課題と方策．運輸と経済，72-2, pp.21-27.
畠山輝雄（2007）:地理的分断条件を伴う市町村合併が及ぼす高齢者福祉サービスへの影響－群馬県沼田市を事例に－．地理学評論，80, pp.857-871.
林　宜嗣（2006）:『新・地方分権の経済学』日本評論社.
林　宜嗣（2009）:道州制の基本設計図．林　宜嗣＋21世紀政策研究所監修:前掲，pp.29-42.
林　正己（1961）:『市町村の政治－市町村域の改変の研究－』古今書院.
原　俊彦（2007）:地域人口と地方分権のゆくえ．阿藤　誠・津谷典子編著:『人口減少時代の日本社会』原書房，pp.187-208.
原田晃樹（1999）:広域連合制度の特質とその活用方途．日本地方自治学会編:『介護保険と地方自治』敬文堂，pp.199-226.
原田　泰・鈴木　準（2005）:『人口減少社会は怖くない』日本評論社.
平岡和久（2003）:地方交付税と農山村自治体．加茂利男編著:前掲，pp.165-217.
広島県編（2006）:『平成の市町村合併－分権改革への確かな歩み－』広島県.
広島県総務部地方課編（1961）:『広島県市町村合併史』広島県.
福武　直編（1958）:『合併町村の実態－静岡県浜名郡湖西町調査報告書』東京大学出版会.
藤田佳久編著（2011）:『山村政策の展開と山村の変容』原書房.
保母武彦（2002）:『市町村合併と地域のゆくえ』岩波ブックレット.
保母武彦（2007）:『「平成の大合併」後の地域をどう立て直すか』岩波ブックレット.

堀内　匠（2009）：「平成の大合併」の効果としての投票率の低下．自治総研，368，pp.86-108．
堀内　匠（2012）：長野県における市町村広域連合のその後－「平成の合併」による変化を中心に－．自治総研，400，pp.66-91．
町田俊彦編著（2006）：『「平成大合併」の財政学』公人社．
松中亮治（2008）：規制緩和並びに市町村合併後の岡山における路線バスの現状と課題．運輸と経済，68-2，pp.33-41．
三重県（2006）：『三重県市町村合併誌』三重県．
三重シンポジウム（2003）：市町村合併と地方自治制度改革．三重県政策開発研修センター：『分権時代の自治体変革』（地域政策－あすの三重，2003 特集号），pp.13-27．
美谷　薫（2011）：「平成の大合併」の背景とその展開．神谷浩夫・梶田　真・佐藤正志・栗島英明・美谷　薫編著：前掲，pp.131-149．
美谷　薫・手塚　章（2011）：政治・行政．山本正三・谷内　達・菅野峰明・田林　明・奥野隆史編：『日本の地誌2　日本総論II』朝倉書店，pp.153-164．
三野　靖（2005）：連載（3）長野県の広域連合の課題と未来：長野県内の広域連合の類型化．信州自治研，165，pp.56-76．
三野　靖（2007）：長野県の広域連合の類型化．小原隆治・長野県地方自治研究センター編：前掲，pp.86-96．
宮城県（2011）：『宮城県の市町村合併誌～平成の市町村合併の記録～』宮城県．
「みやぎ新しいまち・未来づくり構想」策定委員会（1999）：『みやぎ新しいまち・未来づくり構想調査研究報告書（概要版）』．
宮入興一（2005a）：「平成の大合併」と残された諸課題－地域内分権化と地域住民自治の展開を中心に－．愛知大学中部地方産業研究所編：『特集・「平成の大合併」と残された諸課題』，pp.1-26．
宮入興一（2005b）：「平成の大合併」と地域内分権・自治への模索－上越市における「準公選制」の地域協議会と地域自治組織の再構築の試み－，愛知大学中部地方産業研究所編：同上，pp.71-93．
宮入興一・佐藤正之（2011）：「平成の大合併」における合併・非合併自治体の対応の実態と比較分析－全国アンケート調査からみた地域自治組織・住民自治組織の重層的展開－，年報・中部の経済と社会　2010 年版，pp.163-180．
宮内久光（2012）：空間の組織化，野沢秀樹・堂前亮平・手塚　章編：『九州・沖縄（日本の地誌10）』朝倉書店，pp.554-558．
森　裕之（2003）：「三位一体」改革・地方制度調査会「中間報告」と地方財政．加茂利男編：前掲，pp.125-163．
森　裕之（2009）：「平成の合併」と基礎自治体の財政運営．地域開発，2009.6，pp.39-43．
森川　洋（1959）：広島県における中心集落の分布とその遷移．地理学評論，32，pp.595-613．
森川　洋（1989）：わが国における府県内行政所管区域と計画地域．経済地理学年報，35，pp.15-31．
森川　洋（1990a）：わが国の地域的都市システム．人文地理，42，pp.97-117．
森川　洋（1990b）：広域市町村圏と地域的都市システムの関係．地理学評論，63，pp.356-377．
森川　洋（1990c）：『都市化と都市システム』大明堂．
森川　洋（1995）：『ドイツ－転機に立つ多極分散型国家』大明堂．
森川　洋（1998）：『日本の都市化と都市システム』大明堂．
森川　洋（2004）：『人文地理学の展開－英語圏とドイツ語圏との比較研究』古今書院．
森川　洋（2005）：『ドイツ市町村の地域改革と現状』古今書院．
森川　洋（2006）：主要都市間の人口移動からみたわが国の都市システムの構造と変化．地理科学，61，

pp.243-257.

森川　洋（2007）：ドイツ新連邦州メクレンブルク・フォアポメルン州における行政改革計画とその進行．地理学評論，80-9，pp.503-524.

森川　洋（2008）：『行政地理学研究』古今書院．

森川　洋（2009）：都市システムの変化と過疎地域対策．地理学評論，82-3，pp.167-187.

森川　洋（2010a）：北海道における「平成の大合併」の特色．北海道自治研究，503，pp.2-11.

森川　洋（2010b）：長野県の市町村合併．信州自治研，226，pp.10-17.

森川　洋（2010c）：道州制改革の地域区分と地域格差．経済地理学年報，56，pp.115-135.

森川　洋（2011a）：中国地方5県における「平成の大合併」の比較考察．自治総研，387，pp.32-61.

森川　洋（2011b）：愛知県における「平成の大合併」．愛知教育大学地理学研究報告，112，pp.1-13.

森川　洋（2011c）：大都市圏における「平成の大合併」．自治総研，390，pp.26-46.

森川　洋（2011d）：通勤圏との関係からみた「平成の大合併」．地理学評論．84-5，pp.421-441.

森川　洋（2012a）：『地域格差と地域政策－ドイツとの比較において－』古今書院．

森川　洋（2012b）：九州における「平成の大合併」の比較考察．自治総研，403，pp.99-121；404，pp.69-88；405，pp.57-81.

森川　洋（2012c）：大都市圏周辺地域における「平成の大合併」．自治総研，408，pp.59-88；409，pp.66-91.

森川　洋（2012d）：日本における市町村合併と広域行政．経済地理学年報，58，pp.219-226.

森川　洋（2013a）：北陸3県における「平成の大合併」の特色．都市地理学，8，pp.14-26.

森川　洋（2013b）：豊田市における「平成の大合併」．豊田市史研究，4，pp.1-22.

森川　洋（2013c）：平成の大合併の実態と問題点．自治総研，421，pp.68-83.

森川　洋（2014）：定住自立圏構想と定住自立圏設置の問題点．地域開発，597，pp.58-63；598，pp.52-59.

森川　洋・番匠谷省吾（2012）：小規模自治体の就業的特徴からみた日本の地域構造．地域地理研究，17-2，pp.24-46.

森川正之（2010）：地域間経済格差について：実質賃金・幸福度．RIETIDiscussion Pater Series 10-J-043（http://www.rieti.go.jp/jp/publications/dp/10j043）．

矢作　弘（2009）：有限責任法人を自治体内自治組織として活用－旧明宝村（岐阜県）．地域開発，2009.6，pp.31-34.

山口県市町村振興協会（2007）：『山口県平成の大合併』山口県市町村振興協会．

山崎　朗（2009）：人口減少時代の地域政策．経済地理学年報，55，pp.317-326.

山崎重孝（2000）：なぜ今，市町村合併なのか．岩崎美紀子編著：前掲，pp.71-88.

山崎重孝（2004・05）：新しい「基礎自治体」像について（上，下）．自治研究，80-12，pp.36-66；81-1，pp.62-88.

山下克彦（2011）：空間の組織化．山下克彦・平川一臣編（2011）：『北海道（日本の地理3）』朝倉書店，pp.69-75.

山澄　元（1982）：『近世村落の歴史地理』柳原書店．

山田公平（2003）：自分史のなかの平成合併－市町村合併の歴史的考察－，日本地方自治学会編（2003）：『自治制度の再編戦略－市町村合併の先にみえてくるもの』敬文堂，pp.23-50.

山田晴通（2012）：平成の大合併と地域メディアをめぐる動向．コミュニケーション科学，36，pp.3-30.

山根智沙子・山根承子・筒井義郎（2008）：幸福度で測った地域間格差．行動経済学，R1-1，pp.1-44（http://www.econon.cun.jp/abef/doc/2008jno1_yamane.pdf）．

山本素世（2010）：地域自治組織の設立と地域の変化－旧町から小学校区へ，丹波市の自治協議会を事例とし

てー．青木康容・田村雅夫編：前掲，pp.168-187．
横道清孝・村上　靖（1993）：市町村合併の実証的分析（1）．自治研究，69-6，pp.65-85．
横山純一（2006）：市町村合併が進まない北海道．町田俊彦編著：前掲，pp.137-161．
吉田和男（1998）：『地方分権のための地方財政改革』有斐閣選書．
吉村　弘（1999）：『最適都市規模と市町村合併』東洋経済新報社．
米田耕一郎（2000）：市町村と広域連合，広域連合．岩崎美紀子編著：前掲，pp.136-146，pp.147-159．
和田蔵次（2005）：連載（1）長野県の広域連合の課題と未来：長野県における広域連合への経緯．信州自治研，163，pp.80-97．
和田蔵次（2007a）：長野県における広域連合への経緯．小原隆治・長野県地方自治研究センター編：前掲，pp.10-39．
和田蔵次（2007b）：平成市町村合併と小規模自治体－平成第2次合併をむかえて－．信州自治研，179, pp.49-58．
BBSR（2012）: *Raumordnungsbericht 2011*（http://www.baulinks.de/webplugin/2012/0215.php4）．
BMVBS（2012）: *Demografiestrategie der Bundesregierung 2012*（http://www.bundesregierung.de/---/Demografiestrategie/---/2012-0.4）baulinks.de/webplugin/2012/0215.php4）
Brachat-Schwarz, W.（2006）: Die Gemeinden Baden-Württembergs nach Grössenklassen-gibt es signifikante Strukuturunterschiede? *Statistisches Monatsheft Baden-Württemberg* 8/2006, S.47-51.
Haggett, P.（1965）: *Locational analysis in human geography*. Edward Arnold: London.（ハゲット著・野間三郎監訳・梶川勇作訳（1976）：『立地分析（上）（下）』大明堂）
Johnston, R., Gregory, D., Pratt, G. and Watts, M.（2000）: *The dictionary of human geography*. 4th ed., Blackwell.
Oswalt, P. ed.（2005）: *Shrinking cities, vol.1: International Research*, Hatje Cantz.
Pacione, M.（2013）: The urban geography of post-growth society（都市圏研究部会），人文地理 65, pp.87-89．
Priebs, A.（2013）: *Raumordnung in Deutschland*（Das Geographische Seminar），Westermann（森川　洋，2014：書評，経済地理学年報，60-1，pp.47-50）．
Werlen, B.（1997）: *Sozialgeographie alltäglicher Regionalisierung. Bd.2. Globalisierung, Region und Regionalisierung*. Erdkundliches Wissen 119, Stuttgart: Franz Steiner Verlag.

事 項 索 引
(＊は代表的なページだけを示す)

ア 行

足による投票（vote with their feet） 180, 420, 440
アムト（Amt） 402, 412, 414, 418, 440
域内格差 14, 32, 138, 392, 399
一部事務組合 6*, 9*, 99*, 372*
衛星都市 4*, 437*, 441*
越県合併 71, 84, 120, 122, 159, 177, 236, 264, 357
襟巻状自治体（Kragenverwaltung） 403

カ 行

介護認定審査会 200, 243, 292
介護保険（制度） 19*, 121*, 395*
外洋離島 333, 439
過疎債 323
過疎市町村 6*, 275*, 385*, 403*
過疎代行 117, 151, 362, 397, 405, 427
過疎対策 403*
過疎地域→過疎市町村
過疎法 138*
合併完了型 18, 109, 129, 151, 174, 196
合併協定調印式 56*, 115*, 373*
合併算定替 11*, 365*
合併推進構想 15*, 365*, 370*
合併推進要綱 11*, 15*, 335*
合併対象地域 365*
合併特別交付金（要綱） 20*, 135*, 336*, 366*, 435*
（合併特別交付金）対象事業 367*
合併特例区 20*, 379*, 393*, 439*
合併特例債 11*, 365*
合併特例法 11*, 371*
合併パターン 15*
合併への制約が大きい地域 15*, 416*, 434*
間接的通勤圏 345
議員の名誉職原理 411
企業サイド 388, 398
基準交付金（Schlüsselzuweisungen） 413
基準財政需要額 10, 385, 422
基地交付金 327, 375
基本パターン 16*, 355*, 359*, 360*
9州案 425*
旧役場集落 379, 391, 430
行政改革大綱 11, 20, 358, 369
行政共同体（Verwaltungsgemeinschaft） 418, 429, 440
行政効率 37*, 358*, 385*, 387*
行政サイド 34, 398, 401, 438
行政地理学 2
共同通勤圏 15*
業務担当自治体（erfüllende Gemeinde） 418
議論の矮小化 56, 71
均衡のメトロポール（metropole d'équilibre） 426, 431
空間整備政策（Raumordnungspolitik） 412～415, 423
クラスター分析 363*, 365*, 370*
形式地域 3
限界集落 266, 410, 421, 422, 440
圏構造 75～77, 132, 346, 357
広域市町村圏 9*, 19*, 359*
広域連合 9*, 19*, 371*, 382*, 383*
工業整備特別地域（工特地域） 6
工業的衛星都市 149, 176
高次都市機能 12, 16, 75, 267, 426
構想対象市町村 17*
幸福度 172, 180
神戸勧告（方式） 5, 168～171, 177, 180, 358, 361, 434
高齢化率 292, 407
コーホート要因法 407
国際地方自治体連合（IURA） 11
国土形成計画（法） 419, 438, 440
国土集落システム 342*
国土の均衡ある発展 10, 400, 406, 419～422, 430, 438, 440
国土の持続可能性 421
国土の中核地域 21, 75, 77, 140, 349, 409, 410
国庫支出金 19, 386, 402

サ 行

「災害王国」 421
財政力指数 22*
在宅介護支援センター 12, 16
「埼玉都民」 2
300自治体（構想） 22, 414, 424
三位一体（の）改革 245, 372, 386
市域拡大型（合併） 113, 132, 344
市街化調整区域 167, 179
自主合併 6, 337
市制施行基準 11, 346

「市制施行予備軍」 101*
自治振興交付金 405, 441
自治体病院 396*, 438*
市町村合併推進体制整備費補助金（国の） 368
市町村共同体（communauté de communes） 418
市町村総合交付金（東京都の） 83, 135, 368, 425, 435
市町村特例事務支援制度（長野県の） 121〜124, 134, 139, 270, 335
市町村（平均）面積 338, 354
市町村連合（Gemeindeverbände） 371, 410, 411, 414, 418
実質地域 3
市民にとって身近な政治（Bürgernähe） 362, 401, 414, 428
11 州案 425*
州間財政調整（Länderfinanzausgleich） 425
就業中心地（Arbeitszentrum） 21
13 州案 425*
住宅衛星都市 149, 176
周辺部の寂れ 324, 399, 415, 437
住民サイド 176, 322, 398, 399, 438
住民投票 22*
シュリンキング・シティ（shrinking city） 412, 413, 427, 428
順調合併 30*, 374*
準通勤圏 14*, 36*
小規模自治体 11*, 19*, 415*
小規模自治体主義 410
小規模自治体増加率 409
小規模自治体比率 6*, 377*, 434*
小規模中心地 15*
消滅集落 410
将来の望ましい市町村の姿 17*, 366*, 370*
昭和の大合併 2*, 5*, 6*, 337*, 338*, 434*
人口推計（2040 年） 139, 202, 213, 407, 408, 414, 427

人口増減率（2005〜10 年） 391, 408
新産業都市（新産都） 6, 65
新設合併 18*, 380*
垂直的財政支援 431, 440
水平的財政支援 431, 440
税源移譲 372, 402
政令指定都市 17*, 21*
選択的人口移動（selected migration） 421, 440
相互依存型通勤圏 15*
総合支所方式 265, 379, 402

タ 行

大規模中心地 15*
第三セクター 323, 397
大町村主義 410
大都市周辺地域広域行政圏 9, 88, 144, 370
第 23 次地方制度調査会 9
第 24 次地方制度調査会 10, 19, 296, 400, 433, 438
第 25 次地方制度調査会 10, 433
第 27 次地方制度調査会 13, 20, 423
第 28 次地方制度調査会 48, 52, 423, 425, 431
第 29 次地方制度調査会 35, 386, 416〜419, 439
多自然居住拠点都市 35, 319
多自然地域 325
玉突型通勤圏 15*
単一自治体（Einheitsgemeinde） 371, 388, 410, 411, 414
段階補正 11, 13, 20, 385, 413, 422
単独市制 100, 134, 171, 210
地域アイデンティティ 1*, 411*, 438*
地域（の）イベント 390, 399
地域格差 71*, 386*, 401*
地域再生政策 421
地域自治区 393*, 414*, 439*
地域自治組織 20*, 439*

地域住民主権 387
地域審議会 20, 22, 157, 390, 393, 427
地域密着型サービス 395, 396
地域民主主義（local democracy） 83, 382, 391, 414
小さくても輝く自治体フォーラム 20
地方拠点都市地域 241
地方交付税 10*, 372*, 376*, 402*, 422*
地方交付税制度 10, 420, 422, 438
地方分権一括法 11, 20
地方分権改革 52, 411, 423
中位中心地（Mittelzentrum） 415*
中核市 17*, 21*
中規模中心地 15*
中心機能（central function） 414, 429
中心地システム 342, 413
庁舎の方式 190, 323, 373, 378
町村合併促進法 5, 6, 12, 337
町村組合 18
通勤圏 2*, 14*, 340*, 342*
通勤圏外地域 14*, 356*
定住自立圏 373*, 429*
定住自立圏構想推進要綱 416
適正規模（都市人口の） 358, 434
テリトリー区分 3, 4
電算システムの統合 315, 322, 397
東海道メガロポリス 135
東京一極集中 10, 75, 386, 400, 401, 421〜424, 438, 440
統合市町村（Samtgemeinde） 418
道州制 22*, 52*, 369*, 423*
道州制特区推進法 23
同等の生活条件（gleichwertige Lebensverhältnisse） 401, 406, 410, 413, 415, 422, 423, 430, 438
特別区（special district） 418, 429
特例市 17*, 21*
都市システム 69*, 132*, 358*, 440*
都市内分権 84

都市ベチルク（Stadtbezirk）412, 439
都市密度　24, 57, 176, 275, 322, 376, 400, 436
飛地（合併）　24*, 44*, 356*

ナ 行

ナショナル・ミニマム　401, 406, 419 〜 423, 428, 430, 440
二級町村　23
二次医療圏　26*, 404*, 434*
西尾私案　13*, 20*, 417*
20万都市　424
日常生活圏　2*
任意（合併）協議会　17*, 22*, 372*
認知空間　2

ハ 行

バス交通システム　394
パリ一極集中　431
半従属中心地　14*
費用対効果（論）　420, 421, 430, 439, 440

不均等発展　10
負の再開発（passive Sanierung）431
フリーライダー　345
フルセット型（機能，業務，行政）410, 413, 414, 417 〜 419, 427, 440
分散的集積（dezentrale Konzentration）426
分村合併　13, 120, 293, 338, 340, 374, 434
分庁方式　373*, 378* 〜 380*
文脈的偶有性（contextual contingency）2, 374, 435
ベッドタウン　4*
編入合併　36*, 380*
法定協議会　17*, 22*, 372*
「骨太の方針」　11, 13
本庁支所方式　265, 373, 378, 379, 393, 402

マ 行

間切　327

見渡せる範囲の政治（Übersichtbarkeit）399, 414, 428
明治の大合併　5*, 18*, 337*
目標達成度　18, 39, 64, 70, 181, 202, 226, 260

ヤ・ラ行

有機農業　174, 311, 320, 381
4万市特例　11
ライバル関係（都市間の）363, 365, 436
ランスティング（landsting）429
臨時行政改革推進審議会　9, 401
輪番制　299, 378
レジオン（région）426, 431
連合市町村（Verbandsgemeinde）418

A 〜 Z

DID人口比率　106, 134, 275, 322, 348, 368, 376
truly bounded（整合合併）355, 369

市町村名索引

（合併によって消滅した町村名と本文不掲載の非合併市町村を除く）
*印：非合併市町村．合併後市名変更した都市の合併前の都市名は（ ）で示し，
合併によって消滅した都市名は各都道府県の末尾に（ ）で示す．

北海道

札幌市* 24〜26, 29, 36, 322, 346, 425
函館市 24, 30, 37, 346, 354
小樽市 25, 296
旭川市 24, 29, 30, 37, 346
室蘭市* 364
釧路市 30
帯広市 25, 31
北見市 25, 30, 35, 36
岩見沢市 30
留萌市 25, 32
苫小牧市* 24, 25, 364
稚内市 25, 31
美唄市 30
芦別市 34
赤平市 31〜34
士別市 30
名寄市 25, 30, 31
三笠市 30
根室市 25
千歳市 24, 25, 36, 364
滝川市 31, 33〜36, 373, 378
砂川市 31〜34
歌志内市* 31〜34, 385
深川市 32
富良野市* 35, 36, 394, 429
登別市* 364
恵庭市 36, 364
伊達市 364
北広島市* 25

石狩市 25, 30, 36, 346
北斗市 30, 37, 346
当別町* 32
新篠津町* 32
松前町* 32
福島町* 32
七飯町* 32
鹿部町* 32
森町 30, 31
八雲町 24, 26, 30, 31, 340, 436
長万部町* 26, 31
江差町* 31
上ノ国町* 31
厚沢部町* 31
乙部町* 31
奥尻町* 31
今金町* 26, 31
せたな町 30, 32, 37
島牧村* 32
寿都町* 31, 32
黒松内町* 31, 32
蘭越町* 32
ニセコ町* 32, 404
真狩村* 32
留寿都村* 32
喜茂別町* 32
倶知安町* 32
岩内町* 25
泊村* 25, 29
積丹町* 32
古平町* 32
仁木町* 32

余市町* 25, 32, 296
赤井川村* 32
南幌町* 32
奈井江町* 31〜34
上砂川町* 31〜34
由仁町* 32
長沼町* 37
栗山町* 32
月形町* 30, 32
浦臼町* 31, 34
新十津川町* 31〜34
妹背牛町* 32
秩父別町* 32
雨滝町* 31〜34
北竜町* 32
沼田町* 32
上富良野町* 34
中富良野町* 34
南富良野町* 32〜34
占冠村* 32〜34
和寒町* 30, 32
剣淵町* 30, 32
下川町* 30, 31
美深町* 30〜32
音威子府村* 30〜32
中川町* 30〜32
幌加内町* 32
増毛町* 32
小平町* 32
苫前町* 32
羽幌町* 32
初山別村* 32
遠別町* 4, 29

天塩町* 31
猿払村* 31
浜頓別町* 30
中頓別町* 30
枝幸町* 30, 32
豊富町* 31
礼文町* 27, 31
利尻町* 27, 32
利尻富士町* 27, 32
幌延町* 31
津別町* 30
訓子府町* 32
置戸町* 32
佐呂間町* 30
遠軽町* 30
湧別町 27, 30, 36
大空町 30, 32, 37
豊浦町* 30
壮瞥町* 30
厚真町* 30
洞爺湖町 30, 32, 35, 37
安平町 30, 32, 37
むかわ町 30, 32, 37
日高町 24, 30, 340, 356, 436
平取町* 30
新ひだか町 30, 37
音更町* 29
士幌町* 32
上士幌町* 32
鹿追町* 32
新得町* 32
清水町* 29
芽室町* 31

中札内町＊ 31
更別町＊ 30
大樹町＊ 32
広尾町＊ 32
幕別町＊ 31, 36
池田町＊ 31
豊頃町＊ 31
本別町＊ 25, 32
足寄町＊ 25, 30, 32
陸別町＊ 25, 32
浦幌町＊ 31
釧路町＊ 30
弟子屈町＊ 27
白糠町＊ 30
別海町＊ 31
中標津町＊ 31
標津町＊ 31
羅臼町＊ 31, 33

青森県

青森市 25, 43〜47, 71, 73, 346
弘前市 40, 43, 45
八戸市 25, 40, 43, 45, 50, 357
黒石市＊ 45
五所川原市 43, 45, 356
十和田市 43, 45, 47, 369
三沢市 43〜47, 369
むつ市 43, 47, 71
つがる市 45, 47, 354
平川市 43, 45
平内町＊ 44
今別町＊ 45
蓬田村＊ 45
外ヶ浜町 43, 45, 346, 356
鰺ヶ沢町＊ 43, 45
深浦町 43, 45
西目屋村＊ 45
藤崎町 45
大鰐町＊ 45
田舎舘村＊ 43, 45

板柳町＊ 45, 47, 71
鶴田町＊ 47, 71
中泊村 45, 356
野辺地町＊ 43, 47
七戸町 43, 45
六戸町＊ 45
横浜町＊ 47, 71
東北町 45
六ヶ所村＊ 25, 40, 43, 44
おいらせ町 47
大間町＊ 43, 47
東通村＊ 43, 44, 47, 72, 73
風間浦村＊ 43, 47
佐井村＊ 47
三戸町 43〜45
五戸町 43, 45
田子町＊ 45
南部町 45
階上町＊ 45
新郷村＊ 43, 45

岩手県

盛岡市 25, 48〜51, 346, 425
宮古市 48, 50
大船渡市 48, 50
花巻市 48, 50, 364
北上市 48, 49, 73, 364
久慈市 48, 51
遠野市 48, 50
一関市 48〜51, 71, 354
陸前高田市＊ 48, 73
釜石市＊ 50, 73
二戸市 48, 51
八幡平市 48, 50
奥州市（水沢市） 48, 50, 354, 364, 365, 380
雫石町＊ 50, 73
葛巻町＊ 48〜50, 73
岩手町＊ 73
滝沢村＊ 49, 50, 73
紫波町＊ 50, 73

矢巾町＊ 51
西和賀町 50
金ヶ崎町＊ 73
平泉町 51, 71, 379
藤沢町＊ 51, 71, 72, 429
住田町＊ 49, 50, 73
大槌町＊ 50, 73
山田町＊ 50, 73
岩泉町＊ 48〜50, 71, 73
田野畑村＊ 49, 50, 73
普代村＊ 51
軽米町＊ 49, 73
野田村＊ 51
九戸村＊ 51
洋野町 48, 50
一戸町＊ 73
（江刺市） 50, 364, 365

宮城県

仙台市＊ 25, 40, 51〜53, 56, 69, 71, 73, 322, 346, 363, 425
石巻市 25, 40, 53, 55, 71, 354
塩竈市＊ 52, 53, 71
気仙沼市 52, 55
白石市＊ 40, 52, 53, 56, 378
名取市 25, 52, 53
角田市 53, 56
多賀城市＊ 25, 53
岩沼市 25, 53
登米市 55, 56, 71, 340, 354, 396, 400, 403, 436
栗原市 53〜56, 71, 74, 340, 354, 396, 397, 400, 403, 436
東松島市 55
大崎市（古川市） 51, 53〜56, 71, 354, 371, 379, 396, 400
蔵王町 56, 378
七ヶ宿町＊ 53〜56
利府町＊ 25

大河原町＊ 53
村田町＊ 53
柴田町＊ 25, 53, 56, 373
川崎町＊ 52, 73
丸森町＊ 56
亘理町＊ 53, 56, 378
山元町＊ 56, 378
松島町＊ 53
大郷町＊ 53, 54
大衡村＊ 53, 54
色麻町＊ 52, 55
加美町 53, 55
涌谷町＊ 52, 55
美里町 56, 380
女川町＊ 25, 40, 51〜55, 72, 381
南三陸町 55

秋田県

秋田市 25, 40, 56〜59, 346, 408
能代市 57, 59
横手市 57, 59, 71, 72, 354
大館市 57〜60, 71
男鹿市 57, 60, 346
湯沢市 57, 59
鹿角市 59, 60, 357
由利本荘市（本荘市） 57, 59, 71, 72, 354, 380
潟上市 59, 346
大仙市（大曲市） 57〜60, 71, 72, 354
北秋田市 59, 403
にかほ市 59
仙北市 57, 60, 403
小坂町 60, 71, 357
上小阿仁村＊ 57
藤里町＊ 59, 60
三種町 59
八峰町 45, 59
五城目町＊ 60
八郎潟町＊ 60

井川町＊ 60
大潟村＊ 57, 60, 72, 381, 437
美郷町＊ 59, 380
羽後町＊ 57
東成瀬村＊ 57, 59

山形県
山形市＊ 25, 60〜63, 74, 346, 364
米沢市＊ 61, 63
鶴岡市 61〜63, 74, 354
酒田市 25, 40, 60〜63, 380
新庄市＊ 61, 63, 71, 373, 378, 402, 436
寒河江市＊ 61, 63
上山市＊ 63
村山市＊ 61, 64
長井市＊ 61, 63
天童市＊ 64, 74, 364
東根市＊ 61, 64
尾花沢市＊ 61, 63
南陽市＊ 64
山辺町＊ 63
中山町＊ 63
河北町＊ 64
西川町＊ 64
朝日町＊ 64
大江町＊ 64
大石田町＊ 61, 63
金山町＊ 63
最上町＊ 61, 63
舟形町＊ 63
真室川村＊ 63
鮭川村＊ 63
戸沢村＊ 63
高畠町＊ 64
川西町＊ 63
小国町＊ 61, 64
白鷹町＊ 64
飯豊町＊ 64
三川町＊ 63
庄内町 61, 63

遊佐町＊ 61, 63, 74, 380

福島県
福島市 25, 64〜68, 346, 354
会津若松市 25, 40, 64〜67
郡山市＊ 25, 40, 64, 65, 346
いわき市＊ 25, 64, 65
白河市 25, 64, 67
須賀川市 64, 67
喜多方市 64〜67, 354
相馬市＊ 68
二本松市 25, 64〜68
田村市 66, 71, 354, 403
南相馬市（原町市）25, 64, 67, 68, 72, 380
伊達市 66, 67, 71, 346, 354, 403
本宮市 68
桑折町＊ 67
国見町＊ 67
川俣町＊ 67, 68
下郷町＊ 65, 67
檜枝岐村＊ 65, 68, 74, 356, 386
只見町＊ 68
南会津町 67, 68, 71
北塩原村＊ 67, 74
西会津町＊ 65
磐梯町＊ 74
会津坂下町＊ 64, 65, 68
湯川村＊ 67, 74
柳津町＊ 68, 74
三島町＊ 68, 74
金山町＊ 65, 68, 74
昭和村＊ 68, 74
会津美里町 67
西郷村＊ 25, 69
泉崎村＊ 67, 378
棚倉町＊ 64, 65, 68
矢祭町＊ 68, 381, 382, 429
塙町＊ 68
鮫川村＊ 68, 74

石川町＊ 65
三春町＊ 65
小野町＊ 67
広野町＊ 25, 40
双葉町＊ 25
楢葉町＊ 25, 40
富岡町＊ 25, 40
川内村＊ 74
大熊町＊ 25, 40, 64
浪江町＊ 67, 68
葛尾村 74
新地町＊ 25, 40, 68
飯舘村＊ 67, 68

茨城県
水戸市 101〜105, 346, 364
日立市 101〜105, 364
土浦市 101, 105, 364, 380
古河市 104〜106
石岡市 101, 104, 105
結城市＊ 105, 137, 364
龍ヶ崎市＊ 101, 103, 106, 137
下妻市 101, 105
常総市（水海道市）101, 105, 364
常陸太田市 101, 103〜106
高萩市＊ 101, 137, 364
北茨城市＊ 101, 137, 364
笠間市 106, 346
取手市 94, 104, 105, 364
牛久市＊ 94, 137
つくば市 94, 101〜105, 364
ひたちなか市 137, 364
鹿嶋市 94, 101, 105, 137
潮来市 103〜105, 372
守谷市＊ 103, 137
常陸大宮市 104, 354, 355
那珂市 104, 346
筑西市（下館市）101, 103, 105, 364
坂東市（岩井市）105, 106

稲敷市 104, 403
かすみがうら市 105
桜川市 105
神栖市 105
行方市 104, 403
鉾田市 103, 104, 346
つくばみらい市 105
小美玉市 104, 105, 380
茨城町＊ 106
大洗町＊ 103, 106, 137
城里町 106, 346
東海村＊ 101, 137
大子町＊ 101〜104, 137
美浦村＊ 101, 104, 106
阿見町＊ 106
河内町＊ 103, 137
八千代町＊ 105
五霞町＊ 105, 357
境町＊ 103, 105
利根町＊ 103, 106, 137

栃木県
宇都宮市 107〜110, 116, 132, 138, 346
足利市＊ 109
栃木市＊ 107〜110, 138
佐野市＊ 107〜110, 138, 371, 435
鹿沼市 109, 110
日光市（今市市，日光市）107, 109, 354, 365
小山市＊ 107〜110, 138
真岡市 107, 109, 138
大田原市 107, 110
矢板市＊ 111
那須塩原市（黒磯市）94, 107, 110
さくら市 109, 346
那須烏山市 109, 346
下野市 110
上三川町＊ 110
西方町＊ 110, 111, 134, 373,

市町村名索引　459

429
益子町* 110, 138
茂木町* 110, 138
市貝町* 110, 138
芳賀町* 109, 138
壬生町* 109, 110
野木町* 107, 109, 138
岩舟町* 109〜111, 134, 138, 429
塩谷町* 111
高根沢町* 109〜111, 134
那須町* 107〜110
那珂川町 109

群馬県

前橋市 111〜113, 116, 346, 354, 355, 384
高崎市 111〜116, 354, 356, 364, 394, 425
桐生市 111, 115
伊勢崎市 111, 113, 116
太田市 111, 112, 115, 116, 364
沼田市 14, 111, 114, 437
館林市* 111, 113, 364, 395
渋川市 111, 113, 354
藤岡市 111〜115
富岡市 111, 113
安中市 115, 364
みどり市 115, 380
榛東村 113
吉岡町 113
上野村 113〜115
神流町 113, 115, 140, 321, 374
下仁田町* 113
南牧村 113, 408
甘楽町* 113, 115
中之条町 111, 114, 116
長野原町* 111, 114
嬬恋村* 114
草津町* 111, 114

高山村* 111, 114
東吾妻町 397
片品村* 114
川場村* 114
昭和村* 114
みなかみ町 114
玉村町* 113
板倉町* 113, 115
明和町* 113, 115
千代田町* 115
大泉町* 111, 115
邑楽町* 115

埼玉県

さいたま市（浦和市, 大宮市）87, 89, 93, 94, 100, 116, 136, 346, 370, 425
川越市* 89, 93, 346, 364
熊谷市 87, 89, 91, 93
川口市* 87, 89, 93, 94, 137, 346, 364
行田市 91, 364
秩父市 87, 89, 91
所沢市* 87, 89, 93, 346, 364
飯能市 89, 91, 364
加須市 89, 91
本庄市 87, 89, 91
東松山市* 87, 89, 93
春日部市 91, 100, 364
狭山市* 87, 93, 364
羽生市 91, 136, 364
鴻巣市 91, 364
深谷市 91, 93
上尾市 87, 136
草加市 364
越谷市 89, 93, 364
蕨市* 93, 94, 364
戸田市 87, 89, 94, 364, 409
入間市 93, 94, 364
鳩ヶ谷市* 93, 94, 137, 364, 429
朝霞市 93, 364

志木市* 93, 94
和光市* 87, 93, 94, 364
新座市* 93, 94, 364
桶川市 94, 364
久喜市 89, 91, 94, 106, 364
北本市 89, 94, 364
八潮市 94, 364
富士見市* 94, 136
三郷市 89, 94, 364
蓮田市 94, 136
坂戸市 89, 94, 364
幸手市 94, 106, 136, 357, 364
鶴ヶ島市* 94, 364
日高市 91, 94, 364
吉川市 93, 94, 364
ふじみ野市（上福岡市）91, 94, 136, 364
三芳町* 87, 136
越生町* 89
滑川町 91, 136
嵐山町 91, 136
小川町 89, 91, 136
吉見町* 93
鳩山町 93
ときがわ町 91
横瀬町 91, 93, 137
皆野町 93
長瀞町 89, 91, 93
小鹿野町 89, 91
東秩父村* 91, 136
美里町 91, 136
神川町 91
上里町* 91, 136
寄居町* 93, 136
宮代町 136
白岡町 136
杉戸町* 136
松伏町 93
伊奈町* 136
（与野市）136, 370
（岩槻市）93, 364

千葉県

千葉市 14, 94, 95, 100, 132, 137, 346
銚子市 99, 100, 364
市川市 94, 100, 137, 346
船橋市 94, 100, 137, 346
館山市 95, 98, 100, 137, 354, 364, 379
木更津市* 137, 364
松戸市* 100, 137, 346
野田市 98, 100
茂原市 94, 100, 137, 373, 402, 416
成田市 99, 100, 357, 364, 380, 409, 437
佐倉市* 94, 100
東金市 94, 100
旭市 94, 95, 99, 100, 364
習志野市* 137
柏市 94, 98, 100, 137
勝浦市* 98
市原市* 94, 95, 98, 137
流山市 94, 100, 137
八千代市 94, 137
我孫子市* 94, 100
鴨川市 94, 98, 137, 364
鎌ヶ谷市 94, 100, 137
君津市* 94, 95, 137, 364
富津市* 94, 95, 98, 137, 364
浦安市* 94, 100, 137
四街道市* 94, 100
袖ヶ浦市* 94, 98, 137, 364
八街市* 94, 137, 364
印西市 94, 98, 99
白井市（白井町）* 99
富里市（富里町）* 99
南房総市 98, 100, 137, 354, 379
匝瑳市（八日市場市）94, 95, 99, 364, 380
香取市（佐原市）94, 99,

100, 364, 380
山武市　100, 403
いすみ市　98, 403
酒々井町＊　100
栄町＊　99
神崎町＊　99
多古町＊　99
東庄町　99, 100
大網白里町＊　100
九十九里町＊　100
芝山町＊　99
横芝光町　99, 176, 357, 437
一宮町＊　100
長生村＊　100
白子町＊　100
長柄町＊　100
長南町＊　100
大多喜町＊　99
御宿町＊　99
鋸南町＊　98, 137, 354

東京都

東京特別区＊　14, 75 〜 78, 83, 84, 87, 93, 94, 104, 107, 132, 136, 181, 182, 346, 409, 425
八王子市＊　78, 84, 116, 135, 136, 346
立川市＊　135
武蔵野市＊　82, 135
三鷹市＊　135, 409
青梅市＊　78, 136
府中市＊　135
昭島市＊　82
調布市＊　135
町田市＊　78, 135, 346
小平市＊　94
日野市＊　94
東村山市＊　94, 409
国分寺市＊　94
国立市＊　94
福生市＊　94

狛江市＊　94
東大和市＊　94
清瀬市＊　94
東久留米市＊　94
武蔵村山市＊　94
多摩市　94, 135
稲城市　77, 82, 94
羽村市　82, 94, 135
あきる野市＊　78, 82, 94, 136
西東京市（田無市, 保谷市）82, 94, 140, 214
瑞穂町＊　82
日の出町＊　136
檜原村＊　77, 82
奥多摩町＊　77, 82
大島町　77
三宅村　135
御蔵島村＊　77, 409
青ヶ島村＊　136, 408

神奈川県

横浜市＊　14, 83 〜 86, 120, 132, 181, 182, 346, 425
川崎市＊　83 〜 86, 346, 409
相模原市＊　83 〜 87, 346
横須賀市＊　83, 84, 346, 364
平塚市＊　83, 85
鎌倉市＊　84, 364
藤沢市＊　84, 85, 346, 364
小田原市＊　83, 84, 86, 136
茅ヶ崎市＊　84, 85, 364
逗子市＊　364
三浦市＊　84, 364
秦野市＊　84, 364
厚木市＊　83, 364
大和市＊　83
伊勢原市＊　84, 94, 364
海老名市＊　84, 364
座間市＊　84, 94, 364
南足柄市＊　94, 136
綾瀬市＊　84, 94, 364
寒川町＊　85

大磯町＊　85
二宮町＊　85
中井町＊　136
大井町＊　136
松田町＊　136
山北町＊　136
開成町＊　136
箱根町＊　83, 136
真鶴町＊　84, 85, 136, 381
湯河原町＊　84, 85, 136, 381
清川村＊　84, 136

新潟県

新潟市　127, 131, 134, 135, 248, 336, 346, 348, 354, 356, 364 〜 367, 376, 425, 435
長岡市　127, 129, 131, 134, 140, 354, 356, 364, 376
三条市　127, 130, 131, 364
柏崎市　127, 129
新発田市　127, 130
小千谷市＊　129
加茂市　130, 364
十日町市　127, 130, 354
見附市＊　131, 364
村上市　127 〜 130
燕市　127, 130, 364
糸魚川市　127, 129, 363
妙高市（新井市）127, 130
五泉市　127, 129, 363
上越市　127, 130, 131, 134, 140, 354, 376, 393, 399, 404, 428
阿賀野市　129, 346, 363
佐渡市（両津市）127, 129, 354, 363, 379
魚沼市　129, 340, 354, 363, 436
南魚沼市　129, 130, 403
胎内市　130
聖籠町＊　127 〜 130

弥彦村＊　130
田上町＊　131
阿賀町　129, 363
出雲崎町＊　127, 131
湯沢町＊　127, 129
津南町＊　129
刈羽村＊　127, 129
関川村＊　130
粟島浦村＊　130
（白根市）127, 131, 364, 365
（豊栄市）131, 364, 365
（新津市）131, 364, 365
（栃尾市）131

富山県

富山市　164 〜 167, 346, 354, 355, 364
高岡市　165, 166, 355, 364
魚津市＊　165 〜 168, 180, 364
氷見市＊　166 〜 168, 180, 364
滑川市＊　167, 180, 364
黒部市　165, 167, 364
砺波市　165, 166
小矢部市＊　165 〜 168, 180, 364
南砺市　166, 177, 336, 354, 355
射水市（新湊市）165, 354, 355, 380
舟橋村＊　167, 168, 180, 381, 409, 439
上市町＊　180
立山町＊　167, 180
入善町＊　165, 167
朝日町＊　165, 167

石川県

金沢市＊　168 〜 172, 180, 346, 362, 425
七尾市　168 〜 170

小松市＊ 168, 171, 180
輪島市 168, 171
珠洲市＊ 168, 171, 180
加賀市 171
羽咋市＊ 168 〜 171, 180, 378
かほく市 171, 346
白山市（松任市） 171, 177, 346, 354
能美市 170, 171
川北町＊ 170, 180
野々市町＊ 171, 180
津幡町＊ 180
内灘町＊ 180
志賀町 168, 170, 381
宝達志水町 170
中能登町 170
穴水町＊ 168 〜 171
能登町 171

福井県
福井市 172 〜 174, 346
敦賀市＊ 172, 175, 180
小浜市＊ 172, 175, 180
大野市 175
勝山市＊ 175, 180
鯖江市＊ 172 〜 174
あわら市 174, 346, 381
越前市（武生市） 172 〜 174
坂井市 174, 346, 403
永平寺町 174, 346, 379
池田町＊ 177, 180, 381
南越前町 174
越前町 174
美浜町＊ 172, 175, 180
高浜町＊ 172, 175, 180, 188
おおい町（大飯町） 172, 175, 381
若狭町 175, 177, 357, 437

山梨県
甲府市 116, 117, 120, 132, 346, 354
富士吉田市＊ 116, 117, 132
都留市＊ 116, 117, 120, 364
山梨市 119
大月市＊ 139, 364
韮崎市＊ 116, 139
南アルプス市 119, 346
北杜市 119, 354
甲斐市 119, 346, 380
笛吹市＊ 117, 119, 346, 354
上野原市 120
甲州市（塩山市） 119, 120, 139, 346
中央市 119, 139, 346, 380
市川三郷町 119, 346
早川町＊ 118, 138, 139
身延町 116, 119
南部町 119, 120
富士川町 119, 120, 138
昭和町＊ 116 〜 120, 139
道志村＊ 84, 120, 138
西桂町 120, 138
忍野村＊ 116, 118, 138, 139, 381
山中湖村＊ 116
鳴沢村＊ 138, 139
富士河口湖町 120
小菅村 116, 120, 138, 139
丹波山村＊ 116, 120, 138, 139

長野県
長野市 121 〜 124, 139, 346, 354, 364
松本市 121 〜 124, 139, 354, 356, 364, 437
上田市 122, 124, 369
岡谷市＊ 122, 125, 364
飯田市 122 〜 125
諏訪市＊ 122, 125, 139, 364

須坂市＊ 122, 126, 364
小諸市＊ 126
伊那市 122, 125, 364
駒ヶ根市＊ 122, 126, 364
中野市 122, 125, 126, 346, 364
大町市 122, 125
飯山市＊ 122, 125, 126
茅野市＊ 122, 125, 364
塩尻市 122, 125, 364
佐久市 122, 125
千曲市（更埴市） 124, 346
東御市 122, 125
安曇野市 124, 354, 356
小海町＊ 122, 139
川上村＊ 122, 126
南牧村＊ 122, 126
南相木村＊ 139
北相木村＊ 126, 139
佐久穂町 125
軽井沢町＊ 121, 122, 126, 343, 381, 437
御代田町＊ 125
立科町 139
青木村＊ 139
長和町 124
下諏訪町＊ 125
富士見町＊ 125
原村＊ 125
辰野町＊ 125
箕輪町＊ 125
飯島町＊ 126
南箕輪村＊ 125
中川村＊ 126
宮田村＊ 126
松川町＊ 126
阿南町＊ 139
阿智村 125, 139
平谷村＊ 126, 139
根羽村＊ 139
下条村＊ 139
売木村＊ 126, 139

天龍村＊ 139
泰阜村＊ 126, 139
喬木村＊ 124, 125, 139
豊丘村＊ 139
大鹿村＊ 122, 126
上松町＊ 125
南木曽町＊ 126
木祖村＊ 125
王滝村＊ 125
大桑村＊ 126
木曽町 125
麻績村＊ 139
生坂村＊ 139
山形村＊ 139
朝日村＊ 139
筑北村 125
池田町＊ 122, 125
松川村＊ 122, 125
白馬村＊ 125, 126
小谷村＊ 125, 126
坂城町＊ 122, 139
小布施町＊ 126, 139
高山村＊ 126
山ノ内町＊ 125
木島平村＊ 126
野沢温泉村＊ 126
小川村＊ 124
飯綱町 124, 346
栄村＊ 20, 126, 139, 381, 437

岐阜県
岐阜市 155, 156, 159, 160, 346, 364
大垣市 155, 156, 159, 160
高山市 156 〜 170, 177, 354, 376, 382, 437
多治見市 156, 159, 364
関市 156, 158, 354, 355
中津川市 122, 139, 156, 159, 177, 354, 364
美濃市＊ 156, 158
瑞浪市＊ 156, 159, 346, 364

羽島市 * 159, 364
恵那市 156, 159, 354, 355, 364
美濃加茂市 * 156 〜 160, 373, 402, 416
土岐市 159, 364
各務原市 155, 159, 346
可児市 155, 156, 159, 364
山県市 158, 346, 403
瑞穂市 158, 159
飛騨市 156, 157
本巣市 158, 346
郡上市 158, 340, 354, 382, 393, 403, 436
下呂市 158, 354, 355, 381, 384
海津市 159, 403
岐南町 * 155, 159
笠松町 159
養老町 179
垂井町 180
関ヶ原町 * 159, 180
神戸町 180
輪之内町 * 180
安八町 179
揖斐川町 156, 158, 179, 354, 355
大野町 158
池田町 180
北方町 159
御嵩町 159
白川村 * 156, 158, 177, 381, 384, 394, 437

静岡県

静岡市 150 〜 154, 177, 187, 346, 364, 365
浜松市 150 〜 155, 176 〜 179, 336, 346, 348, 354, 356, 364, 365, 376, 393, 398, 437
沼津市 150 〜 155, 364

熱海市 * 150, 179, 364, 381
三島市 150, 154, 155, 179, 364
富士宮市 116, 119, 139, 154, 155, 364
伊東市 150, 179, 364, 381
島田市 150, 154
富士市 150, 154, 364
磐田市 150, 153, 179, 346, 354, 355, 364
焼津市 154, 364
掛川市 150, 154
藤枝市 150, 154, 346, 364
御殿場市 * 150, 155, 179
袋井市 150, 153, 154, 364
下田市 * 150, 155, 179, 396
裾野市 * 150, 154, 155, 179, 364
湖西市 150, 155, 364, 365
伊豆市 152
御前崎市 154
菊川市 154
伊豆の国市 152
牧之原市 154
東伊豆町 * 179
河津町 * 151, 155, 397
南伊豆町 * 151, 155, 179, 396
松崎町 * 150 〜 155
西伊豆町 151, 153, 155
函南町 155, 179
清水町 155, 179, 365
長泉町 150, 179
小山町 150, 179
吉田町 154, 179
川根本町 154
森町 * 373
（清水市）364
（浜北市）364, 365

愛知県

名古屋市 * 75, 77, 132, 141

〜 145, 149, 155, 160, 176, 182, 346, 363, 369, 378, 409, 425, 437
豊橋市 * 142, 150, 179, 346
岡崎市 142 〜 146, 179, 346, 364
一宮市 142 〜 145, 179, 364
瀬戸市 178, 364
半田市 * 142, 364
春日井市 * 149, 179, 364
豊川市 142, 144, 148, 149, 364
津島市 * 145
碧南市 148, 364
刈谷市 * 142, 148, 364
豊田市 145, 146, 176, 179, 345, 346, 354 〜 356, 378, 388, 402, 403, 437
安城市 * 142, 143, 148, 364, 409
西尾市 * 142 〜 144, 148, 429
蒲郡市 * 364
犬山市 * 148, 364
常滑市 * 346
江南市 * 148, 364
小牧市 * 149, 364
稲沢市 144, 145, 364
新城市 142 〜 145, 147, 149
東海市 * 148, 364
大府市 * 148, 364
知多市 * 148, 364
知立市 * 148, 364
尾張旭市 * 178, 364
高浜市 * 148, 364
岩倉市 * 148
豊明市 * 149, 178, 364
日進市 * 149, 178, 364
田原市 148
愛西市 145, 148
清須市 145, 146, 149
北名古屋市 145, 146, 149

弥富市 149
みよし市（三好町）* 142, 146, 149, 178, 402
あま市 145, 148, 149
東郷町 * 149
長久手町 * 149, 178
豊山町 146
大口町 148
扶桑町 148
大治町 149
飛島村 * 142, 148, 149, 179, 381
東浦町 * 148
南知多町 * 148
美浜町 * 148
一色町 * 143
吉良町 * 143
幸田町 * 146
設楽町 143, 148, 149
東栄町 * 143, 148, 149
豊根村 148, 149, 177, 179, 321, 374
（尾西市）364

三重県

津市 163, 164, 176, 177, 346, 354, 364, 365
四日市市 160, 163
伊勢市 160, 163
松阪市 160, 163, 164, 346, 354, 355
桑名市 160, 163
鈴鹿市 * 160, 180, 364
名張市 * 160, 161, 197, 364
尾鷲市 * 160, 161
亀山市 160, 163, 364
鳥羽市 * 180
熊野市 160, 161, 215
いなべ市 160, 163, 403
志摩市 164, 354, 403
伊賀市（上野市）160, 161, 164, 197, 354, 364, 380,

382
東員町* 163
菰野町* 163, 180
朝日町* 163, 180
川越町* 160, 163, 180
多気町 163
明和町* 163, 164
大台町 160, 161, 164
玉城町* 163
度会町* 163
大紀町 161
南伊勢町 164
紀北町 161
御浜町* 161, 164
紀宝町 161, 206
(久居市) 163, 364, 365

滋賀県
大津市 202, 203, 346
彦根市* 202〜206, 211, 212, 373
長浜市 202〜205
近江八幡市 202〜205, 212, 364
草津市* 202〜206, 364, 409
守山市* 205, 364
栗東市* 203〜206
甲賀市 203, 206, 340, 354, 403, 436
野洲市 206
湖南市 203, 206
高島市 203, 206, 354, 384, 403
東近江市(八日市市) 202〜206, 354, 364
米原市 205, 206
日野町* 20, 205
竜王町* 203
愛荘町 206
豊郷町* 203, 206
甲良町* 203, 206

多賀町* 203, 206

京都府
京都市 181, 182, 188〜191, 202, 211, 346, 369
福知山市 188〜190
舞鶴市* 188, 190, 364
綾部市* 188, 190, 364
宇治市* 188, 191, 364
宮津市* 188〜190
亀岡市* 189, 190
城陽市* 191, 364
長岡京市* 188, 190
八幡市* 191, 364
京田辺市* 191, 364
京丹後市 190, 340, 354, 387, 436
南丹市 190, 346
木津川市 189, 190
大山崎町* 188, 190
久御山町* 191
井手町* 191
宇治田原町* 191
笠置町* 191
和束町* 191
精華町* 191
南山城村* 191
京丹波町 190
伊根町* 190
与謝野町 190

大阪府
大阪市* 75, 77, 132, 181, 182, 188, 192, 197, 206, 211, 346, 409, 425
堺市 185, 187, 213, 346
岸和田市* 187, 213, 214
豊中市* 213, 346
池田市 185, 187, 214
吹田市* 213, 346
高槻市* 187, 213, 346
守口市* 187, 212, 214

枚方市* 213, 346
茨木市* 214
八尾市* 213
泉佐野市* 187, 214
富田林市* 187, 214
寝屋川市* 214
河内長野市* 185, 187, 212, 214
箕面市* 185
門真市* 187, 212, 214
高石市* 187
東大阪市* 214
泉南市* 187, 214
大阪狭山市* 187
阪南市* 187, 214
島本町* 187
豊能町* 185, 187, 214
忠岡町* 187, 214
田尻町* 187, 214
岬町* 187, 214
太子町* 187, 214
河南町* 187, 214
千早赤阪村* 185, 187, 212, 214

兵庫県
神戸市* 181, 182, 191〜194, 346
姫路市 192〜196, 211, 346, 354, 357
尼崎市* 196, 346
明石市* 196
西宮市* 191, 196, 346
洲本市 192, 195
芦屋市* 191
伊丹市* 194
相生市* 196
豊岡市 189, 192〜195, 354
加古川市* 192, 196
赤穂市* 196
西脇市 192, 194, 214, 215
宝塚市* 191, 194, 196

三木市 194, 195
川西市* 194
三田市* 192
篠山市 11, 192〜196, 214, 372, 387
養父市 194〜196, 341, 403
丹波市 194, 196, 354
南あわじ市 195
朝来市 194, 196, 403
淡路市 195, 354, 355
宍粟市 194〜196, 403
加東市 194, 403
たつの市(龍野市) 195, 196
猪名川町* 194
多可町 194
市川町* 196, 378
福崎町* 195
神河町 196, 346
太子町* 196
上郡町* 196
佐用町 192, 195, 196
香美町 194, 195
新温泉町 194, 195, 373

奈良県
奈良市 188, 197, 199, 201, 346
大和高田市* 197, 200, 364
大和郡山市* 197, 200
天理市* 197〜200
橿原市* 197, 201
桜井市* 197, 201
五條市 200
御所市* 200, 364
生駒市* 197, 200
香芝市* 364
葛城市 200
宇陀市 201, 403
山添村* 197〜201
平群町* 200
三郷町* 200

斑鳩町＊ 200
安堵町＊ 200
川西町＊ 201
三宅町＊ 201
田原本町＊ 201
曽爾村＊ 201
御杖村＊ 201
高取町＊ 201
明日香村＊ 201, 215, 381, 437
上牧町＊ 200
王寺町＊ 200
広陵町＊ 200
河合町＊ 200
吉野町＊ 200, 201
大淀町＊ 201
下市町＊ 200, 201
黒滝村＊ 201
天川村＊ 197, 201
野迫川村＊ 197, 200, 356, 386
十津川村＊ 197, 200
下北山村＊ 197, 201
上北山村＊ 197, 201
川上村＊ 200
東吉野村＊ 197, 201, 212, 373, 436

和歌山県
和歌山市＊ 206, 207, 210, 211, 346, 354
海南市 206, 207, 215
橋本市 206, 210
有田市 206, 210
御坊市 206, 207, 210
田辺市 206, 207, 210, 212, 354, 356
新宮市 206, 211
紀の川市 210, 215, 346, 354
岩出市（岩出町）＊ 207, 210
紀美野町 207, 215

かつらぎ町 210, 212, 381, 397
九度山町＊ 210
高野町＊ 210
湯浅町＊ 210
広川町＊ 210
有田川町 210
美浜町＊ 210
日高町＊ 210
由良町＊ 210
印南町＊ 207, 210
みなべ町 210, 215
日高川町 210, 215
白浜町 206, 210, 211, 215
上富田町＊ 211
すさみ町＊ 211
那智勝浦町＊ 211
太地町＊ 211
古座川町 207, 210, 397
北山村＊ 207
串本町 206, 207, 210, 397

鳥取県
鳥取市 218, 219, 221～223, 245, 246, 346, 354, 369
米子市 218, 219, 222, 224, 364, 369
倉吉市 218, 221, 222
境港市 219, 222, 223, 364
岩美町＊ 219, 223
若桜町＊ 222, 223, 246
智頭町＊ 223, 246
八頭町 222, 243, 346
三朝町＊ 222, 223, 246
湯梨浜町 221～223
琴浦町 222
北栄町 223
日吉津村＊ 218, 219, 222, 223, 246, 381, 409
大山町 223
南部町 222, 243

伯耆町 221, 243
日南町＊ 218～223, 245, 246, 382
日野町＊ 221, 223, 246, 356
江府町＊ 221, 223, 246, 356

島根県
松江市 219, 224, 226, 246, 248, 336, 346, 354, 367, 369
浜田市 224, 225, 246, 354
出雲市 219, 224, 226, 246, 354
益田市 224
大田市 224, 226
安来市 224, 225
江津市 224～226
雲南市 224～226, 246, 354, 355, 394
東出雲町＊ 226, 245, 429
奥出雲町 224, 225
飯南町 225, 226, 246
斐川町＊ 226, 245, 429
川本町＊ 226, 246, 248, 378
美郷町 226, 246, 380
邑南町 225, 226, 243, 315, 340, 436
津和野町 226, 246, 379
吉賀町 226, 246
海士町＊ 246, 248
西ノ島町＊ 246, 248
知夫村＊ 246, 248
隠岐の島町 224, 225
（平田市） 226

岡山県
岡山市 217, 219, 227, 229, 232, 233, 243～247, 346, 354, 425
倉敷市 219, 227, 229, 232, 243, 346
津山市 219, 227, 229, 243

～249, 354, 373, 441
玉野市＊ 232, 233, 260
笠岡市＊ 227, 229, 378
井原市 227, 232
総社市 232
高梁市 227, 229, 246, 354, 394
新見市 227, 229, 246, 247, 354, 394
備前市 227, 232, 243, 247, 369
瀬戸内市 229, 243, 346, 380, 382
赤磐市 229, 243, 247, 346, 403
真庭市 232, 243, 246, 354, 355, 403
美作市 229, 230, 243～248, 354, 355, 373, 435, 441
浅口市 232, 247, 346, 403
和気町 232, 243, 346
早島町＊ 229, 232
里庄町＊ 229, 230
矢掛町＊ 229, 232
新庄村＊ 229, 231, 233, 243, 246
鏡野町 229, 232, 243, 249
勝央町＊ 231, 243
奈義町＊ 229, 233, 243, 246
西粟倉村＊ 229, 230, 233, 246, 382, 386
久米南町＊ 233, 246
美咲町 229, 230, 243, 244, 248, 249, 373, 435, 441
吉備中央町 232, 243, 346

広島県
広島市 217, 219, 227, 233～237, 249, 323, 337, 346, 354, 364, 381, 425
呉市 219, 236, 237, 244, 246, 337, 354, 356, 437

市町村名索引　465

竹原市 *　219, 235～237, 378
三原市　219, 233～237, 249, 337
尾道市　235, 246, 249, 337, 396, 405
福山市　219, 227, 233, 237, 244, 246, 337, 346, 354, 364, 396, 405
府中市　233, 237, 364
三次市　233～237, 246～249, 354, 357, 396
庄原市　233～237, 246, 249, 354, 357, 373
大竹市 *　219, 233, 235, 236, 237, 337, 364
東広島市　219, 233～237, 243, 246, 249, 337, 354
廿日市市　219, 235, 236, 246, 337, 346, 354, 364
安芸高田市　235, 246, 249, 354, 355, 384, 403
江田島市　235, 249
府中町 *　219, 234, 236, 237, 381
海田町 *　219, 234, 236, 237, 396
熊野町 *　235, 236
坂町 *　219, 235, 236
安芸太田町　235, 246
北広島町　235
大崎上島町　237, 246
世羅町　235, 243, 249
神石高原町　235, 379
（因島市）　233, 235, 262, 264, 337, 357

山口県

下関市　238, 242, 246, 250, 354, 355, 416
宇部市　219, 238, 241～244, 250, 364, 365

山口市　219, 237, 238, 241～244, 250, 346, 364, 365, 405, 426, 441
萩市　238, 242, 243, 246, 250, 354
防府市 *　219, 238, 241, 244, 250, 364, 365
下松市 *　219, 240, 241, 250, 364
岩国市　219, 238, 242, 246, 248, 250, 336, 354
光市　219, 240, 241, 250, 364
長門市　238, 242, 250
柳井市　219, 238, 239, 250
美祢市　241, 242, 250, 346
周南市（徳山市）　219, 238～241, 250, 364
山陽小野田市（小野田市）　219, 238, 241～244, 250, 364, 365
周防大島町　240, 242, 250
和木町 *　219, 236, 239, 246, 250, 381
上関町 *　246, 250
田布施町 *　240, 250
平生町 *　240, 250
阿武町 *　242, 246, 250
（新南陽市）　219, 238, 241, 364, 369

徳島県

徳島市 *　252～255, 258, 271～273, 346
鳴門市 *　252, 253, 258, 273
小松島市 *　256, 258
阿南市　252, 253, 256
吉野川市　256, 346
阿波市　346, 380
美馬市　256, 403
三好市　257, 271, 354, 355, 388, 403
勝浦町 *　256, 258

上勝町 *　256, 258
佐那河内村 *　255, 273
石井町　273
神山町　255, 256, 273
那賀町　256, 354, 355, 397
牟岐町 *　255
美波町　255, 258
海陽町　255, 257, 272
松茂町 *　252, 256
北島町 *　252, 256
藍住町 *　252, 256
板野町 *　256
上板町 *　256
つるぎ町　256
東みよし町　257

香川県

高松市　217, 251, 252, 258～261, 272, 346, 354, 396, 425
丸亀市　252, 258～261, 271, 364
坂出市 *　252, 258, 261, 273
善通寺市 *　259, 261, 271, 273, 364
観音寺市　252, 259～261, 354
さぬき市　260, 272, 346, 354, 380
東かがわ市　260
三豊市　260, 261, 354, 403
土庄町 *　258～261, 273
小豆島町　261, 273
三木町　260, 261, 273
直島町 *　258～261, 273
宇多津町 *　252, 258, 261, 273
綾川町　261, 346
琴平町 *　260, 261
多度津町 *　252, 273
まんのう町　261

愛媛県

松山市　251, 252, 262～264, 272, 346, 425
今治市　252, 262, 264, 354, 376
宇和島市　262, 265
八幡浜市　262, 264, 266, 274
新居浜市　252, 265, 274, 364, 365
西条市　252, 262, 364, 365
大洲市　262, 265
伊予市　264, 346
四国中央市（川之江市，伊予三島市）　252, 262～265, 365, 380, 436
西予市　354, 355
東温市　264, 274, 346
上島町　264, 274
久万高原町　265
松前町 *　263, 264, 274
砥部町　264, 346
内子町　265, 379
伊方町　252, 262～265, 274, 381
松野町 *　263～265, 271
鬼北町　263, 265, 271
愛南町　262, 264, 272, 354
（東予市）　364, 365
（北条市）　264

高知県

高知市　252, 266, 268～272, 346, 354, 367
室戸市 *　266
安芸市 *　266, 268, 270, 373
南国市 *　266, 270, 274
土佐市 *　269, 274
須崎市 *　266, 270, 271
宿毛市 *　266, 268, 270
土佐清水市 *　269, 270, 274
四万十市（中村市）　266～269, 380

香南市　270, 346, 354
香美市　270, 403
東洋町＊　266
奈半利町＊　266, 270
田野町＊　270
安田町＊　270
北川村＊　270, 373
馬路村＊　266
芸西村＊　270
本山町＊　270, 274
大豊町＊　270, 274
土佐町＊　270, 274
大川村＊　266, 270, 274
いの町　268～270
仁淀川町　269
中土佐町　270
佐川町　269, 373
越知町＊　269
檮原町＊　266, 270
日高村＊　269
津野町　270
四万十町　269
大月町＊　270, 373
三原村＊　270
黒潮町　269

福岡県
北九州市＊　278, 280, 284, 285, 318, 320, 346
福岡市　56, 275, 278, 280, 285, 287, 318, 320, 323, 338, 346, 363, 425
大牟田市＊　280, 281, 296, 320, 323
久留米市　278, 280, 285, 287, 318, 319, 354
直方市＊　280, 284
飯塚市　280, 284～287, 354
田川市＊　278, 280, 284, 285, 319, 323, 373
柳川市　280, 285, 287
八女市　280, 285, 364
筑後市＊　285, 364
大川市＊　280, 285
行橋市＊　280, 284
豊前市＊　284, 302
中間市＊　284
小郡市＊　285
筑紫野市＊　278, 323, 364
春日市＊　323, 364
大野城市＊　278, 323, 364
宗像市　282, 318, 346
太宰府市＊　323, 364
古賀市＊　278, 323
福津市　282, 317, 323, 380
うきは市　285
宮若市　280, 284
嘉麻市　280, 284
朝倉市（甘木市）　278, 280, 284, 287, 380
みやま市　280, 285
糸島市（前原市）　280, 284, 318, 346, 380
那珂川町＊　323
宇美町＊　284
篠栗町＊　281, 284, 323
志免町＊　278
須恵町＊　284
新宮町＊　278, 281, 323
久山町＊　281, 284, 323
糟屋町＊　278, 284, 323
芦屋町＊　284
水巻町＊　284
岡垣町＊　284
遠賀町＊　284
小竹町＊　284
鞍手町＊　284
桂川町＊　285
筑前町＊　284
東峰村　284, 321, 374
大刀洗町＊　285
大木町＊　285
広川町＊　285
香春町＊　284

添田町＊　284, 321
糸田町＊　284
川崎町＊　284
大任町＊　284
赤村＊　284
福智町　284
苅田町＊　278, 281, 323
みやこ町　280, 284
吉富町＊　284
上毛町＊　284
築上町＊　280, 284

佐賀県
佐賀市　276, 278, 287～289, 318, 323, 346, 354
唐津市　287, 288, 319, 323, 354
鳥栖市＊　278, 280, 287, 290
多久市＊　287, 288, 318
伊万里市＊　287～290, 318, 357
武雄市　287～290
鹿島市＊　287～290
小城市　287, 288, 318, 346, 403
嬉野市　289, 379, 381
神埼市　287, 318, 346, 403
吉野ヶ里町　290, 319
基山町＊　280, 287, 290
上峰町＊　319, 323, 373
みやき町　290, 319
玄海町＊　278, 281, 289, 290, 321, 381
有田町　289
大町町＊　287, 290
江北町＊　287, 290
白石町　289, 290, 346
太良町＊　290

長崎県
長崎市　291, 293, 322, 346, 354, 356, 437

佐世保市　291～295, 322, 324, 356, 376
島原市　291, 294, 373
諫早市　278, 291, 293, 354, 355
大村市＊　291～294, 318
平戸市　295, 321
松浦市　278, 291, 295, 381
対馬市　295, 354, 355, 396
壱岐市　295
五島市（福江市）　291, 295, 354, 380
西海市　293, 354, 355
雲仙市　293, 294, 354, 373, 376
南島原市　293, 294, 321, 354, 355, 373, 376
長与町＊　292, 293, 318
時津町＊　292, 293, 318
東彼杵町＊　292, 294
川棚町＊　292, 294
波佐見町＊　292, 294
小値賀町＊　292～294, 295, 324, 356
佐々町＊　292, 295
新上五島町　354

熊本県
熊本市　275, 278, 296～301, 318～320, 324, 346, 354, 403, 425
八代市　296, 300, 354
人吉市＊　296, 300, 319, 321, 324
荒尾市＊　280, 296, 298, 324
水俣市＊　296, 298
玉名市　296, 299
山鹿市　296, 299, 354
菊池市　296, 299
宇土市＊　300
上天草市　299, 300, 321
宇城市　299, 318, 346, 354,

403
阿蘇市 300
天草市（本渡市） 296, 300, 321, 336, 354, 380
合志市 300, 346
美里町 299, 346, 379, 380, 403
玉東町* 299, 324
南関町* 280, 296～299, 324
長洲町* 299, 324
和水町 299, 301, 321
大津町* 278, 296, 298, 300
菊陽町* 300
南小国町* 296, 300, 324, 357
小国町* 296, 300, 324, 357
産山村* 300, 324
高森町* 296～299, 324
西原村* 298, 324
南阿蘇村 299
御船町* 300
嘉島町* 298, 324
益城町* 298, 301
甲佐町* 300
山都町 299
氷川町 300
芦北町 299, 321
津奈木町* 298, 324
錦町* 300
多良木町* 300, 324
湯前町* 300, 324
水上村* 300, 324
相良村* 300, 321, 324
五木村* 296, 300, 324
山江村* 300, 324
球磨村* 300, 324
あさぎり町 299, 354, 355
苓北町* 278, 296, 300, 320, 321, 324
（牛深市） 296

大分県
大分市 278, 301～304, 318, 321, 322, 346
別府市* 301～305, 318, 320, 381
中津市 280, 301～305, 354, 363, 369
日田市 280, 301～305, 323, 354, 363
佐伯市 301, 303～305, 354, 363, 397, 398
臼杵市 302～305
津久見市* 302～305
竹田市 302～305, 363, 384
豊後高田市 301～303, 363
杵築市 302～305
宇佐市 301～305, 363
豊後大野市 303～305, 318, 354, 355, 403
由布市 303, 304, 318, 321, 346
国東市 303～305, 320, 384, 403
姫島村* 302～305, 320, 384, 393
日出町* 302～305
九重町* 302～305
玖珠町* 302～305

宮崎県
宮崎市 78, 306, 311, 318, 321, 325, 346
都城市 306, 310, 312, 321, 354, 369
延岡市 306, 310～312
日南市 306, 310
小林市 306, 310, 321
日向市 306, 308, 312
串間市 306, 310, 320, 433
西都市 306, 311, 319
えびの市* 306, 310, 320
三股町* 310, 325

高原町* 310, 380
国富町* 306
綾町* 306, 311, 320, 381, 437
高鍋町* 306, 311
新富町* 306
西米良村* 306, 311
木城町* 306
川南町* 306
都農町* 306
門川町* 308
諸塚村* 306, 308
椎葉村* 306, 308
美郷町 308, 309, 380
高千穂町* 306, 311
日之影町* 311
五ヶ瀬町* 311

鹿児島県
鹿児島市 278, 312, 314, 317～320, 346, 354
鹿屋市 312, 316
枕崎市* 312, 315, 316, 378
阿久根市* 314, 315
出水市 312, 314, 317
指宿市 312, 315
西之表市* 312
垂水市* 316
薩摩川内市（川内市） 278, 312, 315, 317, 354, 356, 381
日置市 314, 316, 318, 346, 403
曽於市 316, 403
霧島市（国分市） 312, 316, 317, 354, 380
いちき串木野市（串木野市） 314～317
南さつま市（加世田市） 312～314, 316, 354
志布志市 317
奄美市（名瀬市） 312, 317, 380

南九州市 314～317, 321, 380
伊佐市（大口市） 312, 314～317, 380
姶良市 314～318, 346
三島村* 312, 314
十島村* 312, 314
さつま町 317
長島町 315, 317
湧水町 316, 317
大崎町* 317
東串良町* 316
錦江町 316, 395
南大隅町* 316, 395
肝付町 316
中種子町* 317
南種子町* 312, 317
屋久島町 314, 317, 384
大和村* 317
宇検村* 312, 317
瀬戸内町* 312, 317
龍郷町* 317
喜界町* 312
徳之島町* 317
天城町 317
伊仙町 317
和泊町* 312, 317, 357
知名町* 317, 357
与論町* 317

沖縄県
那覇市* 327～334, 346, 356, 363, 364, 370, 376, 425
宜野湾市* 327, 328, 333, 334
石垣市* 327, 333, 334
浦添市* 327, 334, 364
名護市* 328, 334
糸満市* 327, 334
沖縄市* 328, 330
豊見城市（豊見城村）*

334, 408
うるま市（具志川市） 327, 328, 331
宮古島市（平良市） 327, 328, 331～333, 336, 354, 355, 380
南城市　31, 332, 346
国頭村＊　334
大宜味村＊　334
東村＊　334

今帰仁村＊　334
本部町＊　334
恩納村＊　330, 334
宜野座村＊　334
金武町＊　334
伊江村　331, 334
読谷村＊　334
嘉手納町＊　334
北谷村＊　334
北中城村＊　334

中城村＊　333, 334
西原町＊　333, 334
与那原町＊　331, 334
南風原町＊　331～334, 408
渡嘉敷村＊　333, 334
座間味村＊　333, 334
粟国村＊　330, 333, 334
渡名喜村＊　330, 333, 334
南大東村＊　330, 333, 334, 356

北大東村＊　330, 333, 334
伊平屋村＊　333, 334
伊是名村＊　333, 334
久米島町　330, 331
八重瀬町　331, 346
多良間村＊　330～334
竹富町＊　333, 334, 373
与那国町＊　330, 333, 334
（石川市）327, 331

〔著者紹介〕

森川　洋（もりかわ　ひろし）

　〔経　歴〕
　1935年，広島県生まれ．
　1962年，広島大学大学院文学研究科博士課程単位習得期間満了退学．
　1972年，文学博士（広島大学）
　広島大学文学部教授，福山大学経済学部教授を経て，現在広島大学名誉教授．
　〔主な著作〕
　『中心地研究－理論，研究動向および実証－』大明堂．
　『中心地論（Ⅰ）（Ⅱ）（Ⅲ）』大明堂．
　『都市化と都市システム』大明堂．
　『ドイツ－転機に立つ多極分散型国家』大明堂．
　『日本の都市化と都市システム』大明堂．
　『人文地理学の発展－英語圏とドイツ語圏との比較研究－』古今書院．
　『ドイツ市町村の地域改革と現状』古今書院．
　『行政地理学研究』古今書院．
　『地域格差と地域政策－ドイツとの比較において－』古今書院．

書　名	「平成の大合併」研究
コード	ISBN978-4-7722-7139-4 C3025
発行日	2015年2月20日　初版第1刷発行
著　者	森川　洋
	Copyright ©2015　Hiroshi MORIKAWA
発行者	株式会社古今書院　橋本寿資
印刷者	㈱理想社
製本所	渡邉製本株式会社
発行所	古今書院
	〒101-0062　東京都千代田区神田駿河台2-10
電　話	03-3291-2757
ＦＡＸ	03-3233-0303
振　替	00100-8-35340
ＵＲＬ	http://www.kokon.co.jp/
	検印省略・Printed in Japan

いろんな本をご覧ください
古今書院のホームページ

http://www.kokon.co.jp/

★ 700点以上の**新刊・既刊書**の内容・目次を写真入りでくわしく紹介
★ 地球科学やGIS, 教育など**ジャンル別**のおすすめ本をリストアップ
★ **月刊『地理』**最新号・バックナンバーの特集概要と目次を掲載
★ 書名・著者・目次・内容紹介などあらゆる語句に対応した**検索機能**

古今書院

〒101-0062　東京都千代田区神田駿河台 2-10

TEL 03-3291-2757　　FAX 03-3233-0303

☆メールでのご注文は order@kokon.co.jp へ